安全保障論
―― 平和で公正な国際社会の構築に向けて ――

謹しんで

黒澤満先生に捧げます

一　同

―――――〈執筆者一覧〉（掲載順）―――――

1 神余隆博（しんよ たかひろ）　関西学院大学副学長
2 竹内俊隆（たけうち としたか）　大阪大学大学院国際公共政策研究科教授
3 佐渡紀子（さど のりこ）　広島修道大学法学部教授
4 中内政貴（なかうち まさたか）　大阪大学大学院国際公共政策研究科特任講師
5 山本慎一（やまもと しんいち）　香川大学法学部准教授
6 戸﨑洋史（とさき ひろふみ）　日本国際問題研究所軍縮・不拡散促進センター主任研究員
7 吉田文彦（よしだ ふみひこ）　国際基督教大学客員教授，元朝日新聞論説副主幹
8 宮本直樹（みやもと なおき）　核物質管理センター事業推進部核物質防護課長代理
9 一政祐行（いちまさ すけゆき）　防衛省防衛研究所主任研究官
10 田中慎吾（たなか しんご）　大阪大学大学院国際公共政策研究科助教
11 仲宗根卓（なかそね すぐる）　日本学術振興会特別研究員
12 福島安紀子（ふくしま あきこ）　東京財団上席研究員
13 清水美香（しみず みか）　京都大学防災研究所助教
14 山根達郎（やまね たつお）　広島大学大学院国際協力研究科准教授
15 工藤正樹（くどう まさき）　国際協力機構アフガニスタン事務所主任調査役
16 川口智恵（かわぐち ちぐみ）　JICA研究所研究助手
17 村上正直（むらかみ まさなお）　大阪大学大学院国際公共政策研究科教授
18 重政公一（しげまさ きみかず）　関西学院大学国際学部教授
19 藤本晃嗣（ふじもと こうじ）　敬和学園大学人文学部国際文化学科准教授
20 クロス京子（くろす きょうこ）　立命館グローバル・イノベーション研究機構研究員
21 星野俊也（ほしの としや）　大阪大学副学長
22 古川浩司（ふるかわ こうじ）　中京大学法学部・大学院法学研究科教授
23 Virgil HAWKINS（ヴァージル ホーキンス）　大阪大学大学院国際公共政策研究科准教授
24 宮崎麻美（みやざき あさみ）　熊本学園大学経済学部講師，英国キール大学名誉研究員
25 佐々木葉月（ささき はづき）　大阪大学大学院国際公共政策研究科博士後期課程

黒澤 満 先生

安全保障論

―― 平和で公正な国際社会の構築に向けて ――

黒澤満先生古稀記念

編集代表

神余隆博　星野俊也　戸﨑洋史　佐渡紀子

信山社

　　　　　　　　はしがき

　黒澤満先生は，2015年1月に古稀を迎えられる。本書は，それを記念して，黒澤先生に薫陶を受けた研究者・実務者によって，学恩に報いるべく編まれた論文集である。

　黒澤先生は，1976年に大阪大学大学院法学研究科博士課程を単位取得退学後，新潟大学専任講師，同助教授，教授を経て，1991年に母校である大阪大学法学部の教授に着任された。大阪大学では大学院・国際公共政策研究科の創設にも尽力され，1994年の同研究科発足後は，同研究科の教授，研究科長を歴任された。2008年に大阪大学を定年退職された後，同大学の名誉教授を授与されるとともに，大阪女学院大学に赴任され，現在も教授として教鞭をとっておられる。

　黒澤先生は，軍縮国際法の第一人者として，とりわけ核軍縮・不拡散に係る国内外の議論をリードしてこられた。巻末の著作目録が示すように，現在に至るまで多くの著作を絶えず世に問われ，日本および国際社会が取るべき施策を積極的に提言されている。

　また，黒澤先生の活動領域は学界にとどまらず，外務省など実務界，およびNGOなど市民社会とも密接な関係を構築されてきた。そうした長年のご活躍を象徴するのが，黒澤先生が主導された2009年の日本軍縮学会の設立である。この学会には，研究者のみならず，実務家およびNGOの活動家などが幅広く参加し，積極的な議論を重ねてきた。学界，実務界および市民社会をつなぐ中心としての黒澤先生の存在なしには，軍縮・不拡散に関する我が国での議論の成熟はなかったといっても過言ではない。

　黒澤先生は，後進の指導にとりわけ力を尽くされた。黒澤先生のご専門は軍縮国際法だが，同時に，安全保障分野を中心に，より広範な国際法・国際政治にもご関心を向けられた。黒澤先生のご研究を貫くテーマは，本書の副題にも掲げた，「平和で公正な国際社会の構築」である。そうした黒澤先生に教えを請うた本書の執筆者の専門分野が多岐にわたるのは必然であり，その意味でも本書は，指導者としての黒澤先生のご尽力の結晶だと言える。

　古稀を迎えられてなお，トップスピードでご研究・ご指導にあたられる黒澤

はしがき

先生に追いつくことは容易ではない．しかしながら，我々後進にとって，その背中を追い続けることができるのは，望外の喜びでもある．先生のますますのご健筆とご健康をお祈り申し上げる．

2015 年 1 月 10 日

編者　神余隆博
　　　星野俊也
　　　戸﨑洋史
　　　佐渡紀子

目　次

はしがき

第1部　伝統的安全保障

1　東アジアの安全保障と日本外交　………………〔神余隆博〕…5
- Ⅰ　はじめに——地政学の再登場 (5)
- Ⅱ　世界の多極化とアジアの危機 (6)
- Ⅲ　米中Ｇ２時代は到来するか (13)
- Ⅳ　中露のユーラシアパワー連携 (14)
- Ⅴ　いまなぜ，集団的自衛権か (15)
- Ⅵ　東アジアの冷戦思考を打開する日本外交戦略 (18)
- Ⅶ　おわりに——アジア・アンタントを求めて (26)

2　北朝鮮のミサイル配備と日本の対応
　　——策源地攻撃能力保持論を考える——……………〔竹内俊隆〕…29
- Ⅰ　はじめに (29)
- Ⅱ　北朝鮮のミサイル配備 (30)
- Ⅲ　日本のミサイル防衛網整備 (34)
- Ⅳ　弾道ミサイルと国際紛争の公算 (39)
- Ⅴ　ゲームの理論からの接近 (41)
- Ⅵ　拡大抑止の信憑性 (49)
- Ⅶ　策源地攻撃能力と戦略的安定性 (53)
- Ⅷ　終わりに代えて (60)

3　信頼醸成措置再考
　　——欧州における信頼醸成枠組みの成果と課題——……〔佐渡紀子〕…63
- Ⅰ　はじめに (63)
- Ⅱ　欧州における信頼醸成措置の枠組みと履行状況 (64)
- Ⅲ　欧州における信頼醸成措置の意義 (68)
- Ⅳ　新たな文脈での信頼醸成措置とその課題 (73)
- Ⅴ　おわりに (77)

目　次

4　OSCE の役割の変遷
　　──欧州における階層的安全保障共同体の中で──　……〔中内政貴〕…85

　　　Ⅰ　は じ め に（85）
　　　Ⅱ　冷戦期の CSCE（87）
　　　Ⅲ　冷戦後の CSCE/OSCE（89）
　　　Ⅳ　新時代の OSCE（95）
　　　Ⅴ　お わ り に（100）

5　国連憲章第 7 章の法的性格
　　──安保理決議の検討を通して──　……………………〔山本慎一〕…105

　　　Ⅰ　は じ め に（105）
　　　Ⅱ　安保理決議の規範性（106）
　　　Ⅲ　第 7 章決議の採択事例（114）
　　　Ⅳ　お わ り に（127）

◆ 第 2 部 ◆　軍縮・不拡散

6　新 START 後の核軍備管理の停滞
　　──力の移行の含意──　………………………………〔戸﨑洋史〕…133

　　　Ⅰ　は じ め に（133）
　　　Ⅱ　力の移行と核軍備管理の誘因（135）
　　　Ⅲ　力の移行と核兵器の役割およびバランス（140）
　　　Ⅳ　利益と規範の限界（148）
　　　Ⅴ　むすびにかえて──今後の展望（153）

7　パウエル「核不要」論からみる核抑止の転換点
　　　………………………………………………………〔吉田文彦〕…155

　　　Ⅰ　は じ め に（155）
　　　Ⅱ　核抑止への懐疑論（155）
　　　Ⅲ　核兵器に関するパウエル見解（163）
　　　Ⅳ　日本の非核外交との連関（168）
　　　Ⅴ　お わ り に（172）

目　次

**8　現代社会における核セキュリティの意義と今後
　　の展望**………………………………………………〔宮本直樹〕…*173*

　　Ⅰ　はじめに（*173*）
　　Ⅱ　核セキュリティの概念（*174*）
　　Ⅲ　核セキュリティの意義（*178*）
　　Ⅳ　核セキュリティの本質（*187*）
　　Ⅴ　核セキュリティの新たな領域（*190*）
　　Ⅵ　おわりに（*194*）

**9　非伝統的安全保障課題としてのCBRNに対する
　　2国間・多国間協力の展望**
　　　──日本の取り組みを事例として──…………〔一政祐行〕…*197*

　　Ⅰ　はじめに（*197*）
　　Ⅱ　非伝統的安全保障課題としてのCBRN（*200*）
　　Ⅲ　日本のCBRN防衛の取り組み（*204*）
　　Ⅳ　CBRNに対する多国間協力の可能性とその展望（*208*）
　　Ⅴ　むすび（*215*）

10　対日講和における核エネルギー規制条項の変遷
　　　──日本に与えられた自由とその限界──………〔田中慎吾〕…*217*

　　Ⅰ　はじめに（*217*）
　　Ⅱ　初期の対日講和における核エネルギー規制（*219*）
　　Ⅲ　講和準備の再開から締結へ（*226*）
　　Ⅳ　おわりに（*235*）

**11　通常兵器使用禁止条約における兵器使用禁止
　　義務と履行確保制度の考察**……………………〔仲宗根卓〕…*237*

　　Ⅰ　はじめに（*237*）
　　Ⅱ　相互主義と戦時復仇（*240*）
　　Ⅲ　CCWにおける義務及び履行確保（*245*）
　　Ⅳ　対人地雷禁止条約及びクラスター弾に関する条約
　　　における義務及び履行確保（*254*）
　　Ⅴ　問題の検討（*263*）

xiii

目　次

━━━━◆ 第 3 部 ◆ 人間の安全保障・平和構築 ━━━━

12　人間の安全保障 ……………………………………〔福島安紀子〕…*271*

　　Ⅰ　はじめに（*271*）
　　Ⅱ　「人間の安全保障」の背景と解釈（*272*）
　　Ⅲ　「人間の安全保障」を巡る主要国・地域の取組（*275*）
　　Ⅳ　むすびに（*298*）

**13　アジア地域の人間安全保障：
　　　ダイナミックな変化への協働対応に向けて**
　　　　──リスクの複合連鎖がもたらす課題── ……………〔清水美香〕…*301*

　　Ⅰ　はじめに（*301*）
　　Ⅱ　アジアにおける人間安全保障──ダイナミックな変化（*304*）
　　Ⅲ　災害リスクの複合連鎖化とその影響──アジアとの関係性（*310*）
　　Ⅳ　国際・地域機関および国別による現状の制度・取り組みと
　　　　ギャップ（*319*）
　　Ⅴ　むすびに──協働知アプローチから実践，
　　　　アクション可能な政策へ（*327*）

14　セキュリティ・ガバナンスと平和構築 …………〔山根達郎〕…*329*

　　Ⅰ　はじめに（*329*）
　　Ⅱ　セキュリティ・ガバナンス・アプローチの起源（*330*）
　　Ⅲ　セキュリティ・ガバナンス・アプローチの挑戦（*332*）
　　Ⅳ　セキュリティ・ガバナンスの脅威と平和構築（*335*）
　　Ⅴ　セキュリティ・ガバナンスの機能と平和構築（*338*）
　　Ⅵ　セキュリティ・ガバナンスの特徴と平和構築
　　　　──リベラル・ピースビルディングを背景に（*341*）
　　Ⅶ　おわりに（*345*）

15　治安部門改革
　　　　──日本の警察改革と因果的推論── …………………〔工藤正樹〕…*347*

　　Ⅰ　はじめに（*347*）
　　Ⅱ　問題の所在（*348*）
　　Ⅲ　SSR の「包括性」と警察改革（*354*）
　　Ⅳ　事例研究──日本の警察改革（*359*）
　　Ⅴ　分析結果（*379*）

Ⅵ　おわりに（381）

**16　日本の国際平和協力における全政府アプローチ
　　の形成 ──イラク支援を事例に──** ……………………〔川口智恵〕…383

　　　Ⅰ　はじめに（383）
　　　Ⅱ　国際平和協力における「全政府アプローチ」（384）
　　　Ⅲ　日本のイラク支援（388）
　　　Ⅳ　イラク支援における 3 つの調整ネットワーク（392）
　　　Ⅴ　調整による摩擦の解消──アクター間の差異と目的の共有（396）
　　　Ⅵ　分　　析（399）
　　　Ⅶ　おわりに（401）

──────◆ 第 4 部 ◆　人権と安全保障 ──────

**17　外国人の出入国と家族の保護
　　──権限ある当局が考慮するべき事項に関する若干の検討──**
　　　………………………………………………………〔村上正直〕…405

　　　Ⅰ　はじめに（405）
　　　Ⅱ　外国人の出入国と人権条約（408）
　　　Ⅲ　考慮事項（413）
　　　Ⅳ　おわりに（422）

**18　ASEAN 人権宣言をめぐる政治過程
　　── AICHR と市民社会アクターとの相克──**…………〔重政公一〕…425

　　　Ⅰ　はじめに──「多様性のなかの統一」というレトリック（425）
　　　Ⅱ　ASEAN 加盟国の人権を巡る位相── 3 つのレトリック（427）
　　　Ⅲ　ドラフティング・グループ（DG）と AICHR，市民社会
　　　　　アクターとの批判的連携（439）
　　　Ⅳ　ASEAN 人権宣言の成立と問題点（449）
　　　Ⅴ　結びに代えて（455）

**19　在留国で家族を形成した外国人に対する
　　退去強制と自由権規約** ………………………………〔藤本晃嗣〕…457

　　　Ⅰ　はじめに（457）
　　　Ⅱ　日本の国法体系における条約（458）

目　次

　　　Ⅲ　外国人の出入国管理に関する国際法（458）
　　　Ⅳ　規約の解釈に関する国際実行（463）
　　　Ⅴ　むすび（479）

20　紛争「被害者」と社会変革の「エージェント」
　　としての女性
　　　──移行期正義におけるジェンダー
　　　政策についての一考察──……………………〔クロス京子〕…481
　　　Ⅰ　はじめに（481）
　　　Ⅱ　ジェンダー視点の拡大──開発・人権から安全保障へ（484）
　　　Ⅲ　移行期正義へのジェンダー視点の導入（488）
　　　Ⅳ　紛争後社会の女性の「正義」と移行期正義（495）
　　　Ⅴ　おわりに（498）

━━━━━◆　第5部　◆　新しい安全保障　━━━━━

21　未来共生による人間の平和論
　　　………………………………………………〔星野俊也〕…503
　　　Ⅰ　はじめに（503）
　　　Ⅱ　「未来共生」理念とは（505）
　　　Ⅲ　「非共生」の克服と国際秩序の変革（507）
　　　Ⅳ　「未来共生秩序」のエッセンス（510）
　　　Ⅴ　むすび──真の「人間の平和」に向けて（516）

22　日本の『国境警備論』の構築に向けて…………〔古川浩司〕…519
　　　Ⅰ　はじめに（519）
　　　Ⅱ　国境警備とは（521）
　　　Ⅲ　日本の国境警備体制（524）
　　　Ⅳ　考　察（534）
　　　Ⅴ　おわりに（539）

23　武力紛争・平和とマスメディア
　　　──紛争報道の現状と課題──　………………〔Virgil Hawkins〕…541
　　　Ⅰ　はじめに（541）
　　　Ⅱ　国際報道量（542）
　　　Ⅲ　紛争報道の格差（545）
　　　Ⅳ　紛争報道の内容（552）

目　次

　　　Ⅴ　他のアクターによる注目度（555）
　　　Ⅵ　アジェンダ・セッティングと紛争に対する注目（556）
　　　Ⅶ　ま　と　め（560）

24　水銀問題のグローバル化
　　　──条約交渉までの取り組みから──……………〔宮崎麻美〕…563
　　　Ⅰ　は じ め に（563）
　　　Ⅱ　水銀の性質と水銀問題の国際化（565）
　　　Ⅲ　水銀問題に対する国・地域での取り組み（568）
　　　Ⅳ　政府間交渉委員会（INC）の設置交渉（577）
　　　Ⅴ　お わ り に（587）

25　インフォーマルな合意の形成要因の再検討
　　　──グローバル・テロ対策フォーラムを事例として──
　　　……………………………………………〔佐々木葉月〕…589
　　　Ⅰ　は じ め に（589）
　　　Ⅱ　インフォーマルな合意の形成要因（591）
　　　Ⅲ　事例研究──グローバル・テロ対策フォーラム（596）
　　　Ⅳ　お わ り に（602）

黒澤満先生紹介〈略歴・主要業績〉（605）

● 執筆者紹介 ●

〔編者〕

神余　隆博（しんよ　たかひろ）
　関西学院大学副学長。大阪大学客員教授
　大阪大学法学部卒業後，外務省入省。軍縮課長，国連政策課長，国際社会協力部長，国連代表部大使（次席常駐代表），駐ドイツ大使等を歴任。博士（法学）
　〈主要著作〉『新国連論』（大阪大学出版会，1995 年），『国際危機と日本外交』（信山社，2005 年），『多極化世界の日本外交戦略』（朝日新聞出版，2010 年）等

星野　俊也（ほしの　としや）
　大阪大学副学長
　東京大学大学院総合文化研究科博士課程単位修得退学。博士（国際公共政策）。専門は国際政治学，国際安全保障，国連研究，米国外交など
　〈主要著作〉『グローバル・ガバナンスと日本』（中央公論新社，2013 年），『日本の外交対外政策　課題編』（岩波書店，2013 年），*New Approaches to Human Security in the Asia-Pacific: China, Japan and Australia*（Ashgate, 2013），『平和構築・入門』（有斐閣, 2011 年）

戸﨑　洋史（とさき　ひろふみ）
　日本国際問題研究所軍縮・不拡散促進センター主任研究員
　大阪大学大学院国際公共政策研究科博士後期課程中途退学。博士（国際公共政策）。専門は軍備管理・不拡散問題，安全保障論
　〈主要著作〉『核軍縮不拡散の法と政治』（共編，信山社，2008 年），「中東会議を巡るゼロサム・ゲーム」『軍縮研究』第 4 号（2013 年），「オバマ政権の核軍縮・不拡散政策——ビジョンと成果のギャップ」『国際安全保障』第 41 巻第 3 号（2013 年）

佐渡　紀子（さど　のりこ）
　広島修道大学法学部教授
　大阪大学大学院博士後期課程修了。博士（国際公共政策）。専門は紛争予防，軍備管理，国際安全保障
　〈主要著作〉「拡散する核兵器」藤原帰一・大芝亮・山田哲也編『平和構築・入門』（有斐閣，2011 年），「欧州における核軍縮・不拡散——地域的アプローチとその限界」浅田正彦・戸崎洋史編著『核軍縮核不拡散の法と政治』（信山社，2008 年），「欧州の軍備管理・不拡散にみる国際秩序の変容——通常兵器規制を素材として」『国際安全保障』第 35 巻第 4 号（2008 年）

──●──●──●──　（以下，五十音順）

一政　祐行（いちまさ　すけゆき）
　防衛省防衛研究所主任研究官
　大阪大学大学院国際公共政策研究科博士後期課程修了。博士（国際公共政策）。専門は軍備管理・軍縮不拡散，安全保障論
　〈主要著作〉『戦争で読む日米関係 100 年』（共著，朝日新聞出版，2012 年），「変化する抑止力の概念と『核兵器のない世界』に向けた日本の安全保障政策への一考察」『軍縮研究』第 3 号（2012 年），「軍備管理・軍縮における戦術核問題」『国際安全保障』第 40 巻第 4 号（2013 年）

執筆者紹介

川口　智恵（かわぐち　ちぐみ）
　JICA研究所研究助手
　大阪大学大学院国際公共政策研究科博士後期課程単位取得退学。専門は比較政治学，安全保障論，平和構築，民軍関係
　〈主要著作〉『国際平和活動における包括的アプローチ：日本型協力システムの形成過程』（共編著，内外出版，2012年），"Transformation of UNPKO and Japanese Military Contribution from 1992 to 2009," 内閣府国際平和協力本部事務局『国際平和協力論文集』創刊号（2010年）

工藤　正樹（くどう　まさき）
　国際協力機構アフガニスタン事務所主任調査役（安全管理・ガヴァナンス担当）。大阪大学大学院国際公共政策研究科博士後期課程修了。博士（国際公共政策）。専門は，治安部門改革，安全保障論
　〈主要著作〉『アフリカ開発援助の新課題』（共著，アジア経済研究所，2008年），『平和構築における治安部門改革』（共著，国際書院，2012年）

クロス　京子（くろす　きょうこ）
　立命館グローバル・イノベーション研究機構研究員
　神戸大学大学院法学研究科博士後期課程単位取得退学。修士（国際公共政策）。専門は移行期正義，グローバル・ガヴァナンス，国際関係論
　〈主要著作〉「規範的多元性と移行期正義──ローカルな『和解』規範・制度のトランスナショナルな伝播メカニズム」『国際政治』第171号（2013年），「南アフリカ真実和解委員会における『和解』の創造──ローカル正義導入とその作用の観点から」『平和研究』第38号（2012年）

佐々木　葉月（ささき　はづき）
　大阪大学大学院国際公共政策研究科博士後期課程。モントレー国際大学大学院修了（MA in Nonproliferation and Terrorism）。ライデン大学客員研究員（2012-2013）。専門は，安全保障論，非伝統的安全保障研究（テロリズム）
　〈主要著作〉「テロ対策のグローバル・ガヴァナンス化に関する一考察」『国際公共政策研究』第19巻第1号（2014年），「小泉純一郎首相の靖国神社参拝問題──対米関係の文脈から」（共著）『国際公共政策研究』第12巻第2号（2008年）

重政　公一（しげまさ　きみかず）
　関西学院大学国際学部教授
　大阪大学大学院国際公共政策研究科博士後期課程修了。博士（国際公共政策）。専門は国際政治理論，地域政治（特にASEAN）
　〈主要著作〉『国際関係理論』（共著，勁草書房，2006年），「東南アジアにおけるトラック2とトラック3チャンネルとの競合的協調関係」日本国際政治学会編『国際政治』第169号（2012年），'Long Process of Trust Building in Southeast Asia: ASEAN, Civil Society and Human Rights' Azmi Sharom et al. eds. *Defying the Impasse: Human Rights and Peace in Southeast Asia Series 2*, Bangkok, Southeast Asian Human Rights Studies Network, 2013

執筆者紹介

清水　美香（しみず　みか）
京都大学防災研究所助教
上智大学国際教養学部，慶應大学大学院システムデザイン・マネジメント研究科にて非常勤講師を歴任。アメリカン大学大学院国際関係修士号，大阪大学大学院国際公共政策博士号取得。米国アーバン・インスティテュート，在米日本大使館，野村総合研究所アメリカ，米国 East-West Center にて研究職に従事。安倍フェローシップ受賞（2009 年）。専門は公共政策・社会システムデザイン・災害リスクマネジメント

竹内　俊隆（たけうち　としたか）
大阪大学大学院国際公共政策研究科教授
ワシントン大学（University of Washington）政治学研究科修士課程修了，スタンフォード大学（Stanford University）東アジア研究科修士課程修了。専門は，核兵器を巡る軍備管理・軍縮論，安全保障論，ゲームの理論を用いた行動分析
〈主要著作〉『日米同盟論──歴史・機能・周辺諸国の視点』（編著，ミネルヴァ書房，2011 年），『政策研究のためのゲームの理論』（ミネルヴァ書房，2011 年），『現代国際関係入門』（編著，ミネルヴァ書房，2012 年），*Understanding International Relations: The World and Japan* (ed.,University Education Press, 2013)

田中　慎吾（たなか　しんご）
大阪大学大学院国際公共政策研究科助教
国際公共政策修士（大阪大学），政治学修士（ニューヨーク大学），国際公共政策博士（大阪大学）。専門は国際政治，日米外交史
〈主要著作〉「日米原子力研究協定の成立──日本側交渉の分析」『国際公共政策研究』第 13 巻第 2 号（2009 年 3 月）；「原子力・核問題における特殊な日米関係の萌芽──トルーマン政権の対日原子力研究規制と緩和 1945-47」『国際公共政策研究』第 17 巻第 2 号（2013 年）

中内　政貴（なかうち　まさたか）
大阪大学大学院国際公共政策研究科特任講師
大阪大学大学院国際公共政策研究科博士後期課程単位取得退学。博士（国際公共政策）。専門は平和構築，国際機構論
〈主要著作〉「ローカル・オーナーシップと国際社会による関与の正当性──マケドニアにおける国家建設を事例として」『国際政治』第 174 号（2013 年），「第 5 章 平和構築──国家の枠組みをめぐる合意の不在」高橋良輔，大庭弘継編『国際政治のモラル・アポリア』（ナカニシヤ出版，2014 年）

仲宗根　卓（なかそね　すぐる）
日本学術振興会特別研究員
大阪大学大学院法学研究科博士後期課程単位取得退学。修士（国際公共政策）。専門は国際法，武力紛争法
〈主要著作〉「クラスター弾に関する条約の構造──事後措置重点化による武力紛争法への影響──」『国際安全保障』第 37 巻第 4 号（2010 年），「武力紛争条約への相互運用性条項導入の法的意義（一）（二・完）──クラスター弾に関する条約第二一条の導入理由，解釈，及び運用の分析を事例として──」『阪大法学』第 63 巻第 1 号，2 号（2013 年）

執筆者紹介

福島　安紀子（ふくしま　あきこ）
東京財団上席研究員
ジョンズホプキンス大学ポール・ニッツェ高等国際関係大学院卒（修士）。大阪大学大学院国際公共政策研究科博士後期課程卒。博士（国際公共政策）。専門は国際関係論。総理官邸国家安全保障と防衛力に関する有識者委員会委員，外務人事審議会委員等を兼務。
〈主要著作〉"Japanese Foreign Policy: A Logic of Multilateralism"（英国マクミラン社，1999 年），『レキシコン：アジア太平洋安全保障対話』（日本経済評論社，2002 年），『人間の安全保障』（千倉書房，2010 年），『紛争と文化外交』（慶應義塾大学出版会，2012 年）

藤本　晃嗣（ふじもと　こうじ）
敬和学園大学人文学部国際文化学科准教授
大阪大学大学院国際公共政策研究科博士後期課程単位修得退学。修士（国際公共政策）。専門は国際法・国際人権法
〈主要著作〉「国際人権法における公衆の情報に対する権利——国家の積極的義務の検討を通じて」『国際人権』第 24 号（2013 年 10 月），「差別的発言を伴う示威行動とその映像公開が人種差別にあたるとされた事例」『速報判例解説（新・判例解説 Watch）』第 15 巻（日本評論社，2014 年）

古川　浩司（ふるかわ　こうじ）
中京大学法学部・大学院法学研究科教授
大阪大学大学院国際公共政策研究科博士後期課程単位取得退学。修士（国際公共政策）。専門は境界地域研究，国際機構論
〈主要著作〉「国際機関の評価」（共著，平成 24 年度国連・マルチ外交研究会報告書，2013 年），「越境する日本の境界地域？：周辺からの「市民社会」形成の可能性」『国際政治』第 169 号（2012 年），「日本の「国境地域」法制——「地域振興」の視点から——」『社会科学研究』第 32 巻第 1 号（2012 年）

Virgil HAWKINS（ヴァージル　ホーキンス）
大阪大学大学院国際公共政策研究科准教授
南アフリカ・フリーステート大学リサーチ・アソシエイト。博士（国際公共政策）。専門は国際政治，紛争研究（特にアフリカ），メディア研究。南部アフリカ平和・安全保障コラボレーションセンター（SACCPS）共同創立者
〈主要著作〉Stealth Conflicts: How the World's Worst Violence Is Ignored（Ashgate，2008 年），Communication and Peace: Mapping an Emerging Field（共編，Routledge，2015 年）

宮崎　麻美（みやざき　あさみ）
熊本学園大学経済学部講師。英国キール大学名誉研究員
大阪大学大学院国際公共政策研究科修了。博士（国際公共政策）。専門は国際政治学，環境外交論。主に東アジアの越境大気汚染，水銀に関する水俣条約に関する国際交渉，合意・制度形成過程
〈主要著作〉"Japan's Foreign Policy and Transnational Environmental Risk," in Maslow et al., eds., Risk State（Ashgate, 2015），「環境協力における『緩やかな』制度の形成」『国際政治』第 166 号（2011 年），「過渡期のネットワーク分析」『国際公共政策研究』第 14 巻，第 1 号（2009 年）

執筆者紹介

宮本　直樹（みやもと　なおき）
　核物質管理センター事業推進部核物質防護課課長代理
　大阪大学大学院国際公共政策研究科博士前期課程修了。修士（国際公共政策）。専門は核セキュリティ問題
　〈主要著作〉「核セキュリティと核不拡散体制」浅田正彦＝戸﨑洋史編『核軍縮核不拡散の法と政治』（信山社，2008年），「IAEAの核セキュリティ・シリーズ文書『核物質および原子力施設の防護に関する核セキュリティ勧告（INFCIRC/225/Rev. 5）』の分析」『軍縮研究』第2号（2011年）

村上　正直（むらかみ　まさなお）
　大阪大学大学院国際公共政策研究科教授
　大阪大学大学院法学研究科博士後期課程単位修得退学。博士（国際公共政策）。専門は，国際法及び国際人権法
　〈主要著作〉『人種差別撤廃条約と日本』（日本評論社，2005年），「難民認定申請者の収容」（安藤仁介先生古希記念　浅田正彦編『二一世紀国際法の課題』有信堂，2006年），「退去強制をめぐる日本の裁判例と人権条約」世界人権問題研究センター『研究紀要』第14号（2009年）

山根　達郎（やまね　たつお）
　広島大学大学院国際協力研究科准教授
　大阪大学大学院国際公共政策研究科博士後期課程修了。博士（国際公共政策）。専門は，国際関係論（国際安全保障論，紛争研究，平和構築研究）
　〈主要著作〉「平和構築と移行期正義」吉川元＝首藤もと子＝六鹿茂夫＝望月康恵編『グローバル・ガヴァナンス論』（法律文化社，2014年），「元戦闘員が再統合される社会の検討——DDRを通じた国家ガバナンスの変容を中心に」『国際政治』第149号（2007年）

山本　慎一（やまもと　しんいち）
　香川大学法学部准教授
　大阪大学大学院国際公共政策研究科博士後期課程修了。博士（国際公共政策）。専門は国際法，国際安全保障
　〈主要著作〉『国際平和活動における包括的アプローチ——日本型協力システムの形成過程』（共編著，内外出版，2012年），「『保護する責任』と法的保護——国際人道法との関係を中心に」『国際安全保障』第40巻第2号（2012年），「多国籍軍型軍事活動の展開にみる集団安全保障体制の潮流」日本国際連合学会編『国連憲章体制への挑戦（国連研究第9号）』（国際書院，2008年）

吉田　文彦（よしだ　ふみひこ）
　国際基督教大学客員教授，元朝日新聞論説副主幹
　東京大学文学部卒。大阪大学大学院国際公共政策研究科にて博士（国際公共政策）取得。専門は核戦略，核軍縮史
　〈主要著作〉『核解体』（岩波新書，1995年），『証言　核抑止の世紀』（朝日選書，2000年），『「人間の安全保障」戦略』（岩波書店，2004年），『核のアメリカ——トルーマンからオバマまで』（岩波書店，2009年）。『核を追う』（編著，朝日新聞社，2005年）

安全保障論

――平和で公正な国際社会の構築に向けて――

第 1 部
伝統的安全保障

1 東アジアの安全保障と日本外交

神 余 隆 博

I はじめに——地政学の再登場

 2014年は第一次世界大戦が始まって100周年になる。この100年の間に人類は実に多くの戦争をしてきた。第一次世界大戦,第二次世界大戦そして冷戦。まさに20世紀は戦争の世紀であったと言われる所以である。21世紀はどうなるのであろうか。欧州においては,1989年に冷戦が終焉し,東西分断が克服され,EUが東方に拡大された。冷戦終了後今日にいたる25年間は国境や領土問題が外交を支配する問題ではなくなっていた。2013年は独仏協力条約(エリゼ条約)の50周年であったが,この半世紀の間に独仏両国国民の隅々にまで和解が行き渡り,民族間の憎悪と対立の歴史は止揚されたかのように見える。2012年にEUがノーベル平和賞を受賞したのもそのような理由による。かつてアメリカの国際政治学者ラセット(Bruce Russett)が,その著書『民主的平和論』の中で主張した「民主主義国家は相互に戦わない」というテーゼを欧州は雄弁に物語っているかのようである(1)。
 では,民主的平和論を体現している欧州はカント(Immanuel Kant)が望んだ「永久平和」の状態に入りつつあるのであろうか。答えは否である。確かに東西欧州の一体化は進み,民族の和解も達成されたかもしれない。しかし,かつてネオコンの論客であったケーガン(Robert Kagan)が,欧州を平和の象徴である金星にたとえ,それに反して米国を含む他の世界はリヴァイアサン(Leviathan)の支配する火星のような状態にあるとして,米国の軍事力の行使

---

(1) Bruce Russett, *Grasping the Democratic Peace*: Principles for Post-Cold War World, Princeton University Press, 1994. 邦訳は鴨武彦『パクス・デモクラティア——冷戦後世界への原理』(東京大学出版会,1996年)。

と米国が主導する一極化した世界を正当化しようしたが、そのいずれも10年以上経った今では妥当しなくなっている[2]。

特に、2014年に入り、ロシアのクリミア併合（3月17日）を契機とするウクライナ危機が生じてからは、欧州においてもロシアが近外国（near abroad）と呼ぶ旧ソ連邦領域において、リベラルな世界秩序を求める動きから地政学（geopolitics）が支配する世界に回帰し始めたのではないかとみられる状況が出現している。このような地政学的な動きは、特にユーラシア大陸の東と西において顕著にみられる。米国の国際政治学者であるミード（Walter Russsel Mead）は、自由主義と資本主義ならびに民主主義を標榜し冷戦に勝利したリベラル勢力に対抗する中国、ロシア、イランという修正主義勢力がこのような冷戦後の秩序を覆そうとしているが、これは世界政治のバランスを崩し、国際政治のダイナミックスを変化さるものであると指摘している[3]。

ロシア、中国、イランを修正主義勢力と呼ぶか否かはともかく、これらのユーラシアの古典的な勢力、特にロシアと中国が帝国主義的な対外膨張政策ならびに強大な軍事力と国力を背景に、領土や勢力範囲の拡大という地政学的な手法で冷戦後のリベラルな世界秩序が優勢となることに異議申し立てをしているとみることは可能である。今日世界は確実に秩序の変革期を迎えている。

本稿においては、こうしたユーラシア、特に東アジアの地政学的な状況の変化が日本と東アジアの安全保障に及ぼす影響を分析し、それを踏まえた日本の外交政策のオプションについて考察を試みるものである。

II　世界の多極化とアジアの危機

1　日中間の地政学的覇権争いと文明の衝突

現在、日本を取り巻く東アジアの状況は極めて緊張感に富んだものになっている。たとえて言うならば、1970年代の東西冷戦下のドイツを取り巻く状況に似た事態が東アジアにおいて起きている。地政学的な観点からは、日本の周辺には核兵器国である中国とロシア、そして核武装しようとして核を弄んでい

---

[2] Robert Kagan, *Of Paradise and Power: America and Europe in the New World Order*, Knopf, 2003.

[3] Walter Russell Mead, "The Return of Geopolitics, The Revenge of Revisionist Powers" *Foreign Affairs*, May/June 2014, pp. 69-70.

る北朝鮮が存在している。これに対して日本も韓国も核兵器を持っておらず，その究極の抑止力は核大国である米国との間の同盟ないし安全保障条約に依拠している。核兵器による威嚇と領土拡張という帝国主義的な野心の存在ならびに歴史認識をめぐるイデオロギーの対立という意味で，東アジア地域には冷戦時代の米ソの対立構造に似通ったものが存在している。その一方で，冷戦時代に米ソ間の軍事対決を抑止してきた相互確証破壊（MAD）と呼ばれる核兵器の「恐怖の均衡」が現在の米中間に存在しているかは必ずしも自明ではない。まして，北朝鮮の核兵器については，予測可能性がなく，核抑止に関しては不安定な状況が存在しており，核の使用の敷居が低い危険な状況にある。

　米ソの冷戦は資本主義 vs 共産主義というイデオロギーを巡る対立であった。だが，今日，中国も資本主義を取り入れ，「国家資本主義」（State Capitalism）と呼ばれる市場を重視する社会主義体制に移行しているので，米露はもちろん，米中という大国間にイデオロギー上の対立が生じているわけではない。米中は共に対立を避け，宥和政策をとっているかにみえる東アジアにおける対立構造のメインプレーヤーは 中国，日本，韓国であり，日中，日韓の間には歴史認識を巡る深刻な政治対立ならびに領土をめぐる争いが生じている。歴史認識は冷戦時代の資本主義 vs 共産主義というイデオロギー対立に代わる新たなイデオロギーの対立であり，領土問題は伝統的な地政学上の対立である。より具体的に言えば，現在東アジアで起きている対立は，日中韓三国間，とりわけ日本と中国の間でのこの地域におけるリーダーシップをめぐる覇権争いとみることができる。

　そして中国と韓国による歴史認識問題の積極的な政治利用がこの東アジアの覇権をめぐる対立を助長しており，日本を孤立させ，その地位を低下させるための手段として利用されている。すなわち東アジアにおいては，米中，米露間ではなく，中国・韓国という儒教文明連合と日本文明との間でハンチントン（Samuel Huntington）も予想できなかった形の「文明の衝突」的な対立状態が出現していると言っても過言ではない[4]。

---

(4) サミュエル・ハンチントン『文明の衝突』鈴木主税訳（集英社，1998 年）480-483 頁。ハンチントンは本書の中で，2010 年には米軍は再統合された朝鮮半島から引き揚げており，日本での軍事プレゼンスも大幅に削減しているとの仮説を立てている。そのような状況下で起こり得る文明間の対立は，南シナ海における中国とヴィエトナムとの間

第 1 部　伝統的安全保障

　国際的な論調においては，例えば米国のニューズウィーク誌が分析するように，現在の東アジアの状況は，ちょうど100年前の第一次世界大戦以前のヨーロッパの状況，すなわち新興勢力ドイツの台頭とこれに対抗する英，仏等の既存の勢力との対立によく似ているとの見方もある[5]。当時のドイツの軍事的な拡張と現在の中国の膨張を同じような性質と捉える見方である。確かに中国もドイツも大陸国家であり，大陸国家型の地政学によくみられる生存圏の拡大という点において第一次大戦前の状況に似ている面もある。ただし，この種のアナロジーには慎重な考慮が必要と考える。貿易が発展し，国々の経済の相互依存関係が拡大してくると戦争が起こりにくくなるとの見方もあるが[6]，必ずしもそうではないということも第一次世界大戦前の状況は示している。

　第一次世界大戦が起きた原因はイデオロギー対立ではなく，帝国主義的な膨張による地政学的な対立であったと考えられる。現在東アジアで生じている対立は，地政学的な対立と歴史認識問題の政治利用に加えて文明的な要素が複雑に絡み合ったもので，単純に比較することはできない。また，核兵器の存在という点も当時の状況とは違う。現在，中国はその対外膨張を声高に正当化しつつ，時間をかけて進めているのに対して，当時のドイツは静かに，しかし，性急に拡張政策を進めたことからも単純な比較は禁物であると考える。

2　中国の平和的台頭から中華帝国主義への路線変更

　中国については，これまでの鄧小平の路線であった「平和的台頭」や「韜光養晦」といった協調的な路線を巡って，国務院系統と人民解放軍との間に対立があるともいわれている。その結果として，特に海洋戦略を中心に，将来米国

　　の石油をめぐる戦争であり，これを機に日本は中立を宣言して米軍基地を制裁隔離する，中国が軍事的に勝利するや日本は中立から中国寄りとなり，中国の要求にしたがって参戦国となるというシナリオを描いている。現実は，ハンチントンの想定とは全く異なる形で推移しており，日本と中国が対立することは想定外であったようだ。
[5]　ザカリー・ケック「中国が防空識別圏に秘めた意図」『Newsweek日本版』2013年12月24日号24-25頁。
[6]　コーデル・ハル『ハル回顧録』宮地健次郎訳（中央公論新社，2001年）51-53頁。なお，韓国の朴 槿惠政権には東アジアにおいては経済的相互依存関係が深まっているにも拘らず，歴史解釈や領土をめぐる摩擦が増しており，政治・安全保障上の協力関係の発達が遅れているというアジア・パラドックスの考え方が存在しているという（防衛研究所編『東アジア戦略概観2014』89-90頁）。

と対等に渡り合える戦力と戦略を保持しようとする動きが見られる。太平洋を米中二国で分割しようという海洋におけるG2戦略については，中国人民解放軍は真剣にそれを考えているとみられ，米国に対しても様々な機会をとらえその考えを伝達している[7]。中国による尖閣の領有権の主張は，そのような積極的な海洋戦略の具体例として日中間の争いに発展してきているが，これは西太平洋進出の足がかりを求める中国人民解放軍の接近阻止・領域拒否（A2AD）能力の向上（米軍のエアシーバトルASBに対抗するもの）のための重要な布石とみられる。また，2013年11月23日の東シナ海における中国の防空識別圏（ADIZ）の設定は，西太平洋における覇権の確立という長期戦略の一環としての措置であるとの見方もできよう[8]。

東アジアで起きている冷戦的な対立の中心となるものは，領土問題と歴史問題である。領土問題は日本が実効支配している尖閣諸島（中国名は釣魚島）に対する中国の領有権の主張であり，他の1つは日本海において韓国が占拠している竹島（韓国名は独島）をめぐる日本の領有権の主張である。歴史問題とは，中・韓両国が最近連携して厳しく日本を非難している従軍慰安婦の問題であり，2013年12月26日の安倍晋三首相の靖国神社参拝をはじめとする歴史認識と戦争責任さらに，日本海の名称を「東海」に変えよう（ないしは併記しよう）とする韓国の執拗な外交である。

それぞれの論点についてここで詳しく説明する余裕はないが，問題の本質は，中国が2010年に日本のGDPを追い越して世界第2位の経済大国となり，韓国も世界第15位の経済大国としてG20の一員となり，両国とも飛躍的に国力を強化したという自負からくる大国意識とナショナリズムの高揚である。そしてそれを背景として，過去に中国や韓国がおかれた屈辱的な歴史の修正を求め，過去の栄光の復活を夢見る復古主義にナショナリズムが結びついて，東アジアの一角に中・韓反日連合による地域覇権闘争が起きている。両国とも大中華主義（中国）と小中華主義（韓国）という儒教的な世界秩序観に立脚して自らを

---

(7) 2007年8月20日の共同通信は，同月17日のワシントン・タイムズ紙によるとして，キーティング米太平洋軍司令官が訪中した際に，中国側が太平洋を東西に分割し東側を米国，西側を中国が管理することを提案したと報じている。2013年6月の米中首脳会談での習近平国家主席の「太平洋は米中二国で分け合うのに十分な広さがある」との趣旨の発言もこの流れに沿ったものとみられる。

(8) ケック「防空識別圏」25頁。

第1部　伝統的安全保障

世界の中心（中華）とみなし，日本を野蛮な周辺国とみなす共通の世界観から日本の衰退を望んでいるとみられる。

　中国の日本に対する覇権争いの根源は，1840年の阿片戦争以降の欧米列強と日本による中国侵略という屈辱的な歴史を修正することである[9]。直近の侵略者である日本に対する復讐は，とりもなおさず当時の清朝の犯した過ちを改め，「中華民族の偉大な復興」という中国人民の長年の夢を実現するためである[10]。習近平国家主席の提唱するチャイニーズドリームの実現，即ち，当時世界経済の約3割を占めていた清の時代の中華帝国の勢いを取り戻そうとする復古主義的な超大国願望が領土拡張欲求を強めている。経済発展に伴う資源の確保という実利的な要請とともに米第7艦隊に対する領域の安全の確保という「核心的な利益」の保護がその目的である。そして具体的な行動としては，東シナ海における尖閣の領有権の主張や南シナ海における海洋権益の確保のためにヴィエトナムの艦船や漁船に対する実力行使にまで発展している。本来的には大陸国家である国がこのように海洋権益を強硬に主張するということは，過去のドイツにおいても見られたが，いずれにしても，これは膨張主義の象徴的な動きである。

　このような動きが始まったのは，1992年の中国国務院による「領海及び接続水域法」の制定以降である。前述のとおり，中国は将来太平洋をアメリカとともに東西に二分するとの大きな野望を抱いており，そのために中国の国土防衛と台湾奪還にとって死活的な第一列島線を死守するとともに，米国第7艦隊の行動を制約するための第二，第三列島線を有利に確保するために，西太平洋への進出を企てている。尖閣諸島を制することは，中国の西太平洋への進出を容易にするうえで必要なものである。冷戦時代に，ソ連がオホーツク海から北太平洋に出るための拠点として，日本の北方領土を死守せんとしたことと一脈通じるものがある。

　中国が行う戦いは3つあるといわれている。1つは軍事戦（Warfare）であり，2つ目は心理戦（Psycofare），3つ目は法律戦（Lawfare）である。この3つの戦いを効果的に行うべく，中国は世界の各地において日本に対して心理戦と法

---

[9]　朱建栄『中国外交　苦難と超克の100年』（PHP，2012年）28-39頁。
[10]　習近平総書記は，中央政治局第1回集団学習で演説した際「中華民族の偉大な復興」というフレーズを4回も使用している（防衛研究所編『東アジア戦略概観2013』169頁）。

律戦を仕掛けてきている。日本の外務省の調べによれば中国は 2014 年 1 月の時点で 59 カ国において，安倍総理の靖国神社参拝問題を始めとする戦争責任，軍国主義に関するプロパガンダを大使レベルで組織的に行っている。これに対抗して日本も関係国に駐箚する大使が反論を行なっているが，このようなネガティブなパブリック・ディプロマシー（対市民外交）は両国の対立を鎮める上で何の役にも立たない。中国の喧伝の舞台とされている国々も迷惑な話であろうが，中立的な立場を保っている欧州諸国においては中国・韓国連合と日本との間を取り持つ効果的な仲介の方法がないものか検討してもらうのも悪くはなかろう。

　日本は 1972 年に中国と国交を回復した。その際の日中共同声明第 7 項では，「両国のいずれもアジア，太平洋地域において覇権を求めるべきではなく，このような覇権を確立しようとする他のいかなる国，国の集団による試みにも反対する」として，両国とも覇権に反対することを約束している[11]。これは当時のソ連を念頭に置いたものだが，この共同声明の核ともいえる覇権を求めないという合意事項が今や有名無実化しているといってよい。おそらく，その原因は中国からすれば，日本の突然の尖閣国有化であり，日中国交回復の当時，暗黙の了解があったと中国側がみなしている領土問題を棚上げするという大原則を，日本側が破ったと認識しているからであろうと思われる。他方で日本政府の認識はそうではない。当初，石原東京都知事が東京都が尖閣を買うと言いだして募金を開始したのであるが，日本政府としては，国が所有する方が問題が起こらないだろうという気持ちで国有化したとみられている[12]。それが結果的には，棚上げを放棄したのは日本であると言わせる口実を中国に与えてしまったのではないかと思われる。中国は，爾来尖閣の領有をめぐって中国公船の領海侵入や中国海軍の艦船による日本の海上自衛隊艦船に対するレーザー照射（ロック），防空識別圏の設定と戦闘機による異常接近等危険かつ執拗な動きを繰り返しているが，このようなことは長期化することを覚悟しなければならない。

---

[11] この共同声明第 7 項は，1978 年の日中平和友好条約では第 2 条として規定されており，条約上の義務となっている。

[12] 尖閣国有化にいたる経緯と背景については，春原剛『暗闘尖閣国有化』（新潮社，2013 年）を参照。

第1部　伝統的安全保障

3　韓国のナショナリズムと小中華主義

　一方で，韓国についても同国の反日感情，反日ナショナリズムは昨今極めて熾烈になっている。その象徴的な事件となったのは，2012年8月10日の李明博大統領の竹島上陸であった。慰安婦問題に関する国内世論対策として，韓国憲法裁判所の判決を受けて日本の対応を促すべく様々な試みを行なった李明博大統領であったが，日本政府がこれに応じなかったために，政権末期にその反動として竹島を訪問したというのが真相ではないかと思われる。李明博大統領の後継となった朴槿惠（パク・クネ）韓国大統領は，就任当初から反日的な言動と外交を展開しており，安倍総理との首脳会談を頑なに拒否している。なぜ韓国が昨今ここまで執拗に反日的言動を繰り返しているのかについては，様々な解釈があり得るが，筆者は以下のとおりと考えている。

　韓国は日清，日露の戦争を経て1910年に日本に併合され，35年間にわたり日本の支配下に置かれ，日本の敗戦後は南北に分断されるという民族の悲哀を味わっている。韓国経済が日本に依存していた近年までの状況においては，韓国にとっては経済発展と先進国入りが最大の課題であった。今日それを成し遂げた韓国としては，過去の植民地支配の辱めを克服せんとする強烈なナショナリズムが経済大国化とともに生じている。これは中国の経済大国化に伴うナショナリズムの高揚と屈辱的な自国の近代史の超克の動きと相通じるものがある。ここでも問題は民族主義，ナショナリズムであり，本来北朝鮮の核兵器開発に対抗して協力すべき相手である日本との関係をかたくなに閉ざし，中国との関係の強化に腐心している。

　韓国の朴槿惠政権の外交の根本には，アジア・パラドックス論とG2論があるといわれている。アジア・パラドックス論は経済の相互依存関係が高まっているのに，領土や歴史問題で摩擦が増大して，政治・安全保障上の関係の発展がみられないという見解である。G2論は，中国はすでに米国と並ぶ超大国になったという見方であり，これからは米国にのみ依存すべきでなく，中国とも緊密な関係を構築すべきであるというものである[13]。中国と日本という大国に挟まれた韓国としては，日本の国力が衰退しつつある今日，安全保障は引き続き米国に依存しつつも，朝鮮半島の統一実現と経済・貿易面では中国に依存し

---

[13]　防衛研究所編『東アジア戦略概観2014』89-90頁。

ようという「二股外交」(韓国から見れば「バランス外交」というのかも知れない)を進めようとしている。早晩東アジアにおける覇権を確立するであろうと韓国が見ている中国と歴史認識等の問題で連携することは，朴政権の提唱する「人文紐帯」(韓国と中国が共有する儒教や漢字などの文化的な基盤)の関係を強化する戦略にも合致するものであり，これにより日本の影響力をさらに少なくすることができるとみて行動しているものと思われる。

III　米中G2時代は到来するか

米国も，特にオバマ大統領の二期目の政権に入ってからは，21世紀のスーパーパワー中国への備えもあり，リバランシングと呼ばれるアジアへのシフトとシリアやウクライナへの対応に見られるように地域紛争への軍事的な介入を回避しようとするモンロー主義外交の片鱗が見えつつある。世界は，欧州が金星でそれ以外が火星という比喩が最早通用しない新たな地政学が支配する帝国主義的な勢力均衡の時代に突入しつつある。米国が唯一の超大国である時代は既に過去のものとなっており，パワーの分散と多極化世界（multipolar world）もしくはハース（Richard Haass）やアイケンベリー（John Ikenberry）が言うような無極化世界（nonpolar world）あるいはブレマー（Ian Bremmer）の主張する「Gゼロ」のような世界（リーダーなき世界）が生まれつつあるのではないかと考えられる[14]。

そのような新しい世界秩序を形成していく国として米国と中国が挙げられる。問題は，この2つの大国が，多極化した世界の状況の中でかつての東西冷戦時代のような対立と不信に根ざす二極世界の到来を再現するのか，それとも習近平中国主席が2013年6月7-8日に米国パームスプリングで行われた米中首脳会談で主張したように，冷戦時代とは異なる「新型の大国関係」の構築を目指して協調的な二極世界（G2）を実現できるのかということである。意図の問題とは別に能力の問題として，果たしてそのような大国関係が実現可能か否かは現時点ではなお未知数と言わざるを得ない。現時点ではっきりしている

---

[14] 神余隆博『多極化世界の日本外交戦略』（朝日新聞出版，2010年）26-28頁。
　　Gゼロとは，世界のリーダーになるという課題に対応できる，単一の国または永続的国家連合が存在しない世界秩序をいうとされている。イアン・ブレマー『「Gゼロ」後の世界』（日本経済新聞出版社，2012年）13頁。

ことは，米中が牛耳る二極世界，いわゆる G2 のような状態は生じていないということである。果たして G2 の時代が来るのかどうか，また，来るのであればいつなのかは，恐らく当事者である米中両国にも見通せないであろう。少なくとも，中国が国民総生産（GDP）で米国を追い越すと見られている 2020 年～2030 年頃までは，現状のような多極化（あるいは無極化）した世界の状態が続くであろうと思われる。

Ⅳ 中露のユーラシアパワー連携

いま欧州で起きている危機は 2 つある。1 つは，2014 年 3 月 18 日のロシアのクリミア併合による欧米とロシアの冷戦的な対立（東西対立）である。2 つ目は小康状態を保っているが，2012 年以降のユーロ危機によって生じた欧州の信頼性の危機（南北対立）である。

クリミア半島をめぐる米・EU 諸国とロシアの対立は東西欧州の新たな断層線（フォールトライン）の出現と「新冷戦」と呼ばれる地政学的なリスクの存在を改めて想起させている。ロシアによるクリミアの編入は 1938 年のヒトラーによるチエコのズデーテン地方の併合にも似た対外膨張政策の表れであり，この影響は欧州にとどまらず，世界に波及する地政学的リスクである。

ロシアの行為は，武力の威嚇による他国の領土の編入という国連憲章に違反する行為であるのみならず，後述する 1975 年の欧州安全保障協力会議（CSCE）ヘルシンキ最終文書で合意された武力による国境変更禁止の原則へのあからさまな挑戦であり，許されるものではない。欧州は再び冷戦的対立に回帰しようとしている。

さらに，このような地政学的リスクの世界への拡大を助長しているのが，中国とロシアの戦術的な連携である。ウクライナ問題でロシアが，南シナ海問題で中国がそれぞれ世界から孤立しつつある状況下で，今後とも両国は影響力を誇示するために，米国の国力が低下するまでの間，戦術的な共闘関係を継続するであろうと思われる。プーチン大統領はソ連邦崩壊は誤りであったと考え，強いロシアの再興を実現しようとしている。また，習近平国家主席は「中華民族の偉大な復興」を夢見ており，両者は超大国願望を共有している。2015 年は第二次世界大戦の終戦 70 周年であり，中露両国は 2014 年 5 月 20 日に上海で行われた首脳会談で，ドイツのファシズムと日本軍国主義に勝利した 70

〔神余隆博〕　　　　　　　　　　　　*1*　東アジアの安全保障と日本外交

年目の記念の年を共に祝すことを約束している(15)。第二次世界大戦を巡る歴史認識を共有し，自らの孤立を回避することが目的であるとみられる。このような状況では，日本とドイツが国連安保理の常任理事国になるような安保理改革が中露両国に受け入れられることは当分の間期待できない。両国はすでにシリア問題で4回もそろって拒否権を行使しており，ロシアが当事国であるウクライナ問題は安保理では処理できない。安保理の機能は事実上麻痺しているのも同然である。将来，朝鮮半島もしくは東シナ海ならびに南シナ海のような中国の核心的利益の対象となっている地域で何らかの緊急事態が発生した場合にも，安保理は機能しないことが予想される。このような事態に国連は無力であり，集団安全保障は機能しないので，そのような場合に信頼できるのは集団的自衛権に基づく同盟のみであるというのが国際政治の現実である。

　以上述べたような世界秩序の転換期において，日本はいかなる戦略と方針をもって東アジアの国際関係を処理し，外交を展開していくべきかについて次に筆者の考えを簡単に示しておきたい。

V　いまなぜ，集団的自衛権か

　世界でもユニークな戦争放棄を規定する日本国憲法第9条は，戦後70年間日本の平和国家のイメージを定着させる上で外交面でも大きな役割を果たしてきた。しかし，世界情勢の劇的な変化，中国の軍事的な膨張と東アジアにおける覇権を確立しようとする動き，米国の軍事的介入の抑制的な傾向等に鑑みれば，日本にとっては米国との同盟関係の強化による抑止の信頼性の向上と個別的または集団的自衛による安全保障の確保の必要性はこれまでになく大きくなっている。

　今後，日本の周辺で生じ得る日本および日本人の安全を脅かす危機の可能性は主として次の4つが考えられる。①朝鮮半島有事，②台湾海峡有事，③東シナ海（尖閣）有事，⑤南シナ海有事。東アジア地域の安全保障環境については，核兵器とミサイルの拡散，兵器技術の高度化，中国を中心とする軍事費と軍備の急速な拡大，力を背景とする現状変更の試み，不測の事態を招きかねない危

---

(15)　msn産経ニュース「中露首脳会談，中国"援軍"プーチン氏を歓迎……孤立の中で「同盟」確認」http://www.sankei.com/world/news/140520/wor1405200014-n1-html 2014年5月20日。

第1部　伝統的安全保障

険な行動の頻発，平時でも有事でもないグレーゾーンの事態の長期化とこれが重大な事態に転じかねない危険性等が指摘されている。このようなことを背景として日本の防衛と安全保障のあり方を法制度も含めてあらゆる角度から検討し，整備しておかねばならない緊急性が生じている。これまでのように個別的自衛と日米同盟によって日本の安全が確保され，信頼に足る抑止力が維持されるか否かは必ずしも確実と言えない状況になりつつある。国家の安全保障への予期せぬ事態は想定外では済まされない。日米同盟による抑止力を高め，他国による武力行使や武力行使未満の事態の発生を未然に防ぐためにも，これまでタブー視されてきた集団的自衛権の問題に踏み込まざるを得ない状況が出現している。

　集団的自衛権に関しては，国際法上有しているが憲法上行使することが許されないというストイックな解釈を今後とも堅持することは，ユーラシアを中心とする世界情勢の地政学的な変化という日本がこれまでに経験したことのない安全保障環境に鑑みて，日本の平和と安全を維持する上で果たして現実的かつ適切なのか再考が必要と考えられる。日本国憲法は同時代の国連憲章の思想的流れを汲むものであるが，自衛権に関する規定は存在しない。ただ，規定されていないから自衛権が行使できないのではなく，政府も国会もこれまでの憲法の解釈として個別的自衛権までなら行使できると考えてきた。

　同様に国連平和維持活動（PKO）についても，国連憲章に明示の規定はない。だが，国連加盟国は憲章に規定がないからできないとは考えず，紛争の平和的な解決を規定する第6章と紛争の強制的な解決を規定する第7章の中間に位置する措置と解釈して，安保理決議や総会決議に基づいてPKOを実施してきた。けだしPKOのような軍事要員と文民による平和維持のための措置は，国連憲章に内在する黙示の権限（implied powers）により可能と考えられてきたからである。日本国憲法も同様である。明示の規定はなくとも憲法に内在する黙示の権限として，国際法上認められている集団的自衛権を関係の国内法に基づいて行使することが可能と考えることはなんら立憲主義に反するものではない。

　日本を取り巻く国際環境の劇的な変化の中で，安倍政権は2014年7月1日に閣議決定を行い，次のとおりこれまでの憲法解釈を変更することを決定した。

　　　現在の安全保障環境に照らして慎重に検討した結果，我が国に対する武力攻

〔神余隆博〕　　　　　　　　　　　*1*　東アジアの安全保障と日本外交

撃が発生した場合のみならず，我が国と密接な関係にある他国に対する武力攻撃が発生し，これにより我が国の存立が脅かされ，国民の生命，自由及び幸福追求の権利が根底から覆される明白な危険がある場合において，これを排除し，我が国の存立を全うし，国民を守るために他に適当な手段がないときに，必要最小限度の実力を行使することは，従来の政府見解の基本的な論理に基づく自衛のための措置として，憲法上許容されると考えるべきであると判断するに至った。

　これは，①我が国の存立が脅かされ，国民の生命，自由及び幸福追求の権利が根底から覆される明白な危険があること，②他に適当な手段がないこと，③必要最小限度の実力の行使であることという厳格な3条件付きの行使容認であり，集団的自衛権の限定的な行使であると日本政府は説明している(16)。

　集団的自衛権と憲法との関係を調整する方法としては，①憲法改正，②解釈の変更ないし新たな解釈の採用，③事情変更（「憲法の変遷」）の考え方の採用の3つの可能性があるが(17)，政府は②の解釈の変更の道を採用した。日本の存立が脅かされる場合や幸福追求の権利が根底から覆される場合に限る限定的な行使容認であるので憲法改正の必要性はなく，また，集団的自衛権は憲法成立当時から国際法上存在していたので，事情変更の原則を援用することも不適切と判断されたからであろう。したがって消去法的に，解釈の変更が最も現実的なオプションとならざるを得ない。

　閣議決定による憲法解釈の変更の方法によるとしても，集団的自衛権を限定的に行使できるようにするためには，自衛隊法等関連する法律の改正を行う必要がある。したがって，その実体は法律に基づく解釈の変更とみることができる。この点ではドイツが，1994年に憲法裁判所の司法的な判断により，基本法（憲法）を改正することなく解釈を変更したことと大差はない。因みに，ドイツでは憲法裁判所の判決は連邦の法律と同等の効力を有するものとされてい

---

(16)　これまでの政府見解は次のとおりである。「わが国が，国際法上，このような集団的自衛権を有していることは主権国家である以上，当然のことであるが，憲法第9条の下において許容されている自衛権の行使は，わが国を防衛するための必要最小限度の範囲にとどまるべきものであると解しており，集団的自衛権を行使することは，その範囲を超えるものであって，憲法上許されないと考えている。」（昭和56年5月29日衆議院稲葉誠一議員質問主意書に対する答弁書）。

(17)　神余隆博『国際危機と日本外交』（信山社，2005年）252-253頁。

第1部　伝統的安全保障

る。以下に参考までにドイツの基本法の解釈変更に至る経緯を記しておく。

ドイツは基本法（憲法に相当）第24条第2項で「相互集団安全保障機構」への連邦の加盟を容認し，これに基づきドイツは1955年にNATOに加盟した。また，解釈ならびに運用の問題としてドイツ連邦軍の活動範囲をNATO域内に限定してきた。しかし，その後，湾岸戦争の教訓から連邦軍をNATO域外にも派遣できるようにするために基本法改正の準備が行われた。その内容は，①安保理決議ないしドイツの参加する地域的取極の枠内での平和維持，②国連憲章第7章，第8章の下での平和回復，③国連憲章第51条に基づく集団的自衛権行使の3つのケースに連邦軍の参加を認めるというものであった（①と②は連邦議会の過半数，③については3分の2の同意が必要）。

その後，1993年4月から5月にかけて，ソマリアのPKO等への連邦軍の参加に関し連邦憲法裁判所に違憲訴訟が提起された。連邦憲法裁判所は1994年7月12日，基本法第24条第2項により連邦は相互集団安全保障機構に参加できるが，これらの機構への加入に伴って生じる任務の実行も可能であると判示するとともに，武器を携行する連邦軍の部隊が参加する場合には，原則として事前に連邦議会の過半数の賛成による承認が必要であるとの判決を行った。このようにドイツでは基本法の改正も法律の制定もなく，司法的な判断により集団安全保障と集団的自衛権の問題の解決が図られた。これによりドイツは，安保理決議に基づくPKOや多国籍軍ならびに平和執行活動等に参加してきている[18]。

VI　東アジアの冷戦思考を打開する日本外交戦略

1　武力で現状を変更しないという原則の普遍化——アジア版ヘルシンキ合意

1975年にヘルシンキで開かれた欧州安全保障協力会議（CSCE）は，冷戦の最中であったが東西欧州とカナダ，アメリカも参加した35カ国の首脳会議である。欧州で参加しなかったのはアルバニアだけである。その首脳会議で，第二次世界大戦後の境界線（frontiers）の現状を出発点とし，現状（status quo）を武力で変更することはしないことを東西欧州で合意した。その上で経済交流を活発化し，人権と自由を尊重することに合意した。

---

[18]　神余隆博『新国連論』（大阪大学出版会，1995年）155-158頁。

現状固定は東側が，人権と自由の尊重は西側の求めたものであった。武力をもって境界線を変更することは勿論許されないが，対話と交渉によって平和裡に変更を行うことは排除されていなかった。ここに東西ドイツ統一への期待が込められていたのであるが，当時はそれがいつ実現するのかは闇の中であった。しかし，このヘルシンキ合意は結果として冷戦時代の武力衝突を抑止し，人権と自由の尊重を求める底流が14年後に冷戦を終了させることになったことは記憶にとどめて然るべきである。

　冷戦が崩壊したことの結果として，かつての東欧諸国はEUに加盟し，国境と領土の問題は2014年3月18日にクリミアがロシアに編入されるまでは，欧州では外交の最前線から消えていた。まさに国境が相対化していたのである。ドイツ統一への願望から当時の西独が嫌がった国境（national border）という言葉を使うことなく，境界（frontier）と呼ぶことでこの原則問題を解決している。

　日本は昨今，安倍首相自ら各種国際会議（シャングリラ会議等）やNATO本部訪問の際のスピーチならびに関係国との二国間会談等において武力による現状変更の禁止を訴えている。今後は，これをさらに一歩進め，武力による現状変更の禁止と法の支配の原則の尊重と共に，1972年の日中共同声明（第6項，第7項）や1978年の日中平和友好条約（第1条，第2条）で合意された紛争の平和的な解決の義務と覇権を求めず，また，覇権を求める試みに反対するとの原則を，アジアの安全保障に関するフォーラムや国際会議の枠組みでASEAN等の国々と協力して多国間の政治合意ないし宣言として確立するように戦略的に行動していくことが重要になってくるであろう。対立を乗り越えるためには，原則論を唱えるだけではなく，情報戦，心理戦に備えるとともに，積極的に法律戦に打って出ることが必要である。それには強い政治力と，プロフェッショナルな外交力が必要であることはいうまでもない。

　因みに「ステータス・クオ（現状）の承認」と「問題の棚上げ」では外交的な意味合いが異なる。棚上げは問題の先送りであるが，ステータス・クオの承認は現状の肯定であり，問題の凍結や先送りではない。第二次大戦の結果として生じた東アジアのステータス・クオを取り敢えず認めることは，日本が実行支配をしていない北方領土や竹島との関係では好ましくはない。しかし，中国が「核心的な利益」と明言した尖閣については，棚上げではなく現状の日本の

第1部　伝統的安全保障

実効支配のステータスが多数国間で国際的に確認されることになる。これと併せて偶発的な衝突防止や信頼醸成のためのメカニズムを作り上げ，軍・防衛当局間の対話を促進することが肝要である。

　そのような枠組みには，中国との間で南シナ海の島の領有権をめぐり問題を抱えているASEAN諸国は勿論のこと，韓国もロシアも応じざるを得ないのではないかと考えられる。そしてアメリカもこの合意に進んで入るような大きな枠組みを作っていくことが，いま日本として行う外交であり，軍事的な衝突の危険を回避する外交ではないかと思う。中国がこれに反対する場合には，中国はすべての国を相手にして外交上孤立する状態に追い込まれる。そうなれば，面子を重んじる中国としてはそこから外交的な妥協の余地が生じてくるものと考えられる。北方領土と竹島については，現状となんら変化はない。領有権の主張は今後も維持しつつ，その最終的な帰属の問題は今後の外交交渉や後述の東アジア共同体構想というより大きな，長期的なヴィジョンの中で妥協点を探るべき課題となる。

　中国も韓国も近年とみに大国意識が高揚している。韓国の李明博前大統領が竹島訪問後に語った，「日本の影響力はそれほどでもなくなっている」という認識がおそらく両国に共有されているものと考えられる。中国が米国との本格的な覇権をめぐる争いを始めるにはまだ相当な時間が必要である。どんなに早く見積もっても中国が米国を経済的に追い越すと予想される2020年代より前には想定できないし，それ以降も起こらないかもしれない。ロシアを巡る「新冷戦」の可能性と朝鮮半島情勢等，来るべき世界秩序が方向性を定めるにはまだ不確定要素が多すぎる。

　それまでの間，中国は，米国との間では「新型の大国関係」を模索して，協商（話し合い）による非対立的な関係を維持するのではないかと思われる。他方，中国は米国（特にオバマ大統領）の対中宥和的政策を見越して，この際日本との間では，武力行使未満のさまざまな手段で東アジアにおける華夷秩序的優劣を決する好機到来ととらえているのではないかと思われる。

　近年の中国と韓国の動きは，日本の衰退を見据えた東アジア地域におけるリーダーの交代を求める動きととらえられる。日本は，このような時代の大変化を目の当たりにし，政治も外交も「冷静」ではあるが「戦略的に」対応すべきである。こと領土問題になると，いかなる国も安易な妥協は出来ない。武士

道の精神で惻隠の情など示して相手に宥和的な態度を示せば，間違ったメッセージを与えることになり，取り返しのつかない事態となるのは過去の例の示すところである。

　だからと言って原則論を死守さえすれば良いというものでもない。日中間の地政学的な対立構造が突発的な武力行使の事態に至るのを防止するためには，前述のとおり，日本は関係国と共に積極的な平和攻勢に打って出る必要がある。その際，日本はすでに紹介した冷戦時代の欧州の経験からヒントを得ることができる。

　いま最も避けなければならないことは，「ヘルシンキ最終合意」のような危機予防のルールが存在しないアジアの「冷戦状態」が，領土や資源をめぐり武力行使の事態にエスカレートすることである。冷戦時代の欧州にも起こらなかった武力行使に至ることは何としても避けなければならない。領土問題については，対話と交渉を通じて解決を目指すことが古くて新しい知恵である。日中共同声明の反覇権条項が守られようとしていない今こそ，日本はこれを梃として積極的に平和攻勢に踏み出すべきであり，将来東アジアの冷戦構造の崩壊につながる，現状維持と武力の不行使を中核とするアジアの安全保障構想を国際社会に示すべきである。そのためには，ASEAN諸国等志を同じくするアジアの多くの国々と組んでアジア版の「ヘルシンキ会議」開催を提唱し，合意の形成をはかる誠実かつしたたかな戦略外交を今こそ行う勇気が求められている。

2　日中・日韓の和解のためのパブリック・ディプロマシー

　日中，日韓の和解の問題を考えるにあたり参考になるのはドイツとフランスの間の和解の先例である。

　200年の間に4度も戦争を経験した両国は，日本と中国以上に憎みあっていたかもしれない。しかし今は，和解し許し合う状況になっている。アデナウアー（Konrad Adenauer）西独首相とドゴール（Charles de Gaulle）仏大統領，シューマン（Robert Schuman）元仏外相の3人が中心になって独仏の関係改善を行った。アデナウアーもシューマンもライン川をはさんだライン人という共通の感情があったのであろうが，この独仏関係の修復は，その後の欧州統合推進のベースにもなっている。エリゼ条約と呼ばれる1963年の独仏友好条約は，2013年1月22日に50周年を迎えた。この半世紀の間，未来を担うドイツと

フランスの青少年交流が進んだ。いまや独仏関係は枢軸関係といわれるところまで進展している[19]。他方で、日中平和友好条約は締結して36年、日韓基本条約は49年になるが、未だに和解は実現していない。

　戦争や植民地支配を起因とする和解は困難であるが、決して不可能ではない。ドイツとフランスとの間で和解が成立した背景には、ドイツが許しを求める一方でフランスがそれを受け入れる、つまり許すということがあって和解が成立している。一方的な謝罪だけで加害行為の問題が消えるわけではない。和解は双方向の努力が必要であることは独仏和解の例が示しているとおりである。

　そのことを如実に語っていたのは、フランスのデュマ（Roland Dumas）元外相とポーランドのバルトシェフスキー（Wladyslaw Bartoszewski）元外相であった。1999年10月に東京の国連大学と広島市立大学で開かれた欧州の戦後和解に関するシンポジウムにおいて、デュマ元外相は次のように述べている。「私自身の父もナチスの人質に取られた上、銃殺されている。にもかかわらず、色々な状況が新しい動きを可能にした。様々な人々が『憎しみに背を向けよう。戦争は人類にとって単に不幸であるばかりでなく、愚かな行為である』と非常に政治的意欲をもって示した。ドイツと直接向き合うよりも、むしろヨーロッパの統合という枠組みの中で和解に至ろうとした。例えば、ドイツのブラント首相がワルシャワの戦没者の墓前で頭を下げたことはポーランド人に感銘を与え、ドイツのコール首相とフランスのミッテラン大統領がかつての戦場であるヴェルダンで会見したことは、両国民の心に深い印象を残した。また、全世界の人がそれらの映像を見てドイツの姿勢を改めて認識し、条約とか協定を結ぶ以上に大きな意味をもった。」デュマ氏はドイツの謝罪を受け入れて許すことで関係を修復できると考えたと述べていたのが印象的であった[20]。

　日本に関して言えば、加害者としての責任を忘れてはならず記憶にとどめる努力を続けなければならない。そして、その努力が相手に分かる形で一貫性をもって示さなければならない。和解は一片の条約や協定だけでなされるものではない。国家と国民を代表する政治家の意思と人々の誠意があって初めて可能

---

[19] エリゼ条約の背景と意義については、石橋拓己『アデナウアー　現代ドイツを創った政治家』（中央公論社、2014年）199-200頁参照。
[20] 「ヨーロッパの戦後和解」広島市立大学（広島平和研究所国際シンポジウム、1999年10月17日）http://www.hiroshima-cu.ac.jp/modules/peace_j/content0109.html。

になる。そのようにしてはじめて、中国や韓国等日本の侵略や植民地支配の犠牲になった国において許す気持ちが生まれてくるようになる。日本はこのための外交努力を傾注し続ける必要がある。それと同時に被害者の側においても憎しみや恨みを増幅するだけの政策をとるのではなく、許すという文化と政治的意思を持つようにすべきである。日本は、またこの点に関して世界の世論を喚起していく外交も強化しなくてはならない。

かつて"Japan as No. 1"という本を書いたヴォーゲル（Ezra Vogel）氏は日本の戦後の素晴らしい歴史をもっと中国や韓国に説明すべきだと主張している[21]。相手の世論が変わるのを待つのではなく、日本から働きかけをしなければならない。要するに「パブリック・ディプロマシー」（対市民外交）の必要性である。民主主義が十分に発達していない国の国民にダイレクトに届くようなパブリック・ディプロマシーの実行は容易ではないが、工夫して誠意をもって行うことが重要である。真の和解のためには国を挙げて相手国と世界の市民を動かすパブリック・ディプロマシーの推進がますます重要になってくる。

3　東アジア共同体構想と開放的な地域協力の推進

東アジア共同体構想は、2012年に安倍晋三内閣が成立して以来、日本外交においては現実的な外交課題として話題になることが少ない。この構想は民主党の鳩山由紀夫首相が推進したとの印象を持つ向きもあろうが、実は自民・公明政権時に小泉純一郎首相がイニシアティブをとって進めたものである。

アジアは地理的にも政治・経済・社会・宗教・文化的にも広汎かつ多様であり、その多様性は統合が進む欧州の比ではない。経済状況についても域内最先進国の日本のような国もあれば、バングラデシュのような最貧国もあり、経済的にも統合の条件は整っていない。したがって、アジアにおける地域協力と統合の動きは地理的に近く比較的経済条件の似通ったASEAN諸国を中心にむしろ政治的な観点から進められてきた[22]。

グローバリゼーションの進展と1997年のアジア経済危機を経て、新宮澤構想に基づくチェンマイ・イニシアティヴによる地域内の通貨スワップ取り決

---

[21]　日経ビジネスON LINE 2013年9月20日「アジアの権威、エズラ・ヴォーゲル名誉教授に聞く」。http://business.nikkei6p.co.jp/artiele/interview/20130919/253643/

[22]　谷口誠『東アジア共同体――経済統合のゆくえと日本』（岩波書店、2004年）19頁。

めの締結など，近年東アジア地域における経済的な連帯が進んできた。その後 ASEAN＋3首脳会議の定例開催，日中韓の首脳会議の定例化とこれら3カ国での開催にも合意し，多角的な協力が進展してきた。97 年のアジア経済危機，2008 年の世界金融・経済危機，そして WTO ドーハラウンドの停滞による ASEAN 諸国等との経済連携（EPA）・自由貿易協定（FTA）の締結ならびに環太平パートナーシップ（TPP）協定交渉の開始など，主として経済面において東アジアの地域協力を進展させる動きも活発になってきている。

　前述のとおり，東アジア共同体構想を最初に打ち出したのは自民党の小泉首相である。2002 年 1 月のシンガポールにおける演説で東アジアを「共に歩みともに進むコミュニティ」とし，ASEAN＋3（日中韓）に豪，ニュージーランドを加えた東アジアコミュニティ構想を提唱した。このコミュニティは大文字の Community ではなく小文字の community と観念され，開かれた地域協力が想定されている。

　この小文字の東アジア共同体構築に関する日本の基本的な考え方は，①「開かれた地域主義」の原則に基づき米，豪，ニュージーランド，インドさらには米国等が機能的な協力で役割を果たす，② EU のような政治的な制度や枠組みの導入は将来的な目標であり，当面は FTA や EPA，金融など機能的な協力の促進が中心，③民主主義，自由，人権等の普遍的価値の尊重をベースとして推進するというものであった。そしてこの考えに基づいて 2005 年にクアラルンプールで第 1 回の東アジア・サミット（EAS）が開催され，16 か国（ASEN＋3 およびインド，豪，ニュージーランド）の首脳が参加した。第 2 回目の EAS は 2007 年にフィリピンのセブで，第 3 回は 2007 年 11 月にシンガポールで，第 4 回は 2009 年にタイのチャアム・ホアヒンで開催された。その後，ハノイ，バリに次いで第 7 回は 2012 年にプノンペンで，第 8 回は 2013 年にブルネイのバンダルスリブグワン，第 9 回は 2014 年にミャンマーのネーピードーで開かれている。

　日本が，東アジアにおける戦略的な外交政策の 1 つとして，「東アジア共同体構想」を長期的なヴィジョンとして推進してきたことについては，欧州諸国を含め積極的に評価されている。汎欧州主義の父であるクーデンホフ＝カレルギー（Richard Coudenhove-kalergi）伯（母親は青山みつという日本人）のことを知る人は EU 関係者を除いては多くないが，クーデンホフ伯が 1922 年に提唱

して推進した汎欧州主義（Paneuropa-ein Vorschlag）という理想主義なかりせば，今日の欧州統合は実現しなかったであろう。東アジアに必要なのはこのような理想主義とそれを実現する外交的な情熱（élan）である。

東アジア共同体構想の基盤は民主主義と自由である。民主主義の価値観をアジアにおいて普遍的に実現する上で，心強い存在となり得るのがインドネシアである。世界最大のイスラム国家であるインドネシアは，32年続いたスハルト体制崩壊後，ユドヨノ大統領の下で民主主義大国を目指してきたことは積極的に評価される。2009年12月10日に同国で「バリ民主主義フォーラム」が開かれ，鳩山首相（当時）が共同議長として出席した。このフォーラムによせてハッサン（Hassan Wirajuda）元インドネシア外相が朝日新聞に寄稿している[23]。その中で同元外相は次のように述べているが，東アジア共同体構想が目指すのもそのような価値の共有である。

> 「32年間のスハルト政権では毎年高い経済成長を持続させるために人権を無視して社会を安定させた。しかし，国民が豊かになり，教育水準が上がると『もう米は十分だ。大切なのは人権だ』との声が上がった。最早民主主義はわが国の『国家的な価値』となった。外交でも民主主義の浸透が優先的な課題だ。」

東アジア共同体構想は，その原動力としてFTAやRCEP（東アジア地域包括的経済連携）などの経済・貿易・金融面での協力を梃として進めていくのが現実的な道であるが，究極的な目標は欧州統合と同様，対立と分断の克服，和解の達成，民主主義と基本的自由の実現である。そのためには，アジアは欧州以上に多様性があり，文化も人種も宗教も異なる地域であることを十分に踏まえ，開放的かつ機能的（functional）な統合プロセスをたどっていかざるを得ないであろう。東アジア首脳会議（EAS）はそのための現実的な基盤を提供してくれている。これを地道に進める以外にない。EASにはすでに米国とロシアも入っており，これらの国抜きでこの広大なアジア太平洋地域に長年にわたる平和と安定をもたらすことはできないであろう。

---

[23] 『朝日新聞』2009年12月11日「私の視点」。

第1部　伝統的安全保障

Ⅶ　おわりに──アジア・アンタントを求めて

　アジアの多様性に鑑みれば，東アジア共同体はEUのような高度な統合体にはならないであろう。また，この地域の繁栄と平和を考える場合には，すでにアジアの一員としてアジア太平洋外交を強化している米国やロシアを含む包括的なコミュニティを目指さざるを得ない。そしてその実態は，19世紀的なバランス・オブ・パワーの考え方に依拠せざるを得ないのが現実である。その際の根本的な行動原理は2つである。第一にナポレオン戦争終結から第一次世界大戦までの100年間の欧州の協調（European Concert）を維持してきた協商（entente）と勢力均衡というウィーン会議の考え方である。そして第二に，領土や国境をめぐって武力行使をしない原則の確認と現状の承認ならびに平和的変更の可能性を認めるヘルシンキ原則である。このヘルシンキ原則は冷戦を崩壊させ東西欧州を統合させた。あれから40年が経過した今日，ヘルシンキ原則はロシアのクリミア編入によって厳しい試練に立たされているが，欧州の秩序維持の根本的な思想として今後も受け継がれていくであろう。

　これから形成されるであろう東アジアの新秩序は，リバランシング政策を進める米国，中華民族の偉大な復興を夢見る中国，強い国家の再興を目指すロシアそして経済と社会の再生を目指す日本のいずれもが経済の発展と平和な国際環境の維持を共通の分母とする利益共有関係（entente）を実現するものであることが望ましい。このようなアジア・アンタント（アジア協商）は中国語でいう「求同存異」（小異を残して大同を求める）の考え方とも一致するものである。歴史認識や領土問題等の対立要因を解決することは容易ではない。そのような問題を外交のハイポリティクスとしないように，大局的かつ長期的な目標に向けて大同を求める現実的かつ暫定的な妥協（modus vivendi）を模索する外交努力こそが日本の目指す積極的な平和主義に根差す外交であると考える。

　中国やインド，米国，ロシアという「帝国」を包含する地域統合プロセスは，未だ世界のどの地域においても実現していない。東アジア共同体というローマ帝国以上に困難な地域共同体を作り上げていく道のりはこの先何十年もかかるであろう。今後相対的に国力が低下する日本がアジア・太平洋において平和と繁栄を享受していくためには，東アジア共同体とアジア・アンタントを日本の平和構想として積極的かつ着実に前進させていくことが国益と国際公益にかな

うものと考える。

〔追　記〕

　2014年11月10日，APEC首脳会議出席のため訪中した安倍晋三首相と習近平中国国家主席との間で初の首脳会談が行われた。それに先立って公表された日中関係の改善に関する合意文書（2014年11月7日）は以下のような内容を有している。

1　双方は，日中間の四つの基本文書の諸原則と精神を遵守し，日中の戦略的互恵関係を引き続き発展させていくことを確認した。
2　双方は，歴史を直視し，未来に向かうという精神に従い，両国関係に影響する政治的困難を克服することで若干の認識の一致をみた。
3　双方は，尖閣諸島等東シナ海の海域において近年緊張状態が生じていることについて異なる見解を有していると認識し，対話と協議を通じて，情勢の悪化を防ぐとともに，危機管理メカニズムを構築し，不測の事態の発生を回避することで意見の一致をみた。
4　双方は，様々な多国間・二国間のチャンネルを活用して，政治・外交・安保対話を徐々に再開し，政治的相互信頼関係の構築に努めることにつき意見の一致をみた。

　この文章は，日中共同声明ならびに日中平和条約の諸原則，すなわち紛争の平和的解決ならびに覇権を求めないとの原則を確認するとともに，緊張関係にある日中間に危機管理メカニズムを構築し，不測の事態の発生を回避することで一致したという点において時宜を得た合意となっている。歴史認識の問題については，靖国神社参拝等の具体的な問題への言及は避け，政治的な困難を克服して未来志向的な関係を構築するという前向き姿勢が示されていることも評価できる。また，尖閣諸島の領有権についての言及はなく，東シナ海という地理的位置を示すものとして尖閣諸島に言及されるに止まっている。そして東シナ海の海域における緊張状態について，日中は異なる見解を有すると認識する一方，領有権に絡ませた言及は避けている。東シナ海で緊張状態が生じていることについて日中が異なる見解を有しているとの認識を持つということは，agree to disagree ということであり，現実的な妥協が示されていると言える。

第 1 部　伝統的安全保障

　このように見れば，今回の文書で日本は靖国，尖閣の領有権について譲歩は行っておらず，むしろ緊張状態の改善を図る上で中国側の譲歩を引き出した（四分六で日本に有利な）合意であったといえる。

　これまで日本が主張してきた，武力をもって現状を変更しないことならびにステータス・クオを求めるヘルシンキ原則こそ盛り込まれていないが，緊張状態をこれ以上悪化させないための危機管理メカニズムと政治的信頼関係を構築するという点で意見の一致をみたことは，ヘルシンキ合意のもう一つの柱である信頼醸成措置そのものであり，積極的に評価してしかるべきものと考える。習近平首席の表情はぎこちないものであったが，今回の首脳間の握手と合意文書は日中の関係改善を行おうとする両国の最高指導者の強い治的な意思の表れであり，今回の日中首脳会談はまさに氷を砕くための会談であったと思われる。

　問題は今後この首脳の合意を基に，特に中国においては，軍を含む諸方面を調整し得るか，現場のあらゆる面に合意内容を徹底できるかということである，日本においても政治が指導力を発揮できるか，約束が守れるかという点において責任は同様に重い。2015 年は戦後 70 年にあたり，中国とロシアがファシズムと軍事主事反対の政治的な共闘を組むことがアナウンスされているが，東アジアの平和と繁栄に重い責任を持つ日中両国は，緊張を緩和し，関係を改善するための平和創造外交を展開できるか，両国の政治と外交力が試される要の年である。

2 北朝鮮のミサイル配備と日本の対応
―― 策源地攻撃能力保持論を考える ――

竹 内 俊 隆

I　はじめに[1]

　冷戦が終結した20世紀末から21世紀初頭の現在に至るまでに，日本を取り巻く戦略環境および脅威認識は大きく変化した。最近では中国の軍事的台頭が大きな懸念材料となっているが，北朝鮮が行った一連の弾道ミサイル発射実験や核実験も大きな要因である。日本に対する物理的な脅威としては中国のミサイル能力の方がはるかに重大ではあるが，海洋権益をめぐる動きと異なり，中国からのミサイルの脅威はあまり強く認識されていないようだ。日本がミサイル防衛網の構築・整備をするきっかけとなったのは，北朝鮮のミサイル発射や核実験に対する脅威認識からだった。そのため，日本国政府の公式な想定では北朝鮮が主たる対象であり，本章でもそれに則り，北朝鮮に焦点を絞って分析する。なお，日本がたとえ単独で大規模なミサイル防衛網を構築し，中国を対象とした策源地攻撃能力を具備したと仮定しても，中国の弾道ミサイル（日本対象の中距離弾道ミサイルを含め）に対応できる可能性はまずないと思える点は指摘しておきたい。

　本章が分析の対象としているのは，主として北朝鮮の弾道ミサイル開発，およびそれに伴う脅威感を背景とした日本の対応策である。対応策にはミサイル防衛網の構築，アメリカによる拡大核抑止強化，策源地攻撃能力の保持などさまざま考えられる。そのうちの策源地攻撃能力保持の是非が，本章のリサー

---

[1] 本章は，「北朝鮮のミサイル発射に伴う策源地攻撃論について」国際安全保障学会2009年度年次大会，分科会Ⅱ-③「自由論題」（2009年12月6日，同志社大学今出川キャンパス）への提出論文（未公刊）をもとにして，大幅な加筆・修正などを加えたものである。

チ・クエスチョンである。統計的なデータ，ゲーム理論からの知見も含めながら，主として費用対効果の観点から，策源地攻撃能力の保持には否定的な結論が導出される。その策源地攻撃能力保持でも，日本が単独で保持した場合のみを分析対象とし，日米同盟に基づく日米の役割分担などは考慮していない。その意味で，限定的な分析でしかない点はご留意願いたい。

　本章の構成としては，最初に，北朝鮮のミサイル開発や日本のミサイル防衛網の整備状況などを簡単に概観する。そして，統計データを活用して，ミサイルの配備などが国際紛争惹起の可能性にどのような影響を与えるか分析・確認し，ゲームの理論の知見を用いて，北朝鮮の行動や策源地攻撃をどのように見なしたらよいか，理論的に推察・考察する。最後に，北朝鮮のミサイル配備が移動式になり，また固形燃料使用となりつつあることを主因として，策源地攻撃の効果に費用対効果の面から疑問を呈する。さらに，戦略的安定性[2]の維持，特に危機時の安定性の維持のために，北朝鮮に「切羽詰った」意思決定を強いないようにする方がよいと主張する。そのためにも，日本にとっては「破れ傘」のミサイル防衛網が最適であると考える。なお，策源地攻撃が法理上は可能という政府の正式見解を前提としている[3]。

II　北朝鮮のミサイル配備

1　ミサイル開発と現状

　北朝鮮によるミサイルの脅威を日本が最初に認識したのは，1993年5月のミサイル（ノドン1号）発射実験であった[4]。北朝鮮南東部にあるウォンサ

---

[2] 戦略的安定性を論じられるのは，冷戦期の米ソ関係のようなほぼ同等な戦力を持つ国同士の場合に限られるとの見解があり得るが，本章ではより広義に解釈して，アメリカや日本と北朝鮮の場合にも適用可能として論じる。

[3] 昭和31（1956）年2月22日の衆議院内閣委員会における鳩山一郎首相の答弁（船田防衛庁長官代読）。「誘導弾等による攻撃を防御するのに，他の手段がないと認められる限り，誘導弾等の基地をたたくことは，法理的には自衛の範囲に含まれ，可能であるというべきもの──」。この側面の法的問題を簡潔にわかりやすくまとめたものとして，小川伸一「専守防衛と大量破壊兵器搭載弾道ミサイル」防衛研究所 ブリーフィング・メモ http://www.nids.go.jp/publication/briefing/pdf/2004/200401_2.pdf　2009年8月7日にアクセス。

[4] 能勢伸之『ミサイル防衛──日本は脅威にどう立ち向かうのか』（新潮社，2007年）28頁，坂上芳洋『世界のミサイル防衛』（アリアドネ企画，2004年）109頁，その他をまとめた。

ン（元山）付近から発射され，能登半島の北方に着弾したとされている。しかしながら，日本海に着弾したため，それほどの危機意識は生じなかった。重大な危機認識を持つにいたるきっかけは，なんといっても，1998年8月のミサイル（二段式のテポドン1号と目されている。）発射実験であろう。二段目は日本の上空を通過して，太平洋側の三陸沖に着弾したとされている。北朝鮮は，光明星1号と称する人工衛星の打ち上げであり，打ち上げは成功したと主張した。そのため，三段式ロケットであったが，三段目が機能せずに人工衛星の打ち上げに失敗したとの観測もある[5]。いずれにせよ，北朝鮮のミサイルの射程内に日本の国土が置かれたことは明々白々になり，脅威論が急激に高まったのである。そのため，それまで躊躇していた情報収集衛星と称する偵察衛星の導入を，日本国政府は同年11月に決定した。発射実験のわずか3カ月後であり，異例の早さで決まったこと自体が，日本に与えた衝撃の強さを物語っている。

> **コラム** 宇宙の平和利用
>
> 　情報収集衛星と称し，偵察衛星との名称を避けた理由は，宇宙の平和利用に関する厳格な自主規制が日本にあったからである。1969年5月に衆議院で採択された「宇宙の平和利用に関する国会決議」[1]のために，防衛目的も含む軍事利用が禁止されていた。
>
> 　技術の進歩による民間衛星の能力向上に伴い，民間で入手可能な程度の情報ならば自衛隊も活用してよいのではないかという意見の高まりを受け，1985年2月に衆議院予算委員会に「国会決議の『平和の目的』と自衛隊による衛星利用について」と題する政府見解が出され[2]，機能や利用が一般化している衛星は自衛隊も活用できることになった。これを一般化原則という。衛星の利用はこれで可能になったが，その解像度は軍事目的では不十分とされている程度（1〜3m）に意図的に落とされた。また，日本の安全確保のほかに大規模災害などの自然災害にも備えるという名目を加えて，名称もわざわざ情報収集衛星とした。しかしながら，精確性が求められる北朝鮮のミサイル発射の探知・捕捉・追尾と，一般化原則が背反の関係にあることは明白であった。

---

[5] 能勢伸之『ミサイル防衛』32-33頁，金田秀昭・小林一雅・田島洋・戸﨑洋史『日本のミサイル防衛――変貌する戦略環境下の外交・安全保障政策』（財日本国際問題研究所，2006年）58頁，松本太『ミサイル不拡散』（文藝春秋，2007年）96-97頁，江畑謙介『日本の防衛戦略――自衛隊の新たな任務と装備』（ダイヤモンド社，2007年）44-46頁，その他をまとめた。

第1部　伝統的安全保障

　そのため，2008年5月に宇宙基本法が国会で承認されて[3]，こうした自主規制は撤廃された。宇宙基本法は，防衛的な宇宙兵器の保有を認めているからだ。1966年12月に国連総会で採択され宇宙条約第4条では，宇宙の利用は「もっぱら平和目的のために」限定され，軍事利用は禁止されている[4]。この「もっぱら平和目的のために」の意味であるが，一般的には通常兵器の範囲で非侵略ならば禁止の対象とされていない。さらに言えば，戦略核兵器搭載の大陸間弾道弾（ICBM）や潜水艦発射弾道弾（SLBM）などでさえ，地球を回る軌道に乗せないこと，宇宙空間に配備しないことという条件を守れば，規制の対象外となる。実際にICBMなどは地球を回る軌道にも，宇宙空間にも配置されていないので宇宙条約には違反しないと解釈されている。つまり，宇宙基本法で，宇宙条約の通常の解釈と同様に，侵略を目的としない防衛目的の場合は，宇宙への配備が日本でも認められるようになった。これで，意図的に解像度を落とすといった軍事的・財政的整合性に欠ける措置をとる必要がなくなったのである。

(1)　「我が国における地球上の大気圏の主要部分を越える宇宙に打ち上げられる物体及びその打ち上げロケットの開発及び利用は，<u>平和の目的に限り</u>，学術の進歩，国民生活の向上及び人類社会の福祉を図り，あわせて産業技術の発展に寄与すると共に，進んで国際協力に資するためにこれを行うものとする。」（下線は筆者）

(2)　見解のその1は，「国会決議の『平和の目的』に限りとは，自衛隊が衛星を直接，殺傷力，破壊力として利用することを認めないことはいうまでもないといたしまして，その利用が一般化しない段階における自衛隊による衛星の利用を制約する趣旨のものと考えます。したがいまして，その利用が一般化している衛星及びそれと同様の機能を有する衛星につきましては，自衛隊による利用が認められるものと考えております。」である。

(3)　第2条は「宇宙開発利用は，月その他の天体を含む宇宙空間の探査及び利用における国家活動を律する原則に関する条約等の宇宙開発利用に関する条約その他の国際約束の定めるところに従い，日本国憲法の平和主義の理念にのっとり，行われるものとする」。第14条は「国は，国際社会の平和及び安全の確保並びに我が国の安全保障に資する宇宙開発利用を推進するため，必要な施策を講ずるものとする。」である。

(4)　第4条は，「条約の当事国は，核兵器及び他の種類の大量破壊兵器を運ぶ物体を地球を回る軌道に乗せないこと，これらの兵器を天体に設置しないこと並びに他のいかなる方法によってもこれらの兵器を宇宙空間に配置しないことを約束する。月その他の天体は，もっぱら平和目的のために，条約のすべての当事国によって利用されるものとする。天体上においては，軍事基地，軍事施設及び防備施設の設置，あらゆる型の兵器の実験並びに軍事演習の実施は，禁止する。……」となっている。

〔竹内俊隆〕　　　　　　　　　　**2**　北朝鮮のミサイル配備と日本の対応

　北朝鮮はミサイルの発射実験を積極的に継続している。例えば、最近では2012年4月と12月にも行っている。北朝鮮は両方とも人工衛星の光明星の打ち上げと称しているが、こうした発射実験を受けて、翌2013年1月には国際連合安全保障理事会（国連安保理）が、制裁を強化した決議2087号を、中国も含めた全会一致で採択している。2014年3月〜4月には、短距離のスカッドミサイル数十発を、また準中距離のノドンを数発日本海に向けて発射している。

　北朝鮮は三種類のミサイルを保持しているが[6]、スカッドは韓国・在韓米軍、ノドンは日本、テポドンはハワイ・グアムの米太平洋軍基地向けと見なされている。スカッドには、射程が500Km以上で韓国全部を射程に収めるスカッドC（道路移動式）、射程700Kmのスカッド D、射程が1000Km程度のスカッド ER（Extended Range＝射程延長）型がある。スカッド ERは、日本の西半分を射程内におさめている。ノドンの射程は1300Km程度なので、日本のほぼ全域をその射程内に入れている。投射重量は1000kg、半数必中界（CEP）は2.5Km程度と推測されている。現在まで200〜350基程度が配備されており、核弾頭を含む大量破壊兵器が搭載可能との見方すらある。

　ノドンはTEL（Transporter-Erector-Launcher＝起立発射輸送車両）装備の道路移動式であり、TELは大型トレーラー程度の移動発射台一両につき一基搭載され、50基程度が配備されていると見積られている。ノドン搭載車は最大で時速60Km程度で、普段は隠ぺい、カモフラージュ、偽装などをほどこしている。大型トレーラー程度の移動目標は、航空機でも発見・破壊は容易ではない。攻撃目標を発見し、即座に攻撃するにしても、着弾までに多少の時間差があり、どこへ移動するか正確な予測は困難なので、攻撃の精度に問題が生じるからだ。しかも、北朝鮮は山勝ちなので隠ぺいする場所はたくさんある上、トンネル内に配置しているとされている。そのため、通常の側方監視レーダーどころか偵察衛星でも捕捉し難い。要するに、道路移動式ミサイルの発見・捕捉・撃破は極めて難しいと言わざるを得ない。

　テポドン1号は二段式の弾道ミサイルで、1990年代初めに開発を開始した。射程は1500Km、投射重量は1000Kg程度とされている。一段目はノドン、二

---

[6]　本段落および次の二段落は、金田秀昭他『日本のミサイル防衛』58頁、江畑謙介『日本の防衛戦略』64-70頁、矢野義昭『日本はすでに北朝鮮核ミサイル200基の射程下にある』（光人社、2008年）139-150頁、各種の新聞情報などよりまとめた。

段目はスカッドでできている。テポドン1号は，もちろん日本全土を射程内に収めている。テポドン2号はその改良型であるが，二段式もしくは三段式で，射程距離は3500Km〜6000Km程度，投射重量も1000Kg程度と推測されている。二段式でもアリューシャン列島やアラスカが射程内に入るが，三段目を加えることで，ハワイ（7000Km）や米全土が射程内に入る可能性がある。したがって，将来的には，アメリカの拡大核抑止の信憑性に黄色信号がともる可能性も排除できない。

2　核実験と核弾頭の小型化

　北朝鮮の核開発に関しても，若干の説明をしておきたい。北朝鮮は，2006年10月に地下核実験を強行し，その後も2009年5月および2013年2月に地下核実験を行っている。徐々に技術が向上し，核爆発装置の小型化や爆発力の強化が進展していると推測できるが，その実態は必ずしも明らかではない。本章の文脈からすると，核弾頭として弾道ミサイルに搭載可能な小型化技術を獲得したか否かが重要である。単なる核爆発装置の実験実施から武器としての信頼性・安全性を持つ核爆弾の製造までには，いくつかのステップを踏まなければならない。それを弾道ミサイルに搭載可能なほど小型化するには更なる障害がある。もし，日本を射程内に収めているノドンに搭載可能なほど小型化していれば，日本への脅威は格段に増大することを意味する。いずれにせよ，時間の問題で，遅かれ早かれ技術的には可能になるであろう。

III　日本のミサイル防衛網整備

1　ミサイル防衛の基本構造

　本書の読者には釈迦に説法であろうが，ミサイル防衛の基本構造をかいつまんで説明しておきたい。ミサイル防衛における迎撃は，基本的に上昇（ブースト），中間飛翔（ミッドコース），終末（ターミナル）の三段階に分けて考える。また，破壊方法としては，以前はミサイルの近くで自爆してその破片などで撃墜・無力化する近接信管方式を採用していたが，現在では直接目標に衝突し，その運動エネルギーで破壊する方式が主流となっている。

　各段階の特徴を述べると[7]，最初の上昇（推進）段階が迎撃には最も適しているが，発射の探知・捕捉・軌道計算・迎撃などの一連の作業時間が数分

（ICBMでも5分）程度内と極めて限られていることに難がある。適している理由は、打ち上げ直後のためにまだ低速で、大量の赤外線を発生させるので捕捉・追尾が容易であり、しかも先頭部分の弾頭が切り離し前のためロケット自体を標的に出来るからである。北朝鮮の場合は地理的縦深性に欠けるため特に問題とはならないが、いかに発射の探知・捕捉が早くても、領土の広い国（例えば、中国）の内陸奥地からの発射に対しては効果がほとんどないと言わざるを得ない。イージス艦のような海上配備型や巡航ミサイルでは、奥地に到達するまでに時間がかかり過ぎるからである。より早期に対応可能な航空機搭載型のエアボーン・レーザー（Airborne Laser = ABL）などの研究開発は行われていることはいるが、技術的に実用化にはまだ程遠い段階にある。さらに言えば、ABL搭載航空機は多くの場合敵国領空内に侵入しなければいけないので、航空機自体が迎撃・撃墜される確率がかなりあり、効果のほどはあまり期待できないであろう。

　第2の中間飛翔段階は、ICBMなどの戦略ミサイルの場合は20分程度と比較的長く、迎撃態勢を整えるには充分な時間がある。もっとも、北朝鮮が日本を標的にした場合は5分～7分程度と見られており、あまり時間的余裕があるわけではない。この段階のミサイルは大気圏外で慣性飛行をするので、軌道も計算しやすい。しかし、ロケットを切り離して弾頭だけになるので標的が小さくなり、しかも囮その他のいわゆる対抗措置を比較的容易に活用できるので、どれが本物の弾頭か見分けがつきがたいという大きな難点がある。大気圏外で空気抵抗がないので、例えば、弾頭に形状を似せた軽量の金属性風船でも同じ速度で飛翔することになる上、膨らます前は容量が小さいので、多数の囮を搭載・放出できるからである。

　終末段階は、いわば最後の砦なので、失敗は許されない。この段階は、弾頭が大気圏に再突入した後からなのでわずか1～2分程度の時間しかないが、空気抵抗があり囮は自動的に排除できる。弾頭の捕捉・追尾がきわめて容易になるという利点もある。都市や軍事基地の拠点防衛が可能になるが、それは同時

---

(7) 金田秀昭『BMD〈弾道ミサイル防衛〉がわかる』（イカロス出版、2008年）130-141頁、金田秀昭『弾道ミサイル防衛入門』（かや書房、2003年）114-128頁、144-148頁、Richard Wolfson, *Nuclear Choices, A Citizen's Guide to Nuclear Technology*, MIT Press, 1991, pp. 395-417、などをまとめた。

に履域（防衛可能範囲）が狭くなることでもある。もし核弾頭搭載ミサイルであったとすると，高度十数キロの地点で迎撃したとしても（PAC－3＝Patriot Advanced Capability－3＝の射程は20Km），自国領土が放射能で汚染されるという克服不可能な問題を抱えている。被害がより重篤になるか軽微で済むのかは，もちろん核弾頭の威力や迎撃高度などに左右される。

2　日本のミサイル防衛網整備

　日本は，海上自衛隊が担当するイージス艦発射のSM（Standard Missile）－3による中間飛翔段階での迎撃と，航空自衛隊が担当する地上配備のPAC－3による終末段階での迎撃を基本とする，多層（二層）式ミサイル防衛システムの構築を目指している。主として，北朝鮮のノドン迎撃がその対象である。日本のミサイル防衛網の基本的な構想は，図－1に示されている。

　日本における弾道ミサイル防衛網自体の導入は，2003年12月に決定された。そして，その翌年の2004年からPAC－3の調達が始まった。PAC－3は2007年3月にまず首都圏を担当する埼玉県の航空自衛隊入間基地（第1高射群第4高射隊）に配備され，同年度末までに習志野，武山，霞ヶ関の各高射隊にも配備された。その後順次，2008年度には浜松の高射教導隊と第2術科学校（中京圏），2009年から2010年初めにかけて中京および近畿圏を担当する第4高射群（岐阜基地，饗庭野分屯基地および白山分屯基地），福岡・北九州圏担当の第2高射群（春日基地，芦屋基地，築城基地および高良台分屯基地）に配備された[8]。2013年4月には沖縄圏（那覇基地の第5高射群第17高射隊と知念基地の第18高射隊）にも配備が完了した。なお，1個高射隊は，PAC－3を16発搭載する発射機2基と，PAC－2を4発搭載する発射機3基を保有している。

　PAC－3は重量が141Kg（推進剤が燃焼後）あり，標的のミサイルを完全に破壊する可能性を持つので，弾道に搭載されうる生物・化学兵器の非能力化にも有効との説もある[9]。また準中距離弾道ミサイルのノドンに対応できても，中距離弾道ミサイル（Intermediate-Range Ballistic Missile＝IRBM）やICBMに

---

[8]　「日本のミサイル防衛政策の現況」『調査と情報』第643号（国立国会図書館 ISSUE BRIEF (2009. 6. 16.)），http://www.ndl.go.jp/jp/data/publication/issue/0643.pdf などをまとめた。

[9]　能勢伸之『ミサイル防衛』142頁。

図-1　基本構想図

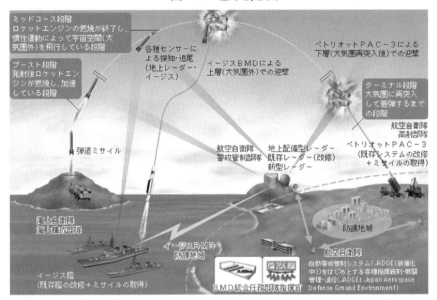

平成20年度の防衛白書から
http://www.clearing.mod.go.jp/hakusho_data/2008/2008/html/k3121100.html

は対応できないと思われる。2013年12月に閣議決定された「平成26年度以降に係る防衛計画の大綱について」(平成26年度から平成30年度までを対象とする中期防衛力整備計画)では、「中距離地対空誘導弾を引き続き整備するとともに、巡航ミサイルや航空機への対処と弾道ミサイル防衛の双方に対応可能な新たな能力向上型迎撃ミサイル(PAC-3 MSE)を搭載するため、地対空誘導弾ペトリオットの更なる能力向上を図る。」と明記されており、迎撃能力のさらなる向上を図る意図を明確にしている。PAC-3 MSEは、PAC-3 Missile Segment Enhancement(ミサイル部分強化型)を意味し、現状のPAC-3(Config. 3)よりもロケット・モーターを大型化して推進力を強化している。また操舵フィンなどを改良して機動性を向上させ、併せて射程距離を最大50％改善したものである[10]。

---

[10] 開発を担当する、ロッキード・マーティン社のHP (http://www.lockheedmartin.com) より。2014年4月3日にアクセス。
http://www.lockheedmartin.com/us/products/PAC3MissileSegmentEnhancement.html

第1部　伝統的安全保障

　中間飛翔段階を担当するのは，在日米海軍との連携のもとであるが，海上自衛隊のイージス艦が搭載するSM-3である。武器輸出三原則の例外として，2006年には，SM-3（ブロックⅠA）の能力向上型であるSM-3（ブロックⅡA）の日米共同開発が始まった[11]。ロケットの推進力や直撃した際の破壊力強化が目標である。ブロックⅡAが配備されると，例えば，アメリカを標的とした戦略ミサイルも能力的に迎撃可能となる。2014年7月の集団的自衛権の行使を限定的に容認する閣議決定でも，この迎撃が認められるか否かはあいまいなままになっているので（2014年11月現在），今後の国会審議を見守りたい。なお，現状のブロックⅠAでも，射程距離は500Km程度あるので，北朝鮮のミサイルを中間飛翔段階で数回迎撃できるのではないかと推測する。

　日本は，現在6隻のイージス艦を擁しており，アメリカに次いで世界で2番目に多い。「こんごう」型護衛艦4隻と，「あたご」型護衛艦2隻である。10年後の2024年頃までには，さらに「あたご」型を2隻増やして8隻にする予定である。訓練・整備や配備地域への移動などに必要な隻数を考えても，最低2隻～3隻は日本海に実戦配備可能となる。米海軍は横須賀を母港とする「シャイロー」（タイコンデロガ級ミサイル巡洋艦）などのイージス艦を2014年現在5隻も日本海に配備しているが，2017年までに2隻増加配備して7隻にする予定である[12]。そのため，かなり強力な布陣となる。シャイロー号と同様なSM-3（ブロックⅠA）搭載艦が2隻あれば，日本のほぼ全域が履域となる。ブロックⅡAならば射程は1200Kmなので[13]，1隻による防護も可能とされている[14]。ミサイル発射実験や核実験の兆候があるときには，在日米空軍も，沖縄の嘉手納基地に監視や情報収集のためにそれ専門の航空機を派遣している。

　前記した2013年12月閣議決定の中期防では，「弾道ミサイル攻撃に対し，我が国全体を多層的かつ持続的に防護する体制の強化に向け，イージス・システム搭載護衛艦（DDG）を整備するとともに，引き続き，現有のイージス・システム搭載護衛艦（DDG）の能力向上を行う」。「弾道ミサイル防衛用能力向上型迎撃ミサイル（SM-3ブロックⅡA）に関する日米共同開発を引き続き推進

---

(11)　『防衛ハンドブック』平成20年度版，朝雲新聞社，160頁。
(12)　『読売新聞』平成26(2014)年4月7日。
(13)　能勢伸之『ミサイル防衛』131頁。
(14)　『防衛白書』平成20年度版，142頁。

するとともに，その生産・配備段階への移行について検討の上，必要な措置を講ずる」とされている。上記したイージス艦の2隻増加も，「1隻のヘリコプター搭載護衛艦（DDH）と2隻のイージス・システム搭載護衛艦（DDG）を中心として構成される4個の護衛隊群」と明記している。

IV 弾道ミサイルと国際紛争の公算

1 統計データから見た相関

仮想敵国の弾道ミサイル開発が進展し，配備が進めば，その分だけ脅威感が増すであろう。北朝鮮のような瀬戸際外交と称され，「東京やソウルを火の海にする」といった類の激烈な言動が目立つ国の場合は，なおさらであろう。ここでは，こうした直観的な常識が統計的に正しいのかを，ミサイル配備の進展と国際紛争惹起の相関関係に関して見ておきたい[15]。弾道ミサイルが相手国に対する打撃力を増すことには何の異論もないであろう。しかし，それが相手国の抑止力を低下させるか否か，またはどの程度低下させるかは，核兵器の有無も関連するので別問題である。北朝鮮は核保有国であり，日本を射程に収めている準中距離弾道ミサイルのノドンがある。日本はもちろん非核国であり，北朝鮮を射程に収めるような弾道ミサイルは保持していない。策源地攻撃論を検討する場合は，日本の弾道ミサイル保持が前提となるので，その有無による相違も紹介しておきたい。

まず，潜在的な先制攻撃（first strike）国家（以降，北朝鮮とする）が弾道ミサイルを保持する場合，そうでない場合と比較して，国際紛争を起こす確率はかなり高くなり（約2.7倍），抑止が効かない公算が大きくなる。すなわち，北朝鮮はミサイルの具備でより挑戦的な瀬戸際政策をとる誘因を持つことになる。これは，核兵器の保持にかかわらず言える。北朝鮮のミサイル保持は，国際紛争の可能性を増すという意味なので，常識通りに脅威と見なして良いであろう。しかし，危機のエスカレーションの公算を大きくはしない。潜在的な被攻撃国家（以降，日本とする）が，弾道ミサイルを持てば，先制攻撃を受ける可能性

---

[15] Simon Mettler and Dan Reiter, "Ballistic Missiles and International Conflict", *Journal of Conflict Resolution*, 57 (5), 2012, pp. 854-880. なお，この論文では，首都間ではなく，国境間の最短距離に基づいて，ミサイルの射程距離以内か以外かを判定している。以降の議論は，当然ながら，射程距離以内に置くミサイル保持を前提としている。

は格段に低下し(約1/3),また危機がエスカレートする公算も小さくなる。しかも,非核兵器国の場合は,抑止効果が増大し,核兵器保持国家の場合はその逆に抑止効果の足を引っ張る結果となっている。数値的には,日本が北朝鮮を射程内に収めるミサイルを配備した方が,北朝鮮との戦争に巻き込まれる公算を1/3未満に抑えられる。したがって,策源地攻撃能力の保持に有利に働く材料である。日本は非核兵器国なので,なおさらである。明確な数値的裏付けはないが,ミサイル防衛は,小規模なミサイル所持国(小国)に対しては有効で,紛争惹起の可能性を削減するであろうと推測もしている。ミサイル防衛が小国に対して有効とは,とりもなおさず,北朝鮮に対しては有効と考えてよいことになる。これは,日本がミサイル防衛網を整備した方がよいとの意味になる。

　ミサイルの燃料に関しては,固形燃料の方が液体燃料よりも紛争の惹起を抑止する効果がある。固形燃料では即応可能なので,懲罰的抑止理論通りの結果と言えよう。ミサイルの残存能力の高低は,紛争惹起抑止には効果がなかった結果になっている。これは,懲罰的抑止理論の予測に反する結果であり,なぜなのかをさらに追及する必要があるだろう。なお,ミサイルと航空機を比較して,ミサイルは以下の3点で優位とされている。第1に目標への到達率が上がる,第2に無人なので味方の人的被害が少ない,第3にスピードがある。また,ミサイルの方が心理的な恐怖感が強い点も挙げられている。逆に言うと,ミサイルの方が報復されるリスクが低いので,より攻撃的に出る誘因があることになる。

2　全体的考察

　まとめると,統計的には,ミサイルの具備は危機を起こす可能性を高め,その挑戦的態度を強め,しかも当該国が攻撃対象となる公算を小さくする。また,日本のような非核国のミサイル具備は抑止効果を持つのであるから,策源地攻撃能力も国際紛争の可能性低下に役立つことになる。ミサイルの具備でより攻撃的になり紛争を引き起こす誘因になるが,その一方抑止効果を上げてもいる。残念ながら,この両者の相関関係は数値的に提示されていないので,どんな関係があり,どちらの傾向がより強いのかは判定できない。ミサイル防衛も,北朝鮮のような小国に対しては,紛争可能性を低下させる効果を持つ。結論的に言うと,この統計的研究からは,ミサイル防衛能力も策源地攻撃能力も,両方

あった方がより安心であるのは間違いない。策源地攻撃能力保持の勧めになる。

さはさりながら，考えようによっては，両者を具備する必要性はないともいえる。前述したように，北朝鮮は瀬戸際外交と称される外交路線を採用している。そして，何をしでかすかわからないとの印象が強く，「悪い評判」を持つ国家である。その印象にかかわらず，北朝鮮はしたたかな計算に基づいた（北朝鮮の短期的な視点からすると）合理的な判断を下しているとも考えられるからだ[16]。むしろ，上記した両者を具備すると北朝鮮を「切羽詰った」状態に追いやり，逆効果になる可能性がある。なぜ，そう言えるのかを，以下でゲームの理論を活用しながら，簡単に説明しておきたい。その際，北朝鮮はなぜ唐突に何の前触れもなく事件を起こすのかも説明したい。その後に，繰り返しゲームや進化ゲームの動学的分析も加える。

V　ゲームの理論からの接近

1　ミニマックス解

まずは，ミニマックス解の考えを簡単に説明したい。ミニマックス解は，究極のリスク回避型，安全志向型意思決定であり，通常の期待効用最大化型[17]の解とは異なる。当該事象（選択肢）で常に最悪の状況が起こると仮定し，幾つかある事象の最悪の状況の中でも最大の利得が得られる事象を選択する方式である。相手が自分を窮地に追い込む意地悪策ばかりを採用しても，自分の自由意思に基づく選択だけで最低限確保できる利得である。例えば，次のような利得表を考えてみよう。この利得表は，北朝鮮の瀬戸際外交を説明するためなので，究極的な選択を迫られる弱虫（チキン）ゲーム型を用いているが，それ以外のゲームの類型でも論点は同じである。

表－1　チキンゲームの利得表

プレーヤーA ＼ プレーヤーB	ハンドルを切る	ハンドルを切らない
ハンドルを切る	－1, －1	－50, 50
ハンドルを切らない	50, －50	－1000, －1000

---

[16]　道下徳成『北朝鮮　瀬戸際外交の歴史』（ミネルヴァ書房，2013年）277-283頁。
[17]　期待効用とは，ある（政策）選択の結果予想される効用とその選択が惹起する確率をかけたものである。期待効用最大化型の意思決定では，そうして得られる各選択肢の期

通常の期待効用最大化型の意思決定では，右上と左下の桝目（セル），つまり（−50, 50）と（50, −50）がナッシュ解となる。それに対して，両者がミニマックス型の意思決定方式の場合は，左上の桝目，つまり（−1, −1）となる。例えば，私をプレーヤーAとする。この場合のAだけの利得は，表−2となる。Aは，自分の自由意思に基づいて，ハンドルを切るか切らないか決定できる。ハンドルを切る場合の，最悪の状況は（−50）である。ハンドルを切らないとすると（−1000）が最悪となる。ハンドルを切るか切らないは本人の自由意思で決められるので，悪い中でも良い方の（−50）を選択する。つまり，ハンドルを切るを選択する。同様なことがプレーヤーBにも言えるので，結局（−1, −1）に落ち着くのである[18]。

表−2　プレーヤーAの利得表

プレーヤーA ＼ プレーヤーB	ハンドルを切る	ハンドルを切らない
ハンドルを切る	−1	−50
ハンドルを切らない	50	−1000

プレーヤーBは突飛もない行動をとる可能性がある国との（悪い）評判があるとしよう。そして，策源地攻撃や戦争開始の決断といった国家の存亡危急にかかわるような事態を想定しよう。ならば，私Aは，相手国Bの評判を念頭に，正確な情勢・戦力分析は別として，一般的には慎重なリスク回避型の政策選択をする誘因が強く働くと思われる。又は，Bは意図的に威嚇的な言動・行動をして，Aにミニマックス型，つまりリスク回避型の意思決定を強いるように積極的に動く公算が大きい。つまり，Bには何をするかわからないという評判があり，Bが強硬策のハンドルを切らないを選択する可能性が十分ある，とAは危惧する。その場合は，Aはハンドルを切るを選択せざるを得ない状況に陥る公算が大きい。さもなければ，最悪の結果である右下の桝目に行きついてしまう。つまり，是非とも避けたい戦争である。BはこのAの行動を見

待効用のうち，最大の期待効用が得られる選択肢を採用する。つまり，（当該事象で想定される効用）×（当該事象が起こる確率）＝（期待効用値）のうち，期待効用値が最大なものである。

[18]　詳細は，拙著『政策研究のためのゲームの理論』（ミネルヴァ書房，2011年）26頁を参照されたい。

越して,ハンドルを切らないを選択する。その結果,右上の桝目（−50, 50）に到達するので,Bにとっては最高の結果となる。言ってみれば,何をしでかすかわからないという悪い評判を活用した,Bにとって都合の良い結果になっている。これが意図的ならば,合理的な行動と言える[19]。

Bの行動は,北朝鮮に当てはまるのではないだろうか。つまり,意図的に挑戦的・刺激的な言動・行動をし,その便益を得るとの基本路線を敷いているのではないだろうか。何をしでかすかわからないという悪い評判を意図的に確保するためには,2011年11月の延坪島への突然の砲撃事件などのように,突然,何の前触れもなく,またよくわからない理由で,極めて重大な事案とは見なされない（これが重要）程度の攻撃的態度・行動を示す必要がある。そうでなければ,相手にミニマックスのようなリスク回避型意思決定を強いるための威嚇の信憑性が薄れてしまうので,悪い評判は維持できなくなる公算が大きいからだ。ならば,個別の政策選択の具体的な理由はわからないにせよ,こうした瀬戸際的な一連の行動自体に合理性はあると見なしても良いように思える。北朝鮮の意思決定は,北朝鮮の目的に沿う形で合理的であり,だからこそたまに突拍子もない行動に出ることは理解したうえで,策源地攻撃能力の保持のような政策を考案する必要がある。ただし,このゲームの想定は1回限りのゲームとの欠点があり,例えば国家存亡の危機といった極めて重大な特定の案件に適用するのが妥当である点である。もちろん,この分析から,さまざまな類推は可能になるが。しかし,実際の外交は連続しているので,より一般的な外交の基本路線を考える場合は繰り返しゲームとしてとらえる必要がある。

2　繰り返しゲーム

繰り返しゲームとしては,無限回繰り返しゲームを前提に,ロバート・アクセルロッドが提唱した「しっぺ返し（TFT = Tit for Tat）」戦略を考えたい[20]。彼は,電脳模擬実験を2回開催し,TFTはそのいずれでも最高得点を得てい

---

[19]　同上,209-211頁。
[20]　同上,134-140頁。なお,TFT戦略を考案したのは,アナトール・ラパポートで,わずか4行の極めて短い,そして参加プログラムのうちでもっとも簡単なプログラムであった。二度目の電脳模擬実験は,一回目でTFTが優勝した結果などすべての情報を公開したうえで開催したが,やはりTFTが優勝した。

る。当該模擬実験のルールは，最終的な総合得点で判定し，一度でも負けるとゲームから退場しなければならない勝ち抜き方式ではない。無限回の繰り返しゲームおよび総合得点方式である点は，ごく稀に例外があるにせよ，主権国家は国際社会から退場することはないとの基本前提に合致している。そして，長期的観点から最終的に多くの利得を獲得すればよい，というのも一般的には合致するであろう。そこが，一度でも負けたら，市場からの退場もありうると想定しなければいけない経済学的分析と異なる点である。プレーヤー全員との総当たり方式であり，個々の各プレーヤーと同じ確率で対戦し，各プレーヤーに何の評判もないという基本ルールでの対戦であることには留意を要する。

代表的な戦略としては，TFTのほかに，AD（All Defect），AC（All Cooperation）そしてトリガー戦略がある。ADは常に非協力を選ぶので決して負けない（引き分けはある）戦略であり，相手が寛容な戦略の場合は相手を食い物にできる。しかし，問題は，相手の協力を得られない点で，これが致命傷となって高得点に結びつかない。ACはその逆の戦略で，相手が非協力であろうと構わず常に協力を選ぶ。そのため，ADのような非寛容な戦略が存在するかぎり，その食い物になるので，やはり高得点に結びつかない。トリガー戦略は，非協力（裏切り）は一度だけでも決して許さない戦略で，一度でも相手が非協力を選んだらその後は常に非協力を選択する。それゆえ，相手が非協力を反省して協力に転じたくても，協力関係が構築できず，総得点からすると不利になる。決して非協力を選択するなという警告（威嚇）に信憑性はあるが，誤認や誤解に基づくごく少数の間違った（意図せざる）非協力の選択も許さない非寛容性に難がある。

TFT戦略はさまざまな有力戦略をものともせずに，総合得点では最終的に最高点となった。総合得点という点が味噌で，「（短期的に）損して（も）（長期的に）得とれ」という格言に合致する戦略である。その要諦は，第1に最初は協力する（ナイスである），第2に相手が非協力を選択したら自分も即座に非協力を選択する（即座に「しっぺ返し」をする），第3に相手の非協力を根に持たないで，相手が協力に転じたらこれも即座に協力する（寛容である），である。即座に反応する点が重要で，仏の顔も3度までといった比較的寛容な戦略は，高得点に結びつかない。寛容な態度の間はAD戦略を取るような相手に食い物にされるので，全般的に低得点になってしまうからだ。

〔竹内俊隆〕　　　　　　　　**2　北朝鮮のミサイル配備と日本の対応**

　この電脳模擬実験は，既に指摘したように，多くのプレーヤーを想定し，しかも個々の各プレーヤー間の対戦（交渉）確率が同一との前提で行われている。また，高得点を挙げた戦略の占有率（全体に占める割合）は，その分だけ増加する設定である。異なる戦略間での対戦確率は，当該戦略の占有率によることになる。そのため，例えば，日朝間の二国間交渉を想定する場合とは異なる。しかし，その示唆するところは重要である。日本の対北朝鮮政策の基本は「飴と鞭」と言われるが，TFT戦略に沿った考えと言える。北朝鮮が軟化（協力）すれば飴（協力）でこたえ，その逆に強硬（非協力）になれば鞭（非協力）で返せば良いことになる。北朝鮮の核・ミサイル開発への対応策として，程度の問題はあるが，一般論としてミサイル防衛網の整備や策源地攻撃論も鞭の一環と考え得る。ここで言う「程度の問題」は重要な注意点で，先に分析した弱虫ゲームのような状況の時には，強硬策に鞭といった強硬策で返すと，究極的には戦争に至る可能性があるからだ。その時点での状況（ゲームの類型）をきちんと見分けないと，是非とも避けたかった結末を迎える可能性が排除できない。さらには，日本がTFTのような戦略をとっていることを北朝鮮に早期にまた明確に理解してもらうためにも，単純な戦略の方がよい。アクセルロッドが唱えるところのKISS（Keep It Simple, Stupid）原則である。即座に反応する価値がそこにある。ただし，あまりに受身的な姿勢になってもいけないので，たまには北朝鮮の非協力（強硬姿勢）に，協力（飴）を試すのも一法である。あくまでも，たまにという限定つきであるが。

3　動学的分析

　もう1つ，チェーンストア・パラドックスから得られる知見を，通常の静学的分析ではなく，より実態に近い動学的分析（試行錯誤型）に基づいて，結論だけを簡単に説明しておきたい[21]。次のような状況を想定している。まず，AとBというチェーン展開をしているスーパーがあるとする。Bは大手スーパーチェーンで，多くの都市でそれぞれ一店舗展開している。Aもチェーン展開しているが，Bほど大規模ではなく，Bだけが店舗を構えている都市に参入するか否かを検討中である。Bはある都市でbの独占利益をあげている。Aがr

---

[21]　詳細は，拙著『政策研究のためのゲームの理論』355-357頁，大浦宏邦『社会科学者のための進化ゲーム理論』（勁草書房，2008年）273-281頁を参照されたい。

の確率で参入すると仮定すると，Aは参入すればrbの期待効用を獲得し，Bは (1-r) b となる。ただし，もちろん $0 \leq r \leq 1$ である。

もしBがある都市でAの参入に対応措置をとれば，取らない場合と比較して，当該都市における個別利益は減少するが，その結果Aが別の都市での参入をあきらめる可能性が生じる。しかし，Aは強硬な方針を維持して，Bの対抗措置に対抗措置をとる可能性もある。対抗措置の応酬になった場合は，最終的にはAが参入をあきらめて撤退する，またはBがAの参入を黙認するかのどちらかになる。その確率は半々の1/2とする。この決着がつくまでの競合で，お互いにcのコストがかかるとする。すると，以下の表－3のような利得表が得られる。また，展開形にすると，図－2のようになる。

表－3 利得表

A＼B	対抗（戦略 B_1）	甘受（戦略 B_2）
参入（戦略 A_1）	{rb/2}－c, {(1-r/2)b}－c	rb, (1-r)b
参入しない（戦略 A_2）	0, b	0, b

図－2 展開形

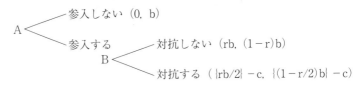

ここでは，（参入，対抗）の場合に絞って分析する。北朝鮮の挑発的行動に，日本が対応策を講じる事例に相当する。プレーヤーの行動としては，最適反応型と試行錯誤型の両方が考えられるが，より本章に適すると思われる試行錯誤型の動学的分析のみを紹介する[22]。なお，時間tにおいてAが A_1 を選択する確率を $x(t)$ とし，同じく時間tにBが B_1 を選択する確率を $y(t)$ とする。また，$rb/2 < c$ であると想定する。コストがあまりかからないと常に参入するからだ。参入しない場合の利得は0であるに対して，参入して抵抗された場合

---

[22] 相手がどう行動するか読み切れないので，最適反応型よりも試行錯誤型がより適切と判断した。

でもその利得は |rb/2|－c なので，rb/2＜c であると想定しないとプラスとなり，常に参入すべきとなってしまうためである。つまり，北朝鮮は好き放題できることになり，日本はなすすべもなく甘受するだけと同じで，抑止の可能性を探る本章の目的にそぐわないからである。逆に言うと，北朝鮮の挑発に強く反発して対応策を講じた場合の状況を探ることになる。金大中（韓国）政権時代の標語で言うと，北風と太陽のうちの北風になる。

詳細な説明は割愛するが，プレーヤー i が戦略 j をとったときの利得を u_{ij} と表現すると，A の期待効用値は，$E(x) = x(1-x)(u_{a1} - u_{a2})/K$ になる。B は $y(1-y)(u_{b1} - u_{b2})/K$ ではなく，A が x をとって初めて対応するか否かの決断をするので，$E(y) = xy(1-y)(u_{b1} - u_{b2})/K'$ が利得となる。なお，A の K と B の K' は同値ではないが，必ずプラスとなり，本章の論旨には影響しないので省略する。すると，$u_{a1} - u_{a2} = y\{(rb/2)-c\} + (1-y)rb - 0 = -\{(rb/2)+c\}y + rb$ となる。$\lambda = rb/\{(rb/2)+c\}$ とおくと，最初の想定から rb/2＜c なので，$0＜\lambda＜1$ となる。

$y＜\lambda$ の場合は $u_{a1} - u_{a2}＞0$ となる。A の利得の $E(x)＞0$ なので右方向のベクトル，その逆に $y＞\lambda$ の場合は $E(x)＜0$ となるので左方向のベクトルである。$u_{a1} - u_{a2}＞0$ の場合を簡単に説明しておく。もし $y=\lambda$ として計算すると $u_{a1} - u_{a2} = 0$ になるが，$y＜\lambda$ の場合なので $|\{(rb/2)+c\}y|＜rb$ となり，マイナス部分の $-\{(rb/2)+c\}y$ が rb よりも小さくなるからだ。その一方，$u_{b1} - u_{b2} = \{(1-r/2)b\} - c - (1-r)b = (rb/2) - c＜0$ となるので，B の期待値は $E(y)＜0$ となる。つまり，常に下方向のベクトルとなる。図－3 がその状態である。定常点は，(x, y)＝(1, 0)，(x, y)＝(1, 1)，そして (x, y)＝(0, [0, 1]) である。

図－3 から，(x, y)＝(1, 0)＝(参入，甘受) が漸近安定していることが分かる。北朝鮮の挑戦に何もしないことを意味する。(参入，抵抗) は極めて不安定であることもわかる。(x, y)＝(0, [0, 1]) は，少なくとも $y＞\lambda$ では下向きなので，収束すなわち安定する可能性が排除できない。しかし，A が参入しない場合でありながら，A がもし参入するとすれば，B が $y＞\lambda$ の確率で対抗措置をとると示唆していることになる。参入しないのに，参入した場合は対抗措置をとる可能性を指している事例なので，部分ゲーム完全均衡解で排除される信憑性のない威嚇になる。別の見方をすると，B がこの確率以上で参入阻止行

第1部　伝統的安全保障

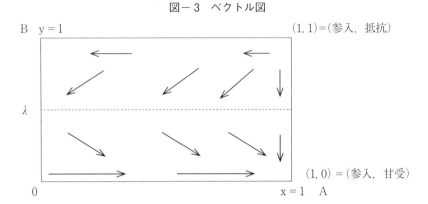

図－3　ベクトル図

動に出るとAが見積もれば，Aは参入を控える事態に相当する。つまり，すでにチェーン店を展開しているBがある一定以上の確率で対応措置をとる可能性があるとAが予測すると，参入を躊躇する状況である。Aが当初は当該の都市での損失を顧みず参入を試みたとしても，その時にBが対抗措置を講じたことから次都市におけるBの行動をベイズ的に（事後確率を）予測し，対抗措置をとると見込む確率が徐々に増すので，次第に参入をためらうだろうと推測できる。早めの都市で参入阻止に動いた方が，事後確率が早めに高くなるので，威嚇の効果が出てくるとの結果である。これは，直感的常識に沿った結果と思える。初期に早目に対応することの重要性はTFT戦略と同じ結論である。北朝鮮への早めの対応を勧める結論と言える。どんな内容の対応かまでは示唆できないが。

4　考察のまとめ

以上のゲームの理論的分析の結果をまとめると，実態により近い動学的分析では（参入，甘受）が漸近安定になっているので，北朝鮮の挑発行為に対して何もしない方が楽であり，安定的な状況になっている。しかし，これは，北朝鮮の食い物に一方的になっている状況なので，通常の感覚では許しがたいであろう。また，TFT戦略では即座の対応が最適とされ，動学的分析の最後で言及したが，ベイズ的にも早めの対応が求められた。したがって，漸近安定は安定的になることを示唆しているだけで，それが例えば日本にとってより良い

48

状況になると示唆しているわけではない点に留意を要する。その一方,〔参入,抵抗〕は対立・紛争状態を意味しているので,非常に不安定であることは納得できる。先に行った2つの分析では,鞭にあたる政策を推奨している。例えば,盾としてのミサイル防衛網の整備や,矛としての策源地攻撃能力である。少なくとも,北朝鮮の挑発行為に対しては,早期に応分の対応をし,何らかの対抗策が講じられると北朝鮮が見積もる確率を上げておいた方が,より抑止効果を持つのも明らかである。その一方,北朝鮮が柔軟姿勢を見せた場合は,それを評価した柔軟な姿勢も求められる。強硬な対応一辺倒では,北朝鮮が融和的姿勢を示す誘因がなくなってしまうからだ。やはり,飴と鞭政策しかないのではと思われる。あとは,その飴と鞭政策の中身の検討であろう。以下で,その中身を定性的に検討していくことにする。

Ⅵ 拡大抑止の信憑性

1 「破れ傘」ミサイル防衛論

盾でしかない日本のミサイル防衛網構築・整備に対してですら賛否両論がある。まして,矛の策源地攻撃論をや,である。ミサイル防衛や策源地攻撃論に関する論点はたくさんあるが,本節では拡大(核)抑止と策源地攻撃能力の保持に焦点を絞って,抑止論に立脚しながら戦略論的な議論をする。詳細なシナリオに基づいた議論ではない点をお断りしておきたい。まずは,ミサイル防衛の立場を簡単に述べておこう。ミサイル防衛は基本的には[23]拒否の抑止に分類され,防御的損害限定を目的としている。相互確証破壊戦略(Mutual Assured Destruction＝MAD)に代表される懲罰的抑止とは大きく異なる。懲罰的抑止は,相手国の先制攻撃(第一撃)を受けても自国の残存戦力で報復攻撃(第二撃)を行い,相手国に間違いなく「耐え難い」損害を与えられると相手国に認識させることで,相手国の自国に対する先制攻撃を思いとどまらせるものである。拡大(核)抑止は,この懲罰的抑止の範疇に入る。

懲罰的抑止では相手国への説得工作に重点があり,相手国の認識次第では自国が「耐え難い」打撃を実際に被る可能性が否定できない。相手国の合理的判断が規準になるので,北朝鮮のような国が相手国の場合は,相手国が自国と同

---

[23] 本節で後述しているが,本章で推奨する「破れ傘」ミサイル防衛網は,拒否的抑止の範疇に入らないと考えている。拡大核抑止による懲罰的抑止の一環である。

様な判断規準を持っているか確信を持てない公算が十分にありうる。自国または相手国の誤認や判断ミスの結果が，その確率がいかに低くても，自国に壊滅的損害をもたらしかねないために，強い危機感・不安感に駆られる。もっとも，本章は，以前も言及したが，北朝鮮は意図的に悪い評判を活用して利得を得ようとして，合理的な意思決定をしていると考えている。その決定の基本的な方向性が，通常の考えと異なるだけである。

こうした「耐え難い」打撃を被らない一種の保険として，損害限定型のミサイル防衛は充分に価値がある。拒否的抑止には到底至らない程度の損害限定であり，大都市などの人口集中地や産業基盤に照準を当てた極めて限定的な拠点（大都市圏）防衛型の防衛網である。拠点防衛でしかなく，しかも限定的なので，「破れ傘」ミサイル防衛網とも言える。保険としての役割という前提条件は重要で，あくまでも核兵器と通常兵器を含む拡大抑止の補完としての位置付けである。本章で言うミサイル防衛は「破れ傘」なので，懲罰的抑止（拡大抑止）と組み合わせない限り，単独で十分な抑止効果を発揮できる（抑止の機能量[24]が充分大きい）ことはない。

重要な点は，繰り返しになるが，限定的な拠点防衛である限り「破れ傘」なので，ミサイル防衛を懲罰的抑止の補完とする位置づけが可能となり，戦略ドクトリン上の問題を克服できることにある。日本の国土全土を履域とする薄い，対処可能なミサイル数を意図的に少数に限定したミサイル防衛網でも，理論的には同様な位置づけが可能である。しかし，相手国が真に限定的ではないと判断する公算がかなり大きい点が異なる。相手国は，常に最悪の事態を想定して対策を考え勝ちである。その方がリスクを回避でき，より安全・安心なためだ。自国が「破れ傘」で穴だらけの盾と判断していても，詳細な軍事情報・能力を機密扱いにすることもあり，全国土が履域になっていると，将来的な強化も念頭に，相手国は過大な評価をしてしまう可能性は高くなる。例えば，アメリカの対イラン向けとされるミサイル迎撃基地の旧東欧諸国配置を，ロシアが痛烈

---

[24] 「抑止効果」という文言は定性的に有無（all or nothing）で使われる傾向があり，抑止効果がある場合（(0, 1)）で，その多少を数量的に表現するには「抑止の機能量」という用語の使用が適していると，筆者は考えている。詳しくは，拙稿「核抑止論が内包する矛盾とその解決策の模索——先制不使用と確率的威嚇を条件に」大阪外国語大学国際関係講座『国際関係の多元的研究——東泰介教授退官記念論文集』大阪外国語大学国際関係講座，2004年1月，311-315頁を参照されたい。

に非難するのは、こうした危惧からであろう。そのため、限定的な拠点防衛型がより良い選択肢である。ただし、この議論は、策源地攻撃能力を持つか否かによって大きく変わる可能性がある（後述）。

2 拡大抑止と信憑性

　もし拡大抑止の抑止効果に100％の信頼が置けるならば（抑止の機能量が（0, 1）の範囲で1）、相手国の合理性を前提とする限り、わざわざミサイル防衛網を構築する必要はない。しかしながら、拡大抑止は基本抑止と異なり、その信憑性には疑問が呈されてきた。例えば、北朝鮮の弾道ミサイルがアメリカ本土を射程内に収めるような事態になると、拡大抑止の信憑性に重大な問題が生じる（抑止の機能量が1未満で、かなり0に近い状態）可能性が否定できない。同盟国だけへの威嚇でアメリカ自体は威嚇の対象になっていない場合、アメリカが拡大抑止の発動に言及すると、アメリカまでもがミサイル攻撃などの標的になってしまう可能性がある。本来ならばアメリカとは関係ない事案に同盟国のせいで「巻き込まれ」、多大な損害を被るとしたら、アメリカの死活的利害にかかわらない限り、最初から拡大抑止を発動しない可能性が否定できないからだ。フランスが独自の核兵器を保有するためにした「パリが攻撃されたからといって、アメリカがニューヨークを犠牲にするとは思えない」とする趣旨の主張がその有名な例であろう。

　基本抑止と比較して拡大抑止の信憑性が低いのは論を俟たないが、留意を要するのは、日本のように拡大抑止の恩恵を受けている側は絶対的な保証を求める点である。究極的には自国の存亡がかかるために、安全には安全を見越して（リスク回避型）100％の絶対的な信憑性がないと安心できない。拡大抑止が間違いなく能動的に発動されることを要求するので、100％の「保証がない」ことに不安感を持ってしまうのである。こう考えると、通常の期待効用最大化型の議論では、不充分ということになる。ところが、先制攻撃を仕掛ける側の観点は大きく相違する。期待効用最大化型であろうとミニマックス型であろうと、先制攻撃を考えている側にとっては、拡大抑止の信憑性が零でない限り、かならず自国に対する抑止効果（抑止の機能量）が存在する。

　換言すると、拡大抑止を受ける側が完全な保証を求める点が、先制攻撃を考えている側とは大きく異なる。抑止される対象はあくまでも先制攻撃を意

図している国であり，拡大抑止を受けている側ではない。すなわち，先制攻撃に対する抑止効果（抑止の機能量）を維持するためには，拡大抑止の信憑性に100％の保証を求める必要はない。信憑性が零でなければかならず抑止効果（抑止の機能量）はあるので，先制攻撃を考えている側は，それを考慮に入れる必要がある。リスク回避型の意思決定をする限り，零とは見積もれないはずである。その意味で，アメリカが日本に拡大抑止をしていると言明している限り，その信頼性が100％でなくてわずかであっても，先制攻撃をする国が，拡大抑止の可能性を完全に無視して，その損得計算することはできないはずである。数式的に表現すると[25]，$X \times P = Y$ となる。Xは拡大抑止が発動された場合の想定損害，Pは拡大抑止が発動される事前予想確率である。Yは拡大抑止による報復攻撃の期待効用値であるが，報復によりこうむる損害を意味するので，見積もりコストと同様になる。拡大抑止がある限りPが零とは見積もれないので，何らかの抑止効果（抑止機能量）があると考えて良いことを意味する。

もし，日本に対するアメリカの拡大抑止の機能停止を目的に，北朝鮮がアメリカ本土攻撃を示唆してアメリカを威嚇したとすると，これが基本抑止自体への挑戦と見なされる可能性も勘案しなければならない。いやむしろ，基本抑止に対する挑戦とみなされる確率が高いのではないだろうか。ならば，角を矯めて牛を殺す事態になってしまい，北朝鮮にとっては最悪のシナリオとなる公算が大きいであろう。その基本抑止でさえ，抑止の崩壊を前提にする限り，発動不可能な事態も考えうるとの議論も可能なことは可能である。しかし，そもそも，北朝鮮のような圧倒的に軍事力の劣る国が，威嚇するに十分な能力を持っていると仮定しても，意図的にアメリカを（単なるはったりではなく）実際に先制核攻撃する状況は考えづらい。弾道ミサイルで攻撃すると，どの国の攻撃か即座に判明するので，報復攻撃の対象となりやすいからだ。

よって，この種のシナリオの理論的可能性は否定しないが，その可能性は極めて低いと判断して良いのではないだろうか。自国が先制攻撃を検討している場合は，自国が主体的・能動的にその可否を決定するのであるから，予想できる最悪の事態も考慮に入れて安全を見込んでリスク回避型の決定をする公算が大きいと思える。ならば，先制攻撃を実際に仕掛ける確率は低くなるはずであ

---

[25] 前掲注[17]と同様であるが，前掲注[17]が便益（プラス）であるに対して，これは損害（コスト，マイナス）の違いがある。

る。理論的には，ミニマックス型の意思決定をしている限り，まったく可能性がなくなる。ただし，清水の舞台から飛び降りる心境のような「よほど切羽詰まった」場合は別であろう。

3 小　括

　小活すると，北朝鮮が日本に先制攻撃をすると威嚇することで何らかの政治的譲歩を得ようとする場合，北朝鮮はアメリカの拡大抑止の蓋然性にかなり配慮せざるを得ない。その意味で，期待効用最大化型で考えても抑止効果（抑止の機能量）はあると断言できる。リスク回避型の意思決定（ミニマックス型）の場合は，実際に攻撃するのは極端に追い詰められた「よほど切羽詰った」場合だけと想定できる。理性的な判断ができない，攻撃をしなければ政権や国家の維持が図れないような極め付きの二者択一的状況である。単なるこけおどしの威嚇は，ゲームの理論で言う部分ゲーム完全均衡解で，少なくとも理論的には識別可能である。もっとも，こうした威嚇を受ける（拡大抑止を受けている）側は逆に，最悪の場合でも安全を確保したいと考えるので，いかに確率が低いからといっても先制攻撃を受ける可能性を考慮せざるを得ない。だからこそ，拡大抑止の信憑性に疑問符が付く事態を危惧するわけである。

　アメリカの拡大抑止がある限りは，相手国を追い詰めて「切羽詰らない」ようにした方が，先制攻撃される確率は大幅に減ると考える。そのため，日本の対応としては，本源的にはアメリカの拡大抑止に依拠しながら，それこそ安全には安全を見込んで，万一の場合に備えて，拠点防衛型の「破れ傘」ミサイル防衛システムの構築を目指すのが適当と思われる。相手国を追い詰めないためにも，「破れ傘」である方が良いのである。日本全土を履域とするかなり確度の高いミサイル防衛網の整備は，確かに損害限定の意味では理想的と言えると思えるが，抑止論の立場からは戦略的安定性を損ない逆効果になる。なぜなのかを，策源地攻撃に即して次節で説明をする。

Ⅶ　策源地攻撃能力と戦略的安定性

1　策源地攻撃能力保持の目的

　冒頭で言及したが，日本も策源地攻撃は法理的に排除されていないというのが政府の公式見解である。策源地攻撃能力と一言で言っても，質・量ともにさ

第 1 部　伝統的安全保障

まざまなレベルが考えられるが，本節ではあくまでも原理的・政策的な是非論を行う。策源地攻撃能力を保持すれば，直ちに策源地を破壊でき，機能停止に追い込めるわけではもちろんない。策源地攻撃の仮想対象国である北朝鮮も，以前言及したように，相手国が攻撃しやすいような地上に，固定式ミサイル発射基を無防備にさらしておきはしない。まして，日本を標的としていると思われるノドンには道路移動式がある。

　策源地攻撃能力保持の目的として，主に以下の2点が考えられる。第1に，先制第一撃（pre-emptive strike）であり，そのためには，攻撃対象国の該当ミサイルをかなりの程度（つまり，残存能力による報復攻撃があっても，SM-3やPAC-3で充分迎撃可能な程度）破壊する必要がある。よほど強力な攻撃能力がないとやぶ蛇になる公算が大きいと思われる。相手国が早めに先制攻撃を仕掛ける強い誘因ともなるので，危機時の安定性に大きな悪影響を及ぼすからだ。第2は，ミサイル防衛網への補完としての役割である。第1と異なるのは，敵国から飛来するミサイル数を，SM-3やPAC-3で限定的に（すべてではない）対応が可能な程度まで，策源地で減少させれば良い点である。こうしたミサイル防衛能力がかなり限定的ならば，つまり「破れ傘」ならば危機時の安定性に大きな悪影響を及ぼさないと思われる。問題は，相手国が本当に「破れ傘」であると思ってくれるか否かであろう。「破れ傘」と判断してもらえるようにする必要がある。

　一点追記すると，先制第一撃を想定する策源地攻撃とは異なり，価値基盤への報復が念頭にあるので一種の最小限抑止と言って良いかもしれないが，小規模の懲罰的抑止も策源地攻撃能力保持の目的の一つと考えられる。敵対国の第一撃を受けても，残存した報復能力で敵の首都など人口・産業基盤に最小程度の打撃を与える可能性を残すことで，敵国が第一撃自体を躊躇するようにする，である。この目的のためには，それ相応の能力を整備する必要があり，日本の場合は米軍との役割分担も再構築する必要が生じる。通常兵器では，最小程度と雖も抑止に必要な程度の打撃を与えられるかどうかは疑問である。その一方，核弾頭搭載になると，次元の異なる問題が生じる。

2　「効果的」な策源地攻撃の難しさ

　「効果的」な策源地攻撃能力の取得は困難とよく指摘されるが，先制第一撃

を想定すると，実際に発射を事前に察知し，その発射前に移動式のミサイルを破壊するのは至難の業である。イラク戦争時にアメリカ軍が行ったいわゆるスカッド狩りにおける，スカッド迎撃の成功率の悪さがそれを物語る[26]。周知のようにイラクは砂漠勝ちで移動式でも発見しやすい。それに対して，北朝鮮は山勝ちで，移動式発射基の発見はさらに困難と推測できる。そもそも，策源地攻撃のためには，総合的な戦闘能力体制の整備が必要である。その前提として，もちろんミサイルや航空機などの「効果的」と想定できる兵器の整備が必要となるが，「効果的」な兵器自体の開発が容易ではない。

　簡単にその理由を説明しておこう。まず，日本の場合は専守防衛政策のために，自衛隊は最小限の自衛能力の維持が目標であり，策源地攻撃能力の開発・取得の意思すらまったくなかった点である。したがって，少なくとも現状では，「効果的」な兵器の開発どころか，兵員の訓練も皆無であり，その準備すらする態勢にない。第2に，「効果的」と思われる攻撃兵器がない点である。考え得る攻撃兵器としては，航空機による空対地ミサイルや精密誘導弾での攻撃と巡航ミサイル（CM）が主なものであろう。攻撃対象が道路移動式であっても，航空機による攻撃の場合は一定の効果はあろう。しかし，あくまでも一定の効果でしかない。すでに指摘したように，砂漠が多く目標が発見しやすいイラクでも，600発あったスカッドの捕捉・撃破は難航した。そのうち，移動式は数十基程度でしかなかったにもかかわらずである。これも前言したが，北朝鮮は山勝ちなので，AWACSレーダーでも死角になる部分があり，ましてトンネルなどに隠ぺいしているので，発射のために地上に出た時で，液体燃料の場合ならばその注入中にしか捕捉できないと思われる。さらに，日本を射程内に置くノドンは最低でも200発（～350発程度）はあり，うち移動式も50基以上あると推測されている。北朝鮮の策源地上空付近に航空機が達するには時間がかかるが，その前に防空網を突破・破壊しなければいけない。その上，足の長い護衛機や空中給油機，AWACSや電子戦機も必要になろう。トマホークのようなCMは，現状では事前に攻撃目標の座標軸を設定しなければいけないのが通例なので，固定目標には効果はあるが，移動式には対応できない。しかも，速度が遅く，また積載可能な弾頭重量が400Kg程度と威力にも問題がある。

[26] 本章関連の邦文文献としては，高橋杉雄「専守防衛下の敵基地攻撃能力を巡って」防衛研究所紀要第8巻第1号（2005年10月）110-115頁が詳しい。

第1部　伝統的安全保障

　効果的な兵器が新規に開発できたと仮定しても，標的の選定や確認を含む以下の過程すべてで成功を収める必要がある[27]。①敵の作戦情報，特に攻撃目標の事前選定，目標の動きの連続的な把握，②戦術的な攻撃目標の情報，③敵の戦術的欺瞞の有無とその看破，④敵の防御態勢，⑤任務達成に必要な攻撃所要兵力，⑥策源地攻撃用指揮管制組織の構築，⑦攻撃効果の判定能力，⑧訓練体制などの整備，である。特に問題なのは，作戦の前提となる情報収集で，「その多くが敵国内情報であり，この種の情報収集活動自体が自衛隊には全く未知の分野である」。このヒューミントを含む北朝鮮の策源地付近での情報収集は，ノドンなどが道路移動式であることも考慮すると，困難を極めると予想できる。なお，南西諸島の離島奪還を目的としたものであるが，陸上自衛隊が「爆撃誘導員」の養成に着手するとの報道がある[28]。万々一に，北朝鮮での活動を目的とした爆撃誘導員を含む特殊部隊を設置し，錬度を高めて精鋭部隊にできたとしても，北朝鮮に潜り込ませること自体が困難であろうと推測できる。よって，日本独自で効果的な策源地攻撃能力を獲得することは，困難と判断せざるを得ない。

　さはさりながら，攻撃は最大の防御であることも確かである。抑止の崩壊を前提に考えると，相手国がミサイル攻撃するのを「座して自滅を待つ」のは無責任であろう[29]。「破れ傘」ミサイル防衛網と雖も，不充分ながらある程度の損害限定効果は持つ。また，策源地攻撃能力を持てば，紹介した統計データが示していたように，それなりの抑止効果をもたらすであろう。しかし，繰り返すがその抑止の機能量は限定的であると判断せざるを得ない。つまり，相手国が先制攻撃を仕掛けようともくろんでも，実際に攻撃を開始する前に策源地攻撃で自国が相手国の戦力を相当程度削げる場合は，相手国が先制攻撃自体を実行しないという意味での抑止の機能量は，極めて限定的であるとの判断である。相手国としては早めに先制しないと，その戦力が削がれてしまう公算が大きいからだ。その一方，追記した小規模な懲罰的抑止の効果も，すでに指摘したよ

[27]　東京財団（政策提言）『海洋安全保障と平時の自衛権』2013年11月，26頁。http://www.tkfd.or.jp/files/doc/2013-03.pdf　2014年3月6日にアクセス。
[28]　『産経新聞』電子版，2014年3月30日。同4月2日にアクセス。http://sankei.jp.msn.com/politics/news/140330/p1c14033008090004-n1.htm
[29]　前掲注(3)と同じ国会答弁で，「座して自滅を待つべしというのが憲法の趣旨とするところだというふうには，どうしても考えられない」とも述べている。

うに，通常戦力ではまず効果がないと判断して良いように思われる。ならば，策源地攻撃の効果に明白な赤信号がともっていると思わざるを得ない。

3 戦略的安定性の維持

　抑止の観点から策源地攻撃を考える際に重要なのは，戦略的安定性の維持，なかでも危機時の安定性にかかわるような事態である。つまり，本章のような意思決定論の視点からすると，ミニマックス型や期待効用最大化型の意思決定を吹き飛ばし，理性的ではない一か八かの意思決定を強いるような「よほど切羽詰った」状況に相手国を追い込まないことである。もし日本が策源地攻撃能力を保有すると，たとえその実際の効果に赤ないし黄信号がともっていても，そうでない場合と比較すると，かなり「切羽詰った」状況に北朝鮮を追い込む公算が大きくなり，かえって冷静な意思決定を阻害する事態になりかねない。ただでさえ北朝鮮は瀬戸際外交的で，政策失敗時の「安全性の糊しろ（セーフティー・マージン）」が少ない政策選択をしている。最悪の場合，弱虫（チキン）ゲーム的な威嚇合戦に陥り，少しの誤認などで紛争状態に陥る可能性が否定できず，危機時における安定性が崩壊しやすいことが危惧される。

　その例として，山本五十六と真珠湾攻撃があげられるのではないだろうか。山本五十六は日米開戦を避けるべきとの見解であったが，乾坤一擲の大博打を打つ決断を下さざるを得なかったと言われている。個人的には冷静な損得計算が出来ていたにもかかわらずの決断である。日本自らが主体的・能動的に相手国をこうした状況に追い込むのは，極力避ける必要がある。かつての大日本帝国がそうであったように，北朝鮮が自らまいた種であり，自業自得であるとの見解も確かに成り立ち得る。北朝鮮は「悪い評判」を利用して国益の確保を図っているというのが本章の見立てであるが，追い込みすぎると，この計算がまともにできなくなり，自暴自棄又は乾坤一擲の勝負に出るといった状況に陥りやすい国であるかもしれない。そのような状況に追い込まないためにも，策源地攻撃能力の保有は回避すべきであると考える。そして，かなり又はある程度「切羽詰った」と思える状態でも，まだまだ北朝鮮が期待効用最大化型の意思決定を維持できる誘因を残すのである。

　拠点防衛型の「破れ傘」ミサイル防衛網は，意図的に穴だらけの傘にしている。相手国が先制攻撃を考える際，破れ傘と雖も防衛網の整備で計算上の不確

第1部 伝統的安全保障

実性が増し，わずかもしれないが抑止力の強化（抑止の機能量が増す）となって抑止の安定性，そして戦略的安定性も保たれやすくなる。この考えは，ミニマックス型の意思決定方式ではもちろん，期待効用最大化型でも首肯できる。ところが，策源地攻撃能力を持つと，この種の意思決定方式が採用されるか否か極めて怪しくなる。前述したように，道路移動式の準中距離ミサイル（ノドン）を完璧に撃破できる能力は，米軍の圧倒的な能力をもってしてもないと思える。したがって，実際には，アメリカでも「錆びついた矛」とでも表現できる程度の破壊能力しか考えられない。如何に矛が錆びついていても，相手国からすると，最悪の事態を想定しておいた方が安全である。相手の策源地攻撃能力を最大限に見積もり，破壊される前に早めに発射しようとする誘因が働く。

　日本が策源地攻撃能力を保持しても，アメリカと比較すると，北朝鮮にそれほどの危機感は働かないであろう。日米同盟なので，常にアメリカの動きと連動して考えるべきとの意見にも同意する。しかし，本章では，拡大抑止の信憑性を議論したように，基本的には日本だけを対象にした北朝鮮の挑戦的行動を想定しているので，日本が策源地攻撃能力を保持しなければ，北朝鮮がその種の危惧を抱き，先制攻撃を考える誘因はさらさらなくなるのも事実であろう。日本の場合は，専守防衛なので，北朝鮮が例えば「東京を火の海にする」と攻撃の意図を明確にし，液体燃料などの注入を始めた段階で，日本への攻撃に「着手」したと認定できるとされている[30]。そして，いったん「着手」と認定されれば，策源地攻撃も個別的自衛権の範囲と解釈できるようになる。ならば，この解釈が維持される場合は，この種の言明をしない限り「着手」と見なされないことになり，原理的にはそれほどの切迫感は生じないかもしれない。その意味では，日本が保持する策源地攻撃能力の脅威を北朝鮮があまり感じない可能性もある。さはさりながら，策源地攻撃能力なので攻撃の効果に疑問があるとは雖も，先制攻撃能力とも見なし得るので（相手国はそう見なした方が安全なので），相手国の危惧は完全には払拭できないであろう[31]。その意味で，相対的に言って，日本への攻撃の可能性を低減するためにも，持たない方が良いのではないかと思える。

---

[30]　平成15（2003）年1月24日の衆議院予算委員会における石破茂防衛庁長官の答弁。

[31]　拙稿「核抑止論が内包する矛盾とその解決策の模索——先制不使用と確率的威嚇を条件に」315-327頁を参照されたい。

〔竹内俊隆〕　　　　　　　　　　　　**2　北朝鮮のミサイル配備と日本の対応**

　能力は一朝一夕にはならず，意図は瞬間で変えられる。したがって，能力に基盤を置いて考えるのが普通であり，安全であろう。その上で，当該能力を活用させる意図を持たせないように働きかけるのである。能力がなければ，意図があってもどうにもならないからだ。日本は憲法第9条を持つ平和愛好国で攻撃的ではなく，専守防衛で常に防衛を考えているので先制的な攻撃など考えられないと主張したところで，策源地攻撃能力を持つ限りは，相手国である北朝鮮は信用しないほうがより安全である。相手国からすると，最悪の場合であるが，策源地攻撃能力でなすすべもない状況に陥る可能性が零ではなくなる。それは是が非でも回避したいはずなので，その惹起確率はたとえ極めて低くても，早めに軍備増強なりの対応策を講じる必要に駆られる。同じことは，北朝鮮のミサイル能力の進展に伴い日本にも当てはまる。安全保障のジレンマの発生である。少なくとも，戦略的安定性の3要素のうち第1と第2の危機時および軍備競争の安定性には疑問符がつく状況になりかねない。囚人のジレンマ論を思い起こしてほしい。それは，日本としても（囚人のジレンマ論では北朝鮮も），できれば避けたかった結果になっている。北朝鮮の挑戦的な（決して重大ではない）威嚇・行動に耐えなければいけない公算が大きいが，それは「悪い評判」の維持のために意図されたはったり的行為であり，政治的な行動であると見越せば済むことでもある。そう楽観的な想定はなかなかできないかもしれないが。

4　小　　括

　（北朝鮮の立場からして）日本のように専守防衛を国是としている国が相手国の場合は，期待効用最大化型であれミニマックス型であれ，今まで論じてきた懲罰的抑止の論理の破綻の可能性に特段の心配は要らない。日本に策源地攻撃能力を含めて先制攻撃，先制第一撃などの第一撃能力がないからである。意図の有無は瞬間的に変えられるが，能力はそうはいかない。能力の有無が重要である。日本が策源地能力を保持していれば，通常兵器によるものでも，それが実態的に効果的であるか否かにかかわらず，第一撃能力を保持していると同様な危惧を程度の差はあるが相手国（北朝鮮）に持たせてしまう。保持しなければ，相手国は特段の懸念を持たなくても済む。

　ただし，以上の論理には，「効果的」なミサイル防衛網を持たない限りとの前提条件がある。これは重要な前提条件である。鉄壁なミサイル防衛網整備は，

確かに夢のまた夢である。しかし，本章で想定しているような状況下では，相手国はリスク回避型の意思決定をする公算が通常は極めて大きいと思われるので，相手国にも「破れ傘」で穴だらけであると認識してもらう必要があると思われる。さもなければ，懲罰的抑止の論理で相手国を納得させられなくなる可能性が生じる。だからこそ，履域を限定した拠点防衛型であり，しかも「破れ傘」を自他ともに認識してもらう程度のミサイル防衛網の整備にとどめた方が，抑止論的にも費用対効果の側面からも，より妥当な方策のように思える。

要するに，効果的な策源地攻撃能力の取得は困難至極である上，費用対効果および意思決定論からしても，具備するより具備しない方が，はるかに良いとの結論になる。考え得る唯一の可能性は，従前通りに米軍の攻撃能力の補完をし，「破れ傘」ミサイル防衛の一環として，「破れ傘」であることを崩さない程度の極めて小規模の限定的な策源地攻撃能力の整備でしかない。しかし，それでも，具備・整備のためのコスト負担を考え，北朝鮮の意思決定に負の影響を与え，しかも「切羽詰った」心理状態に追い込む可能性を考慮すると，具備・整備自体をあきらめた方がはるかに良い政策選択であると判断する。

Ⅷ 終わりに代えて

本章では，北朝鮮の一連の弾道ミサイル発射実験や核実験の強行に対する，日本の対応策としてのミサイル防衛と策源地攻撃論を概観し，統計的データやゲームの理論などの意思決定方式の議論を交えながら，主として戦略的安定性維持の観点から論じた。また，拡大抑止における，彼我（日本と北朝鮮）の視点の相違の重要性も指摘した。

その結論として，アメリカによる拡大（核）抑止を維持することで，相手国が先制攻撃をする誘因を持たないようにすることが基本である。そのために，戦略的安定性，とくに危機時の安定性に懸念をもたらすような政策はなるべく避けるべきである。つまり，日本は専守防衛の精神に基づき，相手国の危機感を煽る公算が大きい策源地攻撃能力は持たない方が良い，具備しようにも費用対効果が悪すぎるとの結論である。しかし，そうは言っても，誤認・誤解・判断ミス・事故はたまた合理性の欠如などの理由により，拡大（核）抑止が効果を持たない可能性が少ないと雖も存在する。ノドンなどの準中距離弾道ミサイルによる脅威があることも確かである。そうした万一の場合に備えて，拡大抑

止が崩壊した場合の一種の保険政策として，限定的な拠点防衛型の「破れ傘」ミサイル防衛網の整備は推進すべきであると考える。なるべく強固なミサイル防衛網の整備がより安全な保険政策であることは認識するが，このきわめて微少な万一の可能性のために，日常的な戦略的安定性を損うべきではないとの判断である。つまり，期待効用最大化型の考えに基づく判断である。

なお，策源地攻撃能力を考える際には，日米同盟による日本とアメリカの役割分担の明確化が重要と認識するが，冒頭でお断わりしたように，本章ではあくまでも日本が単独で策源地攻撃能力を保持した場合を検討対象とし，日米同盟に基づく役割分担をどのようにするかは基本的には検討対象外であった。アメリカが持つ策源地攻撃能力が抑止効果（抑止機能量がある）を持つことはまぎれのない事実であるが，具体的にどのような役割分担をし，日本が持つべき補完的機能はどのようであるべきかなどは今後の検討課題としたい。

3 信頼醸成措置再考
——欧州における信頼醸成枠組みの成果と課題——

佐 渡 紀 子

I　はじめに

　国家間武力行使を防止する思考方法や具体的取り組みを模索することは，平和を求める平和研究・安全保障研究の中核的課題であろう。研究と実践の中から相互抑止，相互依存，予防外交，平和構築など，様々な概念が生み出され，共通の安全保障，総合安全保障，協調的安全保障，人間の安全保障など，様々な国際安全保障パラダイムが提起されてきた。信頼醸成措置は，共通の安全保障や協調的安全保障のパラダイムのもと，国家間武力行使を防止することを志向した枠組みのひとつである。

　信頼醸成措置はその初期の取り組みの例として米ソ間ホットラインがあげられるように，欧州に限定される取り組みではない。また，信頼醸成措置に含まれる措置は多様なものであり得る。たとえば，1981年に出された国連事務総長による「信頼醸成措置に関する包括的研究」では，「軍縮の発展の為に国際平和と安全を強化し，信頼と理解を深め，また国家間関係の安定化を計ることによって，実際的な国際協力の環境を作り，または改善する」ものと定義づけられており，軍事的な要素のみならず，経済的な要素，社会的な要素をも含みうる性質のものと理解できる[1]。

　しかしながら，信頼醸成を目指した取り組みが具体的な制度と成果を生みながら発展した欧州においては，軍事的側面に着目した信頼醸成措置が採用された。そのため，信頼醸成措置は，経済・社会分野の取り組みを含みながら言及される場面はありながらも，安全保障研究の文脈では軍事的側面に焦点をあて

---

(1) United Nations Secretary General, 'Comprehensive Study of Confidence- Building Measures,' A/36/474, 1982.

た狭義の取り組みに主に関心があつまった。

　欧州での実践は1970年代に始まっており，具体的な制度が作られてから約40年が経過しようとしている。信頼醸成措置への関心は制度の発展期にあたる1980年代末から1990年代初頭にかけて高まった。しかしながら1990年代半ば以降制度の成熟期にはいってからは，多様な分野で信頼醸成の考え方が応用される一方で，欧州の取り組みに対しては必ずしも十分な関心が払われているとは言えない。

　本稿では信頼醸成措置について欧州における近年の制度的な発展を踏まえつつ，その意義と成果を検討する。そのためにⅡでは，欧州における信頼醸成措置の枠組みを示す。Ⅲでは安全保障強化の文脈での信頼醸成措置の意義とは何であったのかを明らかにする。そしてⅣで，改めて信頼醸成措置の今日的役割を検討したうえで，課題を明らかにする。

Ⅱ　欧州における信頼醸成措置の枠組みと履行状況

1　「ウィーン文書2011」にみる欧州の信頼醸成措置

　欧州の信頼醸成措置は欧州安全保障協力会議（CSCE），現在の欧州安全保障協力機構（OSCE）において議論され，そして具体的な仕組みが構築されてきた。OSCEの信頼醸成措置は，制度が導入された1975年のヘルシンキ最終議定書を見ると，次のようにその目的が設定されている。すなわち，「参加国間に存在する緊張の原因を除去し，そしてそのようにして世界の平和と安全に貢献すること」「参加国間の信頼を強化し，そしてそのようにして欧州における安定と安全の強化に貢献する」こと，である[2]。さらに，「特に参加国間に軍事活動の性質についての明確で時宜にかなった情報が不足している状況において，武力紛争の危険や懸念を生じさせ得るような軍事活動についての誤解または誤認の危険性を減少させることに貢献する」ことと，信頼醸成措置の具体的な役割を明示している[3]。この信頼醸成措置の位置付けは，今日まで受け継がれている。

　OSCE参加国は，1975年のヘルシンキ最終議定書に合意して以降，ストックホルム文書[4]，ウィーン文書1990[5]，ウィーン文書1992[6]，ウィーン文書

---

[2] Final Act of Helsinki, August 1, 1975.

[3] Ibid.

1994[7], ウィーン文書1999[8], ウィーン文書2011[9], の合計7つの文書に合意し, 今日までかけて信頼醸成措置を精緻化させてきている。これらの合意を通じて作られた欧州の信頼醸成措置は, 軍事情報の年次交換, 防衛計画の交換, 危機軽減措置, 交流, 軍事活動の事前通告, 軍事活動に対する視察, 年間計画の交換, 軍事活動の制限措置, 検証措置, 地域的取決め, 年次履行評価会議, 文書更新手続き, からなっている。

　もっとも新しい文書であるウィーン文書2011の重要な成果は, 文書の更新手続きが新たに盛り込まれたことである。これは, ウィーン文書の改定を, 柔軟に行う手段を確保する目的で導入された。信頼醸成措置は加盟国から様々な改善提案がなされるものの, コンセンサス原則の下で合意される必要性があること, また, 合意のための会合の頻度から, 迅速な変更が困難であった。信頼醸成措置として盛り込まれる措置の大枠は40年の実践の中で定着し, 大幅な枠組みの変更を求める加盟国もないことから, 技術的な規定の改定を迅速に行うことのメリットが共有された。そこで日常的に開催されているOSCEの安全保障協議体である安全保障協力フォーラム(FSC)においてなされる決定をもって, 規定内容を更新することができるとするものである[10]。また, 5年に1回以上の頻度で, FSC特別会合を開催し, ウィーン文書の変更を反映した改定版を確認する機会をもつことも定められている。

　欧州の信頼醸成措置の中で特にその中核を担うものが, 軍事活動の事前通告と軍事活動に対する視察である。これらの2つの措置は, ヘルシンキ最終議定書で合意された欧州型信頼醸成措置の原点ともいえるものであり, 同時に, 文書を重ねるごとに大きく改善を重ねた措置でもある。軍事活動の事前通告と視察は, ヘルシンキ最終議定書の段階ではごく限られた軍事活動を事前通告義務の対象とし[11], 軍事演習への視察を自発的に受け入れるよう求めたにとどまっ

---

(4) Stockholm Agreement, September 19, 1986.
(5) Vienna Document 1990, November 17, 1990.
(6) Vienna Document 1992, March 4, 1992.
(7) Vienna Document 1994, November 28, 1994.
(8) Vienna Document 1999, November 16, 1999.
(9) Vienna Document 2011, November 30, 2011.
(10) ウィーン文書の規定更新にかかる合意事項は「ウィーン文書プラス」と呼ばれ, ウィーン文書の上位規定として扱われる。
(11) 2万5,000人を超える兵力が参加する軍事活動は, 21日以上前に他の加盟国に通告す

ていた。これに対して現在では事前通告の対象は拡大し[12]，一定規模以上の軍事活動について他のOSCE参加国からの視察員を招聘することを義務化している[13]。このように，OSCE参加国は，軍事活動を実施国自らが積極的に他のOSCE参加国に公開しているのである。

検証措置は，査察と評価訪問から構成されている。このうち特に査察は，欧州の信頼醸成措置を特徴づけているもののひとつである。査察は信頼醸成措置の履行に疑義がある場合に，他の参加国の要求によって実施されるものであり，具体的には軍事活動の規模にかかわらず，査察要求があった場合には加盟国は原則的にそれを受け入れなければならない[14]。軍事活動に関して提供された情報に対して，他国が自ら検証することを可能にする措置と言える。

制限措置もまた，欧州の信頼醸成措置の中核的なものと位置付けることができる。制限措置は，一定の規模以上の軍事活動について実施できる回数を制限し[15]，また一定規模以上の軍事活動について2年前にその計画を通知していなければ実施できないとする実施時期制限をも課すものである[16]。このように制

ることを求めていた。

[12] 兵力9,000人，戦車250両，装甲戦闘車両500両，迫撃砲・大砲・複数ロケット発射装置250門/基をこえる規模の軍事活動，ないし，上陸／パラシュート急襲／ヘリコプター上陸演習で兵力3,000人を超える規模の軍事活動は，42日以上前に他の加盟国に通告することを義務付けている。

[13] 兵力1万3,000人，戦車300両，装甲戦闘車両500両，迫撃砲・大砲・複数ロケット発射装置250門/基を超える規模の軍事活動，ないし，上陸／パラシュート急襲演習／ヘリコプター上陸演習で兵力3,500人を超える規模の軍事活動の場合，視察の招聘を義務化している。

[14] 査察は，1年に3回を上限に受け入れが義務化されている。

[15] 兵力4万人，戦車900両，装甲戦闘車両2,000両，大砲・迫撃砲・複数ロケット発射装置900門/基を超える軍事活動は，3年に1回までを上限としている。また，兵力1万3,000人，戦車300両，装甲戦闘車両500両，大砲・迫撃砲・複数ロケット発射装置300門/基をこえるが，上記の基準以下の軍事活動は，1年に6回まで（うち兵力2万5,000人，戦車300両，装甲戦闘車両800両，大砲・迫撃砲・複数ロケット発射装置400門/基を超えるものは1年に3回まで）。なお，兵力1万3,000人，戦車300両，装甲戦闘車両500両，大砲・迫撃砲・複数ロケット発射装置300門/基を超える軍事活動は同時に3つを超えてはならない，併せて，年間計画に含まれない兵力4万人，戦車900両，装甲戦闘車両2,000両，大砲・迫撃砲・複数ロケット発射装置900門/基を超える軍事活動の実施は禁止されている。

[16] 兵力4万人，戦車900両を超える軍事活動は，実施の前年および2年前に通告していなければ，実施することができない。

限措置を通じて，大規模な軍事演習は長期的な計画の下でなければ実施することができない環境を作り上げているからである。このような制限措置は欧州の信頼醸成措置の発展を象徴する措置でもある。制限措置は1975年のストックホルム文書で導入されて以降，規制基準を徐々に強化しているのみならず，信頼醸成措置そのものが，軍事活動にかかわる情報提供とそれへの検証という取り組みから，軍事活動そのものを規制するものへと転換したことを意味するからだ。

　欧州の信頼醸成措置はそのほか，軍事活動や軍事力に関する情報を積極的に公表し，共有する措置を含んでいる。それが，軍事情報の年次交換，防衛計画の交換，危機軽減措置である。これらは，OSCE加盟国が自国の軍事組織や兵力，装備情報，防衛計画，軍事予算などを定期的に共有することを定めている。また，提供される情報について説明を求める権利が保障されている。さらに，軍事活動に関する疑問や危険を感じる機会には，協議の機会を持つことも定められている。

　また，欧州の信頼醸成措置は，再検討と制度改善の機会を確保する仕組みを備えている。具体的には年次履行評価会議と文書の更新手続きである。年次履行会議はウィーン文書1990によって導入された措置であり，1年に1回の頻度でもたれる，OSCE加盟国が信頼醸成措置の履行状況に関する疑問を共有し，またそれに対して説明を行う機会である。

2　履行状況

　欧州の信頼醸成措置はその履行は一貫して良好であり，信頼醸成措置として機能していると評価されている[17]。中心的な措置に注目すると，例えば検証措置である査察や評価訪問について，1990年代において査察は毎年10～20回，評価訪問については50回程度が実施されている[18]。2000年代に入るとさらに

---

[17] 例えば次を参照。FSC Chairman's Report to OSCE Review Conference, RC.DEL/179/10/Rev. 1, October 19, 2010: Zdzislaw Lachowski, "Conventional Arms Control," SIPRI, *SIPRI Yearbook 2009*, Oxford University Press, 2009, p. 437. 拙稿「OSCEにおける信頼安全醸成措置——メカニズムの発展と評価」『国際公共政策』第2巻第1号，1998年3月，227-230，234頁。

[18] SIPRI, *SIPRI Yearbook 1987*, Oxford University Press, 1987; *SIPRI YB 1988*,; *SIPRI YB 1989*; *SIPRI YB 1990*; *SIPRI YB 1991*; *SIPRI YB 1992*; *SIPRI YB 1993*;

第1部　伝統的安全保障

積極的な制度活用がなされるようになり、2010年には97回の査察と48回の評価訪問が、2011年には91回の査察と39回の評価訪問が実施されている[19]。OSCEの年次報告書によれば、近年は平均して毎年90回の査察と45回の評価訪問が行われている[20]。

また軍事情報の年次交換についても、その履行はおおむね良好である。たとえば2010年と2011年には、全OSCE参加国55か国が情報を交換している[21]。また、防衛計画については2010年には45か国、2011年には40か国が提出している。

また、危機軽減措置についても、緊張緩和を目指した活用が確認できる。2013月12月以降激化したウクライナとロシアの対立において、危機軽減措置が活用されたことは、その具体例のひとつである。2014年3月のウクライナにおける内政の混乱に際してロシアがとったウクライナ国境地帯での軍事活動はOSCE加盟国によって懸念を持って受け止められた。そのため、2014年4月には、危機軽減措置規定が活用され、ロシアによる軍事活動に対する討議の場が設定されている[22]。危機軽減措置を通じて対話の場が設定されたものの、そこでの議論は状況を改善するものではなかった。しかしながら、危機軽減措置が欧州諸国によって活用されていることは、対立関係の中でも対話の機会を確保するために制度があることの有用性を示してくれている。

Ⅲ　欧州における信頼醸成措置の意義

1　信頼醸成措置の概念設定

それでは、このようなしくみをもつ欧州の信頼醸成措置は、はたしてどのよ

SIPRI YB 1994; SIPRI YB 1995; SIPRI YB 1996; SIPRI YB 1997.

[19] FSC Chairperson's Progress Report to the Eighteenth Meeting of the Ministerial Council, 'Efforts in the Field of Arms Control Agreements and Confidence- and Security- Building Measures in accordance with its Mandate', MC.GAL/5/11, November 14, 2011, p. 5.

[20] OSCE, OSCE Annual Report 2012, p. 29.

[21] FSC Chairperson's Report, Ibid., p. 4.

[22] 54th (Special) Joint Meeting of the Forum for Security Co-operation and the Permanent Council, FSC-PC.JOUR/41, 7 April 2014; 55th (Special) Joint Meeting of the Forum for Security Co-operation and the Permanent Council, FSC-PC. JOUR/42, April 17, 2014.

うな意義を持つ取り組みと言えるのだろうか。順調な履行によって欧州の安全を高めたことは、その意義の1つであろう。しかし欧州の信頼醸成措置の意義とは、「軍事活動の透明性と予測可能性を、検証を通じて確保することで、国家間の信頼と安全が強化される」との論理を確立したことにもある。

欧州における軍事面での課題は、誤った判断による奇襲攻撃の発生や、偶発事故が国家間武力戦争に発展することであった。政治的圧力としての軍事力の使用や威嚇が行われることもまた、欧州地域においては課題であった。そこで、欧州では信頼醸成措置は軍事活動の「透明性の確保」とそれへの「検証の機会の確保」によって奇襲攻撃の可能性や偶発事故が国家間武力戦争にエスカレートする可能性を排除し、また、「軍事活動の予測可能性（計画性）を確保」することで軍事力が政治的な圧力として使用さえることを防ぎ、もって国家間の信頼と安全を高めるという論理を採用したのである。

このようなOSCEの論理は、「共通の安全保障」概念に支えられている。共通の安全保障とは、国連を通じた安全保障研究の成果として出されたパルメ委員会の報告書で注目を浴びた概念である[23]。すなわち、欧州において安全はすべての国において不可分であり、他国の安全を犠牲にして自国の安全を強化することはありえないという理解である。

他国の安全と自国の安全は不可分という理解のもと欧州では、安全保障のジレンマからの脱却するために国家間の相互不信を解消する手法を模索した[24]。その結果、欧州では経済、社会分野を含めた複数の取り組みによって安全を強化する包括的安全保障アプローチを採用したが、その中で相互不信を解消するための手段として、軍事面に特化した取り組みが、信頼醸成措置であった。

2 欧州型信頼醸成措置の有用性

このような論理が有益であることは、欧州の取り組みが欧州内においても、また欧州以外の地域に対しても波及し、発展していったことから明らかとなる。

まず欧州域内での制度的発展は、信頼醸成措置メカニズムそのものの発展と、信頼醸成措置メカニズムから他分野・他領域への展開の2つの流れによって

---

[23] Palme Committee, 'Common Security: A Programme for Disarmament,' 1982.
[24] 欧州における包括的安全保障概念の発展とOSCEについては、次を参照。吉川元『ヨーロッパ安全保障協力会議（CSCE）』（三嶺書房、1994年）。

第1部　伝統的安全保障

示すことができる。信頼醸成措置が基盤とする論理構造は1975年のヘルシンキ最終議定書で確認され，その後，OSCE加盟国によって支持され続けた。ストックホルム文書以降欧州諸国は新たな役割を果たす措置を追加し，また基準を強化してきていった。すなわち，信頼醸成措置メカニズムそのものの発展を目指してきたのである。

例えば透明性強化のための措置は，ヘルシンキ最終議定書で軍事活動の事前通告が取り入れられたが，その後ストックホルム議定書では，翌年の軍事活動計画を公表することを定める軍事計画措置が追加され，ウィーン文書1990で防衛計画の公表義務と，軍隊や装備に関する情報を公開することを求める軍事情報の年次公開規定が導入されている。これらの規定はその後ウィーン文書1992以降，文書を重ねるごとに公開されるべき情報の対象を拡大していっている。

また検証の機会の確保については，ヘルシンキ最終議定書で，軍事活動に対する視察の自発的な受け入れが導入されたが，その後，ストックホルム文書によって視察受け入れは義務化され，加えて査察と評価訪問が取り入れられ，ウィーン文書1990では危機軽減措置や年次履行評価会議が導入された。文書を重ねるごとに，OSCE参加国自らが他国の軍事活動について確認する機会が増やされているといえる。

そして予測可能性の確保については，軍事活動の事前通告に加えて，ストックホルム文書で制限措置と年間計画の交換措置が導入された。制限措置の基準は文書を重ねるごとに厳格化され，OSCE加盟国は，大規模な軍事活動を長期的な計画のもと実施せざるを得ない環境を作っている。

欧州型の信頼醸成措置の論理が有益であることは，信頼醸成措置メカニズムの他分野への展開によっても，確認することができる。その代表的な展開例は，欧州通常戦力条約（CFE条約）そして地域的な信頼醸成取決めである。これらはいずれも「透明性」と「予測可能性」の強化と「検証」によって安全を強化することを目指した取り組みである。

CFE条約は欧州域内の通常戦力を規制することを目指した軍備管理条約であり，1990年に合意され，1992年に発効している。北大西洋条約機構（NATO）とワルシャワ条約機構（WTO）の間で，通常戦力に関する均衡を確保し，その均衡が維持されていることを締約国自らが確認できる。具体的には，

〔佐渡紀子〕　　　　　　　　　　　　　　**3**　信頼醸成措置再考

NATO グループと WTO グループそれぞれに通常戦力に関する保有上限を設定し，その配備を規制し，そして，保有兵器に関する情報公開と検証措置を盛り込んでいる(25)。このような構造は，信頼醸成措置が確立した，「透明性」と「検証」による信頼と安全の確保という論理に拠っているといえ，信頼醸成措置の論理が軍備管理分野に展開したということができる(26)。

地域的な信頼醸成取決めは，代表的には旧ユーゴスラビア紛争後にバルカン地域に導入されたボスニア・ヘルツェゴビナ信頼醸成措置合意があげられる(27)。ボスニア・ヘルツェゴビナ信頼醸成措置合意は，ボスニア・ヘルツェゴビナ紛争の和平合意であるデイトン合意において導入が紛争当事者によって合意されたもので，OSCE のウィーン文書をひな形として作成された。この合意は，ボスニア紛争当事者間の軍備管理条約と対になっており(28)，両者は内戦の再発防止を目指す役割を担った。信頼醸成措置が平和構築分野へと展開したということができる。

信頼醸成措置の論理が欧州以外の地域へと波及したことの実例として，アジア地域への展開を指摘することができる(29)。たとえば南アジアでは，1972 年のシムラ協定や 1999 年のラホーレ宣言を通じて，インドとパキスタンの間には信頼醸成措置が導入されている(30)。ここで導入された措置は，ホットラインの設定，一定規模の軍事演習や軍隊の移動に関する事前通告，戦域ミサイルテストの事前通告，国際管理下の国境の共同パトロール国境警備隊による定期協議等である。

---

(25)　CFE 条約は規制対象となる通常兵器について，締約国が保有する約 23% を削減する必要のある取決めであったが，実際には 2010 年時点で 46 % を削減している。

(26)　CFE 条約 WTO の解散をうけて保有上限を国別に設定する目的で CFE 適合合意を策定したが，これは今日まで発行していない。また，2007 年以降ロシアは適合合意の未発効を主たる根拠として CFE 合意の履行を停止している。これをうけて 2011 年以降，米国を含む 24 か国が，ロシアの不履行を理由として CFE 条約上の情報提供を停止している。

(27)　Agreement on Confidence-and Security Building Measures in Bosnia and Herzegovina, January 26, 1996.

(28)　Florence Agreement, June 14, 1996.

(29)　地域的な信頼醸成措置を包括的に扱ったものとして，例えば次を参照。Michael Krepon, et. al.(eds.), *Global Confidence Building: New Tools for Troubled Regions*, Macmillan, 2000.

(30)　Silma Agreement, July 2, 1972; Lahore Declaration, February 21, 1999.

これらの措置は，カシミール問題を抱えた両国が，偶発的な事故が深刻な事態（大規模武力行使）へとエスカレートすることを避ける必要に迫られたことから導入されている。両国の信頼醸成の必要性は，特に1998年の両国による核実験をうけて強く両国においても，また国際社会においても認識された。偶発的な事故が大規模武力紛争へとエスカレーションすることを回避するという動機づけは，まさに欧州において信頼醸成措置が合意された際の動機づけと重なる。そのため，両国による信頼醸成措置には，「透明性」と「検証」によって信頼と安全の強化につなげるという制度設計であり，欧州の第一世代の信頼醸成措置と呼ばれる1975年のヘルシンキ最終議定書での信頼醸成措置の流れをくんでいるということができる。

また，東南アジアおよび東アジア諸国は，ASEAN地域フォーラム（ARF）を1994年に開始し，信頼醸成と予防外交（紛争予防）を活動の中心課題に設定している。欧州の緊張緩和にOSCEが果たした役割がされたことにより，アジア地域においても安全保障の多国間対話枠組みが域内諸国によって模索されたことが，ARF設立につながった。

ARFにおける信頼醸成措置は軍事的なエスカレーションを避けることといった具体的な脅威を共有したものではなく，軍事的な衝突を防止するための具体的な取り組みを実現するための基盤として，国家間の信頼が必要であるという理解に立脚している。しかしながら，ARFで合意された信頼醸成措置は，軍事活動の「透明性」と「予測可能性」を高めることで信頼を強化するという，欧州の枠組みを踏襲したものであった。具体的には，年次安全保障概観（国防白書）の提出や，安全保障対話・防衛交流の促進などである。

このように欧州の信頼醸成措置は欧州においてメカニズムそのものが発展し，かつ，他分野や欧州以外の地域へと展開してもいる。このことは，「透明性」「検証」「予測可能性」の強化が信頼と安全を生むとの論理の有用性が，欧州域内でも，また他地域においても共有されたことの証左と言えよう。したがって，欧州の信頼醸成措置の意義として，「軍事情報の公開とそれに対する検証が信頼を生む」と論理モデルを提供したことを指摘することができるのである。

3　現実主義的アプローチと漸進的アプローチの果たした役割

欧州の信頼醸成措置が発展し機能したことの要因には様々な要素があげられ

るだろうが，他地域との対比から，特に重層的な安全保障枠組みのもと，現実主義的アプローチと漸進的アプローチがとられたことを指摘することができよう。

　欧州は，他の地域と比較したとき，複数の安全保障枠組みが併存していることが特徴としてしばしば指摘される。たとえばOSCEに加え，NATO，WTO，そして欧州連合（EU）が，安全保障のための対話の場や，問題解決の手段を提供してきた。このような重層的な枠組みは，信頼醸成措置の導入期において，現実主義的なアプローチによる安全の保証が存在していたことを意味している。具体的には，米ソ間の核兵器による相互抑止や，NATOとWTOの勢力均衡による秩序維持である。このような現実主義に立脚した安全保障アプローチの存在が，相互不信のもとでの軍事情報の公開や検証を支えていたといえる。

　また，文末にあげる表に示すように，漸進的アプローチによって制度が発展したことも特徴的である。ヘルシンキ最終議定書からウィーン文書2011までの7つの文書を比較すると，その変更は急激ではなく，少しずつ改善を加えていったことがわかる。たとえば事前通告措置や制限措置を通じた軍事活動の制限においては，兵力のみを基準とした制限から始め，徐々に兵力以外の基準も判断基準に加える方法を採っている。また，視察や査察においても，実践を通じて明らかになった視察員・査察員への支援の必要性が，文書を重ねるごとに確保されるようになっていったことがわかる。

　このような漸進的な改定は，OSCEのコンセンサス方式による意思決定を通して実現している。コンセンサス方式は意思決定に時間を要するという問題があるものの，すべての加盟国による合意の下で新たな措置は導入される。そのため，制度の改善は漸進的ではあるものの，しかし着実な履行が可能となり，そのような良好な履行によって，OSCEにおいて設定した信頼醸成の論理に，信頼性が生まれたのだといえよう。

IV　新たな文脈での信頼醸成措置とその課題

1　多様な脅威と信頼醸成措置

　信頼醸成措置はヘルシンキ議定書の策定から数えて，約40年の実践を重ねたことになる。欧州での信頼醸成措置は良好な履行を得て，国家間の信頼醸成に貢献している。しかし同時に，今日，既存の信頼醸成措置のあり方を再検討する必要性が，OSCE加盟国の間では指摘されている。たとえば，2000年の

第1部　伝統的安全保障

OSCE外相理事会では，信頼醸成措置とCFE条約の価値を高く評価し取り組みを継続することの必要性を確認しつつも，新たな脅威に対応する必要性が指摘されている[31]。OSCEの軍事分野における脅威として関心が高まっている分野とは，たとえば地域紛争，通常兵器および小型武器の管理問題である。また2012年には，これらの仕組みの再活性化のために集中的な議論が必要であるとの認識も，外相理事会で示されている[32]。

OSCEは旧ユーゴスラビア紛争の発生を防止しえなかった。今日旧ユーゴスラビア構成国に対する支援を続けているが，旧ユーゴスラビア紛争を発端として，OSCEにとって地域紛争への対応は重要な課題となった。このような地域的な緊張関係は，バルカンに限定されているわけではない。たとえば，ナゴルノ・カラバフ，トランス・ドニエステル，南オセチアなど，独立や統治に関する緊張状態をはらんだ地域が複数存在している。実際に南オセチアについては，2008年にグルジアとロシアの間で武力衝突が起きており，地域的な緊張は重要な課題である。

地域的な緊張の高まりは，小型武器への関心を高めた。旧ユーゴスラビア紛争の長期化や深刻化には，小型武器の流入が影響を及ぼしていたとしばしば指摘される。地域紛争への関心の高まりと並行して，OSCEでは小型武器の削減と管理に取り組むようになる。

具体的には2000年には小型武器文書に合意し，小型武器の違法な流通を規制し，管理体制を強化することを取り決めた[33]。また，2003年には通常兵器の弾頭の備蓄に関する文書が合意され，余剰弾頭の適切な管理の必要性を指摘すると共に管理や廃棄への支援が合意されている[34]。これらの合意をうけて，通常兵器弾頭や小型武器の廃棄や管理体制の強化に向けた支援制度がOSCEを通じて加盟国に行われている。このように，欧州における安全保障上の脅威は

---

[31]　OSCE Ministerial Council Decision no. 16/09, Issues relevant to the Forum for Security Co-operation, Document MC. DEC/16/09, December 2, 2009.

[32]　OSCE Ministerial Council, 'Decision on the OSCE Helkinki+40 Process,' MC19EW, December 7, 2012.

[33]　308th Plenary Meeting of the OSCE Forum for Security Co-operation, FSC. JOUR/314, November 24, 2000.

[34]　407th Plenary Meeting of the OSCE Forum for Security Co-operation, FSC. JOUR/413, November 19, 2003.

国家間の対立から地域的な緊張への対応や武器管理へ移行している。

2 地域的な課題への対応と柔軟性の確保

　それでは安全保障が多様化する中での信頼醸成措置の役割は，それではどのようなものなのだろうか。

　「軍事情報の公開と検証による信頼と安全の強化」という論理にたって構築されたOSCE加盟国全体を対象とした信頼醸成措置を，地域的な緊張や武器の拡散問題に対応する枠組みを備えたものへと改定することは，容易ではない。ウィーン文書1999からウィーン文書2011を検討する過程で，OSCE加盟国は信頼醸成措置の枠組みの中で地域的な課題に柔軟に対処する方法を模索した。しかしながら軍備の配備や軍事活動に対する規制を柔軟にすることは，信頼醸成措置の「予測可能性」という重要な価値とは矛盾するため，これへの結論は依然出ていない。

　しかしながら，地域的な課題に信頼醸成措置を活用する方法は，2つの手法で取り組まれ始めている。ひとつは地域的な信頼醸成措置枠組みを形成することであり，もう1つは，「非軍事的信頼醸成措置」を地域の緊張に合わせて導入するという手法である。

　地域的な信頼醸成措置枠組みはボスニア・ヘルツェゴビナに対する合意がその先例である。OSCEはボスニア・ヘルツェゴビナ以外でも地域的な枠組みを導入することで，欧州域内にある局地的な緊張の緩和に取り組もうとしている。そのような意図は，ウィーン文書2011において，地域的取決めに関する措置が，明確に取り入れられたことに示されている[35]。

　ウィーン文書2011では，地域的な信頼醸成取決めが地域的な緊張緩和に有益であることが確認され，ウィーン文書2011に含まれる諸措置と同様の性質を持つ措置を，地域的に取り入れることができ，OSCEはそのような取り組みへの支援を行うことが明示されている。軍事的な緊張をはらむ国家間では，軍事活動等の透明性と予測可能性を強化し，検証の機会を持つことが，緊張緩和に有益であるとの評価がOSCE参加国の間で定着していることを示すとともに，信頼醸成措置が地域的な紛争予防や，紛争後の平和構築の手段としての機能を

---

[35] Vienna Document 2011, Part 5.

期待されているともいえるのである。

　非軍事的信頼醸成措置とは，政治面，社会面，経済面の諸措置を含むものと説明される[36]。国内または地域的な対立を前提として，緊張緩和を目指して多様な取り組みを活用する必要性が指摘されている。非軍事分野での取り組みではあるが，そこでは軍事的信頼醸成措置で強調された透明性や検証を通じて信頼を強化する構造が強調されていることから，軍事的信頼醸成措置が成果を上げたことの影響が見て取れるのである。非軍事的信頼醸成措置はしかし，具体的な取り組みは従来OSCEが紛争予防や民主化支援の文脈で取り組んできた事柄を再構築したものともいえる。

　以上のように，多様化する課題に対しOSCEの信頼醸成措置は対応を試みているが，既存の信頼醸成措置に代わる新たな理念枠組みや制度を提起するという段階には来ていないこと言わざるを得ない。

3　欧州型信頼醸成措置の課題

　信頼醸成措置を新たな課題に対応するための模索が欧州では続けられているが，欧州諸国は信頼醸成措置に内在する限界に直面している。信頼醸成措置は偶発的な出来事が意図しない形で軍事的にエスカレートすることを防止する枠組みであり，明確な意図をもって行われる軍事活動は防ぐことができないのである。2008年のグルジア紛争はその具体的な例である。しかし2014年に入って激化したウクライナとロシアの対立は，グルジア紛争のときとは異なる，信頼醸成措置のもうひとつの課題を示している。

　2014年3月から5月にかけてロシアはウクライナとの国境地帯で軍事演習を行い，ウクライナはこれに反発を示している。OSCEの信頼醸成措置のうち特に軍事演習の事前通告制度は，軍事演習が突発的に実施されることで軍事演習が威嚇として用いられることを防止しようと，ヘルシンキ最終議定書において導入された。制限措置もまた，その後，同様の目的をもって導入されている。しかしながら，OSCEの信頼醸成措置は，このたびの軍事演習の実施を防止することはできなかった。事前通告や制限措置の対象となる兵力規模に達しない演習である場合，またはそのように当該国が主張した場合，事前通告や制限措

---

[36]　OSCE, 'The OSCE Guide on Non-military Confidence Building Measures (CBMs),' 2012. http://www.osce.org/cpc/91082.

置によってその実現を阻むことはできないためだ。

　東西間の軍事対立を前提として作り上げられてきたOSCEの信頼醸成措置は，小規模な軍事演習を想定した基準値は設定されていない。そのため，制度上，小規模な軍事演習を威嚇的に用いることは可能なのである。このことから，参加国が特定の国家との対立を回避することを望まない場合，信頼醸成措置の規定はむしろその対立的意図を明確に伝える効果を持ってしまうことになる。

　さらに，欧州型の論理モデルは欧州以外の地域においてそのまま援用され，安全保障の強化に効果があったとは言えない。例えば，南アジアにおける信頼醸成措置は，インドとパキスタンによる緊張緩和を目指して導入されたが，履行状況も不十分であり，また制度的な発展にもつながってはいない[37]。また東南アジア・東アジアにおいては，ARFが地域内の予防外交を制度化しようと試みているが，軍事面での信頼醸成措置は相互交流にとどまり，十分な制度的成熟を見せていない。

　以上のように，今日欧州の信頼醸成措置は，新たな地域的な課題に対して十分に対応できる枠組みとして成熟しないまま，制度に内在する限界が表面化している。また，軍事活動の透明性・予測可能性の強化と検証による信頼強化という論理は，普遍的に有効であるという評価を得るのは困難な状況と言わざるを得ない。

V　おわりに

　欧州の信頼醸成措置は，「軍事情報の公開とそれに対する検証」を通じて対立するアクター間の信頼と安全を強化するという論理構造を提示し，透明性，検証，予測可能性の３つの要素をもつ諸措置によって構成される精緻な信頼醸成メカニズムを構築した。現実的かつ漸進的アプローチで形成されたそのメカニズムは，十分な履行によって，その論理構造の有用性を示してきたといえる。しかしながら，欧州における東西間の緩和という役割を果たしたのち，現在の信頼醸成措置メカニズムは，多様化する地域の安全保障課題に対応する新たな理念枠組みや制度へと転換するまでには至っていない。

---

[37] 南アジアの信頼醸成措置の包括的な分析として，次を参照。Michael Krepon and Julia Thompson ed., *Deterrence Stability and Escalation Control in South Asia*, Stimson Center, 2013.

第1部　伝統的安全保障

信頼醸成措置は欧州に国家間対立を緩和し，冷戦対立の終焉に影響を及ぼした。そのことから，中東地域，南アジア，東南アジア，東アジアといった軍事的な緊張が高い地域では，信頼情勢措置の方法が模索され続けている。欧州で成果を上げつつも他地域では制度の定着には至っていない現状を踏まえるならば，欧州型とは異なる理念モデルを構築する必要があるのかもしれない。特に東アジアにおいては，軍事力の透明性向上とそれへの検証が信頼と安全を生む

欧州における信頼醸成措置メカニズム

	ヘルシンキ最終議定書	ストックホルム文書	ウィーン文書1990
	1975年8月1日	1986年9月19日	1990年11月17日
軍事情報の年次交換			【軍隊に関する情報】軍事組織，兵力，主要兵器・装備システムに関する情報 【主要兵器・装備システムの配備計画】翌年の配備期計画の公表
防衛計画			【軍事予算情報】承認後2カ月以内に公表
危機軽減			【異常な軍事活動に関する協議と協力】異常な活動についての二国間・全参加国間の協議の実施 【軍事的性格の危険な事件に関する協力】危険な事件に際しての情報提供と説明

との論理モデルは，透明性を強化することは安全保障の脆弱化を招くという理解に阻まれ，適用しにくい。

　欧州の取り組みは，欧州諸国が現実に直面していた脅威を緩和するためにたどり着いた擬制，すなわち論理上の「見なし」である。北東アジアは東アジア地域の，東南アジア地域には同地域の，中東地域には中東地域に適した擬制を見つけ出す努力が，これからも続けられなければならない。

（下線……新規規定　斜字……改定規定）

ウィーン文書1994	ウィーン文書2011
1994年11月28日	2011年11月30日
【軍隊に関する情報】軍事組織，兵力，主要兵器・装備システムに関する情報	【軍隊に関する情報】軍事組織，兵力，主要兵器・装備システムに関する情報
【主要兵器・装備システムの配備計画】翌年の配備期計画の公表	【主要兵器・装備システムの配備計画】翌年の配備期計画の公表
【主要兵器・装備システムのデータ】既存の主要兵器・装備システムのデータ交換	【主要兵器・装備システムのデータ】既存の主要兵器・装備システムのデータ交換
【防衛計画，情報交換】防衛政策・ドクトリン，軍事計画，前年度の防衛支出，次年度の防衛予算	【防衛計画，情報交換】防衛政策・ドクトリン，軍事計画，前年度の防衛支出，次年度の防衛予算
【説明，再検討，対話】提供された情報につき，2カ月以内は質問可能	【説明，再検討，対話】提供された情報につき，2カ月以内は質問可能 ハイレベルの軍事ドクトリンセミナーの開催を推奨
【追加的情報】防衛計画に関する情報提供の推奨	【追加的情報】防衛計画に関する情報提供の推奨
【異常な軍事活動に関する協議と協力】異常な活動についての二国間・全参加国間の協議の実施	【異常な軍事活動に関する協議と協力】異常な活動についての二国間・全参加国間の協議の実施（OSCEのCiOが会議の支援を行う）
【軍事的性格の危険な事件に関する協力】危険な事件に際しての情報提供と説明	【軍事的性格の危険な事件に関する協力】危険な事件に際しての情報提供と説明
【軍事活動についての懸念を払拭するための訪問の自発的受け入れ】自発的に他の参加国の招聘を実施	【軍事活動についての懸念を払拭するための訪問の自発的受け入れ】自発的に他の参加国の招聘を実施

第1部 伝統的安全保障

交流			【空軍基地への訪問】軍事基地への招待（5年に1回を超えての実施義務なし） 【軍事的交流】軍事的交流の促進
軍事活動の事前通告	<u>兵力2万5,000人を超える活動は、21日以上前に通告</u>	兵力1万3,000人、戦車300両、上陸/パラシュート急襲演習で兵力3,000人、航空機出撃200回、を超える活動は、42日以上前に通告	兵力1万3,000人、戦車300両、上陸/パラシュート急襲演習で兵力3,000人、航空機出撃200回、を超える活動は、42日以上前に通告
視察	<u>軍事演習に対する視察の自発的な受け入れ</u>	兵力1万7,000人、上陸/パラシュート急襲演習で兵力5,000人を超える場合の、視察受け入れ	兵力1万7,000人、上陸/パラシュート急襲演習で兵力5,000人を超える場合の、視察受け入れ（視察プログラムの改善）
年間計画		11月15日までに、次年度の軍事活動計画を通知	11月15日までに、次年度の軍事活動計画を通知（提出情報に修正がある場合には、修正を通知すること）
制限措置		【実施規模・時期制限】 兵力4万人を超える活動は2年前通知 2年前に通知のない力7万5,000人を超える軍事活動の禁止 年間計画に含まれない兵力4万人を超える軍事活動の禁止	【実施規模・時期制限】2年前通知のない兵力4万人を超える軍事活動の禁止

【空軍基地への訪問】軍事基地への招待（5年に1回を超えての実施義務なし）	【空軍基地への訪問】軍事基地への招待（5年に1回は実施する）
【軍事的交流と協力のプログラム】「軍事的交流」「軍事的協力」	【軍事的交流と協力のプログラム】軍事的交流の促進
【新しい種類の主要兵器・装備システムのデモンストレーション】配備後最も早い機会にデモンストレーションを実施	【新しい種類の主要兵器・装備システムのデモンストレーション】配備後最も早い機会にデモンストレーションを実施
兵力9,000人，戦車250両，装甲戦闘車両500両，迫撃砲・大砲・複数ロケット発射装置250門/基，上陸/パラシュート急襲/ヘリコプター上陸演習で兵力3,000人を超える活動は，42日以上前に通告	兵力9,000人，戦車250両，装甲戦闘車両500両，迫撃砲・大砲・複数ロケット発射装置250門/基，上陸/パラシュート急襲/ヘリコプター上陸演習で兵力3,000人，を超える活動は，42日以上前に通告
兵力1万3,000人，戦車300両，装甲戦闘車両500両，迫撃砲・大砲・複数ロケット発射装置250門/基，上陸/パラシュート急襲演習/ヘリコプター上陸演習で兵力3,500人，を超える場合の，視察受け入れ	兵力1万3,000人，戦車300両，装甲戦闘車両500両，迫撃砲・大砲・複数ロケット発射装置250門/基，上陸/パラシュート急襲演習/ヘリコプター上陸演習で兵力3,500人，を超える場合の，視察受け入れ（視察に際して提供される情報の拡充と手続きの精緻化）
11月15日までに，次年度の軍事活動計画を通知（提出情報に修正がある場合には，修正を通知すること）通知にはコミュニケーション・ネットワークを使用する	11月15日までに，次年度の軍事活動計画を通知（提出情報に修正がある場合には，修正を通知すること）通知にはコミュニケーション・ネットワークを使用する
【実施規模・時期制限】2年前通知のない兵力4万人，戦車900両を超える軍事活動の禁止【実施規模・回数制限】事前通告の対象となる兵力4万人，戦車900両を超える軍事活動は，2年に1回まで兵力1万3,000人，戦車300両をこえるが，兵力4万人，戦車900両以下の軍事活動は，1年に6回まで（うち兵力2万5,000人，戦車300両を超えるものは1年に3回まで）兵力1万3,000人，戦車300両を超える軍事活動は同時に3つを超えてはならい年間計画に含まれない兵力4万人，戦車900両を超える軍事活動の実施禁止	【実施規模・時期制限】2年前通知のない兵力4万人，戦車900両を超える軍事活動の禁止【実施規模・回数制限】事前通告の対象となる兵力4万人，【実施規模・時期制限】戦車900両，装甲戦闘車両2,000両，大砲・迫撃砲・複数ロケット発射装置900門/基を超える軍事活動は，3年に1回まで兵力1万3,000人，戦車300両，装甲戦闘車両500両，大砲・迫撃砲・複数ロケット発射装置300門/基をこえるが，上記の基準以下の軍事活動は，1年に6回まで（うち兵力2万5,000人，戦車300両，装甲戦闘車両800両，大砲・迫撃砲・複数ロケット発射装置400門/基を超えるものは1年に3回まで）

第1部　伝統的安全保障

履行と検証		【査察】1年に3回までの視察の受け入れ義務あり。地上および空中査察が可能。装備は地図, カメラ, 双眼鏡, 口述録音機, 航空図	【査察】1年に3回までの視察の受け入れ義務あり。地上および空中査察が可能。装備は地図, カメラ, 双眼鏡, 口述録音機, 航空図, チャート, ビデオカメラ, 夜間可視装置 【評価訪問】60部隊につき1年に1回の評価訪問の受け入れ義務（1年に5回までは受け入れ拒否が可能）装備は双眼鏡, 口述録音機
地域的措置			
年次履行評価会議			履行に関する疑問を伝え, それへの説明を行う場として, 年次履行評価会議を1年に1回開催
文書の更新手続き			
コミュニケーション・ネットワーク			首都間直通ネットワークの設置し, CSBM関連の情報を伝達（外交チャネルを補完するもの）

	兵力1万3,000人，戦車300両，<u>装甲戦闘車両500両，大砲・迫撃砲・複数ロケット発射装置300門/基</u>を超える軍事活動は同時に3つを超えてはならない 年間計画に含まれない兵力4万人，戦車900両，<u>装甲戦闘車両2,000両，大砲・迫撃砲・複数ロケット発射装置900門/基</u>を超える軍事活動の実施禁止
【査察】1年に3回までの視察の受け入れ義務あり。地上および空中査察が可能。装備は地図，カメラ，双眼鏡，口述録音機，航空図，チャート，ビデオカメラ，夜間可視装置	【査察】1年に3回までの視察の受け入れ義務あり。地上および空中査察が可能。装備は地図，カメラ，双眼鏡，口述録音機，航空図，チャート，ビデオカメラ，夜間可視装置 <u>（査察に際して提供される情報と手続きの精緻化）</u>
【評価訪問】60部隊につき1年に1回の評価訪問の受け入れ義務（1年に5回までは受け入れ拒否が可能）装備は双眼鏡，口述録音機，<u>地図，カメラ，ビデオカメラ，チャート</u> <u>（評価訪問の受け入れ割当を完了した場合には，その旨通知）</u>	【評価訪問】60部隊につき1年に1回の評価訪問の受け入れ義務（1年に5回までは受け入れ拒否が可能） <u>（査察に際して提供される情報と手続きの精緻化）</u> 装備は双眼鏡，口述録音機，地図，カメラ，ビデオカメラ，チャート （評価訪問の受け入れ割当を完了した場合には，その旨通知）
	<u>地域的（2国間または多国間）なCSBMを導入することを推奨（導入に際しての指針）</u>
履行に関する疑問を伝え，それへの説明を行う場として，年次履行評価会議を1年に1回開催	履行に関する疑問を伝え，それへの説明を行う場として，年次履行評価会議を1年に1回開催
	<u>ウィーン文書はFSC決定をもって更新することができ，そのような決定は「ウィーン文書プラス」と呼ぶ</u> <u>5年に1回以上の頻度で，FSC特別会合を開催し，ウィーン文書の変更を反映した改定版を確認する機会をもつ</u>
首都間直通ネットワークの設置し，CSBM関連の情報を伝達（外交チャネルを補完するもの）	首都間直通ネットワークの設置し，CSBM関連の情報を伝達（外交チャネルを補完するもの）

4 OSCEの役割の変遷
——欧州における階層的安全保障共同体の中で——

中 内 政 貴

I　はじめに

　かつてドイッチュ（Karl W. Deutsch）らは，ある集団の成員がお互いに物理的暴力に訴えることをしないという確信をもつ段階まで統合されているとき，その集団は「安全保障共同体（Security Community）」を形成していると述べた（Deutsch et al. 1957: 4-6）。安全保障共同体に関する議論は，軍事同盟間の対立によって世界が東西に引き裂かれた冷戦の状況下では大きな注目を集めることはなかったが，冷戦終結後には，分断を克服した欧州を主な対象としてこの概念を用いた分析が活発に行われるようになった[1]。そこには，冷戦後に民主主義が国際社会全体における普遍性を獲得し，共同体の形成に必要な規範[2]や

---

(1) アドラー（Emanuel Adler）とバーネット（Michael Barnett）は，ドイッチュらの議論を下敷きにして，国際社会において多元的な安全保障共同体が成立する可能性について論じた。彼らによれば，多元的安全保障共同体とは「主権国家によって構成される国際的な地域で，平和的な変化への信頼が内部の人々によって保たれているもの」と定義される（Adler and Barnett 1998: 30）。共同体の要素については，アドラーとバーネットは「共通のアイデンティティ・価値・意味」「成員間の多面的な関係性」「成員の間の互恵性」の三要素に言及しているが（ibid.: 31-34），この共同体の要素を厳格に適用するならば，上記の定義による安全保障共同体は必ずしも「共同体」とは呼べない場合があると思われる。だが，アドラーとバーネットが，緩く結ばれた（loosely-coupled）安全保障共同体と固く結ばれた（tightly-coupled）安全保障共同体とを区別していることからうかがわれるように，安全保障共同体は武力の不行使という規範によって成立し，共同体要素の高まりによってその緊密さが増すような概念であると考えられる。

(2) フィネモア（Martha Finnemore）は，規範を「適切な行動に関して共同体内で共有された期待」と定義しており（Finnemore 1996: 22），本稿ではこの定義に従う。明文化されたルールと規範との関係については，基本的に規範の中で特に明文化されたものがルールであるととらえるが，明文化されていても遵守の意思が存在せず，「当然となった標準」（栗栖 2005: 77）になっていないものは規範とは呼べないと考える。

「我々意識（we-ness）」の中核になったことが影響していると考えられる（Risse-Kappen 1996: 368）。

　冷戦後の安全保障共同体の議論において注目されたのが，欧州安全保障協力機構（OSCE）の存在であった（Adler and Barnett 1998: Cp. 4）。OSCE は欧州安全保障協力会議（CSCE）として冷戦期に基礎が築かれたが，欧州の全ての国が参加し，軍事から経済や人権までカバーする幅広い取り組みや，安全保障を謳いながらも強制的な手段を持たず，基本的にコンセンサス方式をとるユニークな性格は当時から多くの研究者の関心を引きつけてきた。特に，信頼醸成措置（Confidence Building Measures: CBM，後に CSBM）や人権尊重・人道的措置に関する規範やルールの創出は注目を集め，その意義が積極的に評価されてきた。冷戦後は，内戦型の紛争が続発する中で，CSCE は紛争予防を中心的な機能に据えて常設機構化して OSCE へと発展し，これは協調的安全保障の1つの到達点と考えられた。いわば，OSCE は，欧州全域を覆う安全保障共同体を体現する機構として期待を集めたのである。

　しかしながら，1990年代末以降に目を移せば，OSCE への関心は薄れ，安全保障共同体を担う機構としての期待は低下してきたと言わざるを得ない。1998-1999年のコソヴォ紛争や2008年のグルジアとロシアとの戦争，最近のウクライナ問題でのロシアの軍事力の行使やその威嚇などが発生した事実は，OSCE 域内で武力不行使の規範が明確に遵守されているわけではないことを明らかにしてしまった。また，1999年のイスタンブール・サミット以降，11年間にわたって首脳会議が実施されず，全欧州諸国が参加する外交の場としての存在感は低下したことが歪めない。本稿は，欧州の安全保障への取り組みの中で OSCE の位置づけがどのように変化してきたのかを検証し，欧州の安全保障共同体の現状を探ろうとする試みである。

　以下では，まず第Ⅱ節において，冷戦期の CSCE の位置づけを再確認する。そこでは，CSCE は東西の対立構造の上に成立し得た共通の安全保障（Common Security）の枠組みであり，東西の双方が合意できる規範やルールを創出し，協調的な手法を用いることで漸進的にこれらの履行を推進してきたことが論じられる。第Ⅲ節では，1990年代に欧州でも国内型の紛争が多発する状況において，西側の地域機構がこれを契機として欧州に階層的な安全保障共同体を整備してきたことを論じる。この試みは，コソヴォ紛争への対応や，北大西洋

条約機構（NATO）および欧州連合（EU）の東方拡大をもってほぼ完成したと考えられるが，本稿ではそこに新たな分断の契機が潜んでいたことを指摘する。第Ⅳ節では，2000年代に入ってロシアの復活を契機として東西の新たな分断が明白な形で示されるようになったこと，にもかかわらず，西側の地域機構を中心とする安全保障共同体は同盟的要素の強いNATO，EUが中心になることによってロシアや旧ソ連諸国を疎外する構造を作ってしまっていることが指摘される。また，その中でOSCEが他の西側機構と一体化した結果，かえって旧東側の国々に対する影響力を減退させている面があることを明らかにする。結論では，欧州における安全保障共同体の構造がOSCEの役割に及ぼした影響を明らかにし，最後にOSCEに現在求められている役割について述べる。

Ⅱ 冷戦期のCSCE

1 同盟の陰で

第二次世界大戦後，共産主義勢力の増大を脅威ととらえた米国および西欧諸国は，西欧同盟（WEU），そしてNATOを結成した。これに対してソ連もワルシャワ条約機構を結成して軍事的に西側に対抗した。社会主義革命の輸出を唱えていた東側陣営と資本主義および自由民主主義を掲げる西側陣営とは互いを共存できない敵とみなしたが，スターリン（Joseph Stalin）の死後，世界革命の方針が放棄されるに及んで，この構図には緩みが見られた。決定的だったのは米ソ間の相互核抑止の成立である。特に1962年のキューバ危機以降は，核戦争による共倒れという破滅を回避する仕組みが必要とされるようになり，米ソ首脳間のホットラインや，戦略兵器制限交渉（SALT Ⅰ），弾道弾迎撃ミサイル（ABM）制限条約など，東西の共存を担保する試みが生まれ，緊張緩和（デタント）へとつながった。

東側は1950年代から全欧州規模での安全保障に関する会議の開催をたびたび提案していたが，NATOとワルシャワ条約機構の同時解体を主張するなど，西欧諸国と米国との離間を図ろうとする姿勢が露わであり，西側には真剣に受け止められなかった。これがデタントを背景に，1960年代には東側の提案が現実的なものへと変化して西側も協議に応じるようになり，1970年代には，CSCEの枠組で一連の会議が開催され，1975年にヘルシンキにおいて首脳会議が開かれて「ヘルシンキ最終文書（Helsinki Final Act）」が採択された。

同文書において，CSCE は「デタントのプロセスを広げ，深め，継続させる」（CSCE 1975：前文）ものと位置づけられた。だが，同文書は東西の妥協の産物という性格の強い合意であり，両陣営の思惑はあくまでも自らの安全保障の強化や利益であったことは再確認しておかなければならない。東側は，東ドイツに対する国家承認およびドイツとポーランドとの国境線（オーデル・ナイセ線）の承認を最重要視しており（吉川 1994: 19-41，妹尾 2011: 19-66），西側はこれらを受け入れる代わりに人権尊重や人道的措置，CBM などを東側に受け入れさせたのである。CSCE の発足によって軍事同盟間の対立という冷戦構造そのものが直ちに変化したわけではなく，例えば，核戦力で西側に劣っていることに懸念を抱いていたソ連は 1986 年まで保有核弾頭を増加させ続けた（Norris and Kristensen 2006: 66）。

2　規範・ルールの創出を担う役割

　CSCE の意義は，大きく 2 つに分けることができる。それは，第 1 に東西の対話のチャンネルとして機能し続けたこと，そして第 2 に東西が合意できる独自の規範やルールを創出したことである。前者は，1979 年のソ連のアフガニスタン侵攻などによって東西の緊張が再び高まってからも CSCE が継続されたことによく表れている。敵対しつつも核兵器の存在を背景に共存以外には選択肢を持たない東西双方にとって，CSCE は「共通の安全保障」を担う唯一の枠組みであり，失うことはできなかったのである[3]。

　後者については，CBM や人権尊重原則・人道的措置の導入がその例である。CSCE における CBM は，軍事演習や軍部隊の移動に関する情報を開示することによって，偶発的戦争や奇襲攻撃の懸念を低下させようとするものである。これは，通常戦力で優位に立つソ連による侵攻を懸念していた西側にとって特に重要な取り組みであったが，東側にとっても望まない戦争の発生を避ける点で有用であり，東西双方によって概ね遵守されてきた（佐渡 1998: 227-230）。人権・人道に関する規範・ルールは，「参加国の関係を導く原則」の 1 つとして人権の尊重が宣言され，人的接触，情報へのアクセスの改善などが規定された

---

[3] 共通の安全保障については山本の定義に従い，特定の脅威を内部に置き，軍事のみならず外交・経済などを含めた包括的な手段で対処しようとする安全保障と捉える（山本 1995: 2-20）。

ものである。これは、やはり西側にとって東西ドイツの離散家族などの問題を改善するうえで重要な規定であった。これについては東側はそもそも履行を行う意図を持たなかったと見られる（Thomas 2001: Cp. 2）。そのため履行は順調には進まなかったが、人の移動の分野において、徐々に出国査証にかかる手数料の引き下げやユダヤ系住民の出国許可増大、ソ連在住のドイツ人の出国者数拡大などの変化が見られた（宮脇 2003: 145-162）。また、この規定は、人権分野の非政府組織（NGO）の設立根拠になり、その活動を通して徐々に社会を変質させたとの評価がなされている（Dobrynin 1995: 351; Thomas 2001: 220-244; 宮脇 2003: 283-289）。

CSCEで創設された規範やルールは、決して高い水準を求める性質のものではない。軍事面ではCSCEと並行して相互均衡兵力削減（MBFR）交渉が行われる中で、CSCEでは比較的合意しやすい軍事演習の情報開示などに的が絞られたと言えよう。人権に関しても、信仰の自由や少数民族の権利保護などに幅広く言及するものの、具体的な内容は定めていない。人的接触を中心とする具体的な規定についても、法的拘束力をもつ形で厳格な履行を求めるものではなかった。いわばCSCEは双方が受け入れ可能な範囲の緩やかな規範・ルールを創設したと言える。このことが、法的拘束力を持たないこれらの規範・ルールが完全にではないとしても履行された理由の1つである。また、厳しく履行を求めないことが、対話のチャンネルとしてのCSCEの存続を可能にした面があると考えられる。

III 冷戦後のCSCE/OSCE

1 西側規範の拡大

冷戦が終結すると、1990年11月にCSCE第2回首脳会議が開催され、同会議で採択された「新しい欧州のためのパリ憲章」は「民主主義、平和、統一の新時代」の到来を宣言した。同憲章は、民主主義に関して、自由選挙の重要性や、表現の自由や多元主義との関係性を強調しており、西側の価値観を明確に示している。すなわち、それまで西側の規範であった民主主義が欧州全域を覆うこととなったのである。

安全保障も、それまでの東西対立を基本とするものから、共通の価値・規範に基づく協調的なものへと変わることが想定され、CSCEにはその根幹を担う

第1部　伝統的安全保障

ことが期待された。特にロシアは伝統的に CSCE を重視しており，CSCE がいずれ NATO に代替する機関になることすら期待していた（植田 1992: 263-273, 同 1998: 177-179, Galbreath 2007: 61-63）。西側でも，1992 年の NATO のオスロ外相理事会では，NATO が安全保障の根幹であることを確認しながらも，NATO, CSCE, EC, 西欧同盟（WEU），欧州審議会の連携と協力を安定と安全保障の基盤とするとして，CSCE の責任の下での平和維持活動を支援する準備があることが表明されている（NATO 1992: para. 11）。

　しかし，CSCE の喫緊の課題となったのは，旧東側諸国の急激な体制転換にともなう混乱への対応であった。それまで共産主義による計画経済，完全雇用，一党独裁政治の下にあった社会にとって，市場経済的な競争や，複数政党制による競争的な選挙は社会の中に勝者と敗者を作り出し，富や政治権力をめぐる闘争の契機となってしまった。特に先鋭化したのが，多民族国家の民族間の問題であった。ユーゴスラヴィアおよびソ連の連邦構成共和国が独立へ向かう中で，多くは民族的多数派を中心とする民族国家化の動きを見せた。共産主義政権の下で抑圧された民族主義的な主張が，拠り所を失った人々にとっての新たな結集軸となったと考えられる。これに対して，多数派と異なるアイデンティティを有する民族集団が相次いで自治や分離・独立を求め，武力紛争が続発した。

　CSCE はこれらへの対応の先頭に立っていく。旧東側諸国を包含している地域機構は CSCE のみであり，かつ CSCE は政治・軍事面，民主主義・人権，経済協力までその範疇に含める包括的安全保障の枠組みであることからも，移行期の混乱に対応するうえで適切な枠組みであると考えられた。1990 年からは，この目的に沿って，CSCE の常設機構化が進められた。パリ憲章によって設置された自由選挙事務所は，1992 年には民主制度人権事務所（ODIHR）へと改編され，旧東側を中心に選挙の実施や監視を担っていく。同じくパリ憲章によって設置された紛争予防センター（CPC）は，当初は CSBM の支援を目的としていたが，1992 年には国内型の紛争に対する早期警報の役割を与えられ，長期ミッションの派遣・管理を担って，より直接的に旧東側の混乱に対処する組織となった。1992 年には少数民族高等弁務官（HCNM）が設立され，少数民族問題が関係する紛争を予防する役割が与えられた。意思決定機関の常設化も行われ，1995 年からは OSCE へと名称が変更された。

〔中内政貴〕　　　　　　　　　　　　　　　*4*　OSCE の役割の変遷

　OSCE の取り組みは，民主主義や市場経済への移行の衝撃を和らげ，民族間の緊張を緩和させて紛争化を防ぐうえで一定の有用性をもったと考えられる(4)。だが，それは冷戦期に CSCE が担ってきた東西の共存を図るフォーラムや規範の創出の場という役割とは異なるものであった。

2　階層的な安全保障共同体

　こうした中，西側の地域機構もそれぞれのアプローチにより旧東側の混乱への対処に乗り出す。まず，旧東側の問題に対して「欧州の問題」として積極的に関与を行ったのが欧州共同体（EC）であった（Soetendorp 1999: 128-129）。1991 年には，EC は，ユーゴスラヴィアおよびソ連からの独立を希望する共和国に対して，国家承認を行う基準を作成して少数民族の保護などを働きかけた（European Community 1991）。結局同基準の適用は徹底しなかったが，当時，EC は共通外交・安全保障政策（CFSP）を開始しており，この枠組によって旧東側の問題を解決することで欧州統合をいっそう深化させることを目指したのである。だが，ボスニア紛争では EC の調停は失敗し，最終的に紛争解決のために NATO による空爆と米国による強力な仲介が必要とされた。以降，EC は軍事力を整備する方針を固めるとともに，東方拡大によって旧東側に影響を与える戦略を明確にしていく。

　旧東側では，「欧州への回帰」を掲げる中・東欧諸国を中心に EC/EU 加盟の希望は強く，これに対して EU は 1993 年のコペンハーゲン欧州理事会において，民主主義や少数民族の保護を含む人権尊重，市場経済などの達成を加盟条件として示した（European Union 1993）。この加盟の条件付け（コンディショナリティー）は，改革を推進するうえで大きな動機になったと考えられる（中内 2008：45-60）。

　一方で NATO は，ボスニアおよびコソヴォでは紛争の終結のために軍事介入を行い，北大西洋条約 5 条に定められた集団防衛任務以外に，域外国の安定化や平和維持などの任務を開始した。また NATO も，東方への拡大を決定した。もともと中・東欧諸国は自身の意思に反してソ連ブロックに組み込まれたとの認識を持っており，ロシアに対する警戒感は拭えず，NATO に加わるこ

(4)　こうした OSCE の活動への評価として，Ghebali and Warner 2001 所収の各論考を参照。

とで自らの安全を保障しようとしたと考えられる。拡大に当たって NATO は，軍事的な基準のみならず，民主主義などの政治的な条件も課した。

　法的な形で民主主義や人権尊重規範の履行を担ったのは欧州審議会（Council of Europe）であった。冷戦後，旧共産圏諸国は次々と欧州人権条約をはじめとする西側の諸条約の締約国となった。さらに，欧州審議会は迅速に旧共産圏諸国を加盟国として迎え入れる決断を下した。本来，欧州審議会は，人権に関して先進的な条約を採択し，締約国の履行状況を監視して不十分な場合には強く改善を迫るなど，厳格に人権・人道規範の遵守を求める機構である。それが，まだ履行の伴っていない旧共産圏諸国を大量に受け入れたのは，取り込んで関与を強めることにより規範の履行を確保する手法に転じたためとされる（庄司1996: 427-431）。

　冷戦構造を前提にして創設・発展してきた西側の機構にとって，旧東側の混乱や紛争への対応は冷戦後の新たな存在意義を見出す試みでもあった。互いに重複する地域機構間の関係に明確な役割分担をもたらしたのが 1998-1999 年のコソヴォ紛争への対応であった。同紛争では，NATO が軍事介入によって和平への道筋をつけて和平後は治安の維持のために駐留を行い，他の欧州機関は，国連平和維持活動（PKO）国連コソヴォミッション（UNMIK）の「柱構造」の下で，EU が経済復興を担い，OSCE が制度構築を担った（UN 1999）。1990 年代を通して，ハード・セキュリティーを提供する NATO，経済力によって安定を供給し，政治的な統合をも進めていく EU，そして包括的アプローチによって紛争を防止しようとする OSCE，さらには法的なアプローチによって人権保障や法の支配，少数民族の保護などの規範を東方に広げていく欧州審議会などの活動が組み合わさって「安全保障構造」が形成されてきたと考えられている（植田 1998: 186, 吉川 1999: 46-48）。重要なのは，これらの加盟国の間で民主主義，人権などの価値が共有され，それがこの構造の基盤となっている点である。すなわち，共通の価値を奉じる安全保障共同体が，これらの機構を媒体として成立したと言えよう。

　ただし，それは，全欧州領域に均質に成立しているのではない。OSCE が基層となり，欧州審議会，NATO，EU はいわばその上に乗っているのである。そして，より限定的なメンバーシップの機構であるほど，加盟国間でより明確に価値が共有され，集団防衛など機構としてのコミットメントも強力になり，

より緊密な共同体を形成していると考えられる。つまり，この共同体は階層構造を有するのである。

3 OSCEの役割の変化

ここで指摘しておかなければならないのは，規範・ルールの創出と伝播という点においてNATOとEUの東方拡大が及ぼした影響と，それによって生じたOSCEの役割の変化である。冷戦期には，東西が異なる価値を掲げて対立しながら，共存という共通の目的をもっていた。そこにOSCEが，双方が合意可能な範囲の規範・ルールを生み出す場として機能する余地があった。ところが，冷戦が西側の価値・規範の勝利というべき形で終結したことにより，かつての東側諸国は進んで西側の規範を受け入れ始めたのである。すなわち，もはやOSCEの場で東西の価値・規範を摺り合わせて妥協点を探る必要は存在せず，西側主導で作られた規範がそのまま旧東側諸国に輸出されるようになったのである。

例えば，少数民族の保護に関しては，冷戦期までは主としてCSCEの場で規範の形成が進められてきた。しかし，1995年に欧州審議会において初めてこの分野で法的拘束力を有する条約として「少数民族保護のための枠組み条約 (Framework Convention for Protection of National Minorities)」(1998年発効)が締結され，欧州審議会への加盟プロセスにあった旧東側諸国にも開放された。その結果，少数民族保護のもつ政治的な難しさゆえに西側でさえ同条約への加入を躊躇する国がある中で，欧州の旧東側諸国はことごとく同条約に加入した。

結果として，OSCEは，独自に規範やルールを創出する役割を後退させ，西側の規範・ルールを旧東側に広げ，それらに則って紛争予防活動を行うことに主眼を置くようになった。OSCEには，ODIHR，HCNM，紛争懸念のある国に派遣される長期ミッションなど，他の欧州機関には存在しない仕組みが存在しており，規範の伝播に当たってOSCEが果たす役割は大きいと考えられる。

だが，西側の規範やルールの導入は非常に大きなコストを伴う改革であり，それは単に規範の力だけではなく，軍事力，経済力といった力（パワー）によって促された面がある。すなわち，西側による経済援助や究極的にはNATOおよびEUへの加盟という誘因による導入である。上記の少数民族保護にしてもEUの加盟条件にそれが明記されたことが影響を及ぼしたと考えら

れる。OSCEの活動もまた，こうした誘因を背景として有効性を増していると言えよう。

だが，旧東側諸国にすれば，これはOSCEが西側の機構へと変貌したことに他ならない。上述したようなロシアや旧東側諸国のOSCEへの期待は，冷戦期に東西を横断する場として機能し，お互いが受け入れ可能で強制力のない緩やかな規範・ルールを作成してきたことによって形成されたものであり，決してNATOやEUの加盟コンディショナリティーを背景として西側規範の導入を促す役割をOSCEに期待していたわけではないのである。言い換えれば，OSCE加盟国間に無条件で成立する安全保障共同体の実現が期待されていたものが，NATOおよびEUを中核とする安全保障共同体の一部にOSCEが組み込まれてしまったのである。加えて，NATOやEUの東方拡大には地理的な限界が存在する。西側の規範・ルールの伝播を助ける新たなOSCEの役割は，NATOやEUへの加盟展望を持つ国にとっては歓迎すべきものであったかもしれない。だが，西側への統合の展望を持たない国にとっては，OSCEに対する期待が裏切られた面があったのである。

4 分断の予兆

欧州の階層的な安全保障共同体は新たな分断へとつながる構造を有していた。決定的であったのは，NATOおよびEUが東側へと拡大しながらも，ロシアがその中に取り込まれなかったことである。

1990年代の終盤から，すでにロシアは西側の圧倒的有利となった欧州の安全保障体制への不満を募らせてきたと考えられる。NATOはポーランド，チェコ，ハンガリーの中・東欧参加国の新規加盟を予定して，1997年5月にロシアとの間で基本合意（Founding Act）を結んで拡大に対するロシアの合意をとりつけた。しかし，ハンソン（Marianne Hanson）は，ロシア側にはNATO拡大に対して深刻な懸念が存在しており，これを許容しようとするエリツィン（Boris Yeltsin）大統領に対して国内から深刻な反対が生じたことを指摘し，そもそもNATOの拡大は論理的な合理性や差し迫った必要性に基づくものではなく，将来に重大な禍根を残すと警告している（Hanson 1998: 13-15）。ソ連の専門家として名高い米国の外交官ケナン（George Kennan）も，ロシアの反西側傾向を強め，民主主義の発展にとって逆効果をもたらすなど，NATOの拡

大が米外交の決定的な誤ちとなると述べて再考を促している (Kennan, 1997)。

NATO は東方拡大にあたっても集団防衛の役割を存続させたのであり、ロシアにとってはこれは脅威の増大と自国への接近という面が拭えなかった。ロシアの懸念に対して NATO は、1990 年代半ばから平和のためのパートナーシップ (PfP)、北大西洋協力理事会 (NACC)、欧州大西洋パートナーシップ理事会 (EAPC)、そしてロシアとの常設合同評議会 (NATO-Russia Permanent Joint Council) など、域外国との協調を図る仕組みを相次いで創設した。これは、NATO 拡大に反対するロシアに対して協力関係を呼びかけることで安全保障情勢の不安定化を防ごうという試みであったと考えられる (植田 1998: 181-184)。

だが、それらは、根本的にロシアの不安を和らげることはできず、コソヴォ紛争の際にはロシアがこの体制に不満を持つことが明白になった。ロシアは、紛争解決にあたるコンタクト・グループ (米、英、ロ、仏、独、伊) の一員であったが、NATO による武力行使が差し迫った段階で同グループ作成の和平案への署名を拒否した。ロシアおよび中国の武力行使反対を受けて、米国および NATO 諸国は国連安保理決議の採択を断念し、国連による授権なしでセルビア側に強力な空爆を行ったが、これに反対したロシアは、NATO―ロシア常設合同評議会からの脱退を宣言し、また議会が戦略兵器削減条約 (START 2) の批准プロセスを一時停止させ、さらに 1999 年 6 月の和平直後には一方的に平和機構 (PKO) 部隊を送ってプリシュティナ空港の掌握に踏み切っている[5]。西側を中心とする安全保障共同体とロシアとの乖離は 2000 年代に入るとさらに明確に表れるようになる。

Ⅳ 新時代の OSCE

1 プーチン政権の登場と NATO・EU の東方拡大

プーチン (Vladimir Putin) 大統領が就任すると、ロシアは、大国としての復活を模索するようになる。1999 年に第一首相に就任したプーチンは、再開したチェチェン紛争でイニシアティブをとり、支持を広げて 2000 年の大統領選

---

[5] 2003 年にロシアを訪問したロバートソン (George Robertson) NATO 事務総長は、NATO とロシアのそれまでの協力関係はせいぜい「神経質なパートナーシップ」であり、コソヴォ問題については深刻な意見の対立にあったと述べている (NATO 2003)。

挙で当選を果たした。チェチェン紛争に対して西側は介入を模索したが[6]，数少ない外部からのプレゼンスであったOSCEの長期ミッション（OSCEチェチェン支援グループ）は，1998年末には情勢の悪化を受けて国外への退避を余儀なくされた。ロシア軍による徹底した攻撃は，1999年末にはグロズヌイ市の住民全員に対して避難を勧告するほどとなり，欧州審議会議員会議がロシア代表の投票権の停止を勧告し（Recommendation 1456），ロシアの欧州審議会からの追放さえも議題に上った。だが，追放は実現せず，9カ月後にはロシアの対応を批判しつつも投票権を回復した（Resolution 1241）。

ロシアはチェチェン紛争への西側の介入に強い反発を示したが，それでも2000年代の初頭はロシアはまだ体制移行による混乱と1998年の金融危機の影響から脱しきれておらず，米国や西欧との協調路線をとった。米国での9.11同時多発テロ事件後には，米国のアフガニスタン侵攻に対して協力を申し出ており，2002年には米国との戦略兵器削減合意，同年のNATOロシア理事会（NATO-Russia Council）創設など，協調の成果がみられた。NATOへの準加盟国的な地位を認められたロシアは，強く反対してきたバルト三国を含むNATOの第二次東方拡大に際しても「どの国にも安全保障の手段を自ら選ぶ権利がある」として受け入れる方針を表明した（朝日新聞2002）。

EUもまた旧東側の国を中心にメンバーを加えていく。EUは，集団防衛を目的とはしておらず，この点で直接に外部に脅威を与える存在ではないが，内と外を厳しく分ける性格をもつ。特に関税同盟としてのEUには，加盟した国の貿易がEU域内に移ってしまい，周囲の加盟できない国に不利益をもたらしてしまうという特徴がある[7]。

結局，NATOおよびEUは，限られたメンバーによる「同盟」という性格が強く，内部に入ることの利益が大きい反面，外部に残された国に強い疎外感をもたらす。つまり，これらを中核とする安全保障共同体では，内部に境界線

---

[6] 各国や国際機構による反応の例としてBBC News 1999を参照。

[7] ヴァチュドヴァ（Milada Anna Vachudova）は，EU加盟を望む国にとって，EU加盟の利益そのものよりも，周囲の国のEU加盟による「加盟しないコスト」のほうが大きな影響を及ぼすと述べている（Vachudova 2005: 71）。また，プロゾロフ（Sergei Prozorov）は，ロシアとEUの間に位置する国々がEUに加盟することによって，ロシア市民がこれらの国を訪問する際に査証の取得を義務づけられたことが，ロシア側に決定的な疎外感をもたらしたことを指摘している（Prozorov 2006: 28-38）。

〔中内政貴〕

が引かれることが避けられないのである。

 ロシアが明確に西側への反発を示し始めるきっかけとなったのは、まさにこの境界線付近に位置する旧ソ連諸国のロシア離れの動きであった。2003年にグルジア、2004年にウクライナで民衆の抗議活動によって権威主義的な政権が倒されると、ロシアはこれが西側に後押しされたものだとして激しい反発を示す。

2 露わな分断

 ロシアの懸念にも拘わらず、NATOおよびEUの東方拡大は続いた。イラク戦争をめぐって仏・独の反対に直面した米国は、自らに対してより協力的な諸国を重視し、NATO拡大を急ぐ動きを見せる。2004年にNATOに7カ国が加盟した後、米政権は、親西側路線へと転じたウクライナおよびグルジアをNATO加盟候補国に加えようとする。これはロシアの反応を懸念する仏・独などの慎重論によって実現されなかったが、将来の加盟を認める立場が表明され（NATO 2008）、ロシアとの関係に決定的な影響を及ぼしたと考えられる。

 2008年8月のグルジア紛争は、直接的にはグルジア内で独立を主張する南オセチア地域をめぐる衝突であったが、グルジアの西側接近に対するロシアの警告という意味合いは明白であった。同紛争以降は、もはや西側とロシアとの亀裂は覆うべくもなく、同年にはロシアは西側のミサイル防衛に対抗するためとしてカリーニングラード州への新型ミサイルの配備を発表した。また、2010年に発表されたロシアの軍事ドクトリンでは、ロシア国境に迫る拡大を含むNATOの行動が主要な脅威として位置づけられている（para. 8(a)）。

 さらに、EUの影響力もロシアが勢力圏と考える国々にも迫りつつある。2013年11月のEUの東方パートナーシップ首脳会議においては、EUはアルメニア、ウクライナ、グルジア、モルドヴァと連合協定（Association Agreement）を締結する予定であった。連合協定は、EU加盟を約束するものではないが、EU加盟に向けた不可欠な第一歩と位置づけられている。EUの動きに対抗してロシアは独自の関税同盟設立を提唱しており、同時にEU接近を図る国に対しては事実上の経済制裁さえ行ってきた。ロシアの圧力を受けて、アルメニアは連合協定締結をとりやめてロシアとの関税同盟に加わると発表した（RFE/RL 2013）。ウクライナも連合協定締結を見送ったが、その結果、こ

の方針に反対する市民の抗議行動によって政権が倒され、ロシアのより強硬な介入を招く事態となった。

一方でロシア自身は、冷戦後に受け入れたはずの民主主義・市場経済・人権などの規範から逸脱する傾向を強めてきた（Fish 2005: 30-81）。2012年のプーチン大統領の復帰は、それ自体もロシアの民主主義に疑問を抱かせる事態であったが、加えて、選挙戦では反対勢力の逮捕などが相次いだ（Guardian 2012）。この傾向はロシアだけにとどまらず、ベラルーシや中央アジア諸国などでも、民主主義や人権などの規範からの後退が見られる。

これらの西側の価値・規範からの逸脱が続いているのが、すべてNATO・EUの拡大対象とされていない国であることは示唆的である。特に、NATOが集団防衛のための同盟としての位置づけを変更せず、かつメンバーが限定される機関であり続けたことで、NATOはロシアに対する脅威として残った。そして、NATO加盟が叶わないロシアの周辺国をロシアの側に追いやってしまう結果を生んだのではないだろうか。

ドイドニー（Daniel Deudney）とアイケンベリー（John Ikenberry）は、米国の能力が向上しロシアの能力が低下するなかで、米国の政策決定者は、ロシアは重要性を失っており米国は望みどおりに行動できると考えるようになったと批判している（Deudney and Ikenberry 2009: 50-52）。また、カプチャン（Charles Kupchan）は、西側がロシアを欧州・大西洋の共同体から排除してきたことを「歴史的な誤り」であったと述べて、ロシアのNATO加盟を提唱している（Kupchan 2010: 100-102）。

3　OSCEの独自性の喪失

こうした傾向に対して、OSCEの場では早期から危機意識がもたれてきた。1996年の第5回OSCE首脳会議では、「21世紀の欧州における共通・包括的安全保障モデル宣言」を採択した（OSCE 1996）。これは、NATOの拡大に対して懸念を抱くロシアを念頭に、ロシアの脅威にならない安全保障モデルの創設を求めるものといえる。OSCEは、1999年には「欧州安全保障憲章」を採択したが、ここでも、OSCEを協調的安全保障を実現する基盤として他の地域機構との協力を模索し、分断線のない安全保障空間を求めており（OSCE 1999）、ロシアの懸念に対する配慮が伺える[8]。

しかし，ロシアや旧ソ連諸国では，OSCE の実際の活動に対して非協力的な行動が見られるようになり，これに対して OSCE 側も批判を強めてきた。例えばベラルーシでは，2001 年の大統領選挙において，選挙監視団を派遣しようとした ODIHR に対して政府が査証の発給を拒否するなどの反発がみられ，以降も非協力的な態度が続いている。ベラルーシに派遣されてきた OSCE 長期ミッション（ミンスク事務所）も 2010 年に政府によって延長を拒否されて閉鎖された。また，2014 年のウクライナ東部の帰属をめぐる混乱では，派遣された OSCE の監視員がロシア系住民によって約 1 カ月にわたって拘束される事態まで発生した。

ロシアでも，2008 年の大統領選挙では ODIHR の派遣する選挙監視員の人数や監視時期などに関してロシア政府は合意を与えず，満足な選挙監視活動が行われなかった（BBC News 2008）。またロシアは，2003 年と 2004 年のグルジアとウクライナでの民主化が起こった頃から，特に ODIHR に対して，強制的な民主化を扇動しているとして批判を強めてきた（Galbreath 2007: 52; Shkolnikov 2009: 25）。ラブロフ（Sergey Lavrov）ロシア外相は，OSCE の活動分野・活動対象が人的側面に偏っていると批判しており（Lavrov 2004: 13），最近の論考においても，OSCE のバランスの偏りや二重基準を指摘し，OSCE を平等な権利をもった諸国が互いを尊重しながら対話を行うフォーラムに戻すべきだと主張している（Lavrov 2013: 9）。OSCE に対するロシアの不満が特に ODIHR に向けられるのは，その活動に対して加盟国によるコントロールが効きにくい自律的な機関であることや，その結果として選挙に関して加盟国の審査を経ずに明確な批判を行う点にあると考えられる。この結果，OSCE がロシアなどにとって居心地の良くない枠組みになっているのである。

これは，ロシアや旧ソ連諸国が民主主義等の規範・ルールを受け入れていることを考えれば，身勝手な主張であると断じることもできる。まして，ロシアによる軍事力の行使やその威嚇が決して受け入れられないことは言うまでもない。ただ，本稿で見てきたように，冷戦後の欧州の安全保障共同体は西側の主

---

(8) イヴァノフ（Igor Ivanov）元ロシア外相は，同文書が OSCE の潜在的な可能性を引き出すことにつながるものとして高く評価している。同時に，イヴァノフは，ロシアは西側が OSCE を「強制的な民主化」を行う道具にしようとしているという懸念を抱いていたという（Ivanov 1999: 97-98）。

導によって構築されており，そこにおいて，ロシアを含め，NATOやEUに組み入れられなかった諸国の利害が必ずしも重視されてこなかったために反発を招いているという面は否定できない。OSCEはロシアへの配慮を示してきたとはいえ，圧倒的な力を有するNATOやEUを中心とする安全保障共同体の中で，その主張は十分に反映されてきたとは言えず，結果としてロシアやその周辺国は，OSCEに失望して批判を強め協力を拒否しているのだと考えられる。このことは，OSCEにとって影響力を失うことに他ならない。皮肉にも，冷戦の終結によって欧州の規範・ルールが西側起源のものへと一元化したことが，全欧州諸国で受け入れ可能な規範・ルールを創り出すというOSCEの特長を失わせ，OSCEがかつて持っていた影響力をも損なってきたのである。

　一方で，欧州の安全保障共同体の方向を変えようとする動きもみられる。2009年，ロシアは汎欧州での新たな安全保障のあり方を提言する欧州安全保障条約の締結をOSCE参加国などに提言した。CSCEの開始以前にソ連が汎欧州の安全保障会議開催を呼びかけていたことを彷彿とさせる動きであるが，当時のメドヴェージェフ（Dmitry Medvedev）大統領のイニシアティブによるこの安全保障条約案は結局は撤回され，ロシアは同盟型に近いイニシアティブを打ち出した（Weitz 2012）。また，2010年には，中央アジアの国として初めてカザフスタンがOSCE議長国を務め，同年，実に11年ぶりにOSCE首脳会議がアスタナで開催された。だが，同首脳会議では最終文書として「アスタナ記念宣言：安全保障共同体を目指して」を採択したものの，安全保障共同体を築くための行動計画については合意に至らず，最終文書には，グルジアやモルドヴァの紛争の解決を求め，ロシアに対して批判的な見解（EU代表）や，同文書が現状の安全保障状況から乖離しているという批判的な見解（モルドヴァ代表）が付加された（OSCE 2010）。首脳会議の場でも，OSCEの枠組みは互いの利害を調整して共通の価値・規範を生み出す場としての力を失いつつあることが懸念される。

V　おわりに

　本稿では，まず冷戦期を振り返り，厳しい対立の中でCSCEが東西のフォーラムとして果たした役割を明らかにしたうえで，それが冷戦後に大きく変容してきたことを確認した。旧東側諸国は，冷戦後の体制移行の混乱の中で民主主

義・市場経済・人権などの価値・規範を受け入れた。これらの価値・規範は欧州全体を覆う安全保障共同体の核となることが期待されたが，体制移行が順調に進展したのは，NATO・EU の西側の同盟の拡大対象とされた国に限られた。内と外を峻別する NATO・EU の拡大は冷戦期の分断線を超えて西側の価値・規範を広げ，安定と繁栄の範囲を広げたとは言えるだろうが，それは分断線を東にずらしたと言うべきもので，結局対立を前提とした安全保障という性格は拭えないのである。

新たに形成された同盟の境界線の東側を見れば，西側の価値・規範を表面的にしか受け入れておらず，権威主義的な政治体制にとどまる国々，あるいは，西側に入ることを切望しながらも叶わず，ロシアとの間で引き裂かれている国々がある。2008 年のグルジアとロシアとの戦争，および，2014 年のウクライナにおける混乱とロシアの強硬な介入を見れば，欧州地域においても問題の解決のためにいまだ軍事力の役割は大きいままである。すなわち，欧州の安全保障共同体は，西側の同盟の境界線の向こうでは，極めて曖昧な存在にとどまっている。

その中で，OSCE も冷戦後に西側の価値・規範を輸出する立場となったが，旧東側で，西側起源の価値・規範に対する反対が明確になるにつれ，OSCE の有用性は損なわれてきたと考えられる。今後，欧州の安全保障共同体はいっそう西側起源の価値に傾き，西側に加わることができない旧東側諸国を排除する構図が強まりかねない。であれば OSCE の位置づけを再考すべきときではないだろうか。すでに汎欧州の機関であり，対立的・強制的な手法をとらないという特徴をもつ OSCE は，新たな分断が露わになった現在こそ，全欧州諸国が参加するフォーラムとして共存と融和を図りつつ，全加盟国が受け入れられる規範とルールの創出を模索する伝統的な役割を復活させるべきであろう。

【引用・参照文献】

Adler, Emanuel and Barnett, Michael (1998), *Security Communities*, Cambridge University Press

BBC News (1999), "Russia Will Pay for Chechenya," 7 December, 1999

BBC News (2008), "OSCE to Boycott Russian Election," 7 February 2008

Deudney, Daniel and Ikenberry, John (2009), "The Unravelling of the Cold War

Settlement," *Survival*, Vol. 51, No. 6, pp. 39-62

Deutsch, Karl W. et al. (1957), *Political Community and the North Atlantic Area: International Organization in the Light of Historical Experience*, Princeton University Press

Dobrynin, Anatoly (1995), *In Confidence: Moscow's Ambassador to Six Cold War Presidents (1962-1986)*, Random House

Finnemore, Martha (1996), *National Interests in International Society*, Cornell University Press

Fish, M. Steven (2005), *Democracy Derailed in Russia: The Failure of Open Politics*, Cambridge University Press

Galbreath, David J. (2007), *The Organization for Security and Co-operation in Europe*, Routledge.

Ghebali, Victor-Yves and Warner, Daniel (2001), *The Operational Role of the OSCE in South-Eastern Europe: Contributing to Regional Stability in the Balkans*, Ashgate

Guardian (2012), "Russians Fear Crackdown as Hundreds are Arrested After Anti-Putin Protest," 6 March 2012

Hanson, Marianne (1998), "Russia and NATO Expansion: The Uneasy Basis of the Founding Act," *European Security*, Vol. 7, No. 2, pp. 13-29

Ivanov, Igor S. (2002), *The New Russian Diplomacy*, Nixon Center and Brookings Institution Press

Kennan, George (1997), "A Fateful Error," *New York Times*, 5 February 1997

Kupchan, Charles A. (2010), "NATO's Final Frontier: Why Russia Should Join the Atlantic Alliance," *Foreign Affairs*, May/June 2010, pp. 100-112

Lavrov, Sergey (2004), "Reform will Enhance the OSCE's Relevance," *The Financial Times*, 29 November 2004

Lavrov, Sergey (2013), "Correct Imbalance," *Security Community*, The OSCE Magazine Issue 1

Norris, Robert S. and Kristensen, Hans M. (2006), "Global Nuclear Stockpiles, 1945-2006," *Bulletin of the Atomic Scientists*, Vol. 62, No. 4, pp. 64-66.

Prozorov, Sergei (2006) *Understanding Conflict between Russia and the EU: The Limits of Integration*, Palgrave Macmillan

Radio Free Europe / Radio Liberty (2013), "News Analysis: Armenia's Choice Stirs Competition Between Moscow, EU," 5 September 2013

Risse-Kappen, Thomas (1996), "Collective Identity in a Democratic Community:

The Case of NATO," in Katzenstein, Peter J. eds., *The Culture of National Security: Norms and Identity in World Politics*, Columbia University Press

Soetendorp, Ben (1999), *Foreign Policy in the European Union: Theory, History and Practice*, Longman

Shkolnikov, Vladimir D. (2009), "Russia and the OSCE Human Dimension: a Critical Assessment" in *The EU-Russia Centre Review*, Issue 12 (*Russia, the OSCE and European Security*)

Thomas, Daniel C. (2001) *The Helsinki Effect: International Norms, Human Rights, and the Demise of Communism*, Princeton University Press

Vachudova, Milada Anna (2005), *Europe Undivided: Democracy, Leverage, & Integration After Communism*, Oxford University Press

Weitz, Richard (2012), "The Rise and Fall of Medvedev's European Security Treaty," *On Wider Europe*, German Marshall Fund of the United States, May 2012

朝日新聞 (2002), 「東方拡大控え関係強化── NATO・ロシア理事会設立」2002年 5 月 29 日

植田隆子 (1992), 「CSCE の常設機構化と今後の展望」百瀬宏, 植田隆子編『欧州安全保障協力会議 (CSCE)』日本国際問題研究所, 263-314 頁

植田隆子 (1998), 「欧州における軍事同盟の変容と協調的安全保障構造」『国際政治』第 117 号, 175-190 頁

吉川元 (1994), 『ヨーロッパ安全保障協力会議──人権の国際化から民主化支援の発展過程の考察』三嶺書房

吉川元 (1999), 「欧州安全保障協力機構 (OSCE) の予防外交」『国際問題』No. 477, 36-49 頁

栗栖薫子 (2005), 「人間安全保障『規範』の形成とグローバル・ガヴァナンス──規範複合化の視点から」『国際政治』第 143 号, 76-91 頁

佐渡紀子 (1998), 「OSCE における信頼安全醸成措置──メカニズムの発展と評価」『国際公共政策研究』Vol. 2, No. 1, 219-236 頁

庄司克宏 (1996), 「欧州審議会の拡大とその意義──ロシア加盟を中心に」『国際法外交雑誌』第 95 巻第 4 号, 427-453 頁

妹尾哲志 (2011), 『戦後西ドイツ外交の分水嶺──東方政策と分断克服の戦略, 1963 〜 1975 年』晃洋書房

中内政貴 (2008), 『少数民族保護による民族間武力紛争防止政策の効果と限界──マケドニアにおける EU 加盟コンディショナリティーの機能を中心に』大阪大学大学院国際公共政策研究科 (博士論文)

第1部　伝統的安全保障

宮脇昇（2003），『CSCE人権レジームの研究：「ヘルシンキ宣言」は冷戦を終わらせた』国際書院

山本吉宣（1995），「協調的安全保障の可能性——基礎的な考察——」『国際問題』第425号，2-20頁

Conference on Security and Co-operation in Europe (1975), "Final Act," 1 August 1975

Council of Europe (2000), Parliamentary Assembly Recommendation 1456, 6 April 2000

Council of Europe (2001), Parliamentary Assembly Resolution 1241, 25 January 2001

European Community (1991), "Declaration on the 'Guidelines on the Recognition of New States in Eastern Europe and in the Soviet Union,'" 16 December 1991

European Union (1993), "Conclusions of the Presidency," European Council in Copenhagen 21-22 June 1993

North Atlantic Treaty Organization (1992), "Final Communiqué," Ministerial Meeting, 4 June 1992

North Atlantic Treaty Organization (2003), "Does Russia Need NATO, and If So, What Kind of NATO?" Speech by NATO Secretary General, Lord Robertson, 30 October 2003

North Atlantic Treaty Organization (2008), "Bucharest Summit Declaration," 3 April 2008

Organization for Security and Co-operation in Europe (1996), "Lisbon Document," 3 December 1996

Organization for Security and Co-operation in Europe (1999), "Charter for European Security" 19 November 1999

Organization for Security and Co-operation in Europe (2010), "Astana Commemorative Declaration: Towards a Security Community," 3 December 2010

Russian Federation Presidential Edict (2010), "The Military Doctrine of the Russian Federation" 5 February 2010

United Nations (1999), Security Council Resolution 1244 (S/RES/1244), 10 June 1999

5 国連憲章第7章の法的性格
——安保理決議の検討を通して——

山 本 慎 一

I　はじめに

　国連の安全保障理事会（以下，安保理）が，憲章第7章に言及して決議を採択し，加盟国に何らかの措置を求める実行は，憲章第41条に基づく非軍事的措置，すなわち経済制裁の文脈で顕著に確認することができる。また，冷戦終結後は，軍事的措置の授権に関しても定式化された実行となっている。国連の集団安全保障体制に基づく措置として観念されるこうした措置は，第7章の援用が繰り返されているが，いかなる態様で措置がとられ，そこにどのような法的効果が生じているのだろうか。換言すれば，第7章の援用という安保理の行為には，いかなる規範性（規範的性格）を内在しているのだろうか。
　本稿は，こうした問題意識に対し，第7章下の措置を規定した安保理決議を中心に取り上げて，安保理や国連加盟国の実行を検討しながら，第7章の法的性格を明らかにする。そして第7章に言及した決議，いわゆる「第7章決議」が，現代国際法秩序においていかなる規範的意味を持つのかを考察することを目的としている。
　本稿の構成は，IIで安保理決議の規範性と題し，国連憲章の条文を手がかりに，安保理決議と第7章が，いかなる法的性格を有して国際法上の効果をもたらすのかを考察する。そしてIIIにおいて，現実の国家実行として集団安全保障に関連した第7章決議の採択例に焦点を当て，国際社会において第7章を援用する安保理決議が持つ意味合いについて考察する。最後に全体のまとめとして，本稿で検討した第7章に関わる安保理決議が，現代の国際法秩序においていかなる規範的意味を持つのかを考察する。

第 1 部　伝統的安全保障

II　安保理決議の規範性

1　安保理決議の法的性格
(1)　決議の拘束力

　そもそも，安全保障理事会の決議とは，いかなる意味合いをもつ文書であろうか。まず一般に国際組織の決議には，組織の維持運営（内部事項）に関するものと，組織の目的任務の遂行（対外的事項）に関するものとを区別することができる[1]。たとえば安保理決議においても，手続事項と，その他のすべての事項に区分され，手続事項に関する安保理の決定は，9 理事国の賛成投票によって行われ，その他のすべての事項に関する安保理の決定は，常任理事国の同意投票を含む 9 理事国の賛成投票によって行われるという，表決手続に関する規定（憲章第 27 条第 2 項および第 3 項）からも，その区分は明らかである。このうち本稿が検討対象とする安保理決議は，第 1 に，組織の維持運営ではなく，加盟国に対して憲章第 7 章の下で何らかの措置を求める内容であり，第 2 に，表決手続においても憲章第 27 条第 3 項に基づく投票行動の結果として採択されたものであるため，組織の目的任務の遂行（対外的事項）に関する決議として位置づけられる。

　こうした組織の目的任務の遂行（対外的事項）に関する決議が拘束力を持つためには，設立文書のような明文規定として，国際組織と加盟国との間の特別の合意が必要とされる[2]。そのような合意がない限り，名宛人を法的に拘束せず，単なる勧告としての意義を有するにとどまる。安保理決議の場合は，国際連合の設立文書たる国連憲章において，第 25 条に拘束力に関する規定が存在する。すなわち，「国際連合加盟国は，安全保障理事会の決定（the decision of the Security Council）をこの憲章に従って受諾し且つ履行することに同意する」という規定である。この規定により「安保理の決定」は，憲章を通じて国連加盟国に受諾され，同時に決定の内容を履行することへの同意が示される。加盟国による同意に内在する法的効果としては，国連憲章も条約の一種であることから，条約の法的拘束力と履行義務を規定する「条約法に関するウィーン条約」第 26 条や，「合意は拘束する」（*pacta sunt servanda*）の原則に従って，「安

---

[1]　佐藤哲夫『国際組織法』（有斐閣, 2005 年）204 頁。
[2]　同上, 206 頁。

保理の決定」の加盟国に対する法的拘束力が導かれる。

(2) 拘束力の範囲

それでは、この憲章第25条が規定する「安保理の決定」における拘束力は、いかなる範囲に妥当するのであろうか。この点について、「決定（decision）」という用語は多義的であり、憲章条文上では具体性や明確性を欠いている。1つの解釈が分かれる点として、第25条における「安保理の決定」は、第7章に関わる行動に限定されうるか否かという点である。憲章規定上では、安保理は第7章の下での行動として、第41条または第42条に従っていかなる措置をとるかを決定することができる権限を有している（第39条）。そして第48条で決定の履行に係る規定を置き、第49条では決定の履行に係る相互援助義務を規定する。実際に、第41条に関わる非軍事的措置（経済制裁）は、安保理決議文中でdecideの文言が用いられ、安保理の決定として、輸出入の禁止措置を加盟国に義務づける実行が積み重ねられている[3]。ただし、第42条に基づく軍事的措置の決定は、第43条に基づく安保理と加盟国との間の兵力提供に係る特別協定が未締結の現状では、実現可能性がないといえよう[4]。他方で、第7章下の行動にかかわらず、決議（resolution）の採択行為自体が当該機関の決定であることから、「決定」の用語は、安保理の採択するすべての決議を意味するものという解釈もありうる[5]。

こうした「決定」の意味内容を巡る議論について、1970年に安保理が国際司法裁判所（ICJ）に決議の法的効果に関して勧告的意見を求めた「ナミビア事件」の中で、第25条に関わる解釈が示された。同勧告的意見の中で、第25条は第7章の下で採択される強制措置にのみ適用されるという主張に対して、次の理由で否定的な見解を示している。すなわち、第25条の位置は、第7章の中ではなく、安保理の任務と権限を規定した第24条の直後にあるとして、仮に第25条が、もっぱら第41条や第42条に基づく強制行動に関する安保理の決定に関連づけられるとするならば、換言すれば、拘束力を持つのはそうし

---

[3] 吉村祥子『国連非軍事的制裁の法的問題』（国際書院、2003年）を参照。
[4] この点は、第42条と第43条を一体のものとして捉える解釈による。詳しくは、山本慎一「国連安保理による『授権』行為の憲章上の位置づけに関する一考察」『外務省調査月報』2007/No.2, 50-51頁を参照。
[5] 藤田久一『国連法』（東京大学出版会、1998年）204頁。

第1部　伝統的安全保障

た決定のみであるとするならば、第25条は不要であるという。なぜなら、第41条や第42条の拘束力は、第48条や第49条のような決定の履行に関わる規定で担保されるからである。そして、決議が拘束力を持つかどうかは、決議の文言や審議過程、援用された憲章規定等を考慮して判断すべきとの立場をとった⁽⁶⁾。

「ナミビア事件」の勧告的意見では、第25条の規定が第7章に基づく強制措置に限定されるものではない点が示されたが、「決定」の範囲を明確化するところまでは至っていない。安保理の決議は当該機関の意思決定の表れであるとしても、憲章は法的拘束力のない「勧告（recommendation）」を安保理がおこないうることを認めている。すなわち第39条において、1つの条文内で、安保理が「勧告」と「決定」をおこないうることを規定しているのである。このうち、「勧告」には法的拘束力がなく、「決定」には拘束力を伴うことが、憲章の解釈上認められている⁽⁷⁾。問題は、法的拘束力を伴う「決定」の範囲は、いかなる内容であるかということである。この点について、国連代表部における実務経験を踏まえて安保理の活動を検討した松浦氏は、第7章への言及の有無を基準に拘束力の有無を判断するだけでは不十分であるとして、国家実行上は「3つの基準アプローチ」と、「安保理の意思を重視するアプローチ」に分けられると分析する⁽⁸⁾。

すなわち「3つの基準アプローチ」によれば、①安保理決議が第7章に言及し、かつ②第39条に従った「平和に対する脅威」等の認定をおこなっている場合に、③安保理決議の主文で使われている動詞や助動詞の種類から、法的拘束力を持たせようとする安保理の意思を見出し、当該パラグラフの内容に法的拘束力を認める考え方である。安保理常任理事国のうち、米英はこの考え方をとっていると指摘する。この考え方によれば、"decide" 以外にも "demand" や "require" といった強い動詞や助動詞 "shall" が用いられているパラグラフの決定内容には、程度の差はあるが法的拘束力があり、"encourage" や "invite" 等

---

(6)　*Legal Consequences for States of the Continued Presence of South Africa in Namibia (South West Africa) Notwithstanding Security Council Resolution 276 (1970), Advisory Opinion, I. C. J. Reports 1971*, pp. 52-54.

(7)　Bruno Simma, et al., eds., *The Charter of the United Nations: A Commentary*, 3rd ed., Vol. 1, Oxford University Press, 2012, p. 792.

(8)　松浦博司『安全保障理事会——その限界と可能性』（東信堂、2009年）81-84頁。

の弱い動詞の場合は勧告にとどまるとされる[9]。

　他方，「安保理の意思を重視するアプローチ」は，決議に第7章への言及や第39条の認定があるか否かにかかわらず，各決議主文のパラグラフにおける決定の性質を，使われている動詞や助動詞から判断し，そこに安保理の法的拘束力を持たせたいとの意思が表れているか否かを基準とする考え方であるという。常任理事国のうち，ロシアがこの考え方に近いとされ，前述の「ナミビア事件」勧告的意見の立場もこれに近いとされる。

　このように，法的拘束力を伴う「決定」の範囲について，国家実行上は一致した見方が存在しないものの，安保理決議主文の各パラグラフで用いられている文言を基準に，当該パラグラフの内容の拘束力の有無や，その程度を判断する実行は共通している[10]。その上で，「ナミビア事件」勧告的意見でも指摘されたように，安保理決議の拘束力については，個々の案件について採択された決議の文言のみならず，審議過程における各国の意思等を踏まえて判断することが重要である。

　本項で取り上げた安保理決議の拘束力とは，通常は加盟国を名宛人として「勧告」もしくは「決定」の形で何らかの措置が規定されることから，措置の実施主体に対する拘束力の問題として第一義的には捉えられる。しかし，措置の対象国も国連加盟国である以上，第25条に従って，「安保理の決定」に対しては拘束力，換言すれば措置に従う義務，すなわち受忍義務が発生しうる。この点は，次で検討する第7章下の措置との関連において，強制性という観点から捉えることで，措置の対象国にとっての受忍義務はより明瞭となる。国家実行上も，安保理決議に込められたメッセージや決議内容の実効性という観点からは，第7章への言及という行為は重要な意味合いを持っている。特に冷戦後の安保理の実行においては，「平和に対する脅威」等の認定と第7章への言及がパターン化して実行が積み重ねられている[11]。そこで次項では，安保理決議

---

[9] "call upon"（要求する／要請する）も法的拘束力を持たせる意思をもって起草されたと考えざるを得ない重要な内容で用いられることが多いという。同上，82頁。

[10] このほかに，"urges" や "invites" は拘束力がなく，"decides" は拘束力があり，"calls upon" や "endorses" は拘束力に関する明確性が劣るという分類の指摘もある。Bruce Oswald, Helen Durham, and Adrian Bates, *Documents on the Law of UN Peace Operations*, Oxford University Press, 2010, p. 18.

[11] このパターンの中で，"decide" の文言のパラグラフは法的拘束力があり，その他の動

の中で第7章に言及することの意味合いについて考察する。

2　憲章第7章の法的効果

本稿の主題は第7章の規範性を明らかにすることであるが，その前提として，安保理決議内における第7章への言及は，いかなる法的効果を生じさせるのか，本項では憲章規定に照らしながら検討する。

(1) 安保理の主要な責任

まず安全保障理事会は，第24条の下で，国際の平和と安全の維持に関する「主要な（primary）」責任を負っている。ここでいう「主要な」責任は，「排他的な（exclusive）」意味ではなく，国連総会であっても第11条2項に従って国際の平和と安全の維持の問題を扱いうることを意味している[12]。他方で，同条同項末が規定する「（国際の平和と安全の維持に関する問題で）行動を必要とするもの」の「行動（action）」とは，安保理によってのみとられうる第7章の下での強制行動（enforcement action）を意味することが，ICJの国連経費事件勧告的意見によって示された[13]。しかし，第7章下の強制行動をとる権限を，安保理にのみ認めるという点については，異なる解釈も存在する。すなわち，第11条2項の「行動」は，第7章の見出しにあるように，「平和に対する脅威，平和の破壊又は侵略行為に関する行動」として，決定か勧告かを問わず，第7章に基づくすべての行動を意味するという解釈である。この考え方は，第11条2項が第12条1項とともに，安保理の総会に対する優先権を規定するものという理解に立ち，安保理が機能麻痺に陥った場合には，総会が強制行動を含む第7章に基づく行動を勧告することを排除しないという立場である[14]。安

詞（call upon, request, demand）の文言は勧告的効力にとどまるとの指摘もある。佐藤『国際組織法』208頁。

(12) たとえば，「平和のための結集決議」(1950年) に基づく集団的措置のための勧告がある。UN Doc. A/RES/377 (V), "Uniting for Peace" General Assembly resolution, 3 November 1950. 同決議は，集団安全保障の強化には失敗したが，平和維持概念の発展には貢献したとの評価がある。Dominik Zaum, "The Security Council, the General Assembly, and War: the Uniting for Peace Resolution," Vaughan Lowe et al., eds., *The United Nations Security Council and War: the Evolution of Thought and Practice since 1945*, Oxford University Press, 2010, p. 174.

(13) *Certain Expenses of the United Nations (Article 17, Paragraph 2, of the Charter), Advisory Opinion, I.C.J. Report 1962*, pp. 163-165.

保理と総会の関係について，このように解すれば，実現可能性は低いものの，「平和のための結集決議」（1950年）に基づき総会が集団的措置を勧告しうる枠組みとの整合性が確保できよう。さらにこの考え方は，後述する強制性の理解の仕方にも合致する解釈といえる。

なお，憲章の構造上，第7章の見出しでは「行動（action）」という語が用いられている。また，第7章下の具体的な行動として，第41条の下では措置（measures）という語が用いられているが，第42条は「国際の平和及び安全の維持又は回復に必要な空軍，海軍又は陸軍の行動（action）」という表現が用いられている。他方で，「軍事（的）措置（military measures）」（第45条），「安保理が決定した措置（measures decided upon by the Security Council）」（第49条），「強制措置（enforcement measures）」（第50条）といった表現もある。いずれにしても，軍事・非軍事を問わず，強制行動（enforcement action）と強制措置（enforcement measures）は，安保理に与えられた「強制力の行使権限（the power of using force）」の形態として，同義に捉えられるものである[15]。

(2) 第7章と不干渉原則

このように，安保理は国際の平和と安全の維持に関する主要な責任を果たすため，第7章に基づく強制措置を行使しうる主体として憲章上位置づけられている。このとき，安保理が決議の中で第7章に言及する行為は，第2条7項との関係において，重要な法的効果を生じさせる。憲章の第2条7項は，「この憲章のいかなる規定も，本質上いずれかの国の国内管轄権内にある事項に干渉する権限を国際連合に与えるものではなく，また，その事項をこの憲章に基づく解決に付託することを加盟国に要求するものでもない。但し，この原則は，第7章に基づく強制措置の適用を妨げるものではない。」と規定する。この規定の前段は，一般に不干渉原則として解される内容である[16]。国家の国内管轄事項に対する不干渉の原則は，憲章の第2条1項に体現される主権平等原則から導き出され，今日では慣習国際法の一部としても捉えられている[17]。だが本

---

[14] 佐藤『国際組織法』285頁。

[15] 初期の議論でも，強制力の行使として，強制行動と強制措置を同義に捉えている。Hans Kelsen, "Collective Security and Collective Self-Defense under the Charter of the United Nations," *American Journal of International Law*, Vol. 42, 1948, p. 786.

[16] Simma, et al., eds., *The Charter of the United Nations*, 3rd ed., Vol. 1, p. 284.

第1部 伝統的安全保障

稿の主題との関わりでより重要なのは，後段の内容である。すなわちこの不干渉原則は，「第7章に基づく強制措置の適用を妨げるものではない」として，同章に基づく強制措置の適用が，同原則の例外として位置づけられている点である。

　国連の実行において強制措置と第2条7項の不干渉原則の関係が取り上げられた例として，1999年3月の北大西洋条約機構（NATO）によるコソボ空爆における安保理での議論がある。NATO軍によるコソボ上空からの爆撃に対し，攻撃直後に開かれた安保理の会合においてインド代表は，旧ユーゴスラビア連邦の一部であるコソボ自治州に対する攻撃は，いかなる強制行動（enforcement action）も安保理の許可がなければ地域的取極又は機関によってとられてはならないとする憲章第53条の違反であると指摘し，第2条7項を援用しながら，第7章下の行動として安保理が武力行使の許可をしていない状況での攻撃は，違法であるとの主張をおこなった[18]。一方，スロベニア代表は，コソボ紛争に関連して第7章に言及した安保理決議を引き合いに出しながら，コソボの状況は同地域における国際の平和と安全に対する脅威を構成し，国内管轄権内にある事項を超えるものとして，第2条7項の適用を否定するとともに，安保理の責任に言及した[19]。

　武力行使を許可する安保理決議がない中でのNATO軍によるコソボ空爆は，その合法性や正当性を巡り，人道的介入（干渉）と国家主権との関係性という観点から国際法学や国際政治学の分野で大いに議論が展開された[20]。その議論にまで立ち入る余裕はないが，ここで指摘しておきたいのは，先の安保理会合における両国の立場について，不干渉原則の適用の可否で見解は異なるものの，いずれも第7章に基づく強制措置と第2条7項との関係性を前提にした主張という点である。この事例からもうかがえるように，第2条7項後段の但し書きは，国内管轄事項不干渉の原則という国家主権に内在する基本原理に対し，安

---

[17] *Military and Paramilitary Activities in and against Nicaragua (Nicaragua v. United States of America), Merits, Judgment, I.C.J. Reports 1986*, p. 106.

[18] UN Doc. S/PV. 3988, 24 March 1999, pp. 15-16.

[19] Ibid., p. 19.

[20] たとえば次の議論を参照。村瀬信也『国際立法――国際法の法源論』（東信堂，2002年）519-552頁，篠田英朗「国際社会における正当性の政治――NATOによるユーゴスラヴィア空爆を事例にして」『国際学論集』第47号，2001年1月，1-22頁。

(3) 第7章の強制性

　最後に，第7章に基づく強制措置における強制性とは，いかなる意味合いをもっているのかを検討する。これまで述べてきたように，第7章に基づく強制措置は，第2条7項の不干渉原則の例外に位置づけられる。つまり，国連であったとしても第2条7項に従えば，加盟国の国内管轄事項に干渉する権限はなく，一般的に不干渉の義務を負うが，この例外として，第7章の下でとる強制措置については，安保理は加盟国からの国内管轄権に係る抗弁に従う必要がないことを確保する仕組みになっている[21]。

　それでは，不干渉原則の例外に位置づけられる行動とは，いかなる態様であろうか。先述したように，第11条2項が示す「行動」の解釈について，決定か勧告かを問わず，第7章の下でのすべての行動を含むものとして捉えると，不干渉原則の適用除外対象となる行動類型は，第7章に言及のある，安保理の決定又は勧告と，総会の勧告を含むものとなる。つまり，第7章に基づく強制措置に，勧告による行動を含むということは，その強制性が，同章に基づく措置を実施する主体ではなく，措置の客体に向けられているということである。前項で指摘したように，勧告と決定は，第一義的には措置の実施主体にとっての法的拘束力の有無に影響する。他方，本項で指摘した強制措置における強制性とは，第7章下の措置であることを前提として，措置の客体にとっての強制性を意味している。したがって，不干渉原則の例外を示す第2条7項後段の「憲章第7章に基づく強制措置」が実施されるとき，措置の客体，つまり措置の対象国にとっては，国連加盟国として憲章を受諾している以上，国内管轄権に係る抗弁が無効となり，とられる措置に対する受忍義務が発生するものといえる。もっとも，安保理の実行においては，決議の中に第7章への言及がないものの措置の客体に対する強制性を有していたり，第7章が言及されながら強制性を欠いていたり，第7章下の措置に関わる安保理決議は多様な形態をとっている[22]。そこで次節では，具体的な安保理や加盟国の実行に焦点を当て，

---

[21] Simma, et al., eds., *The Charter of the United Nations*, 3rd ed., Vol. 1, p. 307.
[22] たとえば次の文献を参照。Security Council Report, "Security Council Action under

第1部　伝統的安全保障

第7章下の措置の態様を考察する。

Ⅲ　第7章決議の採択事例

　前節では，安保理決議の法的性格を検討するため，決議の拘束力とその範囲についての検討をおこなった。そして決議内で言及される第7章の法的効果を明らかにするため，国際の平和と安全の維持における安保理と総会との関係性，不干渉原則との関係，そして第7章が持つ強制性の意味合いについて検討した。本節では，前節で明らかにした第7章への言及がある安保理決議の規範的な性格を踏まえ，具体的な安保理や加盟国の実行として，いかなる措置が決議によってとられてきたのかを概観する。

1　黎明期における第7章下の措置——パレスチナ紛争と朝鮮動乱への対応

　国連創設当初の安保理決議は，第7章の下での行動について，後述するような今日の定式化されたパターンは存在しなかった。そこには，第7章にかかわる集団安全保障の制度化が国連安保理の下に導入されて間もない時期ということもあり，紛争事例に応じて国際社会が試行錯誤する跡が見てとれる。しかし，憲章の構造の中で第7章に係属される事態の認定と措置については，初期の頃から実施の態様を看取できる。

　たとえば，パレスチナ紛争に関する安保理決議54（1948年）は，主文第1項において第39条に言及し，パレスチナの状況が「平和に対する脅威」を構成するとの認定をおこない，さらに主文第2項において第40条に言及し，軍事行動の停止と休戦命令の発出（order）という暫定措置をとった。そして第3項では，前項までの内容を遵守しない紛争当事者に対し，再び第39条に言及しながら「平和の破壊」の存在を示し（declare），さらに第7章を援用して，同章の下でさらなる行動をとるため安保理に即時の検討を求める旨の規定が置かれた。本事例では，明示的に第39条や第40条，そして第7章の下での行動という文言を採り入れ，事態の認定や暫定措置など，第7章に基づく対応がとられている。

Chapter VII: Myths and Realities," *Special Research Report*, No. 1, 2008, pp. 1-36; Jeremy Matam Farrall, *United Nations Sanctions and the Rule of Law*, Cambridge University Press, 2007, esp. chap. 6.

また、朝鮮動乱の際の安保理決議82（1950年）では、北朝鮮による韓国への武力攻撃に深刻な懸念を示した上で、当該攻撃が「平和の破壊」を構成するとの認定をおこない、敵対行為の即時停止を求めて（call for）、北朝鮮当局に対し直ちに38度線へ軍隊を撤退させることを要求した（call upon）。続く決議83（1950年）では、北朝鮮による武力攻撃が、「平和の破壊」を構成するとの認定をおこない、国連加盟国に対して武力攻撃を撃退し、同地域の国際の平和と安全を回復するために必要な援助を韓国に与えるよう勧告（recommend）をおこなった。そして決議84（1950年）において、前記の決議に従って兵力その他の援助を提供しているすべての加盟国が、それらを米国の下にある統合司令部に提供することを勧告し（recommend）、米国に対しては、当該軍隊の司令官を任命することを要請（request）するとともに、統合司令部に対して国連旗の使用許可（authorize）と報告書の提出を求めた（request）。これら一連の決議採択にあたっては、ソ連が中国代表権問題に絡んで1950年1月からボイコットを始めており、ソ連欠席の中での決議採択であった。しかし同年8月にソ連が安保理議長として復帰すると、米国は総会に審議の場を移し、総会決議の下で勧告がとられるようになった[23]。まず10月7日に採択された総会決議376（V）では、朝鮮全土にわたって安定した状態を確保するために、あらゆる適切な措置（all appropriate steps）がとられることを勧告しており、朝鮮全土という表現から、北朝鮮軍を38度線まで撃退する役割を超えて、38度線突破を事実上容認する内容であった[24]。そして11月3日は、「平和のための結集決議[25]」が採択され、安保理が機能麻痺に陥った場合、総会が国際の平和と安全の維持のために集団的措置を勧告しうる枠組みが作られた。こうして朝鮮動乱の事例においては、安保理から総会へと審議の場が移されるとともに、総会の権限強化につながる決議が採択された。この間にとられた一連の措置については、憲章条文への言及はないものの、安保理決議では第39条に基づく「平和の破壊」の認定がおこなわれている。そして、極東米軍を中心にいわゆる朝

---

[23] William Stueck, "The United Nations, the Security Council, and the Korean War," Vaughan Lowe et al., eds., *The United nations Security Council and War*, pp. 266-267.

[24] 秋月弘子「朝鮮国連軍司令部」横田洋三編『国連による平和と安全の維持 解説と資料』（国際書院、2000年）785頁。

[25] 前掲注(12)参照。

鮮国連軍が組織され，北朝鮮軍を撃退するための措置が勧告された。このとき第7章への明示の言及はないものの，実際の措置は第39条に基づく行動であると安保理決議84の審議過程で示されている[26]。

2 冷戦期における第7章下の措置——南ローデシアと南アフリカへの対応

第7章下の措置は，国連の集団安全保障体制を体現するものである。先述の国連創設当初の安保理による第7章にかかわる実行を経て，冷戦期に安保理が機能麻痺に陥る中にあっても，安保理は第7章下の措置をとってきた。

国連創設後初めて第7章の下で非軍事的措置がとられた例として，南ローデシア（現ジンバブエ）における少数の白人政権による一方的独立宣言を受け，同国に対する禁輸措置を加盟国に求めた安保理決議232（1966年）がある。同決議は南ローデシアの状況を国際の平和と安全に対する脅威と認定し，前文で第39条や第41条に言及しながら，輸出入の禁止に係る措置を加盟国がとるよう決定（decide）した。さらに同国の問題については，決議253（1968年）において，南ローデシア原産のすべての産品又は製品の輸出入の禁止や資金凍結等，包括的な経済制裁を課した。同決議は，前文で第7章の下で行動する（acting under Chapter VII of the Charter of the United Nations）旨が規定され，主文第3項で制裁措置を決定（decide）しており，現在まで続く第7章下の制裁のひな形となりうる決議の構造であった。

また，アパルトヘイト政策がとられていた南アフリカに対しても，決議418（1977年）によって非軍事的措置を課した。同決議は前文で南アフリカ政府の政策と行為が国際の平和と安全に対する危険をはらんでいることを考慮し，第7章の下で行動する旨の規定を置き，主文第1項で「平和に対する脅威」の認定をおこない，第2項で武器や関連資材の禁輸措置を決定（decide）し，さらに第4項で加盟国に対し，核兵器の製造と開発について，南アフリカとのいかなる協力も慎むことを決定（decide）した。

これらの事例で採択された安保理決議は，第7章への言及と決議主文における「決定（decide）」の文言によって，加盟国に法的拘束力のある形で措置の実施を義務づける一方で，措置の客体に対しては第7章の援用により，経済制

---

[26] UN Doc. S/PV. 476, 7 July 1950, pp. 3-4.

裁という国家主権を大きく制約する措置に対して従わせることを義務づけ，不干渉義務違反の抗弁を退ける効果を生み出している。他方で興味深いのは，これら両国の制裁措置に先立って，第7章に言及がない形で，すべての国家に制裁への参加を求める実行もみられる点である。南ローデシアでは，決議217（1965年）の主文第8項で，すべての国家に対して，違法な体制を支援し助長することを控え，武器や装備，軍需物資の供給を止め，南ローデシアとの経済関係を断絶するよう要請（call upon）がおこなわれた。南アフリカでは，決議181（1963年）の主文第3項で，すべての国家に対してあらゆる種類の武器，弾薬，軍用車の売却と船積みを即時中止するよう要請（call upon）した。いずれのケースも，すべての国家に対して禁輸措置を求めてはいるものの，第7章への言及はなく，両国の事態が平和に対する脅威にかかわる旨の指摘はあるが，今日のように定式化された脅威認定の文言はみられない。前節で検討した決議の拘束力の視点から評価すれば，措置の内容からみて"call upon"でも相当程度加盟国を拘束する性格が強い規定といえるが，自発的制裁（voluntary sanction）や勧告として位置づける議論にあるように[27]，加盟国に措置の実施を義務づける拘束力を有した決定としてみるのは困難といえよう。さらに措置の客体の視点からみれば，一層大きな法的問題も含んでいる。決議内で第7章への言及がないという事実は，第2条7項に照らして，措置の客体が不干渉義務違反（あるいは主権侵害）の抗弁を提起しうる余地を与えていると解することができるためである。

　いずれにしても両事例は，その後はいわゆる「第7章決議」の下で経済制裁がとられており，法的な問題は憲章の手続上は解消された。とりわけこれらの制裁決議の特徴的な点は，人権保障の論点を内包しながら「平和に対する脅威」概念の認定がおこなわれていることである。たとえば人種差別撤廃条約は1965年採択（69年発効）であり，アパルトヘイト条約は1973年採択（76年発効）であるため，「第7章決議」の下で非軍事的強制措置がとられた時代背景として，人権問題に対する国際社会の敏感な反応があったということもできよう。そしてこの点は，冷戦後の「平和に対する脅威」概念の拡大に繋がる萌芽としても評価できよう[28]。

---

[27] Farrall, *United Nations Sanctions and the Rule of Law*, p. 9; 吉村『国連非軍事的制裁の法的問題』119, 124-125頁。

第 1 部　伝統的安全保障

3　冷戦後における第 7 章下の措置——平和強制・平和維持・平和構築の交錯
(1)　多国籍軍型軍事活動

　冷戦後の安保理は，米ソの拒否権による対立構図から解き放たれ，常任理事国が一致して決議を採択する契機に恵まれる中，折しもイラクによるクウェート侵攻という国家間紛争（第 1 次湾岸戦争）の発生により，イラク軍撃退のために朝鮮動乱以来の軍事的措置が発動される事態となった。軍事的措置の発動に至る前に，安保理は決議 660（1990 年）の採択により，前文でイラクのクウェート侵攻を「平和の破壊」と認定して，第 39 条及び第 40 条の下で行動する旨を明らかにした上で，主文第 2 項でイラクの即時かつ無条件の撤退を要求 (demand) し，同第 3 項で両国に対して即時の交渉を要求した (call upon)。続く決議 661（1990 年）では，前文で憲章第 51 条に言及して個別的又は集団的自衛権を確認し，そして本事態において初めて第 7 章に言及した上で，主文第 2 項でイラクの決議 660 主文第 2 項違反の認定をおこない，同条項の遵守とクウェート正統政府の権威回復のために，「決定（decide）」の文言の下で，主文第 3 項以下の措置，すなわち経済制裁を課した。しかしイラクの度重なる関連決議違反に対し，安保理は決議 670（1990 年）を採択する。同決議は前文で憲章の第 25 条及び第 48 条の遵守の確保に言及し，さらに第 103 条の規定を想起しながら，第 7 章の下で，決議 661 の経済制裁を強化する内容であった。そして決議 678（1990 年）によって，前文で第 7 章に言及した上で，主文第 1 項で決議 660 とその後に続くすべての関連諸決議の遵守をイラクに対して求め (demand)，かつ，すべての安保理の決定を維持しながら，イラクに対して最後の機会を与えることを決定（decide）する。そして主文第 2 項で，クウェート政府に協力している加盟国に対して，イラクが 1991 年 1 月 15 日までに関連諸決議を完全に履行しなければ，それらの関連諸決議の維持及び履行と，当該地域における国際の平和と安全を回復するために，あらゆる必要な手段の行使を許可 (authorize) した。その結果，米軍を中心とした多国籍軍が組織され，イラクをクウェートから撃退する目的で，軍事的な強制措置が発動されたので

---

(28)　脅威概念の拡大とその法的性格については，酒井啓亘「国連憲章三九条の機能と安全保障理事会の役割——『平和に対する脅威』概念の拡大とその影響」山手治之・香西茂編集代表『21 世紀国際社会における人権と平和：国際法の新しい発展をめざして　下巻　現代国際法における人権と平和の保障』（東信堂，2003 年）241-268 頁を参照。

ある⁽²⁹⁾。

　湾岸戦争時におけるこれらの安保理決議には，いくつかの法的論点を含んでいる。第1に，自衛権との関係性である。決議661は，第51条に言及して自衛権を確認している。その背景には，米英をはじめとして軍隊を派遣する側が，クウェートやサウジアラビアからの要請に基づく個別的または集団的自衛権の行使として認識していた事実があった⁽³⁰⁾。そして自衛権に基づき派遣された艦船によって，決議661で決定された経済制裁の履行を確保しようとしたのである。ただし，経済制裁の履行確保のために，自衛権によって活動する艦船が，公海上で第三国の船舶に対して検査をする行為について問題視しうる見方もあり，その後は決議665（1990年）によって決議661の履行確保が図られた⁽³¹⁾。

　第2に，決議678による武力行使の授権と軍事行動の法的性格である。当初は自衛権に基づき軍隊が派遣された経緯もあり，武力行使が含意されたあらゆる必要な手段の行使は，自衛権に基づく行動であるという主張もあった⁽³²⁾。しかし憲章規定上，自衛権の行使は安保理が国際の平和と安全の維持に必要な措置をとるまでの間である（第51条）。第7章の下で平和と安全の維持に必要な行動をとるため，武力行使の権限が加盟国に授権されたことをもって，たとえ軍事行動が継続していたとしても，法的な権利構成としては自衛権が終了し，第7章の下でとられる軍事的措置，すなわち集団安全保障の措置へと変質する。その際，安保理による授権の法的性格については，憲章上，第43条に基づく兵力提供に係る特別協定の締結が実現せず，第47条に基づく軍事参謀委員会の機能が失われていることにより，安保理が軍事的強制行動を実施するため，加盟国に対して自発的な軍隊を指揮・統制する権限を授ける（delegate）ことは可能として捉えることができる⁽³³⁾。そして安保理の授権行為を憲章の明文規定に位置づけようとするならば，「許可（authorize）」という行為の持つ勧

⑵⁹　湾岸戦争へと至る国連の対応については，松井芳郎『湾岸戦争と国際連合』（日本評論社，1993年）を参照。

⑶⁰　UN Doc. S/PV. 2934, 9 August 1990, p. 7; UN Doc. S/21501, 13 August 1990.

⑶¹　決議661の履行確保を巡る問題は，松井『湾岸戦争と国際連合』57-63頁を参照。

⑶²　Oscar Schachter, "United Nations Law in the Gulf Conflict," *American Journal of International Law*, Vol. 85, No. 3, 1991, pp. 452-473.

⑶³　Danesh Sarooshi, *The United Nations and the Development of Collective Security: the Delegation by the UN Security Council of its Chapter VII Powers*, Oxford University Press, 1999, pp. 142-143.

第1部　伝統的安全保障

告的な性質から，第39条の勧告として位置づけるのが妥当といえる[34]。

第3に，決議670にみられる加盟国の義務の強化である。同決議は，第25条と第48条を明示的に言及し，安保理の決定の拘束力を再確認している。さらに同決議は，第103条にも言及することで，憲章に基づく義務と他の国際協定に基づく義務とが抵触する場合には，憲章に基づく義務が優先することを想起させている。いずれも決議661で課された経済制裁の履行を確保するための措置であり，決議文の構造上，直接これらの規定が第7章下の行動にかかるわけではないが，自らの決定を履行させようとする安保理の強い意思を看取することができる。

冷戦後の第7章下の措置は，頻発する地域紛争への対応を余儀なくされる中，第1次湾岸戦争における一連の対応をモデルとして展開していった。特に「平和に対する脅威」の認定を第7章下の行動の必要条件として[35]，第7章の援用と武力行使の許可をセットにした安保理の授権行為が定式化し，多国籍軍型軍事活動の展開が数多くみられるようになった。ただし，第1次湾岸戦争のような制裁型ではなく，国内紛争への対応を念頭に置いた平和維持型という特色を持ち，後述する国連平和維持活動（PKO）との任務内容の近接性から，連携の態様をみてとることができる[36]。

(2) PKO

冷戦期に憲章が想定した集団安全保障体制が機能しない中で編み出され，受入国の同意と中立・非強制を旨とし，小規模な軍事監視団を中心に展開していたPKOも，冷戦後は大きな変容を遂げることになる。たとえばソマリアに展開した第2次国連ソマリア活動（UNOSOM II）は，安保理決議814（1993年）により，第7章の下で兵力と任務の拡大がおこなわれ，続く決議837（1993年）によって第7章の下で武力行使が許可されるに至った。ソマリアではUNOSOM IIの前に，決議794（1992年）により，第7章下の行動として人道

---

[34] 山本「国連安保理による『授権』行為の憲章上の位置づけに関する一考察」48-52頁。
[35] Sarooshi, *The United Nations and the Development of Collective Security*, pp. 9-10.
[36] たとえば，香西茂「国連による紛争解決機能の変容――『平和強制』と『平和維持』の間」山手治之・香西茂編集代表『21世紀国際社会における人権と平和』207-240頁，山本慎一「多国籍軍型軍事活動の展開にみる集団安全保障体制の潮流」日本国際連合学会編『国連憲章体制への挑戦（国連研究第9号）』（国際書院，2008年）75-95頁を参照。

援助活動のための安全な環境確立を任務とする多国籍軍（UNITAF）が展開していたが，決議814によってPKOであるUNOSOM IIへの移行がおこなわれた。

UNOSOM IIは，元来は受入国の同意の下に非強制的な活動で紛争当事者の間に介在し，その間に紛争の平和的解決の取り組みを進める仕組みであった伝統的PKOの範疇には属さず，第7章の下で平和強制を担う組織として位置づけられた。この種のPKOは，いわゆる「第3世代（third generation）」のPKOと称され，伝統的なPKOである第1世代や，主として冷戦後の国内紛争の処理に対応し，選挙や人権状況の監視，国家機能の再建といった多機能型の活動をおこなう第2世代のPKOとは区別される存在である[37]。その背景には，冷戦後の安保理への期待感から野心的な試みを提案したガリ事務総長の『平和への課題』における平和強制部隊（peace-enforcement unit）構想があった[38]。しかし，PKOに対する第7章の下での強制措置の権限付与は，現地の紛争当事者や要員派遣国の反発を招き，事務総長報告書によって任務と規模の縮小と，最終的には撤退が勧告され[39]，それらの勧告を承認する安保理決議が第7章に言及して採択された[40]。こうした活動の失敗を受けて，『平和への課題・追補』においては，PKOの原点回帰が主張された[41]。

しかしPKOは1990年代末から，『平和への課題』『同・追補』でも提唱された平和構築の概念を纏い[42]，さらなる進化を遂げる。すなわち，コソボや東ティモールでおこなわれた国連の暫定統治（領域管理）である。国連がこれらの領域に対し，第7章下の行動としてPKOを設置し[43]，広範な統治権限を行使して，2000年代にかけて主権国家として独立するまで関与するといった事

---

[37] PKOの分類については，たとえば次の文献を参照。Lilly Sucharipa-Behrmann, "Peace-Keeping Operations of the United nations," Franz Cede and Lilly Sucharipa-Behrmann eds., *The United Nations: Law and Practice*, Kluwer Law International, 2001, pp. 92-94.

[38] UN Doc. A/47/277-S/24111, 17 June 1992, p. 13.

[39] UN Doc. S/1994/12, 6 January 1994, pp. 14-15; UN Doc. S/1994/1245, 3 November 1994, p. 7.

[40] UN Doc. S/RES/897, 4 February 1994; UN Doc. S/RES/954, 4 November 1994.

[41] UN Doc. A/50/60-S/1995/1, 25 January 1995, p. 9.

[42] UN Doc. A/47/277-S/24111, pp. 16-17; Ibid., pp. 12-13.

[43] UN Doc. S/RES/1244, 10 June 1999; UN Doc. S/RES/1272, 25 October 1999.

例が現れた[44]。さらに1999年から2000年代以降は，アフリカ地域に数多くのPKOが展開するようになった。国連シエラレオネ・ミッション（UNAMSIL）[45]をはじめとして，国連コンゴ民主共和国ミッション（MONUC）[46]，国連リベリア・ミッション（UNMIL）[47]，国連コートジボワール活動（UNOCI）[48]，国連ブルンジ活動（ONUB）[49]，国連スーダン・ミッション（UNMIS）[50]，ダルフール国連アフリカ連合合同ミッション（UNAMID）[51]，国連中央アフリカ・チャド・ミッション（MINURCAT）[52]，国連コンゴ民主共和国安定化ミッション（MONUSCO）[53]，国連アビエ暫定治安部隊（UNISFA）[54]，国連南スーダン共和国ミッション（UNMISS）[55]，国連マリ多面的統合安定化ミッション（MINUSMA）[56]，国連中央アフリカ多面的統合安定化ミッション（MINUSCA）[57]は，いずれもPKOの設置決議の中で，その前文や主文において，第7章への言及がなされている。その上で具体的な任務として，国連要員や文民の保護や，武装解除・動員解除・社会復帰（DDR）や治安部門改革（SSR），そのほか政治・和平プロセスの進展に関わるような，平和構築の文脈にまで拡大しうる多様な任務が与えられている。さらにこうしたPKOの中には，アフリカ連合（AU）や西アフリカ諸国経済共同体（ECOWAS），あるいは欧州連合（EU）といった地域機構に対して授

---

[44] 暫定統治に関する法的問題を含めて，たとえば次の文献を参照。酒井啓亘「国連憲章第七章に基づく暫定統治機構の展開―― UNTAES・UNMIK・UNTAET」『神戸法学雑誌』第50巻第2号（2000年）81-148頁，山田哲也『国連が創る秩序――領域管理と国際組織法』（東京大学出版会，2010年），山本慎一「破綻国家再建における国際社会の関与の法的課題」上杉勇司＝青井千由紀編『国家建設における民軍関係――破綻国家再建の理論と実践をつなぐ』（国際書院，2008年）115-128頁。

[45] UN Doc. S/RES/1270, 22 October 1999, para. 14.
[46] UN Doc. S/RES/1291, 24 February 2000, para. 8.
[47] UN Doc. S/RES/1509, 19 September 2003, preamble.
[48] UN Doc. S/RES/1528, 27 February 2004, preamble.
[49] UN Doc. S/RES/1545, 21 May 2004, preamble.
[50] UN Doc. S/RES/1590, 24 March 2005, para. 16.
[51] UN Doc. S/RES/1769, 31 July 2007, para. 15.
[52] UN Doc. S/RES/1778, 25 September 2007, para. 6. ただし，同決議における第7章は，EU部隊に対する授権であり，PKOに対するものではない。
[53] UN Doc. S/RES/1925, 28 May 2010, preamble.
[54] UN Doc. S/RES/1990, 27 June 2011, paras. 3 and 4.
[55] UN Doc. S/RES/1996, 8 July 2011, preamble.
[56] UN Doc. S/RES/2100, 25 April 2013, preamble.
[57] UN Doc. S/RES/2149, 10 April 2014, preamble.

権された多国籍軍との連携を意識した内容が決議の規定に盛り込まれるようになり⁽⁵⁸⁾，より一層PKOの多機能化が進展している。

こうしたPKOと第7章との結びつきは，冷戦期に生まれた伝統的PKOの基本原則の1つである同意原則に対し⁽⁵⁹⁾，再考を迫るものであった。すなわち第7章の援用は，前節で指摘した強制性を伴うため，形式的にはPKO受入国の同意要件を排除し，その意味において，受入国の領域主権を制約する法的効果をもたらしうる。それに加えて，制裁型から平和維持型へという多国籍軍型軍事活動の任務内容の性質の変化を受け，前述のアフリカの例だけでなく，1999年の国連コソボ暫定行政ミッション（UNMIK）⁽⁶⁰⁾や国連東ティモール暫定行政機構（UNTAET）⁽⁶¹⁾，2004年の国連ハイチ安定化ミッション（MINUSTAH）⁽⁶²⁾においても，多国籍軍との連携を想定したPKOに対しては，機能上の必要性から，第7章の援用がなされるようになった。

このような領域性と機能性という側面を捉えて，PKOの設置決議に第7章の援用が結びつくことで，PKOの同意原則は，領域的性質と機能的性質という二元的構造に分化しうるという見方がある⁽⁶³⁾。そしてPKOの同意原則の二元的構造のうち，機能性の観点からは，具体的なPKOの任務内容に焦点を当てることで，第7章の援用がPKOの自衛原則にいかなる影響を及ぼすのかが

---

(58) 地域機構との連携の態様は一様ではないが，PKOの設置にあたり多国籍軍の要員や装備を移行するケースや，PKOと多国籍軍が任務内容において連携するケースなど，個別の事例に即してより詳細な検討を要する。さしあたり決議文中から読み取れるものを類型化すると，AUとの連携が想定されたものとして，UN Doc. S/RES/1545; S/RES/1590; S/RES/1769; S/RES/1778; S/RES/2100，ECOWASとの連携が想定されたものとして，UN Doc. S/RES/1270; S/RES/1509; S/RES/1528などがあるほか，EUとの連携が想定されたものとして，MONUCの活動期間延長決議（UN Doc. S/RES/1671, 25 April 2006）において，2006年のコンゴ民主共和国における選挙を治安面で支援するため，第7章の下でEU部隊に対してMONUC支援等の授権がなされた例や，MINURCATの設置決議（S/RES/1778）において第7章の下で文民保護等を任務としたEU部隊に対する授権の例などがある。

(59) Sucharipa-Behrmann, "Peace-Keeping Operations of the United nations," p. 91.

(60) UN Doc. S/RES/1244, 10 June 1999, preamble.

(61) UN Doc. S/RES/1272, 25 October 1999, preamble.

(62) UN Doc. S/RES/1546, 8 June 2004, preamble.

(63) PKOと第7章援用との関係については，酒井啓亘「国連平和維持活動における同意原則の機能――ポスト冷戦期の事例を中心に」安藤仁介＝中村道＝位田隆一編『21世紀の国際機構：課題と展望』（東信堂，2004年）252-260頁を参照。

論点として挙げられる⁽⁶⁴⁾。つまり、第7章の援用という強制性を内包した行為によって、伝統的な自衛概念を超える権限が任務内容において認められるのか否かという点である。これについては、さしあたり2005年9月までの実行の分析からは、文民の保護やDDRといった任務の遂行のように、特定の範囲での対象の保護や危険な任務の実効性を担保する手段として第7章が援用されており、そうした特定がなされていなければ従前通りの自衛原則が妥当するとして捉えられている⁽⁶⁵⁾。

こうした見方は、PKOの公平原則の現代的な解釈にも通底する考え方といえる⁽⁶⁶⁾。すなわち、特に本項で取り上げたPKO展開事例の多くに共通する点であるが、展開前の和平合意の締結過程において、予め第7章が援用されたPKOの展開と任務内容に対する紛争当事者の同意を獲得しておくという実行である。そして、和平合意の中で示された任務の遂行を妨害する紛争当事者に対しては、消極的な政治的不介入を意味する中立性 (neutrality) ではなく、紛争当事者の平等待遇という公平性 (impartiality) の観点から⁽⁶⁷⁾、いずれの当事者の側に対しても和平合意を遵守させるため積極的に履行確保のための行動を安保理がとりうる意思の表れとして、さらにそのための実効性を担保する手段として第7章は位置づけられ、ここに現代のPKOと第7章とが結合することの意義を見出すことができるのである。このような公平性概念は、2000年に公表された『国連平和活動に関するパネル報告書（ブラヒミ・レポート）』においても中立性と区別して述べられており、同報告書は強力な (robust) 武器使用基準 (ROE) を備えたPKOのドクトリンを提唱している⁽⁶⁸⁾。

また、2008年にPKOの60年間にわたる実行を振り返り、展開計画策定における原則を整理して今後の指針をまとめた『キャップストーン・ドクトリ

---

(64) 第7章が援用されたPKOと自衛原則との関係については、酒井啓亘「国連平和維持活動と自衛原則──ポスト冷戦期の事例を中心に」浅田正彦編『二一世紀国際法の課題』（有信堂高文社、2006年）356-363頁を参照。

(65) 同上、360頁。

(66) 伝統的PKOと冷戦後の実行の比較で公平原則を捉えたものとして、酒井啓亘「国連平和維持活動と公平原則──ポスト冷戦期の事例を中心に」『神戸法学雑誌』第54巻第4号、2005年3月、277-327頁を参照。

(67) 同上、302頁。

(68) *Report of the Panel on United Nations Peace Operations*, UN Doc. A/55/305-S/2000/809, 21 August 2000, pp. 9-10.

ン』では，同意・公平・自衛の3原則について，次のように整理されている。すなわち，和平プロセスにおいて紛争当事者から得られた同意は，必ずしも現地レベルでの同意を意味しないとして，和平プロセスを妨害することに自らの利益を見出すスポイラー（spoilers）の存在を指摘しながら，最終手段として武力行使の必要性にも言及する[69]。そして当事者の同意と協力を維持する上では，公平性が重要性であり，中立性と混同すべきでないとして，PKOの任務遂行は中立ではなく公平であるべきと指摘する[70]。自衛概念については，まずPKOは強制的手段（enforcement tool）ではないという認識を明らかにしながら，自衛や任務の防衛のためであれば安保理の許可の下，戦術レベルの武力行使は可能という広範な理解がなされていると指摘する。その上で，強力な（robust）平和維持（peace-keeping）は，第7章の下での平和強制（peace enforcement）と混同すべきではないとし，前者は安保理の許可と受入国や主要な紛争当事者の同意を伴って戦術レベルで武力を行使するのに対し，後者の平和強制は同意を必要とせず，安保理の許可がなければ通常は憲章第2条4項によって禁止される，戦略レベルあるいは国際レベルの軍事力の行使であるとして[71]，平和維持と平和強制の概念の峻別を図っている。こうした理解に立って，和平合意を妨害するようなスポイラーに対し，公平な立場から最終手段としてPKOによる戦術レベルでおこなわれる武力の行使は，任務遂行を確保するための措置として，平和強制とは切り離して位置づけられている。もっとも，平和維持や平和強制は，平和構築なども含めて政治プロセスが進展する中で，相互に関連し合っているという認識も示されている[72]。また，PKO設置決議における第7章援用の意味合いについては，安保理がその行動の法的根拠を示すだけでなく，確固とした政治的決意の表明とともに，紛争当事者や国連加盟国に対し，安保理の決定を履行する義務を想起させる手段としても考えられるとして[73]，第7章援用の法的効果のみならず，政治的効果をも意図した認識を示している。

---

[69] Department of Peacekeeping Operations and Department of Field Support, *United Nations Peacekeeping Operations: Principles and Guidelines*, United Nations, 2008, pp. 32-33.
[70] Ibid., p. 33.
[71] Ibid., pp. 34-35.
[72] Ibid., pp. 18-23.
[73] Ibid., p. 14.

4 小　括

　本節では，第7章決議の採択事例を国連創設当初の黎明期から，冷戦期，そして冷戦後の実行に分けて概観してきた。それらを踏まえて，前節で検討した安保理決議の規範性の議論に基づき整理をする。まず，黎明期におけるパレスチナ紛争への対応では，明示的に第7章への言及があり，第39条や第40条の憲章規定を明示して，事態の認定や暫定措置の実施などがおこなわれたケースであった。ただし，とられた措置は第40条にとどまるものであり，第7章下の強制措置として行動がとられたものではない。他方，同時期の朝鮮動乱への対応では，初めて強制性を伴った措置がとられた。実際に軍事侵攻が生じた事態に対して「平和の破壊」の認定がなされ，具体的な措置は「勧告」にとどまり，第7章への明示の言及はないものの，第39条に基づく措置であるとの認識が審議過程で明らかになっていた。したがって，措置の実施主体にとっては任意的な性格が残るものの，措置の客体に対しては，第7章下の措置として強制性を有するものであった。

　次に冷戦期に初めて非軍事的措置が実施された南ローデシアと南アフリカへの対応では，「平和に対する脅威」の認定と，第7章下の行動である点が明示され，「決定」によって禁輸措置をはじめとする経済制裁がおこなわれた。一時期は第7章への言及がなく，禁輸措置の「要請」にとどまる決議がみられたものの，結局は事態の認定と第7章の援用，そして「決定」により措置が規定され，今日定式化された非軍事的措置の決議構造が確立した。この構造は，安保理の「決定」という意味において，措置の実施主体に対する法的拘束力を生み出すとともに，第7章の援用によって，措置の客体に対する強制性を発揮するものである。

　最後に取り上げたのは，安保理の授権決議によって組織される多国籍軍型軍事活動と，同じく安保理決議によって設置されるPKOについて，冷戦後の発展を指摘したものである。本来は憲章第2条4項に従って国際法上許されない個別国家による武力行使だが，第1次湾岸戦争以来，武力行使の「許可」という決議の文言によって，武力行使の権限が授けられる実行が，多国籍軍だけでなくPKOに対してもおこなわれるようになった。この授権方式は，事態の認定と第7章の援用が合わさることで，今日定式化された軍事的措置の決議構造となっている。

他方で，制裁型から平和維持型へという多国籍軍型軍事活動の多機能化とともに，PKOも伝統的な性格にとどまることなく，第7章が援用された決議の下で設置される実行が増えており，PKOの基本原則に照らしながら，こうした実行の意味内容を明らかにした。まず，安保理による武力行使の授権行為自体は，「決定」ではなく「許可」であるため，第39条に基づく「勧告」に位置づけられるものとして，措置の実施主体に対する拘束力は及ばないが，他方で第7章の援用は，措置の客体に対する強制性をもたらしうる。またPKOと第7章の援用との関係性は，現在の国連の実行上は第7章下のPKOであっても，あくまで平和維持の範疇に位置づけられており，同意や自衛の基本原則を毀損するものではなく，公平原則に従って紛争当事者に対して実効的に対処するための実際的必要性から援用されている。すなわち，文民保護やDDRといった任務において，強力な交戦規則（ROE）の下で活動する必要性や，その政治的決意を示す意味で，第7章援用の効果が期待される。また別の観点からは，UNISFAの地位協定が締結されるまでの間，UNMISの地位協定を必要に応じて変更を加えて適用するという規定にみられるように[74]，第7章の援用によって法執行を現地において強制する効果を生み出している。この点は，暫定統治に係る諸規則の制定と適用の必要性から，UNMIKやUNTAETにおいても同様の実行がみられるが，人権法や人道法上の権利・義務との整合性など法的課題も内包している[75]。

Ⅳ　おわりに

安保理決議の法的性格を考える際，決議の拘束力とはいったいどの範囲を意味するのか，さらに第7章への言及はいかなる意味合いを持っているのか，本稿ではまずこの2点を明らかにすることで，安保理決議の規範性を描き出すことを試みた。憲章上は，第25条に法的拘束力に係る規定が存在するが，それが意味する範囲は，少なくとも"decide"で規定される事項については拘束力を有する点で共通の理解があるものの，その他の決議の文言については，ど

---

[74]　UN Doc. S/RES/1990, para. 4.
[75]　詳しくは，山本慎一「民軍協力の発展に伴う法的課題——国際社会の暫定統治を素材として」上杉勇司編『国際平和活動における民軍関係の課題』IPSHU研究報告シリーズ No. 38, 2007年4月, 87-103頁を参照。

第1部　伝統的安全保障

の程度拘束力を認めるか一致した見解はみられない。他方で、この場合の拘束力とは、第一義的には措置の実施主体に対する拘束力である。措置の対象国にとっての拘束力は、決議文中の第7章援用の有無によって、強制性という面で法的効果が著しく異なる点を指摘した。

　次に、第7章の法的効果を検討するため、憲章上は第2条7項の不干渉原則の例外に位置づけられる点を指摘しながら、第7章下の強制措置に内在する強制性の意味合いを考察した。その結果、第7章に基づく強制措置は勧告をも含むことが示され、それゆえに第7章下の強制措置の強制性とは、措置の客体、すなわち措置の対象国に向けられるものであることを明らかにした。したがって、措置の対象国にとっては、第7章が援用されることにより、国内管轄権に係る抗弁が無効となり、とられる措置に対する受忍義務が発生する。安保理決議の規範性をこのようにして描き出し、特に決議の拘束力や第7章の法的効果がいかなる意味合いを持っているのかをまず明らかにしておくことで、第7章の下でとられる措置の意義がより一層明確化される。

　そこで次に、第7章決議の採択事例を取り上げて、それぞれの事例がどのように第7章を援用し、その結果いかなる法的効果を生み出してきたのかを検討した。そこでは非軍事的措置発動の文言の定式化が冷戦時に確立し、軍事的措置の定式化は冷戦後に確立したものの、多国籍軍型軍事活動の多機能化を受けて実態は変容している点を指摘した。さらにPKOと第7章が結びつく事例の増加を受けて、PKOの基本原則に照らしながら、近年のPKOの特徴と第7章がもたらす法的効果を考察した。

　以上の考察により、本稿では憲章第7章の法的性格を明らかにすることを試みた。安保理の制裁のニュースがあるたびに、第7章の援用と決議の拘束力とが結びつけられて語られる場面に遭遇するが、本稿で明らかにしたように、実際は措置の主体に対する拘束力と、客体に対する強制性という点で区別され、第7章の援用をすぐに拘束力と結びつけるのは、単純化しすぎる見方であるといえよう。本稿で意図したのは、第7章の法的性格を明らかにすることを通じて、国連の実行に付随する法的効果を明確化しようとした点にある。

　しかしながら、本稿で取り上げたのは、PKOを含めて集団安全保障の発動に関連の深い事例にとどまる。冷戦後の「平和に対する脅威」概念の拡大に伴い、安保理は多くの決議を採択して、司法的機能や立法的機能を果たすように

なり[76]、第7章が援用される場面も増加している。第7章の法的効果は、本稿で指摘したように、第2条7項の国内管轄事項不干渉の原則という国家主権に内在する基本原理に対し、その例外として「第7章決議」によって国際介入を招来する契機を与えるものである。そのため、第7章に言及する決議採択事例の増加は、伝統的な主権概念への挑戦として捉えられる一方、第2条7項が保護する不干渉原則の大規模な侵害にあたるという懸念も指摘されている[77]。

それでも近年のPKOが第7章と結びつく事例は増加し、例外的ではなく一般化しており、PKO以外でも「平和に対する脅威」概念の拡大に伴って、第7章の下で多様な措置をとるようになっている。本稿ではそうした第7章下の措置を包括的に検討するまでには至っていないものの、集団安全保障やPKOに関わる実行を検討した限りでは、効果的な制裁や措置の実効性確保にとって、第7章に内在する法的効果は不可欠な存在といえよう。だが、このように肯定的に捉えるだけでなく、安保理による第7章下の措置が、既存の国際法秩序と衝突する場面も想定しなければならない[78]。そのための司法審査や第7章権限の制約に係る議論も[79]、第7章下の措置が増加するにつれて一層重要性を増し

---

[76] 詳しくは、浅田正彦「国連安保理の機能拡大とその正当性」村瀬信也編『国連安保理の機能変化』(東信堂、2009年) 3-40頁を参照。

[77] Simon Chesterman, Thomas M. Franck, David M. Malone, *Law and Practice of the United Nations: Documents and Commentary*, Oxford University Press, 2008, p. 24.

[78] たとえば1992年のロッカビー事件仮保全措置命令に関わるICJの判断において、第7章を援用した安保理決議748によってリビア人被疑者の引渡しを求める米英に対し、リビアはモントリオール条約に基づいて自国での刑事裁判を主張するが、ICJは、憲章第25条の下で安保理の決定を履行する義務を関係国は負っているとし、憲章第103条により、モントリオール条約上の義務に対して憲章上の義務が優先すると判示した。この事件が契機となり、安保理の決定に対する司法審査の是非が議論されるようになった。*Questions of Interpretation and Applications of the 1971 Montreal Convention arising from the Aerial Incident at Lockerbie (Libyan Arab Jamahiriya v. United States of America), Provisional Measures, Order of 14 April 1992, I.C.J Reports 1992*, p. 114. そのほか、対アルカイダ・タリバン制裁決議の実施が欧州司法裁判所によってEC法上の基本権侵害にあたると判示されたカディ事件 (2008年)、同じく制裁決議の実施が欧州人権裁判所によって自由権規約第12条及び第17条違反と認定されたサヤディ事件 (2008年) などがある。*Kadi and Al Barakaat v. Council and Commission*, Joint Cases C-402/05 P and C-415/05 P, Judgment of 3 September 2008; *Sayadi and Vinck v. Belgium*, Views adopted on 22 October 2008, CCPR/C/94/D/1472/2006.

[79] 両者を包括的に検討したものとして、次の文献を参照。Erika de Wet, *The Chapter VII Powers of the United Nations Security Council*, Hart Publishing, 2004.

ている。本稿ではこれらの問題にまで踏み込んで論じる余裕はなかったものの，政治的機関である安保理の行動を法的な枠組みでいかに律していくことができるかは，国際社会における「法の支配」が試される問題である。その実現可能性を構想することは，安保理の正統性と信頼性の向上に寄与するものとなろう。

【付記】 本稿は，平成26-28年度科学研究費補助金（「若手研究(B)」課題番号：26780025）による研究成果の一部である。

第2部
軍縮・不拡散

6 新 START 後の核軍備管理の停滞[1]
―― 力の移行の含意 ――

戸﨑洋史

I はじめに

2009 年 4 月のオバマ（Barack H. Obama）米大統領によるプラハ演説[2]は，「核兵器のない世界」に向けた核軍備管理の推進に係る国際的な機運を一気に高めた。2010 年 4 月には，米国が核態勢見直し（NPR）で消極的安全保証など宣言政策の一部修正を行い，また米露は配備戦略核弾頭数を 1,550 発の規模に削減する新戦略兵器削減条約（新 START）に署名した。同年 4 〜 5 月の核兵器不拡散条約（NPT）運用検討会議では，コンセンサスで採択された最終文書に，将来に向けた 64 の行動計画が盛り込まれ，核軍備管理・軍縮についても核兵器の一層の削減など 22 項目が明記された。しかしながら，核軍備管理はその後，顕著な成果がないまま停滞している。しかも，2010 年 4 月の「進展」も，オバマがプラハ演説で掲げた「十分に大胆な戦略核削減」，あるいは核兵器の役割に係る「冷戦志向の終焉」にはほど遠く，NPT 運用検討会議を前に核軍備管理に関する「成果」を示すべく，核兵器の数と役割を可能な範囲で極めて限定的に低減したに過ぎないとも評し得るものであった。

他方，「軍縮交渉史というのは，本来，圧倒的に多くの失敗のなかに，きわめて少ない成功がようやく散見できる体の歴史」[3]であり，核兵器が開発・使用された 1945 年以来，核軍備管理についてもその停滞がむしろ「常態」で

---

[1] 本稿の執筆にあたり，梅本哲也・静岡県立大学教授，佐藤丙午・拓殖大学教授ならびに「軍縮・不拡散研究会」のメンバーから貴重な御指導・御批評を賜った。記して謝意を表する。
[2] "Remarks by President Barack Obama," White House, April 5, 2009, www.whitehouse.gov/the_press_office/Remarks-By-President-Barack-Obama-In-Prague-As-Delivered/.
[3] 前田寿「核時代の軍縮交渉」『国際政治』第 32 号，1967 年 6 月，18 頁。

あった。軍備管理は、「戦争の可能性、戦争勃発時の範囲と暴力性、ならびに戦争準備に要する政治的・経済的コストを低減するための、潜在的な敵国間でのあらゆる種類の軍事的協力」[4]を通じて安全保障を強化する措置である。しかしながら、国家よりも上位にある政治的権威が不在の分権的な国際社会において、主権国家はその存立と利益最大化の第一の選択肢に、自助に必要な軍事力・態勢の強化を据える。特に、顕在的・潜在的な敵対国との緊張が高まる状況では、軍備管理の必要性が認識される一方で、当時国は軍事力・態勢への制限が加わることによる国家安全保障へのネガティブな影響への懸念を強める。なかでも、核兵器は他の兵器を凌駕する圧倒的な破壊力を持つがゆえに、その保有国はこれを国家安全保障の根幹をなす兵器と位置づけ、核軍備管理には慎重な対応を重ねてきた。

また、核軍備管理を巡る動向が、力、利益および規範といった要素に規定されるとすれば、その進展や停滞は、力の分布としての国際システムと、そこでの当事国間の相互作用のパターンといったシステムレベルの要因、ならびに国や政策決定者などの利益および規範に対する認識といったユニットレベルの要因が複雑に絡む結果でもある。このうち、システムレベルに焦点を当てれば、核軍備管理は、力のバランスに対する了解が当事国に得られた時に進展し、そうした了解がないか、当事国が不満を持つ状況では、しばしば困難に直面してきた。

新START成立後の核軍備管理の停滞は、米国の力の相対化と新興国の急速な台頭という力の移行（power transition）に伴い、国際システムの地殻変動がより現実味を帯びて予見されてきた時期と重なる。たとえば米国家情報会議（NIC）が国際社会の中期的な動向を予測するものとして4年毎に公表する報告書『グローバルトレンド』をみると、2004年版では早くも新興国の台頭によって地政学的な構図が大きく変わる可能性が言及され、2012年版では15～20年後の世界を、力の放散（diffusion of power）によって覇権国は存在せず、台頭国に対する米国の国力の低下は不可避で、「『単極時代』は終わり、パックスアメリカーナ──1945年に始まった国際政治における米国優位の時代──は幕を閉じる」と見通した[5]。

---

(4) Thomas C. Schelling and Morton H. Halperin, *Strategy and Arms Control*, New York: The Twentieth Century Fund, 1961, p. 2.

ただし，力の移行が今後どのように推移し，その先にいかなる国際システムが構築されるのか，確信を持って予見することは難しい。そして，将来の不透明性および不確実性の高さゆえに，力の移行は，国際システムの主導国と台頭国をはじめとする多くの国々の安全保障，さらにはその一環としての核軍備管理を巡る動向に少なからぬ影響を与えてきた。本稿では，そうした力の移行を巡る動向によって，核軍備管理の必要性が意識される一方で，核兵器保有国（NPT 上の 5 核兵器国，NPT 非締約国，および北朝鮮）が核兵器の役割を重視することにより，その推進が難しくなっていること，ならびに力のバランスが流動化するなかでは利益や規範の側面から核軍備管理にアプローチすることも容易ではないことを論じたうえで，今後の展望について考察することとしたい。

II　力の移行と核軍備管理の誘因

力のバランスは，多元的な国際システムにおける国際秩序と利益配分，ならびに価値や規範を必ずしも共有しない国との関係のあり方を決定する最も重要な要因の 1 つである。そして，力のバランスが変動する時，安全保障環境はしばしば不安定化してきた。なかでも力の移行は，主導国を中心に構築・維持されてきた国際秩序や利益配分に不満を持つ台頭国に，それらの修正を試みる機会を与え，結果として主導国と台頭国の間で全面戦争にも発展しかねない，システムレベルでの厳しい対立を招き得ると論じられてきた[6]。

無論，力の移行が常に大規模な軍事衝突をもたらすわけではなく，その結末は主導国と台頭国の関係や力のバランス，あるいは既存の国際秩序や利益配分に対する台頭国の(不)満足度などに大きく左右される。上述の NIC 報告書は今後の動向について，台頭国が既存の国際秩序から恩恵も受け，その主たる関心は経済発展や政治的統合性の維持にあるため，力の相対化が続くとしても米

---

(5) U.S. National Intelligence Council, *Global Trends 2030: Alternative Worlds*, December 2012. 引用は x 頁。これまでに公表された報告書は，NIC のホームページ（http://www.dni.gov/index.php/about/organization/national-intelligence-council-global-trends）に掲載されている。

(6) 力の移行に関しては，A. F. K. Organski, *World Politics*, New York: Alfred A. Knopf, 1958; Randall L. Schweller, "Managing the Rise of Great Powers: History and Theory," Alastair Iain Johnston and Robert S. Ross, eds., *Engaging China: The Management of an Emerging Power*, Routledge, 1999, chapter 1; 野口和彦『パワー・シフトと戦争――東アジアの安全保障』（東海大学出版会，2010 年）などを参照。

国のシステムレベルでの指導力に対する他の大国による挑戦、あるいは新たな国際秩序の生起は考えにくいと分析する[7]。また、現在の傾向である力の放散が進む時、台頭国が選好するのは既存の国際秩序へのただ乗りと、そのコストの主導国への転嫁であり、戦争を通じた国際秩序の修正が試みられる可能性は低いとされる[8]。

しかしながら、これは力の移行が平和的に推移することを意味するわけではない。米国は自由、民主主義、法の支配など自国が信奉する価値に基づく国際秩序の拡大を、時に体制変革（regime change）を含む強制・強要も用いつつ図ってきたが、冷戦後も中露など非西側諸国による明確な受容過程を経ておらず、そうした国々には既存の国際秩序から「西側諸国が享受してきた便益と同等の便益を獲得できるのかどうか疑義が残ってしまった」[9]。これに不満を持つ中露は、力の移行が顕在化するなかで、少なくとも地域レベルで秩序や利益配分、あるいは勢力圏を修正する機会と捉えているようであり、中国による東シナ海や南シナ海での領土および海洋権益に係る強まる自己主張や挑発行為、またロシアによるグルジア攻撃やクリミア併合という形で表層化してきた。特に中国については、地域レベルでは、周辺諸国に影響力をより強く行使すべく、他の大国の排除、自国に有利な秩序の構築、あるいは覇権の確立を目指すとの見方も根強い[10]。その中露は、隣り合う大国として決して一枚岩ではないが、米国の力が両国の修正主義的な目標を達成する障害だとして結束し[11]、上海協

---

(7) U.S. National Intelligence Council, *Global Trends 2030*, p. x. アイケンベリー（G. John Ikenberry）も、中露は国益のために世界的なルールや制度を利用し、既存のシステムの中で国力を強化しようとしており、それらを転換しようとは試みていないと論じている。G. John Ikenberry, "The Illusion of Geopolitics," *Foreign Affairs*, Vol. 93, No. 3, May/June 2014, pp. 80-90.

(8) Randall L. Schweller and Xiaoyu Pu, "After Unipolarity: China's Visions of International Order in and Era of U.S. Decline," *International Security*, Vol. 36, No. 1, Summer 2011, pp. 65-66.

(9) 鈴木基史『平和と安全保障』（東京大学出版会、2007年）203頁。また、そうしたロシアの不満については、Alexander Lukin, "What the Kremlin Is Thinking," *Foreign Affairs*, Vol. 93, No. 4, July/August 2014, pp. 85-93 も参照。

(10) ジョン・J・ミアシャイマー（奥山真司訳）『大国政治の悲劇──米中は必ず衝突する！』（五月書房、2007年）；アーロン・L・フリードバーグ（佐橋亮監訳）『支配への競争──米中対立の構図とアジアの将来』（日本評論社、2013年）などを参照。

(11) Walter Russell Mead, "The Return of Geopolitics," *Foreign Affairs*, Vol. 93, No. 3, May/June 2014, p. 74.

力機構を設立し，また米国の弾道ミサイル防衛（BMD）推進に対する牽制として「宇宙空間における軍備競争の防止（PAROS）」の条約化を提案するなど，多極化の主張や対米バランシングでも協働してきた。

　さらに，単極構造からの力の移行は構造変化を招きやすく，主導国や台頭国に加えて多くの国が関与し，関係国の政策や行動も状況の推移によって変動が少なくないという動態的なプロセスである。国際システムや安全保障状況の不安定性・不透明性の高まりに対して，関係諸国は軍事力・態勢の強化が必要だと考えるが，その相互作用によって他国の意図に対する不安が増幅され，結果として軍拡競争の主たる要因の1つに挙げられる安全保障ジレンマに陥りかねない。対立・ライバル関係が複雑に絡む状況では，ある当事国間の軍拡競争が第三国を刺激して軍事力の強化を促し，その連鎖によって軍拡競争が複雑化，加速化することも考えられる。

　実際，アジアや中東では，特に通常戦力に関しては軍拡競争とも言える状況が生起しつつある。核兵器については，ストックホルム国際平和研究所（SIPRI）の推計によれば，2010～14年の5年間に中国，インドおよびパキスタンがそれぞれ10～30発程度増加させたに留まり，世界全体では，多分に米露核軍備管理によるものの，6,000発弱が削減されてきた[12]。しかしながら，注視すべきは，いずれの核兵器保有国も新型核運搬手段の研究開発や配備を推進していることである[13]。中国は信頼できる対米第二撃能力の確立に向けて，またロシアも戦略核戦力に係る米国との均衡を維持すべく，大陸間弾道ミサイル（ICBM）および潜水艦発射弾道ミサイル（SLBM）の開発・配備を積極的に進めている。中国はさらに，核・通常両用の地上配備短・準中距離ミサイルを数的にも質的にも増強している。米国は，退役が近い戦略核運搬手段の後継に関する研究開発を検討している。インドは大国の象徴として，またライバル視する中国を見

---

[12] Stockholm International Peace Research Institute (SIPRI), "Nuclear Forces Reduced While Modernizations Continue, Says SIPRI," Press Release, June 16, 2014, http://www.sipri.org/media/pressreleases/2014/nuclear_May_2014. SIPRIは，2010年の世界の核弾頭数を約22600発，2014年のそれを約16300発と推計している。

[13] 核兵器保有国による核戦力の近代化の状況をまとめたものとして，Hans M. Kristensen and Robert S. Norris, "Slowing Nuclear Weapon Reductions and Endless Nuclear Weapon Modernizations: A Challenge to the NPT," *Bulletin of the Atomic Scientists*, Vol. 70, No. 4, July/August 2014, pp. 94-107を参照。

第 2 部　軍縮・不拡散

据えて ICBM，SLBM および戦略爆撃機からなる「核の三本柱（triad）」の構築を目指し，パキスタンは短・中距離弾道ミサイル戦力を主軸に対印核抑止力の強化を続けている。北朝鮮も ICBM の取得に向けて邁進している。

　核戦力に係る質的・数的な非対称性や不均衡の存在により，劣勢の挽回や優勢の維持を目的とした核戦力強化の誘因が常に保有国に残る。その基盤となる核戦力近代化の継続と相俟って，力の移行が核軍拡競争の契機となる可能性は低いとは言えない。こうした状況は，「顕在的・潜在的な敵国間の協力」を通じて安全保障ジレンマを緩和し，軍拡競争の生起を防止する手段としての核軍備管理の必要性を高めるはずである。実際に，力の移行によって東アジア，中・東欧および中東といった地域での不安定化が顕在化する中で，核軍拡競争の抑制や核リスクの低減，さらには緊張緩和のために，核軍備管理を積極的に活用すべきだとも論じられている[14]。そして核兵器保有国も，様々な場面で核軍備管理への支持を表明し，具体的な提案や主張を繰り返してきた。

　ただし，その主眼は多分に，他国の核戦力・態勢に制度的な「拘束（binding）」を加え，核バランスを自国に有利に傾けることにあるようにみえる。たとえばオバマはプラハ演説やベルリン演説（2013 年 6 月）[15]で，非戦略核兵器を含めた核戦力の米露による一層の削減，包括的核実験禁止条約（CTBT）の発効，および兵器用核分裂性物質生産禁止条約（FMCT）の成立を提唱した。実現すれば米国もこれらに拘束されるが，非戦略核兵器の削減はロシアの優位──米国の 500 発に対して，ロシアは 2,000 発あまりを保有──を和らげ，また CTBT や FMCT は新興核兵器保有国および非核兵器国に対する核兵器の質的・数的優位を固定化するものとなろう。制度を通じた相互拘束によって米国の優位と影響力を維持するというリベラル現実主義は，これまでも米国の外交・安全保障政策を支えてきたが[16]，米国の力が相対化するなかで，台頭国による核戦

---

[14] Daryl G. Kimball, "Arms Control after the Ukraine Crisis," *Arms Control Today*, Vol. 44, No. 3, April 2014, p. 3; Steven Pifer, "Arms Control Helps Contain the Ukraine Crisis," *National Interest*, April 10, 2014, http://nationalinterest.org/commentary/arms-control-helps-contain-the-ukraine-crisis-10219.

[15] Barack H. Obama, "Remarks by President Obama at the Brandenburg Gate," Berlin, June 19, 2013, http://www.whitehouse.gov/the-press-office/2013/06/19/remarks-president-obama-brandenburg-gate-berlin-germany.

[16] G. John Ikenberry, *After Victory: Institutions, Strategic Restraint, and the Rebuilding of Order after Major Wars*, Princeton University Press, 2001; G. John Ikenberry and

力・態勢の強化を抑制し，米国の優位を保全する手段としての核軍備管理の必要性は高まると考えられる。そして，オバマは就任当初から米国の指導力発揮の難しさを自認しつつも[17]，ビジョンと模範を示して他国を惹きつけ，対話と協力，相互尊重などを通じて共通課題の解決を図るという「問題解決の秩序」[18]を志向しつつ先導することで，引き続き指導力を発揮できると考えていた[19]。

これに対して中露が主張する核軍備管理の狙いは，米国の抑止力を可能な限り片務的に低減させることである。たとえば中国は，「最大の核兵器を持つ国（である米露）が核軍縮に特別な責任を負っており，その核兵器の劇的な削減を主導すべきである」（括弧内引用者）[20]と主張してきた。またロシアは，非戦略核兵器の削減について，米国の在欧戦術核を念頭に置きつつ，まずは非戦略核兵器を自国領域に撤去すべきだとし，戦略核兵器の削減に関しても，その前提として米国のBMD能力がロシアの戦略核抑止力を脅かさないとの法的拘束力のある文書の締結が必要だとしている。中露は力の移行を，単極構造下では成功の見込みが低いとされる対米「拘束」[21]を模索する機会の到来とも捉えていよう。

高坂正堯は，「軍縮交渉こそ，冷戦におけるアメリカとソ連の力の闘争が

Charles A. Kupchan, "Liberal Realism: The Foundations of a Democratic Foreign Policy," *National Interest*, No. 77, Fall 2004, pp. 38-49. 米国の覇権をスムーズに維持するために米国は制度を重視すべきだという主張もあった。Stephen G. Brooks and William C. Wohlforth, "Reshaping the World Order: How Washington Should Reform International Institutions," *Foreign Affairs*, Vol. 82, No. 2, March/April 2009, pp. 49-63 を参照。

[17] たとえばプラハ演説では，「核兵器のない世界」に向けた「努力を米国だけで成功させることはできないが，先導し，開始することはできる」と述べていた。また，シリアの化学兵器問題に関する演説（2013年9月）では「米国は世界の警察官ではない（America is not the world's policeman）」と明言した（Barack Obama, "Remarks by the President in Address to the Nation on Syria," September 10, 2013, http://www.whitehouse.gov/the-press-office/2013/09/10/remarks-president-address-nation-syria）。

[18] 梅本哲也「オバマ政権の世界観と米国の外交・安全保障政策」『国際問題』第619号，2013年3月，41頁。また「問題解決の秩序」に関しては，久保文明・中山俊宏・渡辺将人『オバマ・アメリカ・世界』（NTT出版，2012年）23頁。

[19] 戸﨑洋史「オバマ政権の核軍縮・不拡散政策――ビジョンと成果のギャップ」『国際安全保障』第41巻第3号，2013年12月，46頁。

[20] "Implementation of the Treaty on the Non-Proliferation of Nuclear Weapons: Report Submitted by the People's Republic of China," NPT/CONF.2015/PC/III/13.

[21] スティーブン・M・ウォルト（奥山真司訳）『米国世界戦略の核心――世界は「アメリカン・パワー」を制御できるか？』（五月書房，2008年）208-211頁。

もっとも激烈に行われてきた局面であった。……どちらの側も、まず相手側の優越した力を減少させることを欲しているのである。軍備縮小がきわめて権力政治的な行為であることは明らかである」[22]と論じたが、他方を「拘束」して、その力を少なくとも管理し、できれば低下させることで自国の安全保障を相対的に強化する手段としての軍備管理の性格は現在も変わらない。力の移行がシステムレベルやサブシステムレベルでの力のバランスを揺るがすなかで、これを自国に有利に傾ける手段として核軍備管理を捉え、推進を試みることは、主権国家として当然の行動である。問題は、各国の目的や関心とそれらを反映した様々な提案が、「潜在的な敵国との軍事的協力」としての軍備管理の合意に向けて収斂し得るか否かである。もとより容易ではないが、後述していくように、力の移行はこれを一層難しくしているように思われる。

III 力の移行と核兵器の役割およびバランス

1 核兵器の役割の高まり

自国による一方的措置や他国に対する強制措置でない限り、核軍備管理の成立には、当事国が妥協を図りつつも安全保障利益をはじめとする関心を可能な限り反映させるべく調整を重ね、受諾可能な内容を構成していく必要がある。しかしながら、力のバランスを巡る競争が先鋭化しつつあるなかで、核兵器の役割が高まり、核戦力・態勢に関して各国が受諾可能な管理・制限の幅や深さも小さくなっており、核軍備管理に係る合意の形成が容易ではない状況にあるように思われる。

核兵器の役割のうち、軍事的側面に関しては、他国による核兵器（またはこれを含む軍事力）の使用を抑止するという機能を除けば、1945年8月以降の70年近くにわたる実戦での不使用という事実とも相俟って、少なくとも現時点でみる限り低減傾向にあることは否めない。米国は、「潜在的な敵に対する大きな対兵力打撃（counterforce）能力を維持する」[23]としているが、ミサイル・サ

---

[22] 高坂正堯「平和共存と権力政治」『国際政治』第25号、1964年5月、40頁。

[23] U.S. Department of Defense, "Report on Nuclear Employment Strategy of the United States," p. 4. 核運用戦略報告には対兵力打撃を維持する理由は明示されていないが、敵が価値を置くものを危機に晒す時に抑止が最も機能するとすれば、潜在的な攻撃対象国のそれは核戦力など軍事目標、あるいは戦争遂行に係る指導者などであること、ならびに大量殺戮が不可避となる都市や産業基盤などへの対価値打撃を米国が行使

〔戸﨑洋史〕　　　　　　　　　　　　*6*　新 START 後の核軍備管理の停滞

イロや地下施設などの硬化目標，国家・軍事指導部，大規模通常戦力に対する攻撃など，核兵器の使用が想定されてきた一部の作戦については，核兵器よりも使用の敷居が低く，精密性や破壊力が向上した通常戦力でも遂行可能になりつつある。そうした能力は台頭国など他の主要国にも拡がりつつあり，ロシアは通常巡航ミサイルおよび精密誘導爆弾に関する西側諸国とのギャップを縮めているとされ(24)，中国の短・準中距離ミサイル戦力に係る数的・質的増強は接近阻止・領域拒否（A2AD）などでの通常攻撃任務の拡大を可能にすると考えられている(25)。

　他方で，核兵器が時に，通常戦力の劣勢を補完する手段としても位置付けられてきたことを考えれば，ある国による通常戦力の発展（ならびにこれに伴う核兵器の軍事的役割の低減）が，逆に他国による核兵器の軍事的役割を高めかねないことは留意すべきであろう。また，将来的に核兵器の軍事的役割が高まるような状況が生起する可能性はゼロではない。とりわけ，力の移行が今後の国際システムや安全保障環境を予見し難くするなかで，不透明で不確実な将来に対するヘッジとして，一定の柔軟性を保ちつつ核兵器を維持することに核兵器保有国が関心を強めるとすれば(26)，その分，核軍備管理による「拘束」を回避したいと考えるであろう。

　　し得ると敵が認識するかは疑わしく，相対的に実施の可能性が高い対兵力打撃のほうが抑止としての信頼性を高めることなどが考えられる（戸﨑洋史「ベルリン演説における核兵器削減提案――核運用戦略報告の含意と理想・現実のバランス」『軍縮・不拡散問題コメンタリー』第 2 巻第 2 号，2013 年 7 月 26 日，4-6 頁）。なお，現行の米国の作戦計画（OPLAN）8010 では，核攻撃目標の中心に，核兵器を含む大量破壊兵器インフラ，国家・軍事指導部，戦争支援インフラなどが挙げられているとみられる（Hans M. Kristensen, "Obama and the Nuclear War Plan," *Federation of the American Scientists Issue Brief*, February 2010, p. 6）。

(24)　Nikolai N. Sokov, "Russian Efforts to Acquire Precision Conventional Strike and Defense Capability: Implications for Conventional Arm Control in Europe," Heinrich Böll Foundation, ed., *The Future of Arms Control*, Berlin: Heinrich Böll Foundation, 2014, pp. 36-38.

(25)　Mark A. Stock, "China's Nuclear Warhead Storage and Handling System," Project 2049 Institute, March 12, 2010, pp. 2-3; "Statement by the Government of the People's Republic of China on Establishing the East China Sea Air Defense Identification Zone," November 23, 2013, http://eng.mod.gov.cn/Press/2013-11/23/content_4476180.htm.

(26)　「核兵器の数と役割の大幅な低減」を謳うオバマ政権も，核運用戦略報告では，核弾頭の信頼性・安全性といった点を主たる理由に据えつつ，十分な数の予備の核弾

軍事的役割以上に注視すべきは，他の兵器をはるかに凌駕する破壊力を持つことから引き出される核兵器の政治的役割である。たとえばハーケット（Richard J. Harknett）は，核兵器の存在により，国家存立の危機という絶対的な損失に焦点が当たることで，厳しい対立に至っても，また軍事力に不均衡・非対称性があるとしても，分権的な国際システムにおける自助や相対的利得の重要性が緩和され，当事国にとって戦争回避に向けた協力が絶対的利得になったと論じる[27]。またアラガッパ（Muthiah Alagappa）は，核兵器の存在が，強制・強要の実施を抑制させること，国際的・地域的な地位および影響力に係る競争や調整の負担を軍事面から経済，政治あるいは外交の場にシフトさせること，長期的な見地から潜在的な敵との競争および協力の同時追求を可能にして，紛争の凍結や交渉による解決を促すこと，ならびに力の移行の際に覇権戦争の可能性を低減することといった役割を担ってきたと指摘する[28]。

さらにポール（T. V. Paul）は，「核兵器は，国際システムにおける軍事的および外交的パワーの最上位の形態である……構造的な力（structural power）を与える」とも論じた[29]。「構造的な力」とは，ストレンジ（Susan Strange）によれば，「世界の政治経済構造を形づくり，決定するような力」であり，「どのように物事が行なわれるべきかを決める権力，すなわち国家，国家相互，または国家と人民，国家と企業等の関係を決める枠組みを形作る権力，を与えるもの」とされ，これらの「所有者が他人に対して，ある特定の決定または選択を行うべく直接的にある力をかけることなく，他人が持っている選択の範囲を変えることができる」という特性を持つ[30]。核兵器保有国は，そうした力を持つ

頭を保持するとの方針を明記した（U.S. Department of Defense, "Report on Nuclear Employment Strategy of the United States: Specified in Section 491 of 10 U.S.C.," June 19, 2013, p. 7）。そこに，将来の予期せぬ事態へのヘッジという点が全く念頭にないとは考えにくい。

[27] Richard J. Harknett, "State Preferences, Systemic Constraints, and the Absolute Weapon," T. V. Paul, Richard J. Harknett and James J. Wirtz, eds. *The Absolute Weapon Revisited: Nuclear Arms and the Emerging International Order*, Ann The University of Michigan Press, 2000, pp. 47, 61-63.

[28] Muthiah Alagappa, "Introduction: Investigating Nuclear Weapons in a New Era," Muthiah Alagappa, ed., *The Long Shadow: Nuclear Weapons and Security in 21st Century Asia*, Stanford University Press, 2008, chapter 1.

[29] T. V. Paul, "Power, Influence, and Nuclear Weapons: A Reassessment," Paul, Harknett and Wirtz, eds., *The Absolute Weapon Revisited*, pp. 20-21.

〔戸﨑洋史〕　　　　　　　　　　**6**　新START後の核軍備管理の停滞

核兵器の保持を，大国としての地位や威信の象徴とも位置付けていよう[31]。

　米ソによる大規模な核兵器の保有は，冷戦という厳しい二極対立を「長い平和」[32]たらしめるとともに，その終結という国際システムの大変動を平和裡に収束させる重要な要因の1つにもなった。しかしながら，ポールによれば，冷戦後は，唯一の超大国となった米国の力の突出，ならびに主要国間の決定的な対立要因の不在と相互依存の高まりによって，核兵器の「構造レベルにおける力の資産としての重要性は低下した」[33]。ドイル（James E. Doyle）はさらに，核抑止が戦争回避の主要な理由であったとの主張には根拠が薄く，核抑止論は国際システムにおける対立の構造をいかに変え得るかにほとんど言及していないと論じ，リスクが効用を凌駕する核兵器は廃絶されるべきだと主張する[34]。

　しかしながら，力の移行に伴い，国際秩序や利益配分を巡る主要国間の競争や対立が国際安全保障の中心的なテーマとして再浮上する中で，剥き出しの力の行使を抑制し，一定の安定性をもたらすものとして，「構造的な力」を与える核兵器の役割が改めて認識されつつあるように思われる。また，近年の通常戦力の発展は攻撃・防御バランスを攻撃有利に傾けつつあり，これがパワー移行と重なることで不安定性が増幅され得る状況で，核抑止が軍事オプションの行使を抑制させ，安定化装置として働くことへの期待もあろう[35]。

　「国家存立の究極的な保証」という点を除くと，核兵器保有国が核兵器の政治的役割を強調する場面は多くはない。核兵器の政治的活用は，他国による核

---

(30)　スーザン・ストレンジ『国際政治経済学入門——国家と市場』（東洋経済新報社，1994年）38-46頁

(31)　核兵器の政治的役割に関しては，上記に挙げたもののほかに，Ian Smart, "The Great Engines: The Rise and Decline of a Nuclear Age," *International Affairs*, Vol. 51, No. 4, October 1975, pp. 544-553; Robert J. Art, "To What Ends Military Power?" *International Security*, Vol. 4, No. 4, Spring 1980, pp. 3-35 なども参照。

(32)　John Lewis Gaddis, *The Long Peace: Inquiries Into the History of the Cold War*, Oxford University Press, 1987.

(33)　Paul, "Power, Influence, and Nuclear Weapons," p. 24. また，T. V. Paul, "The Paradox of Power: Nuclear Weapons in a Changed World," *Alternatives*, Vol. 20, 1995, pp. 479-500 も参照。

(34)　James E. Doyle, "Why Eliminate Nuclear Weapons," *Survival*, Vol. 55, No. 1, February-March 2013, pp. 7-34.

(35)　攻撃・防御バランスについては，たとえば，Michael E. Brown, Owen R. Cote, Jr., Sean M. Lynn-Jones and Steven E. Miller, eds., *Offense, Defense, and War*, Cambridge, MA, The MIT Press, 2004 所蔵の各論文を参照。

戦力の強化や取得を促し得るといった副作用もあるため、巧妙になされるべきだとの考慮[36]が働いているのかもしれない。それでもロシアや中国、また近年では米国も、冷戦期には敵対する米ソ間で「戦略戦争を戦う公算が低い状態」[37]を意味した「戦略的安定（strategic stability）」という言葉を、敵対状況にはない冷戦後の米露間および米中間の関係においても繰り返し用いるなかで、核兵器の政治的役割の重要性を示唆してきた。中露は、直接的には言及しないものの、「国益、政治体制、大国として地位などが保全され、米国の影響力や圧力に対抗するための究極的な力としての対米報復能力が米国によって脅かされない状況」として、またしばしば戦略戦力に係る米国の優越を牽制する目的で「戦略的安定」という言葉を用いている[38]。また米国は、2013年6月に公表した核運用戦略報告で、「戦略的安定」について、ロシアとの関係では、冷戦期のような核戦力の数的均衡の必要性はないが、その「大きな不均衡は、両国、および米国の同盟国・パートナーの懸念を惹起しうるし、特に核戦力が大幅に削減された際に、安定的で長期的な戦略関係を維持するのに寄与しない」との考えを示し、中国との関係では、「より安定的で、弾力性があり、透明な安全保障関係を発展させるために、核問題に関する対話の開始を支持する」とした[39]。

　核兵器の政治的役割の高まりは、核軍備管理の推進に制動を加える。核兵器の政治的役割は軍事的役割よりも主観性および抽象性が高く、これを具体的な核戦力・態勢の形に変換することは容易ではないため[40]、自国が受諾可能な核

---

(36) Robert J. Art, "To What Ends Military Power?" *International Security*, Vol. 4, No. 4, Spring 1980, pp. 23-24.

(37) Paul Stockton, "Strategic Stability between the Super-Powers," *Adelphi Papers*, No. 213, 1986, p. 3.

(38) たとえば、Wang Qun, "Promoting Global Nuclear Governance: Maintaining International Security and Strategic Stability," Statement at the General Debate, the Third Session of the Preparatory Committee for the 2015 NPT Review Conference, New York, April 28, 2014; Mikhail I. Uliyanov, "Statement," Cluster 1, the Third Session of the Preparatory Committee for the 2015 NPT Review Conference, New York, April 30, 2014 を参照。

(39) U.S. Department of Defense, "Nuclear Employment Strategy Report," p. 3.

(40) これを最もよく表すのが最小限抑止（minimum deterrence）であろう。中国、フランスおよび英国は、独立した外交政策の遂行を保証すること、小規模の核兵器で大国を抑止し、資源を他の目的に振り向けるのを可能にすること、大国を政治的に説得するツールとなることを目的として最小限抑止態勢を採っているが、そこでは必ずしも軍事的合

軍備管理の範囲や程度も明確化しづらくなる。しかも，軍事的合理性の観点からは不要だと判断し得る核戦力・態勢でも，その削減が政治的観点からは力の低下とみなされかねないとの懸念を持つ場合，より慎重に対応すると考えられる[41]。

また軍備管理の成立には，自国による受諾・履行・遵守の利益が，自国による拒否・違反の利益，あるいは他国の拒否・違反によって自国が被り得る不利益を上回るとの確信を当事国が共有することが必要である。しかしながら，力の移行に伴う将来の不透明性・不確実性によって，今後獲得し得る利益を現時点でどの程度重視するか，いわゆる「将来の影」[42]が小さくなる結果，関係国は当面の利益をより重視し，上記のような確信を得ることができず，核軍備管理を通じた中長期的な利益の獲得という選択肢の追求には踏み切り難い。

さらに米国については，その核戦力・態勢の低減が，同盟国への拡大核抑止の信頼性，またそれ以上に安心供与（reassurance）に与え得る影響にも意を払わなければならない。「ソ連を抑止するには，米国による核報復の信頼性が5％あればよいが，欧州諸国を安心させるには，その95％が必要だ」といういわゆる「ヒーリーの法則」[43]にも象徴されるように，同盟国への安心供与は容易ではなく，拡大核抑止の信頼性に軍事的合理性の観点からは必要なレベルを超えた核戦力・態勢の保持が求められることもある。米国の安心供与に疑問を持つ同盟国が，核兵器取得に向かえば核不拡散体制は弱体化し，同盟関係を見直せば米国の地域的なプレゼンスは縮小や終了に向かう。いずれも米国の安全保障利益を大きく損ないかねず，そうしたリスクを無視した核軍備管理には

理性から保有する核弾頭数や運搬手段の種類などが導出されるわけではない。Gregory Giles, Christine Cleary and Michele Ledgerwood, "Minimum Nuclear Deterrence Research," Science Applications International Corporation, May 15, 2003, pp. I-4 – I-9; Science Applications International Corporation (SAIC), "Minimum Nuclear Deterrence Research: Final Report," May 15, 2003.

[41] Michael S. Gerson, "The Origins of Strategic Stability: The United States and the Threat of Surprise Attack," in Elbridge A. Colby and Michael S. Gerson, eds., *Strategic Stability: Contending Interpretations*, Carlisle: Strategic Studies Institute, 2013, p. 1.

[42] Robert Axelrod and Robert O. Keohane, "Achieving Cooperation under Anarchy: Strategies and Institutions," Kenneth A. Oye, ed., *Cooperation under Anarchy*, Princeton University Press, 1986, pp. 232-234.

[43] ヒーリー（Denis W. Healey）は，1960年代後半の英国で国防相を務めた。

躊躇すると考えられる。

2　力と核のバランス

　核軍備管理の推進をさらに難しくするのが，核戦力バランスと力のバランスを巡る状況との間に「ねじれ」がみられることである。力の移行が進むなかで安定性の確保に核軍備管理を用いるのであれば，主導国および台頭国をはじめとする関係国が可能な限り包摂される形で核軍備管理が実施される必要がある。他方，米露の核兵器保有数は依然として世界全体の90％を占め，運用可能な核弾頭数だけでもそれぞれ約4,500発を数えるのに対して，他の核兵器保有国（北朝鮮を除く）の保有数は100〜300発の規模に留まる。核戦力に関する大きな格差は，米露による核兵器の一層の削減が先行すべきだとの主張に一定の正当性を与えている。

　しかしながら，米露は，核兵器の大幅削減によって，台頭する中国――その核兵器保有数は250発程度であり，このうち対米本土攻撃能力は50〜75基のICBMに限られる――との核の格差が縮まること，さらには中国がそうした状況を米露との核バランスの均衡を達成する絶好の機会と捉えて，核戦力の急激な強化を試みること（sprint to parity）を懸念する。ロシアは，新START後の核兵器削減を多国間の文脈で再検討すべきだと主張してきたが[44]，そこには対米牽制に加えて，中国との核バランスに係る格差が維持されるべきだとのロシアの考えも示唆されている[45]。中露関係は対米バランシングも視野に緊密化してきたが，同時にロシアは，中長期的に中国との地域的あるいは戦略的なバランスが自国に不利に傾く可能性にも留意している。ロシアが中距離核戦力（INF）全廃条約によって禁止されている地上配備中距離ミサイルの再保有に関心があるとみられる背景に[46]，中国による短・準中距離ミサイルの増強が全

---

[44]　たとえば，"Nuclear Arms Reduction Deals to Become Multilateral—Lavrov," *RIA Novosti*, 22 June 2013.

[45]　Nikolai Sokov, "Assessing Russian Attitudes toward Phased, Deep Nuclear Reductions: Strategic and Regional Concerns," *Nonproliferation Review*, Vol. 20, No. 2, July 2013, p. 258.

[46]　ロシアは，INF条約に反して2008年頃から地上発射巡航ミサイル（GLCM）の発射実験を実施しているのではないかと疑われていたが，米国は2014年7月，軍備管理条約などの遵守に関する年次報告で，ロシアが500〜5,500kmの射程能力を持つGLCMの保有，製造あるいは飛翔実験しないとのINF条約下での義務に違反していると断定

くないとは考えにくい。

　米国もまた，台頭する中国の動向を注視しており，中国に対して核兵器能力に関する予見可能性を高めるべく透明性の向上を繰り返し求めるとともに，中国との戦略的安定に言及する一方で，中国がおそらく求めている米中間の相互脆弱性を公式には肯定も否定もしていない[47]。そこには，中国が危機において米国の脆弱性を利用しようと試み，誤算から意図しないエスカレーションに至る可能性[48]，あるいは中国が報復能力に自信を持つことで自己主張や挑発行為が一層強まる可能性[49]への懸念があると思われる。

　これに対して中国は，核戦力に係る米露との大きな格差が明示化，さらには固定化されるような，現状維持的な核軍備管理への参加には消極的である。「突出する米露が核軍備管理を先導すべきである」との中国の主張は，自国の核戦力・態勢に実質的な影響が及ぶ核軍備管理への反対を正当化するものとも言える。さらに，中国の核戦力・態勢は，米露だけでなく，インドなどとの核兵器を巡る関係，あるいは日米が推進するBMD能力との関係などにも影響されていくと思われる。中国の核軍備管理への対応は，そうした国々との関係やバランス，あるいは今後の国際システムや核を巡る秩序の動向など，複合的な要因によって構成されていくと考えられ，その中国に実質的な核軍備管理の実施を迫るためには，複雑な多元方程式の解を見出さなければならない。

　力の移行は核戦力に係る当事国間のバランスの設定および維持を一層難しくするため[50]，多国間核軍備管理の構築も容易ではない。その成立には，主たる

した。U. S. Department of States, "Adherence to and Compliance with Arms Control, Nonproliferation, and Disarmament Agreements and Commitments," July 2014, pp. 8-10.

[47] Brad Roberts, "Extended Deterrence and Strategic Stability in Northeast Asia," Visiting Scholar Paper Series, National Institute for Defense Studies, No.1, August 2013, p. 30. また米中間の戦略的安定に関しては，梅本哲也「米中間における『戦略的安定』」『国際関係・比較文化研究』第13巻第1号（2014年9月）を参照。

[48] Thérèse Delpech, *Nuclear Deterrence in the 21st Century: Lessons from the Cold War for a New Era of Strategic Piracy*, RAND, 2012, p. 130.

[49] Christopher P. Twomey, "Nuclear Stability at Low Numbers: The Perspective from Beijing," *Nonproliferation Review*, Vol. 20, No. 2, July 2013, pp. 289-303.

[50] James M. Acton, *Low Numbers: A Practical Path to Deep Nuclear Reductions*, Carnegie Endowment for International Peace, 2011, p. 54.

当事国による多様な利害の調整が不可欠だが，それゆえに国益の観点から満足しない国がスポイラーとなる可能性は，CTBT成立時のインドの対応，あるいはFMCT交渉開始へのパキスタンの反対といった例にもみられるように低くない。また，力の移行によって核兵器保有国間の力や核に係るバランスが変動する時，合意された措置の意義が低下したり，不満を強める当事国が合意に対する違反や破棄を重ねたりするかもしれない。さらに，多国間の核兵器削減に関しては，特に核兵器保有国間で同盟・連携関係の多様な組み合わせが考えられるような多極的な核の環境下では，将来的な敵対の可能性があるいかなる組み合わせにおいても信頼できる相互抑止が確立し得ると認識されるまで，「軍拡競争に係る安定」は見込めないとも論じられている[51]。

力の移行は，国際システム，ならびにその下での国際秩序や相対的利得の大きな変動を予見させる。それは一方で，核リスクを事前に管理・低減する施策としての核軍備管理への関心を高めるが，他方で核兵器保有国に「構造的な力」を与える核兵器の政治的役割を再認識させ，軍事的役割に係るヘッジを維持する必要性も想起させる。力の移行，ならびに力と核のバランスの「ねじれ」は，現在だけでなく将来的な核のバランスに係る当事国の認識の収斂を必要とするような核軍備管理の実現を，より難しくしているのである。

Ⅳ 利益と規範の限界

核軍備管理は，上述してきたような力を巡る動向だけでなく，利益や規範を巡る動向，ならびにこれら3つの要素の相互作用に影響を受ける形で，成否，あるいは合意された場合の措置の内容が決定されていく。

このうち利益の側面に関しては，冷戦期の米ソ核軍備管理は，二極構造およびその下での国際秩序の安定化，軍拡競争の抑制，あるいは全面核戦争の回避といった利益の収斂が成立を促進した。冷戦後の米露核軍備管理は，戦略核バランスの均衡の維持という条約の中心的なテーマをむしろ「触媒」として，ロシアにとっては米国と並ぶ大国としての地位の顕示，また米国にとっては核拡散問題や対テロ問題などでのロシアからの協力の獲得など，核軍備管理の中心的な目的からみれば付随的ともいえるような多様で非対称的な利益に関する取

---

[51] James J. Wirtz, "Beyond Bipolarity: Prospects for Nuclear Stability after the Cold War," Paul, Harknett and Wirtz, eds., *The Absolute Weapon Revisited*, pp. 150-151.

引と相互保証に重心を置くものであった。さらに，NPT 運用検討会議の開催といった「イベント」は，非核兵器国による核不拡散体制への支持を高めることを目的として，核兵器国に核軍備管理の推進を促すという局面もみられた。

関係国の求める利益が多様で非対称な状況でも，これが適切に調整されれば軍備管理は成立する。しかしながら留意すべきは，明示的であれ暗示的であれ，力や核のバランスに係る当事国間の了解なしには，利益の収斂や調整は難しいということである。新 START は力の移行が進む中で成立したが，それでも核のバランスに関する米露の均衡と他の核兵器保有国に対する優勢がともに維持されるとの前提の下に，利益の調整が可能になったのである。力の移行が今後の力および核のバランスの大きな変動を予見させるとすれば，利益配分に関する当事国の計算にも影響が及ぶため，そうしたバランスの方向性が明らかになるまでは，利益を巡る調整も進みにくい。主導国が既存の利益配分の保全を目指す一方で，台頭国は将来的に獲得し得る，より大きな利益を期待するという「すれ違い」も生じよう。当事国の数が増えれば，それだけ調整の難しさが増すことは言うまでもない。

他方，規範の側面に関しては，既存の核軍備管理は，これが国益，さらに言えば国際秩序の維持に資するといった「結果の論理」を色濃く反映するものであったと言える。これに対して，注目を集める「核兵器の人道的側面」の議論は，人道主義の観点から核兵器に係る諸アクターの適切な行動について規範を醸成し（「適切性の論理」），核軍備管理・軍縮の推進につなげようとする試みである[52]。2012 年 NPT 準備委員会で初めて発出された「核兵器の人道的側面に関する共同声明」の参加国は 16 だったが，2013 年 9 月の国連総会第一委員会では，日本や一部の北大西洋条約機構（NATO）諸国を含む 125 の非核兵器国が共同声明[53]に参加し，これには参加できないが趣旨には賛同する 17 カ国も別途共同声明[54]を発表した（日本のみ，双方の共同声明に参加）。参加国の関心は，

---

[52] 「結果の論理」および「適切性の論理」に関しては，山本吉宣『国際レジームとガバナンス』（有斐閣，2008 年）124-130 頁を参照。なお山本は，「結果の論理」に基づく国際レジームを「功利的レジーム」，また「適切性の論理」に基づくものを「道徳的レジーム」と称している。

[53] Delivered by Ambassador Dell Higgie, New Zealand, "Joint Statement on the Humanitarian Consequences of Nuclear Weapons," the United Nations, First Committee, 21 October 2013.

まずは核兵器の使用がもたらし得る様々な影響を科学的見地から議論するというものから，核兵器禁止条約を目指すものまで幅がある。それでも，核軍備管理の停滞という現状を揺さぶり，非核兵器国が核軍備管理・軍縮に関する議論を形成する戦略的機会[55]として，この問題に係る議論の深化を核リスクの低減につなげたいとの認識は，少なくとも上述した2つの共同の声明に参加国に共有されている。

人道主義からのアプローチは，古くから軍備管理・軍縮の成立をもたらす重要な要因の1つであったし，近年でも生物・化学兵器，対人地雷，クラスター弾に関する禁止条約の成立を直接・間接に導いてきた。特に対人地雷禁止条約（オタワ条約）およびクラスター弾禁止条約（オスロ条約）は，これらの兵器が非人道的で禁止されるべきだとしてNGOや賛同国により提唱された規範が，やがて国際社会に伝播したこと（規範カスケード）が，成立を大きく後押しした[56]。

「核兵器の人道的側面」に関しても，前述のように共同声明参加国数は急速に増えてきた。しかしながら，その受容は核兵器保有国には及んでいない。NPT上の5核兵器国は，北京で行われた国連安全保障理事会常任理事国（P5）会合（2014年4月）の共同声明で，「核兵器使用の厳しい結末という共通の理解，ならびにそのような事態の回避を最優先課題として継続する決意」[57]を明記するなど，この問題に一定の配慮は示している。しかしながら，核兵器国は同時に，オスロ（2013年3月）およびナジャリット（2014年2月）で開催された「核兵器の人道的影響に関する国際会議」に参加せず，このうち前者への不参加の理由として，「オスロ会議は，核兵器のさらなる削減の具体的な条件を

---

[54] Delivered by Ambassador Peter Woolcott, Australia, "Joint Statement on the Humanitarian Consequences of Nuclear Weapons," United Nations, First Committee, 21 October 2013.

[55] Rebecca Cousins, "Roundtable on the Humanitarian Dimension of Nuclear Weapons," BASIC, December 20, 2013.

[56] 規範のライフサイクル・モデルに関しては，Martha Finnemore and Kathryn Sikkink,, "International Norm Dynamics and Political Change," *International Organization*, Vol. 52, No. 4, Autumn 1998, pp. 88-917.

[57] "Joint Statement on the P5 Beijing Conference: Enhancing Strategic Confidence and Working Together to Implement the Nuclear Non-Proliferation Review Outcomes," Beijing, April 14-15, 2014, http://www.state.gov/r/pa/prs/ps/2014/04/224867.htm.

構築する現実的なステップから議論をそらすことについて，懸念が残る」ことを挙げた[58]。2014年NPT準備委員会では，英国が，核兵器の人道的側面に関するイニシアティブは「核兵器自体が受け入れられないとの主張に焦点を当てている」[59]との不満を表明し，ロシアは，「人道的結末の議論によって，核兵器のさらなる削減のための正当な条件を構築するという第一の目標から注意をそらすべきではない」[60]と主張するなど，「核兵器の人道的側面」は核軍備管理を扱うには必ずしも適切ではないとの考えを繰り返した。

　もちろん，オタワ・オスロ両条約で試みられたように，核兵器保有国の意向にかかわらず賛同国が主導して核兵器の使用禁止や全面禁止を定めた条約を策定することで，「規範化」の既成事実化を図り，非賛同国に国際的・国内的な評判の低下という形で圧力や不利益をもたらして，規範の受諾を迫るというアプローチも考えられなくはない。「核兵器の人道的影響に関する第2回会議」を主催したメキシコの議長は，会議の議長サマリーで，「核兵器の人道的影響に関する幅広く包括的な議論によって法的拘束力のある措置を通じた新たな国際基準または規範に到達するための国と市民社会のコミットメントへとつなげるべきである」[61]と述べて，そうした方向性も視野に入れていることを明らかにした。

　しかしながら，福田毅は，オスロ・プロセスで賛同国やNGOがクラスター弾に「非人道的で違法な兵器」との「烙印」を推す（スティグマタイズ論）ことを試みたことが，実は人道主義に係る「規範の本質的な脆さを証明している」[62]と論じ，オスロ条約の成立には人道主義だけでなく，クラスター弾の軍

---

[58] "P5 Announcement not to Attend the Oslo Conference," http://www.reachingcriticalwill.org/images/ documents/Disarmament-fora/oslo-2013/P5_Oslo.pdf.

[59] "Statement by the United Kingdom," Cluster 1, Third Preparatory Committee of the 2015 NPT Review Conference, New York, May 2, 2014.

[60] "Statement by the Russian Federation," Cluster 1, Third Preparatory Committee of the 2015 NPT Review Conference, New York, April 30, 2014.

[61] "Second Conference on the Humanitarian Impact of Nuclear Weapons: Chair's Summary," Nayarit, Mexico, February 13-14, 2014. そうした主張に関しては，たとえば，Nich Ritchie, "Waiting for Kant: Devaluating and Delegitimizing Nuclear Weapons," *International Affairs*, Vol. 90, No. 3 (May 2014), pp. 601-623; John Borrie, "Humanitarian Reframing of Nuclear Weapons and the Logic of a Ban," *International Affairs*, Vol. 90, No. 3 (May 2014), pp. 625-646 なども参照。

事的必要性・有用性の低下が重要だったと指摘している[63]。1945年8月以来の核兵器の不使用に関して，倫理的，社会的，あるいは人道的側面からの規範やタブーが醸成されたとの議論はある[64]。そうした側面があることは否定できないが，それは厳格な禁止規範にまで昇華しているわけではなく，抑止——これが「最も倫理的な紛争防止の手段の1つ」[65]であるかは措くとしても——が機能したという側面，あるいは核兵器の使用という前例設定が逆に自国に不利益をもたらす懸念の結果としての側面も強かったように思われる[66]。核兵器保有国が，核兵器の軍事的・政治的役割を重視していることは言うまでもない。核兵器が国際システムやその下での国際秩序や利益配分に与える影響力は，対人地雷やクラスター弾のそれをはるかに凌駕する。核兵器保有国が参加しない核軍備管理条約に，現実的にどれほど大きな意味があるか，やはり疑問は残る。

　さらに言えば，「適切性の論理」に基づく規範に依拠した核兵器の使用禁止や廃絶が仮に実現するとしても，その後の国際社会の安定化を保証するものとはならない。ブル（Hedley Bull）が指摘したように，そうした規範，あるいは「正義は，秩序という背景があって，はじめて実現できるものである」[67]。力の移行の主たる当事国の間で価値あるいは規範が必ずしも共有されていないとす

[62]　福田毅「クラスター弾に『烙印』は押せるか——オスロ・プロセスをめぐる言説の分析」『国際安全保障』第37巻第4号，2010年3月，82頁

[63]　同上，73-76頁。

[64]　Nina Tannenwald, "The Nuclear Taboo: The United States and the Normative Basis of Nuclear Non-Use," *International Organization*, Vol. 53, No. 3, Summer 1999, pp. 433-68; Nina Tannenwald, *The Nuclear Taboo: The United States and the Non-Use of Nuclear Weapons since 1945*, Cambridge University Press, 2007.

[65]　Bruno Tertrais, "In Defense of Deterrence: The Relevance, Morality and Cost-Effectiveness of Nuclear Weapons," *Proliferation Papers*, Fall 2011, p. 19. これに対して，核兵器の不使用は世界が幸運だっただけで，抑止が機能していたからではないと論じるものとして，Patricia Lewis, Heather Williams, Benoit Pelopidas and Sasan Aghlani, "Too Close for Comfort: Cases of Near Nuclear Use and Options for Policy," *Chatham House Report*, April 2014.

[66]　たとえば，T. V. Paul, *The Tradition of Non-Use of Nuclear Weapons*, Stanford: Stanford University Press, 2009; Daryl G. Press, Scott D. Sagan and Benjamin A. Valentino, "Atomic Aversion: Experimental Evidence on Taboo, Traditions, and the Non-Use of Nuclear Weapons," *American Political Science Review*, February 2013, pp. 1-19.

[67]　ヘドリー・ブル（臼杵英一訳）『国際社会論：アナーキカル・ソサイエティ』（岩波書店，2000年）109頁。

れば，まずは力のバランスによる国際秩序の維持が重視されざるを得ない。核軍備管理の停滞に不満を持つ非核兵器国は，人道主義からの核軍備管理・軍縮の追求を先鋭化させつつある。しかしながら，国際システムの安定性や国際秩序の維持における力のバランスの重要性と，これに核兵器が一定の役割を担ってきたという現実を踏まえることなく人道主義のみを強調しても，核軍備管理は進展しないし，仮に何らかの形で進むとしても，とりわけ力の移行が進むなかでは，力のバランスに狂いが生じて不安定性が高まり，結果としてそうした規範も達成できない可能性が高い。

「核兵器のない世界」の実現はもとより，核兵器の大幅削減，あるいは核兵器の使用に対する制限や禁止には，これまでに禁止条約が成立した他の兵器体系と同様に，人道主義という「適切性の論理」に基づく禁止規範の深化が欠かせない。また，そうした規範は，力のバランスが辛うじて支える国際システムの安定性を補強する役割を担う。しかしながら，安定化装置としての核兵器の役割に対する認識が変化しない限り，またそのためには価値や規範が広く共有され，力のバランスの重要性が相当程度低下するほどに国際社会が成熟しない限り，それは核軍備管理を推進する決定要因にはなり難い。国際秩序の維持に力のバランスが依然として重要な基礎として働いており，さらに力の移行が進む現状を考えると，とりわけその難しさが顕著になると言える。

V　むすびにかえて——今後の展望

力の移行がもたらす国際システム，ならびにその下での国際秩序や利益配分に関する不安定性や不確実性は，一方で核リスクを低減する手段としての核軍備管理の必要性と，他方で国際秩序や相対的利得を巡る競争や対立における核兵器の役割をともに高めるという，相反する方向で作用してきた。力を巡る主要国間のせめぎ合いに焦点が当たるなかで，これを抑える形で利益の調整，あるいは「適切性の論理」に基づく規範の構築の試みが，実効的な核軍備管理の成立をもたらすとは考えにくい。しかも，核軍備管理を主導してきた米国の力は相対化し，その米国が提供してきた国際公共財を台頭国が負担するとの意思は見られず，核軍備管理の構築に向けた指導力の発揮も期待し難い。核軍備管理の停滞は「常態」ではあるが，とりわけ力の移行が意識される時，「常態」を打開する手掛かりが容易には得られない。

そのなかで，国際社会が当面の施策として取り組むべきは，複雑で流動的な国家間関係において核兵器がもたらし得る不安定化を根気強く抑制する努力だと思われる[68]。高度に制度化された伝統的な核軍備管理の一層の構築は常に目標とされるべきだが，力の移行とも相俟って当面はこれが難しいとすれば，まずは能力および意図に係る透明性・予見可能性の向上，信頼醸成措置を通じた相互不信の低減，あるいは意図しない対立のエスカレーションに陥るのを防ぐ危機管理メカニズムの発展といった，ソフト面での軍備管理の構築が求められる。また，核軍備管理の成立の機会が，力を巡る競争の幕間に訪れるとすれば，国際秩序における核兵器の位置づけや役割などに関する認識が収斂する一瞬を逃さずに少しでも前進させるべく，「核兵器のない世界」に向けて採るべき施策のリストと推進のシナリオを常に用意し，これを絶えず更新する作業にも大きな意味がある。

　1945年に核兵器が開発・使用されてから，1960年代に米ソが相互確証破壊（MAD）状況を二極構造の安定化要因と位置付け，1972年に戦略兵器制限暫定協定（SALT Ⅰ）および弾道弾迎撃ミサイル（ABM）制限条約を締結するに至るまでに，実に20年以上の歳月を要した。2000年代半ば以降の力の移行が今後どのように推移するかを予見することは難しく，その先にある国際システムの姿，さらにはそこでの核兵器の位置づけや核軍備管理のあり方が見通せるまでには，時間を要するかもしれない。その間，核軍備管理の漸進には，国際システムや安全保障状況の動向を注視しつつ，これに合わせて調整を重ねるという試みが従前以上に求められている。

---

[68] Harold Brown, "New Nuclear Realities," *Washington Quarterly*, Vol. 31, No. 1, Winter 2007-2008, p. 18; James M. Acton, "Bombs Away? Being Realistic about Deep Nuclear Reductions," *Washington Quarterly*, Vol. 35, No. 2, Spring 2012, pp. 49-50; Robert Legvold, "Managing the New Cold War," *Foreign Affairs*, Vol. 93, No. 4 (July/August 2014), pp. 82-84.

7 パウエル「核不要」論からみる核抑止の転換点

吉田文彦

I　はじめに

　核抑止の有効性に関する論議は冷戦期に始まり，現在もなお，政策コミュニテューにおいて幅広い形で継続している。核抑止論を否定する考察は，少数派ながらも冷戦期から存在してきた。ただ現実には，有効性に対して合理的な否定論を緻密に展開しても，政策としての有効性までも否定して政策変更を決定づけるような説得力を示してこなかった点は否めない。しかしながら近年，核抑止の実務を担当した米国の元政府高官，元米軍幹部が核不要論を唱えており，アカデミズムだけでなく政策コミュニティーでの議論にも一石を投じている。その中の1人が，コリン・パウエル（Colin Powell）元米国国務長官，元米軍統合参謀本部議長で，本稿の筆者らとのインタビューにおいて，核兵器の非人道性や使用不可能性に基づく核不要論を強調した。本稿ではまず，冷戦期・冷戦後の核抑止論をめぐる主な論争を省察し，その論点を整理する。そのうえで，核抑止の実務を担当した重要人物の1人であるパウエルの見解を分析し，核抑止論とそれに立脚する安全保障政策が変容し，大きな転換点に直面している現状について論じる。最後に，唯一の戦争被爆国であり，同時に米国の「核の傘」（核による拡大抑止）のもとにある日本の核軍縮・不拡散政策，国家安全保障政策への今後の課題についても考えてみる。

II　核抑止への懐疑論

1　核抑止の定義と類型

　核抑止の基本的な目的は，核の脅威を明示的，あるいは黙示的に利用することによって，敵国あるいは潜在的な敵国が，こちらに害を与えるような行動を

とるのを思いとどまらせることである。このためには、相手側に重大な打撃を与える意思と能力を持っていることを従前から理解させ、危機に直面した際には抑制的な行動を選択させる必要がある。こうした文脈から考えると、核抑止は理論的には、核兵器を持ちながら核兵器を実際に使用することなく戦争を回避することが主眼の戦略と規定できる。

このような特徴を有する核抑止は大別して、「基本抑止」「相互抑止」「拡大抑止」という3つの類型に分けられる。「基本抑止」は、ある国が一方的に核抑止力を保有することによって可能になる抑止である。1945年から49年まで米国が世界の唯一の核兵器保有国であった時代には「基本抑止」という構図が存在した。「相互抑止」は、複数の核保有国が有する「基本抑止」が並立する状況で見られる抑止機能である。「基本抑止」が一方的な抑止であったのと比べて、「相互抑止」は文字通り相互に抑止を向けあう関係を生み出すのが特徴である。米国とソ連が冷戦期に核兵器によって対峙し、核兵器でお互いを強く牽制した状況はその典型で、相互確証破壊（MAD＝Mutual Assured Destruction）論もそうした図式の中で構築された[1]。

これに対して「拡大抑止」は、核保有国が自国と同盟関係にある非核保有国に抑止力を提供する形で機能する抑止を意味する。集団的自衛を同盟の基礎に置く北大西洋条約機構（NATO＝North Atlantic Treaty Organization）加盟国への攻撃を米国への攻撃と同等とみなす戦略を維持して、ソ連の軍事侵攻の抑止をはかったことは、この「拡大抑止」の代表例である。日米安全保障条約に基づいて、米国の核抑止力によって日本の安全保障を確保するという図式も、「拡大抑止」の範疇に入る。核戦略では「核の傘」という言葉がしばしば使用されるが、これは核保有国が非核の同盟国に提供する、核による「拡大抑止」のことを意味している。

2 核抑止と脆弱性

冷戦期において、核抑止はどこまで核戦争、あるいは大規模戦争を防止するうえで効果を有したのか。多くの核抑止論者は有効性を強調するが、ジャン・

---

(1) 核抑止に関する定義、分類に関する記述は、吉田文彦「核戦略と核軍備管理政策、核不拡散政策の相互連関——米国歴代政権における政策選択の検証と分析」（博士論文、2007年）を参照。

ノラン（Janne Nolan）は「核兵器が，ふたつの超大国間の戦争を防止し，欧州に安定をもたらしてきた。長い間にわたって維持されてきたこのコンセンサスは，核抑止に関する力学を詳細に分析することを奨励してこなかった。核抑止の影響力が信条のように受け入れられ，戦争の不在という明白な経験によって引き継がれてきた」との状況認識を示したうえで，「誤解や誤報によって核使用にまで発展しかねなかったケースをつぶさに調べると，核抑止への評価はもっと複雑なものであることを示唆している。核戦争を防げたのは，戦略や政治指導者の正義感によるのではなく，どこまで幸運によるものだったのかについて，きちんと検証されたことはない」[2]と結論づけている。

核抑止の効果を否定するものではないもの，効果の実相がどのようなものであるのかについては精査が必要との立場と言えるだろう。これに対して，核抑止に内在する，そうした不確実性にこそ，核抑止の効用があるとの見方に立つのは，ローレンス・フリードマン（Lawrence Freedman）である。フリードマンは，次のように分析している。「我々は，1945年以降の欧州では平和が続いたことを知っている。これは核抑止が，信頼できないものであるにせよ，実行能力のあるものではないかということを示している。多くの不確実性の存在は，攻撃がもたらす結果について誰も十分に予測できないことを意味している。核戦争を思うように運び，管理できるかのように準備したところで，すべてが手におえない状態なりかねないという恐怖心が残るだろう。そうした恐怖心こそが，現代の世界において，慎重さを保つ最も強力な源になっている。抑止という王様は裸かも知れないが，それでも王様ではある」[3]。

不確実性は一方で核抑止にひそむ脆弱性であることは間違いないと考えられる。他方で，核抑止を支えるプラスの要因でもあるという逆説的な側面もあるというのが，フリードマンの見立てである。抑止は相手の意図，つまり心理に依存するところが大きいことから，抑止効果を定量的に計ることは極めて困難である。その結果，政策上の核抑止効果を全否定することがむずかしいのが現実だろう。不確実性が持つ脆弱性と，不確実性が持つ政策効果のデリケートな

---

(2) Janne E. Nolan, *An Elusive Consensus: Nuclear Weapons and American Security After Cold War*, Brookings Institution, 1999, pp. 111-112.

(3) Lawrence Freedman, *The Evolution of Nuclear Strategy: Second Edition*, St.Martin's Press, 1989, p. 430.

バランスのもとで，冷戦期から現在にいたるまで核抑止論が核保有国の安全保障戦略の重要な部分を占め続けてきたと考えられる。

3 核抑止懐疑論への転換——ゴルバチョフとマクナマラ

核抑止の実務経験者の見解はどうか。もちろん，核抑止の効用を説く見解は多いが，核抑止の限界論や核抑止への懐疑論も必ずしもマージナルな少数派ではなくなってきている。

核保有国の指導者として，少なくとも公式に大幅な核軍縮，さらには核廃絶を主張・提案していたのが，旧ソ連大統領をつとめたミハエル・ゴルバチョフ（Michael Gorbachev）だった。1986 年のレイキャビクでの米ソ首脳会談において，時のロナルド・レーガン（Ronald Reagan）米国大統領への強い働きかけで核廃絶の基本合意寸前にまでいたったこともある[4]。そのゴルバチョフに，核時代を生んだ20世紀をどうみるかを尋ねたところ，「人類が自らを破滅に追いやる装置を生みだし，その装置の人質になってしまった。それが20世紀の大きな特徴だ。全面核戦争の脅威はひとまず後退したが，その脅威は消えていない。忍耐強く核廃絶の目標に取り組んでいく必要がある」[5]との認識だった。

ゴルバチョフが核廃絶の必要性を説いた背景には，その破壊力とともに，放射能を拡散させる核兵器の特質があった。1987 年のこと，歴史上初の核軍縮条約となった中距離核戦力（INF = Intermediate-Range Nuclear Forces）全廃条約の締結に関連して，ゴルバチョフは次のように語っている。「（INF 全廃条約を促したのは）1986 年に起きたチェルノブイリ原発事故だ。私は，チェルノブイリ事故前の世界と以後の世界を分けて考えている。あの事故で，制御を失った核エネルギーが，どのような惨状を生み出すかを実感させられた。ソ連という核大国が 大変な苦労をして，やっとのことで，たった一基の原発の核エネルギーの制御を取り戻すことができた。もし戦争で核兵器の制御を失い，チェルノブイリのような汚染がまん延したら，もう手に負えない。チェルノブイリ原発事故は，核軍縮に取り組む私にとって，大きな教訓となった」。

こうしたリスクを内在させる核戦争を全面的な破滅戦争にいたらせずに，限

---

[4] たとえば，Richard Rhodes, *Arsenals of Folly: The Makings of Nuclear Arms Race*, Vintage Books, 2007, pp. 236-270.
[5] 『朝日新聞』1997 年 12 月 18 日。

〔吉田文彦〕　　　　　**7** パウエル「核不要」論からみる核抑止の転換点

定的なものにコントロールすることが可能なのか。冷戦期には盛んに限定核戦争論の実行可能性が論じられたが、この点についてのゴルバチョフの見解は明確だった。「これくらいでは山は崩れないだろうと思って、頂上から石をひとつ、ころがしてみたとする。ところが、その一石が引き金になって山じゅうの石がころがり出すと、山が崩れてしまう。核戦争も一緒で、一発のミサイル発射で全部が動き出してしまう」「現在、戦略核の制御・管理は、完全にコンピューターに頼っていると言っても過言ではない。核兵器数が多ければ多いほど、偶発核戦争の可能性も大きくなる。かつて、(相手のミサイル発射の探知システムが)鳥の群れをミサイルと勘違いし、戦闘準備態勢が動員されるという場面もあった。(そういう状況だからこそ)核戦争を制御できるという考えは、とても受け入れられない」。

米ソが核戦争の瀬戸際まで対立した1962年の「キューバ危機」の時、米国の国防長官はロバート・マクナマラ(Robert McNamara)だった。核戦争を回避できたのは米国の核戦力が圧倒的に優位だったことが決め手だったと、キューバ危機は「核抑止の成功物語」として語られることが多かった。しかしながらマクナマラは後年、核廃絶論者へと転じた。危機の回避は、核抑止が奏功した結果というよりはむしろ、「幸運のたまもの」[6]との判断に立つようになったからだ。

1962年10月。米国は、敵対するキューバへ、核搭載可能なソ連の中距離ミサイルが運び込まれたのを察知した。ケネディ政権は米本土が射程内に入るのを危惧し、全面撤去をソ連に求めた。息詰まるような外交、軍事的対局のすえ、無事に中距離ミサイル撤去という決着をみた。ソ連が退いた真の理由は不明だったが、とにかく核戦争は回避された。だが実はその時のキューバには、飛距離の短い戦術核がすでに配備されていた。米国がキューバに攻撃したら、この核で応戦する権限が現地のソ連軍にあった。キューバ指導部も核報復を辞さない決意を固めており、米国が思ったほどには核抑止は効いていなかった。そうとは知らずに米国は、ソ連が要求に応じなければキューバを攻撃する計画を着々と進めていた。ソ連が妥協してくる前に攻撃をしかけていたら、人類の歴史は大きく変わっていただろう。こうした実情は何年も後の検証で明る

---

(6) マクナマラの発言の一例は、キューバ危機40周年で開催された国際検証会議において。内容は以下のURL参照。https://www.armscontrol.org/act/2002_11/cubanmissile

みになったもので，キューバ危機当時はすべてを計算し尽くして平和決着に持ち込んだわけではなかった。本当の危機の度合いを知らないまま，人知が及ばないものに救われたかのように危機が通り過ぎた。だからこそマクナマラには，「幸運のたまもの」と思えてならなかったのだ[7]。

　そのマクナマラが1999年の訪日の際，①米国も含めて，核保有国には核戦争計画がある，②だが，冷戦も終わったこの時代に大統領へ核使用を進言することなど実際には考えられない，と語った。マクナマラは，核戦略にもいくつも，「想定外」の落とし穴が潜んでおり，「核戦争を計画通りに管理するなんて幻想だ」と強調した。マクナマラは自身の人生を振り返ったドキュメンタリー映画の中で，広島，長崎への原爆投下について，米国が戦争に負けていたら戦争犯罪に問われていただろうと，核兵器の非人道性にも触れていた[8]。

4　核抑止懐疑論への転換——ニッツと四賢人

　1950月に作成され，その後の核戦略の基礎ともなった国家安全保障指令68号（NSC68）の主要筆者で，レーガン政権までの歴代政権の核政策に様々な形で関わったポール・ニッツ（Paul Nitze）も，冷戦後に核不要論を説くようになった。ニッツは1994年1月，米国紙ワシントンポストでの小論で，米国が長年続けてきた核抑止への依存を見直すべき時がきたとの見方を示して，多くの専門家たちを驚かせた。その理由は，①米国の政治指導者が相手の武力攻撃への懲罰で核兵器を使用するとは考えにくい，②核兵器による脅しが地域的な影響力を持つ相手への抑止力にはならない，といったものであった。こうした判断からニッツは，「通常弾頭を搭載した戦略兵器がやがて，核兵器よりもはるかに重要な抑止という使命を果たすようになるかも知れない」とし，抑止の手段を核兵器から高性能の通常戦力にシフトするよう提言した[9]。

　さらにインパクトが大きかったのが，2007年1月に米国紙『ウォールストリート・ジャーナル』で発表された核廃絶論で，共同筆者はジョージ・シュル

---

(7) キューバ危機の検証に関しては，ジョージワシントン大学内の National Security Archives によるプロジェクトが詳しい。http://www2.gwu.edu/~nsarchiv/nsa/cuba_mis_cri/

(8) 映画は，*The Fog of War: Eleven Lessons from the Life of Robert S. McNamara*, 2003.

(9) Paul H. Nitze, "Is it Time to Junk Our Nukes?", Washington Post, January 16, 1994.

ツ（George Schulz）、ヘンリー・キッシンジャー（Henry Kissinger）、ウィリアム・ペリー（William Perry）、サム・ナン（Sam Nunn）の四賢人だった[10]。この中でシュルツらは、①核兵器がテロ集団の手に渡れば、抑止戦略で対応することはできず、米国は困難極まりない安全保障上の問題をつきられることになる、②核兵器が主権国家に拡散していった場合に、米ソ間の MAD 体制を適用しようとすると、核兵器使用の危険性が劇的に高まることになりかねない、③新しい核保有国には、偶発的な核戦争を防ぐために米ソ（冷戦後は米ロ）が実施してきた安全措置を導入する余裕はなく、判断の誤りや無許可の発射による核戦争のリスクが高まる、などの懸念を示した。そのうえで、米国の指導者に、核兵器が拡散することを防ぎ、最終的には核兵器を廃絶するために、核兵器への依存を止める方向へ世界を導くよう促した。核不拡散条約（NPT = Non Proliferation Treaty）に基づいて核兵器依存型の安全保障戦略を後退させていく必要性を説く論理展開であった。そこでは、かつて強調された限定核戦争論はおろか、MAD そのものに強い懐疑の目が向けられていた。

米ソ首脳が核廃棄の合意寸前まで進んだ「レイキャビク会談」が 1986 年秋にあった。それから四半世紀の節目に、「核のない世界」への方策を改めて追求しようと、ロサンゼルス郊外のレーガン大統領図書館で国際会合が開かれた。壇上で語ったシュルツは何の迷いもなく、核抑止の限界を強調した。その概要は、①核兵器使用をめぐる戦略を精査してみると、核兵器が大いに役立つ存在というわけではないと気づくだろう、②核兵器は冷戦期の米ソ核戦争を防ぐ効果を持っていたかも知れないが、現在の安全保障上の脅威は大きく異なる、③脅威の多くがテロによる攻撃であり、核抑止で防ぐことはできない、④核テロだってサイバーテロだって、核報復による脅しで抑え込めない——というものであった[11]。

---

[10] George P. Shultz, William J. Perry, Henry A. Kissinger and Sam Nunn, "A World Free of Nuclear Weapons," Wall Street Journal, January 4, 2007. 全文は以下の URL に掲載。
  [http://www.hoover.org/publications/digest/6731276.html]（2007/06/08 accessed）.
[11] 『朝日新聞』2011 年 12 月 4 日。

5 「現職」からの懐疑論

 以上に例示した核抑止への懐疑論は、いずれも政府や軍の幹部をつとめた人物が現役を退いたあとに示した見解である。核は脅しの兵器であって実際には使用できないなどと、個人としての「本音」を抱いていたとしても、現職の時にそれを公式に言ってしまうと核抑止を弱め、同盟国に提供する「核の傘」の信頼性も崩れかねない。したがって、現役の時にはそうした発言は控えてきたとも考えられ、引退後の発言に意味があるのかとの反論も予測される。だが中には、現役時代に核廃棄論を言った米軍高官もいる。1991年の湾岸戦争でハイテク兵器を駆使した米空軍の指揮官をつとめたチャールズ・ホーナー（Charles Horner）である[12]。

 湾岸戦争での任務の合間にホーナーは「もしイラクが化学兵器を撃ち込んできたら、米国は核兵器で報復すべきかどうか」と考えた。何度考えても答えはノーだった。「（もし米国が核を使うと）イラクは核攻撃による惨状と放射線障害に苦しむ市民の姿を世界中のテレビに流すだろう。そうなると一瞬にしてイラクは被害者になり、米国が加害者になる。その時点で米国は世界の世論を敵に回すことになり、結局は敗者になる」と想定されたからだ。

 湾岸戦争が終わると、ホーナーは北米航空宇宙防衛司令部（North American Aerospace Defense Command＝NORAD）の司令官に就任した。米国に向けた核ミサイルが発射された場合、いち早くその軌道を追跡し、警報を発するのが最大の任務だったが、警報は鳴らせても、いったん核戦争が始まれば、米国民を守るすべはない。ある日、ホーナーはNORAD司令官として、記者会見で、「米国はすべての核を廃棄した方がいい。そうすれば核拡散防止を強調する道徳的な足場も強まる」と語った。ホーナーは退役後、世界各地を講演して周り、「米国を破滅させるものは、核兵器だけだ。この可能性はゼロにする方が、米国にもプラスだ。核は使えない兵器であり、通常兵器による安全保障の方が現実的な選択だ」と説いた[13]。

6 「核の陳腐化」論

 以上のように、冷戦末期から、とくに冷戦終結後の時代において、核抑止コ

---

[12] Associated Press, April 21, 1994.
[13] 『朝日新聞』1995年8月6日。

ミュニティーの巨人たちが次々と，核抑止の限界論や核抑止への懐疑論を堂々と語るようになった。こうした変化の要因とはいったい何なのか。第1は，非人道性意識の拡大。第2は，管理不能性による破滅リスク。第3は，軍事的有効性の低下。第4は，通常戦力の能力向上。第5は，核セキュリティー強化の優先，である。

　こうした核抑止への懐疑論は，「核の陳腐化」(Nuclear Obsolescence) 論とも呼ばれている[14]。モントレー国際問題研究所のデニス・ゴームレー (Dennis Gormley) は，「核の陳腐化」論に関連して，「1991年以降の米国の安全保障は，大きく能力を拡大してきた通常戦力に多くを依存するようになった。そうした戦場戦力の効果は，最も（破壊が）困難な標的を攻撃する核兵器に匹敵するほどのものとなった。さらに言えば，通常戦力による抑止は，現在の，あるいは予見できる限りにおいての核兵器の代替手段のなかにおいて，もっとも信頼できるものとなった」と論じている。そして，いきなり核ゼロに持つ込むことは現実的でないものの，劇的に核兵器保有量を削減するとともに，長期間にわたって継続してきた「核使用のタブー」が引き続き確実に守られていくようにするために，「国際社会が協働で行動していく時が来ている」[15]と結論づけている。

III　核兵器に関するパウエル見解

1　軍事・安全保障リアリズムを根拠に

　かつては核抑止論のインナーサークルに身を置く政府や軍の有力者だった人物たちが，相次いで「核の陳腐化」へと傾斜，転換していく。その大きな潮目の変化の中にあって，とくに強い説得力を持って語った人物が，核兵器の効用とその限界を熟知するコリン・パウエルだと考えられる。その理由は，①軍人として戦術核部隊の現地指揮官を経験したあと，軍のトップである統合参謀本部議長も努めるなど，軍人としての核兵器の評価を示せる実績を有すること，②国家安全保障担当の大統領補佐官，国務長官など政治的，外交的な視点から

---

[14]　Nuclear Obsolescence との表現は遅くとも 2008 年には使用されている。
　　http://dissidentvoice.org/2008/12/nuclear-weapons-obsolescence/
[15]　Dennis M. Gormley, "Securing Nuclear Obsolescence", *Survival*, vol. 48 no. 3, Autumn 2006, p. 144.

第2部　軍縮・不拡散

も核兵器への評価を下せる実績も兼ね備えていること，などである。そこでここでは，パウエルへのインタビューをもとに核抑止の限界論を分析することにしたい。

　回想録『マイ・アメリカン・ジャーニー』のなかでパウエルは，ドイツ（旧西ドイツ）での戦術核に関する体験を記している。米国の陸軍基地，で旧ソ連軍がドイツに侵攻してきた際に核砲弾などの戦術核の使用計画についての論議があった。その際にパウエルは，住民への被害を懸念するとともに，戦術核の使用は核戦争のエスカレートにつながりかねないとの危惧を抱いたと記している[16]。さらに湾岸戦争の際には統合参謀本部議長として，イラクが米国からの核の脅威を感じていたことは考えられるが，現実には核使用など思いもつかなかったと振り返っている[17]。こうした経験のあと，2009年に，核廃絶を促すシンクタンクのDVDの冒頭部分のインタビューにおいて，「核兵器との関わりを深めるにつれて，決して使ってはならないものだとの理解を強めて行った」「核使用に関する長年の論議に関わったのちに確信していることは，核兵器は無用であり，使えないということだ」[18]と語った。パウエルが核不要論を正面切って展開したのは，これが初めてのことだった。そのパウエルに2013年6月にワシントン郊外でインタビューした[19]。

2　軍事的に無意味な兵器

　まず，「なぜ核兵器が不必要だと思うか」との問いに対して，パウエルは「極めてむごい兵器だからだ。まともなリーダーならば，核兵器を使用するという最後の一線を踏み越えたいとは決して思わない。使わないのであれば，基本的には無用だ」と明言した。そのうえで，無用と言っているのは「軍事的な意味」で，「政治的に見れば，核には抑止力があり，北朝鮮は核兵器を持つことで自国の力や価値が増すと考えている」と語った。

　現在の核世界の脅威について，「各国は協力して核兵器をコントロールし封

---

[16] Colin Powell, *My American Journey*, Ballantine Books, 1996, pp. 323-324.
[17] 米国テレビPBSによるオーラル・ヒストリーが，湾岸戦争に関するパウエルの回想を詳しく記録。http://www.pbs.org/wgbh/pages/frontline/gulf/oral/powell/1.html
[18] Nuclear Security Project, Nuclear Tipping Point（DVD）, Nuclear Threat Initiative（NTI）, 2009.
[19] インタビュー掲載は，『朝日新聞』2013年7月10日，11日。

じ込めることが重要だ。技術は出回っているし，ウランやプルトニウムもそうかも知れない。テロリストが触手を伸ばし，初歩的な，あるいは本格的な核兵器を開発しかねない。これは，今や現実的な脅威だ」と，核テロ対策，核セキュリティーの重要性を強調した。そうした新たな脅威を看過できない現実も踏まえて，「私は核軍縮を提唱している」と強調した。「核兵器をすぐにゼロにするのは難しい」ものの，「核廃絶という目標を持つのは良いことだ」との見方を示した。

核兵器に軍事的意味がないとしても，現実には核抑止という概念は国際政治の中に存在している。パウエルは，どのように状況を変えていく戦略を描いているのか。この点については，「状況はすでに変わっている。私が統合参謀本部議長に就任したころ，米国は大量の核兵器を保有していた。我々は，大幅に保有量を削減した。潜水艦搭載の弾道ミサイルを除いて海軍から核を撤収し，陸軍からも撤収。空軍の戦術核はいくらか残しているが（大幅に減らした）」と答えた。さらに，「我々が核兵器を削減しているという例を示すことが，いつか核兵器がゼロになる時代がくるかもしれないと世界各国に思わせることになると期待している。北朝鮮やイランに対しては，こんなメッセージを送りたい。『あなた方は時間とお金を無駄にしている。わずかな核兵器を持とうとして，国際社会から制裁を受け，国を荒廃させている。気は確かか？』と。最も強力な政治的武器は，核武装ではなく，経済成長だ」との考えも示した。

3　核使用のタブー重視

INF全廃条約などに深く関わったパウエルは核軍縮に関しては，次のような考えを示した。「核保有国が，危機に対応するための備えとして持つ抑止力としては，ずっと少ない核兵器数で十分なのだ。核を減らすことは私が国務長官の時も，バラク・オバマ（Barak Obama）大統領が新戦略兵器削減条約（新START条約）でも，実施したことであり，さらなる削減に向け，ロシアと再び交渉しようとしている。ただ，私は，この10年ほど，他国と交渉せずとも，米国は核兵器を減らせると言い続けてきた」。

前述のようにゴームレーは，核使用のタブーの重要性を指摘した。これは核兵器の非人道性を意識した者だが，同様な視点からパウエルが広島，長崎の体験を持ち出して，2002年にインドとパキスタンの紛争を調停したことも明ら

かにした。以下はその発言部分である。「インドとパキスタンの間で危機が起きた際，パキスタンの（ムシャラフ）大統領に電話してこう言った。『あなたも私も核など使えないこと はわかっているはずだ。1945年8月の後，初めて核兵器を使う国やリーダーになるつもりなのか。もう一度，広島，長崎の写真を見てはどうか。あんなことをしたいのか，考えたりもするのか』と。もちろん，パキスタン大統領の答えは『ノー』だった。インドも同様な反応だった。彼らは冷静になり，危機は去った」。

核使用のタブーの裏返しとも考えられるが，パウエルは通常戦力による抑止にも着目している。「北朝鮮に対して，米国は，通常兵器だけで抑止力があるのか」と質問すると，個人的見解とことわったうえで，「（米国の）通常兵力は強力であり，核兵器を使わなければならないことはない。もし北朝鮮が核兵器を使ったり，使おうとしたりしているとみた場合，米国はすぐに北朝鮮の体制を破壊するだろう。なので，軍事的に考えても，外交的に考えても北朝鮮が核を使う理由は見あたらない」と答えた。

北東アジアでは，中国の核兵器の近代化を懸念する見方も強いが，パウエルの分析は異なっていた。「（中国は）能力がさほどでもないから近代化している。米国だって常に近代化はしている。核兵器がより安全で信頼度が高くなるなら，むしろシステムの近代化はしてもらいたい」との見解だった。また，「もし米中間に危機が起きたときは，中国が核兵器を使わないように説得できるか」との質問に対しては，「そんなことは起きないだろうから，考えたこともない。米国は中国と敵対関係にはない。むしろ，中国が成長し，アジアの平和が維持できるような状況を作ってきた。中国が豊かになるにつれ，いつか米国の敵になるだろうと考えている人は多いが，40年前から中国に行っている私は，そうはみていない」「中国はもう貧しくはない。彼らは，世界でもっと影響力を高めたいと思うだろう。ただ，その影響力は主に経済力から生じるものだ。米国と中国との間で，核兵器であれ通常兵器であれ，紛争が起きると真剣に考えたことはない」と持論を語った。

4 新たな「パウエル・ドクトリン」

上記のような，核兵器に関する最近のパウエルの考え方をまとめると，核兵器の非人道性と使用不可能性，通常戦力による抑止の有効性，核セキュリ

ティーの強化といった特徴がある。こうした特徴はすでに記した他の「核の陳腐化」論への転向者たちと概ね共通しているが、対中国への独自の安全保障論や自主的核軍縮論の推進はパウエルの強い持論と言えるだろう。

　パウエルの対中国への安全保障論は多くの示唆に富んでいると考えられる。2010年の米国の核態勢レビュー（NPR）報告書は、中国との戦略的安定と、そのための対話の重要性を強調した。具体的には「中国との戦略的安定をめぐる対話の目的は、核兵器とその他の戦略的能力に関して、相手の戦略や政策、計画を互いに知る場所、仕組みを提供すること」[20]と記述し、ロシアとともに中国を戦略的安定の相手と位置付けた。しかしながら、その含意、政策上の定義などは不透明さを残している。パウエルの考えはNPRでの検討の次元を超えて、グローバル化で経済的相互依存が高まっていること、米中の核戦力、核戦略が大きく異なっていることなどをより巨視的な視点で踏まえたものと考えられる。換言すると、旧ソ連を想定して構築された核抑止論や関連政策をそのまま引き写して導入することの非現実性への警鐘とも解釈できる。基本抑止の概念、攻撃核とミサイル防衛の相克による軍拡競争のリスクなど、米中関係においても米ソ関係と相似的な応用性があるものは複数あるが、同時に相似的応用の非妥当性を説いているところがパウエルの特徴と言えるだろう。それは、使えない兵器と核を位置づける以上、中国に対する安全保障を核抑止に頼ることに終始すると、論理的な齟齬をきたすとの考慮も作用していたようだ。

　即座にゼロに移行するのは現実的ではないにせよ、核廃絶を目指すべきと考えるパウエルが、自主的核軍縮論の有用性を指摘しているのも、冷戦終結という現実と核不要論という認識を重ね合わせた時の論理的帰結と言えるだろう。前述のようにパウエルは、ジョージ・H・W・ブッシュ（George H. W. Bush）政権の時、条約に基づかない戦術核の撤収に深く関わった。自主的核軍縮を体験ずみなのである。ワシントンの現状をみると、米国議会は政治的分断状態にあり、思い切った核軍縮条約が批准される見通しは立ちにくい。そうした経験や、現在の政治状況を考慮して、自主的核軍縮論を推奨したのだろう。

　このようなパウエルの考え方の根底にあるのは、核兵器は正気なリーダーには使えないものと明確に位置づけた判断である。そう判断するからには、即座

---

[20] Department of Defense, *Nuclear Posture Review Report*, April 2010, p. 29

第2部　軍縮・不拡散

にゼロに移行が困難であっても，核以外の安全保障ツールによって抑止，防衛，秩序安定化をはかるのが得策との思考がある。

若い兵士としてベトナム戦争での敗北を体験したパウエルは，湾岸戦争の際に統合参謀本部議長として「パウエル・ドクトリン」を掲げ，それを実行した。武力行使については，①理解しやすく，かつ問題解決につながる政治的目的を明確にたてること，②敵を圧倒するのに十分な戦力で決定的な手段を取ること——などを柱とする内容のドクトリンだった[21]。そこにはリアリストであるパウエルの冷徹なまでの「勝利の方程式」が埋め込まれていた。そのパウエルが，核にもリアリストの目で考察したうえで表明したのが核不要論であり，対中国への独自の安全保障論や自主的核軍縮論の推進である。こうしたポスト核時代に向けた抑止論，安全保障論はいわば，核兵器に関する「パウエル・ドクトリン」とも言うべきものである。

こうしたパウエルの考え方の特徴は，他の核依存懐疑論との共通点も加味して考えると，核をめぐる冷戦思考からの脱却を強く促すものと理解できる。現役の政策責任者である段階では，なかなか言い出しにくい。その例外が，ホーナーだった。パウエルは例外ではなく，引退後に明言するようになった。政府や軍は政策の継続性を問われるので，変化を反映した政策の大胆な切り換えを明言しづらく，あいまいな表現にとどめる傾向がある。現役引退後に語られたパウエル・ドクトリンは，もちろん政策未満の個人的見解ではあるが，核兵器の限界と効用を政権の内外から直視した結果の見解として重みがある。パウエル・ドクトリンそのものではなくても，その近似値に位置する政策の実行可能性を示唆していると考える。

Ⅳ　日本の非核外交との連関

1　NPDI との共鳴性

核兵器に関する「パウエル・ドクトリン」は，日本の非核外交に対してどのような含意を内在させるのだろうか。

被爆国としての視点から考えると，使用への自己抑止が重要なポイントである。

---

[21] Walter LaFever, "The Rise and Fall of Colin Powell and the Powell Doctrine", *Political Science Quarterly*, Volume 124, Issue 1, pp. 71-93, Spring 2009.

核軍縮・不拡散イニシアチブ（Non Proliferation Disarmament Initiative = NPDI）の広島宣言は非人道性を強調し，世界の政治指導者たちに自身の目で被爆の実相を確かめるため，広島，長崎を訪れるよう呼びかけた[22]。それは被爆の現実を直視することで，核使用に対する抑止，核軍縮の促進をねらったものである。こうした核使用の抑止効果を紛争防止の外交の場で実践したのが国務長官としてのパウエルであった。印パ紛争の調停に被爆地の現実を想起させるという方法を使い，それが奏功したことは，広島宣言の現実的有効性をこの宣言が出る以前から証明して見せたと言えるだろう。

核爆発による爆風，熱風だけでなく，放射線被爆の被害への危惧もパウエルは強く抱いていたことも注目すべき点である。回想録『マイ・アメリカン・ジャーニー』のなかで，チェルノブイリ原発事故の直後に，原発事故でさえこれほどだったのだから核戦争だったらどうなるのか，との強い懸念をレーガン大統領が抱いていたことを記している[23]。明言はしていないが，パウエルも多かれ少なかれその考えに同調しているからこその記述と考えられる。この点は，「チェルノブイリがなかったらレイキャビクはなかった」と振り返ったゴルバチョフと共鳴するところがある。しかも，そうした危惧の奥底に被爆地で起きた現実の想起があったことは間違いないだろう。パウエルが核不要論に転換へと傾斜させる要因のひとつとなったと考えられる。

核兵器の非人道性，使用不可能性とも，今後の日本の非核外交の柱となりうる問題提起である。岸田文雄外相は長崎での演説で，核兵器の使用を極限状態に限定するよう求めた。その意味について，「現実として核兵器を持つ国が存在する。（そのなかで）使用範囲を絞る具体的な作業を進めるべきだとの考えを示すために極限状態に絞ると表現した。一足飛びに核兵器のない世界に到達するのが理想だが，不拡散，数，役割など様々な提言を進めることで目標に近づく」[24]と解説している。

核を含む拡大抑止のもとにある国の政府としては，核兵器が非人道的であることは明言できても，それがゆえに使用不可能とは断言できない立場がある。極限状態に限定する考えはこうした事情に基づくものであるが，最終的手段と

---

[22] 広島宣言全文は，http://www.mofa.go.jp/mofaj/files/000035198.pdf
[23] Powell, *My American Journey*, p. 361.
[24] 『朝日新聞』（大阪本社版，2014年4月8日）。

しての核オプションまでは現段階では否定しないとの意思表示であり、裏を返せば、核兵器は非人道的であり、使用不可能性が極めて高いとの認識を別の言葉で表現したものとの解釈も可能だろう。そうした文脈で考えると、非人道性、核使用不可能に関するパウエル・ドクトリンと岸田演説は、相似形の関係に極めて近いと考えられる。

日本に提供される拡大抑止を考えるうえで重要なのが、パウエル・ドクトリンのうち、通常戦力による抑止と対中国への安全保障論である。

日本の防衛省防衛研究所がまとめた『東アジア戦略概観』(2014年版)は北朝鮮に関して、「核兵器の小型化・弾頭化の実現に至っている可能性も否定できず、弾道ミサイルの長射程化や高精度化と相まって、北東アジアの安全に対する脅威を格段に高めている」との見方を示している[25]。他方、パウエルは北朝鮮に対する抑止について、通常戦力で十分との判断を示している。統合参謀本部議長として湾岸戦争を戦い、国務長官時代にアフガニスタン戦争、イラク戦争を経験したパウエルは、米軍のパワーとその限界を熟知した軍事リアリストである。その彼が北朝鮮に対する抑止において核不要論を説く背景には、米軍の通常戦力が圧倒的優位にあることと、通常戦力で達成できる目的を非人道的な核兵器で達成することの不必要性に基づくものである。

パウエルのこうした考え方は、米朝関係の未来を考える上でも重要な示唆を含んでいる。北朝鮮は米国に対して関係改善の条件のひとつとして、核不使用をあげている。米国だけでなく日本の中にも、北朝鮮の生物・化学兵器の使用を抑止するためにも、核先制不使用宣言に反対する意見が根強い。しかしながら、パウエルの考え方からすると、核先制不使用宣言どころか、核不使用宣言さえ視野に入れることが可能になる。北朝鮮の非核化への道のりは遠く、その過程は複雑でもあるが、北朝鮮を非核化交渉に引き込み、突破口をさぐるうえで、核不使用宣言が有効になる局面がくるかも知れない。

次は中国についてである。『東アジア戦略概観』(2014年版)は、近年の北東アジアの情勢について、緊迫度が急速に増しているとの認識を示している。その要因の第1は北朝鮮の動きで、第2の要因として中国の動きをあげている。具体的には、国防費の持続的な増加、急速かつ広範な軍事力の増強、周辺会海

---

[25] 防衛省防衛研究所編『東アジア戦略概観』(防衛省防衛研究所、2014年)27頁。

空域などにおける活動の拡大などの懸念材料を列挙している[26]。テレス・デルペッチ（Thérèse Delpech）は，「中国は世界で最も地上配備ミサイル，巡航ミサイル計画において積極的だ」との米国国防総省の見解を紹介したうえで，①中国が現在の約200発の核保有数で満足すると考えるのはあまり意味がない，②核分裂物質の保有量，米国の均衡の観点からすると，600発に近づくと考えるのが妥当だろう，との見方があることを記している[27]。

だがパウエルは先述のように，「（米中間に危機が起き，中国が核兵器を使うような事態は）起きないだろうから，考えたこともない。米国は中国と敵対関係にはない」「中国が豊かになるにつれ，いつか米国の敵になるだろうと考えている人は多いが，40年前から中国に行っている私は，そうはみていない」「米国と中国との間で，核兵器であれ通常兵器であれ，紛争が起きると真剣に考えたことはない」と語った。

パウエルのような対中観をストレートに政府や現職の政策当事者が表明することは困難だろうし，近い将来にそれが現実化するとも考えにくい。だが，冷戦時代さながらの核抑止論，伝統的な大国間のパワーバランス論にとらわれないパウエル的視点をどう活かすかは，今後のアジア太平洋地域の新たな秩序形成にとって重い課題であると思慮される。

2　拡大抑止と核軍縮

通常戦力による抑止と対中国への安全保障論とともに，自主的核軍縮論も日本への拡大抑止と重要な関わりを持つ課題である。パウエルは先述のように，「核保有国が，危機に対応するための備えとして持つ抑止力としては，ずっと少ない核兵器数で十分」であり，「この10年ほど，他国と交渉せずとも，米国は核兵器を減らせると言い続けてきた」と強調している。

オバマ政権は新たな戦略核軍縮交渉を提案し，1,000発に下げることを提案している[28]。その後，戦術核も含めて米ロ交渉，さらには多国間の核軍縮交渉を思い描いているが，ロシアは応じる構えを見せていない。だが現実には，新

---

[26] 前掲書27頁。
[27] Thérèse Delpech, *Nuclear Deterrence in the 21st Century*, RAND Corporation, 2012, p. 120.
[28] Daryl Kimball, "Obama's Nuclear Challenge", *Arms Control Association* を参照。全文は以下に掲載。https://www.armscontrol.org/act/2013_0708/Focus

STARTの上限である1,550発は、パウエルが指摘するように過剰感があり、ロシアは期限を待たずして早々と達成している。ロシアの熱技術研究所で核ミサイル設計を統括するユーリ・ソロモノフ（Yuri Solomonov）も、「英国やフランス、中国の保有数は300発以下だが、誰もこれらの国を攻撃しようとはしない」とし、1,000発でもロシアの安全を保てると明言している[29]。こうした事情を考えると、条約交渉によらずに、双方が自主的に1,000発に減らす選択肢も真剣に模索してみる価値はあるだろう。

その際、核による拡大抑止のもとにある日本は、自主的軍縮という方法を受け入れるのか、どれくらいのペースと削減量幅なら自国の安全保障や地域の安定を損なわないと判断するのか、がポイントになる。中国や北朝鮮の核への対抗措置を重視するあまり、軍縮推進という日本外交の柱が安易に後ずさりすると、非核外交の鼎の軽重が問われることにもなりかねず、重要な選択を迫られることとなるだろう。北朝鮮に対する戦略は何か、中国に対してはどうか。個別に考える部分、共通に考える部分を切り結んで、安全保障と核軍縮の双方をリンクさせる戦略を練っていく必要がある。

V　おわりに

以上、「核の陳腐化」論の主な流れを振り返ったあとに、核をめぐる「パウエル・ドクトリン」を分析し、日本の非核外交への示唆についても考察してきた。現職を離れた人の発言は、政策論議に直結しないと切り捨てられがちだが、米国の安全保障のリアリズムの本流を歩いてきたプロフェッショナルの見解だけに、その示唆について、さまざまな角度からの考察が求められるだろう。少なくとも米国にとって、核抑止が軍事的には「裸の王様」であるとの主張が次第に力を強めているなかで、核抑止に代わる王様、すなわち新たな安全保障ツールやレジームをどのように強化、定着させていけばよいのか。パウエルの核不要論は、「裸の王様」の後継を見つけることができず、引き続き「裸の王様」の権威に寄りかかろうとする核時代の安全保障体制に、真正面からチャレンジする問題提起でもある。

---

[29] 『朝日新聞』2011年7月17日。

8 現代社会における核セキュリティ
の意義と今後の展望

宮 本 直 樹

I はじめに

　2001年9月に米国で発生した同時多発テロ事件（以下「9.11テロ」という）を契機として，国際的に「核セキュリティ（Nuclear Security）」に対する強い関心が寄せられるようになってからすでに10年以上が経過した。この間，「核テロリズム（Nuclear Terrorism）」対策としての核セキュリティ強化の取組みが，各国においてまた国際的にも継続的に進められてきている。核セキュリティは依然として国際社会にとって最重要課題の1つに位置づけられており，最近の核セキュリティに関する国際会議や首脳会合の場においても，核テロリズムの脅威が現実的なものであり，核セキュリティをさらに強化する必要があるとの認識が表明されている。

　例えば，2013年7月に開催された国際原子力機関（IAEA）の主催による核セキュリティに関する国際会議で，IAEAの天野事務局長は「核テロリズムの脅威は現実のものである。地球規模の核セキュリティ・システムは，その脅威に対抗するために強化される必要がある。」と述べた[1]。また，2014年3月にオランダのハーグで開催された第3回核セキュリティ・サミットにおいて採択されたコミュニケでは，「このサミットは，核セキュリティを強化することならびにテロリスト，犯罪者およびその他すべての不法主体が，核兵器に使用され得る核物質や放射線発散装置に使用され得るその他の放射性物質の取得を阻

---

(1) IAEA Director General Yukiya Amano, "Statement at Opening of International Conference on Nuclear Security: Enhancing Global Efforts", July 1, 2013. http://www.iaea.org/newscenter/statements/statement-opening-international-conference-nuclear-security-enhancing-global

止することに焦点を当てる。この目的を達成することは，今後も最も重要な課題の1つである」ことが強調された[2]。

9.11テロの発生以降，国際社会は核セキュリティ強化のための活動を精力的に展開し活動のすそ野を広げてきた感がある。約10年の活動が展開されてきた現在において，改めて核セキュリティとは何かということを考察することは，今後の核セキュリティ強化の方向性を見定めるためにも意味のあることである。そこで，本稿では核セキュリティの今日的意義とその本質そして中期的展望について分析を試みることとする。第1に，核セキュリティの意味内容を分析しその概念を明確にする。第2に，核セキュリティとして実施されている諸対策・諸活動が有する，社会的意義に関して検討する。第3に，多面的・重層的な活動が展開されている現状の中で核セキュリティの本質について考察する。その上で，現在注目されている核セキュリティに関する新たな活動領域を紹介しつつ，今後の方向性について論じる。

II 核セキュリティの概念

1 核セキュリティの意味内容

2001年の9.11テロは，豊富な資金と強い信念，さらに組織力や情報収集力を有する非国家主体が行うテロ攻撃の脅威を国際社会に強烈に印象づけた。9.11テロの発生により，原子力施設や核物質もこうした非国家主体による大規模テロ攻撃の対象となり得る，いったん原子力施設が破壊された場合には，周辺環境に放射線影響を及ぼし社会不安を惹起させる，という危機感を国際社会は共有することとなった。

このような国際環境下で登場してきたのが，「核セキュリティ」という概念である。「核セキュリティ」の用語がIAEAの公開文書に初めて登場したのは，9.11テロから1年後の2002年9月の第46回IAEA総会においてであったが[3]，

---

[2] The Hague Nuclear Security Summit Communiqué, March 25, 2014, p.1. https://www.nss2014.com/sites/default/files/documents/the_hague_nuclear_security_summit_communique_final.pdf

[3] IAEA General Conference Document, GOV/INF/2002/11-GC(46)/14, "Nuclear Security – Progress on Measures to Protect Against Nuclear Terrorism", Report by the Director General, August 12, 2002. 2001年以前の文書の場合，そのタイトルは "Measures to Improve the Security of Nuclear Materials and Other Radioactive

その概念に関して当時はまだ明確に示されてはいなかった。2005年になってIAEAは、「核セキュリティ」について、「核物質、その他の放射性物質あるいはそれらの関連施設に関する盗取、妨害破壊行為、不法アクセス、不法移動またはその他の悪意を持った行為に対する、予防、検知および対応」との定義を示した[4]。

また、2013年にIAEAが出版した核セキュリティに関する一連の指針文書の最上位文書「基本文書」において、「核セキュリティの脅威（Nuclear Security Threat）」および「核セキュリティの措置（Nuclear Security Measures）」についても、それぞれ以下のように定義している。

- 核セキュリティの脅威：「核物質、その他の放射性物質、関連施設あるいは関連活動を含むもしくはそれらに向けられた犯罪行為や意図的な不法行為、または国によって定められた核セキュリティに対して悪影響を与えるその他の行為を行おうとする動機、意図および能力を有する個人および集団」[5]
- 核セキュリティの措置：「核セキュリティの脅威が、核物質、その他の放射性物質、関連施設あるいは関連活動を含むもしくはそれらに向けられた犯罪行為や意図的な不法行為を完遂することを防止し、核セキュリティ事象を検知しまたはそれに対応することを意図した措置」[6]

Materials" となっていた。

(4) IAEA General Conference Document, GC(49)/17, "Nuclear Security – Measures to Protect Against Nuclear Terrorism", Report by the Director General, September 23, 2005, p. 1. 原文では、"Nuclear Security: The prevention and detection of and response to, theft, sabotage, unauthorized access, illegal transfer or other malicious acts involving nuclear material, other radioactive substances or their associated facilities." と定義されている。

(5) Nuclear Security Series No. 20, Nuclear Security Fundamentals, "Objective and Essential Elements of a State's Nuclear Security Regime", IAEA, February 2013, p. 13. 原文では、"Nuclear Security Threat: A person or group of persons with motivation, intention and capability to commit criminal or intentional unauthorized acts involving or directed at nuclear material, other radioactive material, associated facilities or associated activities or other acts determined by the State to have an adverse impact on nuclear security." と定義されている。http://www-pub.iaea.org/MTCD/Publications/PDF/Pub1590_web.pdf

(6) Ibid., p. 13. 原文では、"Nuclear Security Measures: Measures intended to prevent a nuclear security threat from completing criminal or intentional unauthorized acts involving or directed at nuclear material, other radioactive material, associated facilities, or associated activities or to detect or respond to nuclear security events." と

これら定義から核セキュリティの概念を分析すると、以下の点が指摘できよう。第1に、対象とする範囲には、核物質のみならず放射性物質およびその取扱施設が含まれる。施設という場合、通常はある敷地内に固定された建物や設備を意味するが、ここでは核物質や放射性物質を輸送する局面も含まれると解すべきであろう。第2に、対象とする行為には、盗取や妨害破壊行為という犯罪行為に加えて、不法な接近、核物質や放射性物質の不法な移動、その他の悪意を持った不法行為が含まれる。第3に、想定する脅威は、上記行為を行おうとする動機、意図および能力を有する個人および集団である。従って、国家によることが明白な行為は想定する脅威には含まれないということになる。第4に、核セキュリティとして実施する活動には、上記行為の予防、検知および対応が含まれるが、未然防止の観点からの抑止的措置や盗取された放射性物質などの散布による環境への放射線影響対応、施設に侵入した悪意者の検束、妨害破壊行為により施設の枢要な機器や設備が機能不全となった結果として発生する過酷事故対応などの、行為発生後の事後対処もその中に含まれると考えられる。

2　核物質防護と核セキュリティとの関連性

原子力施設においては、施設が建設され開発利用が開始された当初から「核物質防護（Physical Protection of Nuclear Material）」の対策が講じられてきた。英語を直訳すれば、「核物質の物理的防護」となることから定義が不要と考えられてきたためか、核物質防護には明確な定義が示されていない。原子力の平和利用が開始された当初の核物質防護は、原子力反対派などによる原子力施設内への不法侵入や原子力施設からの核物質の不法持出しの防止対策に主眼が置かれていた。1970年代以降、核爆発装置の製造を目的とした核物質の盗取や原子力施設に対する妨害破壊行為への対処を目的とした核物質防護対策が行われるようになった。これには、1975年にIAEAが加盟国に対する核物質防護の共通認識の構築を図るために発行した勧告文書（INFCIRC/225）が大きな役割を果たした。同勧告文書はその後、国際情勢の変化に対応する形で改訂を重ねてきている。

定義されている。

〔宮本 直樹〕　　*8*　現代社会における核セキュリティの意義と今後の展望

　1989年の東西冷戦終了後、旧ソ連諸国を流出源とする核物質や放射性物質の密輸がヨーロッパ諸国で摘発されるようになると、非国家主体やテロリストなどへの核物質や放射性物質の流出防止を目的とした原子力施設や輸送時の防護措置の強化が図られることとなった。このような冷戦終結後の国際情勢を反映して、1999年に発行されたINFCIRC/225の改訂第4版が、タイトルに新たに「原子力施設」の語を加えて"The Physical Protection of Nuclear Material and Nuclear Facilities"とされ、核物質のみならず原子力施設も防護するという目的を明確に示した[7]。

　核物質防護に関しては、原子力施設を頑丈な障壁や門扉で囲い、屈強な警備員が武装して守りを固めるという光景から、"Guards, Guns and Gates"というフレーズでその特徴が言い表されることがある[8]。9.11テロは、このような従来の核物質防護としての対策だけでは、同様の破壊行為に対応し切れないことを明らかにしたのである。9.11テロ後の国際情勢を反映して核セキュリティの観点から改訂され、2011年に発行されたINFCIRC/225の改訂第5版には、地上や水上から原子力施設に接近する行為だけでなく、空中からの接近や直接の接近を伴わない離れた地点からの破壊行為に対しても、原子力施設を防護すべきとする要件が新たに含められた[9]。この事実は、従来の原子力施設への接近および不法侵入を防止する核物質防護上の措置に加えて、新たな手段による施設への接近や破壊行為に対する対策も必要になってきたとの国際認識の表れと解することができよう。さらに、9.11テロ後の世界では、非国家主体やテロリストなどが放射性物質を盗取してそれを放出させることにより公衆や周辺環境に放射線影響を与えるという「ダーティ・ボム」も新たな脅威と認識されるようになった。

---

[7] "The Physical Protection of Nuclear Material and Nuclear Facilities (INFCIRC/225/Rev. 4 (Corrected))", IAEA, June 1999. http://www.iaea.org/Publications/Documents/Infcircs/1999/infcirc225r4c.pdf

[8] IAEAの核セキュリティに関する理解促進用パンフレット「Nuclear Security IAEA: strengthening a global response to a global threat」に記載された表現。www.iaea.org/Publications/Booklets/NuclearSecurity/ns0513.pdf

[9] Nuclear Security Series No. 13, "Nuclear Security Recommendations on Physical Protection of Nuclear Material and Nuclear Facilities (INFCIRC/225/Revision 5)", IAEA, January 2011, p. 13, p. 25 and p.33. http://www-pub.iaea.org/MTCD/Publications/PDF/Pub1481_web.pdf

以上のような新たな脅威認識は，従来の核物質防護措置だけでは不十分であり，より広範で強固な対応が必要だということを国際社会に意識させることとなり，核セキュリティの概念が核物質防護を包含する形で用いられるようになったのである。

Ⅲ 核セキュリティの意義

核セキュリティの今日的意義を分析するに際しては，いくつかの側面からのアプローチがある。ここでは，①テロ対策上の意義，②国際安全保障上の意義，③放射線影響防止に関する意義について，以下に分析を行う。

1 テロ対策上の意義

9.11テロの発生以前より，核密輸対策の面から原子力施設の防護措置を強化すべきであるとの認識が持たれていたが，9.11テロの発生を契機として，核を用いたあるいは核に対するテロ行為，いわゆる「核テロリズム」の脅威に対処すべきであるとの意識が国際社会において広く共有されるようになった。核テロリズムに関して明確な定義は示されていないが，IAEAは以下の類型化を行っている[10]。

① 核兵器の盗取
② 核爆発装置の製造を目的とした核物質の盗取
③ 「汚い爆弾（Dirty Bomb）」を含む放射性物質の悪意を持った利用
④ 施設や輸送車両に対する攻撃または妨害破壊行為によって引き起こされる放射線影響

核テロリズムの脅威としては，これらに限定されるわけではなく，核兵器の盗取に続く使用の可能性や，放射性物質と同様に核物質を発散させる（まき散らす）ことなども想定されるが，テロ対策を講じるに際して，①核兵器，②核物質，③放射性物質，④原子力施設に着目した分類を提示したものと考えられる。

一般的に「テロ行為」とされる行為には，いかなる手段を用いるか，いかな

---

[10] Mohamed ElBaradei, "Nuclear Terrorism: Identifying and Combating the Risks", *Nuclear Security: Global Directions for the Future – Proceedings of an International Conference*, London, March 16-18, 2005, p. 4.

る目的物を攻撃対象とするかなどにより、ハイジャックテロ、爆弾テロ、生物テロ、化学テロなど、様々なテロ行為が想定され、核テロリズムも多くのテロ行為の中のひとつの類型と位置づけることが可能である。一方、テロ行為に対する対策も多岐にわたり、テロリストの活動資金を枯渇させるための資金洗浄防止策やテロリストによる国家間移動を制限するための入国管理手続きの厳格化など、テロ行為対策として共通に適用される対策もあれば、それぞれのテロ行為に特化した対策もある。核セキュリティは、様々なテロ行為のひとつとして位置づけられる核テロリズムに特化した対策と位置づけることが可能である。すなわち、核テロリズムを抑止し、早期にその兆候を発見し、行為の拡大を防止し、発生した際にはその被害を最小限に止め、テロリストや犯罪者を検束することまでを対象とする、核テロリズムに対する直接的な対策を担う点に、包括的なテロ対策における核セキュリティの意義があるといえる。

　従来、テロ行為に対処する方策としては、特に国際法研究の視点からは、テロ行為を犯罪ととらえ、容疑者を刑事裁判にかけることであるとの認識が示されてきた[11]。包括的かつ普遍的なテロ行為に関する定義は、いまだ国際的に合意されるに至っていないが、1960年代以降、特定の分野ごとにテロ行為を規制する条約を締結するという方法によって、テロ行為と考えられる多数の犯罪行為が刑事罰の対象とされてきた。これら特定のテロ行為を規制するための諸条約は、一般に「テロ防止関連条約」と呼ばれ、2014年6月現在、13の条約および議定書がテロ防止関連条約とされている[12]。

　一連のテロ防止関連条約は、各条約が対象とする特定の行為を各国の国内法の中で犯罪と定め、その上で自国において訴追するか関係国に引き渡すかを定めることを義務化（いわゆる「引き渡すか裁くか（aut dedere aut judicare）」の原則の適用）することによって、犯罪を防止すると共に犯罪に対処しようとするものである。すなわち、犯罪を行う行為者を対象として、一定の行為を犯罪とし刑罰を科すことにより、また自国で裁判権を設定しない場合であっても関係国に引き渡す引渡し犯罪とすることによって、懲罰的な抑止効果によってテロ

---

[11]　芹田健太郎「テロリズムの法的規制と日本」初川満編『国際テロリズム入門』（信山社、2010年）165頁。

[12]　「テロ防止関連諸条約の締結」外務省、平成23年9月1日、http://www.mofa.go.jp/mofaj/gaiko/terro/kyoryoku_04.html

行為を予防することが意図されていると考えられる。

このような一定の行為の犯罪化および犯罪の訴追あるいは引渡しの義務化は、核セキュリティに関連のある「核物質の防護に関する条約（核物質防護条約）」および「核によるテロリズムの行為の防止に関する国際条約（核テロ防止条約）」においても、他のテロ防止関連条約と同様である。一方で、核物質防護条約および核テロ防止条約は、締約国に対して、他のテロ防止関連条約とは異なる義務の課し方を行っている。他のテロ防止関連条約では、一定の行為の犯罪化および犯罪の訴追あるいは引渡しの義務化以外に、条約上の犯罪行為を防止するために「あらゆる実行可能な措置」をとることを求めているのに対して、両条約では締約国に対して、「核物質の防護を確保するための適当な措置」を講ずることを要求している。

すなわち、核セキュリティ関連の両条約は、核テロリズムが「核を用いたあるいは核に対するテロ行為」という点にその特徴があることから、「あらゆる実行可能な措置」という具体性に欠ける防止措置ではなく、より直接的に核物質や放射性物質そしてそれら物質が所在する施設に着目し、当該物質や施設を防護するという具体的なテロ行為防止措置を締約国の義務としているのである。この点にも、核テロリズムに対する直接的な対策を担うという核セキュリティの特徴と意義が表れているといえよう。

テロ防止関連条約に関し、こうした処罰および引渡し以外の防止措置に着目し表形式に整理したのが、**表1**である。

2　国際安全保障上の意義

核セキュリティは、非国家主体やテロリストなどによる核物質や放射性物質ならびに核兵器の盗取や原子力施設への妨害破壊行為を防止するための、国の責任において実施される国内の諸活動である。すなわち、核セキュリティは、非国家主体やテロリストなどが核物質や放射性物質ならびに核兵器を不当に取得しそれを使用するという「核を用いる」テロ行為や、原子力施設に対する妨害破壊行為という「核に対する」テロ行為に対処する一連の活動であり、各国の総合的なテロ対策の中に位置づけられるべきものである。

しかし、非国家主体やテロリストなどの活動およびネットワークは国境に限定されていないこと、非国家主体やテロリストなどによる核テロリズムは、国

[宮本直樹]　　**8　現代社会における核セキュリティの意義と今後の展望**

表1　テロ行為に対処するための条約および議定書（テロ防止関連諸条約）

	条約名	処罰・引渡し以外の防止措置	作成年	発効年	日本の締結年
1	航空機内で行われた犯罪その他ある種の行為に関する条約（航空機内の犯罪防止条約）	あらゆる適当な措置	1963年	1969年	1970年
2	航空機の不法な奪取の防止に関する条約（航空機不法奪取防止条約）	あらゆる適当な措置	1970年	1971年	1971年
3	民間航空の安全に対する不法な行為の防止に関する条約（民間航空不法行為防止条約）	あらゆる実行可能な措置	1971年	1973年	1974年
4	国際的に保護される者（外交官を含む）に対する犯罪の防止および処罰に関する条約（国際代表等犯罪防止処罰条約）	あらゆる実行可能な措置	1973年	1977年	1987年
5	人質をとる行為に関する国際条約（人質行為防止条約）	あらゆる実行可能な措置	1979年	1983年	1987年
6	核物質の防護に関する条約（核物質防護条約）※	防護確保措置	1980年	1987年	1988年
7	1971年9月23日にモントリオールで作成された民間航空の安全に対する不法な行為の防止に関する条約を補足する議定書（空港不法行為防止議定書）	―	1988年	1989年	1998年
8	海洋航行の安全に対する不法な行為の防止に関する条約（海洋航行不法行為防止条約）	あらゆる実行可能な措置	1988年	1992年	1998年
9	大陸棚に所在する固定プラットフォームの安全に対する不法な行為の防止に関する議定書（大陸棚プラットフォーム不法行為防止議定書）	―	1988年	1992年	1998年
10	可塑性爆薬の探知のための識別措置に関する条約（プラスチック爆弾探知条約）	必要かつ効果的な措置	1991年	1998年	1997年
11	国際連合要員および関連要員の安全に関する条約（国連要員等安全条約）	あらゆる実行可能な措置	1994年	1999年	1995年
12	テロリストによる爆弾使用の防止に関する国際条約（爆弾テロ防止条約）	あらゆる実行可能な措置	1997年	2001年	2001年
13	テロリズムに対する資金供与の防止に関する国際条約（テロ資金供与防止条約）	あらゆる実行可能な措置	1999年	2002年	2002年
14	核によるテロリズムの行為の防止に関する国際条約（核テロ防止条約）	防護確保措置	2005年	2007年	2007年

※ 2005年に条約の改正が採択されたが、2014年6月末現在未発効。

境を越えて実行される可能性がありまた発生した場合の影響が周辺国にも及ぶことが予想されることから，核テロリズムの発生は国際安全保障上も深刻な脅威だと認識されるようになったのである。特に，核兵器国である米国では9.11テロ以降，非国家主体やテロリストなどが核兵器を盗取し使用する危険性の増大が懸念されるようになり，国家対非国家主体という非対象の関係性故に，冷戦時代の核抑止概念に基づく抑止力が働かないことによる核テロリズムの発生が強く危惧されるようになった。

2007年1月，かつて米国の核抑止論の中心にいた超党派の4人の外交・国防専門家が「核兵器のない世界（A World Free of Nuclear Weapons）」と題する論文を発表した。論文の中で4人は，核兵器がテロリストの手に落ちる危険があること，テロリストには抑止が効かないこと，核の脅威のない世界に向けてすべての核兵器国の核戦力の大幅削減を継続すること，世界の核兵器および兵器級プルトニウムならびに高濃縮ウランのセキュリティを確保することなどを含む措置を講ずるべきであることを指摘した[13]。同じ4人の専門家が，翌2008年1月にも「非核世界に向けて（Toward A Nuclear-Free World）」と題する論文を発表し，核兵器と核物質のセキュリティの基準を世界的にできるだけ高いものにする作業を加速させるべきであることを含む提言を行った[14]。

さらに，米国のバラク・オバマ（Barack Obama）大統領は2009年4月にチェコのプラハで行った演説において，21世紀における核兵器の未来という問題認識の下，核テロリズムへの対応に関する措置を発表し，米国の強い決意を明らかにした。具体的には，テロリストによる核兵器の取得が世界の安全保障に対する最も差し迫ったかつ最大の脅威であるとの認識を示した上で，

① 世界中のすべての脆弱な核物質の安全を4年以内に確保する
② 闇市場を解体し，核物質の密輸を検知してこれを阻止し，危険な取引を停止させる
③ 核拡散に対する安全保障構想（PSI）などのイニシアティブを国際制度

---

[13] George P. Schultz, William J. Perry, Henry A. Kissinger and Sam Nunn, "A World Free of Nuclear Weapons", *Wall Street Journal*, January 4, 2007. http://fcnl.org/issues/nuclear/world_free_of_nuclear_weapons/

[14] George P. Schultz, William J. Perry, Henry A. Kissinger and Sam Nunn, "Toward A Nuclear-Free World", *Wall Street Journal*, January 15, 2008. http://www.nti.org/c_press/TOWARD_A_NUCLEAR_FREE_WORLD_OPED_011508.pdf

〔宮本 直樹〕　　*8* 現代社会における核セキュリティの意義と今後の展望

に変える

などの提案を行った(15)。

　同演説の中でオバマ大統領は，翌年に核セキュリティに関するサミットを開催することにも言及し，2010年の米国ワシントンD.C.，2012年の韓国ソウル，2014年のオランダ・ハーグでの3回のサミット開催へとつながった。オバマ大統領のプラハ演説に端を発した核セキュリティ・サミットの継続的な開催により，国際社会の中で各国首脳レベルにおいて核テロリズムの脅威の深刻さとその対策としての核セキュリティの必要性，そのための国際協力の重要性などの認識が徐々に共有されてきたといえる。

　1989年以前の東西冷戦時代は，米ソ両国の圧倒的な核兵器保有数を背景として米ソ両陣営による勢力均衡状態にあり，戦略的安定性を保っていた。冷戦が終結すると，旧ソ連諸国の核の管理が杜撰となり，非国家主体やテロリストなどによる核兵器や核物質の取得の危険性が増大した。9.11テロ後は，さらに非国家主体やテロリストなどの存在とその目的実現能力が国際社会において新たな不安定要因と認識されるようになった。国家と異なり非国家主体やテロリストなどは固有の領土を有しない。そのため，核兵器による報復の概念，いわゆる核抑止力が機能しない。米国の4人の専門家の論文およびオバマ大統領の演説は，国際安全保障上核兵器を保有するメリットと，非国家主体やテロリストなどによる核テロリズム発生のリスクというデメリットとを比較衡量した結果として，核兵器や核物質のセキュリティを確保する措置を講じつつ核兵器の削減に向かう方が，米国にとってもまた国際安全保障上も有意義だとの判断に基づいた，プラグマティックな主張であったといえる。こうした，核兵器がより多く削減されれば核兵器の盗取のリスクはより減少するとの論理は，核兵器国を核軍縮へと向かわせるモメンタムを有していると考えられることから，国際安全保障の側面において核セキュリティが有しているひとつの意義であるといえよう。

　同様に，核不拡散という観点においても核セキュリティは意義を有していると考えられる。核不拡散には，核兵器や核爆発装置の国家から非核兵器国への

---

(15)　Remarks by President Barack Obama, Hradcany Square, Prague, Czech Republic, April 5, 2009. http://www.whitehouse.gov/the_press_office/Remarks-By-President-Barack-Obama-In-Prague-As-Delivered/

拡散（国への拡散）の防止と，核兵器や核兵器に使用される核物質の原子力利用国から非国家主体やテロリストなどへの拡散（国からの拡散）の防止という二面性があり，前者は国際保障措置がそして後者は核セキュリティが，それぞれその防止を担保している。

核不拡散条約（NPT）においては，従来，核物質の原子力利用国から非国家主体やテロリストなどへの拡散（国からの拡散）は，国家以外への拡散であることから，直接的に議論されることはなかった。しかし，9.11テロ以後の国際情勢を反映する形で，2010年のNPT運用検討会議では，核不拡散の観点から核セキュリティが議論され，各国が核セキュリティと核物質防護の最上級の標準を維持すること，IAEAのINFCIRC/225を可能な限り自国の核セキュリティ強化に適用することなどが奨励された[16]。この事実は，NPTを中心とする核不拡散体制の枠組みにおいて，核兵器や核兵器に使用される核物質の非国家主体やテロリストなどへの拡散の防止も，核兵器や核爆発装置の非核兵器国への拡散の防止と同様に現実に直面している重要課題だと認識され，核不拡散上の核セキュリティの意義を重要視するに至ったことを示しているといえよう。

3　放射線影響防止に関する意義

2011年3月11日，東北地方太平洋沖地震および津波に伴う東京電力福島第一原子力発電所事故が発生し，甚大な被害を引き起こした。この事故（以下「3.11事故」という）に関してはその後，「原子力施設へのテロ行為により同様の深刻な影響を社会に与える事態を引き起こすことができる可能性を明らかにしている」[17]といった見方が示された。2014年3月のハーグ核セキュリティ・サミットのコミュニケにおいても，「核セキュリティと原子力安全が，人々の健康，社会，環境を守るという共通の目的を有していることを認識する」[18]と

---

[16] NPT/CONF. 2010/50 (Vol. I), "2010 Review Conference of the Parties to the Treaty on the Non-Proliferation of Nuclear Weapons", *Final Document*, http://cns.miis.edu/treaty_npt/pdfs/2010_FD_Part_I.pdf.

[17] 原子力委員会原子力防護専門部会報告書『福島第一原子力発電所事故を踏まえた核セキュリティ上の課題への対応』原子力委員会，平成23年9月30日，2頁。http://www.nsr.go.jp/archive/nc/about/kettei/kettei111108.pdf

[18] The Hague Nuclear Security Summit Communiqué, March 25, 2014, p. 5. https://www.nss2014.com/sites/default/files/documents/the_hague_nuclear_security_summit_communique_final.pdf

の言及がなされた。これら見解は，原子力安全上の「事故」によるものであれ，核セキュリティ上の「事件」によるものであれ，「結果」として同様の放射線影響を生じさせ得る可能性があるとの問題認識に基づいているといえる。

しかし，いかなる「原因」によって放射線影響が引き起こされるのかという点に関しては，明確な相違があることに留意する必要がある。それは，「意図的に引き起こされたのか否か」という点である。この，意図的に引き起こされる放射線影響から人々の生命，身体，財産，社会生活，環境といった現代社会を守る，という点が，3.11事故以後の社会において改めて認識されるようになった核セキュリティの意義であるといえる。

核セキュリティに関するこの意義の観点から注目されるのが，9.11テロと3.11事故後にとられた米国原子力規制委員会（NRC）の対応である。NRCは1988年に全交流電源喪失事象に対処するための連邦規則を制定した。2001年の9.11テロを受けて翌2002年，NRCは緊急時対応に関する命令「暫定防護補償措置命令（ICM）」（非公開）を発出した。この命令の附属書2の「B.5.b項」で緊急時の影響緩和措置についても規定していた。B.5.b項は，米国連邦規則「10CFR50.54」に準拠するもので，原子力発電事業者に対して，大規模火災や設計基準の想定を上回る航空機衝突を含むあらゆる原因で発生する爆発によって施設の広範囲部分が損傷した場合，容易に利用可能な資源を用いて，炉心冷却，封じ込め，使用済燃料の冷却の各機能を維持あるいは回復させるための緩和戦略を採用することを求めるものである。

2011年3月18日，NRCは米国内の全原子力発電事業者および新規原子力発電所建設申請事業者に対して文書を発し，3.11事故に関する概要を伝えると共に，9.11テロを踏まえて米国内の原子力発電事業者に対して実施していた指示の内容を再周知した。同年5月5日，NRCはそれまで非公開だった米国原子力エネルギー協会（NEI）の指針文書 "NEI06-12 Rev.2 B.5.b Phase 2&3 Submittal Guideline"[19] をウェブサイト上で公表した。同指針文書は，2002年のICMに応じて原子力発電事業者がNRCに対して提出しなくてはならない緊急時の影響緩和措置を取りまとめるための指針として，NEIが2006年に策定した指針であった。さらに2011年5月11日，NRCは原子力発電所

---

[19] http://pbadupws.nrc.gov/docs/ML0700/ML070090060.pdf

における緊急時の影響緩和戦略に関する文書を原子力発電事業者宛に発出し，深刻な事象発生後の全交流電源喪失への対応手順について情報を提供するよう要請した。この要請は，B.5.b 項に基づくものであり，NRC は通常の安全システムが損傷を受け，利用不能になった場合でも，炉心と使用済燃料プールが確実に冷却されるよう，規制項目の遵守状況について原子力発電事業者に包括的な検証を求めたのである。

同様の規制要件は，3.11 事故後，日本国内においても整備された。原子力規制委員会は新規制基準の一環として，原子力発電所を有する電力会社に対して，大規模な自然災害または故意による大型航空機の衝突その他のテロリズムによる発電用原子炉施設の大規模な損壊が発生した場合の対応に関する体制整備を義務化し，その整備状況の報告を求めた。具体的には，原子力発電所を有する電力会社は，大規模損壊発生時における発電用原子炉施設の保全のための活動を行うために必要な，以下に関する社内規程を定めることとされた[20]。

① 大規模損壊発生時における大規模な火災が発生した場合における消火活動
② 大規模損壊発生時における炉心の著しい損傷を緩和するための対策
③ 大規模損壊発生時における原子炉格納容器の破損を緩和するための対策
④ 大規模損壊発生時における使用済燃料貯蔵槽の水位を確保するための対策および燃料体の著しい損傷を緩和するための対策
⑤ 大規模損壊発生時における放射性物質の放出を低減するための対策

米国 NRC の事例および日本の原子力規制委員会の事例は，結果として甚大な放射線影響を現代社会に与え得る自然災害に対しても，また核テロリズムに対してもそれらを防止し緩和するための対策を原子力事業者に求めている。従来，ともすると原子力安全対策の面からのみのアプローチだったものが，核セキュリティの面からのアプローチも明確に示されるようになってきていることは注目に値する動きであるといえよう。

---

[20] 「実用発電用原子炉の設置，運転等に関する規則」第八十六条。http://law.e-gov.go.jp/cgi-bin/idxselect.cgi?IDX_OPT=1&H_NAME=%8e%c0%97%70&H_NAME_YOMI=%82%a0&H_NO_GENGO=H&H_NO_YEAR=&H_NO_TYPE=2&H_NO_NO=&H_FILE_NAME=S53F03801000077&H_RYAKU=1&H_CTG=1&H_YOMI_GUN=1&H_CTG_GUN=1

Ⅳ 核セキュリティの本質

核セキュリティは，核セキュリティ・サミットのような首脳級の政治的会合の場において，NPT運用検討会議のような核不拡散の分野において，また，各国の国内規制強化の議論の場において，様々な側面から論じられてきている。また，IAEAの核セキュリティ活動に関する年次報告や一連の核セキュリティ関連の指針文書などを概観しても，国際的，地域的または各国国内で展開されている核セキュリティに関する諸活動は，非常に多岐にわたっている。

一例として，ハーグ核セキュリティ・サミットのコミュニケは，表2のような項目で構成されていた。

表2　ハーグ核セキュリティ・サミット・コミュニケに示された項目

1. 国家の基本的責任	8. 放射線源と放射性物質
2. 国際協力	9. 核セキュリティと原子力安全
3. 国際的な核セキュリティ体系の強化	10. 原子力産業
4. 国際連合の役割	11. 情報およびサイバーセキュリティ
5. 国際的なイニシアティブの役割	12. 核物質の輸送
6. 自発的取組	13. 不正取引
7. 核物質	14. 核鑑識

また，IAEAの核セキュリティ関連活動の概要を示した事務局長による年次報告「核セキュリティ報告2013」には，以下の表3のような活動項目が示されていた。

核セキュリティ・サミットのコミュニケの場合，そこに示される項目は，各国指導者が政治的に重要視する今後の協力の方向性を明示したものである。他方，IAEAの核セキュリティ報告の場合は，原子力に関する技術的国際機関であるIAEAが加盟各国に対する支援サービスの内容を示すと共に活動実績を列挙しているものである。したがって，これらは核セキュリティ強化に関する政治的・技術的観点からの項目ではあるものの，核セキュリティの本質ではない。では，核セキュリティの本質とは一体どこにあるのであろうか。

ひと言でいうならば，「核セキュリティの本質は『現場』にあり」といえよ

表3　IAEAの核セキュリティ報告2013に示された項目

1. 国際的な法的枠組み	13. 脅威の特徴付けおよび評価
2. 事件・密輸データベース（ITDB）プログラム	14. 核セキュリティ文化
3. 核密輸情報アウトリーチ	15. 核燃料サイクル関連活動の核セキュリティ
4. 核セキュリティ情報ポータル（NUSEC）	16. 核セキュリティに関する核物質の計量・管理
5. 統合核セキュリティ支援計画	17. 放射線源の安全確保
6. 核セキュリティ情報管理システム（NUSIMS）	18. 輸送のセキュリティ
7. 核セキュリティ・ガイダンス委員会	19. 物理的防護目的のリモート・モニタリング
8. 効果的な核セキュリティ支援のための研究開発	20. 高濃縮ウランの送還
9. 核セキュリティ評価ミッション・支援サービス	21. 効果的な国境管理の確立
10. 核セキュリティ訓練	22. 主要な公的イベント
11. 核セキュリティ支援センター国際ネットワーク	23. 放射線源を用いた犯罪現場の管理
12. 核セキュリティ教育	24. 核鑑識

う。なぜならば，核セキュリティは核テロリズム対策であり，核テロリズムとは核を用いた（上述の核テロリズムの類型①核兵器，②核物質，③放射性物質の盗取とその上での使用）あるいは核に対する（上述の核テロリズムの類型④原子力施設に対する妨害破壊行為）テロ行為であることから，核セキュリティの本質は，核物質や放射性物質，核兵器の存在する施設（輸送時も概念的にはこの中に含まれる）という「現場」において，一連の悪意ある行為を「起こさせない」という予防（Prevention）機能（未然防止機能）と，いったん発生してしまった悪意ある行為による影響を「食い止める」という対応（Response）機能（事後対処機能）を確保することだと考えられるからである。

　上述した核セキュリティの定義や概念の考察を踏まえ，核セキュリティが本

〔宮本直樹〕　　*8*　現代社会における核セキュリティの意義と今後の展望

質的に確保すべきだと考えられる機能をさらに細分化した核セキュリティの機能要素は，以下の表4のように体系化することができよう。

表4　核セキュリティの本質と考えられる機能の要素

予防（Prevention） （未然防止）	防護（Protection）	物理的防護
		人的防護（警備）
		侵入・接近の検知（Detection）
	「物」の管理	在庫量の把握
		不法移転の検知
対応（Response） （事後対処）	不法行為者の検束	身柄拘束
	放射線影響の拡大防止	「物」の発見・回収
		「物」の冷却・閉じ込め

　未然防止機能は，「防護（Protection）」と核物質など「『物』の管理」とに分類が可能である。さらに，防護は，「物理的防護」，「人的防護（警備）」，「侵入・接近の検知（Detection）」の各機能に細分化できる。これら機能は，基本的には従来の核物質防護としての対策の機能と同じである。物理的な防護および検知のための機器や設備は技術の進歩と共に改良が加えられ，また警備に用いられる装備も洗練されていくものの，未然防止のための機能としては変りがない。核物質などの「物」の管理は，現場のいかなる場所にいかなる物質がどれだけ存在するのかという適時の「在庫量の把握」機能と，それらが不法に現場から持ち出された場合に迅速に検知する「不法移転の検知」機能とに分類される。特に内部脅威者による盗取を念頭に置いた場合，この「物」の管理に関する機能は非常に重要となる。

　事後対処機能は，核物質などの盗取や施設の妨害破壊行為を行った「不法行為者の検束」機能と「放射線影響の拡大防止」機能とに分類されよう。現場における不法行為者の「身柄拘束」は，盗取された核物質や放射性物質などの現場以外での悪意ある使用の防止や妨害破壊行為の拡大防止に資することとなる。この不法行為者の検束は，原子力安全の機能にはない，悪意者が介在する核セキュリティに固有の機能である。また，放射線影響の拡大防止のうち，盗取された核物質など「『物』の発見・回収」機能も，悪意者が介在した結果として

必要となることから，核セキュリティに固有の機能といえる。他方で，核物質などの「『物』の冷却・閉じ込め」機能自体は，原子力安全上求められる機能であるが，意図的に引き起こされる放射線影響の拡大を防止するという観点からも求められる機能であることから，核セキュリティの本質に含めて考えるべきであろう。

V 核セキュリティの新たな領域

同じ，「現場」における動きではあるが，近年核セキュリティに関する新たな「領域」が注目を集めている。それは，「サイバー領域」と「意識領域」，具体的には「サイバーセキュリティ」と「核セキュリティ文化」である。

1 サイバーセキュリティ

従来より，核物質や放射性物質の盗取および原子力施設に対する妨害破壊行為を企む非国家主体やテロリストなどが必要な情報を入手することを防ぐための対策である「情報セキュリティ」[21]の重要性については認識されていた。しかし，近年，コンピュータ・ネットワークを経由して各国の政府機関や重要インフラの制御システムに対する電子的な攻撃（いわゆるサイバー攻撃）が発生するようになると，情報漏えいの防止対策を主眼とする「情報セキュリティ」だけでなく，サイバー空間で展開される施設に対するデータの改ざんや破壊，不正プログラムの実行，DDoS攻撃（分散サービス不能攻撃）などを防止し対処するための「サイバーセキュリティ」[22]にも注目が寄せられるようになってきた。

近年の主なサイバー攻撃の事例としては，第1に2007年4月のエストニアに対する政府機能妨害事例がある。世界各地の約100万台のパソコンから処理

---

[21] JIS Q 27002（ISO/IEC 27002）では，「情報の機密性，完全性，可用性を維持すること」と定義づけられている。機密性（confidentiality）とは，「情報へのアクセスを認められた者だけが，当該情報にアクセスできる状態を確保すること」，完全性（integrity）とは，「情報が破壊，改ざんまたは消去されていない状態を確保すること」，可用性（availability）とは，「情報へのアクセスを認められた者が，中断することなくそれらにアクセスできる状態を確保すること」，とされている。

[22] 「サイバーセキュリティ」の定義はいまだ確立されていない。日本政府のサイバーセキュリティに関する現状認識と対策の基本方針については，内閣官房情報セキュリティセンターの主要公表資料「サイバーセキュリティ戦略」，平成25年6月10日，http://www.nisc.go.jp/materials/index.html 参照。

能力を超える大量の不正メールが送信されたことにより，大統領府，政府機関および銀行などの民間会社の機能が麻痺した。本事例は，国家を標的とした国家による関与が推定される世界初のサイバー攻撃と言われている[23]。第2に，2010年9月のイランのウラン濃縮施設におけるスタックスネット感染事例が挙げられる。スタックスネット（Stuxnet）と呼ばれるコンピュータ・ウィルスが，ウラン濃縮施設の制御システムに侵入し，遠心分離機を停止させたという事例であった[24]。スタックスネットは，マイクロソフト社のパソコン用オペレーティング・システム（Windows）が有していた脆弱性を利用し，USBメモリを経由した感染により発症したと言われており，インターネットへの接続環境のない閉じられたネットワークであっても保守用USBや保守用パソコンが感染経路となることを示した。第3に，2012年10月の米国内の発電所で発生した制御システム・コンピュータのウィルス感染事例である。ある発電所のタービン制御システムの制御用コンピュータが保守用USBを経由して感染したことが発覚し，システム更新のために停止していた発電所の再稼働が約3週間先延ばしになったというものである[25]。

このような状況を受け，核セキュリティの観点からも，サイバーセキュリティに対する関心が高まり，2014年のハーグ核セキュリティ・サミットのコミュニケでは，「重要情報インフラや制御システムへの攻撃を含むサイバー攻撃の脅威の高まりや，それらの核セキュリティへの潜在的な影響に対処するため，国家および民間セクターが適切に核関連施設のシステムとネットワークのセキュリティを確保するための効果的なリスク軽減措置をとるよう奨励する。」として，サイバー攻撃に対処するためのサイバーセキュリティの確保策の重要

---

[23] フォーリン・アフェアーズ・リポート公開論文「進化するサイバー戦争」，2008年4月，http://www.foreignaffairsj.co.jp/essay/201106/Cyberwarfare.htm およびNHK時論公論「サイバー攻撃の脅威にどう立ち向かうのか」，2013年10月25日，http://www.nhk.or.jp/kaisetsu-blog/100/171161.html 参照。

[24] 独立行政法人情報処理推進機構セキュリティセンター「IPAテクニカルウォッチ『新しいタイプの攻撃』に関するレポート～Stuxnet（スタックスネット）などの新しいサイバー攻撃手法の出現～」，2010年12月，https://www.ipa.go.jp/about/technicalwatch/20101217.html 参照。

[25] 米国国土安全保障省『産業用制御システムサイバー緊急対応チーム（ICS-CERT）四半期事象報告』，2012年10～12月．http://ics-cert.us-cert.gov/sites/default/files/Monitors/ICS-CERT_Monitor_Oct-Dec2012.pdf

性が言及された[26]。

インターネット上のサイバー空間は，国家安全保障の観点からは陸，海，空，宇宙に次ぐ「第五の戦場」とも称される。ネットワークがつながっている限り，サイバー空間上では国境を越えて地球上を瞬時に情報が伝達される。また，サイバー空間は，匿名性が高い，訪問の痕跡が残りにくい，成りすましが容易であるなど，特有の特徴がある。こうした特徴は，施設やネットワークに対する侵入側と防護側では侵入側が圧倒的に有利であることを意味する。防護側は侵入されていることや被害が実際に発生していることに気づかない可能性も大いに考えられる。

サイバーセキュリティに関しては，各国ごとに司令塔となるサイバーセキュリティの中枢機関が戦略を立案し対策に乗り出している。核セキュリティの観点からは，このような各国のサイバーセキュリティ中枢機関と緊密に連携を図りつつ対応策を策定し着実に運用していくことが肝要である。特に，サイバー攻撃の未然防止策として，核セキュリティ上の物理的防護の考え方を適用することが重要だと考えられる。すなわち，閉じられたネットワークである制御システムに対するサイバー攻撃は，USBメモリなどを介在して，元々つながっていないシステムに入り込むという経路をたどることから，その対策として，USB接続の物理的防止策，制御システムに接近できる者を最小限に止めるための多重防護策など，核セキュリティの観点からの防護策をサイバーセキュリティにおいて応用していく仕組みと意識づけが求められよう。

2　核セキュリティ文化

近年，核セキュリティの強化において「核セキュリティ文化（Nuclear Security Culture）」の重要性が注目を集めるようになってきた。2012年3月のソウル核セキュリティ・サミットのコミュニケでは，核セキュリティ文化がひとつの項目として取り上げられた[27]。また，2014年3月のハーグ核セキュリ

---

[26] The Hague Nuclear Security Summit Communiqué, March 25, 2014, p. 5. https://www.nss2014.com/sites/default/files/documents/the_hague_nuclear_security_summit_communique_final.pdf

[27] Seoul Communiqué, 2012 Seoul Nuclear Security Summit, March 27, 2012, p.5. https://www.nss2014.com/sites/default/files/documents/seoul_communique_final.pdf

ティ・サミットで採択されたコミュニケでは，「国家，規制機関，研究・技術支援機関，原子力産業界およびその他の関係者が，それぞれの責任の範囲内で核セキュリティ文化を醸成し，国家レベル，地域レベルおよび国際的レベルで優良事例や教訓を共有することを奨励する。」と明記された[28]。各国における核セキュリティの確保は当該国の責任であることは，核セキュリティ・サミットの場においても，またIAEAの文書においても繰り返し確認されているが，各国が規制を通じて核セキュリティを確保していくことに加えて，原子力事業者や原子力産業界の積極的な対応が不可欠との認識が広まりつつある。

核セキュリティ文化は，IAEAの核セキュリティ・シリーズ文書のひとつ「基本文書」の中で，以下のように定義されている。

　　核セキュリティ文化：「核セキュリティを支援，強化および維持するための手段としての役割を果たす個人，組織および機関の特質，態度および行動の集合体。」[29]

この定義だけでは核セキュリティにおける「文化」の概念は必ずしも明確ではないが，企業経営において重視された「企業文化」の概念や原子力安全の分野で長年の蓄積を有している「原子力安全文化」の概念との比較検討の結果から，核セキュリティ文化とは，「核セキュリティを最優先で考慮しようとする組織内の価値観，規範，信念である。」と考えることができる[30]。こうした核セキュリティ文化，特に，原子力事業者や原子力産業界における核セキュリティに関する文化的側面に注目が寄せられるようになった背景としては，各国が規制という強制的な手法を用いて核セキュリティを強化するアプローチの限界あるいは非効率性が意識され始めたことが一因と考えられる。

2012年7月，米国の国家安全保障施設「Y-12」への侵入事案が発生した。この事案は，世界的にも最も警備が厳重であると考えられていた米国政府が管

---

[28] The Hague Nuclear Security Summit Communiqué, March 25, 2014, p. 2. https://www.nss2014.com/sites/default/files/documents/the_hague_nuclear_security_summit_communique_final.pdf

[29] IAEA Nuclear Security Series No. 20, "Objective and Essential Elements of a State's Nuclear Security Regime", p. 12. http://www-pub.iaea.org/MTCD/Publications/PDF/Pub1590_web.pdf

[30] 核セキュリティ文化に関するより詳細な考察に関しては，宮本直樹「核セキュリティ文化の概念とその醸成に関する考察」第34回（2013年）核物質管理学会日本支部年次大会発表論文参照。

第2部　軍縮・不拡散

理する核兵器関連施設に高齢女性を含む平和活動家が侵入したというものであった。仮に盗取や妨害破壊行為の意図を有するテロリスト集団であったならば，非常に深刻な事態を引き起こしていた恐れがある。なぜこのような事態が発生したのかという原因に関しては，警備にあたる警備員が意図的に侵入監視装置を遮断したこと，すなわち，核セキュリティ文化の欠如であるとの指摘がなされた[31]。さらに，米国の国家施設であったことから，米国連邦議会の下に設置された委員会では，管轄するエネルギー省および国家核安全保障局のマネジメントの失敗であることが厳しく指摘された[32]。

　規制による強制がなくても，核セキュリティが重要であるという認識を原子力事業者が自主的に形成するようになること，すなわち核セキュリティの確保を「規制に基づく行動」としてではなく，「経営戦略に基づく行動」として継続的に実施するように組織のマネジメント体制を整備していくことが重要視されてきているといえよう。

VI　おわりに

　以上，本稿では，核セキュリティの概念を振り返った上で，現代社会における核セキュリティの意義とその本質に関する考察を行ってきた。核セキュリティの意義は，論じる文脈によっていかなる側面に焦点を当てるかという違いはあるものの，上述のいずれの意義も，現代社会において重要視される核セキュリティという活動の存在理由となろう。また，核セキュリティの本質は，核テロリズムの発生とそれに起因して引き起こされる放射線影響のリスクを回避し，回避が困難な場合においてもそのリスクを低減し管理下に置くための，現場における取組みであるという点も強調されるべきであろう。今後も，これら核セキュリティの意義や本質には根本的な変化はないものと考えられる。こ

---

[31] U.S. Department of Energy, Office of Inspector General, Office of Audits and Inspections, "Special Report - Inquiry into the Security Breach at the National Nuclear Security Administration's Y-12 National Security Complex", DOE/IG-0868, August 2012. http://energy.gov/sites/prod/files/IG-0868_0.pdf

[32] United States House of Representatives, Energy & Commerce Committee, Subcommittee on Oversight and Investigations, Press Release, "Subcommittee Examines Challenges Confronting DOE Management of Nuclear Weapons Security in the Wake of Y-12 Breach", March 13, 2013. http://energycommerce.house.gov/press-release/sub-committee-examines-challenges-confronting-doe-management-nuclear-weapons-security

うした核セキュリティの意義や本質を踏まえた上で，核セキュリティ強化に関する今後の中期的展望について論じてみたい。

　第1に，国際情勢の変化に対応した，核セキュリティの本質である現場における核セキュリティ強化の継続である。具体的には，そのための方向性を各国に対して示すこととなる国際勧告文書の改訂であり，IAEA の INFCIRC/225 の改訂第5版を，3.11事故の教訓を踏まえて改訂すべく早期に作業に着手することである。2011年1月に出版された INFCIRC/225 の改訂第5版は，9.11テロ後に劇的に変化した脅威環境を反映させるべく改訂されたものであった[33]。従来の核物質防護の防護戦略は，機微な物質や設備を「防護区域」や「枢要区域」といった区域内に設置してそれらを多重に防護措置を講じることによって防護するというものである。3.11事故は，自然災害によるものであったが，これら区域の外にあった設備がその機能を果たさなくなることによって，結果的に放射線影響を施設外部にもたらすことを示した。従来の防護戦略では不十分だったことを明白にしたのである。したがって，3.11事故を経験した国際社会は，これまで核セキュリティ上重要視されていなかった安全上の設備などに対しても，それが破壊されることによって放射線影響をもたらすと判断される設備に対しては適切な防護措置を講じることを求めるような要件を追加した改訂勧告を作成し，その教訓を国際的に水平展開することが求められよう。

　第2に，核テロリズム発生後の被害管理（Consequence Management）の具体的検討である。核テロリズムに対する未然防止策を可能な限り講じる対策に加えて，万一発生した場合の事後的な対策に関して，被害が拡大した場合にいかに国家規模でそれを管理していくかということをより現実的に議論する必要があろう。日本においては，「核原料物質，核燃料物質及び原子炉の規制に関する法律」（原子炉等規制法），「原子力災害対策特別措置法」，「武力攻撃事態等における我が国の平和と独立並びに国及び国民の安全の確保に関する法律」（武力攻撃事態法），「武力攻撃事態等における国民の保護のための措置に関する法律」（国民保護法）といった既存の法的枠組みにおいて，対処に齟齬がなくまた

---

[33] INFCIRC/225/Rev. 4 から Rev. 5 への改訂プロセスを主導してきた米国はその理由の1つとして，その旨を表明していた。Melissa Krupa, "Combating the Nuclear Terrorist Threat: A Comprehensive Approach to Nuclear Security", *Journal of Nuclear Materials Management*, Summer 2010, Volume 38, No. 4, p. 32. 参照。

漏れがないように，人為的な原子力災害および核物質や放射性物質による汚染の拡大防止策を，国家安全保障の観点から事前に検討し対策を講じておくべきである。事態が拡大すれば「核のセキュリティ（核セキュリティ）」ではなく「国のセキュリティ（国家安全保障）」として議論すべき問題となるが，事態の収拾と被害の管理に滞りなく対応できるよう，核セキュリティに責任を有する関係当局や原子力事業者も関与しつつ国内体制の整備を進めておくことが求められよう。

第3に，国境警備や大規模イベントといった「新たな現場」における対応の重視である。核物質や放射性物質，核兵器国であれば核兵器の存在する施設を「現場」とする場合，そこでは，核セキュリティの概念にあるように，悪意ある行為の防止，検知そして対応がなされなければならない。一方で，核セキュリティの強化が不十分な施設において盗取された核物質や放射性物質が第三国に持ち込まれたり，大きな社会的影響を狙って，多数の人々が集う大規模イベントなどの場でそれらを発散させたりする事態が，国際的には従来から懸念されてきた。各国の国境警備の場や貿易港，税関，そしてワールドカップやオリンピックといった国際的な大規模イベントの会場における，「検知」を中心とした核セキュリティ措置をさらに重要視することが求められよう。これら措置は，核物質や放射性物質が存在する原子力施設などの「現場」を第一防衛線（First Line of Defence）とした場合，第二防衛線（Second Line of Defence）と位置づけられるものである。

核セキュリティは，引き続き国際的関心事であると共に，現代社会においては，日常生活を放射線影響から守るためにも必要な，国民一人ひとりにとっても身近な関心事となるべきである。一部専門家や現場における核セキュリティ担当者の関心事に止まることなく，原子力事業を営む企業の経営陣や一般市民の間においても関心を持たれることが必要な時代になったといえよう。

9 非伝統的安全保障課題としての CBRN に対する 2 国間・多国間協力の展望
――日本の取り組みを事例として――

一 政 祐 行[1]

I はじめに

1994年から1995年にかけて，日本でオウム真理教による松本サリン事件と地下鉄サリン事件が発生してから，早20年が過ぎようとしている。この間，国際安全保障のパラダイムは大きく変容した。2001年には米国・ワシントン及びニューヨークでいわゆる9.11米国同時多発テロ（以下，9.11）が勃発し，2004年にスペイン・マドリードで，2005年には英国・ロンドンでのテロが発生した。そして，非対称脅威として予測が困難なテロ攻撃の威力と，テロリズムと大量破壊兵器（Weapons of Mass Destruction: WMD）が結び付くリスクへの脅威認識が国際社会で共有されるようになった[2]。これに前後して，国際安全保障におけるWMDの脅威，即ち冷戦期以来の懸念であった核，生物，化学（Nuclear, Biological, Chemical: NBC）兵器が国家間や国内紛争で使用される脅威のみならず，新たにテロ攻撃も念頭においた化学，生物，放射線及び核（Chemical, Biological, Radiological and Nuclear: CBRN）[3]にまつわる事態として，一般に存在するもの含めた有害物質（Hazardous Materials: HAZMAT）や危険

---

[1] 本稿は筆者の個人的見解であり，所属する機関の見方を代表するものではない。

[2] Michael D. Intriligator and Abdullah Toukan, "Terrorism and Weapons of Mass Destruction," in Peter Katona, Michael D. Intriligator and John P. Sullivan eds., *Countering Terrorism and WMD: Creating a Global Counter-Terrorism Network*, Routledge, 2006, p. 69.

[3] 近年では主としてテロ対策の観点から爆発物（Explosives）も加えて，CBRNEと総称するケースもある。また日本国内を見れば，政府文書等ではCBRNではなくNBCと表記されるケースが多い。本稿ではWMD（NBC兵器）の使用事態に加えて，テロや事故，或いは災害やパンデミック等，化学，生物，放射線及び核に起因したあらゆる広範な事態への取り組みに注目し，特に断りがない限り表記をCBRNで統一する。

物（Dangerous Goods: DG）の環境中への放出や，それらに付随する汚染事態への対応メカニズムが検討されるようになった。こうした背景にはテロリズムへの脅威認識の高まりがありつつも，その概念上の間口を幅広くとることで，国家主体，テロリストを含む非国家主体による行為から，事故や犯罪，自然災害に起因するものまで，現実に生起しうる様々なCBRN事態とそのリスクについて，多様なレベルから包括的に捉えて対処するところに，この取り組みの特徴がある。かかる取り組みに国際的に合意された定義は存在していないが，本稿ではその特徴を総括して「CBRN防衛」と呼ぶことを提案する。

　テロリストによるHAZMATやDGの放出・汚染のように，CBRN攻撃に伴う直接的・間接的な影響は，WMD（NBC兵器）の使用で引き起こされる結果に近似する部分もある。しかし，市民社会に対するCBRNテロへの効果的な対応が目指すものと，各国が冷戦期を通じて培ってきた，NBC兵器が使用された戦場での軍事作戦行動を担保する戦術や手段とは，その発想の起点や達成目標からして大きく異なる[4]。また，別な例としては，CBRNテロへの懸念が高まる以前から，NBC兵器が都市圏で使用された場合の市民防衛（civil defense）が各国で検討され，実際に様々な措置が講じられてきたが[5]，これらの多くは，冷戦期の東西両陣営による核攻撃の応酬を念頭においたものであり，今日のCBRN防衛の要求するものとは，想定の規模や烈度といった点で必ずしも合致しない。更に近年，欧米諸国では，社会のあらゆるセクターがテロ攻撃，自然災害，或いは事故等を含む様々な災害に対して準備態勢をとる「オールハザード（all-hazard）[6]」型の対応へのシフトが見て取れる。この時，事態対処にあたるアクターも，必然的に警察や消防，救命救急医療チームといった初動対応者が中心となり，自治体，国，公的機関，民間及びボランティアセクター，そして場合によっては各国政府との協力等のもとで，予防・準備・対

---

(4) Dušan Vičar and Radim Vičar, "CBRN Terrorism: A Contribution to the Analysis of Risks," *Journal of Defense Resources Management*, Vol. 2, No. 2, 2011, pp. 23-24.

(5) Dietrich Schroeer, *Science, Technology and the Nuclear Arms Race*, John Wiley & Sons, 1984, pp. 219-235; Royal United Service Institute of Defense Studies eds., *Nuclear Attack Civil Defence: Aspects of Civil Defence in the Nuclear Age*, Brassey's Publishers, 1981, pp. 99-221.

(6) "Homeland Security: DHS' Effort to Enhance First Responders' All-Hazards Capabilities Continue to Evolve," U. S. Government Accountability Office, July 2005, p. 2.

〔一政 祐行〕 *9* 非伝統的安全保障課題としてのCBRNに対する2国間・多国間協力の展望

応・復興からなる危機管理の4つの局面で対応することが求められる[7]。

　HAZMATやDGの放出，汚染事態が発生した場合，その要因がテロ攻撃か，事故・災害かを問わず，初動段階では各々の組織，制度や文化，更には装備品から日常的な訓練度に至るまで自ずと差のある初動対応者間で，現場での対応・連携がとられることが前提となる。この点でも，自己完結性があり，指揮命令系統が確立された軍によるNBC戦への対応とは根本的に状況が異なる。また，事態対処にあたる初動対応者のバックグラウンドを鑑みれば，「堪えうる最小限の被害」への考慮は必要不可欠となる。具体的には，軍のNBC戦闘下における任務遂行，部隊運用能力の維持への強い関心とは若干異なり，CBRN事態への対応では市民やインフラの保護とともに，主に文民で構成される初動対応者の防護が最優先される[8]ことになる。

　犯罪や事故，或いは自然災害という観点から見れば，CBRN事態は産業化社会において，一般的にこれまで数多く発生してきた[9]。そのため，CBRN事態への対応には，本質的に治安維持や防災等の国内ガバナンスに帰属してきた領域も含まれる。しかし，非対称脅威としての国際テロリズムの台頭と，HAZMATやDGのように兵器化されていない，いわばCBRNアセットもテロ攻撃の手段や対象に入ってくるなか，非伝統的安全保障の問題として，CBRNが今日の2国間・多国間協力課題の1つに位置付けられるようになりつつある。

　以上のような現状認識のもとで，本稿は非伝統的安全保障課題としてCBRNの全体像を捉えるべく，主要国での定義や位置付けを概観しつつ，主としてテロ対策の側面から多国間でCBRN防衛に対する協力のニーズが高まった背景を考察する。次に，CBRN防衛にまつわる日本の取り組みを踏まえた上で，日本が関わる2国間・多国間での協力事例を検討し，CBRN防衛という複合領域的でユニークな課題に対する今後の多国間協力の展望を論じる。

---

(7) 務台俊介，レオ・ボスナー『高めよ！防災力：「いざ」に備えて「いま」やるべきこと』（ぎょうせい，2011年）131頁。
(8) Rutger Gaasbeck, Wiebe Bijl, Daan Bijwaard and Paul Brasser, *IFREACT Threat Analysis for Responders*, Ib Consultancy, 2012, p. 6.
(9) Ibid., p. 13.

II 非伝統的安全保障課題としての CBRN

1 今日的な CBRN の位置付け

非伝統的な安全保障課題として，気候変動や海賊対策，或いはサイバーといったトピックと並び，テロリズムや人道支援・災害救援は，近年の2国間・多国間外交で頻繁に俎上に載るテーマとなっている。本稿の冒頭で述べたとおり，CBRN とはテロリズムや災害，或いは WMD（NBC 兵器）に関連することから，こうした非伝統的安全保障課題の一端に位置付けられるのにも相応の説得力がある。

特に 2001 年の 9.11 と炭疽菌郵送事件以後，主要国の多くにおいて，戦略立案や国家安全保障上の新規課題として CBRN テロリズムが注目を集めるようになる[10]なか，CBRN 防衛に対する協力を論じる土台は徐々に拡大しつつある。実際に，WMD に対する G8 グローバル・パートナーシップでは，2002 年に CBRN 事態発生リスクの拡大に対する実質的なコミットメントについて合意が形成され，2012 年の時点で，将来は G8 の枠を超えて，グローバルな規模での安全保障としての CBRN 防衛を検討すべきとの議論にまで及んだ[11]とされる。国連のプラットフォームでも，安保理決議1373（2001年）や決議1540（2004年），国連総会が採択したグローバルな対テロ戦略及び同行動計画等を通じて，非国家主体の WMD へのアクセス阻止の取り組みが続いている[12]。これらの具体例は，CBRN の脅威に対する認識の共有や，非国家主体への WMD とその運搬手段の不拡散，更にテロリスト支援の違法化といった側面で，国際社会が共同歩調を取っている証左と言えよう。しかしながら，かかる取り組みは，CBRN 防衛の全体像のごく一部に関わるものと言わざるを得ない。

そもそも，CBRN 防衛の全貌を把握するには化学，生物，放射線と核と

---

[10] Vičar and Vičar, "CBRN Terrorism: A Contribution to the Analysis of Risks," pp. 23-24.

[11] Alan Heyes, Wyn Q. Bowen and Hugh Chalmers, *The Global Partnership against WMD: Success and Shortcomings of G8 Threat Reduction Since 9/11*, Routledge, 2011, p. 98.

[12] Olivia Bosch and Peter van Ham, "UNSCR 1540: Its Future and Contribution to Global Non-Proliferation and Counter-Terrorism," in Olivia Bosch and Peter van Ham Eds., *Global Non-Proliferation and Counter Terrorism: The Impact of UNSCR 1540*, Brookings Institution Press, 2007, pp. 219-223.

いう各構成要素を個別に把握する以上に複眼的な視野が求められる。即ち，CBRN には少なくとも WMD（NBC 兵器）が使用される事態への対応という伝統的安全保障セクター，テロ対策という治安セクター，或いは防災・危機管理ガバナンスやレジリエンス，公衆衛生，原子力安全や核セキュリティといった複数の異なるセクターにまたがる特性が指摘できる。更に，CBRN 事態に適切に対処するための具体的措置に目を移せば，予防，偵察，防護，検知・解析，鑑識，現場管理，避難，リスク・コミュニケーション，トリアージと治療，除染，被害緩和，対抗措置，捜査等[13]，多岐に及ぶ技術的／専門的知見や能力を連携させることが要求される。

他方，CBRN を脅威として捉えるならば，その要因（主体）と影響（手段）という点で様々なバリエーションが存在する。例えば，CBRN 事態の防止・対応・回復能力確立のために策定された米国 CBRN 国家演習計画では，大都市への 10 キロトン規模の核攻撃（核）に始まり，交通要所等でのペスト菌散布（生物），産業施設での塩素タンクの爆発（化学），大型ハリケーン被害（災害），大都市での複合的な放射線散布装置の爆発（放射線）等，想像力を刺激する 15 種類の想定状況[14]を設定する。また，欧州委員会の第 7 次研究枠組み計画（Seventh Framework Programme: FP7）では，過去に発生した CBRN 事態も参照しつつ，建物内での換気システムを通じたサリン散布（化学），食物への腸管出血性大腸菌の混入（生物），火事による放射性セシウムの放出事故（放射線），原発事故（核）等，11 種類の想定状況[15]を定めている。上記の想定状況の中には，対応を局地化することが可能なものもあれば，事態の規模や烈度に応じて政府レベルでの対応が必要で，かつ場合によってその影響が越境する恐れが生ずるものもある。

---

[13]　Marc-Michael Blum, Andre Richardt and Kai Kehe, "Preparedness," in Andre Richardt, Birgit Hulseweh, Bernd Niemeyer and Frank Sabath eds., *CBRN Protection: Managing the Threat of Chemical, Biological, Radioactive and Nuclear Weapons*, Wiley-Vch, 2013, pp. 462-475.

[14]　"National Planning Scenarios Version 21.3: Created for Use in National, Federal, State, and Local Homeland Security Preparedness Activities," U.S. Department of Homeland Security, March 2006.

[15]　"Ex-Post Evaluation of PASR Activities in the Field of Security and Interim Evaluation of FP7 Security Research CBRN Case Study," Center for Strategy & Evaluation Service, January 2011.

こうした背景のもとに，近年，CBRN防衛に関する国家戦略，或いは全国実施基準を公開する動きも見られるようになってきた。この一例として，爆発物（Explosives）への対処も視野に入れた米国のCBRNE基準にかかる国家戦略[16]や，英国のCBRNテロリズムに対する戦略[17]，カナダのCBRN戦略[18]等はよく知られている。これらの国々において，CBRN防衛としての取り組みはいずれも歴史が浅く，例えば米国でも9.11以降，破滅的なテロへの対処を試行錯誤するなかで，CBRN防衛の在り方が検討されてきた経緯がある[19]。2011年に米国が発表した「CBRNE基準にかかる国家戦略」は，こうした弛まぬ試行錯誤の結果として，①各州・自治体の初動対応者に対して省庁横断的なCBRNE基準を設け，②連邦，州，自治体等の取り組みについて調整を促進させるとともに，③CBRNE装備品の仕様基準や相互運用基準の策定を促し，④国家としての準備と対応の観点から，CBRNEの標準運用基準を整備し，相互運用にかかる調整の強化が打ち出された[20]。このように，宣言政策としてCBRN国家戦略が表明されることは，テロリストにCBRNアセットの利用を思い留まらせるような抑止効果への期待はもとより，現場での対応にあたる初動対応者らの認識共有や，地方自治体と中央省庁，民間セクターやボランティア等の連携促進のためにも，国内準備体制の整備という側面で重要なインプリケーションを有している。

2　CBRNテロをめぐる議論の展開

イワノワとサンドラー（Ivanova and Sandler）は，1988年から2004年まで

---

[16] "A National Strategy for CBRNE Standards," U. S. National Science and Technology Council, Committee on Homeland and National Security Subcommittee on Standards, May 2011.

[17] "The United Kingdom's Strategy for Countering Chemical, Biological, Radiological and Nuclear (CBRN) Terrorism," HMGovernment, March 2010.

[18] "The Chemical, Biological, Radiological and Nuclear Strategy of the Government of Canada," Public Safety and Emergency Preparedness Canada, 2005.

[19] Ashton B. Carter, "The Architecture of Government in the Face of Terrorism," in Arnold M. Howitt and Robyn L. Pangi eds., *Counter Terrorism: Dimensions of Preparedness*, MIT Press, 2003, pp. 23-25.

[20] "A National Strategy for CBRNE Standards," U. S. National Science and Technology Council, Committee on Homeland and National Security Subcommittee on Standards, May 2011, pp. 7-17.

〔一 政 祐 行〕　*9*　非伝統的安全保障課題としてのCBRNに対する2国間・多国間協力の展望

に全世界で発生し，記録されているテロ事件について，計画未遂に終わったものや捏造（hoax）によるものを除外すると，化学テロが205件，生物テロが42件，核テロが8件，放射性物質を用いたテロが26件にのぼると指摘する[21]。これらの件数カウントの方法論はもとより，データベースそのものの妥当性をめぐって更なる議論の余地があり得るものの，CBRNアセットを用いたテロは，今日において現実の脅威だと言っても過言ではないであろう。

テロとWMDが結び付く事態への懸念については，例えば米国でも1995年と1998年の大統領令（PDD-39及びPDD-62，いずれも非公開文書）によって，既にテロリストによるWMDの使用防止が優先課題として位置付けられてきた[22]とされる。しかし，CBRNが新たな安全保障課題として，米国のみならず国際社会の耳目を集めるようになった端緒は，やはり9.11の勃発であり，特に2003年に米国へのWMD攻撃を正当化したイスラム過激派シャイフ・アルファハド（Nasir bin Hamd al-Fahd）の声明であったとされる[23]。それ以降，国際テロ組織アルカイダ（Al-Qaeda）による，米国とその同盟国へのCBRNテロ攻撃の可能性をめぐって，様々な議論を呼ぶこととなった。

一例として，旧ソ連から流出した核兵器や世界各国に存在する管理の緩い核，或いは民生用途と軍事用途のどちらにでも利用可能なデュアルユース技術による生物・化学兵器の獲得等を通じて，テロリストがWMD（NBC兵器）を入手する最悪の事態を想定し，非対称脅威に対する安全保障を強化すべきとの意見[24]

---

[21] Kate Ivanova and Todd Sandler, "CBRN Attack Perpetrators: An Empirical Study," *Foreign Policy Analysis*, No. 3, 2007, pp. 276-277.

[22] 米国司法省，司法補佐局司法プログラム課，米国連邦危機管理庁，米国消防局消防大学校編『米国対テロ現場対応心得：対NBCテロ緊急対応自習テキスト』防災行政研究会監訳（ぎょうせい，2001年）116-118頁；"Presidential Decision Directive-62 (unclassified abstract)," Federation of American Scientist Website.

[23] Brian Fishman and James J.F. Forest, "WMD and the Four Dimensions of Al-Qaeda," in Magnus Ranstorp and Manus Normark eds., *Unconventional Weapons and International Terrorism: Challenges and New Approaches*, Routledge, 2009, pp. 34-35.

[24] Sandro Calvani, "Geopolitical Overview: Safety and Security in Western and Eastern Europe with Particular Reference to New Trends Highlighting New Threats and An Innovative Approach to the Necessary Regional Knowledge Management System," in Alberto Brugnoli ed., *Dangerous Materials: Control, Risk Prevention and Crisis Management*, Springer, 2010, pp. 3-4.; Intriligator and Toukan, "Terrorism and Weapons of Mass Destruction," Countering Torerism and WMD, Routledge, 2006, pp. 75-82.

は、9.11の余波冷めやらぬ時期には特に強いインパクトを持った。一方、こうした兵器は入手のハードルも高く、期待通りの効果が得られるかどうか定かではないため、テロリストにもアクセスが容易で、期待通りの殺傷力が得やすい簡易爆弾（Improvised Explosive Devices: IEDs）の方が魅力的だとする指摘[25]や、テロリストの側でもWMD（NBC兵器）を用いることで対外イメージの悪化を懸念する可能性や、HAZMATやDGの取り扱いの難しさから、CBRNテロの実施はハードルが高いのではないか、との推論[26]もある。また、アルカイダがCBRNテロ攻撃の手法をインターネット等で周知した事実はあれども、アルカイダの内部ではCBRNアセットへの関心自体が低く、かつCBRNに関する知識が不十分だったため、遂にCBRNテロは実現しなかったとの分析[27]もある。これらの指摘はいずれも、国際的なテロへの懸念は高まれども、実際に大量殺戮に結びつく致命的なCBRNテロはなかなか発生しない状況で析出されてきた論考と呼べるかもしれない。しかしながら、過去の一定期間に発生しなかったからと言って、将来にわたってCBRNテロが発生しない保障はなく、また致命的なCBRN事態がテロによってのみ引き起こされる訳でもない。これらを念頭に置いた上で、次節では日本のCBRN防衛の取り組みについて概観する。

Ⅲ　日本のCBRN防衛の取り組み

1　CBRN事態と日本の知見

リスク管理という側面から見れば、CBRN事態に対する包括的な対策とは、結果管理、拡散防止、対応、教訓の整理というプロセスのもとで、脅威の同定から防護措置の展開、対抗措置の準備、関係各方面への注意喚起、被害緩和措置、事態発生要因の追求（捜査）等の個別的手段で対処しなければならない[28]。

---

[25] David Tucker, *Illuminating the Dark Arts of War: Terrorism, Sabotage, and Subversion in Homeland Security and the New Conflict*, Continuum, 2012, pp. 107-113; Charles D. Ferguson, "WMD Terrorism," in Nathan E. Busch and Daniel H. Joyner eds., *Combating Weapons of Mass Destruction: The Future of International Nonproliferation Policy*, University of Georgia Press, 2009, pp. 40-41.

[26] Adam Dolnik, *Understanding Terrorist Innovation: Technology*, Tactics and Global Trends, Routledge, 2007, p. 47.

[27] Anne Stenersen, "Al-Qaeda's Thinking on CBRN: A Case Study," in Magnus Ranstorp and Manus Normark eds., *Unconventional Weapons and International Terrorism: Challenges and New Approaches*, Routledge, 2009, pp. 59-60.

〔一 政 祐 行〕　**9**　非伝統的安全保障課題としてのCBRNに対する2国間・多国間協力の展望

しかし，CBRN事態に伴う社会不安，物質的な被害，人命への危険や経済的な損失といった様々なリスクに備えようとすると，一般的に見積もっても膨大なコストがかかる上に，こうしたリスクは通常のテロ行為や自然災害の被害と比較しても，より長期的で後遺症を残す可能性が高い[29]。

CBRNテロの文脈で，日本で発生したオウム真理教の松本サリン事件（1994年），地下鉄サリン事件（1995年）は，宗教集団による化学・生物テロとして，国際社会に重大なインパクトを及ぼした。その結果，多くの欧米のテロリズム研究では，サリン事件の発生経緯と日本の初動対応者による対処実績を重要なケーススタディの一つに位置付けている[30]。一方，諸外国がCBRNテロ対策を進めるなか，日本国内ではサリン事件が特殊な団体による特殊な犯罪として受け止められ，基本的なテロ対策の強化にはなかなか着手されなかったとの指摘[31]がある。実際に，日本では2001年の9.11や米国炭疽菌郵送事件の発生，そして2004年に発覚したアルカイダ関係者の日本への不正出入国事件等を契機に，安全保障課題として国際テロ対策が急速に進むこととなり，またCBRNテロ対策に直結する対応基盤の整備や，国際テロの未然防止への舵切りが行われた[32]と評価されている。

しかし，それ以降は国内外で発生する重要なCBRN事態を踏まえて，CBRN関連の基盤整備や，警察[33]や自衛隊[34]等でのCBRN（NBC）事態への対応能力の強化が漸次進められてきたことも事実である。更に，大規模自然災害

---

[28]　Blum, Richardt and Kehe, "Preparedness," pp. 435-436.
[29]　Ibid., pp. 436-437.
[30]　Amy E. Smithson, "Chemical Micro Process Devices," in Jonathan B. Tucker ed., *Innovation, Dual Use, and Security: Management the Risks of Emerging Biological and Chemical Technologies*, The MIT Press, 2012, p.240; Ribyn L. Pangi, "Consequence Management in the 1995 Sarin Attacks on the Japanese Subway System," in Arnold M. Howitt and Robyn L. Pangi eds., *Countering Terrorism: Dimensions of Preparedness*, The MIT Press, 2003, pp. 371-410.
[31]　板橋功「大量破壊兵器テロへの対応」テロ対策を考える会編著，宮坂直史責任編集『テロ対策入門：偏在する危機への対処法』（亜紀書房，2006年）227頁。
[32]　金子将史「日本におけるテロ対策の展開」若田部昌澄編，PHP総合研究所国家のリスク・マネージメント研究会著『日本の危機管理力』（PHP研究所，2009年）246-249頁。
[33]　「警察の国際テロ対策：米国同時多発テロ事件から10年の軌跡」警察庁，2011年，2-12頁。
[34]　防衛省『平成24年度版日本の防衛：防衛白書』（佐伯印刷，2012年）180-182頁。

に起因したCBRN事態とも言える2011年の福島第一原発事故では，国内関係機関間のみならず，米軍との「トモダチ作戦」や，海外の各機関との連携のもとに原子力災害対処を行い，様々な成果と教訓[35]を導き出している。

　テロ対策や防災対策といった多様な切り口から議論ができるCBRN防衛だが，日本では化学・生物・放射性物質について実際に事態を経験し，その教訓に基づきCBRN防衛に関わる法的基盤の整備や，能力構築に務めてきた実績がある。今日，国際社会の至るところにCBRN事態が発生するリスクが存在するなか，2国間・多国間での協力として，CBRN事態への対応のための最良慣行（best practice）を同定する際，日本の持つ知見やCBRN防衛の能力が重要な貢献につながる可能性は高い。

2　日本におけるCBRN防衛に関わる基盤整備の取り組み

　日本国内のCBRN防衛に関わる基盤としては，危機管理全般にかかる災害対策基本法（1961年），原子力災害特別措置法（1999年），或いは後述する国民保護法（武力攻撃事態等における国民の保護のための措置に関する法律，2004年）等がある。しかし，より具体的なCBRN事態の予防，対処，被害緩和や復旧等に直接的・間接的に関わる主立った法的基盤や決定等として，「化学兵器の禁止及び特定物質の規制等に関する法律」（1995年），「サリン等による人身被害の防止に関する法律」（1995年），「平成8年度以降に係わる防衛計画の大綱」（1995年），内閣危機管理監設置（1998年），「重大テロ事件等発生時の政府の初動措置について」（1998年），「内閣官房初動対処マニュアル」（1998年），「大量殺傷型テロ事件発生時において行うべき措置について」（1999年），「中期防衛力整備計画」（1999年），内閣危機管理監主催のNBCテロ対策会議（2000年）と同会議における検討結果としての「NBCテロその他大量殺傷型テロへの対処について」（2001年）の公表，「生物化学テロ対処政府基本方針」（2001年），「NBCテロ対処現地関係機関連携モデル」（2001年），また「感染症法」改正（2003年）や「緊急事態に対する政府の初動対処体制実施細目」（2003年），厚生労働省「天然痘対策指針（第5版）」（2004年）に加えて，前述した「国民保護法」（2004年），「テロの未然防止に関する行動計画」（2004年），そして「国

---

[35] 同上，209-201頁。

〔一 政 祐 行〕　**9**　非伝統的安全保障課題としてのCBRNに対する2国間・多国間協力の展望

民の保護に関する基本指針」（2005年）や「原子炉等規制法」改正（2005年）等が挙げられる。

　このうち，日本におけるCBRN事態の発生リスクに対応する上で重要な転換点になったのが，2004年の国民保護法である。国民保護法では，武力攻撃事態とともにCBRN（NBC）テロを含む緊急対処事態への対応として，国・地方公共団体等の責務を明らかにし，避難・救援・武力攻撃災害への対処等の措置を定めた。その結果，指定行政機関，都道府県，指定公共機関で国民保護計画が策定されることとなり，これらは本稿執筆時点で内閣官房国民保護ポータルサイト上にて公開されている。

　また，国民保護法以降の主要な取り組みに目を向ければ，テロ対策との関連で「犯罪に強い社会の実現のための行動計画2008」（2008年），生物・パンデミック対策に関わる「鳥インフルエンザに関する政府の対応について」（2010年），核テロ対策に直結する「原子力発電所等に対するテロの未然防止対策の強化について」（2011年）のほか，原子力災害やHAZMAT，DG等の災害についても対策を打ち出した「防災基本計画」（2012年），「新型インフルエンザ等及び鳥インフルエンザ等に関する関係省庁対策会議の設置について」（2004年関係省庁申し合わせ，2013年一部改正），「国土強靭化（ナショナル・レジリエンス（防災・減災））推進に向けた考え方」（2013年）や「『自然災害等に対する脆弱性評価』を実施するための指針」（2013年）等，枚挙にいとまがない。

　更に，2012年に内閣官房が発表した「主なテロの未然防止対策の現状」では，CBRN（NBC）テロ等への対処の強化として，①核物質，放射性物質，生物剤，化学剤等の管理体制等の強化，②不審郵便の警戒及び水道施設の警備等の強化，③爆弾テロ防止条約の締結に伴う関係国内法の整備，④爆発物や病原体等を輸入してはならない貨物にすることによる輸入管理の強化，⑤大線量放射線源に係る輸出入管理の導入，⑥放射線源の登録管理制度の導入，⑦核テロ防止条約の締結に伴う関係国内法の整備，⑧爆発物の原料の管理強化，⑨大量破壊兵器等の拡散防止に向けた取り組みの9項目[36]を挙げており，これは，実質的なCBRNテロ対策の進捗を明らかにする宣言政策の役割も果たしていると評価できよう。

---

[36]　「主なテロの未然防止対策の現状」内閣官房，2012年6月11日，5-8頁。

第 2 部　軍縮・不拡散

　また，こうした諸々の取り組みを CBRN 防衛に対する基盤整備として俯瞰すれば，日本のアプローチは，実質的な方向性としてオールハザード型に収斂する下地が整いつつある⑶⑺と見ることもできるのではないだろうか。

Ⅳ　CBRN に対する多国間協力の可能性とその展望

1　CBRN 防衛をめぐる多国間協力ニーズ

　CBRN をテロ対策の観点から見れば，9.11 以前にも国際テロ対策の多国間協力事例が無かったわけではない。しかし，概ね治安部門での国内ガバナンスの課題だったテロ対策も，2001 年以後，多国間協調を前提とする国際安全保障の課題，即ちテロとの戦いへと格上げされ⑶⑻，それが今日に至るまで，より包括的な CBRN の脅威をめぐる多国間協力の重要な骨格となっている。

　無論，CBRN 防衛に関わる 2 国間・多国間協力推進のインセンティブは，今日，これだけには留まらない。近年，CBRN テロの脅威に晒されている国や地域，或いは国内に大量の HAZMAT や DG が存在し，事故や災害等による CBRN 事態の発生に懸念を持つ国以外，WMD そのものに精通した技術専門家や，実際にそれらが使用された際の適切な対応メカニズムが十分整備されないケースが目立つようになった⑶⑼こともある。実際に，国家主体から非国家主体への WMD の拡散問題に加えて，グローバルな経済成長に伴い，台頭する新興国での産業上のニーズの高まりから，HAZMAT や DG へのアクセスが急増し，結果的に高度なバイオ技術や毒性工業化学物質，放射性物質等がテロリストの手に渡るリスクも高まっている⑷⓪。こうした点からも，CBRN 防衛は一国或いは

⑶⑺　この点に関連して，オールハザード型の対応を実現する具体的措置として，米国で整備され欧米諸国で普及したあらゆる災害に共通する標準化された現場指揮システム，即ちインシデント・コマンド・システム（Incident Command System: ICS）の日本版の導入が必要だとの指摘もある。務台俊介編著，レオ・ボスナー，小池貞利，熊丸由布治著『3.11 以後の日本の危機管理を問う』（晃洋出版，2013 年）79-81 頁。

⑶⑻　Brian M. Jenkins, "From Combating Terrorism to the Global War on Terror," in Peter Katona, Michael D. Intriligator and John P. Sullivan eds., *Countering Terrorism and WMD: Creating a Global Counter-Terrorism Network*, Routledge, 2006, p. 189.

⑶⑼　Rezso Pellerdi and Tamas Berek, "Redefining the CBRN Risk Assessment," *Academic and Applied Research in Military Science*, Vol. 8, No. 1, 2009, p. 169.

⑷⓪　Alicia Mignone, "The European Union's Chemical, Biological, Radiological and Nuclear Centres of Excellence Initiative," *EU Non-Proliferation Consortium Non-Proliferation Papers*, No. 28, June 2013, p. 2.

〔一政祐行〕 *9* 非伝統的安全保障課題としてのCBRNに対する2国間・多国間協力の展望

地域内でのガバナンスの問題だけでは片付けられない，新たな安全保障課題の一端と認識されるようになってきたと考えられる。他方，テロリストが攻撃手段としてCBRNアセットにアクセスする可能性を想定すれば，密輸への効果的な対策が必要となるため，特定の国や地域での協力によるものだけでなく，国連や国際機関による輸出管理の取り組みにも目を向けねばならない[41]。また，伝統的安全保障との境界領域にあるものとして，拡散するWMDが実際に国家間紛争，或いは国内紛争で使用される事態に備えた，正に防衛上のニーズからくるCBRN脅威をめぐる協力にも然るべく目配りする必要がある。

CBRN事態への対応というオペレーションの見地に立てば，こうした多国間協力が実務上も容易ならざる挑戦であることが分かる。CBRN防衛を国内ガバナンスとして見た場合でも，関係機関間での平時からの実働防災訓練や，机上演習等を通じた連携・調整という側面に加えて，事態発生時の現場における広範なマネージメントの問題が横たわる。これが国家間でのCBRN事態への対処協力となれば，組織文化や言語の壁のみならず，マネージメントすべき更なる課題が多数生じるであろうことは想像に難くない。このように，CBRNの概念が持つ間口の広さ故に，その2国間・多国間協力を読み解くのにも複眼的な視座が要求される。かかる前提に立ち，以下，日本と主要国や地域とのCBRN防衛をめぐる協力について，その取り組みの全体像の把握に試みつつ，個別に検討する。

2 日米協力

日米2国間での取り組みでは，2001年の9.11以後の日米防衛協力の一環として進められてきたCBRN防護作業部会の存在がある。これは2007年の日米安全保障協議委員会（いわゆる「2＋2」閣僚会合）において，その2年前の2005年の「2＋2」閣僚会合共同宣言「日米同盟：未来のための変革と再編」構想に沿った役割・任務・能力の進展の確認として，「大量破壊兵器による攻撃を受けた場合に運用能力の持続を確保するべく，CBRN兵器に対する自衛隊及び米軍部隊の即応態勢及び相互運用性を改善することに関し着実な進展を図る」べく，日米CBRN防護作業部会が設立[42]されたことに端を発する。

---

[41] 宮坂直史「国連のテロ対策」広瀬佳一＝宮坂直史編『対テロ国際協力の構図：多国間連携の成果と課題』（ミネルヴァ書房，2010年）27頁．

第2部　軍縮・不拡散

　その後，2011年に同「2+2」閣僚会合文書として発表された「東日本大震災への対応における協力」で，「福島第一原子力発電所事故への二国間の対応は，情報共有，防護，除染及び被害局限といった分野における政策協調及び協力のための場としての化学・生物・放射線・核（CBRN）防護作業部会の強化が重要であることを示した」(43)との見解が明確にされた。なお，2011年の「2+2」閣僚会合前後のメディア報道では，福島第一原発事故において，自衛隊と米軍による支援活動の調整機能を担った日米調整所が高く評価された一方で，政府全体としての対応を促進するための2国間或いは多国間のリアルタイムでの情報共有メカニズムの必要性や，自衛隊と米軍との協力進展のためにも，基地を抱える地方自治体の防災訓練への米軍参加の重要性等が指摘されている(44)。

　2013年7月には，沖縄・キャンプコートニーで陸上自衛隊と米海兵隊CBRN専門部隊（Chemical Biological Incident Response Force: CBIRF）との合同訓練が実施された(45)。このように実質的な日米のCBRN合同訓練が進むなか，2013年10月の「2+2」共同発表「より力強い同盟とより大きな責任の共有に向けて」では，2国間の計画検討作業として，「平時及び危機における調整のための2国間の政府全体のメカニズムを強化すること，並びに自衛隊及び米軍による日本国内の施設への緊急時のアクセスを改善すること」が盛り込まれた(46)。これは，将来発生しうるグレーゾーン事態も含めて，日米間での連携を強化するための措置として広義に解釈できる一方で，CBRN事態においても，必要に応じて，自衛隊と米軍の迅速な対応能力の向上に資すると捉えることもできよう。

　また，平時からの両国政府間の調整をより円滑なものとするために，「政府全体のメカニズムの強化」に踏み込んだ点は，日米協力の俎上にCBRNが挙がって以来の大きな合意事項だと評価できる。前述した「日本国内の施設への緊急時のアクセス」についても，自衛隊と米軍とのCBRN事態の発生現場での部隊展開の利便性向上のみならず，場合によっては原発へのテロ攻撃や，ゲ

---

(42)　「同盟の変革：日米の安全保障及び防衛協力の進展」外務省，2007年5月1日。
(43)　「東日本大震災への対応における協力」外務省，2011年6月21日。
(44)　『日本経済新聞』2011年6月11日。
(45)　「ニュース（7月10日）陸上自衛隊将校が海兵隊CBRN隊員と合同訓練」第3海兵遠征軍・米海兵隊太平洋基地，2013年7月10日。
(46)　「より力強い同盟とより大きな責任の共有に向けて」外務省，2013年10月3日。

リラ・コマンドウ攻撃事態等の発生に備え，自衛隊や米軍が電力会社等の事業者に必要な情報へのアクセスを要請する等，新たなアプローチへと繋がる可能性も想起させる。こうした意味では，2013年の「2＋2」共同発表は非伝統的安全保障と伝統的安全保障の境界領域にまたがる内容とも言え，日米のCBRN防衛をめぐる協力の裾野も，近い将来には初動対応者や自治体等，様々なアクターを巻き込んで，日米両国でのCBRN事態を想定する訓練や共同演習の実施等へスコープを拡大してゆく可能性も考えられる。

なお，米国は国土安全保障に関する大統領令第8号（HSPD-8）に基づき，CBRNをはじめとしたテロ攻撃，大災害，およびその他の緊急事態を念頭に，オールハザード型での準備態勢確立に向けて様々な取り組みを進めている。今後，CBRN防衛を日米協力の一環で前進させるにあたっては，相互の運用能力の向上と同時に，CBRN防衛にかかる個別の経験や，蓄積された知見，更には米国と他の同盟国やパートナー国が実施するCBRN訓練の成果・教訓等も適宜に共有することが望まれる。

3 日EU協力

2011年の日EU定期首脳協議では，第3国で発生しうるCBRN事態の緩和を目指す協力として，原子力及び放射線分野における事故で生じるリスクへの組織的な対応能力の向上や，EUのCBRN地域センター・イニシアティブと日本の核不拡散・核セキュリティ総合支援センター等で情報交換を行うことが発表された[47]。2013年には日EU首脳間でCBRNテロの危険軽減にかかる協力進展を歓迎する声明が出され，対話や共同事業の実施を通じた関係機関の協調や，核セキュリティの更なる強化等の取り組みが確認された[48]。

EUでは2009年にリスク管理の観点に立つ安全保障アプローチの採用として，HAZMATやDG等の効果的な防護，域内でのCBRNに関連するセキュリティ情報の交換，域内におけるCBRN検知技術の開発やCBRN事態の管理手段の準備を軸に，CBRNの脅威及びその市民社会への被害を軽減するべく，予防・検知・準備と対応の3本柱から成るCBRN行動計画を策定した[49]。予

---

[47] 「第20回EU日定期首脳協議共同プレス声明付属文書」首相官邸，2011年5月28日。
[48] 「EU News 477/2013：第21回 日・EU定期首脳協議 共同プレス声明」駐日欧州連合代表部，2013年11月19日。

てより、テロ対策に関する地域内協力の成功例として評価が高いEUでは、ユーロポール（Europol）や欧州状況センター（Situation Center: SITCEN）といった複数の専門機関を擁し、CBRNの脅威に対しても域内連携を図ってきた[50]。前述したFP7でのCBRN想定状況に象徴されるように、様々な形で訓練や演習を実施し、域内での教訓事項を見直す等、CBRN防衛をめぐる対応力強化も様々なアプローチで進めている[51]。

2013年の日EU定期首脳協議で言及された、CBRNテロの危険軽減に関する協力が具体的にどのような内容を含むのか本稿執筆時点では公開されていないが、域内28カ国の初動対応者が利用可能なCBRN想定状況をまとめ上げ、かつCBRN事態における域内協力にも踏み込むEUの取り組みに学ぶべきところは多い。目下実施されている核セキュリティ分野での日EU協力を足掛かりに、今後はより包括的な見地からCBRN防衛をめぐる協力の実現に向けて、まずは双方の専門家による人的ネットワークの構築とともに、最良慣行の共有を進めてゆくことが期待される。

4　日NATO協力

2013年4月に発出された日NATO共同政治宣言では「我々は、サイバー防衛をはじめとする新たな安全保障上の課題や、災害救援、テロ対策、特に小火器の削減を含む軍縮、大量破壊兵器とその運搬手段の不拡散、海賊対策等の海上安全保障といったその他の課題が、更なる対話と協力が可能な分野に含まれるとの認識を共有する」との一節が設けられた[52]。この宣言自体は、2011年4月のNATO外相会合で承認された「より効率的で柔軟なパートナーシップのためのNATOの新政策」に依拠するが、同新政策では優先的な協力アジェン

---

[49] "Council Conclusions on Strengthening Chemical, Biological, Radiological and Nuclear (CBRN) Security in the European Union - an EU CBRN Action Plan-Adoption (15505/1/09REV1)," Council of the European Union, 2009, pp. 13-67.

[50] Lindsay Clutterbuck "Developing a Counter-Terrorism Network: Back to the Future?" in Peter Katona, Michael D. Intriligator and John P. Sullivan eds., *Countering Terrorism and WMD: Creating a Global Counter-Terrorism Network*, Routledge, 2006, pp. 44-45.

[51] Hege Schultz Heireng, et al., "The Development and Use of CBRN Scenarios for Emergency Preparedness Analysis," FOI Swedish Defence Research Agency, 2012.

[52] 「日本・北大西洋条約機構（NATO）共同政治宣言」外務省、2013年4月15日。

ダとして、テロ対策、WMD の拡散対抗、市民緊急対応計画を列挙している[53]。その後、2013 年 6 月に東京で開催された日 NATO シンポジウム「新規安全保障課題における NATO の役割と日 NATO 協力」では、新規安全保障課題としての CBRN に対する日 NATO 協力の在り方が議論[54]されるに至っている。

このように、日 NATO 間での CBRN 防衛をめぐる協力は、当初から新規安全保障課題という位置付けのもとで検討が始まったが、2013 年には人道支援・災害救援に関する日 NATO 共同研究会の開催へと発展した[55]。この背景には 2013 年 4 月の安倍晋三総理大臣とラスムセン（Anders Fogh Rasmussen）NATO 事務局長による共同政治宣言の署名に際して、安倍総理から新たな安全保障分野についても対話・協力を強化し、人道支援・災害救援分野に関する共同研究会の立ち上げを提案する旨の発言があり、これに応えてラスムセン事務局長からも潜在的協力の分野として、テロ対策や人道支援・災害救援分野への言及があった[56]ことが指摘できる。

2014 年 5 月には「日 NATO 国別パートナーシップ協力計画」が署名された[57]が、これらの宣言や計画の文言上で、明示的に CBRN には言及されていない。しかし、日 NATO 間での検討のバックグラウンドとして、人道支援・災害救援やテロ対策、WMD 不拡散、そして防衛科学技術といった CBRN の近接領域がカバーされていることから、今後、実質的な CBRN 防衛をめぐる協力についても進展が注目される。

5　世界健康安全保障イニシアティブ（GHSI）における協力

多国間の CBRN 脅威に対する協力のフレームワークとして、2001 年以来、カナダ、フランス、ドイツ、イタリア、日本、メキシコ、英国、米国及び欧州委員会の保健担当大臣、長官、委員によって構成される世界健康安全保障イニ

---

[53] "Active Engagement in Cooperative Security: A More Efficient and Flexible Partnership Policy," North Atlantic Treaty Organization, 2011, pp. 1-2.
[54] 「日 NATO シンポジウムの開催」外務省、2013 年 7 月 1 日。
[55] 「人道支援・災害救援に関する日 NATO 共同研究会第 1 回会合の開催（概要）」外務省、2013 年 7 月 10 日；「人道支援・災害救援に関する日 NATO 共同研究会第 2 回会合の開催（概要）」外務省、2013 年 9 月 27 日；「人道支援・災害救援に関する日 NATO 共同研究報告書」外務省、2014 年 5 月 6 日。
[56] 「ラスムセン NATO 事務総長による安倍総理大臣表敬」外務省、2013 年 4 月 15 日。
[57] 「日 NATO 国別パートナーシップ協力計画」外務省、2014 年 5 月 6 日。

シアティブ（Global Health Security Initiative: GHSI）の取り組みがある。GHSIではメンバー国及び世界保健機関等との協調・協力を軸に，主として公衆保健上の対応を強化するべく，各国における準備態勢と調整，緊急時の適時なコミュニケーション等を進めてきている。GHSIは2012年以降の活動テーマとして，CBRNの脅威とリスクの継続的評価，早期警報と報告，準備と対応能力の強化，除染，対抗医薬品，検査施設の能力強化，国際保健規則の実施，リスク・コミュニケーションの8項目を挙げている[58]。

　GHSIは本来必ずしもCBRNを主眼とした取り組みではないものの，9.11以降，リスク管理，コミュニケーション作業部会，実験施設ネットワーク，化学テロや除染対応作業部会，核及び放射線源脅威作業部会，新型インフルエンザ作業部会等の設置や運用，検討会合の開催を通じて，メンバー国の専門家や研究者による人的・組織的ネットワークの構築に注力してきた[59]。こうしたネットワークは，事態発生時における各国専門機関間での潜在的なコミュニケーション能力の強化に資する上に，将来的には専門家が各メンバー国において，CBRN事態への対応能力を評価し，改善点を浮き彫りにするような，いわば「客観的基準」のようなものを導出するのにも役立つと考えられる。

　地域横断的なネットワーク形成を意図したGHSIの取り組みには，異なる安全保障環境におかれたメンバー国間で人的・組織的ネットワークを構築できるメリットがある。日本としても，引き続きGHSIに能動的なコミットメントを行うことが期待されるとともに，特に専門的知見やネットワークを持つ人材が一カ所に留まらない人事制度上の制約が存在するなか，いかにしてメンバー国間でのネットワークを維持するか，今後その方法論を検討する余地もある。更に，こうした交流を通じて得た知見や，相手国やカウンターパートの情報，或いは専門分野毎の交流実績は，関係省庁及び関係各機関を横断して共有できるメカニズムを整備する必要があろう。

---

[58]　「世界保健安全保障イニシアティブ（GHSI）第12回会合」厚生労働省，2011年12月14日。

[59]　「政策レポート：世界健康安全保障イニシアティブ（GHSI）」厚生労働省，2009年1月13日。

V　むすび

　2020年に東京オリンピックを控える日本では，今後CBRNテロへの対応という観点からも，海外での最良慣行を踏まえつつ，これまで以上にリスク・マネージメントにかかる様々な考慮や対策が求められることになる[60]。無論，テロ対策以外でも，他国からのWMD（NBC兵器）による武力攻撃事態はもとより，大規模自然災害や犯罪，事故，或いはパンデミック等に適切に対処するべく，CBRN防衛に対する能力構築を続けてゆく必要がある。

　本稿で概観してきたとおり，日本はサリン事件や福島第一原発事故等を通じて，国内外の関係各機関との連携のもとに，世界でも殆ど前例のないCBRN事態に即席で（improvisatory）対応した実績があり，また海外での事例も念頭に，着実にCBRN防衛に関連する国内の基盤整備や能力構築を進めてきた。こうした取り組みに目に見えるゴールはなく，またある種の普遍的な原理として，いかなる取り組みにも一定のリスクが付随することは否定できないが，そうであるからこそ，あらゆるCBRNの脅威に備える弛まぬ取り組みが求められることになる。

　いつ，どこでCBRN事態が発生するのか予想することは困難だが，各国，各地域の経験をもとに最良慣行を同定し，それらを適宜に多国間で共有してゆくこと，そして海外の優れたCBRN事態対処の方法論や技術を吸収し，多様なレベルでのネットワークを構築してゆくことは，将来に備えるという意味で重要なインプリケーションを持つ取り組みだと言えよう。

---

[60]　片山善雄「オリンピックとテロ」『ブリーフィング・メモ』第188号，2014年，3頁。

10 対日講和における核エネルギー規制条項の変遷
――日本に与えられた自由とその限界――

田中慎吾

I はじめに

日本が米国主導の連合軍総司令部（The General Headquarters of Supreme Commander for the Allied Powers: GHQ/SCAP）の占領下に入った際，米国トルーマン（Harry S. Truman）政権は，日本における核物理学分野の研究・開発を禁止した[1]。この禁止は，日本の非武装化と民主化を最重要目標とした初期の占領政策の一環として行われたものであったが，戦時中の日本の核エネルギー研究がその背景にあった。

実は日本も1940年頃より動力源や兵器としての利用を目指して核エネルギー研究を開始していたのである[2]。米国は早くからその事実を把握していたものの，日本の資源及び技術状況から研究遂行は不可能と判断していた。ただし，日本国内での情報収集の困難さから，戦時中はその判断を確かめる術がなかった[3]。また，終戦前に日本側が行っていた広島・長崎の被害調査によって，

---

[1] 禁止令は，主として総司令部指令第3号（1945年9月22日），統合参謀本部（Joint Chiefs of Staff: JCS）発GHQ/SCAP宛電信WX79907（同年10月31日），同じくJCS発GHQ/SCAP宛電信WX88780（同年12月15日）より構成されていた。田中慎吾「原子力・核問題における特殊な日米関係の萌芽――トルーマン政権の対日原子力研究規制と緩和1945-47」『国際公共政策研究』第17巻第2号，2013年3月，113-126頁を参照。

[2] 1940年頃開始された日本の核エネルギー研究は，日米開戦後に「二号研究」と「F研究」という二大プロジェクトへ収斂された。前者は日本陸軍航空本部が理化学研究所へと委託したもので，仁科芳雄主任研究員により主導された。後者は，日本海軍艦政本部及び海軍第二火薬廠が京都帝国大学理学部へと委任したもので，荒勝文策教授により主導された。しかしいずれもが，ウランの入手と濃縮技術の開発に手間取り，研究目標に程遠い段階で終戦を迎えた。山崎正勝『日本の核開発1939-1955――原爆から原子力へ』（績文堂，2011年），田中慎吾「核の「平和利用」と日米関係――原子力研究協定にみる「記憶」のポリティクス」2013年度大阪大学博士論文，補章を参照。

核兵器の構成といった機密情報が，日本側に相当程度把握されてしまったと米側は考えていた。それゆえトルーマン政権は，占領の開始直後に日本の核エネルギー研究の実態を調査するとともに，核エネルギー関連の研究を含む核物理学研究の全般を禁止したのである。

ところが良く知られているように米ソ間の冷戦状況が明確化し始めると，トルーマン政権の対日政策は日本の無力化から自立化へと大きく変化した。その際，日本の科学力を経済復興に利用するために，核物理学研究の禁止令は一部緩和され，放射性同位体の使用といった基礎的な分野については許可された。しかし，核エネルギーの利用を目的とするなどの応用的な研究については一貫して禁止が維持された。

核エネルギー研究が日本で解禁されたのは，対日平和条約の発効においてであった。1951年9月8日に署名され，翌52年4月28日に発効した「日本国との平和条約（Peace Treaty with Japan）」には，核エネルギーに関して何ら言及がなかったのである。ここに日本において再び核エネルギー研究への道が開かれ，その後日米両国は1955年に「日米原子力研究協定」を締結し，以降協力関係を構築していくのである。

こうした経緯の中で本稿は，トルーマン政権の対日講和政策における核エネルギー規制問題に着目する。初期の対日講話の草案には核エネルギー関連の規制が存在していたことが知られているが，そうした核エネルギー規制がいかなる経緯で盛り込まれ，それがいかに変遷し，そして最終的には削除されるに至ったのかを考察した研究は管見の限り存在しない。

その理由としては先行研究が，核エネルギー規制問題を日本の再軍備を巡る議論の一部として見なしてきたことや，当時の日本国内外の情勢から規制の撤廃を当然視してきたためだと思われる。しかし言うまでもなく核エネルギーには，「平和」利用と「軍事」利用という二面性が存在しており，核エネルギー規制問題は単に再軍備論争の一部ではないのである。

そこで本稿の第1の目的は，トルーマン政権下で策定された対日講和の草案における核エネルギー規制条項がいかなる要因・背景により形成され，変遷し

---

(3) 山極晃＝立花誠逸編『資料マンハッタン計画』岡田良之介訳（大月書店，1993年）727頁, Leslie R. Groves, *Now It Can Be Told; the Story of the Manhattan Project*, 1st ed, Harper, 1962, p. 87.

てきたのかを明らかにすることである。くわえて，対日政策の修正により核エネルギー規制条項を削除することを決定した後に，それに伴うリスクをトルーマン政権内部はどの程度評価し，不測事態にいかに対処しようとしていたのかを明らかにすることを第2の目的とする。

以上2つの目的を達するため，次節では1945年から1948年1月までの初期の対日講和の試みにおける核エネルギー規制条項がいかなるものであったのかを考察する。その上で第2節では，1948年からの対日政策の修正が占領政策としての核エネルギー規制に与えた影響を概略しつつ，1949年9月の米英会談を契機として再開された対日講和に向けた準備作業において，核エネルギー規制条項がいかに変化していったのかを示す。そして最後に，平和条約署名から発効にかけてトルーマン政権内部では，講和後の日本における核エネルギー規制の在り方を巡り議論が行われていた事実を明らかにし，日本に与えられた核エネルギー研究の自由には一定の制約が埋め込まれていたことを描き出すことにする。

II 初期の対日講和における核エネルギー規制

1 非武装・非軍事化条約

トルーマン政権は終戦後，占領政策とともに対日講和政策の策定作業を本格化させた。初期の対日講和における大きな特徴は，「平和条約」とともに「非武装・非軍事化（Disarmament &Demilitarization: D&D）条約」の締結が構想されていたことである。この2つの内トルーマン政権は，日本の無力化を目的としたD&D条約の策定から着手した。

その策定作業においては，先に作業が開始されていた対独D&D条約の草案を大いに参照することになった。ちなみに，対独D&D条約の策定作業において基礎となったのは，米英仏ソの4ヶ国により1945年6月5日に共同発表されていた，いわゆる「ベルリン宣言」であった[4]。ドイツによる敵対行為の停

---

[4] 正式名称は Declaration regarding the defeat of Germany and the assumption of supreme authority with respect to Germany by the Governments of the United States of America, the Union of Soviet Socialist Republics, the United Kingdom and the Provisional Government of the French Republic. イェール大学アヴァロン・プロジェクト・ウェブサイト < http://avalon.law.yale.edu/wwii/ger01.asp >（以下，URLは全て2014年6月6日最終閲覧）。

第2部　軍縮・不拡散

止と武装解除を主たる内容とする本宣言は，第5条a(i)において全ての武器，弾薬，爆発物，軍用機器，戦争用のあらゆる貯蔵品，そしてその他のあらゆる軍需資材の現状保存とともに，連合軍へ良好な状態で引き渡すことを規定していた。なお，この宣言には核分裂性物質や核兵器といった核エネルギー関連の規制は存在していないが，これは当時米国が極秘に核兵器の作成を進めていたために当然であろう。

これらを参考とした対日D&D条約草案は，対独D&D条約とともに1946年2月頃にひとまず完成し，バーンズ（James F. Byrnes）国務長官に届けられた[5]。同草案は，第1条aにおいて陸海空全ての軍隊及び憲兵隊などの準軍事組織の武装解除と解散を規定するとともに，同条d(1)では全ての武器，弾薬，爆発物，軍用機器，戦争用のあらゆる貯蔵品，その他のあらゆる軍需資材の製造・生産・輸入を禁止していた。このように終戦から，すなわち核兵器の使用から半年を経た本草案においても，ベルリン宣言を基礎としたためか核エネルギー関連への言及は見当たらない。

しかし4ヶ月後の1946年6月21日に公表された対日D&D条約の修正草案では，上記条文はそのままに，締約国が認可した条件以外のいかなる目的においても核分裂性物質の製造・生産・輸入を禁止するとの規定が第1条d(2)として盛り込まれた[6]。ではこの規定は，いかなる経緯で挿入されたのだろうか。

それは，対独D&D条約の議論が関係していた。1946年4月29日，米英仏ソの4カ国は外相理事会（Council of Foreign Ministers）第4回会合において，対独D&D条約を外相理事会の議題とすべきかについて議論した。その席上，バーンズ国務長官は新たな対独D&D条約の修正草案を作成済みであり，翌30日にそれを回覧すると述べ，実際に配布された。バーンズが示したこの新

---

[5] Memorandum for the President by James F. Byrnes, "Peace Treaty regarding Japan," February 27, 1946, *President's Secretary's File*, Box no. 159, Harry S. Truman Presidential Library (hereinafter, Truman Library); The Secretary of State to the Charge in the Soviet Union, February 28, 1946, Untied States Department of State, *Foreign Relations of the United States* (hereinafter, FRUS), 1946, Vol. VIII, U.S. Government Printing Office, 1971, 152-153.

[6] "Draft Treaty on the Disarmament and Demilitarization of Japan," June 21, 1946, in F. G. Jones, Hugh Borton, and B. R. Pearn, *The Far East, 1942-1946*, Oxford University Press, 1955, 541；西村熊雄『サンフランシスコ平和条約』（鹿島平和研究所，1971年）10-12頁。

たな修正草案において，初めて核エネルギー関連の規制が登場したのであった。

本修正草案は第1条aからcにおいてドイツの武装解除と軍事・準軍事組織の解体を，同条d(1)では全ての武器，弾薬，爆発物，軍用機器，戦争用のあらゆる貯蔵品の製造・生産・輸入を禁止している。新たに追加されたのは同条d(2)であり，締約国が許可する条件を例外として，いかなる目的においても全ての核分裂性物質の製造・生産・輸入の禁止が規定されていたのである。

こうした核分裂性物質の禁止規定の挿入は，1946年1月24日の国連総会において設立され，同年6月に初会合が予定されていた国連原子力委員会に提出すべく，当時トルーマン政権内部で議論されていた核エネルギー管理提案との関係が推察される。その議論の中心が，アチソン（Dean G. Acheson）国務次官代理を中心とする委員会と，その諮問委員会であった。リリエンソール（David E. Lilienthal）を委員長とする諮問委員会は3月17日，通称アチソン＝リリエンソール報告を完成させた[7]。この報告の骨子は，世界中の核分裂性物質の採掘・精製から，核エネルギーの研究・開発までを新設の国際機関が管理するという遠大なものであった[8]。

つまり，1946年2月の対独D&D条約草案には含まれていなかった核分裂性物質の規制項目が4月の修正草案に含まれたのは，3月完成のアチソン＝リリエンソール報告が影響を及ぼした結果だと推察できる。そして，6月公表の対日D&D条約草案において核分裂性物質の規制項目が挿入されたのは，こうした対独D&D条約における修正を反映したためであったと考えられるのである。

2　国務省極東局による草案

対日D&D条約草案が公表された1946年6月から約2ヶ月後の8月ないし9月，国務省極東局に対日講和のための検討グループが組織された。このグループは，極東局ペンフィールド（James K. Penfield）副局長，同局員ベーコ

---

(7) Prepared by a Board of Consultants for The Secretary of State's Committee on Atomic Energy, "A Report on International Control on Atomic Energy," March 16, 1946. Available at a website of LearnWorld<http://www.learnworld.com/ZNW/LWText.Acheson-Lilienthal.html>.

(8) 西岡達裕『アメリカ外交と核軍備競争の起源　1942-1946年』（彩流社，1999年）第7章参照。

ン（Ruth E. Bacon），同局日本朝鮮経済課マーティン（Edwin M. Martin）課長，ボートン（Hugh Borton）同課長代理，エマーソン（John K. Emmerson）同課長補佐，そして情報調査局極東情報課のハンズバーガー（Warren S. Hunsberger）によって構成されていた[9]。

検討グループが組織された直後の10月22日，トルーマン政権内部の国務・陸軍・海軍調整委員会（State-War-Navy Coordinating Committee: SWNCC）において，対日占領政策としての核エネルギー規制を一部緩和すべきかが議論されていた。議論の結果，核エネルギーの国際管理体制が構築される以前に対日講和が成立するならば，日本はいかなる規制をも遵守するとの文言を平和条約の中に盛り込むことが決定されたのである[10]。

検討グループはこの決定を参照しつつ，対日講話のための準備作業を開始した。この検討グループも，対日講和を平和条約とD&D条約の二本立てとしていたが，早くからD&D条約を平和条約の一部に挿入した草案についても策定していた[11]。それが12月16日付けの平和条約の作業文書である。この中で第6章は「非武装化・非軍事化」となっており，その第1条は上述した同年6月公表の対日D&D条約修正草案と同一の規定であった[12]。

検討グループによる平和条約草案の策定作業は，1947年3月にひとまずの完成をみた。第1次草案とでもいうべきこの草案の全文は現存していないと

---

[9] Memorandum by the Chief of the Division of Japanese and Korean Economic Affairs, "Alternative Drafts on Post Peace Treaty Control Organization in Japan," October 3, 1946, *FRUS*, 1946, Vol. VIII, pp. 326-329；Frederick Sherwood Dunn, *Peace＝Making and the Settlement with Japan*, Princeton University Press, 1963, p. 58，五十嵐武士『対日講和と冷戦──戦後日米関係の形成』（東京大学出版会，1986年）72頁。

[10] Note by Secretaries, "Publicity Aspect of Japanese Research in Technological Subjects," SWNCC52/23, October 22, 1946. Records of SCAP, *Formerly Top Secret Subject Correspondence File, 1945-50*, Entry UD1894 (hereinafter, *Subject Correspondence File*). Box no. 2. RG331, National Administration of Record and Archives (hereinafter, NARA).

[11] 1947年半ばまでには対日講和は平和条約に一本化とする方針が固まりつつあったが，その議論は1947年末まで続いていた。Memorandum by the Chief of the Division of Northeast Asian Affairs to the Assistant Secretary of State for Occupied Areas, May 20, 1947, *FRUS*, 1947, Vol. VI, pp. 459-460.

[12] "Drafts of Treaty," September 16, 1946. Records of Department of State, *Records Relating to the Japanese Peace & Security Treaties, 1946-1952*, Lot File 78 D173, Box no. 3. RG59, NARA.

思われる。ただ，国務省がマッカーサー（Douglas MacArthur）連合軍最高司令官に同草案を内報しており，その際の電信内容から第1章「領域」，第2章「割譲領域」，第5章「暫定監視」，第6章「非武装化・非軍事化」であったことは窺える⒀。

この第1次草案の存在を知らされたマッカーサーは，いわゆるトルーマン・ドクトリンの発表から5日後の1947年3月17日，1年以内の早期講和締結を希望するとの会見を行った⒁。占領政策を担うマッカーサーの発言だけにトルーマン政権としても軽視できず，国務省は7月11日，対日占領政策の最高決定機関であった極東委員会（Far Eastern Commission: FEC）の構成国10ヶ国に対して，対日平和条約の草案策定のための予備会議の開催を通知した⒂。

予備会議開催の2週間前の8月5日，検討グループは平和条約の第2次草案を完成させた。第1次草案からの構成上の大きな変更点としては，第1章と第2章が統合されている点である。それゆえ「非武装化・非軍事化」は第5章に繰り上がっている。しかし核エネルギー関連の規制については変更なく，第27条 c ⑵において，いかなる目的であっても核分裂性物質の製造，生産，輸入が禁止されている⒃。

ただし，予備会議は各国の反発により開催されることはなかった。たとえば英国及び英連邦諸国は，予備会議の1週間後の8月26日に対日講和について議論するために英連邦会議の開催を予定していた。そのため英国及び英連邦諸国は，米国に主導権を握られることを懸念して予備会議への不参加を表明したのであった。また，ソ連は4カ国による外相理事会において議論するべきとし

⒀ Memorandum by the Political Adviser in Japan for General of the Army Douglas MacArthur, "Outline and Various Sections of Draft Treaty," March 20, 1947, *FRUS*, 1947, Vol. Ⅵ, p. 452; Memorandum by General of the Army Douglas MacArthur, March 21, 1947, Ibid., p. 454.

⒁ 大嶽秀夫編・解説『戦後日本防衛問題資料集 第1巻 非軍事化から再軍備へ』（三一書房，1991年）203-205頁，細谷千博『サンフランシスコ講和への道』（中央公論社，1984年）10頁。

⒂ "Record of Oral Statement of Peace Treaty for Japan," July 11, 1947, *FRUS*, 1947, Vol. Ⅵ, pp. 468-469; 五十嵐『対日講和と冷戦』70-71頁。

⒃ Dunn, *Peace Making and Settlement with Japan*, 58, 宮里政玄「アメリカ合衆国政府と対日講和」，渡邊昭夫＝宮里政玄編『サンフランシスコ講和』（東京大学出版会，1986年）113頁。

て，多数の国々が参加する予備会議の開催に異議を唱えた。さらに中国国民党政府はソ連の意向を汲み，米国が提案していた予備会議の議決方式（2/3方式）に異議を唱え，開催を困難にさせたのであった[17]。米国は1947年末まで調整を試みたが，各国との意見の隔たりは大きく，開催はついに叶わなかったのである。

　一方，検討グループによる対日平和条約の策定作業自体は継続されており，翌1948年1月には第3次草案が完成した。本草案も昨年8月完成の第2次草案同様に，第5章は「非武装・非軍事化」となっており，日本の完全な非武装・非軍事を規定している（第24条）。また，同条 e (1)において，戦争目的に特化した物質や核分裂性物質の製造・生産・輸入の禁止も変わらず明記されている。新たな点としては，同項 e (2)において，「特に前項の物質を用いた完全な，あるいは主として軍事的性質を持つ科学研究は基礎的であれ応用的であれ禁止する」との項目が追加されていることである。さらに，同条 f (2)においては，「大使理事会（Council of Ambassadors for Japan）が平和目的として許可しない限り，日本国内において核分裂性物質の原料となる物質の生成や，日本への輸入を禁止する」との規定も追加されている[18]。

　これらの新規定は，1947年11月に再度修正された対独D&D条約草案を参考としたとの記述が当時の史料に存在する[19]。しかしこの対独D&D条約草案を入手することができず，現時点ではこの事実関係を確認できない。いずれにせよ第3次草案は占領政策の規制緩和を反映する形で，これまでの第1次及び第2次草案とは異なり，講和後の日本は核分裂性物質を用いた研究（すなわち核エネルギーの利用を目的とした研究）を依然として行えないものの，平和目的と認定されれば放射性同位体を用いるなどの研究は認可される可能性が生じたことを意味しているのである。

3　早期講和の挫折と対日政策の修正

　国務省極東局の検討グループを中心に目指されてきた早期講和の目論見は，

---

[17] Dunn, Ibid., 64-65. 西村『サンフランシスコ平和条約』12-13頁，細谷『サンフランシスコ講和への道』18-20頁．

[18] "Draft of Treaty," January 8, 1948, Lot File 78 D173, Box no. 4.

[19] "Analysis of the Japanese Peace Treaty Draft of January 8, 1948," Lot File 78 D173, Box no. 4.

上述したように予備会議が開催できず、大きく躓くこととなった。そうした早期講和の試みを完全に破綻させたのが、冷戦の本格的な展開と、それに伴う対日政策の修正であった。

前年5月に国務省内に設置されていた政策企画室のケナン（George F. Kennan）室長は、1948年3月、対日政策の主目標を極東局の検討グループが主眼を置く非軍事化及び民主化ではなく、経済的自立へと修正すべきであり、対日講和は交渉の準備を進めつつも早期締結については断念すべきだと主張したレポートを取り纏めた[20]。このレポートが政権内で支持を得て、同年9月24日に国家安全保障会議（National Security Council: NSC）へNSC13/1として提出され、翌月10月9日、沖縄、南大東島、南方諸島の処遇、極東委員会の位置付け、そして賠償の範囲と額の問題等を継続的審議としつつ、他の大部分についてトルーマンが署名し、NSC13/2として正式な対日政策となった[21]。

こうした対日政策の修正は、占領政策としての核物理学研究の禁止についても修正を迫った。1948年9月3日、GHQ/SCAP経済科学局（Economic and Science Section: ESS）内において、特別プロジェクト班長ケリー（Harry C. Kelly）はESS局長マーカット（William F. Marquat）に対して、日本人科学者を米国に戻して研究させる場合は、独人科学者に対して行った「輸入」ではなく、米国内の民間機関によって援助された研究者の身分を持たせるべきだとのメモランダムを提出した[22]。つまりケリーは、日米関係に配慮しつつ、日本の核物理学者を米国の国益のために用いることを提言したのであった。また、同年12月10日には米国原子力委員会（Atomic Energy Commission: AEC）の諮問

---

[20] Report by the Director of the Policy Planning Staff, "Recommendations with Respect to U.S. Policy Toward Japan," PPS28, *FRUS*, 1947, Vol. Ⅵ, pp. 691-719.

[21] Note by the NSC Executive Secretary to President Truman, "NSC 13/2," October 7, 1948, *FRUS*, 1948, Vol. Ⅵ, 857-862; Memorandum for the President by Sidney W. Soures, October 8, 1948, National Security Council Files, *Chronological File*, Box no. 7. Truman Library.

[22] H.C. Kelly to William F. Marquat, "Utilization of Japanese Scientists by the United States," September 3, 1948, Records of Allied Operational and Occupation Headquarters, World War II, Supreme Commander for the Allied Powers. Scientific & Technical Division, *Formerly Top Secret Nuclear Physics Correspondence File 1947-1951* (hereinafter, *Nuclear Physics Corre. File 1947-1951*), Box no. 1, Entry UD1896, RG321, NARA.

委員ラビ（Isidor I. Rabi）はマーカット宛のメモランダムにおいて，緊急事態に米国が最前線基地として使用できる物理や通信分野の研究所を日本人の手で早急に創らせておくことを提言していた(23)。

こうして冷戦状況の本格的進展に伴いトルーマン政権の対日政策は，日本の無力化から復興へと大きく修正された。それを受けて核エネルギー規制も，日本における核エネルギー研究を引き続き禁止する一方で，日本の人材・資材を米国のために利用しようとする方向性へと傾いていった。ここに講和の早期締結の試みは完全に破綻したのである。

Ⅲ 講和準備の再開から締結へ

1 核エネルギー規制の縮小

1949年に入っても対日講和に向けた動きは停滞していた。そうした中で対日政策は，NSC13/2において先延ばしとされていた3項目を追加したNSC13/3がトルーマン大統領によって1949年5月6日に承認された。このNSC13/3においても平和条約に関する言及は変化なく，平和条約のための準備はしつつも早期締結を目指さないこと，条約の内容についても可能な限り簡潔，一般的，そして非懲罰的な内容にすると述べるに留まっていた(24)。

対日講話のための検討作業を本格的に再開させた直接の契機は，1949年9月13日からの米英会談であった。国務長官へと昇格していたアチソンとベビン（Ernest Bevin）英国外相によるこの会談において，ベビンは，1950年1月に開催予定である英連邦諸国会議までに米英両国が合意できる内容の平和条約草案が策定されるならば，同会議において他の英連邦諸国の同意取り付けに努力する意思を表明したのであった。これを契機としてトルーマン政権内部では，対日講和に向けた動きが再び活発化したのである(25)。

---

(23) Memorandum for William F. Marquat by I. I. Rabi, "The Use of Japanese Research Facilities as an Advanced Base in the Event of Acute Emergency in the Far East," December 10, 1948, Ibid.

(24) Memorandum for the National Security Council, "Recommendations with Respect to U.S. Policy Toward Japan," May 6, 1949, National Security Council Files, *Chronological File*, Box no. 8; Report by the National Security Council on Recommendations With Respect to United States Policy Toward Japan, NSC13/3, May 6, 1949, *FRUS*, 1949, Vol. Ⅶ Part 2, 730-736.

ところで，米英会談直前の国務省内には1つの平和条約草案が存在していた。それが1949年9月7日付けの草案である。本草案がいつ，そしてどの部局が作成したものであるかは不明である。本草案はそれまで第5章にあった「非武装化・非軍事化条項」が消えており，代わって第4章に「海軍，陸軍，空軍条項」が創設されている。ちなみに全体は10章構成で，第1章「領土条項」，第2章「政治条項」，第3章「戦争犯罪」，第5章「連合軍（Allied Security Force）」などとなっている[26]。

新設された第4章「海軍，陸軍，空軍条項」（第16条から第25条）」は，陸海空軍それぞれに装備や人員について厳しい上限を課しつつも，日本側に再軍備の余地を与えていることが大きな特徴となっている（第22-24条）。更に着目すべきは，講和後の日本が所有，製造，実験してはならない兵器を列挙している同章第17条である。同条はこの中で，自律推進あるいは誘導推進のミサイル，これらの発射に関連する装置，機雷や自動感応型魚雷並びに誘導型魚雷とともに，核兵器を対象としているのである。

既に見てきたように，初期の講和の試みであった対日D&D条約や国務省検討グループによる第1次から第3次の対日平和条約草案は，全て核分裂性物質の製造・生産・輸入を禁止するものであった。それらに対してこの1949年9月の草案は，核兵器のみを禁止しているのである。つまり，核兵器のみに禁止が限定されたことで，講和後の日本において核エネルギーの「平和」利用を目指した研究・開発が許可される可能性が初めて現れたのである。

ところで既に述べたように，第1次から第3次草案における核分裂性物質への規制は，1946年3月のアチソン=リリエンソール報告やそれを反映させた対独D&D条約草案を参考としたものであった。しかしこの草案では，別の条約を参考としたようである。それが南・東欧諸国との平和条約であったと考えられる。

---

[25] United States Secretary of State Acheson, "Summary of Political Conversation Held in Washington September 13-15, 1949," *President's Secretary's File*, Box no. 96, Truman Library; From Secretary of State to Secretary of Defense, 「対日講和・安全保障条約に関する国務省文書」, YF-A10, リール No. 6, 国立国会図書館憲政資料室（以下，国務省文書）.

[26] Draft of Treaty, September 7, 1949, Records of the Office of Northeast Asian Affairs, Relating to the Treaty with Japan, Lot File 56 D527, Box no. 6. NARA.

第 2 部　軍縮・不拡散

　1947 年 2 月 10 日に署名され同年 9 月 15 日に発効していた，ブルガリア，フィンランド，ハンガリー，ルーマニア，イタリア各国との平和条約において，9 月 7 日付け対日平和条約草案の第 4 章第 17 条と同様の規定が存在するのである。ただ，イタリア以外の 4 ヶ国との平和条約における「陸海空軍条項」では，日本に対する禁止兵器に加えて，潜水艦などの水中航行可能な船舶，魚雷艇，特定の目的に特化した攻撃艇も禁止されている。それに対して対伊平和条約では，日本に課せられた禁止兵器に加えて，射程 30 キロ以上の銃器が禁止されている。

　以上から，1949 年 9 月の平和条約草案は上述してきた対日政策の修正を背景に，依然として厳しい占領下におかれていた旧枢軸国ドイツに対する D&D 条約草案ではなく，同じく旧枢軸国であったイタリアの平和条約を参照したと考えられるのである。

2　核エネルギー規制の撤廃と対日講和の成立

　しかしこうした核兵器のみに規制を限定した平和条約草案は，米英会談を契機として本格的な再検討が始まると姿を消すことになった。米英会談の翌月 10 月 13 日には，講和準備再開後初となる草案が完成した。この草案において，日本に真の主権回復を行うことが初めて明記され，それまでの草案に盛り込まれていた講和後の日本を監視する機構の設立が削除された。さらに，第 4 章「海軍，陸軍，空軍条項」も姿を消し，第 5 章「日本の安全保障」に置き換わっている。なお，この第 5 章は後日挿入と記載され空白となっている。これは，講和後の日本における「必要不可欠な安全保障上の要求事項」を巡る調整を国務省と国防総省の間で行っていたためであったことは良く知られている[27]。

　翌 11 月 2 日には新たな修正草案が完成し，更に 12 月 29 日にはインドネシア等を原署名国に追加，歯舞や色丹そして竹島の日本編入を規定，戦犯の追加逮捕規定を削除した修正草案が作成されていった[28]。これらの修正草案においても，国務省と国防総省間の議論が膠着状態に陥っていたがゆえに第 5 章は空

---

[27]　坂元一哉『日米同盟の絆——安保条約と相互性の模索』（有斐閣, 2000 年）15-18 頁。
[28]　From R. Fearey to Mr. Allison, "Japanese Treaty," December 29, 1949, 国務省文書, リール no. 2; Draft Treaty on November 2, 1949 and on December 22, 1949, Lot56D527, Box no. 6.

白のままであり，結局英国側が求めていた 1950 年 1 月の英連邦諸国会議までに草案を作成することに失敗したのである[29]。

そこでトルーマンは 1950 年 5 月，共和党の前上院議員であり国務長官の政策顧問として任命していたダレス（John F. Dulles）を新たに対日講和問題担当とし，事態の進展を図った。その直後に生じたのが 1950 年 6 月 25 日の朝鮮戦争であった。トルーマン政権内部では，この戦争，特に中国の参戦を決定的な契機として，日本を西側陣営に組み入れておく必要性が再確認され，対日講和を非懲罰的な内容とし，日本の完全な主権回復を認めることを確定路線としたのであった。

同年 9 月 14 日，トルーマンは FEC 各国と対日講和問題についての非公式交渉を行うことを明らかにするとともに，米国の講和方針はダレスによる「対日講和 7 原則」によって極めて簡潔かつ非懲罰的なものになることが明示された。こうして，対日講和において核分裂性物質や核兵器など核エネルギー関連の規制は姿を消すことになったのである。

このような米国の方針とは異なり，日本による無制限の再軍備に反対していた国が少なからず存在していた。たとえばガスコイン（Sir Alvary Gascoigne）駐日英大使は，東京でのダレスとの会談において，ある一定の日本側の再軍備を許容しつつも，日本が戦略爆撃機や特殊兵器を保有することのないよう米国側に要求したのであった[30]。明らかにこの発言は，核兵器を念頭においたものと考えて良い。しかし 1951 年 6 月 4 日から開始された米英交渉において譲歩し，英国政府は再軍備への制限を平和条約に盛り込まないことに同意したのである[31]。

また，同じく英連邦諸国の豪国も英国以上に再軍備に激しく反対しており，核兵器についても当然禁止されるべきとの主張を行っていた。例えば 1951 年 2 月 14 日米豪会談において豪側は，再軍備にある種の制限を平和条約に盛り込むよう重ねて主張した[32]。さらに，サンフランシスコ講和会議においても，

---

[29] Memorandum for the Secretary of Defense by the Joint Chiefs of Staff, *Japanese Peace Treaty*, December 22, 1949, Lot56D527, Box no. 5.

[30] Text of Remarks by Sir Alvary Gascoigne, U. K. Ambassador at meeting with Mr. Dulles and Mr. Allison, January 29, 1951, Lot78D173, Box no. 2.

[31] この点は細谷『サンフランシスコ講和への道』232-236 頁参照。

[32] Sir Percy Spender, *Exercises in Diplomacy: The ANZUS Treaty and the Colombo*

第 2 部　軍縮・不拡散

本来であれば再軍備や核兵器，造船能力に制限があって然るべきだと主張したのである[33]。ただ，豪側は 9 月 1 日のアンザス（ANZUS）条約によって自国の安全が確保されたことの見返りに，米国の講和案を渋々受け入れたのであった[34]。

なおソ連も日本の無制限再軍備に強く反対しており，豪と同じく講和会議の場において，長々と米英両国による平和条約案に反対理由を述べた上で修正提案を行った。その内容は，講和後の日本にはいかなる国の軍隊の駐留をも認められるべきではないとしつつ，対伊平和条約の規定と同じく，核兵器，細菌器，化学兵器，自律推進あるいは誘導推進のミサイル，これらの発射に関連する装置，機雷や自動感応型魚雷と誘導型魚雷，射程 30 キロを越える一切の銃火器の所有，製造，実験してはならないとの項目を含むものであった[35]。しかしこれが採択されることはなく，ようやく 1951 年 9 月 8 日，サンフランシスコにて平和条約が調印されたのである。

3　トルーマン政権内における検討の開始

こうして実際の対日平和条約は，核エネルギーに関して何らの規制を含まないものとなった。本稿冒頭で述べたように，当時の吉田茂政権は通常兵器の再軍備要求すら拒絶する構えであり，また，日本国内には十分な核分裂性物質が存在しなかった。それゆえ，規制の必要性がそもそも存在しなかったと言えるのかもしれない。しかし英豪ソなどが懸念したように，長期的には日本が独自の核兵器開発へと至る可能性はわずかながらにせよ存在したのである。ではトルーマン政権は，平和条約に核エネルギー規制を盛り込まないリスクをどの程度評価し，日本独自の核兵器開発といった不測の事態にどのように対処しようと考えていたのだろうか。

Plan, Sydney University Press, 1969, 117-120.
[33] Ibid., 293.
[34] これは The Australia, New Zealand and the United States Security Treaty の略であり，1951 年 9 月 1 日署名，1952 年 4 月 15 日に発効した 3 国間の同盟条約である。外務省条約法規課『平和条約の締結に関する調書 第 4 冊 Ⅶ 昭和 26 年 9 月サン・フランシスコ平和会議』（外務省，2002 年）124-126 頁。
[35] 「対日平和条約草案に対するソ連修正提議」1951 年 9 月 5 日，大嶽『戦後日本防衛問題資料集』226-228 頁。

〔田中慎吾〕　　　***10***　対日講和における核エネルギー規制条項の変遷

　実は，1951年から1952年にかけてトルーマン政権内では講和後の日本に対する核エネルギー規制に関して議論が行われていた。史料で確認できる限り最初の問題提起は，1951年5月11日の国務長官室ハミルトン（J. Bruce Hamilton）によるメモランダムである。この中でハミルトンは，平和条約草案は日本の核エネルギー規制に沈黙しているが，日本の防衛力整備のために米軍駐留を可能にさせる2国間協定，すなわち旧日米安全保障条約が同時に締結予定であり，この枠組みによって日本の核エネルギー規制や他の重要な分野における規制を維持できるとの考えを述べているのである(36)。

　このハミルトンのメモランダムがいかなる経緯で起草されたのかは不明であるが，ダレスが述べたように「和解と信頼の講和(37)」という大局的見地から核エネルギー規制は平和条約から削除されたものの，何らかの形で規制を日本に課すべきとの意見が国務省内にも存在していたことを示している。しかし，このメモランダムが注目を浴びた形跡はなく，平和条約調印までこの問題が持ち出されることは無かった。

　再びこの問題が持ち出されたのは，平和条約の調印から9日後の1951年9月17日であった。核エネルギー問題担当国務長官補佐官アーネソン（R. Gordon Arneson）は，原子力委員会（Atomic Energy Commission: AEC）ホール（John Hall）委員へ次の内容のメモランダムを送付した。アーネソンは，対日平和条約と旧日米安全保障条約の双方に核エネルギーへの直接的言及はないものの，後者によって日本の核エネルギーの規制問題を取り扱える十分な機会が存在すること，さらに，別の二国間条約によって規制する可能性もあることを指摘する。その上で彼は，当該問題はAECがどれほど利害関心を持つかによるとして，AEC側の見解を問い合わせたのである(38)。

　これに対してAECは10月4日，もし国務省や関係省庁が日本に対して核

---

(36)　Memorandum by Bruce J. Hamilton, "Atomic Energy Controls in Japan," May 11, 1951, Records of Department of State, *General Records Relating to Atomic Energy Matters 1948-1952*, Box no. 51, A1 Entry 3008-A, NARA.

(37)　「ホイッティアー大学におけるダレス顧問の演説」1951年3月31日，岡倉古志郎＝牧瀬恒二編『資料沖縄問題』（労働旬報社，1969年）499-506頁。

(38)　Memo for John A. Hall by R. Gordon Arneson, "Atomic Energy and the Japanese Peace Treaty," September 17, 1951, *General Records Relating to Atomic Energy Matters 1948-1952*, Box no. 51.

エネルギー規制の維持を求めるのであれば、いかなる政策決定であっても支援するとのみ返答した[39]。つまり AEC としては日本に対する核エネルギー規制を維持すべきかの判断を行わず、国務省側での政策決定を求めたのであった。そこで 10 月 12 日、アーネソンは AEC の意向を国務省極東局に連絡し、国務省内での調整を開始したのである。

アーネソンから連絡を受けた極東局では、日本を所管する北東アジア課において議論が開始され、翌 11 月 5 日にその結論が出された。その内容は、講和後にいかなる形であれ日本の主権に対して核エネルギー規制を押しつけることには「克服しがたい政治上の難点」が存在するとして、日本に対する核エネルギーの規制は日本の自主的な主権行為によってのみなされるべきというものであった[40]。このように極東局は、平和条約に規制を盛り込むことには反対しつつも、日本側が自主的に核エネルギー、特に軍事利用に関して規制を実施することが望ましいと考えていたのであった。

こうした極東局の見解が提出された後の 1951 年 11 月 8 日、アーネソンの部下シュピーゲル（George C. Spiegel）と、極東局長ジョンソン（U. Alexis Johnson）とその部下ワーナー（G. Warner）による三者会議が行われた。席上シュピーゲルは、講和後の日本に対して軍備や経済分野において何らかの制限を課すことを極東局が計画しているのであれば、核エネルギー分野においても制限を課すことは可能ではないのかと問い質した[41]。それに対してジョンソンは、講和後の日本に対していかなる分野においても「セキュリティ・コントロール」を置く予定はないと回答した。その理由としては、太平洋地域における共同防衛に資するべく、日本が可能な限りの再軍備を行うことを切望しているためだとした。続けてジョンソンは、極東局としては日米関係が米英関係のような二国関係に成長することを希望しており、米独関係及び対独交渉は日本の先例として参照すべきではないとの考えを明らかにしたのである[42]。

---

[39] Memorandum to R. Gordon Arneson by John A. Hall, "Atomic Energy Controls in Japanese Peace Treaty," October 4, 1951, Ibid.

[40] Memorandum to R. Gordon Arneson by George McClurkin, "Atomic Energy Controls in Japan," November 5, 1951, Ibid.

[41] Memo for the files by George C. Spiegel, "Atomic Energy Controls in Japan," November 8, 1951, Records of Atomic Energy Commission. Office of the Secretary, *General Correspondence 1951-1958*. Box no. 131. RG326. NARA.

この議論の結果、アーネソン側は極東局側の見解を受け入れ、規制の明文化に反対するようになったと考えられる。その上でアーネソンは、11月9日、国防総省の見解を問い合わせた(43)。国防総省では11月28日、ラベット（Robert A. Lovett）国防長官がJCSに対して検討を要請した。

JCSは検討の結果を、12月17日付けの文書JCS1380/131として国防総省に提出した。この中でJCSは、国防総省としては国務省極東局の見解に完全に同意し、日本における核エネルギー分野の規制は日本の自主的かつ完全な主権に基づくべきであるとした(44)。ただし日本が、「核分裂あるいは核融合兵器やその運搬手段によって構成される軍事拠点の建設を自主的に差し控えることが米国にとって好ましい」とした(45)。

その理由としてJCSは、日本の核兵器開発計画は、通常軍の再建という喫緊の課題に対して、日本人の努力、時間、国内の資源を散逸させてしまうためとした。また、旧日米安全保障条約の前文「アメリカ合衆国は、日本国が、攻撃的な脅威となり又は国際連合憲章の目的及び原則に従って平和と安全を増進すること以外に用いられるべき軍備をもつことを常に避けつつ、直接及び間接の侵略に対する自国の防衛のため漸増的に自ら責任を負うことを期待する」との精神に反することも併せて指摘した(46)。

---

(42) Ibid. 当時、米英仏の3カ国は対西独平和条約に相等する「ドイツ（総括）条約」とともに、「欧州防衛共同体（European Defense Community: EDC）条約」の締結を議論していた。EDC条約第107条は、特定の条件を除いて、西独による戦争物資の製造・輸入・輸出を禁止しており、核兵器、化学兵器、生物兵器は同条の附属文書において戦争物資として規定されていた。「ドイツ条約」は1952年5月26日に署名され、EDC条約は翌27日に調印された。しかし仏議会は1954年8月にこれらの条約の批准を最終的に否決した。大嶽『二つの戦後・ドイツと日本』（日本放送出版協会、1995年）99, 105, 153-170頁, European Defense Community Treaty, signed at Paris, on May 27, 1952, Available at the website of Archive of European Integration at University of Pittsburgh < http://aei.pitt.edu/5201/>.

(43) Memorandum for Robert LeBaron by R. Gordon Arneson, "Atomic Energy Controls in Japan," November 9, 1951, *General Records Relating to Atomic Energy Matters, 1948-1952*, Box no. 51; Memorandum for Ronald I. Spiers from Gordon R. Arneson, "Atomic Energy Controls in Japan," November 9, 1951, Ibid.

(44) Memorandum for Secretary of Defense from Omar N. Bradley, "Atomic Energy Controls in Japan," December 17, 1951, Records of the Joint Chiefs of Staff, *Geographic File 1951-1953*, Box no. 27, RG 218, NARA.

(45) Ibid.

さらに注目すべきは、同文書内における「統合参謀本部は、講和後の適切な時期に、核エネルギーの分野、特に軍事への応用に対する日本側の関心と行動に関して、日米双方にとって受け入れ可能な合意作成を目指して、政治交渉が行われるであろうことを考慮する」との言及である[47]。つまりJCSとしては、米国が満足する程に日本が通常軍の再建を終えた後になお独自の核兵器開発に関心を持つのであれば、何らかの代替案を提供することで、その計画を阻止する意志があったことを意味しているのである[48]。ただ、この代替案については具体的な検討がなされた形跡は見当たらず、あくまで将来の可能性に言及したものであったと考えられる。

このJCS1380/131を受領した国防総省は、1951年12月31日、講和後の日本に制限を課すことは日本人の神経を逆なでするものであり、核エネルギー分野の規制は完全に日本の自主的かつ主権に基づくべきとの国務省極東局の見解に同意することを正式に国務省へ通報した[49]。なおその際、核エネルギーの軍事利用において日米双方が合意できる内容での合意形成を目指して政治的交渉を行うとのJCSの勧告についても、そのまま国防総省の見解として国務省側に伝達したのであった。

このようにトルーマン政権内部では対日平和条約の署名から発効にかけて、核エネルギーの規制に関した議論が行われていた。その議論を通じて、冷戦状況や対日講和の精神、そして日本の国内事情に鑑み、平和条約及び旧日米安全保障条約に核エネルギー規制を盛り込まないことが改めて確認されたのである。そして日本の核武装といった不測の事態が生じた際には、旧日米安保条約に基づいて駐留する在日米軍によって対処可能との漠然とした構想が示されたのみで十分とされた。つまり、トルーマン政権にとって日本が核武装を目指す可能性はそれほどまでに低く見積もられていたと同時に、具体的な政策の立案は講

---

(46) Ibid.

(47) Ibid.

(48) Memorandum for General Bradley from Paul H. Nitze, "Possibilities of War with the Soviet Union, 1951-52: Use of Atomic Weapons," July 12, 1951, Records of JCS, *Chairman's File General Bradley, 1949-53*, Box no. 4, NARA.

(49) Memorandum for the Secretary of State by William C. Foster (Acting Secretary of Defense), "Atomic Energy Controls in Japan," December 31, 1951, *General Records Relating to Atomic Energy Matters, 1948-1952*, Box no. 51.

和後の課題とされたのである。

Ⅳ　おわりに

　これまで本稿は2つの目的を明らかにするべく考察を行ってきた。まずそれは，対日講和において核エネルギーの規制の在り方がいかに変化し，その変化はいかなる要因・背景に基づくものであったのかを明らかにするという点であった。そして次に，トルーマン政権は対日講和において核エネルギー規制を盛り込まないとした判断に伴うリスクをいかに評価し，日本の核武装などの不測事態にいかに対処しようとしたのかを明らかにすることであった。

　そこで本稿は，1945年秋から国務省内で開始された対日講和の準備作業から考察を開始した。1946年2月の対日 D&D 条約の原案には核エネルギー規制は存在していなかった。しかし，同年6月に公表された対日 D&D 条約の修正草案には，核分裂性物質の製造・生産・輸入の禁止規定が盛り込まれた。本稿はこの点について，対独 D&D 条約及びアチソン＝リリエンソール報告との関連を指摘した。

　1946年秋に設置された国務省極東局の対日講和検討グループが策定した平和条約草案においても引き続き同禁止規定は存続していた。つまり，トルーマン政権の初期の対日講和政策では，講和後の日本には核エネルギーの軍事利用のみならず平和利用すらも禁止が予定されていたのであった。

　しかし，冷戦状況が明確化するに従い，早期講和の目論見は1947年年末には挫折し，1948年末まで対日講和に向けた準備は停滞した。その間，トルーマン政権の対日政策は大きく修正され，日本の核物理学分野における人的・物的資源を自らの冷戦戦略に利用する方向へと動き出していたことを明らかにした。

　こうした政策転換を反映する形で，平和条約草案における核エネルギー規制も大きくその内容を変えていった。対日講和の準備作業が再開される直前の1949年9月7日付けの平和条約草案では，それまでの核分裂性物質の製造・生産・輸入の禁止規定ではなく，核兵器のみの禁止へと制限が縮小されていた。つまり，ここで初めて講和後の日本において核エネルギーの平和利用の可能性が芽生えたのであった。そして同月の米英会談を契機として再び対日講和の準備作業が開始されると，核エネルギー規制の文言は完全に姿を消したのであっ

た。

　ただし，成立した平和条約及び旧日米安保条約において核エネルギー規制が存在しないことは，講和後の日本が核エネルギー分野における研究・開発の完全な自由を手中にしたわけではなかった。平和条約が署名された1951年9月以降，核エネルギー問題担当国務長官補佐官アーネソンを中心に，トルーマン政権内では国務省，原子力委員会，国防総省間において講和後の日本の核エネルギー問題が議論されていたのである。

　これらの議論は決して具体的な構想を伴わなかったけれども，「ビンのフタ論」のように旧日米安全保障条約に基づく在日米軍の存在が日本の核兵器開発といった不測事態に対処できるとトルーマン政権は判断していたのであった。また，核エネルギーの軍事利用について日米双方が合意できる内容の取り決めを目指すという思惑が軍部を中心にトルーマン政権内に存在していたということは，旧日米安保を単に日本の核武装を阻止するための「フタ」としてではなく，将来的には何らかの形で日米間で運用される核抑止力の受け皿となる可能性も十分にあったといえるだろう。そして最後に，戦後日本の核エネルギー研究・開発は米国との協力の下に進めるきっかけとなった1955年の日米原子力研究協定の締結より以前の対日講話の成立時点で既に，旧日米安保と深く結びつき，そしてその存在を前提としていたことを意味しているのである。

11 通常兵器使用禁止条約における兵器使用禁止義務と履行確保制度の考察

仲宗根 卓

I はじめに

　従来，通常兵器⁽¹⁾の使用禁止又は制限を検討するためのフォーラムとしては，特定通常兵器使用禁止制限条約（Convention on Certain Conventional Weapons: CCW）の締約国会議や運用検討会議が想定されていたが，それとは異なるフォーラムで，1997 年に対人地雷禁止条約が，そして 2008 年にクラスター弾に関する条約（以下，クラスター弾条約）が採択されたことは記憶に新しい⁽²⁾。対人地雷禁止条約及びクラスター弾条約は，条約の適用対象たる兵器の使用禁止のみならず，貯蔵兵器の廃棄も締約国に義務づける等，武力紛争法と軍縮条約の特徴を兼ね揃えていることから「ハイブリッド条約」と呼ばれることがある⁽³⁾。兵器の使用禁止を主要な目的とする条約に，かかる軍縮的義務が導入さ

---

(1) 通常兵器（conventional weapons）の確立した定義は存在しない。本稿では，大量破壊兵器（weapons of mass destruction）以外の兵器で，「爆薬，運動エネルギー，又は発火装置の効果を用いて殺傷を行うために設計された装置」という意味で用いる。See Steve Tulliu and Thomas Schmalberger, *Coming to Terms with Security: A Lexicon for Arms Control, Disarmament and Confidence-Building*, United Nations Publication, 2003, p. 35. なお，ロケットのような運搬システムを通常兵器の定義に含めない。

(2) 以下，本稿では便宜上，CCW や対人地雷禁止条約，そしてクラスター弾条約のように，通常兵器の使用禁止に関わる条約を総じて，「通常兵器使用禁止条約」と称することにする。

(3) 対人地雷禁止条約についてそのように言われてきた。See Trevor Findlay, "Verification of the Ottawa Convention: Workable Hybrid or Fatal Compromise?" *Disarmament Forum*, 1999, pp. 45-55 ; Mika Hayashi, "The Ottawa Convention on Landmines in Two Perspectives: International Humanitarian Law and Disarmament," Sai Felicia Krishna-Hensel ed., *Global Cooperation: Challenges and Opportunities in the Twenty-First Century*, Ashgate, 2006, p. 76. クラスター弾条約も対人地雷禁止条約と非常に似た構造をしていることから，ハイブリッド条約と呼べるだろう。

れたことは画期的なことであった。

　ハイブリッド条約の嚆矢として，1993年採択の化学兵器禁止条約が挙げられるが，1997年に採択された対人地雷禁止条約は，通常兵器関連では初のハイブリッド型の条約として注目された。そして，先行研究の関心は，それが武力紛争法又は軍縮条約のいずれの系譜に位置づけられるのかといった区別の問題[4]や，貯蔵兵器廃棄義務の履行確保制度の法構造といった軍縮条約の側面に向けられてきた[5]。しかし，対人地雷禁止条約の武力紛争法上の義務たる，使用禁止義務とその履行確保制度についてはこれまで殆ど注目されず，研究対象となることは稀であった[6]。

　国際法の適用及び履行確保は相互主義（reciprocity）を基盤とするが，とりわけ武力紛争法は，その適用及び履行確保の基盤をより強く相互主義に置いてきたと言われる[7]。例えば，かつての武力紛争法関連条約に総加入条項が導入されていたことは，武力紛争法条約の適用が相互主義に基づくことを示すものである。さらに，武力紛争法の中でも，軍事的有用性の高い兵器の使用を禁止制限する条約の適用及び履行は，相互主義により一層強く依存することが指摘される[8]。例えば，当時は軍事的有用性が高いと認識されていた化学兵器の使用を禁止する1925年のジュネーヴ・ガス議定書に多くの国が留保を付し，及び復仇の可能性を示唆したことは，同議定書の適用及び履行確保が相互主義に基づくことを示している。従って，同様に，兵器の使用禁止義務を締約国に課

---

(4) 化学兵器禁止条約の主な目的が，化学兵器の削減及び不拡散にあることから，同条約が軍縮条約の系譜に位置づけられるのに対して，対人地雷禁止条約の主な目的が対人地雷の使用から生じる問題を対処することにあることから，同条約が武力紛争法の系譜に位置づけられるという見解について，See Hayashi, ibid., p. 76.

(5) See e. g. Ramesh Thakur and William Maley, "The Ottawa Convention on Lindmines: A Landmark Humanitarian Treaty in Arms Control?" *Global Governance*, Vol. 5, 1999, pp. 273-302.

(6) 対人地雷の使用禁止義務の履行確保制度を若干検討したものとして，Hayashi, "The Ottawa Convention," pp. 93-97. なお，クラスター弾条約の使用禁止義務の履行確保制度について論じたものは，未だに公表されていないと思われる。

(7) シュワルツェンベルガー（G. Schwarzenberger）は，「戦争法は相互主義を基盤とする国際法（the international law of reciprocity）の典型的な実例」と指摘する。Georg Schwarzenberger, *International Law as Applied by International Courts and Tribunals*, Vol. II, Stevens & Sons Limited, 1968, p. 452.

(8) Frits Kalshoven and Liesbeth Zegveld, *Constraints on the Waging of War*, 4th ed., Cambridge University Press, 2011, p. 74.

す対人地雷禁止条約やクラスター弾条約の適用及び履行確保も，相互主義を基盤としていることが考えられる。

しかし，これから検討していくように，対人地雷禁止条約及びクラスター弾条約は，「いかなる場合にも」兵器の使用を禁止することから，一締約国による使用禁止義務違反があった場合に，被害を受けた他の締約国が，違反国に義務を履行確保させる目的で，相互主義に基づいた措置を行うことが条約上認められるか否かは詳細な検討が必要となる。仮に，相互主義に基づく措置がとりえないのであれば，対人地雷禁止条約及びクラスター弾条約における兵器使用禁止義務の履行は如何にして確保されるのかが問題となる。なぜなら，後に検討を行うように，これらの条約には，兵器の使用禁止義務の履行を確保するための制度が備わっていないからである。また，近年では，紛争犠牲者の保護に関するジュネーヴ法の適用及び履行確保が相互主義に基づかないという指摘が散見されるが，同様のことがハーグ法についても言いうるのか，という疑問を提起することにもなる。

以上の問題背景を踏まえて，本稿では，CCW，対人地雷禁止条約及びクラスター弾条約における兵器使用禁止義務に着目し，その履行が如何にして確保されるのかを考察することを主要な目的とする。その前提として，まずⅡで，武力紛争法がこれまでその履行確保の基盤としてきた相互主義及び戦時復仇の概念を確認する。Ⅲでは，武力紛争法における多様な履行確保制度の中で，なぜ戦時復仇が兵器使用禁止制限義務の履行確保制度として必要とされてきたのか，CCWを事例に考察を試みる。続くⅣでは，対人地雷禁止条約及びクラスター弾条約における締約国の義務を整理し，条文の文理解釈上，兵器の使用禁止義務の履行を確保するための制度が事実上欠落していることを明らかにする。そしてⅤで，CCW，対人地雷禁止条約及びクラスター弾条約における兵器使用禁止義務の履行確保制度として，戦時復仇が如何に機能しうるのかを明らかにする。その上で，対人地雷禁止条約及びクラスター弾条約が，兵器の使用禁止義務の履行確保制度として戦時復仇を否定することが，これまで相互主義を基盤としてきた通常兵器使用禁止条約にいかなるインプリケーションを持つのかを，すなわち，通常兵器使用禁止条約の相互主義からの離脱の可能性を意味しうるのかを考察する。

II 相互主義と戦時復仇

1 相互主義

　相互主義という用語は社会科学で多義的に用いられるが，国際法において相互主義とは，超越的権力が存在せず主権国家が併存する国際社会において，国際法規範が形成され，遵守される要因として，一国の義務に対して他国の権利が対応するバイラテラルな関係性を前提として，国家が相手国に与える待遇と同様の待遇を相手国もまた自国に課すとの期待や恐れが国家の行為の社会基盤をなすことを意味する[9]。また，このような基盤を前提として，具体的に国家が負う法的義務・負担や，取得する権利・利益の均衡を維持するための法的な諸制度も相互主義と呼ばれる[10]。本稿では混乱を避ける為に，前者を相互主義，後者を相互主義的措置[11]と表記する。そして，武力紛争法の適用及び履行確保との関連で議論される相互主義的措置とは，一方紛争当事国が当該法規則の適用を否定する場合には，他方もその拘束を否定できるという意味の消極的相互主義（negative reciprocity）を指す[12]。

　条約の適用は，契約（contracts）になぞらえられるように[13]，相互性を条件として適用関係が生じる。とりわけ武力紛争法関連条約は，第一次世界大戦までに採択されたその多くに，紛争当事国のすべてが条約の締約国である場合にのみ当該条約が適用される旨を定める総加入条項が導入されていたように，相

---

[9] 国際法における相互主義の意味については，西村弓「武力紛争法の履行確保――相互主義と復仇」村瀬信也＝真山全編『武力紛争の国際法』（東信堂，2004年）685頁；佐分晴夫「相互主義」国際法学会編『国際関係法辞典〔第2版〕』（三省堂，2005年）560頁を参照。

[10] 西村・同上，685-686頁，佐分・同上。

[11] 西村・同上，685頁。

[12] 真山全「ジュネーヴ諸条約と追加議定書」国際法学会編『安全保障（日本と国際法の100年，第10巻）』（三省堂，2001年）192頁；Kalshoven and Zegveld, *Constraints on the Waging of War*, p. 155. 消極的相互主義に対して，一方紛争当事国の法規則適用の否定があるにも関わらず，他方は条約の遵守を継続することによって，先方から相互的に遵守を引き出すことを，積極的相互主義（positive reciprocity）という。Sean Watts, "Reciprocity and the Law of War," *Harvard International Law Journal*, Vol. 50, No. 2, 2009, pp. 377-378. しかし，武力紛争の実際において，積極的相互主義に基づく措置は行われないことを示唆するものとして，Schwarzenberger, *International Law*, p. 453.

[13] 条約の適用開始を契約と類比するものとして，Malcolm N. Shaw, *International Law*, 6th ed., Cambridge University Press, 2008, p. 94.

互主義にその適用基盤を置いていた。もっとも，近年の武力紛争法関連条約に総加入条項が導入されることはなくなり，例えばジュネーヴ諸条約の締約国間における適用関係は通常の条約と同様に理解され，また非締約国との条約適用関係についても，相互主義に基づいて適用関係が生じることが想定されている[14]。

また，武力紛争法関連条約の適用がひとたび生じた後に，一方紛争当事国が当該条約の適用を否定する場合には他方もその適用を否定できるかが問題となるが，古くから消極的相互主義が貫徹していた[15]。例えば，1925年のジュネーヴ・ガス議定書への加入の際に，イスラエルが「その軍隊……がこの議定書の禁止事項を遵守しない国に対しては，当然に（*ipso facto*）イスラエルを拘束しなくなる」[16]と留保を付したことは，消極的相互主義の考え方に則るものである[17]。

かかる消極的相互主義を基盤とする条約の終了又は運用停止は，条約法に関するウィーン条約（以下，条約法条約）第60条で規定され，二国間条約の場合と多数国間条約の場合に分類される。二国間条約の場合，その一方の当事国による重大な違反があった場合には，他方の当事国は当該違反を条約の終了又は条約の全部若しくは一部の運用停止の根拠として援用することができる（第60条1項）。多数国間条約の場合は，さらに3つの場合に分類される。まず，多数国間条約の一の当事国による重大な違反があった場合には，他の当事国は一致して合意することにより，他の当事国と違反を行った国との間の関係，又はすべての当事国の間の関係において，条約の全部若しくは一部の運用を停止し又は条約を終了させることができる（同条2項(a)）。続いて，違反により特に影響を受けた当事国は，自国と当該違反を行った国との間の関係において，当該違反を条約の全部又は一部の運用停止の根拠として援用することができる（同条2項(b)）。そして，重大な違反を行った国以外の当事国は，当該違反が条約に基づく義務の履行の継続についてのすべての当事国の立場を根本的に変更す

---

[14] 西村「武力紛争法の履行確保」689-690頁。
[15] 同上，691頁。
[16] See Adam Roberts and Richard Guelff, *Documents on the Laws of War*, 3rd ed., Oxford University Press, 2000, p. 165.
[17] 西村「武力紛争法の履行確保」691頁。

るものであるときは，当該違反を自国につき条約の全部又は一部の運用を停止する根拠として援用することができる（同条2項(c)）。

しかし，近年では，武力紛争法の法益が，紛争当事国の利益調整から人の保護へ移動したという説明を根拠に，武力紛争法の適用や履行が必ずしも相互主義に基づかないという指摘がなされることがある[18]。また，そのように判示した旧ユーゴスラヴィア国際刑事裁判所（以下，ICTY）の判例も存在し[19]，今日では武力紛争法については相互主義的措置がとられることがなくなりつつあるという[20]。

2　戦時復仇

相互主義的措置に類似するもので，武力紛争法を相手に遵守させる別の方法として，戦時復仇（belligerent reprisals）がある。戦時復仇は19世紀になって成立したと言われている[21]。戦時復仇は敵の武力紛争法違反について，当該違反を停止させ，将来的に法を遵守させるために他の紛争当事者によってとられる強制措置であり，通常は武力紛争法に違反するが，相手の先行違法行為により違法性は阻却される[22]。戦闘手段及び方法の規制や，紛争犠牲者の保護といった伝統的な武力紛争法上の義務違反は，違反国の意思によって意図的になされる場合が殆どであることから，自国の態度次第で交戦相手国による戦時復仇の引き金を引いてしまうという認識（恐れ）が，違反国の意思を強制し，及び条約違反の抑止力となるのである[23]。

---

[18]　かかる指摘に言及する論稿として，真山「ジュネーヴ諸条約と追加議定書」192-193頁；西村「武力紛争法の履行確保」687, 701-702頁。

[19]　*Prosecutor v. Kupreskic et al.*, ICTY Case No. IT-95-16-T, Trial Chamber, Judgement, 14 January 2000, para. 511.

[20]　西村「武力紛争法の履行確保」692頁。しかし，かかる見解に対しては批判も多く，とりわけハーグ法の適用及び履行が相互主義から離脱したかについては疑問が呈されている。真山「ジュネーヴ諸条約と追加議定書」192-193頁。

[21]　西村，同上，693頁。

[22]　Stefan Oeter, "Methods and Means of Combat," D. Fleck ed., *The Handbook of International Humanitarian Law*, 2nd ed., Oxford University Press, 2008, p. 232.

[23]　Kalshoven and Zegveld, *Constraints on the Waging of War*, p. 77; Adam Roberts, "The Laws of War: Problems of Implementation in Contemporary Conflicts," *Duke Journal of Comparative & International Law*, Vol. 6, No. 1, 1995, p. 18. 貯蔵兵器の廃棄義務違反のように，違反が締約国の本来の意思とは無関係な場合には，制裁による義務の履行確保

〔仲宗根 卓〕 *11* 通常兵器使用禁止条約における兵器使用禁止義務と履行確保制度の考察

　戦時復仇は現在でも一般的に許容されているが、その行使条件については従来から議論がなされてきた。慣習法上の戦時復仇の行使条件の分類は、論者により若干異なるものの、主に以下の2つに集約される[24]。まず、戦時復仇は補助的（subsidiary）でなければならず（補助性の原則）、国家は戦時復仇に訴える以前に、外交ルートを通じた抗議のような、過度に厳しくない手段をし尽くし、及び復仇を行う旨を警告しなければならない。そして2つ目に、戦時復仇は、先行違法行為と均衡的（proportionate）でなければならない（均衡性の原則）。均衡性の原則の曖昧性については問題が指摘されることはあるものの、戦時復仇の規模が相手の違反行為を止めさせるというその目的を越えないことを確保するものである。すなわち、不均衡な戦時復仇は、違法国を法の遵守に戻らせるというよりも、むしろ再復仇を招く効果を有しているため、均衡性の原則はそのようなエスカレートする違反行為の循環を抑制するのである[25]。なお、違反国が問題となっている法の遵守に戻った場合は、被害国は戦時復仇の法的基盤を失うことになる[26]。

　しかし、均衡性を客観的に評価することには困難が伴うことから、第二次世界大戦後の法典化作業では、戦時復仇の正当化要件を詳細化する代わりに、戦時復仇が禁止される対象を個々に規定する方法で規制が行われることになった[27]。1949年のジュネーヴ諸条約は、自己の権力下にあるそれぞれの条約が保護する対象、すなわち、傷者、病者、要因、建物又は材料（第一条約第46条）、傷者、病者、難船者、要員、船舶、小舟艇又は材料（第二条約第47条）、捕虜（第三条約第13条）、被保護者及びその財産（第四条約第33条）に対する戦時復

　　　はなじまないことを指摘するものとして、林美香「クラスター弾条約及び対人地雷禁止条約における除去・廃棄義務とその支援義務──非常設・非公式・非政府組織を利用した履行確保の効果」坂元茂樹、薬師寺公夫『普遍的国際社会への法の挑戦』（信山社、2013年）603-604頁。

(24)　Watts, "Reciprocity," p. 384. なお、いわゆる「平時復仇」及び「戦時復仇」の諸条件、及びその権利としての行使の態様は基本的に類似しており、これら2つの概念をまったく別の復仇制度として捉えることは適切ではないという見解について、吉田脩「《武力規制法》の規範的構造と『戦時復仇』の諸相──一九七七年のジュネーヴ第一追加議定書における『復仇』禁止諸条項についての考察を中心に」『筑波法政』第33号、2002年、20-21頁。

(25)　Watts, ibid.

(26)　Ibid., p. 385.

(27)　西村「武力紛争法の履行確保」693-694頁。

243

仇を禁止する。そして 1977 年の第一追加議定書は，第四条約では保護の対象外であった，紛争相手国の領域内にある文民に対する戦時復仇を禁止する等をし（第一追加議定書第 51 条 6 項），戦時復仇の禁止対象が拡充した。

しかし，カテゴリー別に対する復仇禁止は，例えば第一追加議定書第 75 条の基本的保障を享有する者のように，条約の保護の対象外となる人や物への戦時復仇が許容されるか否かの問題を惹起する。この問題に関して，相互主義的措置と同様に，戦時復仇が許容される範囲を限定的に解釈する立場が存在する。ICTY の第一審裁判部は，マルティッチ事件において，ジュネーヴ諸条約共通第 1 条の「すべての場合において（in all circumstances）」という文言から，復仇が一般的に禁止されると判示した[28]。仮にそのようなことが言いうるのであれば，同じ文言を有する第一追加議定書も戦時復仇を一般的に禁止することになる[29]。しかしこのような復仇の一般禁止の理解は，第一追加議定書が保護対象ごとに個別の復仇禁止規定を設けていることと整合しないという批判がある[30]。また，復仇禁止規定が慣習法化しているかについても見解が分かれている。ジュネーヴ諸条約の復仇禁止規定の慣習法化についてはこれを否定する見解は見られないが，第一追加議定書の復仇禁止規定，とりわけ第四条約では保護の対象外とされていた文民一般に対する復仇禁止の慣習法性については議論がある。

3 相互主義的措置及び戦時復仇の類似点と相違点

相互主義的措置及び戦時復仇は，ともに交戦相手国の態度次第で規則の遵守から免れ[31]，及び国際的な法システムにおける国家の自助手段[32]という点において類似性を有している。しかし，相互主義的措置が条約の適用そのものを終了又は停止するのに対して，戦時復仇はあくまでも法の継続的な適用を強制

---

[28] *Prosecutor v. Martic*, ICTY Case No. IT-95-11-R61, Trial Chamber, Decision, 8 March 1996, para. 15.
[29] 真山「ジュネーヴ諸条約と追加議定書」194 頁。なお，第一追加議定書の注釈書は，「すべての場合に」という文言から復仇が一般的に禁止されるか否かについては触れていない。
[30] 同上。
[31] 同上，193 頁。
[32] Watts, "Reciprocity," p. 384.

する⑶という相違点がある。また戦時復仇の行使には補助性及び均衡性という2つの要件が存在する一方で、相互主義的措置にはかかる要件は必要とされず、先行する重大な違反の存在で足りる⑷。戦時復仇には均衡性という法的な要件が必要とされるのは、法の適用を前提としていることの帰結であり、法の拘束性を否定する相互主義的措置には当然にそのような要件は求められない⑸。

さらに、それぞれの措置が許容される範囲についても差がある。相互主義的措置は、紛争相手国が実際に違反をした特定の規則に対してのみ認められ、先行違法行為に関連しない規範の終了や運用停止は認められない⑹。これに対して、戦時復仇にはそのような制限はなく、先行違法行為に関連しない規則に対する違反をもって対応すること、すなわち同種ではない違反行為による戦時復仇が可能である⑺。

III CCWにおける義務及び履行確保

1 CCWの適用関係及び義務

(1) 締約国の構成と条約の適用関係

CCWは、基本条約及び附属議定書から構成される、いわゆる傘下条約である。基本条約及び議定書I～IIIは1980年に採択され、その後1995年に議定書IVが、そして2003年に議定書Vが相次いで採択された。なお、議定書II及び基本条約は、それぞれ1996年と2001年に改正された。CCWは、米国、ロシア、中国等の軍事大国がすべての議定書に加入していることが特徴で、日本も議定書Vを除くすべての議定書に加入している⑻。

---

(33) Ibid., p. 385.

(34) Ibid.

(35) 戦時復仇が一時的に義務違反の違法性を阻却するという形ではあれ、武力紛争法の枠内に紛争当事国間の関係をとどめるという意味では、戦時復仇への依拠は相互主義的措置に基づく履行確保に比べて法規制の度合いを強めたという評価もある。西村「武力紛争法の履行確保」693頁。

(36) Watts, "Reciprocity," p. 385.

(37) Ibid. しかし、敵による捕虜殺害に対して毒ガスを敵に使用することのように、性質の全く異なる手段で復仇措置に訴える場合、均衡性の基準を満たしているかどうかの判断は極めて困難であることが指摘される。藤田久一『国際人道法【新版・再増補】』(有信堂、2003年) 185頁。

(38) 締約国一覧は、国連ジュネーヴ事務局のウェブサイトで確認が可能。www.unog.ch/__80256ee600585943.nsf/%28httpPages%29/3ce7cfc0aa4a7548c12571c00039cb0c?OpenDocument&

CCWの適用は相互主義を前提としている。締約国間の適用関係については通常の条約と同様に理解され，基本条約第7条1項は「いずれか一の紛争当事者がこの条約のいずれかの附属議定書に拘束されていない場合においても，この条約及び当該附属議定書に拘束される二以上の紛争当事者相互の関係においては，当該二以上の紛争当事者は，この条約及び当該附属議定書拘束される。」と規定する。締約国と非締約国との関係においても相互主義を前提に適用が生じ，同条2項で「締約国は，第1条に規定する事態において，この条約の締約国でない国又はこの条約のいずれかの附属議定書に拘束されていない国がこの条約又は当該附属議定書を受諾し，適用し，かつ，その旨を寄託者に通告する場合には，当該国との関係において，この条約及び当該附属議定書（自国について効力を生じていることを条件とする。）に拘束される。」と規定される。

(2) 締約国の義務

CCWは，基本条約前文で「当該兵器［ある種の通常兵器］の生産，貯蔵及び拡散の終止を目的とする軍備縮小についての主要な討議を容易にすることができるものと信じ」と規定し，通常兵器の軍縮の可能性について示唆する[39]ものの，各附属議定書が締約国に課す主要な義務は兵器の使用禁止（又は制限）である。兵器の使用禁止義務を課すという方式は，通常兵器の使用を初めて条約で禁止したとされるサンクト・ペテルブルク宣言，そしてその後に採択されたダムダム弾禁止宣言やジュネーヴ・ガス議定書に共通しており，CCWはこれら過去の条約の特徴を踏襲していると言える。

しかし，兵器の使用禁止の態様は各議定書によって異なる[40]。例えば，議定書Ⅰは当該議定書の適用対象兵器の使用自体を禁止するが，議定書Ⅱ，改正議定書Ⅱ及び議定書Ⅲは適用対象兵器の使用自体は禁止せず，一定の対象に対する使用のみを禁止し，軍事目標に対する使用を完全に禁止しない[41]。なお議定

ExpandSection=1#_Section1, accessed 11 January 2014.
[39] CCWの草案を検討した国連会議では，通常兵器の規制に関する軍縮委員会（Committee on Disarmament）の将来的な役割や，CCWと軍縮交渉との関連性が議論されていた。J. Ashley Roach, "Certain Conventional Weapons: Arms Control or Humanitarian Law?" *Military Law Review*, Vol. 3, 1984, pp. 13-14, 16-17.
[40] 各議定書が対象とする兵器の定義とその問題については，See e.g. Kalshoven and Zegveld, *Constraints on the Waging of War*, pp. 174-186.
[41] Roberts and Guelff, *Documents on the Laws of War*, p. 516.

書Ⅴは締約国に爆発性の戦争残存物の撤去等を義務づけるもので，特定の兵器使用を制限するものではないため，本稿における検討の対象外とする。以下，CCWの各議定書が規定する兵器使用規制について見ていく。

議定書Ⅰはわずか一文のみで構成され，「人体内に入った場合にエックス線で検出することができないような破片によって傷害を与えることを第一義的な効果とするいかなる兵器の使用」を禁止する。同議定書は，兵器の使用を完全に（completely）禁止する[42]が，生産，保有，移譲等は禁止せず，従来の通常兵器使用禁止条約の特徴を有している。

議定書Ⅱは，地雷，ブービートラップ及び他の類似の装置の使用を禁止又は制限するもので，対象兵器全般に適用される制限と，個別兵器に適用される禁止及び制限を分けて規定する。第3条は同議定書が対象とする兵器全般の「一般的制限」に関する規定で，無差別又は文民に対する直接的使用を禁止するが，兵器の使用自体を禁止しない[43]。続く第4～6条は，個々の兵器の使用禁止又は制限について規定するが，その態様は異なる。

本議定書において最も重要なのは，一般的制限に関する第3条2項の「この条の規定の適用を受ける兵器は，いかなる状況の下においても，文民たる住民全体若しくは個々の文民又は民用物に対して攻撃若しくは防御のため又は復仇の手段として使用することを禁止する。」という文言の解釈である。ここから，同議定書の適用対象兵器の文民又は民用物への使用が厳格に禁止されていることが読み取れる。しかし，文民や民用物保護を強調するこの文言を反対解釈すれば，文民及び民用物と対比される概念たる軍事目標（戦闘員）に対する兵器使用は同議定書上は禁止されず，合法的使用が認められることになる[44]。1996年5月に改正された議定書Ⅱ（以下，改正議定書Ⅱ）の第3条7項も，改正前の一般的制限に関する規定の文言を踏襲しており，文民に対する厳格な使用禁止は維持されているが，軍事目標に対する使用を禁止しない。戦闘員に対するこれらの兵器の合法的使用は，後に検討を行うように，履行確保の場面で問題となりうる。

---

[42] Ibid.
[43] Ibid., p. 517.
[44] William Hays Parks, "Conventional Weapons and Weapons Reviews," *Yearbook of International Humanitarian Law*, Vol. 8, 2005, p. 77.

なお，議定書Ⅱの第8条は，地雷及びブービートラップの除去義務を規定する。兵器の除去義務を設定する条約は，1907年の自動触発海底水雷ノ敷設ニ関スル条約以来であり，兵器の使用禁止制限以外の義務を設定した点で注目に値する。しかし，その目的は国連の軍隊及び使節団を保護するためのもので，除去も可能な限り，且つそのような要請があった場合のみに限定され，また実施主体も明確ではないため（第9条），本議定書における主要な義務とは評価し難い。兵器の除去義務は，改正議定書Ⅱにも踏襲された（第3条2項）。除去義務は現実の敵対行為の停止の後遅延なく実施され（第10条1項），締約国及び紛争当事者が，その支配下にあるかかる兵器の除去義務を負う（同条2項）。議定書Ⅱと比較して，除去目的は限定されず，また除去を実施する主体が明確になったと言える。さらに，改正議定書Ⅱは，同議定書で使用が禁止される地雷の移譲を禁止した（第8条）。部分的とはいえ，武力紛争法関連条約が軍備管理・軍縮の分野にまでその規制範囲を拡大したことが新たな現象として注目された[45]。移譲の定義は，第2条15項で規定される。

議定書Ⅲは，焼夷兵器の使用を禁止又は制限する。同議定書は，「いかなる状況の下においても，文民たる住民全体，個々の文民又は民用物を焼夷兵器による攻撃の対象とすること」を禁止し（第2条1項），議定書Ⅱ及び改正議定書Ⅱと同様に，文民及び民用物に対する焼夷兵器の使用を厳格に規制する。しかし，起草過程における米国やソ連等の主張により完全禁止には至らず[46]，軍事目標に対する使用規制は限定的であり，「いかなる状況の下においても，人口周密の地域内に位置する軍事目標を空中から投射する焼夷兵器による攻撃の対象とすることは，禁止する。」（第2条2項）と規定される。同規定は，軍事目標に対する攻撃の際の文民に対する付随的損害を許容しない点において注目されたが[47]，軍事目標が人口周密地域内に位置しない場合は，それに対する焼夷兵器の使用は合法という解釈を導く。そして，軍事目標に対する焼夷兵器の合法的使用は，議定書Ⅱ及び改正議定書Ⅱと同様に，やはり履行確保の場面で問

---

[45] 浅田正彦「対人地雷の国際的規制——地雷議定書からオタワ条約へ」『国際問題』第461号，1998年，52頁。

[46] Roberts and Guelff, *Documents on the Laws of War*, p. 517.

[47] 浅田正彦「特定通常兵器使用禁止制限条約と文民の保護（二・完）」『法学論叢』第114巻4号，1984年，49頁。

題となりうる。なお，議定書Ⅲは，焼夷兵器の使用のみを禁止又は制限し，生産，保有，移譲等を禁止しない。

議定書Ⅳは，1995年10月のCCW第一回検討会議の第1セッションで新たに採択され，「唯一の戦闘のための機能又は戦闘のための機能の一として，視力の強化されていない眼（裸眼又は視力矯正装置をつけたものをいう。）に永久に失明をもたらすように特に設計されたレーザー兵器を使用すること」を禁止する（第1条）。同議定書は，戦闘で実際に配備される前の兵器を禁止したという点で，重要なものとみなされている[48]。また，使用禁止の他に，レーザー兵器をいかなる国又は国以外の主体に対して移譲することを禁止し（同条），兵器の移譲を初めて禁止した武力紛争法関連の条約とも言われている[49]。ただし，レーザー兵器の生産，保有は禁止しない。

2 義務の履行確保
(1) CCWにおける義務の履行確保制度

以上のように，CCWは使用以外の義務も締約国に課すことがあるが，それらは厳格な義務ではなく，CCWにおける主要義務はあくまでも兵器の使用禁止である。従って，使用禁止義務の履行を確保することは，CCWの実効性に関わる重要な課題と言える。

武力紛争法関連条約に組み込まれる履行確保制度として，例えば，軍隊に対する訓令の作成，当事国による違反者の処罰，国際事実調査委員会等の第三者機関によるもの等がある。しかし，初期の通常兵器使用禁止条約が専用の履行確保制度を備えていなかったように，CCWも改正される以前は条約義務を履行確保するための制度を欠いており，基本条約第6条で周知に関する規定を置くのみであった。CCWの起草過程では当初，条約の遵守問題への対処を支援するための専門家協議委員会（consultative committee of experts）を創設する提案が西ドイツ等によってなされ，米国の代表団も同提案の導入を推奨した[50]。

---

[48] Robert J. Mathews, "The 1980 Convention on Certain Conventional Weapons: A Useful Framework despite Earlier Disappointments," *International Review of the Red Cross*, Vol. 83, No. 844, 2001, p. 999.

[49] Roberts and Guelff, *Documents on the Laws of War*, p. 517.

[50] UN. Doc. A/CONF.95/L.7. Oct. 9. 1980, cited in Roach, "Certain Conventional Weapons," p. 65, footnote 182.

しかし、ソ連及びその同盟国の反対によりコンセンサスは得られなかった[51]。

その後、CCW 第一回検討会議で改正された議定書Ⅱには、規制の強化に伴い、履行確保に関する新たな条文が導入された（第14条）。同条は、議定書違反を防止及び抑止するためのあらゆる適当な措置をとるよう締約国に義務付け（同条1項）、その中には、武力紛争に関連し、且つ同議定書の規定に違反して故意に文民を殺害し又は文民に重大な傷害を加えた者に対して刑罰を科することを確保するための措置、及び司法手続に付するための適当な措置が含まれる（同条2項）。また、締約国は、自国軍隊の要員が議定書を遵守するために、その任務及び責任に応じた訓練を受けるよう義務付けなければならず（同条3項）、議定書の解釈及び適用に関して生ずるあらゆる問題を解決するために、二国間で又は適当な手続を通じて相互に協議し及び協力することを約束する（同条4項）。なお、議定書Ⅱの改正案には当初、地雷等の使用禁止義務違反を調査するための「査察委員会（Verification Commission）」及び「事実調査団（Fact-finding missions）」の制度が含まれていた[52]が、結局採択されなかった[53]。

そして、条約規定上の履行確保制度とは別個のものとして、CCW 第一回及び第二回検討会議で議論されつつも頓挫した「遵守メカニズム（compliance mechanism）」の設立が、2006年に開かれた第三回検討会議での議論を経て決定[54]した。同決定は、まずパラグラフ1で、遵守の確保を目的として、法的義務の懸念について国連事務総長等を通じて相互に協力することを、及びCCW 基本条約及び自国が拘束される附属議定書の解釈及び適用に関して生じる問題を解決することを締約国が約束する（undertake）と規定する[55]。「遵守メカニズム」が締約国に要求する措置はパラグラフ7から9で規定されるが、改正議定書Ⅱ第14条1項から3項で規定される内容とほぼ同じである[56]。すなわち、

---

[51] ただし同提案は、当時のソ連によるアフガニスタンにおける活動に対する西側諸国の非難キャンペーンの一環であったと大部分の代表団に捉えられ、採択はソ連圏のブロックに阻まれた。また、他の方面筋（other quarters）からの支持も得られなかった。Roach, "Certain Conventional Weapons," pp. 65-66. 従って、同提案を行った西側諸国にも、かかる委員会設置の意思が本当にあったかは疑わざるをえない。

[52] CCW/CONF. I/GE/23, Appendix I, Alternative C, pp. 27-29, 24 January 1995.

[53] 浅田「対人地雷の国際的規制」59頁。

[54] CCW/CONF. III/11 (Part II), p. 7, Decision 3, November 2006.

[55] Ibid., Annex II, para. 1.

[56] Ibid., Annex II, paras. 7-9.

改正議定書Ⅱのみに備わっていた履行確保制度が，他の議定書にも同様に備わったことを意味する。

しかし，改正議定書Ⅱ第14条，及び「遵守メカニズム」は，兵器使用禁止義務の履行確保という観点から考察すると，いくつかの問題を抱えている。まず，改正議定書Ⅱの締約国が第14条に基づいてとる措置は，あくまでも義務違反を防止するための措置であって，実際に生じている兵器使用禁止義務違反に対応できるものではない。また，そもそも具体的にいかなる措置をとるかは規定上明記されておらず[57]，各締約国の裁量に大きく委ねられることになる。すなわち，使用禁止義務違反が生じた場合には，事後的に違反国自身が問題を処理することになるため，兵器使用に対する抑止力は期待できない。

そして同様の問題は，改正議定書Ⅱ第14条とほぼ同じ内容の「遵守メカニズム」についても指摘することができるが，同メカニズムがさらに問題なのはその拘束力である。すなわち，改正議定書Ⅱ第14条では，義務や法的拘束力を示す shall が用いられている一方で，「遵守メカニズム」では shall ではなく will が用いられていることから[58]，規定事項に法的義務はなく任意に留まるものと思われる[59]。従って，同メカニズムが兵器使用禁止義務の履行確保の制度として機能しうるかは疑わしいと言わざるをえない。

(2) CCWと戦時復仇

CCW は，兵器使用禁止義務の履行を効果的に確保するための実体規定を有していないが，それは同義務の履行が確保されないということではない。武力紛争法の伝統的な履行確保制度として認められてきた戦時復仇が，CCW における兵器使用禁止義務の履行確保の制度として機能しうるからである。兵器の使用禁止を主要な目的とする過去の条約にも履行確保制度が存在しないことは特別なことではなく，戦時復仇が義務の履行確保制度として機能していたことは，1925年のジュネーヴ・ガス議定書の事例からも明らかである。

戦時復仇の一例として，もしある国が違法な兵器を別の国に対して使用した場合，被害国は先行違法行為を停止させるために，本来ならば違法になりうる

---

[57] William Boothby, *Weapons and the Law of Armed Conflict*, Oxford University Press, 2009, p. 336.
[58] See CCW/CONF. III/11 (Part II), Annex II, paras. 5, 7, 9.
[59] Boothby, *Weapons and the Law of Armed Conflict*, p. 338.

兵器の使用に訴えることができる[60]。ただし，条約が明確に戦時復仇を禁止する場合はその限りではない[61]。CCW議定書Ⅱは，文民や民用物に対する復仇の手段としての地雷等の使用を禁止した（第3条2項）。しかし，文民及び民用物以外に対する復仇は，起草過程で米国がCCWの違反に対応するための救済手段として戦時復仇の権利の保留を主張する等したため，最終的に禁止されなかった[62]。また，同議定書が改正され，履行確保に関する新たな条項導入の是非が問題になった際にも，戦時復仇の禁止が議論の焦点となることはなかった。従って，議定書Ⅱ及び改正議定書Ⅱ上，文民及び民用物以外に対する地雷を用いた戦時復仇は禁止されず，履行確保制度として機能しうるのである。これは，第一追加議定書が，軍事目標に対する戦時復仇を禁止しないことと整合する。すなわち，議定書Ⅱ又は改正議定書Ⅱの締約国が第一追加議定書に加入している場合でも，軍事目標に対して地雷を用いた戦時復仇が可能となることを意味する。

また，CCWは留保を禁止しないため，明文で復仇が禁止される場合でも，締約国がそれに留保を付している場合には復仇は許容される[63]。例えば，英国は改正議定書Ⅱを批准した際に宣言を行い，第一追加議定書署名時に行った宣言[64]が，関連のある限りにおいて，改正議定書Ⅱの規定にも適用があるとしている[65]。すなわち，改正議定書Ⅱと第一追加議定書の留保を併せて読み込むと，交戦相手国が改正議定書Ⅱに違反して，英国の文民及び民用物に対して地雷を用いた攻撃を行う場合には，英国は当該交戦相手国の文民及び民用物に対して地雷を用いた復仇を行うことが可能ということになる。

一方，議定書Ⅲは，第2条1項で「いかなる状況の下においても（in all

---

[60] United States Air Force, The Judge Advocate General's Department, *Air Force Operations and the Law: A Guide for Air and Space Forces*, 1st ed., 2002, p. 47.
[61] Boothby, *Weapons and the Law of Armed Conflict*, p. 53.
[62] 米国は，復仇の権利が担保されたことで，軍備管理交渉で議論されてきたような，追加的な遵守条項は必要とは考えられなかったと述べている。Roach, "Certain Conventional Weapons," pp. 67-68, footnote 188.
[63] Boothby, *Weapons and the Law of Armed Conflict*, p. 53.
[64] 英国は，交戦相手国による第一追加議定書第51条から第55条の義務違反があった場合，英国も同議定書では本来禁止される措置をとることを述べている。Roberts and Guelff, *Documents on the Laws of War*, p. 511.
[65] Ibid., p. 559.

circumstances)」文民や民用物を焼夷兵器による攻撃（attack）の対象とすることを禁止するが，戦時復仇については言及していないため，これらに対する焼夷兵器を用いた復仇の合法性が問題となる。この点について，「いかなる状況の下においても」という文言を根拠に，戦時復仇が禁止される可能性があるという指摘がある[66]。しかし，CCWの起草段階において，焼夷兵器のワーキング・グループは，「いかなる場合にも」という表現は，第一追加議定書第51条2項及び第52条1項でそれぞれ規定される文民及び民用物への攻撃の一般的禁止に関連して使用されたことを報告書内で指摘しているものの[67]，戦時復仇禁止については触れていない。このことから，議定書Ⅲの起草者が，戦時復仇の禁止を意図していたと推察することは不可能かもしれない[68]。また，議定書Ⅱ及び改正議定書Ⅱが，明文で復仇の手段としての地雷使用を明確に否定していることに鑑みると，明確な否定が存在しない議定書Ⅲで，復仇が禁止されていると読み込むことは困難かもしれない[69]。

　軍事目標に対する焼夷兵器を用いた戦時復仇については，軍事目標が人口周密の地域外に位置する場合には認められることに異論はないであろう。そのような状況下の軍事目標はそもそも焼夷兵器による攻撃の対象となりうるし，また仮に戦時復仇が認められないのであれば，被害国は同議定書違反に対抗する基盤を失うことを意味するからである。問題は，人口周密の地域内に位置する軍事目標を，焼夷兵器を用いた復仇の対象とすることが認められるか否かであるが，議定書Ⅲ第2条2項は攻撃のみを禁止しているため明らかではない。ただし，先述のブースビーの主張が正しければ，復仇は条約規定上明確に禁止されていないため，許容されることになる。

　なお，議定書Ⅰ及び議定書Ⅳには復仇に関する規定が存在しない。これは，そもそも議定書Ⅰで定義される検出不可能な破片を利用する兵器が実在せず[70]，

---

[66] Kalshoven and Zegveld, *Constraints on the Waging of War*, pp. 186-187.
[67] A/CONF.95/CW/6, para. 9, p. 3, 2 October 1980.
[68] ローチ（A. Roach）は，「復仇に対する明確な禁止は第一追加議定書第51条6項及び第52条1項に含まれているが，焼夷兵器議定書には含まれていない。従って，復仇の禁止が焼夷兵器議定書の起草者によって意図されていたと推察することは不可能かもしれない。」と指摘する。Roach, "Certain Conventional Weapons," p. 68, footnote 188.
[69] ブースビー（W. Boothby）は，「復仇の性質そのものからして，もしある種の復仇が条約上禁止されるのであれば，明確な文言が要求される。」と述べる。Boothby, *Weapons and the Law of Armed Conflict*, p. 54.

また、議定書Ⅳで定義される失明をもたらすレーザー兵器が武力紛争で使用された報告がなく[71]、履行確保制度を導入する必要性がなかったためだと考えられる[72]。

3 小　活

CCWの各附属議定書が締約国に課す主要な義務は兵器の使用禁止制限であるが、その義務の履行を確保するための条約上の制度は皆無に等しい。改正議定書Ⅱに導入された遵守に関する条項は、対象兵器の移譲禁止義務や除去義務が新たに設定されたことに伴って導入されたものであり、実際に生じている使用禁止義務違反に対応できるものではない。また、「遵守メカニズム」も法的拘束力がないため、使用禁止義務の履行を確保する制度としては不十分である。

他方で、CCWはその規定解釈上、軍事目標に対する復仇の手段としての兵器使用を許容する余地を残している。このことから、CCWにおいては、兵器使用禁止制限義務の履行を確保する制度として、伝統的に国家に認められてきた戦時復仇が想定され、及び機能しうるのであり、それは同時にCCWの適用及び履行確保が相互主義に基づいていることを示している。

Ⅳ　対人地雷禁止条約及びクラスター弾に関する条約における義務及び履行確保

1　対人地雷禁止条約及びクラスター弾条約の適用関係及び義務

(1)　締約国の構成と条約の適用関係

対人地雷禁止条約及びクラスター弾条約は、対人地雷及びクラスター弾の全面的禁止に賛同する国のみで構成され、CCWとは対照的に、兵器の厳格な規制に消極的な米国やロシア等の軍事大国の殆どは加盟していない[73]。また、

---

[71] Roach, "Certain Conventional Weapons," p. 68; Jean-Marie Henckaerts and Louise Doswald-Beck, *Customary International Humanitarian Law*, Vol. I: Rules, Cambridge University Press, 2005, pp. 276-277.

[72] Henckaerts and Doswald-Beck, *Customary International Humanitarian Law*, p. 294.

[73] ブースビーは、英国が議定書Ⅳの批准の際に復仇に関する宣言をしなかったことは、復仇としての失明をもたらすレーザー兵器の使用は合法的に認められることを示唆すると述べている。Boothby, *Weapons and the Law of Armed Conflict*, p. 53.

[74] 対人地雷禁止条約及びクラスター弾に関する条約の採択プロセスについては、本稿では詳述しない。採択プロセスについては、さしあたり、足立研幾『レジーム間相互作

CCWが条約の適用関係に関する規定を有しているのに対して，対人地雷禁止条約及びクラスター弾条約にはそのような規定は存在しない。従って，発効した条約の締約国間，及び締約国と非締約国間における適用関係は，一見したところ明らかではない。ただし，条約がひとたび発効すれば，他の武力紛争法関連条約と同様に，いずれかの一の紛争当事国が条約に拘束されていない場合でも，これらの条約に拘束される紛争当事国相互の関係においては拘束があると考えられる。

問題は，締約国及び非締約国間の適用関係で，以下の二通りが考えられる。まずは，CCWと同様に，非締約国がこれらの条約を受諾し適用する場合には，締約国は当該非締約国との関係において拘束されると理解する場合であり，すなわち相互性を条件に適用関係が生じるという考え方である。もう1つは，非締約国が条約を受諾し適用をする場合でも，締約国は当該非締約国との関係において拘束されないと理解する場合であるが，これは相互主義に基づく条約の適用と相反するものである。しかし，一般的に条約に拘束される国が多い方が兵器使用による被害を減少させる観点からは望ましく，またそれは対人地雷禁止条約及びクラスター弾条約の趣旨とも合致するため，相互性を条件に締約国と非締約国間で効力関係が生じると理解をする方が自然だろう。

(2) 締約国の義務
(a) 使用禁止

対人地雷禁止条約及びクラスター弾条約は，従来の通常兵器使用禁止条約と比較して，締約国の義務を拡張したことが特徴的である。すなわち，兵器の使用禁止制限義務に加えて，兵器の移譲禁止や貯蔵兵器の廃棄といった軍縮的措置に関わる義務，そして敷設された地雷及びクラスター弾残存物の除去及び廃棄義務を条約の中核的な義務として締約国に課す[74]。以下，対人地雷禁止条約及びクラスター弾条約における使用禁止義務を中心に，各義務について概観する。

一般的義務を規定する対人地雷禁止条約第1条1項のサブパラグラフで列

用とグローバル・ガヴァナンス——通常兵器ガヴァナンスの発展と変容』（有信堂，2009年）を見よ。
[74] 林「クラスター弾条約及び対人地雷禁止条約」603頁。

第 2 部　軍縮・不拡散

挙される行為のうち，締約国の最も中核的な義務は，(a)の対人地雷の使用禁止である[75]。様々な義務の中で，使用禁止義務が最も主要な義務として据えられる理由は，対人地雷が現代の武力紛争において，広範に，且つ継続的に（on-going）使用されていたことが問題視され，それを解決することを主たる目的として，対人地雷禁止条約が考案されたからである[76]。

　対人地雷禁止条約の締約国は，対人地雷の使用を「いかなる場合にも（under any circumstances）」にも行わないことを約束する（第 1 条 1 項柱書）。この表現は，1993 年の化学兵器禁止条約第 1 条 1 項柱書の表現を踏襲したものである[77]。化学兵器禁止条約の注釈書によると，この文言は，「サブパラグラフ……に列挙される行為に対する禁止の包括的，且つ全面的に拘束力のある性質」を強調するものであり[78]，「自衛のためか否かを問わずこれらの兵器を用いる攻撃」は認められない[79]。対人地雷禁止条約の注釈書も基本的に同様の解釈を踏襲しており，「締約国は，自国の安全に対する脅威がその領域内から，又は外国から生じようが，侵略又はテロリズムに対抗して，自衛のためにその約束（undertakings）を破ってはならない。」と述べる[80]。しかし，一部の国は，かかる対人地雷の使用禁止義務は，その包括的性質故に遵守することが困難だと捉えていた[81]。また，このような厳格な兵器の使用禁止は，後に検討を行うように，復仇との関連で問題となる。

　クラスター弾条約における締約国の最も中核的な義務も，やはりクラスター弾の使用禁止である（第 1 条 1 項(a)）。クラスター弾は，その広範なフットプリントが文民や民用物に過度の付随的損害を与えるとして非難されると同時に，不発となった子弾が武力紛争後においても文民に対して被害を与えることが問題視されてきた。後者の問題に対処すべく，CCW の枠組みで爆発性戦争残存

---

[75] Stuart Maslen, *Commentaries on Arms Control Treaties: The Convention on the Prohibition of the Use, Stockpiling Production, and Transfer of Anti-Personnel Mines and on Their Destruction*, 2nd ed., Oxford University Press, 2006, p. 79.

[76] Hayashi, "The Ottawa Convention," p. 76.

[77] Maslen, *Commentaries on Arms Control Treaties*, p. 75.

[78] Walter Krutzsch and Ralf Trapp, *A Commentary on the Chemical Weapons Convention*, Martinus Nijhoff, 1994, p. 12.

[79] Ibid., p. 13.

[80] Maslen, *Commentaries on Arms Control Treaties*, pp. 76-77.

[81] Ibid., p. 79.

物を専門に扱う議定書Vが採択されたものの，問題解決にはいたらず，クラスター弾に起因する問題を根本的に解消するには使用を禁止する必要が不可欠という認識から，クラスター弾条約が採択されたのである。クラスター弾条約の締約国は，クラスター弾を「いかなる場合にも」使用してはならないが（第1条1項柱書），この表現は，化学兵器禁止条約の表現を踏襲した対人地雷禁止条約第1条1項をモデルとしたものである[82]。そして，クラスター弾の使用禁止は包括的性質を有しており，「クラスター弾はいつでも（at any time）使用されてはならない。すなわち，攻撃又は防御の際，……，武力紛争中，国家の生存を脅かす究極の緊急事態においてでさえも使用してはならない。」[83]と解釈されている。

(b) 移譲禁止，貯蔵兵器の破棄，不発弾の除去及び廃棄

対人地雷禁止条約及びクラスター弾条約における兵器使用禁止以外の義務は，兵器の移譲禁止や貯蔵兵器の廃棄といった軍縮的措置に関わる義務，そして敷設された地雷及びクラスター弾残存物の除去及び廃棄義務である。移譲禁止や敷設された兵器の除去義務はすでにCCWにも存在していたものの，対人地雷禁止条約及びクラスター弾条約におけるそれはより具体的になり，また貯蔵兵器の廃棄義務は，通常兵器使用禁止条約では対人地雷禁止条約に初めて設定されたものである。兵器の移譲禁止や廃棄義務といった軍縮的措置が導入されたのは，兵器の使用禁止という武力紛争法上のアプローチのみでは対人地雷に起因する問題を解決することが不可能という認識が広がったからである[84]。とはいえ，既述のとおり，対人地雷禁止条約及びクラスター弾条約の主要な目的は，あくまで兵器の使用禁止であり，軍縮的措置は使用禁止をより効果的なものにするために組込まれた[85]ものであることに注意しなければならない。

対人地雷禁止条約及びクラスター弾条約は，「いかなる場合にも」対人地雷及びクラスター弾を「いずれかの者に対して直接若しくは間接に移譲すること。」を禁止する（第1条1項(b)）。ただし，ともにその例外を認める（対人地

---

[82] Gro Nystuen and Stuart Casey-Maslen, *The Convention on Cluster Munitions: A Commentary*, Oxford University Press, 2010, p. 108.
[83] Ibid., p. 110.
[84] 浅田「対人地雷の国際的規制」54頁。
[85] Hayashi, "The Ottawa Convention," p. 76. 対人地雷禁止条約についてかかる指摘がなされているが，クラスター弾条約についても同様のことは言いうるだろう。

雷：第3条1，2項，クラスター弾：第3条7項）。両条約における移譲の定義は，ほぼ同じである（対人地雷：第2条4項，クラスター弾：第2条8項）。

　移譲禁止よりも一歩踏み込んだ措置が，貯蔵兵器の廃棄義務である。人道的見地からすると，兵器の使用から生じる被害を減少させるには，兵器そのものを削減するという軍縮的措置が必要だということは以前から指摘されていた[86]。各条約の締約国は，自国について条約の効力が生じた後に，貯蔵している対人地雷を遅くとも4年以内に，クラスター弾については遅くとも8年以内に廃棄し，又は廃棄を確保することを約束しなければならない（対人地雷：第4条，クラスター弾：第3条2項）。クラスター弾の場合，8年以内に廃棄が不可能だと締約国が認める場合には，廃棄の完了の期限を最長4年まで要請することができるが（第3条3項），対人地雷禁止条約にはかかる措置はない。

　敷設された地雷や，クラスター弾残存物の長期的効果による文民への被害に対処するために，これらを除去する義務が対人地雷禁止条約及びクラスター弾条約には導入されている。締約国は，自国の管轄又は管理の下にある対人地雷を10年以内に，同様にクラスター弾を10年以内に除去，廃棄することを約束する（対人地雷：第5条1項，クラスター弾：第4条1項）。もし期間内に除去，廃棄の義務が履行できない場合には，対人地雷については最長10年，クラスター弾については最長5年までの期間延長を申請することができる（対人地雷：第5条3項，クラスター弾：第4条5項）。なお，クラスター弾条約はクラスター弾による被害者への援助に関する規定も盛り込んでいる（第5条）。

2　義務の履行確保
(1)　新たな履行確保制度

　主に兵器の使用禁止義務のみを締約国に課し，条約に固有の履行確保制度が十分に備わっていないCCWとは異なり，多様な義務を盛り込む対人地雷禁止条約及びクラスター弾条約は，CCWの枠組みには存在しない様々な履行確保制度を有する。例えば，対人地雷禁止条約には事実調査使節団の設置及び現地への派遣を含む，検証制度が存在する[87]（第8条）。一般的に，武力紛争の当事

---

[86]　藤田『国際人道法』318-319頁。
[87]　対人地雷禁止条約の事実調査の制度については，浅田「対人地雷の国際的規制」58-60頁を見よ。

国は物理的な干渉を好まないことから，武力紛争法関連条約に検証制度を設けることは困難であり[88]，実際にCCWにはかかる検証制度は存在しないことはすでに確認したとおりである。従って，兵器の使用禁止という武力紛争法上の義務を設定する対人地雷禁止条約にかかる制度が導入された意義は大きいと言える。なお，クラスター弾条約も対人地雷禁止条約第8条と同様の規定を有するが（第8条），それに事実調査使節団の設置は想定されていない。他にも，これらの条約に特有の履行確保制度として，対人地雷禁止条約の「会合間作業プログラム」や，クラスター弾条約の「会合間会合」といった，条約上の根拠を有さない非公式の履行確保制度や，NGOの提供する「実施支援部門」がある[89]。

しかし，従来は軍縮措置の履行確保制度として機能が予定されてきた現地査察を含む事実調査の制度が，使用禁止義務についても機能するかについては疑問が呈されている。ローチ（A. Roach）は，CCWの文脈で，「検証（verification）」は軍備管理条約上の措置であり，兵器の実験，開発，生産，移譲，貯蔵等を規制しないCCWには妥当しない概念だと指摘する[90]。もしローチの指摘が正しければ，対人地雷禁止条約及びクラスター弾条約の事実調査の制度は，これらの条約における使用禁止義務の履行確保制度としては機能しえないことになる。同様に，サクル（R. Thakur）及びマレイ（W. Maley）も，対人地雷禁止条約の義務の履行確保を，本来は軍縮条約の履行確保制度たる現地査察調査に過度に依存することは，第一義的には武力紛争法という同条約の性質からして誤りであると指摘する[91]。

反対に，対人地雷禁止条約を純粋な武力紛争法と位置づけて，検証制度の議論から遠ざけるべきではないという意見[92]や，時間的にルーズな手続の問題から同条約の事実調査の制度の下では，使用の禁止を検証することしかできないように思われる[93]という指摘もある。林の指摘するように[94]，対人地雷禁止条

---

[88] Hayashi, "The Ottawa Convention," pp. 91-92.
[89] 非常設・非公式・非政府間組織を利用した履行確保の効果については，林「クラスター弾条約及び対人地雷禁止条約」を見よ。
[90] Roach, "Certain Conventional Weapons," p. 62, footnote 172.
[91] Thakur and Maley, "The Ottawa Convention," pp. 290-293.
[92] Hayashi, "The Ottawa Convention," p. 96.
[93] 浅田「対人地雷の国際的規制」59頁。

約は「ハイブリッド条約」であり，従って同条約が想定する履行確保制度が，元来は軍縮的措置のためのものであったとしても，同一の条約で規定されている以上は，武力紛争法上の義務も条約で明確に否定されない限り，かかる履行確保制度の対象となるべきであろう。とはいえ，この制度自体が，被要請締約国の利益を重視した緩やかな内容となっており，また調査後の措置が極めて曖昧，且つ微温的[95]なため，実際に使用禁止義務違反を検証することができたとしても，実効性の観点からは，使用禁止義務の履行確保にどの程度資するかは不明である。

また，非公式の履行確保制度やNGOの提供する「実施支援部門」は，貯蔵兵器の廃棄義務や不発弾の除去義務の履行確保には効果を発揮しうる[96]ものの，その内容からして実際に生じている兵器の使用禁止義務違反に対応できるものではない。これらの履行確保制度が機能し，貯蔵兵器の廃棄義務が適切に遂行されれば，締約国は兵器使用のオプションを事実上失うことになるため，長期的な観点からは兵器使用禁止義務の履行確保にも寄与しうるが，即時的な効果は期待できないだろう。

なお，対人地雷禁止条約及びクラスター弾条約は，新たに導入された履行確保制度以外の措置として，条約が禁止する活動を防止し及び抑止するために，罰則を設けることを含む，立法上，行政上，その他のあらゆる適当な措置をとることを義務付ける（第9条）。しかし，改正議定書Ⅱ第14条の問題と同様に，違反国自身に実施の裁量を大きく委ねることになるこのような措置は，実際に生じている義務違反に対応できるものではなく，使用禁止義務の履行確保という観点からは効果が期待できないと思われる。

(2) 対人地雷禁止条約及びクラスター弾条約と戦時復仇

対人地雷禁止条約及びクラスター弾条約に導入された新たな履行確保制度及び国内の実施措置が，使用禁止義務の履行を確保するものでないとすれば，何が使用禁止義務の履行を確保するのかが問題となる。兵器使用禁止義務の履行を確保するための実体規定を具備していないCCWの場合，戦時復仇がその役

---

[94] Hayashi, "The Ottawa Convention," p. 96.
[95] 浅田「対人地雷の国際的規制」59-60頁。
[96] 林「クラスター弾条約及び対人地雷禁止条約」614-624頁を見よ。

割を担っていることは先に述べたとおりだが，対人地雷禁止条約及びクラスター弾条約においても，同様に復仇が履行確保制度として機能する余地はあるのか。この問題を解くにあたって重要なのが，対人地雷禁止条約及びクラスター弾条約第1条1項柱書の解釈である。すなわち，同柱書によると「いかなる場合にも」対人地雷及びクラスター弾の使用が禁止されるが，復仇については直接言及がないため，これらの兵器を用いる戦時復仇が文言解釈上禁止されるか否かが問題となる。

　前述のとおり，対人地雷禁止条約の注釈書は，同文言の意味について，侵略やテロリズムに対抗して，自衛のために対人地雷を使用することも禁止されるという厳しい立場をとっていた。かかる厳格な解釈の根拠は，当初条約の起草過程では，「いかなる場合にも」よりも緩やかな表現が一案として提示されていたにも関わらず，最終的に，より厳格な現在の文言に落ち着いたことに求められる[97]。もし，他国からの侵略という国家の存続に関わりかねない極限な状況においても使用が認められないということは，一武力紛争法の違反に対する復仇としての対人地雷の使用も，当然に認められないことになろう。

　クラスター弾条約第1条1項の「いかなる場合にも」という表現は，クラスター弾条約の叩き台となったリマ会議のディスカッション・テキスト[98]にすでに導入されており，対人地雷禁止条約の交渉の場合とは異なって，使用の例外を求めて表現の緩和を求めるような主張は，オスロ・プロセスを通じて生じなかった[99]。同文言が，対人地雷禁止条約を主としてモデルとしていること，及び注釈書が国家の生存を脅かす究極の緊急事態においてでさえも使用してはならないと解釈していることに鑑みると，戦時復仇の手段としてのクラスター弾の使用はやはり認められないであろう。

　他方で，対人地雷禁止条約及びクラスター弾条約において，戦時復仇が許容

---

[97] 一部の国が使用禁止の例外を求めて，never under any circumstances の never を not に置き換えようとしたが，禁止の包括的な性質に対する例外を許容しないという要望により，結局受け入れられなかった。Maslen, *Commentaries on Arms Control Treaties*, p. 76.

[98] Lima Discussion text, Article 1, 23-25 May 2007, cited in Nystuen and Casey Maslen, *The Convention on Cluster Munitions*, Annex3, p. 632.

[99] クラスター弾条約第1条1項の起草過程については，See Nystuen and Casey-Maslen, ibid., pp. 107-109.

される余地があることを指摘する論者は殆どいないように思われる。しかし、ブースビーがCCW議定書Ⅲの文脈で指摘するように[(100)]、復仇が禁止されるには明確な文言が必要だと主張する立場からすると、明確に復仇を禁止しない対人地雷禁止条約やクラスター弾条約では、対人地雷及びクラスター弾を用いる復仇が認められるという解釈はありえるかもしれない。復仇が国家に一般的に認められてきた権利であること、そしてCCWや第一追加議定書が、復仇を禁止する場合には明文で規定してきたことに鑑みると、「いかなる場合にも」という文言のみから、直ちに復仇が禁止されると読み込むことは困難にも思える。

ただし、「いかなる場合にも」という文言から戦時復仇が禁止されないとしても、兵器の廃棄義務が履行されれば、締約国は復仇の手段たる兵器を失うことになるため、事実上、戦時復仇は不可能となろう。これは、貯蔵や保有兵器の廃棄義務を締約国に課さないCCWと決定的に異なる点である。なお、対人地雷禁止条約及びクラスター弾条約は留保を禁止しているため（第19条）、留保による復仇は認められないこともCCWと異なる点である。

3　小　活

対人地雷禁止条約及びクラスター弾条約は、兵器の使用禁止以外にも、保有兵器の廃棄や不発弾の除去等、CCWよりも広範な義務を締約国に課している。条約義務の拡大に伴い、その履行を確保するための制度が条約に導入されたが、それは使用禁止義務の履行を直接的に確保するものではない。また、国家に従来認められてきた戦時復仇は、条文の解釈上禁止されうるため、これも履行確保制度として機能しえない。すなわち、対人地雷禁止条約及びクラスター弾条約の枠組みにおいては、兵器の使用禁止義務の履行を直接に確保する制度が存在しないのである。

ただし、保有兵器の廃棄義務の履行が確保されれば、事実上、兵器の使用禁止義務の履行を確保する制度は必要がなくなる。その意味において、軍縮措置たる廃棄義務の履行確保制度が、兵器使用禁止義務の履行を間接的に確保することになるであろう。

---

(100) Boothby, *Weapons and the Law of Armed Conflict*, p. 54.

V 問題の検討

1 通常兵器使用禁止条約における戦時復仇の意義

　CCW，対人地雷禁止条約及びクラスター弾条約は，兵器の使用禁止を条約の中心的義務として据えているにもかかわらず，その義務の履行を確保するための条約上の制度が不十分であった。一般的な議論として，条約義務の履行確保制度を欠くこのような状況においては，兵器の厳格な規制を嫌う締約国に使用禁止義務を履行するインセンティブは生じにくく，また一締約国による使用禁止義務違反が生じた場合，他の締約国は対抗基盤を持たないことになる。

　近年では，戦時復仇に代わる武力紛争法の新たな履行確保制度として，2003年に設立された国際刑事裁判所（以下，ICC）が挙げられることがある。しかし，地雷，傷夷兵器，クラスター弾等の特定の通常兵器の使用は，いずれもICC規程第8条で規定される戦争犯罪の対象ではない。2010年5月31日から6月11日にかけて，ウガンダのカンパラ近郊のムニョニョで開催されたICC規程検討会議では，非国際的武力紛争における戦争犯罪を規定する第8条2項(e)に，「毒又は毒を施した兵器」等の使用を対象犯罪として追加することが決定された[101]が，地雷やクラスター弾等は対象犯罪のカテゴリーに追加されることはなかった。これらの兵器が，ICC規程の対象犯罪となる機会を逸した現状においては，戦時復仇が依然として兵器使用禁止義務の履行確保制度として重要な位置を占めることになろう。また，仮に地雷やクラスター弾等の使用がICCの対象犯罪になったとしても，先行違法行為を事後的に処罰するICCの制度に鑑みると，直ちに違法行為を止めさせる観点からは限界が生じよう[102]。故に，戦時復仇が部分的に認められるCCWはさておき，対人地雷禁止条約及びクラスター弾条約において，文言解釈上戦時復仇が許容されないことは，兵器使用禁止義務の履行確保の観点からは，理論上は大きな問題となるのである。

　しかしながら，戦時復仇が許容されないことが，実際上履行確保の問題を惹起するかは別途検討を要する。すなわち，対人地雷禁止条約及びクラスター弾条約の義務に違反して，兵器の使用を試みる国が出現するかを検討しなければ

---

(101) Resolution RC/Res.5, Amendments to article 8 of the Rome Statute, Annex I, 16 June, 2010.
(102) 吉田「《武力規制法》の規範的構造と『戦時復仇』の諸相」4頁。

ならない。対人地雷禁止条約及びクラスター弾条約の締約国は、主に3つのグループに分けることができる。1つ目のグループは、対人地雷やクラスター弾の不発弾がその領域に存在し、及びこれらの兵器による多くの被害者を抱えている国である。ラオス等がこのグループに含まれる。このグループに属する国は、自ら対人地雷やクラスター弾を使用した経験はほぼなく、概して兵器使用の犠牲国である。故に、これらの諸国にとって、条約で対人地雷及びクラスター弾の使用を禁止することが、不発弾及び被害者問題解決のために何よりも重要となる。また、条約に参加することで他の締約国による援助を受けることができることも、加盟のインセンティブとなる。

2つ目のグループは、兵器使用違法化による利害を受けないグループである。アフリカや中南米諸国がこのグループに属し、条約加盟国の大部分を占める。このグループに属する国の多くは、地雷若しくはクラスター弾を保有していないか、又は保有していても使用した経験がほぼなく、逆にこれらの兵器を使用されたこともない。故に、これらの国にとって、対人地雷禁止条約及びクラスター弾条約に加盟することに直接的な利益はないが、条約起草過程の最終段階において、「兵器の全面禁止に賛同するか否か」という二者択一的な選択を迫られた結果、加入した国が多い。

3つ目のグループは、かつて対人地雷及びクラスター弾の軍事的有用性を主張し、そして実際にこれらの兵器を保有し、又は使用した経験がある国である。このグループには、日本、ドイツ、英国等が属する。日本政府は、例えば、オスロ・プロセス開始以前にクラスター弾の軍事的有用性を具体的に述べ、そしてクラスター弾の代替兵器は存在しないという見解のもと、同兵器の保有の正当性を主張していた[103]。日本政府の見解からも分かるように、このグループは当初、対人地雷及びクラスター弾の全面的規制に積極的ではなかったが、やはり「兵器の全面禁止に賛同するか否か」という二者択一的な選択を迫られ、最終的に同意に転じた。

以上のグループの中で、実際に使用禁止義務に違反する可能性が考えられるのは、3つ目のグループのみである。しかし、これらの国は条約に加入後は兵器の使用禁止を明言し、及び貯蔵兵器の廃棄開始している[104]ことから、実際

---

(103) 第166回国会会議録参議院外交・防衛委員会会議録第7号（平成19年4月24日）7頁（久間章生防衛大臣の答弁）。

上，条約義務に違反して兵器を使用することは考えにくい。すなわち，対人地雷禁止条約及びクラスター弾条約には，兵器の使用禁止義務の履行を確保するための制度が備わっておらず，また規定の文言解釈上戦時復仇が禁止されるとしても，実際上問題が生じることは殆ど考えられないのである。従って，これらの条約においては，兵器使用禁止義務の履行確保制度として，戦時復仇は必ずしも重要ではないということになる。これは，相互主義を条約の適用及び履行確保の基盤と捉える軍事大国が多く加入する，CCWにおける戦時復仇の位置づけとは大きく異なる点である。

2 通常兵器使用禁止条約の相互主義からの離脱の可能性

対人地雷禁止条約及びクラスター弾条約においては，その締約国の構成からして，兵器の使用禁止義務違反が生じる可能性は殆ど考えられないため，かかる義務の履行を確保するための制度が備わっていなくとも，また，規定の文言解釈上戦時復仇の行使が認められなくとも，実際的に問題が生じる事態は想定しにくい。また，締約国に保有兵器の廃棄義務を課すことで，それが確実に履行されれば，使用禁止義務を履行確保するための制度は事実上必要とされなくなる。従来の制度とは大きく異なる対人地雷禁止条約及びクラスター弾条約におけるこのような条約義務の履行確保制度は，通常兵器使用禁止条約が，これまでその適用及び履行確保の基盤としてきた相互主義からの離脱の可能性を示唆しているとも言える。そして，通常兵器使用禁止条約の相互主義からの離脱は，ジュネーヴ法について言われてきたような，条約義務の非相互的性質が，ハーグ法にも言いうることを示す新たな傾向として注目に値するかもしれない。

確かに，戦時復仇を含む「いかなる場合にも」対人地雷やクラスター弾の使用が完全に禁止され，その義務が片務的に履行されるのであれば，それは対人地雷禁止条約やクラスター弾条約の適用や履行確保が相互主義に基づかないことを意味する。しかし，そもそも条約に違反して兵器を使用する可能性が極めて低い国のみで構成されるこれらの条約において戦時復仇が禁止されることが，果たしてハーグ法の相互主義からの離脱を意味しうるかは疑問である。なぜなら，通常兵器使用禁止条約を含む，武力紛争法の文脈における相互主義の

---

(104) See International Campaign to Ban Landmines and Cluster Munition Coalition, *Cluster Munition Monitor 2013*, 2013, pp. 26-28.

問題は，ジュネーヴ諸条約やCCWのように，米国やロシア等の軍事大国を含むフォーラムで常に議論されてきたからである。対人地雷禁止条約及びクラスター弾条約は，軍事大国を含まない通常兵器使用禁止条約としては歴史的に見て異例であり，むしろ例外的な条約として捉えられるべきである[105]。通常兵器使用禁止条約における兵器使用禁止義務の性質が非相互的か否かという議論は，CCWを含む通常兵器使用禁止条約全体で考えなければならず，目下のところは，通常兵器使用禁止条約が相互主義から離脱したという主張は成立しえない。

実際，軍事大国が参加するCCWの適用及び履行確保の基盤が相互主義から離脱することは考えにくい。2011年に開かれたCCW第4回検討会議において，委員会の議長によって提出されたクラスター弾に関する議定書案には，条約の遵守に関する規定が存在するものの，戦時復仇を直接禁止する規定は盛り込まれなかった[106]。また，同議定書案はクラスター弾の使用や保有を禁止しているにも関わらず，外部からの攻撃に対する防衛のための場合には例外的に使用を認める等[107]，その適用は相互主義に依存し，CCWが依然として相互主義から離脱することが難しいことを示唆している。

VI おわりに

本稿では，CCW，対人地雷禁止条約及びクラスター弾条約における兵器使用禁止義務と，その履行が如何にして確保されるのかを明らかにすることを主要な目的とし考察してきた。一般的に兵器の厳格な規制を嫌う軍事大国が加入するCCWにおいては，条約上の制度が不十分なため兵器使用禁止義務の履行確保が問題となりうるが，伝統的に国家に認められてきた戦時復仇が許容されるため，それが兵器使用禁止義務の履行を確保する制度として機能しうる。他方，対人地雷禁止条約及びクラスター弾条約には，軍縮的措置の導入に伴い新たな履行確保制度が置かれたが，それらは兵器使用禁止義務の履行を直接確保するものではない。また，「いかなる場合にも」という文言の解釈上，戦時復

---

(105) 軍事大国の不在は，法的実効性の観点からも批判されるところである。
(106) CCW/CONF.IV/9, 18 November 2011, Article 14.
(107) Ibid., Article 5, 6. ただし，議定書案は採択されず，CCWの枠組みにおけるクラスター弾の規制交渉は難航している。

仇も禁止されるため、兵器使用禁止義務の履行を確保するための制度が事実上存在しない。しかし、その締約国の構成からして、条約義務に違反して兵器を使用する国が現れることは考えにくく、履行確保が実際上問題となる事態は想定しにくい。

　一方、対人地雷禁止条約及びクラスター弾条約の「いかなる場合にも」という文言から、戦時復仇としての手段を含む兵器使用が禁止されることは、条約義務履行の非相互的な性質がハーグ法にも言いうるという主張に繋がる。しかし、これらの条約と同種の兵器の使用を禁止するCCWでは依然として戦時復仇が許容されるため、そのような主張は妥当性を欠いていると言わざるをえない。軍事大国を含まない対人地雷禁止条約及びクラスター弾条約の締約国の構成は、通常兵器使用禁止条約としてはむしろ異例であり、軍事大国を含むCCWの枠組みでは依然として戦時復仇が認められる現状に鑑みると、ハーグ法の系譜に位置づけられる兵器使用禁止義務の履行が、相互主義に基づかず、片務的な性質を帯びていると評価することは困難であろう。仮に、CCWで戦時復仇としての手段を含む兵器使用の全面的禁止が達成されるか、若しくは兵器の使用を全面的に禁止する対人地雷禁止条約及びクラスター弾条約に多くの軍事大国が加入することになれば、ハーグ法の義務の履行が相互主義に基盤を置かないという主張の根拠になりうるかもしれない。

　［付記］　本稿は、平成25－26年度科学研究費補助金（特別研究員奨励費、課題番号25・6213）「通常兵器の使用を規制する国際法の機能的変化に関する研究」の成果の一部である。

第3部
人間の安全保障・平和構築

12 人間の安全保障

福島安紀子

I　は じ め に

　エマニュエル・カントに源流を見いだす[1]とされる「人間の安全保障（Human Security）」という考え方は，冷戦終焉とともに戦争の質的変容と，安全保障に対する脅威認識の変化のうねりの中で政策理念として議論されてきた。その契機になったのは，この理念を採り上げた1994年の国連開発計画（UNDP）人間開発報告書であったことは夙に知られている。

　しかしながら，国連専門機関が採り上げたにも係らず，この理念に反対する加盟国が少なからずあり，国連総会の公式文書に「人間の安全保障」という用語はなかなか入らなかった。同報告書の発表から約10年を経て，2005年の国連総会首脳会合成果文書にはじめて含まれたのであった。

　このように時間を要した背景には，人間の安全保障の理念が登場して以来，これをどのように解釈するのかを巡って激しい論争が繰り広げられたことがあった。後述するような議論の積み重ねを経て2012年には人間の安全保障に関する「共通理解」が国連総会決議として採択されるに至っている。とはいえ，国連加盟国の中には共通理解が採択された後も「『北』の規範を押しつけられるのは嫌だ，特に国内管轄権への干渉を懸念する」或いは「人間の安全保障という理念にいかなる価値があるのか疑問である」等として反発する意見も根強く残る。国連においては成果文書をフォローアップして，累次の国連事務総長による人間の安全保障報告が発表され，議論が継続され，国連における人間の安全保障の主流化が推進されるとともに定義論争から実践へと軸足が移ってい

---

(1) 長有紀枝『入門　人間の安全保障』（中公新書，2012年）84頁。

る。

　学界では、人間の安全保障について認識論や実証的研究が行われ、定義は無論のこと、はたして「安全保障」というラベル付けが正しいのか、開発が主眼ならば「人間開発」で十分ではないか、人間の安全保障は、あらゆる課題を安全保障上の脅威と位置づけており、「安全保障化（securitization）」の行き過ぎである、「安全保障」と呼ぶことによる付加価値は何か、国家安全保障を代替するものか等を巡って激論が戦わされてきた。

　本章においては、まず人間の安全保障の理念が生まれた背景を考察する。その上で日本やカナダ等の積極推進派、推進派と懐疑派に分かれた欧州、中国等の反対派の主張や取組みを実証的に検証する。最後に今後の人間の安全保障の効用を考察する。

II　「人間の安全保障」の背景と解釈

　人間の安全保障とは何か、2012年9月に採択された人間の安全保障に関する共通理解を示した国連総会決議66/290[2]によると「人々が、自由と尊厳をもち、貧困や絶望から解放されて生きる権利である。特に脆弱な人々を含む全ての人が恐怖や欠乏から自由になり、すべての権利を享受して、その潜在的可能性を実現できるように生きることができる平等な機会を持つことである」と定義されている。しかしながら、国連においてこの共通理解が採択されるまでには、定義を巡って激しい議論が重ねられてきたのである。

　最初に政策概念として人間の安全保障を紹介したのは、前述の1994年版UNDP人間開発報告書[3]であった。同報告書では、人間の安全保障の要素として経済、食料、健康、環境、個人、地域社会、そして政治の安全保障という7つの課題が提示された。

　この概念が導入された背景には次のふたつの要素があった。まず安全保障に対する脅威の変化であり、第2はグローバル化の進展である。前者の脅威の変化については、冷戦構造が瓦解したことにより、外国による自国領土への侵略

---

[2] A/RES/66/290, September 10, 2012, http://www.un.org/en/ga/search/view_doc.asp?symbol=%20A/RES/66/290 を参照。

[3] UNDP *Human Development Report 1994: New Dimension of Human Security*, New York, Oxford University Press, 1994, pp. 230-234.

というこれまでの伝統的な国家安全保障への懸念は薄らいだ。しかし，南東欧やアフリカ等においてそれまで冷戦構造のもとで抑えられていた民族対立などによる内戦型紛争が相次いで勃発する中で，新たな脅威として民族浄化，内戦による国家の脆弱化や破綻，それに伴う経済活動さらには生活への影響が深刻になった。このような紛争地では和平合意後も対立グループが同じコミュニティもしくは隣接するコミュニティで共生することが多く，敵対感情が残るために紛争が再発することが少なくなかった。さらに不安定な状況が続くことで，難民・国内避難民の発生や帰還困難のため，紛争国のみならず周辺国への影響が長期に及んだ。一方で脆弱国家がテロリスト養成や人身売買，武器や麻薬の不正取引の温床になることによる地域安全保障環境の不安定化が紛争の再燃やテロ事件の発生に繋がって行った。これが紛争当事国のみならず，周辺国は無論のこと遠く欧米などの先進国にも影響を与える事態となった。国家間戦争が主たる安全保障の脅威であった時代とは様相が大きく変化した。

　第2の要因であるグローバル化の進展により，経済が国境をこえて発展する一方，環境破壊，気候変動，自然災害，感染症など越境して拡散し，人々の安全を損なう脅威も増えた。いわばこれらの地球規模課題に対しては，一国のみでは充分な対処ができず，トランスナショナルな取組が不可欠であることが認識される様になった。すなわち，国家安全保障のレベルのみならず，人間一人一人の安全や安心のレベルから地域，さらには地球全体の安全保障にも着目しなければならないことが認識された。

　ここに人間を基礎単位とした視座が必要であることが意識されるようになったのである。すなわち，安全保障の客体が国家のみならず，人間或いはコミュニティをも含むものとして考えられるようになったのである。しかし，この着想が人間の安全保障が国家安全保障を代替する主張かと受け止められ[4]，主権国家の権利を侵害するものとして逆に警戒感をよんだ側面もあった。

　前述の1994年UNDP人間開発報告書は前文に記載されている様に翌年コペンハーゲンで開催された社会開発サミットの宣言に人間の安全保障を盛り込むことをねらったものであったが，これには反対する国連専門機関や加盟国があり，実現しなかった。それ以降2005年までの約10年間国連総会の文書に「人

---

(4) 佐藤誠三郎「『国防』がなぜ『安全保障』になったのか——日本の安全保障の基本問題との関連で」『外交フォーラム　特別編』1999年，4-19頁．

間の安全保障」の表現が盛り込まれることはなかった。その背景にはこの理念への反発と懸念を見て取ることができる。国連加盟国の中で見ると日本，タイ，カナダ，ノルウエー，フィンランド，スロベニア，ギリシャ，オーストリア，メキシコ等の人間の安全保障積極推進派と，欧州連合（EU）加盟国の幾つかのように人間の安全保障に対する推進温度差があった国々，中国，インド，キューバ，イラク等の消極派，懐疑派ないし反対派に国際社会は割れた。

　人間の安全保障の理念が惹起した主要な論点をここで以下の4点に整理しておきたい。まず人間の安全保障が国家安全保障を代替するのかである。国家安全保障の重要性をないがしろにするような理念であれば到底受け入れないという意見である。そして第2に人間の安全保障を「欠乏からの自由（freedom from want）」を軸に貧困削減問題も含めて広義に解釈するのか，或いは「恐怖からの自由（freedom from fear）」を軸に暴力や紛争問題にのみ焦点をあてて狭義に解釈するのかである。この論争は，後述するように積極推進派である日本とカナダをも分断した。第3に人間の安全保障のためという大義名分があれば国連憲章では禁止されている武力介入を含む国内管轄権への干渉が行われてよいのか，いわゆる人道的介入ならば許されるのか，そのような介入により主権が侵されるのではないかという懸念であった。第4には幅広い課題を「人間の安全保障」とよぶことによる付加価値は何かという疑問である。安全保障というラベルをつけることにより予算を多く確保したいという思惑が，一部の国連機関などにあるのではないかという懐疑心も芽生えた。

　以下に国連を中心に広義の解釈を積極的に推進してきた日本，狭義の解釈である「恐怖からの自由」の視座から規範作りを中心に人間の安全保障を推進し，必要ならば人道的介入も辞さないとしたカナダ，軍民統合ミッション派遣のため「人間の安全保障ドクトリン」という考え方を打ち出したが，その後政策アプローチとして人間の安全保障を前面には押しださなくなった欧州連合（EU），人間の安全保障に反発し懐疑的でありながら，理念を自国流に解釈して国際場裏での議論は容認するに至った中国の取組の系譜を俯瞰する。

III 「人間の安全保障」を巡る主要国・地域の取組

1 日本の場合——広義の解釈に立って

日本は，1998年12月に小渕総理大臣が，前年アジア通貨危機に見舞われたアジア諸国民の中でも脆弱な人々——女性，子供，高齢者など——に対する支援パッケージを「人間の安全保障」と呼んで外交・対外開発援助政策の柱として打ち出して以来，一貫して**表1**に示すように理念の普及・実践と国連における主流化に積極的に尽力してきている。

表1 日本と国際社会の人間の安全保障への取組

日本の人間の安全保障への取組み		国際社会における関連の動き	
		1994年	UNDP人間開発報告において人間の安全保障が採り上げられる。
1998年	小渕総理の演説（東京，ベトナム）前年アジア通貨危機に見舞われた諸国への援助を「人間の安全保障」の視点から実施する。あわせて国連に人間の安全保障基金を設立することを発表。		
1999年	国連人間の安全保障基金設立。	1999年	人間の安全保障ネットワーク設立。
2000年	森総理のミレニアム・サミットにおける演説（ニューヨーク）人間の安全保障を日本外交の柱と位置付けることを発表し，概念普及と実践を推進。その一環として人間の安全保障委員会設立を提案。	2000年	介入と国家主権委員会（ICISS）設立。人道的介入の規範を検討。国連事務総長の呼びかけにこたえてカナダが中心にサポート。
2001年	人間の安全保障委員会設立。	2001年	同委員会報告書「保護する責任」発表
2003年	人間の安全保障委員会報告書「安全保障の今日的課題（Human Security Now）提出。		

第3部　人間の安全保障・平和構築

		2003年	人間の安全保障諮問委員会設立
2003年	ODA大綱改訂（人間の安全保障の視点を盛り込む。）		
2005年	ODA中期政策（人間の安全保障のための援助を明示）	2005年	国連事務総長報告「より大きな自由を求めて」人間一人ひとりが恐怖からの自由，欠乏からの自由，尊厳をもって生きる自由を享受する権利を有することを提言
2006年12月	人間の安全保障国際シンポジウム「紛争後の平和構築における人間の安全保障～人道支援から開発への移行～」	2005年	国連総会首脳会合成果文書（国連総会決議）はじめて国連の成果文書において人間の安全保障に言及。定義づけに向けて議論を進めることに合意。
2006～2009年	成果文書のフォローアップとして国連において概念普及のために人間の安全保障フレンズ会合開催	2008年	国連総会における人間の安全保障に関する非公式テーマ別討論
2009年3月	人間の安全保障シンポジウム「人間の安全保障の実践と理論」	2010年4月	人間の安全保障に関する国連事務総長報告
2010年2月	人間の安全保障シンポジウム「アジアにおける人間の安全保障の実現」	2010年5月	人間の安全保障に関する国連総会公式討論
2010年7月	シンポジウム「人間の安全保障の過去・現在・未来～MDGS達成を目指して」	2010年7月	人間の安全保障に関する初の国連総会決議採択
		2012年4月	人間の安全保障に関する国連事務総長報告（2回目）
		2012年6月	人間の安全保障に関する第2回国連総会公式討論
		2012年9月	人間の安全保障に関する2つ目の国連総会決議採択（共通理解が盛り込まれる。）

2013年6月	TICADV 人間の安全保障シンポジウム開催（横浜）	2013年5月	人間の安全保障に関するハイレベル・イベント（於 国連）
		2013年9月	人間の安全保障イベント（於ジュネーブ）
2013年12月	国家安全保障戦略に「人間の安全保障」を盛り込む。	2013年10月	パネル討論（Applying the Human Security Approach at the National Level）人間の安全保障基金，人間の安全保障ネットワーク，日本国連代表部共催（於ニューヨーク）
		2013年12月	人間の安全保障に関する3つ目の国連事務総長報告
2014年12月	開発協力大綱に人間の安全保障盛り込まれる		

（出典）外務省資料，国連資料等を参照のうえ筆者作成。

(1) 日本が積極的に推進した理由

日本の場合は，2014年7月に安倍政権において閣議決定がなされ，限定的に容認されるまでは，法制度上自衛隊を海外に派遣するにあたり，集団的自衛権の行使が認められておらず，もって国連等における集団安全保障措置への参加に制約が課されてきた。このため日本は第2次世界大戦後経済成長を遂げ，グローバルガバナンスへの積極的な貢献を求められながらも，国際安全保障分野では法的制約の為になかなか積極的に貢献できないという悩みを抱えてきた。そこに登場した人間の安全保障という理念は，安全保障の範囲を広く解釈する点において1980年末に日本で提案された総合安全保障[5]の考え方に近いものであり，分析のレベルが国家から人間に変わったという違いであると受け止められ，日本にとっては受け入れやすい理念であった。また，広義の解釈は，日本国憲法の前文の「われらは，全世界の国民が，ひとしく恐怖と欠乏から免れ，平和のうちに生存する権利を有することを確認する」とした精神とも合致するものであった。

---

(5) 総合安全保障については，福島安紀子『人間の安全保障：グローバル化する多様な脅威と政策フレームワーク』（千倉書房，2010年）10-11頁参照。

さらに伝統的安全保障に限定しない，幅広い安全保障の解釈であれば日本としても武力行使以外の分野で開発援助，安全保障協力，人材育成，平和構築等本格的に責務が果たせる分野が多くあり，国際の平和と安定のために日本らしい政策を打ち出せるポテンシャルも広がった。

1998年に首相に就任し，同年12月にASEANプラス日中韓の会合への出席が決まっていた小渕恵三氏は，前年に通貨危機に見舞われたアジアへの支援について日本が様々な措置を講じているにも関わらず，日本の通貨危機への支援が不十分であるとの批判を受けている中で，わかりやすく日本の対アジア政策をまとめるラベルを模索していた。そのときに山本正日本国際交流センター理事長（当時）を中心とする有識者グループの提言をえて[6]，この人間の安全保障という理念に着目し，1998年12月の演説においてこれを日本の対外政策の柱として打ち出したのであった。

(2) 日本の解釈

人間の安全保障の狭義の解釈では，「恐怖からの自由」に焦点が絞られ，人道的介入と言う武力行使を含むものであったため，日本としては同調できなかったが，「欠乏からの自由」を中心とする広義の解釈であれば，日本が戦後一貫して注力してきた政府開発援助ODAを軸に総合的に役割を果たすことができると考えられた。

そこで日本政府は人間の安全保障を当初は「欠乏からの自由」に対する開発援助を中心に取り組んだ。そのため，日本の人間の安全保障は欠乏からの自由に特化したもので「恐怖からの自由」を除外した取り組みであるというイメージを持たれたのであった。

しかしながら，その後2001年には表1に示すように森総理大臣の提案により人間の安全保障委員会が設置され，アマルティア・セン教授と緒方貞子元国連難民高等弁務官・前国際協力機構（JICA）理事長の共同議長の下で，人間の安全保障の理念の整理と実践への道筋をつけるための議論が重ねられた。そして同委員会報告書「*Human Security Now*」[7]において人間の安全保障が欠乏からの自由と恐怖からの自由の両面を包含した解釈として示された。同委員会の

---

[6] 2008年6月の故山本正氏への筆者のインタビューに基づく。
[7] 人間の安全保障委員会『安全保障の今日的課題』（朝日新聞社，2003年）。

検討において「恐怖からの自由」が含められた背景には国連難民高等弁務官として紛争地の難民の保護に取り組んだ緒方共同議長の考え方が反映されている。

現在の外務省の人間の安全保障の解釈をみると「人間一人ひとりに着目し，生存・生活・尊厳に対する広範かつ深刻な脅威から人々を守り，それぞれの持つ豊かな可能性を実現する為に，保護と能力強化を通じて持続可能な個人の自立と社会をつくるという考え方」[8]とされている。これは 1998 年の小渕総理の演説の流れをくみ，さらに人間の安全保障委員会の報告書を踏まえて両方の自由を包含する広義の解釈に拡充されている。ここで言われている恐怖には紛争，テロ，地雷・小型武器，人身売買などが含まれ，欠乏には通貨危機，環境破壊・自然災害，感染症，貧困等が含まれる。そして小渕演説にも含まれた「尊厳を持って生きる自由」も理念の重要な要素として現在も維持されている。

また人間の安全保障を実現する手段としては保護するのみならず能力強化（エンパワーメント）が含まれていることに注目しておきたい。これも人間の安全保障委員会の報告書の提言に盛り込まれたもので，単に保護するというトップダウンのアプローチだけに留まらず，紛争下の人々が自ら能力を養って，レジリエンス（復元力）を身につけ，将来紛争や災害，経済の急激な変化にも耐えられる能力を持つようにするというボトムアップの視点が加えられている。

日本は I 項であげた理念の定義論争の争点については次のような考え方をとっている。まず第 1 点の国家安全保障と人間の安全保障の関係については二者択一ではなく，両方が必要な時代に入っているとの認識になっている。すなわち両者は相互依存関係にあるという解釈である。第 2 点の定義を「欠乏からの自由」とするのか「恐怖からの自由」とするかといういわゆる広義の解釈に立つか狭義の解釈に立つかについては，前述のように人間の安全保障委員会の結論を反映して両方を含む立場にたっている。第 3 点の国内管轄権への介入，特に武力行使についてはあくまでも慎重であり，他に策がなく最終手段として国連安保理決議がある場合は人道的介入を容認する考え方になっている。当初の人道的介入をすべて除外するという立場からは変化している。しかしながら，後述する「保護する責任」については人間の安全保障の枠外のものという整理をしていることには変わりがない。第 4 点の人間の安全保障の付加価値につい

---

(8) 外務省「分野別開発政策：人間の安全保障」http://www.mofa.go.jp/mofaj/gaiko/oda/bunya/security/．

ては，この理念を用いることにより包括的な政策アプローチが可能になるとの考え方である。

(3) 理念普及のための知的対話の促進

日本政府は人間の安全保障の普及のため，政府間の協議のみならず，民間の有識者をも含む知的対話や学者，学生，NGO 関係者を対象とする公開のシンポジウムの推進等を通じて熱心に取り組んできた。そもそも 1998 年 12 月に小渕総理がはじめて人間の安全保障について言及したのは，同月 2 日東京で日本国際交流センターとシンガポールの東南アジア研究センターが共催した「アジアの明日を創る知的対話」における演説であった。その後前述のベトナムにおける政策演説を同月行ったのである。知的対話とは政府関係者が個人の資格で参加し，有識者とともに忌憚のない意見交換をする場である。前述の人間の安全保障委員会も知的対話のひとつであり，同委員会は世界各地で委員以外の有識者との対話を開催し，理念に対する普及と理解推進にもつとめた。

日本政府は，国内での理念の普及のために 2000 年からほぼ年 1 回のペースで人間の安全保障に関する公開シンポジウムを開催してきている (**表 1 参照**)[9]。人間の安全保障委員会開催期間中は，同委員会の主要メンバーもこのシンポジウムでスピーチをし，参加者との質疑応答も行われた。これらのシンポジウムには参加者が殺到し，会場の収容人数を越えるほどであったが，これは外交政策に関する一般向けのシンポジウムを政府が開催することが当時少なかったためでもあろう。このような国内における理念の普及の努力が，人間の安全保障を政策論議に限らず，研究者や NGO がそれぞれの活動において採り上げるきっかけとなった。現在では人間の安全保障のコースが日本各地の大学院を中心に開講されており，学際的な研究・教育が行われている。

さらに日本政府は国連総会において「人間の安全保障」が採り上げられるように働きかけ，2005 年の国連総会首脳会合成果文書において人間の安全保障に関して以下のパラグラフが盛り込まれる様に尽力した。

---

[9] 日本で開催されている人間の安全保障に関するシンポジウムの詳細については，外務省「『人間の安全保障』をテーマにした会議・シンポジウム」http://www.mofa.go.jp/mofaj/gaiko/oda/bunya/security/symposium.html 参照。

「われわれは，人々が自由に，かつ尊厳をもって，貧困と絶望から解き放たれて生きる権利を強調する。われわれは，すべての個人，特に脆弱な人々がすべての権利を享受し，人間としての潜在力を有していることを認識する。このため，われわれは総会において人間の安全保障の概念について，討議し，定義づけを行うことにコミットする[10]。」

人間の安全保障という用語が国連総会決議文書に用いられたのはこの時がはじめてであり，特に「今後も概念について討論し，定義づけを行うことにコミットする」という文言が入ったことが，その後の国連総会での討論，とくに定義付けに向かっての議論を可能にしたのである。

日本政府はこの成果文書を受けて表1に示す様に2006年から2009年まで「人間の安全保障フレンズ会合」という参加制限のない開かれた非公式会合を，ニューヨークにおいて7回開催した。第1回は日本が単独で主催したが，第2回からはメキシコと共催した。この会合では上述の成果文書におけるコミットメントをはたすべく，地球規模の諸課題と人間の安全保障の関わりや，人間の安全保障実現のための方針等を議論した。

フレンズ会合における議論や勧告がベースとなり，2008年5月には国連総会において人間の安全保障をテーマとするはじめての非公式テーマ別討論が開催され，2010年4月の人間の安全保障に関する事務総長報告[11]の発表や人間の安全保障に関する国連総会公式討論，そして人間の安全保障に関する国連総会決議の採択（A/64/L.61）へと繋がった。さらに同決議が2012年4月の人間の安全保障に関する2回目の国連事務総長報告[12]へと繋がり，同報告書では人間の安全保障に関する「共通理解（common understanding）」を醸成するための要素が提示された。これが2012年9月の人間の安全保障に関する共通理解を提示した2回目の国連総会決議（A/RES/66/290）の採択につながった。2010

---

[10] 「2005年国連総会首脳会合成果文書（仮訳）」2005年9月16日, http://www.mofa.go.jp/mofaj/gaiko/unsokai/pdfs/050916_seika.pdf。

[11] Report of UN Secretary General, A/64/701, March 8, 2010, https://docs.unocha.org/sites/dms/HSU/Publications%20and%20Products/GA%20Resolutions%20and%20Debate%20Summaries/A-64-701%20English%20(2).pdf.

[12] Report of UN Secretary General, A/66/763, April 5, 2012, https://docs.unocha.org/sites/dms/HSU/Publications%20and%20Products/GA%20Resolutions%20and%20Debate%20Summaries/A-66-763%20English%20[13].pdf.

年の人間の安全保障に関する総会決議は反対意見が根強かった為，手続き的な事項を盛り込むに留まったが，2012年の総会決議では人間の安全保障に関する共通理解が示され，それまで概念について論争の種となっていた諸点が明確に示され，国連における概念の議論にとって大きな里程標になったといえよう。具体的には，同決議では人間の安全保障の理念に恐怖からの自由と欠乏からの自由の両方が含まれた。そして国内管轄権への干渉，人間の安全保障の名のもとにおける人道的介入を懸念する加盟国を念頭に人間の安全保障と保護する責任とは異なることが明示され，重ねて武力による威嚇，武力の行使，または強制措置を求めるものではないことが書き込まれている。また，前述のように国家安全保障の代わりに人間の安全保障を位置づけることへの強い懸念が表明されていることを念頭に人間の安全保障は国家の安全保障を代替するものではないことも明示されている。この決議がコンセンサスで採択された意義は深い。

しかしながら，採択後にいくつかの加盟国・機関が立場説明を行い，「人間の安全保障はさらに開発に軸足をおいたものでなければならない」，「武力行使は決して含まれてはならない」，或いは「武力行使の可能性は残しておかなければならない」等との意見が表明された[13]。従って，決議に記載された共通理解で人間の安全保障に関する定義論争は完全に収斂したとまでは言い切れない。しかしながら，ここまでの理念整理が行われた意義は大きく，長く続いた解釈論争は一応の収束をみたといえるであろう。

日本政府はこの決議採択以降も，ニューヨークをはじめ，様々な場所で人間の安全保障に関する意見交換が行われることを主導・支援している。ある意味で日本が推進してきた知的対話による理念の整理と普及は，新しい段階に入り，国連を軸とする活動から，国連以外の場所でも行うことが求められていると言えよう[14]。

決議採択後，人間の安全保障委員会報告書提出から丁度10年の節目を迎えた2013年5月に，人間の安全保障に関するハイレベル・イベントが国連において開催された。同イベントでは潘基文国連事務総長，クラーク国連開発計画総裁をはじめ緒方貞子人間の安全保障委員会前共同議長が参加した。この会合は開催趣旨によると前述の成果文書をフォローし，人間の安全保障の実践を国

---

[13] 2013年11月2日の筆者による日本外務省での調査に基づく。
[14] 同上。

連内外で推進する目的で開催された。ハイレベル・イベントには人間の安全保障諮問委員会，国連加盟国，国際機関の関係者など約500名が参加し，人間の安全保障について直接議論するはじめての大規模の機会になったと報告されている。席上では人間の安全保障の共通理解が合意されたことが評価されるとともに今後の国際社会の平和に向けての活動において人間の安全保障がひとつの柱になるべしとの意見が出された[15]。

また，共通理解採択後は，人間の安全保障をいかに実践するかが焦点となっており，2013年には国連においては総会決議（66/290）の合意に基づき，人間の安全保障の実践に関する国連加盟国，国際機関，研究機関やNGOへのアンケート調査が実施された。この結果をまとめた国連事務総長による3回目の人間の安全保障に関する報告書[16]が2013年12月に提出された。同報告書は各国レベル，地域レベル，国連レベルにおける人間の安全保障への取組み状況と教訓をまとめている。これまで人間の安全保障というと外交政策のアプローチが中心になってきたが，本来国内にも適用されるべきではないかと指摘されてきた。今回の報告書では国内の格差や不平等の是正，防災，減災問題等が採り上げられていることに注目したい。先進国の国内の人間の安全保障の問題議論と実践に含まれることにより，本来の理念のあるべき姿が実現するとともに，先進国が途上国の国内問題に介入するための手段として人間の安全保障を用いているという一部の反発を緩和することにもつながるであろう。同報告書の中では，ますます複雑多様化し，相互関連性が強まっている平和と安定への脅威に対処するにあたり，人間中心の予防に力点をおいた包括的多角的な政策アプローチとしての人間の安全保障の価値が強調されている。そして末尾には人間の安全保障をポスト2015開発アジェンダの全体的なフレーワークにすることが提言されている。また，今後2年毎に国連事務総長が総会に対し，人間の安全保障を国連において主流化するための活動報告を行うことも提言されている。

---

[15] 人間の安全保障ハイレベル会合については, United Nations Office for the Coordination of Humanitarian Affairs, "High Level Event on Human Security," May 7, 2013, http://www.unocha.org/top-stories/all-stories/high-level-event-human-security を参照。

[16] Report of the Secretary-General, Follow-up to General Assembly resolution 66/290 on human security, 21 January 2014（A/68/685）, December 23, 2013, https://docs.unocha.org/sites/dms/HSU/S-G%20Report%20on%20Human%20Security%20A.68.685.pdf。

これにより，今後とも国連の場においても理念の普及と実践が進められ，定期的にレビューされることになる。

(4) 日本による人間の安全保障の実践

定義論争から実践が重要な段階に入った人間の安全保障であるが，日本は小渕総理以来，歴代の首相はトーンの濃淡はあるものの，人間の安全保障をそれぞれの政策演説でとりあげ，外交・開発援助政策の中に一貫して位置づけ，実践してきている。特に日本政府は国連に設けた人間の安全保障基金を通じた協力と日本の政府開発援助（ODA）を通じた支援の両面から実践につとめてきている。

国連における人間の安全保障基金については表1に示す通り1998年12月のハノイにおける政策演説において小渕総理が基金を設立することを発表し，翌1999年3月に約5億円を拠出し，国連に設置した。以降日本は同基金に対し，2013年10月末時点で累計約428億円を拠出しており，同基金は国連に設置された信託基金の中で最大級の規模になっている。同基金への拠出国については当初は日本のみが拠出するシングルドナー基金であったが，日本政府が同基金の設立趣旨に賛同する国々への働きかけを行ない，2007年以降，スロベニア，タイ，ギリシャ，メキシコが拠出し[17]，日本は助成案件を審査する委員会からは2013年の時点で退き，運営を基金に任せている。人間の安全保障基金は，単なるジャパンファンドではなく，名実共に国連の信託基金として機能するに至っている。

同基金の運用については，当初は日本のODAのもうひとつのルートが出来たにすぎないとの批判があった。しかし2003年には人間の安全保障委員会が報告書の提出をもって任務を終了した後，そのメンバーの一部も加わって設立された人間の安全保障諮問委員会（ABHS）が基金のガイドラインを2006年に改訂したことにより，より人間の安全保障の理念の実現につながるプロジェクトが支援されている。特に基金からの拠出にあたっては，対象案件が複数の分野にまたがる案件であり，相互関連性のある課題に幅広く取り組むものである

---

[17] 人間の安全保障基金への日本以外の国の拠出状況は2013年10月末の段階で，スロベニア計4.7万ドル，タイが計6万ドル，ギリシャが5万ドル，メキシコが0.5万ドルである。

こと，複数の国連機関や外部アクターが協力する統合的なアプローチであることなどの条件がつけられている。

2013年10月時点で，同基金は実施国数約85の国・地域，計210件を支援している。同年実施された第3者評価によると，各プロジェクトは「これまでカバーされてこなかった分野に支援の手が伸び，人間の安全保障分野を幅広くカバーすることにより付加価値が生まれている。また，複雑な問題に対するホーリスティックなアプローチがとられており，人間の安全保障の視点が機能している」と結論づけている[18]。

一方日本は，二国間援助においても人間の安全保障の視点を導入している。2003年8月にODA大綱[19]を改訂し，その基本方針には「紛争・災害や感染症等，人間に着目した『人間の安全保障』の視点で考えることが重要である。このため我が国は人づくりを通じた地域社会の能力強化に向けたODAを実施する。また，紛争時より復興・開発に至るあらゆる段階において，尊厳のある人生を可能ならしめるよう，個人の保護と能力強化のための協力を行う」と人間の安全保障の視点を盛り込んだ。そして2005年に発表されたODA中期政策[20]では恐怖からの自由と欠乏からの自由の両方を含めた人間の安全保障の為の開発援助という考え方が明示され，貧困削減，持続的成長，地域規模の問題への取組み，平和構築の4つを重点課題としてあげた。

また，ODAには相手国政府からの要請に基づき，その政府に対して資金供与を行う形ばかりではなく，現地のNGOや地方自治体からの要請をうけ，直接現地の日本大使館の判断で資金供与ができるスキームとして「草の根無償資金協力」があったが，これは2003年3月に「草の根・人間の安全保障無償資金協力」と衣替えをし，案件審査において人間の安全保障の視点が加味されるようになった。対象分野としては保健・医療，教育，貧困削減，環境等であり，近年では元紛争地への援助，とりわけ水，衛生，輸送インフラ，難民，国内避難民・難民への支援も増えている。この無償援助では人間の安全保障の視点が加わることにより，従来のように単独分野への援助ではなく，麻薬，貧困撲滅，

---

[18] Univrsalia, "The Rapid Assessment of the United Nations Trust Fund for Human Security," May 8, 2013, p. 8.
[19] 外務省「政府開発援助大綱」2003年8月29日。
[20] 外務省「政府開発援助に関する中期政策」2005年2月4日。

テロ，あるいは教育や衛生を複眼的に組み合わせる援助等包括的なアプローチをとることが重視されている。

これらの政策を受けて国際協力機構（JICA）は，その活動に人間の安全保障の視点を導入している[21]。その中には人々を中心とする，人々に届く援助，開発の担い手になれるような能力強化，様々なアクターとの連携などが含まれているが，中でも欠乏からの自由のみならず恐怖からの自由のための援助も含まれていることは注視すべきである。そして近年では和平合意後のタイミングに限定せず，フィリピンのミンダナオへの派遣の例にも見られる様に，和平合意前の紛争中の段階であっても和平への見通しが立てば，支援を行い，紛争直後の平和構築初期段階から開発を通じた和平を後押しする支援を行っていることも特徴的である。換言すると紛争中からの継ぎ目のない支援を行っている。

このように日本は人間の安全保障の理念の普及につとめ，国連において主流化する努力を重ねるとともに，自らシンポジウムなどを開催して，理念への理解を深める努力をし，かつ実践に努めている。また，その延長線上として今後ポストミレニアム開発目標の策定にあたっても人間の安全保障の視座を盛り込もうと努力をしている。そのひとつの現れとしてあげられるのは，2013年6月に横浜で開催された第5回アフリカ開発会議（TICAD V）の機会に政府主催で「人間の安全保障シンポジウム」を開催したことが挙げられる。このシンポジウムには安倍総理，岸田外務大臣，ハイレマリアム AU 議長，サーリーフ・リベリア大統領，クラーク UNDP 総裁をはじめ約250名が参加した。保健を切り口に人間の安全保障の有用性について議論が行われ，人間の安全保障が様々な課題に各組織の垣根を超えて包括的に対処することを促す実践的な理念であると評価された。またミレニアム開発目標の後継枠組みについて，人間の安全保障に基づく効果的な枠組みとすべきとのメッセージが出された。

そして，2013年12月に日本政府が明治以来はじめて策定・発表した「国家安全保障戦略」[22]にも人間の安全保障が盛り込まれ，日本は今後ともグローバルな安全保障のために人間の安全保障の実践に取り組んでいく方針が示され，開発援助を通じて国際安全保障環境を改善することができるという視座が盛り

---

(21) 国際協力機構（JICA）『国際協力機構年次報告書2013』2013年，69-70頁参照。

(22) 「国家安全保障戦略について」2013年12月17日閣議決定，http://www.cas.go.jp/jp/siryou/131217anzenhoshou/nss-j.pdf。

込まれている。

2 カナダの場合──「恐怖からの自由」を軸に

上述のように日本が「欠乏からの自由」を中心とする広義の解釈の立場にたち，理念の普及と実践に注力してきたのに対して，カナダは恐怖からの自由に焦点を絞る狭義の立場に立って，規範づくりの面から人間の安全保障を積極的に推進した。日本において人間の安全保障を外交政策の柱に位置づけたのは小渕総理であったが，カナダではロイド・アクスワージー元外務大臣が外交政策として主導した。

(1) カナダが積極的に推進した理由

カナダは，冷戦中は国連中心主義を標榜し，1956年に当時のレスター・ピアソン外務大臣が，国連平和維持活動（PKO）を発案し，冷戦中はほとんど全てのPKOに軍隊を派遣した。ピアソン外務大臣はその後PKOへの貢献を評価されてノーベル平和賞を受賞した。カナダのPKOへの貢献は国連でも一目置かれ，「カナダと言えばPKO，PKOと言えばカナダ」といわれ，これがカナダの対外政策のアイデンティティにもなっていた。

しかしながら，冷戦後紛争の性格が変わる中でPKOも変容した。1992年のソマリア紛争では当初人道支援のためにPKOとして国連ソマリア活動（UNOSOM）が派遣され，カナダも要員を派遣した。しかしその後徐々にミッションの性格が変わり，本来平和維持のために派遣されていたPKOが現地には維持すべき平和がない状態に直面するようになり，国連憲章第7章に基づく武力行使を含む多国籍軍に変容し，カナダ政府は当惑を禁じ得なかった。

1994年の国連ルワンダ支援団（UNAMIR）への参加では，カナダ軍はルワンダのフツ族とツチ族の熾烈を極める民族紛争の中に投入された。このUNAMIRの司令官を務めたのはカナダ人のロメオ・ダレールであった。国連安保理はダレール司令官の要員増派とマンデートの変更という進言をいれず，UNAMIRの増強を許可しない一方，撤退の決定も下さなかった。その結果ルワンダ全土で80万人を越える犠牲者を出す程の大量虐殺が発生したにもかかわらず，ダレールはなすすべもなく，子ども達が孤児になり，女の子がレイプされるのをただ目撃せざるをえなかった。さらに配下の兵士はこのような内戦

第3部　人間の安全保障・平和構築

状態を収拾するような訓練をうけておらず，またルワンダの人々を救うだけの権限を国連安保理から与えられていない中で，司令官として苦しんだ。このダレールの経験がカナダにこれまでのPKOを軸とした国際安全保障面での役割を見直すことを迫ったのである。

このような時期に外務大臣に就任したアクスワージーはPKOに代わる新たな外交政策の柱を模索しており，人間の安全保障という概念に着目し，外交政策の軸に据えた。そして「恐怖からの自由」をめざして国際ルールを構築するという側面から外交政策を展開して行った。人間の安全保障をカナダの対外政策の新しいラベルとして，カナダ政府は対人地雷全廃条約締結，国際刑事裁判所設立，児童兵士に関するルールの設定，そして「保護する責任」という人道的介入の規範づくりに主導的な役割を果たしたのであった。

(2) **カナダの解釈**

アクスワージー外務大臣は1996年9月の国連総会における演説でグローバル化の影が生み出す不安定（insecurities）の問題を採り上げ，これへの取組みのために「持続可能な人間の安全保障」という概念が必要だと演説した。この中では，人権，尊厳，教育など幅広い要素が含まれるとした[23]。従って，カナダは当初は広義の解釈も含めた人間の安全保障の理念を打ち出したが，その後次第に恐怖と暴力からの自由に焦点を絞り，人間開発と人間の安全保障の概念は相互補完的ではあるが，異なるものであるとの論調に変化していった。2003年にカナダ外務国際貿易省から発表された「恐怖からの自由：カナダの人間の安全保障のための外交政策」と題した冊子では，明らかに恐怖からの自由に特化した[24]。カナダは，必要ならば人道的介入も辞さないという立場を打ち出し，欠乏からの自由を人間の安全保障に含めなかった。その理由としては理念上というよりも政府組織上開発援助が，当時は外務国際貿易省の所管ではではなく，カナダ開発庁（CIDA）の所管であったことが一因であると言われている[25]。

---

[23] Canadian Department of Foreign Affairs and International Trade, "Notes for an Address by the Honourable Lloyd Axworthy, Minister of Foreign Affairs, to the 51st General Assembly of the United Nations, New York, 24 September 1996.

[24] Canadian Department of Foreign Affairs and International Trade, *Freedom from Fear: Canada's Foreign Policy for Human Security*, Ottawa, 2002.

[25] 2013年にはCIDAは外務国際貿易省の部門に含まれる様に組織改革が行われた。

[福島安紀子]　　　　　　　　　　　　　　　*12*　人間の安全保障

　Ⅰ項であげた定義論争の争点については，まず第1点の国家安全保障と人間の安全保障については後者に力点が置かれた。特にアクスワージー外務大臣は人間の安全保障を前面に打ち出す政策であったが，後者が前者と代替するというところまでの解釈はとらなかった。第2点の欠乏からの自由か恐怖からの自由かについては明らかに後者の立場であった。第3点の人道的介入問題については必要ならば介入すべしとの立場をとった。第4点の理念による付加価値については，これまでの安全保障のアプローチではカバーできない対人地雷問題や児童兵士，紛争下の児童の保護などを網羅することができるところを挙げた。

(3)　カナダによる理念の実践

　実践面でカナダの人間の安全保障政策の最大の成果のひとつとしてあげられているのが，1997年の対人地雷全面禁止条約の締結である。アメリカやロシアの強い反対もあり，ジュネーブ軍縮会議，あるいは対人地雷問題を取り扱ってきた特定通常兵器使用禁止制限条約（CCW）では，全面禁止条約の成立は難しいと考えられたため，それ以外のプロセスでの条約交渉が検討され，カナダが条約案の議論の場を提供し，交渉は「オタワプロセス」と名付けられた。その第1回会合が開かれたオタワで閉会演説に立ったアクスワージー外務大臣は突然翌年には対人地雷前面禁止条約を締結しようと呼びかけ，1997年に締結まで漕ぎ着けたのであった。この交渉ではカナダ政府は対人地雷禁止を主張するNGOと連携し，軍縮という切り口で交渉を進めるのではなく，対人地雷が引き起こす悲惨な人道的な被害を訴え，このような兵器を禁止するというアピールを展開し，効を奏したのであった。

　この例に見られるようにカナダはルールづくりを人間の安全保障の実践の手段とした。その他国際刑事裁判所（ICC）の設立でもリーダーシップを発揮し，児童兵士の問題や小型武器規制などにも取り組んだ。

　また，カナダは人道的介入に関する新たな規範づくりを主導した。それが**表1**に示した介入と国家主権委員会（ICISS）の設立である。同委員会はコソボ空爆への参加の是非が国内で論議をよんでいたカナダが中心となって設けたものであり，どのような場合に人道的介入が許されるのかを検討した。委員会は，2001年に「保護する責任（Responsibility to Protect: R2P）」と題した報告書を提出し，人道上の危機に対する国際社会の対処の在り方を提言した。同報告書で

第3部　人間の安全保障・平和構築

は幅広い危機が対象となっていたが，2005年国連首脳会合成果文書にこの考え方が盛り込まれたときには，対象はジェノサイド，戦争犯罪，民族浄化及び人道に対する犯罪の4つの犯罪に絞り込まれた。しかもまずは国家に自国民を保護する責任が所在すると明示されている。しかしながら，国家が自国民を保護することに明らかに失敗している場合，国連安全保障理事会において第7章を含む国連憲章に則り，集団的行動をとる必要があると認定された場合には，国際社会が保護する責任があると介入の範囲が限定された。同報告書において「介入する権利」ではなく，「保護する責任」という切り口が提示され，必要な場合に国際社会が保護するとの規範を提示した意味は国際法に新しい分野を開いたと言える。

また，カナダは対人地雷禁止条約締結で協力したノルウェーと共同で1999年に人間の安全保障ネットワーク（HSN）を立ち上げた。これは閣僚会議を毎年開催している。日本は武力行使についてカナダとは異なる立場であるためにこのネットワーク立ち上げには参加しなかったが，途中からゲスト参加するようになり，現在では人間の安全保障関連のイベントも共催するに至っている。

カナダは当初日本の広義の解釈をとる立場については，あまりに何もかも安全保障に含むと分析もできず，実践できず，アドボカシーにしかならないと厳しく批判した。日加の人間の安全保障の立場は異なり，特に武力行使の可能性を含めるか否かで激しく対立した。それがゆえに両国とも人間の安全保障を積極的に推進する立場でありながら，なかなか協力できないとさえ揶揄される時期があった。

しかし，次第にカナダも欠乏からの自由を人間の安全保障の範疇にいれる必要性を容認し，上述のように日本が恐怖からの自由も含めて理念を考え，武力行使については危機的な状況で他に手段がなく，かつ国連安保理決議がある場合にはやむをえないという考えに傾いたことにより，日加の定義を巡る対立は解消の方向に向かった。ところが日加協力が人間の安全保障推進でも可能となる地合が整ったところで，カナダの政策が変わった。2006年にハーパー政権になってからは，人間の安全保障という表現が政府文書や政府の閣僚の演説には使われなくなった。これは政権交代により前政権の色彩の濃い外交政策は維持しないという方針だからだそうである。しかし，カナダは人間の安全保障に分類される要素については現在も熱心に取組み，また研究も継続されており，

ラベルとして人間の安全保障が消えただけと言えよう[26]。

3 欧州連合（EU）の場合——ドクトリンとして模索

EUは全体として人間の安全保障に積極的に取り組んだというよりもふたりの規範推進者が政策アプローチとしての導入を模索した。それはジャヴィエ・ソラナ元NATO事務総長・前EU上級代表とワルドナー元欧州委員会委員・元オーストリア外務大臣であった。EU加盟国の中ではノルウエーなど積極推進派もいたが、フランス等懐疑派も存在し、人間の安全保障をドクトリンという形で導入することに抵抗した。

(1) EUの中で積極的推進者がいた理由

EUではソラナやワルドナーが人間の安全保障に着目したのは、欧州の外交安全保障アイデンティティが変化した時期であった。すなわち、冷戦後コソボ紛争やボスニア紛争を経験し、欧州やその近隣地域で発生する紛争や危機に対してNATOという米国が加わった加盟国による対処のみならず、欧州自身が独自に対処する枠組みとしてEUが大きく浮上してきたのであった。さらに2001年9月11日の米国同時多発テロ、2004年3月11日のマドリッドでのテロ事件、そして2007年7月7日のロンドンのテロ事件が欧州に新しい安全保障上の脅威の存在を実感させた。不安定はボーダーレスであり、個人の安全に焦点をあてねばならないこと、伝統的な安全保障のみならず包括的な安全保障アプローチが必要であることを痛感させる結果となった。そして、国家主体のみならず非国家主体が脅威としても、また安全保障の担い手としてもその役割を強めた。しかも欧州域内ではグローバル化の進展とともに相互依存関係が深まり、内外の脅威と言う境界線が曖昧になって行った[27]。そのような背景をもとに1998年トニー・ブレアとジャック・シラクはサンマロー合意を結び、EUにおいて軍人も文民も参加する部隊を創ろうというモメンタムが生まれた。

そもそもソラナはNATO事務総長時代から人間の安全保障の考え方に共鳴し、1999年にEU共通外交安全保障政策担当上級代表就任後も新しい安全保

---

[26] カナダの人間の安全保障への取組みについては福島『人間の安全保障』123-183頁参照。
[27] Glasius M. and Kaldor M. *A Human Security Doctrine for Europe: Project, Principles, Practicalities*, Routledge, 2006, p. 6.

障政策を打ち出す上で，人間の安全保障の理念を積極的に推進しようとした。米国同時多発テロ後のいわゆるテロ戦争の中でもイラク戦争への参加について欧州各国の意見が割れたことを見ながら，米国のブッシュドクトリンとは一線を画す欧州独自の戦略を打ち出す必要性を感じていた。従って，2003年に発表した欧州安全保障戦略（ESS）は安全保障の脅威の質的変化を認識し，欧州への脅威としてテロ，大量破壊兵器の拡散，地域紛争，破綻国家と組織犯罪の5つを挙げた。またESSはこのような脅威はグローバルな規模の性格を持ち，単に欧州のみの脅威ではないとして，一人一人の人間を優先する視点を強調した。そしてソラナはこれまでのような軍事的な対処のみでは多様化する脅威に対応できないとして，EUは安全保障戦略において「包括的なアプローチ」をとり，軍人と文民の両方が参加し多角的に脅威に対処する必要があるとした。そして，グローバル化した世界では欧州の安全保障と繁栄は実効的な多国間外交（effective multilateralism）に依拠し，国際機関が機能し，ルールに基づく国際秩序の構築が必要であるとした[28]。この様なESSの策定プロセスを経てソラナは人間の安全保障という新しい理念に着目したのであった。特にESSを実践する軍人，文民の両方が参加する統合ミッションの派遣のための枠組みを模索しており，この人間の安全保障というラベルに魅力を感じたのであった。

　一方ワルドナーは，欧州委員会委員としてEUの新しい外交政策のアイデンティティを模索しており，オーストリア外務大臣の頃から関わっていた人間の安全保障を狭義と広義の中間的な解釈で持ち込み，対外政策にアクセントをつけようとした。

(2) EUの解釈

　欧州諸国の人間の安全保障に対する反応は，積極的に推進する国々と余り関心を示さない懐疑的な諸国に分かれた。積極派はいずれもどちらかといえば，狭義の考え方に共鳴し，カナダとノルウエーが立ち上げた人間の安全保障ネットワーク（HSN）[29]に参加したノルウエーやオーストリア，スロベニア，ギリ

---

[28] Javier Solana, "EUHR Solana Responds to Report by Study Group on Europe's Security Capabilities," Brussels, 16 September 2004, http://www.eu-un.europa.eu/articles/fr/article_3814_fr.htm.

[29] 人間の安全保障ネットワークの活動は次第に力を失ってきているとの評価がある。Martin M. and Taylor Owen, "The second generation of human security: lessons from

シャ，アイルランド等の国々であった。一方で多くの欧州諸国は定義が曖昧であり，かつあえて人間の安全保障という用語を用いることの付加価値は何かを厳しく問うた。

Ⅰ項で挙げた4つの争点についても欧州各国の考え方は割れたのであった。

(3) 「人間の安全保障ドクトリン」の模索

ソラナはさらにESSを実践するための具体的なドクトリンの構築のために，カルドーLSE教授に研究グループの立ち上げを依頼した[30]。同研究グループは2004年に「欧州の人間の安全保障ドクトリン」と題した報告書（通称バルセロナ報告書）[31]を公表した。この報告書では人間の安全保障を狭義に解釈し，恐怖からの自由に焦点を絞った。そして1948年の国連人権宣言に立ち戻り，普遍的な個人の権利の擁護という側面から人権問題をひとつの軸に据えている。そしてESSで提案されている紛争地への軍民統合ミッション派遣のドクトリンとして人間の安全保障を位置づけた[32]。同報告書は具体的には15,000人から構成される人間の安全保障対応部隊（human security response force）をつくることを提言した。この部隊のうち5,000人はスタンバイとして訓練を受け，演習も行い，短期間で展開できる様にする。残りの10,000人については定期的に演習を行い，待機の度合いは下がるが，必要に応じて展開できる部隊とすると提言している。確かに同報告書の中では，1994年のUNDP人間開発報告書と人間の安全保障委員会報告書を参照し，両報告に賛同しつつも実践のためのオペレーショナルな視点が欠けていたと批判し，独自の実践のアプローチとして「人間の安全保障ドクトリン」を提言した[33]。

バルセロナ報告書では，EUの安全保障に対するアプローチは国家安全保障ではなく，人間の安全保障に基づくものでなければならないと打ち出している点では，人間を優先する視座を導入しているが，人間の安全保障の解釈におい

---

the UN and EU experience," *International Affairs*, Vol. 86, No. 1, 2010, p. 211 参照。

[30] Marlies Glasius and Mary Kaldor, "A Human Security Doctrine for Europe," 2004, Glasius and Kaldor, 2004, p. xiv.

[31] The Barcelona Report of the Study Group on Europe's Security Capabilities, "A Human Security Doctrine for Europe," 2004.

[32] Ibid., p. 18.

[33] Marlies Glasius and Mary Kaldor, "Individuals first: a human security doctrine for the European Union," *International Politik and Gesellschaft*, 2005, p. 67.

ては恐怖からの自由という狭義の解釈に立っており、前述のカナダの考え方に近いと言える。

　このバルセロナ報告書はソラナ上級代表に提出されたものの、EU 加盟国の中では人権擁護のために軍隊を派遣するという考え方は野心的すぎるとの反対があり、また人間の安全保障の考え方が曖昧でつかみ所がないとの批判が相次いだ。そこで人間の安全保障を政策に取り入れることに熱心であったフィンランドは、EU の議長国を務めた 2006 年 6 月から 12 月の間にカルダー教授の研究グループに対して、再度より明確な規範を欧州安全保障・防衛政策（ESDP）の中に盛り込めるように、特に人権とジェンダーの要素を入れたより実践的なアプローチを提言するように要請した。同研究グループは再考し、あらたに 2007 年にマドリード報告として発表した[34]。同報告書の中でカルドー等は、人間の安全保障の理念の曖昧さに関する批判に対しては、その対象となるアプローチは危機管理や人権侵害への対応等であり、すでに EU が実践していることを人間の安全保障というラベルでまとめようという試みと説明している。しかしながら、カルダー等は EU が派遣する軍民統合ミッションについて文民が主導するとしたため、軍人主導を念頭においていたソラナの考え方と齟齬が生まれた。そのため人間の安全保障ドクトリンが EU で採択されることはなかった。

　一方もうひとりの規範推進者であったフェレロ・ワルドナーは、EU の共通外交・安全保障政策に人間の安全保障のアプローチを盛り込むことを主張した。特に紛争下の児童や人権教育に適用することを熱心に推進した。前述のように EU ではなかなか人間の安全保障が政策に採り上げられない中で、同氏は 2006 年にロンドンで行った演説では、「EU の安全保障へのアプローチの中心には人間を置くべきであり、かつ人々の総合安全保障を考えるべきであって、国家安全保障ではない。しかも恐怖からの自由と欠乏からの自由の両方を考えるべきである」と述べた[35]。ここで興味ぶかいのは、ソラナが人間の安全保障の狭義の解釈に立ったのに対して　ワルドナーがより広い解釈にたっていることで

---

[34] The Madrid Report of the Human Security Studies Group, "A European Way of Security," November 8th, 2007.

[35] Benita Ferrero-Waldner, "Human Security and aid effectiveness: the EU's challenges," speech to Overseas Development Institute, London, 26 October 2006.

ある。実はワルドナーは、欧州委員会委員に就任する前にオーストリアの外務大臣であった2002年から3年にかけてHSNの議長も務めた経験があり、これが欧州委員会においてワルドナーが人間の安全保障を推進する背景となった。しかもワルドナーは、安全保障は開発を通じても実現されるとの認識を示し、そのためにホーリスティックな概念としての人間の安全保障の理念が必要であるとの論陣を張った[36]。そして、人間の安全保障という理念は平和構築、危機管理、人権擁護、開発などの活動の推進力になるとの考え方を示した。しかし一方でワルドナーは人間の安全保障をどのように実践するのかが不明確ではないか、即ちオペレーショナルなレベルでいかに実現するのかという批判にはなかなか応えられなかった。ある意味でワルドナーは人間の安全保障の広義と狭義の中間の解釈に立ち、実現する具体的なアプローチを模索したといえよう[37]。

このようにソラナとワルドナーという人間の安全保障の積極的な推進者がいたにもかかわらず、2人がそれぞれの職を離れた後は、欧州議会の文書に人間の安全保障という表現が散見される以外は、EUの安全保障アーキテクチャーの中にはこの理念は取り入れられず、政策的にESSにも用いようという機運もない[38]。そして欧州対外行動庁（EEAS）においても人間の安全保障の推進に異論はないが、どのような分野で付加価値がうまれるのかと国連総会において発言していることからみても、理念は否定しないものの、加盟国の中に人間の安全保障を戦略に使う効用については意見が分かれており[39]、人間の安全保障が政策ラベルとして役立つという意見には収斂していないようである。EEASのキャサリン・アシュトン代表の共通安全保障・防衛政策（CSDP）に関するスピーチでは人権、開発、包括的アプローチへの言及は多いが、人間の安全保障という用語は用いられていない[40]こともその証左であろう。EU加盟国の中

---

[36] Ibid.
[37] Mary Martin and Taylor Owen., "The second generation of human security: lessons from the UN and EU experience," *International Affairs*, Vol. 86, No. 1, 2010, pp. 211-224.
[38] Jos Boonstra, "What legacy for security and defencse?" Ana Martiningui and Richard Youngs, eds *Challenges for European Foreign Policy in 2012, What kind of geo-economic Europe?*, FRIDE, 2012, p. 44.
[39] "EU Priorities for the 66th Session of the General Assembly of the United Nations," June 10, 2011, http//www.eu-un.europa.eu/articles/articleslist_s110en.htm.
[40] Catherine Ashton, "Common Security and Defence Policy," speech by High Representative Catherine Ashton to the European Parliament in Strasbourg 13

で人間の安全保障と言う理念への評価が割れている以上，安全保障政策のアプローチとしては使いにくい状況にあるのであろう。

4 中国と人間の安全保障——中国流の「人類的安全」[41]

これに対して，人間の安全保障と言う理念に懐疑的な立場をとってきた国の例として本項では中国を採り上げたい。中国においては，日本やカナダ，EUのように人間の安全保障の規範推進者となる政治家や学者は見当たらず，現在に至るまでこの理念を政策論議の中に本格的に導入していない。しかしながら，近年では中国は人間の安全保障を「人類的安全」という訳語で認識した上で，反発はしなくなっている。

(1) 中国が消極的な理由

中国は人間の安全保障に対して導入当初の20年前は強く反対していたが，近年になって国連やアジア太平洋地域の多国間機関における議論や宣言などに「人間の安全保障」という用語が挿入されることには反対しなくなっている。このような姿勢の背景には，中国は人間の安全保障を西洋の概念として，押し付けられることを嫌っている側面がある[42]。

さらに反対の最大の理由は主権を損なわれるようなものには組みすることはできないとされている。すなわち人間中心の概念を受け入れることはできなかった。その後概念を中国化し，「人類的安全」という中国訳を用いつつ，あくまで個人ではなく国家中心の概念解釈に変えて受け入れている[43]。

このように中国が人間の安全保障に対して消極的な姿勢ではあるが，反発しなくなった背景にはその間に起きた様々な危機がある。

December 2011, A 512/11, Brussels, 13 December 2011; Catherine Ashton, "The Annual Human Rights Report, Speech to the European Parliament," SPEECH/11/885, 13 December 2011.

[41] 中国における人間の安全保障論については，2013年12月5日にUniversity of WarwickのShaun Breslin教授との議論から多くの示唆を得た。

[42] Chulong Shu "China and Human Security," *North Pacific Policy Paper*, University of British Columbia, No. 8, 2002, pp. 8-9.

[43] Rosemary Foot and Andrew Walter, *China the United States and Global Order*, Cambridge University Press, 2011, p. 52.

(2) 中国の解釈と取組み

　中国の政治指導部による演説や学者による論考等を辿ると，中国は冷戦直後よりもむしろ1997年のアジア通貨危機以降，新しい安全保障概念に着目するようになった。まずは中国の経済安全保障は国外の経済状況にも左右されるという論調が展開された。その後，2003年のSARSの発生，2004年のインドネシアの津波，2006年の鳥インフルエンザの流行，そして2008年5月の四川大地震などの危機に遭遇して，人々がこれらの生活の安全を脅かす脅威にさらされていることから，これへの対策の必要性を痛感した。この経験が，経済に留まらず，幅広い安全保障の脅威認識を受け入れることに繋がって行った。

　このような流れの中で人間の安全保障が中国でも認識されるようになっていったが，そのプロセスでは用語の中国流解釈，呼称の中国化が試みられていった。

　その表れのひとつが，「human security」の中国訳である。当初は直訳の「人的安全」が用いられていた。例えば，カナダが主導した対人地雷全面禁止条約の交渉プロセスではこの訳語が用いられていた。その後中国にとってのヒューマンセキュリティの意味が検討される様になってからは，むしろ「人類的安全」と訳される様になった。すなわち，人間の安全保障の分析のレベルを個人の単位ではなく人類全体の単位に置き換えて議論されるようになった。現在はこの人類的安全の訳語が幅広く用いられている。また，一部の学者はこれを「人権安全」と翻訳し，欧米の人間の安全保障論は個人の政治的な安全，すなわち人権をさすという論調もある。人間の安全保障の狭義の解釈については，中国に人権問題の欧米のルールを押し付けようとしている，或いは普遍主義を一方的に押し付けようと言う反発がある。

　中国の学者の中でも人間の安全保障を採りあげる人もいれば，慎重な人もある。また，採りあげている学者も，ほとんどは欧米における人間の安全保障を巡る議論を紹介するにとどめており，そこに自らの考えを付すことはしていない。しかも文献をみると学者が展開している中国の人間の安全保障論では主体も客体も人間中心から国家中心へと変更されているのが特色である。例えば1994年のUNDP人間開発報告書を参照しつつも，個人のレベルではなく，それより高いレベルとして国家や社会の安全保障を論じている。

　一方，国際テロも人間の安全保障の課題とされているが，これは宗教的過激

派と分離主義に結びつけられている⁽⁴⁴⁾。これらはむしろ独立を志向する勢力の問題であり，人間の安全保障の課題とは峻別されている。

このように中国は人間の安全保障を国家のレベルで解釈する「人類的安全」と翻訳した上で，前述の国連総会の共通理解に関する決議でも反対はしていない。しかしながら，あくまでもその消極的な姿勢を貫いている。

中国以外にも人間の安全保障という理念に反対するイラクやキューバなどの国々があり，いずれも国内管轄権への介入を強く懸念している。

Ⅳ　むすびに

このように人間の安全保障は政策論議に導入された1994年から20年にわたってこれを政策アプローチに用いる是非，その解釈は欠乏からの自由か恐怖からの自由かを巡って積極推進派と懐疑派，反対派の間で激論が戦わされてきた。国際関係論の用語の中でこれほど定義論争をよんだ言葉もなかったであろう。にもかかわらず，現在もこの用語が・外交・開発安全保障政策へのアプローチとして生き残り，国連においては共通理解が採択され，主流化が呼びかけられている。

これはとりもなおさずこの20年間の国際安全保障環境の変化を反映しているからである。安全保障への脅威が冷戦時代のように領土や影響力の拡張のための戦争であった時代から，実に多様化していることは──これを安全保障上の脅威とよぶかどうかは別としても──否定できない。気候変動にしろ，感染症にしろ，貧困，テロ，紛争にせよ，究極的に犠牲になるのは人々であり，被害は国境線で仕切れるものではなくなっている。しかもテロや感染症の例に見られるように地理的な距離が離れていても影響がグローバルに及ぶ課題も少なくない。これらの脅威要素には気候変動が自然大災害に，ユニバーサルヘルスカバレッジの有無が感染症の蔓延に，貧困がテロの一因に，経済的格差が紛争にという具合に相関関係がある。

そのために，近年地球的規模の諸問題の解決に向かって各国は「包括的アプ

---

(44) Wang Yizhou "Defining Non-Traditional Security and Its Implications for China," Institute for World Economics and Politics Working Paper, 2005, http://dspace.africaportal.org/jspui/bitstream/123456789/21918/1/Defining%20Non%20Traditional%20Security%20and%20Its%20Implications%20for%20China.pdf?1.

ローチ」あるいは「統合的アプローチ」を採用している。さもなくば，国際協力は効果をあげることができないという現実がある。そのような安全保障環境下にあって人間の安全保障は，様々な課題に対して総合的に対処する政策フレームワークを提供できるところに価値がある。そして人間の安全保障は外交政策のアプローチにのみ用いるのではなく，その本来的意義に照らして，経済格差や防災等の国内問題にも適用されていくことで国内管轄権への介入懸念も緩和されていくであろう。

　人間の安全保障という理念が21世紀に生き残れるか否かは，またその真価が発揮できるか否かは，この理念をどのように実践上の政策フレームワークとして活用できるかで決まる。「欠乏からの自由」に偏した国際協力では，経済協力の成果が受入れ国・地域の不安定化により消失しかねない。逆に「恐怖からの自由」に偏した政策のみでは，脆弱国の人々は平和を実感することができず，再び不満が高まり，紛争を招きかねない。定義論争に揺れたこの両面をいかに有機的に連携できるかが，今問われている。

13 アジア地域の人間安全保障：
ダイナミックな変化への協働対応に向けて
——リスクの複合連鎖がもたらす課題——

清 水 美 香

I　はじめに

　アジアを取り巻く災害リスク状況は，複雑に絡み合う自然リスクおよび社会経済リスクを核としてダイナミックに変化しており，今後も大きく変容していくことが予想される。こうした状況は，単に災害が起きた直後の人的又は経済的な数字だけで測り得るものではない。様々なリスクが複雑に絡んで複合化し，次々に連鎖する傾向にあり，その結果社会に及ぼす影響についても，広く深く複雑に連鎖化する状況が見受けられる。これに加えて，リスクの複合・連鎖の性質ゆえに，リスクが現実のものになった場合の影響は容易に予測できない現実があり不透明性も高い。かかる課題は，近年益々進行するグローバル化，気候変動，都市化の問題と連関し，従来のリスク個別のアプローチや対応だけでは乗り越えられ得ない構造的課題を呈している。このような巨大な課題は，もともと日常において脆弱な住・インフラ環境や社会経済的に脆弱な状況に晒されている貧困者または子供，女性，高齢者を，リスクの複合連鎖化の結果としての凝集されたさらなるリスクに晒すことになる。こうした点を含めて人間安全保障の観点を通してみると，極めて難しい課題がアジアに突き付けられていることが示唆される。

　そもそも毎年アジアにおける災害の人的および経済的コストは増えている。アジア開発銀行の報告書によると，2000年から2012年までの間に，世界で起きたすべての自然災害の40％はアジアで発生しており，さらに，自然災害の影響を受けた人口の88％をアジア居住者が占める（アジア開発銀行2013年）[1]。

---

[1] Asia Development Bank, *Disaster Risk Management in Asia and the Pacific*, 2013.

また国連の報告によると（2013年），過去30年において，低中所得層だけみても自然災害による直接的経済損失は3,000億ドル以上にのぼると言われるが，実質コストはこれよりはるかに大きな規模になると予想されている[2]。

アジアを他の地域と比較した場合，2002年から2011年までのアジアにおける自然災害による死者数は世界全体の約87％を占めたのに対し，次に地域別で死者数の多いアフリカは約10％に留まり，アジアの自然災害被害者が突出して多いことがわかる。2012年だけみても，アジアの死者数は全世界の約64％を占め，アフリカの死者数は約30％を占めるというように，その差は縮まっているものの，地域比較においてもアジアの自然災害被害が抜きんでていることが示されている[3]。

特に近年は，大規模災害が相次いで発生しており，その被害規模も甚大である。主な災害の死者数だけでみても，2004年インド洋スマトラ沖地震で25万人，2005年南アジアのカシミール地震で8万人以上，2008年ミャンマー「ナルギス」ハリケーンでは，約13万8,000人，2008年中国四川大震災では，6万8,000人以上，2011年東日本大震災（地震，津波，原発事故の複合災害）では，約1万6,000人と続いている。さらに，直近では，2013年にフィリピンを襲った大型台風「ハイエン」では，6,000人以上，行方不明者数1,500名以上の被害をもたらした。この近年の自然災害の傾向は，アジアにおいて大規模災害の頻度，範囲，規模が増していることを示すものである。

一方，上記の災害の状況が今後の災害の見通しを反映するものとは必ずしも限らない。既述のように，これまで以上にグローバル化や気候変動，さらに都市化が主因となり，その影響は多大且つ複雑なものになると考えられるからである。特にアジアの都市化は，今極めて急速に拡大する傾向が見られる。沿岸部に不均衡に人口が集中する傾向にある都市化は，重要インフラの未整備，貧困，人口移動の問題などと大きく関わる。こうした都市化は，災害リスクをより複雑にし，災害が起きたときの影響や結果の範囲，規模を拡大し，その複雑化，不透明性にもつながる。一方，こうした新たな問題に，どのように対応す

---

(2) United Nations, *Global Assessment Report on Disaster Risk Reduction* 2013, 2013.
(3) Debarati Guha-Sapir, Phillipe Hoyois, and Regina Below, *Annual Disaster Statistical Review 2012: The Numbers and Trends*. Brussels: CRED, 2013, http://www.cred.be/sites/default/files/ADSR_2012.pdf

るかについて，具体的な取り組みは未だ緒についたばかりの状況にある（詳細後述）。

　このようなダイナミックな環境変化を考慮した上で，人間の安全保障の観点から特に脆弱な人々を重視した対応が求められる。その環境変化の特徴をみると，下記で詳しく述べるように，特定の場所を越えて様々な事象やリスクが「ネットワーク化」し，連鎖的に相互に影響しあう傾向がある。こうしたことを踏まえると，その環境変化の対応において，従来のアプローチや手法だけでは間に合わない可能性がある。特にアジアには貧しい国々が多く，通常の洪水や台風などへの対応もままならないケースが多いゆえに，各国家にこうした環境変化を考慮した対応を求めることは現実的ではない。事象やリスクのネットワーク化の結果，その影響も連鎖の特徴を有するがゆえに，この環境変化に対応するアプローチも，様々な経験や知識を含めたリソースをネットワーク化し，各国が協働して対応していくことが必要になるのではないだろうか。これらの観点を総合すると，アジア地域全体において，それぞれの地域の状況を踏まえながら，如何に協働でこうした課題に取り組むか，それぞれの地域や国家の経験や知識を効果的に体系化し，問題解決方法を協働創出し，現場や政策にどう組み込むかといったことが喫緊に求められているといえるだろう。

　既に人間安全保障の観点から，個々のリスクごとや，各国の事例研究を通して自然災害のガバナンスに取り組まれた研究は数多くあるが，時代の変化とともに刻々と変化するダイナミックな構造的環境変化を踏まえた上で，アジアの災害リスクマネジメント全体の在り方を見直し，それが脆弱な人々とどのように関連するのかといった研究は未だ少ない。一方，こうした構造の変化，およびそれに関わるリスクの変化を理解してこそ，人間安全保障の観点から今後何が課題になるのか，さらにどのような問題解決型方向性があるのかが具体化されると考えられる。こうした理解に基づき，本章では主に次の点を追求する。

- アジアの災害リスクを取り巻くダイナミックな変化は人間安全保障にどのように関連しているか？
- ダイナミックな環境変化に関わる災害リスクの複合連鎖化の特徴とその影響とは如何なるものか？　こうした変化は特に脆弱な人々にどのように関連しているのか？
- 協働的アプローチの観点から，アジアにおいて，災害リスクマネジメント

に関わる仕組みはどのようになっているか，本章が取り上げる課題にどのように取り組まれているか？ ダイナミックな環境変化を斟酌したリスク環境の特徴と照らした上で，既存の仕組みにおいてギャップはどこに存在するか？
● 特にギャップを埋めていくためには，人間の安全保障の観点から，特にアジアにおいてどのような仕組みや取り組みが必要になるか？

II アジアにおける人間安全保障——ダイナミックな変化

本節ではまず，災害リスクを取り巻く環境の変化のエッセンスを簡潔に概観した上で（リスク変化の詳細や影響の詳細はIII），その変化と人間安全保障がどのように関連しているのか，本章の思考的な土台になる部分を明らかにしたい。

1 災害リスクを取り巻く環境の変化

災害リスクを取り巻く環境は，気候や社会経済の状況の変容によって年々刻々と変化している。従来，災害は特定の事象に基づいて発生し，特定の地域に影響を及ぼすものと考えられてきた。つまり，台風・洪水・地震・津波・火山噴火といった特定の災害リスクがどの地域のどの市町村に影響を与えるかといった観点から検討され，それに基づいた対策対応が行われてきた。こうしたアプローチは，あらゆる災害は局所的なものという理解に基づいて引き出されるものである。しかし近年，災害リスクの構造は局所的あるいは地域的な特質を超えて，様々な事象やリスクが「ネットワーク化」し，連鎖的に相互に影響しあう傾向が見られる。さらにそうしたリスクが現実のものとなって災害が発生した場合の影響も同様に，複合的に連鎖する傾向が見られる。本章では，こうした特徴を有する災害を複合連鎖災害，またそれに関連するリスクを複合連鎖災害リスクと呼ぶ。

こうした複合連鎖災害の顕著な例が東日本大震災である。津波・地震・原発事故によって，甚大な人的物理的被害のみならず，社会経済に大きく影響を及ぼした。その影響は，エネルギー・公衆衛生（特に放射能汚染）・農業・漁業・生産業・雇用・貿易・国際関係（特に放射能の海域および空気の汚染）というように幅広い産業，政策分野に連鎖し，短中長期的な影響をもたらした。かかる大規模な複合連鎖災害は，従来の（局所的，地域的）災害に比べて発生する可

能性は低いが，起きた際の経済的社会的影響は極めて広く長期に及び深刻になるという大きな特徴を有する。

東日本大震災のようなケースは，通常の小さな災害と比べると起こる可能性は低いが今後も起こり得るものであり，さらに2節で詳しく述べるように，自然災害リスクおよび社会経済リスクの変化に伴い，様々な形態の複合連鎖災害リスクの存在が顕著になっている。特にアジアの観点からいえば，(a)グローバル化，都市化，気候変動それぞれが連関し，その影響はアジアにも広く且つ深く及んでいること，(b)社会経済的リスクとして，都市沿岸地域の人口の激増・貧富の格差・教育の格差・医療アクセスの格差などが災害リスクの状況をさらに複雑に深刻にしている（詳細はⅢ）点を重視することが必要になる。

その変化の結果として，上記で触れたように(i)災害が実際に起きたときの影響を相乗的に複合化させることに加え，(ii)その影響の範囲を拡大させ，(iii)影響の深刻さを高め，(iv)影響が及ぶ速さを加速し，(v)短中長期的それぞれにわたって影響を与え（影響を及ぼす時間枠を広げ），(vi)主にどのようなリスクがどのような影響を与えるかという点で不確実性を高めるという，災害リスクを取り巻く構造的な環境変化が，政策・実務関係者に大きな課題を突きつけるものとなっている。

2 人間の安全保障と災害リスクを取り巻く構造的環境変化の関係

上記に示した災害リスクを取り巻く構造的環境変化は「人間の安全保障」にどのように関わるのだろうか。近年の「人間の安全保障に関する国連総会決議」（仮訳）（A/RES/66/290）から，主な関連部分を抽出し，そこから災害リスク構造的環境変化への対応に適用可能な示唆はどのように得られるか，これを表1に示した。

表1に示したことを端的に述べると次のようになるだろう。貧困にある人々，または，高齢者・障害者・子供・女性を含めて脆弱な環境にある人々は，日常的に起きる小さな災害であったとしても，それによって及される影響はそれ以外の人々に比べて大きい。さらに上述の災害リスクを取り巻く構造的環境変化の特徴を踏まえると，その影響は計り知れないものになる。これらの点を踏まえた上で，近年の災害リスクの構造的環境変化が脆弱な人々にどのように影響を及ぼすかを精査し，災害リスク別や問題別ではなく，また事後的ではなく，

表1　人間安全保障から災害リスク構造的変化対応への示唆

「人間の安全保障に関する国連総会決議」（仮訳）（A/RES/66/290）からの主要関連部分	災害リスク構造的変化への対応に適用可能な示唆
人間の安全保障は「人々が自由と尊厳の内に生存し，貧困と絶望から免れて生きる権利である。すべての人々，特に脆弱な人々は，すべての権利を享受し彼らの持つ人間としての可能性を開花させる機会を平等に有し，恐怖からの自由と欠乏からの自由を享受する権利を有する」	人間の安全保障が焦点を当てる「脆弱な人々」の観点から，災害リスクの構造的変化が如何に，貧困にある人々，脆弱な人々に影響を及ぼし得るかを精査する必要がある。
「人間の安全保障は，すべての人々及びコミュニティの保護と能力強化に資する，人間中心の，包括的で，文脈に応じた，予防的な対応を求めるものである」	災害リスク別や問題別ではなく，また事後的ではなく，災害リスクを取り巻く環境の変化の特徴を包括的に捉え，全体と詳細の文脈を把握した上で，すべての人々及びコミュニティの保護と能力強化に資する，予防的な対応が求められる。
「人間の安全保障は，平和，開発及び人権の相互連関性を認識し，市民的，政治的，経済的，社会的及び文化的権利を等しく考慮に入れるものであること」	災害対応は一般的に，自然・物理的側面と社会・経済的側面は別個に，また後者は二次的なものとして考えられる傾向に未だあるが，複合連鎖災害リスクを踏まえ，両側面の連関性を同次元で考える必要がある。特に市民的な視点から，社会・経済的側面（時には政治・文化的側面も含めて）あるいは，社会・経済的側面と自然物理的側面を具体的に繋ぐアプローチが求められる。
「人間の安全保障は国家のオーナーシップに基づくものであること」「政府は市民の生存，生計及び尊厳を確保する一義的な役割及び責任を有すること」「国際社会は政府の求めに応じ，現在及び将来の危機に対処する政府の能力の強化に必要な支援を提供し補完する役割を担うこと」	災害リスクの構造的環境変化において災害に直面する脆弱な人々を守るために，国家および政府の「役割と責任」，国際社会の「補完的役割」を見直し，変化に応じてそのあり方を更新する必要がある。

〔清水美香〕　**13　アジア地域の人間安全保障：ダイナミックな変化への協働対応に向けて**

災害リスクを取り巻く環境の変化の特徴を包括的に捉え，特に「全体」と「詳細」の両方の文脈を把握した上で予防的な対応の在り方を検証し，市民的な視点から，特に社会・経済的側面（時には政治・文化的側面も含めて）からのアプローチ，あるいは社会・経済的側面と自然物理的側面を具体的に繋ぐアプローチを検討することが求められる。こうした状況に対応するにあたって，そこに求められる政府の役割を見直す必要があるが，そもそも貧困や様々な脆弱性に晒され日常的に起こる小さな災害にも十分に対応しきれない国々の状況を考慮して，特に国際社会の補完的役割は如何なるものになるかを見直すことが必要になる。

　上記のように環境変化への対応が求められる一方で，洪水や台風といった頻繁に日常的に起きる小さい災害により良く対応する方法も，稀ではあるが起きると影響が大きい大規模な複合連鎖災害についても，それぞれの対応はかけ離れたものではないはずである。最大限被害を小さくするための準備は，小さい災害から大規模災害まで共通する。大規模災害に対応できるものは小規模災害にも対応できる。つまり，災害環境の変化に応じてどのような状況にも対応可能な状況を日常的に構築しておくことによって，いざという時に社会システム全体が機能し続けることができると考えられる。

　ここまで述べてきた中で，本テーマの思考枠組みを成すキーワードとして抽出される，包括性，全体と詳細の両側面，変化への日常的適応性，システム機能といった言葉は，以下に述べる「レジリエンス」（resilience）の考え方にも通じる。「レジリエンス」の定義は分野や専門分野によって異なるものの，本章のテーマであるリスク社会とも関連の深い防災分野での代表的な定義として，国連機関 International Strategy for Disaster Reduction（ISDR，国際防災戦略）(2004) による『兵庫行動枠組み』*Hyogo Framework of Action (HFA) 2005-2015* では，「ハザードに晒される可能性のあるシステム，コミュニティ，あるいは社会が，抵抗あるいは変化によって適応し，機能および構造ともに受け入れ可能なレベルを維持する力」と定義される。また，このレジリエンスの概念の展開は，「全体」と「詳細」の両方の視点を重視する工学分野の「システムズアプローチ」と関係が深い[4]。こうした概念を前提としながらも，より人間の安全保障との観点から，レジリエンスについて次のような示唆がある。

第3部　人間の安全保障・平和構築

> 脆弱な層，特に貧しい人々および女性は自然災害で誰よりも死に晒されやすい。（中略）
> 国家および下部組織の政策および計画によって決定される社会条件および構造が誰が最も脆弱かまた誰が最もレジリエントかを決める。その後に災害が続く[5]。

この見解から得られる示唆として，次を挙げることができる。

- 脆弱な層の人々は特に，その人々自身がレジリエントかどうかのみならず，国家や地域レベルの政策や計画によって規定される社会条件や構造が，その人々の脆弱性やレジリエンスに大きく影響する。
- その計画・構造は，脆弱な層の人々が置かれた状況を直接踏まえたものであることが不可欠である。

上記の点に関して，災害リスクを取り巻く構造的環境変化を踏まえた上で，個人から国家，地域・国際機関まで様々な主体とレジリエンスがどのように関わるのか，特に政策，計画，災害マネジメントプログラムの策定で考慮されるべきレジリエンスの構造とそれぞれの相互関係が図1に示される。

図1において人間の安全保障の観点から見た重要な点は以下の点に集約される。

- R1（個人）から，R2（家族），R3（コミュニティ），R4（国家）までの繋がり（リンケージ）は，国家および 地域・国際レベルの災害マネジメント（R5，R6）の政策・手続きがどれだけ統合され，機能しているか，またどれだけR1－R4までが一貫して機能し得るかによって，左右される。
- 特にR1，R2，R3のレジリエンスは一般的に，それぞれ主体次第と考えられる傾向にあるが，それぞれの主体にレジリエンスが備わっていたとしても，国家および地域・国際レベルの災害マネジメント（R5，R6）において，R1，R2，R3を重視した政策・手続きが実施されていなかったり，それぞれの政策・手続きがばらばらであったり機能しなければ，R4の国

---

(4) Scott Jackson, *Architecting Resilient Systems; Accident Avoidance and Survival and Recovery from Disruptions*, Mahwah, NJ; John Wiley and Sons, Inc. 2010.
(5) Oxfam International, *Rethinking Disasters: Why Death and Destruction is not Nature's Fault but Human Failure*. South Asia Regional Centre, Oxfam（India）Trust, New Delhi, p. 1, 2008.

家のレジリエンスに影響し，ひいては，R1，R2，R3のレジリエンスに大きく影響を及ぼす。特に，こうした状況は脆弱な人々，恵まれない人々あるいはコミュニティのレジリエンスに大きく影響することになる。

図1　人間安全保障の視点からみたレジリエンスと災害リスクマネジメントの構造との関係（Allen Clark博士[6]の原案に，筆者修正加筆）

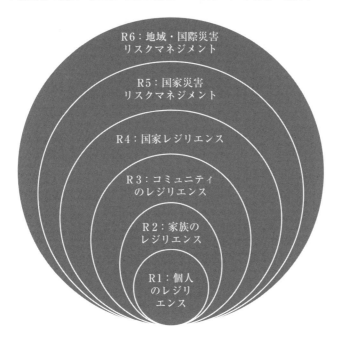

全体的にアジアの多くの災害リスクマネジメントにおいて，これまでは早期警告，災害直後の緊急対応・復興という短期的支援に重点が置かれてきた一方，近年ではより長期的な観点からコミュニティのレジリエンスと災害マネジメントおよび開発を一体化させた計画づくりなども重視されるようになっている。しかし，本章で示すような急速で年々刻々と変化する災害リスクを取り巻く構造的環境変化の「全体」と「詳細」を踏まえ，短中長期的全ての局面を見通した上で，包括的に災害リスクマネジメントの在り方を見直すことが急務になっ

(6) Allen Clark博士（シニアーフェロー，East-West Center（米国））による研究ノート，2014年。

ている。具体的には，劇的な変化に対応する上で現状のアプローチ，政策，施策に不足している局面は何か，国家および地域・国際レベルの政策や災害マネジメントにおいてどのような改善点が必要か，どのようにレジリエンスを多様な主体に組み込むのか，そのためにどのような新しい仕組みが必要かを見極めることが，政策レベルで喫緊に求められる。

III 災害リスクの複合連鎖化とその影響——アジアとの関係性

　災害リスクとアジアの関係を精査する上での前提として，これまでに述べてきた災害リスクを取り巻く構造的環境変化をより体系的に，全体と詳細を意識しながら見てみよう。本課題の性質上，個別の課題の詳細よりむしろ，その問題と問題の「間」あるいは関係性における「詳細」な視点と，その関係性と人間の安全保障という「全体」的な視点を取り入れていく。

　より具体的に以下では，災害リスクの複合連鎖化の全体像を示し，それに続いてグローバル化，都市化，気候変動が複合的に連鎖し，その影響がアジアにも広く及んでいる状況に加えて，それに連鎖して社会経済的リスクが複雑に絡み合い，災害が起きた場合の影響をより深刻にしている状況を浮き彫りにする。さらに人間の安全保障の観点からこのような複合連鎖リスクが脆弱な人々に与える影響を重視し，貧困に焦点を当てて，どのような影響があるのかを見ていく。

1　災害リスクの複合連鎖化

　世界的な傾向として，従来において自然・人為的・技術的といった主要因ごとに分類されてきた災害リスクの多くは，現代の災害リスクと重複する傾向が強まっている。さらに従来リスクと現代リスクの相互作用が加わることによって，リスクの複合連鎖化が見られる傾向にある。これは災害リスクの根本的な構造的変化であることを理解しておくことが重要である（詳細は，表2参照）。

表2 従来の災害，現代的災害，複合災害（Clark, 2012）[7]

従来の災害	
地球物理学的／気象学的 台風／ハリケーン 洪水／高潮 地震 津波 地滑り 火山噴火 熱波／寒波 干ばつ	生物学的 HIV／エイズ 動物媒介感染症（デング熱，インフルエンザ，マラリア，ウエストナイル，レッサ熱など） 肝炎 コレラ ジフテリア
人為的 テロ（化学，生物学，核，放射能）	技術的 輸送機（航空・船舶・列車等）事故 有毒流出 ダム破壊
現代の災害	
気候 気候変動 エルニーニョー南方振動（ENSO）	生物学的 鳥インフルエンザ／SARS エボラ熱 狂牛病
人為的 越境汚染（大気／水） 廃棄物投棄	技術的 原子力発電所事故 重要インフラの欠陥連鎖
複合災害	
リスク重複（従来の災害リスク ＋ 現代の災害リスク）	
リスク複合連鎖化（従来の災害リスク ＋ 現代の災害リスク ＋ 従来・現代リスクの相互作用）	

2 グローバル化・都市化・気候変動の連鎖とアジア

アジアの文脈からみたグローバル化，気候変動，都市化とリスクおよび脆弱な人々との関係は，極めて複雑であるが，一般的にそれを概観したものを図2

---

[7] Allen L. Clark, "21st Century Paradigm Shifts in the Governance and Management of Disasters," Conference Paper, East-West Center, Hawaii, United States, 2013.

に示す。その関係性について，端的に次の4つの側面から紐解くことができる。第1に，国家，人口，経済の相互依存性が益々高まるという背景をもつグローバル化は，気候変動の影響と連動することによって，温暖化ガス排出，環境破壊，食・水の確保の問題，生態系の変化，感染症の増大といった諸問題を生み出してきた（矢印「A」，「災害リスク群1」参照）。このようにして生み出されるリスクがさらに，その原因を助長している場合もある。例えば，グローバル経済が進む中でアジア諸国がこぞって経済成長を目指す中，大規模な森林伐採やダム建設などによって自然が破壊され，またエネルギー資源や建設資材の採掘が盛んに行われる結果，グローバル化が牽引して生みだされた環境破壊は逆に

図2　グローバル化・都市化・気候変動の連鎖・災害リスク群・脆弱な人々との関係

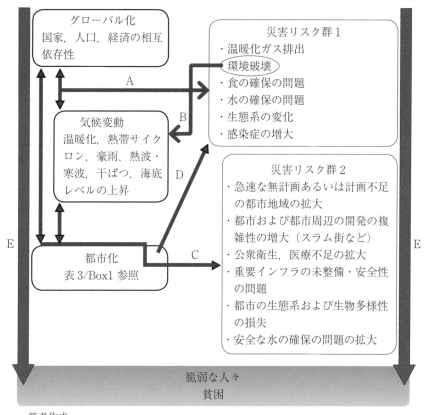

筆者作成

〔清水美香〕　*13*　アジア地域の人間安全保障：ダイナミックな変化への協働対応に向けて

グローバルな気候変化の大きな原因ともなっている（矢印「B」参照）。

　第2に，第1の状況に都市化（居住地の人口密度の割合が高まるプロセス）が連動し，特に集中的かつ急速で海岸沿岸部に広がる都市化によって，無計画あるいは計画不足の都市地域の拡大，都市および都市周辺の開発の複雑性の増大（スラム街など），公衆衛生，医療不足の拡大，重要インフラの開発における安全性の問題，都市の生態系および生物多様性の損失，安全な水の確保の問題の拡大につながっている（矢印「C」，「災害リスク群2」参照）。

　そもそも都市化の根本的問題の1つは，急速な人口増大である。1970年代まではアジアのほとんどの都市は100万人未満であったのに対し，今日多くが「メガシティ」に変容している。人口1,000万人以上のメガシティとよばれる都市は，2014年時点で全世界に28都市あり，そのうち16都市がアジアにあり，1,000万人近くの都市も入れると，世界で人口が最も多い40都市のうちアジアは24都市を占め，その総人口は4億人近くにのぼる（表3参照）。

　一方，人口の増大は然ることながら，より重大な点は，アジアの都市化は，画一的に広がっているわけではなく，時間的かつ空間的スケールにおいて多様な課題が見られることである。その特徴はBOX 1に集約される。こうした多様な要因が凝集した形で本テーマに関わる問題をより深刻化させている。さらに，より人間安全保障の観点からみた重要な点は，これらの4つの特徴は切り離して理解されるものではなく，相互に連関している点にある（この点に関しては3参照）。

第3部 人間の安全保障・平和構築

表3 世界におけるアジアの都市人口

アジアランク	世界ランク	国	都市	人口（百万）
1	1	日本	東京‐横浜	37.5
2	2	インドネシア	ジャカルタ（ジャボタベック）	29.9
3	3	インド	デリ	24.1
4	4	韓国	ソウル‐仁川	22.9
5	5	フィリピン	マニラ	22.7
6	6	中国	上海	22.6
7	7	パキスタン	カラチ	21.5
8	11	中国	北京	19.2
9	12	中国	広州‐仏山	18.3
10	13	インド	ムンバイ	17.6
11	14	日本	大阪‐神戸‐京都	17.2
12	18	タイ	バンコク	14.9
13	19	インド	コルカタ	14.8
14	20	バングラデシュ	ダッカ	14.8
15	24	中国	深圳	12.8
16	28	日本	名古屋	10.2
17	32	中国	天津	9.5
18	33	インド	チェンナイ	9.4
19	34	インド	バンガロール	9.3
20	36	ベトナム	ホーチミン市	9.0
21	37	中国	成都	8.8
22	38	中国	東莞	8.7
23	39	インド	ハイデラバード	8.4
24	40	パキスタン	ラホール	8.3
計				392.4

出所：Demographia World Urban Areas (2014)[8]

BOX1　アジアの都市化の特徴

① **沿岸地域に都市人口が集中**：気候変動の影響で海底レベルが上昇する沿岸地域に人口が集中している。第5回気候変動に関する政府間パネル（Intergovernmental Panel on Climate Change (IPCC), 2013）よると、海底レベルは2010年までに18センチから59センチ上昇すると予想されており（より大幅な

---

[8] Demographia, *Demographia World Urban Areas*, 10th edition, 2014, pp. 20-41, www.demographia.com/db-worldua.pdf.

上昇を予測している科学者もいる），沿岸地域に住む人口にとって海底レベルの上昇は深刻な問題であることには確実とみられる。そうした中，アジアの都市人口のうち，海底10メートル以下に住む人々はアジア都市人口の18％と推定した研究結果がある[9]。これを2010年のアジアの都市人口に当てはめると3億400万人にあたる[10]。このように，気候変動による海底レベルの上昇の影響は，アジアの沿岸地域に集中する都市人口に大きく及ぶ可能性が高い。

② **急速に都市人口が増大／いびつな都市開発**：アジアの都市化は急激に進んでいる。アジアの都市人口は2000年から2030年までに倍増しており，2030年には世界の都市人口の半分以上を占めることになると予測されている（26億6,000万人）[11]。中でも，北東アジアの都市化の速度は凄まじい（1990年の都市人口は4億3000万人程度であったのに対し，2020年には2倍以上の9億4,000万人になると予測される）[12]。こうした急激な都市化は，いびつな都市開発につながる。人々の生活に欠かせないインフラの未整備や，③のようなスラム街の形成につながっている。

③ **都市人口の多くがスラム街に居住**：アジアの都市人口の多くがスラム街に居住する。2010年推定データによると，約16億5,000万人のアジア都市人口のうちスラムに住む人々は約5億人で約30％を占める[13]。こうした状況は後述する貧困と大きく関連する。

④ **大規模かつ急速な人口移動**：アジアの都市人口増大は，国内・国際含めて人口移動によるものが大きく占める。東アジア全体では，1970年から1980年にかけて人口増大における人口移動による割合が45％を占めるに留まっていたのに対し，2000～2010年には68％を占め，2020年までに72％になると推定されている[14]。人口移動の特徴や原因も様々で，経済機会を求めての地方から都市への人口移動のみならず，都市から都市への移動も多く，また自然災害や紛争によって強制的に移動せざるを得ない移動も含まれている[15]。こうした大規模かつ急速な人口移動は，無計画で未整備な都市開発を結び付き，人間安全保障面にも大きな課題を突き付ける（詳細3参照）。

---

[9] McGranahan, Gordon, Deborah Balk, and Bridget Anderson, "The Rising Tide: Assessing the Risks of Climate Change and Human Settlements in Low Elevation Coastal Zones" *Environment & Urbanization* 19-1, 2007, pp. 7-37.

[10] United Nations Human Settlements Programme, *Cities and Climate Change Initiative Asia-Pacific: Regional Strategy*, 2011, http://www.fukuoka.unhabitat.org/programmes/ccci/pdf/CCCI_ASIA_PACIFIC_REGIONAL_STRATEGY_end-March11.pdf

[11] United Nations, *World Urbanization Prospects: The 2009 Revision*. New York: Population Division, Department of Economic and Social Affairs, United Nations, 2010.

[12] 同上。

第3に，第2で述べた都市化は，災害リスク群1をさらに助長する側でもある。都市人口の増大は，陸地の3％以下に集中している半面，その影響はグローバルに及ぶ。より具体的には，全世界の排出ガスの78％がこの都市部で排出されており，さらに飲料水の60％，産業使用目的の木材の76％が同都市部で使用されている[16]。さらにBOX1に示したような都市人口増大がいびつな都市開発につながる状況においては，感染症をさらに拡大させる恐れもある（矢印「D」参照）。

第4に，上記3つの側面の結果として，全ての負の側面が相関し，凝集され，その負担がすべて脆弱な人々にのしかかり，脆弱な人々を巨大なリスクに晒している（矢印「E」参照）。特に沿岸部の貧困層をさらにこうしたリスクは，全体的に経済成長，生活の質，社会の平等，国家および人々の持続可能性にも大きな影響をもたらすことになる（貧困層の詳細については3参照）。

3 災害リスクと社会経済リスクの複合連鎖化——災害と貧困に焦点を当てて

これまで見たように，災害リスクの複合連鎖化は凄まじく，社会経済リスクとも絡み合うことによって，その影響はもともとリスクに晒され易い脆弱な人々を，更に大きな巨大なリスクを晒している。これは，実際に起きた場合の災害の影響も大きくなるだけでなく，災害が起きた後，脆弱な人々をさらに脆弱な状況に追い込むことにもなり得る。図3は，図2で精査したことを土台にして，貧困に焦点を当てて，それと災害リスク，社会経済リスク，災害との関係を概観するものである。この図を通して，貧困を中心に，主に次の4つの側面から，その他の災害リスク・災害との関係性を見ることができる。

第1に，①は，貧困を取り巻く外的要因として，主なものを抽出したものである（注：黒枠を付したものは，2で言及したもの）。既に上記で触れたグローバル化，気候変動，都市化や，それに関連する不均等な経済・都市開発，人口移動に加えて，貧困者を多く抱える国々は，全体として国家ガバナンスあるいは

---

[13] United Nations Human Settlements Programme, *The State of Asian Cities 2010/2011*, 2010.
[14] 同上。
[15] 同上。
[16] Nancy B. Grimm, Stanley H. Faeth, Nancy E. Golubiewski, Chalrles L. Redman, et al. "Global Change and the Ecology of Cities", *Science* 319 (5864), 2008, pp. 756-760.

キャパシティが弱い場合が多い。

　第2に，①のような外的要因に加えて，貧困者により身近なローカル・コミュニティの環境として，貧しい人々が住むローカル・コミュニティでは，一般的にそのガバナンスが脆弱で，スラム街に代表されるように脆弱な生活・住宅環境に晒され，さらには情報，経済，教育，医療面それぞれへのアクセスが不足たり，欠如するケースが多い（②参照）。

　特に，都市化と人口移動が密接に結びついている状況において，ローカルガバナンスが弱く且つ未計画に開発されている都市に，貧しい人々が多く流れ込むことにより，スラム街の増大につながり，それが生活・住環境の悪化にもつながる。こうした状況をより詳細に見ると，リスク情報，安全の備えに関する情報，それを支える教育，医療，公衆衛生（特に，感染症対応）アクセスが不足する，あるいは欠如することにつながる。さらに，移動によって新しく流入してきた人々の間では，情報交換が活発にできる環境は少なく，人と人の結び付きも希薄な中で，ますますそうしたアクセスから遠ざかる傾向が強まる。

　第3に，こうした①と②のリスクが複合連鎖化した結果として，時間スケールの観点からみると，短・中・長期的リスクを含めて，さらにリスクレベルの観点からみると，低・中・高レベルのリスクを含めて多様な側面から，貧困に陥っている人々を更なるリスクに晒すことになる。特に大きくわけて，①および②の結果は，金銭的貧困・文字読み書きの欠如，交通アクセスへの限界など個人の貧困（③-a），食の確保，水の安全，病気などの日常的生活リスク（③-b），豪雨・洪水のような通常の（低・中程度の）リスク（③-c），大型ハリケーンや鳥インフルエンザなどのパンデミックのような大規模自然災害リスク（③-d）に影響を与える。

　第4に，①や②の影響に個人や日常的生活リスク（③-aおよび③-b）とも連鎖した，通常（低・中程度）の災害リスク（③-c）および大規模災害リスク（③-d）が実際の災害の結果につながり，直接の災害の影響のみならず（④-a），間接的な影響，つまり災害のアウトカム，たとえば，収入，機会，安全な暮らしに，短・中・長期的，全ての局面を含めて影響が及ぼされることになる（④-b）。こうしたアウトカムはまた個人の貧困や日常的生活リスク状況にも影響を及ぼすことにもなる。

　このように貧困を中心に災害リスク・災害を体系的に精査すると，気候変

図3 貧困と災害リスク・社会経済リスク／災害との相関関係
（Allen Clark 博士[17]の原案に，筆者修正加筆）

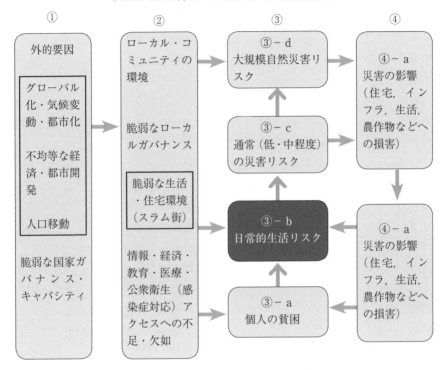

動，都市化，グローバル化，災害リスクマネジメント，情報，経済，教育，医療，公衆衛生（感染症），貧困，開発に関わる問題が極めて複雑に絡み，それぞれのリスクが連鎖している状況を具体的に見ることができる。さらに上記4つの側面からの分析は，貧困に焦点を当てたが，これに加えて，より広く脆弱な人々の観点から見ると，「高齢者，女性，子供」という側面からも，複合連鎖災害リスク，社会経済リスク，災害との関係性を精査する必要がある。これらの諸関係性を総合的に，特に人間安全保障の視点から包括的に捉えた上で今後の複合連鎖化する災害リスクと災害と脆弱な人々に関わる巨大な課題に取り組むことが求められている。

(17) Allen Clark 博士（シニアーフェロー，East-West Center（米国））による研究ノート（2014年）。

Ⅳ 国際・地域機関および国別による現状の制度・取り組みとギャップ

これまでに明らかにした，複合連鎖化するリスク「間」の関係性と，人間の安全保障の観点から見たそれらの関係性が脆弱な人々に及ぼす影響を踏まえ，本節では，このダイナミックな課題に対して，アジアでどのような対応が求められるかを精査する。その精査において，冒頭で述べたように，貧しい国々のこうした問題対応へのキャパシティを考慮し，さらに事象やリスクのネットワーク化の結果としてその影響の連鎖化も斟酌し，この環境変化に対応するアプローチも各国が協働するアプローチが不可欠という視点を重視する。その協働的アプローチの観点から（以下1参照），アジアにおいてこうしたリスクに関わる課題にどのように取り組まれているのか，さらにリスクの特徴と照らした上でのギャップはどこに存在するかを考察していく。

1 協働的アプローチ

実際の考察に入る前に，ここでいう「協働的アプローチ」について，単に国域やステークホルダーの枠を超えた協力という意味合い以上に，より洞察的且つ分析的視点をもつことを示しておきたい。これは，第1節の**表1**にある「災害の構造的変化において災害に直面する脆弱な人々を守る上で，政府の『役割と責任』，国際社会の『補完的役割』を見直し，変化に応じてそのあり方を更新する必要がある」点と深く関わり，具体的にどのように見直すか，更新するのか，そのアプローチの基盤にもなると考えられる。

協働的アプローチを考える上での原点として，やはりこれまで述べてきた複合連鎖災害リスクの特徴を踏まえる必要がある。あらゆるリスクの負の側面が相関し，連鎖する中において，特にそのリスクの複合連鎖化は，(a)年々刻々と変化していること，(b)短・中・長期的すべての局面にかかわること，(c)不透明性を常に伴うことを踏まえると，常に変化を捉え，評価し，いざというときにすぐ行動可能な政策（アクション可能な政策）に反映させていくことが不可欠になる。図4は，政策の基礎となる情報やデータが政策上実施可能な状態になる知識，つまり政策知になり得るまでの，協働的知識創出アプローチ（協働知アプローチ）を示している。ここでは，様々に存在する個々の細かな情報や

データ，教訓，経験，専門知，アイデアは，「評価又は検証」と「分析」というプロセスを経てこそ，政策に利用可能な知識として，さらにいざという時に行動可能な政策としての政策知になり得ることを示唆している。

図4 協働的知識創出アプローチ

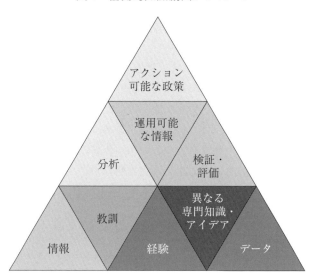

こうした協働的知識創出モデルをどのように応用するかは別として（それは現状の取り組みを踏まえてどのように見直し，更新するかというステップに関わる），協働的アプローチを考える上で，構造的環境変化と複合連鎖リスクの特徴を踏まえればこうしたモデルを念頭に入れていく必要があるだろう。

2 アジアにおける国際・地域機関による政策アプローチの現況

(1) 俯瞰的視点からみたアジアにおける関連政策アプローチの現況

では現在のアジアにおける関連政策アプローチはどのような仕組みになっているのだろうか？ アジアにおける国際・地域機関による自然災害に関わる政策アプローチの構造を俯瞰的にみると，その特徴として次の5点を挙げること

---

[18] Mika Shimizu, "Resilience in Disaster Management and Public Policy: A Case of Study of the Tohoku Disaster," *Risks, Hazards, & Crisis in Public Policy*, Volume 4 Issue 1. Wiley Blackwell, 2013, pp. 40-59.

ができる。
(i) アジアの自然災害組織の全体像は「パッチワーク」[19]とも表されるように，災害に関わる様々な目的，趣旨，機能を持った国際・地域機関の災害関連のプログラムやプロジェクトが散在している。特に2004年インド洋スマトラ沖地震以来，自然災害への準備対応に向けてアジアにおける国際・地域的取り組みは，多層的に拡大してきた。自然災害対応・準備に関わる国際・地域関連組織・枠組みの主なものとして，国連の国際防災戦略（UNISDR）をはじめとする各国連組織，世界銀行防災グローバル・ファシリティ（Global Facility for Disaster Risk and Reduction (GFDRR)），アジア開発銀行（ADB），東南アジア諸国連合（Association of Southeast Asian Nations, ASEAN）の関連組織（ii参照）南アジア地域協力連合（South Asian Association for Regional Cooperation, SAARC），太平洋諸島フォーラム（Pacific Islands Forum），太平洋共同体（Secretariat of the Pacific Community），東アジアサミット，アジア太平洋経済協力（Asia Pacific Economic Community, APEC）などがある。

(ii) 従来は災害事後の緊急対応の協力が重視されてきたが，国連による災害リスクマネジメント枠組みである『国連行動兵庫枠組み 2005-2015』（2004年）はアジア各国および地域機関による災害への取り組みの指針となり，アジアにも事前段階での早期警告，災害計画，準備体制，実施までを含めた災害リスクマネジメントの在り方が浸透してきた。特にASEANでは以下に見るように災害マネジメントに関わる仕組みは，中長期的な視点を網羅している点や運用重視という点でかなりの進展を見せている。
- 2003年に設けられた「ASEAN災害マネジメント委員会」（ACDM）を中心にしてASEAN加盟国の地域災害マネジメントの調整と実施に焦点を当てた活動を行っている。
- 2005年には，法的拘束力のある「ASEAN防災緊急対応協定（AADMER）」が制定され，その協定の中に「AADMER作業プログラム」として，リ

---

[19] Stacey White, "Disaster Management in Asia: The Promise of Regional Architecture," *Asia's Response to Climate Change and Natural Disasters: Implications for an Evolving Regional Architecture*, Center for Strategic & International Studies, 2010, pp. 61-98.

スクアセスメント，早期警告，モニタリング，防災・減災に関わる詳細な防災計画プログラムが設けられ，加盟国の実施状況が監督されるという仕組みが設けられた。

- 2011年には，加盟国間の政策調整，協力を促進し，国連や関連国際組織との関連において地域協力を促進する目的で「ASEAN防災人道支援調整センター」(AHAセンター) が設けられた。特にAHAセンターでは，実際の運用面が重視されており，災害マネジメント関係者のためのトレーニング，キャパシティビルディング，緊急対応チームの展開を含めたツールおよびサービスが提供されている。

(iii) 一方，災害リスクの複合化に関連して，前述の『兵庫行動枠組み』[20]の冒頭部分では，人口動態の変化・技術・社会経済・都市化・未計画な開発・貧困・気候変動・感染症に関わる脆弱性の増大によって災害リスクが複雑化していることについて指摘がなされてきた。これに関して，国連やその他の国際機関も，災害と気候変動，災害と貧困，災害と都市化，災害と開発など，従来個別に扱われてきた2つの問題を統合した視点から報告書を発行したり，関連の会議を開催するなどの取り組みは行われてきた。しかし，ダイナミックな環境の変化や個別の災害リスクの複合連鎖を斟酌し，それを問題意識の中心において従来の災害マネジメントのアプローチを見直し，更新しようという動きにはつながっていない。言い換えれば，短・中・長期を網羅した包括的視点から，災害リスクの環境変化に応じて，異なる専門機関，組織，政策分野を俯瞰するといった具体的アプローチを通して問題解決型の取り組みを実質化しようという動きはあまり見られない現状がある。

(iv) より具体的には，異なる機関に焦点を当てると次の状況が見られる。全般的に関連機関による個々の取り組みは個別になされており，異なる機関の代表者が集まり協力分野について話し合うなどの機会はあるものの，実際に異なる機関の機能を連携させることによって，変化するリスク環境を踏まえてアジアの災害リスクマネジメントの機能強化を図るといった具体的な動きはほとんど見られない。例えば，ASEANとAPECの代表者の

---

[20] 2014年現在，UNISDRは2015年に兵庫枠組みを更新した枠組みを発表する予定であり，こうしたリスク複合連鎖に関連する課題も含めて現在改定作業が進められている。

リーダーシップの下、互いに可能な協力分野の話し合いを近年行っているが、APECとASEAN内で個別に展開してきた災害マネジメントプログラムや活動の統合は具体的には進んでいない状況が見られる[21]。

(v) さらに異なるリスク・政策分野について焦点を当てると、新たな災害リスク課題や環境の変化を踏まえて、全体の戦略的観点から、異なる分野のプログラムを統合したり、人材や資金といった政策資源の配分の仕方を見直す動きに至っていない。例えば、ASEANの中には災害マネジメントに特化した委員会以外に、環境、保健・医療、教育、開発・貧困など、それぞれに特化した部門や委員会があるが、これらが具体的に連携を図った取り組みはほとんどみられない。さらに、近年ADBによる災害と気候変動に焦点を当てたレポートでも、依然として防災を開発の戦略の根幹として気候変動問題は位置づけられるに至っていないこと、気候変動の取り組みを防災の最重要局面として加えられる必要があることが強調されている[22]。

一方、上記に掲げた問題は、アジアだけの問題でなく、世界各国の全体的な課題の傾向とも関連しているかもしれない。例えば、UNISDRによる世界各国を対象として行った『兵庫枠組み』の中間レビューの中で、「気候変動適応と災害リスク削減の統合の必要性は周知されているものの、政策およびプラクティスにおける機能的な連携は、ローカルおよび国家レベルで不適切なままである」[23]とし、「統合されたリスクアセスメントの例もほとんど見られない」[24]と報告されている。

他方、他の地域との比較で、アジア地域の災害マネジメントの全体構造と関わると考えられる違いの中でも顕著な違いが大きく2つある。それは災害リスクマネジメントに特化した資金面と研究面である。世界の地域機関を対象に災

---

[21] Jessica Ear and James Campbell, "Regional Cooperation on Disaster Management and Health Security: APEC and Comprehensive Regional Strategy" (Chapter 5) in *From APEC 2011 to APEC 2012: American and Russian Perspectives on Asia-Pacific Security and Cooperation*, Asia-Pacific Center Security Studies, 2012.

[22] Vinod Thomas, Jose Ramon G., Albert, and Rosa T. Perez, *Climate Related Disasters in Asia and the Pacific*, ADB economics Working Paper series No. 358., Asian Development Bank, July 2013

[23] United Nations, *Hyogo Framework for Action 2005-2015, Mid-Term Review*, 2010-2011, 2011. p. 50.

[24] 同上。

害リスクマネジメントにかかわる制度を比較した研究結果によると，たとえば上記でみたアジアの中でも最も取り組みが進んでいるASEANは，地域機関として災害リスク関連プロジェクトへの一括した資金の仕組みや災害救援基金といった災害救援の際すぐ地域機関として使える資金の仕組みは不在であるのに対し，たとえばアフリカ連合（AU）や欧州連合（EU）はその仕組みを有している。また災害リスクマネジメントに焦点を当てた研究を実施する仕組みについても，ASEANには不在であるのに，米州機構（OAS）やEUではそうした仕組みを備えている[25]。

(2) **個別事例**——パンデミックインフルエンザ対応に関わる仕組み

より具体的な事例をとりあげて，そこに潜在する問題点をより浮き彫りにするため，2節で取り上げた複合連鎖災害リスクの中の1角である，グローバル化・都市化・公衆衛生・医療の不足・感染症に関連して，パンデミックインフルエンザの事例を以下見てみよう。なおこの問題も，複合災害リスクの特徴である(i)年々刻々と変化していること，(ii)短，中，長期的すべての局面にかかわること，(iii)不透明性を常に伴う点が特徴的な問題として位置づけられる。その背景として，世界的に人口移動および物流取引の増大と加速に加えて，気候変動，公衆衛生システムの欠如など様々な要素を背景に，既知の様々な再興感染症に加えて過去70年間で新興感染症も300種類以上出現している状況にある。特にアジアは，再興・新興感染症の震源地であるとも言われる[26]。こうした中で，この事例も紛れなく，日常的に貧困にある人々，脆弱な状況に晒された人々を守る上でアジアの大きな課題になっている。

全体として近年，アジアのパンデミックインフレンザ問題に対し，ASEAN, SAARC, Mekong Basin Disease Surveillance Network（MBDSN）などのアジア地域機関に加えて，国際機関，先進国ドナーによる多様なプロジェクトや取り組みが盛んに行われてきた。しかし，ここでも，各組織による各プロジェクトは個別に行われる傾向にあり，組織・ドナー，異なる活動分野は，必ずしも

---

[25] The Brookings Institution, *In the Neighborhood: The Growing Role of Regional Organizations in Disaster Risk Management*, 2013.

[26] 清水美香「第1章：パンデミック・ガバナンス：進展と課題」『アジアにおける感染症ガバナンス：パンデミック対策を入り口とした再興・新興感染症までの備え』清水美香（編集，笹川平和財団，2011年）。

連携されていない現状がある。特に上記の全体像でも指摘したように，ここでも資金面や研究を含めた実際の運用において，異なる組織・ドナー・分野を超えた協力的な仕組みが皆無である。これを可視化するために，現在アジアの主要機関によるパンデミックインフルエンザに関する主要プログラムを，総体的に図式にしたものが図5に示される。特に次の特徴がみられる[27]。

図5　アジア域内のパンデミックインフルエンザに関する主要機関による主要プログラムの関係図（Mika Shimizu, 2010）

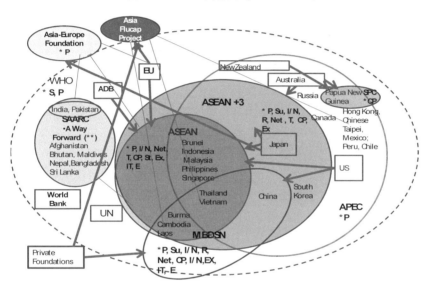

SPC: Secretariat of Pacific Community, ADB: Asia Development Bank, SAARC: South Asian Association for Regional Cooperation, MBDSN: Mekong Basin Disease Surveillance Network

主要個別活動分野（（＊）で表示）

主要資金提供国・機関：　　P：準備・対応計画　　　　　CP：キャパシティビルディング
　　　　　　　　　　　　　S：感染症対策戦略　　　　　St：備蓄
　　　　　　　　　　　　　Su：サーベイランス　　　　　Ex：演習
　　　　　　　　　　　　　I/N：情報／知識マネジメント　IT：情報技術
パートナー関係：　　　　　R：リスクコミュニケーション　E：評価
　　　　　　　　　　　　　Net：ネットワーキング

＊＊早期警告・展開のための医療対応に関わる地域機構の開発などの取り組みを始めている。

────────────
(27) 同上。

- アジアのあらゆる取り組みは、ドナーの意向によるプロジェクトベースによるものがほとんどであることから、限定的な期間におけるケース・バイ・ケースによる取り組みになる傾向があり、継続的かつ効果的な取り組みに繋がりにくい。
- 多くの取り組みが、個別のプロジェクトに集中しがちで、どこまで改善されたか、何が不足しているかといった全体評価がなされにくい。
- プロジェクト成果が政策改善に繋がっているかについて、検証がほとんどなされていない。

つまり、個々の組織による個々のプロジェクトを通して多様な取り組みがなされているものの、それを短・中・長期を網羅する包括的な視点を入れて、常にアジア全体の情報・データを集積し、分析・評価を重ねて、変化を捉え、アクション可能な政策に反映させていくといった、いわば上記の協働知アプローチに近づけられるような取り組みが欠如している現状が見られる。これは、情報やデータを公開しないといった様々な国の状況があるゆえに、完全な協働知アプローチに関わる仕組みは難しいかもしれない。しかし、少なくとも個々の取り組みや、それぞれのアクターや機能を綿密に評価し、重複部分や調整・協調可能な部分について精査し、その上でアジア域内の優先的課題を洗い出し、より効率的な政策リソースの活用の在り方について検証する仕組みといったものが求められるのではないだろうか。

3 ギャップ

総じて、2節で明らかにした複合連鎖災害リスクの特徴に沿って上記の実態を精査すると、その間に見られるギャップとして次のような状況が浮かびあがる。

- アジアにおいて、リスクの複合連鎖化を踏まえ、短中長期の影響や事前・事後対応を網羅する包括的な視点から、既存の異なる組織・プログラム・プロジェクトにおける資金や研究を含む運用面の連携を通して、災害リスクマネジメントに取り組むといった活動が具体的には見られない。
- 上記の視点から、災害リスクに関する情報・データを集約化し、リスク対応においてどこまで改善されたか、何が不足しているかといった観点から、全体評価を行い、既存の取り組みがどのように政策改善に繋がっているか

について，検証を行うチャネルがない。
- リスクを包括的にみて貧困あるいは脆弱な人々への影響に焦点を当てた災害リスクマネジメントの取り組み，仕組みが不在である。

V　むすびに——協働知アプローチから実践，アクション可能な政策へ

　本章では，アジアを取り巻く災害リスク状況が刻々とダイナミックに変化する状況において，もともと脆弱な状況に晒されている人々を，さらなるリスクに晒している現況を直視し，人間安全保障の観点から，そこに関わる課題・現状・ギャップを浮き彫りにした。

　総じていえば，近年アジアにおいてこうした問題に対する様々な問題意識は顕在化しているものの，実態を踏まえた具体的な取り組みには至っていない。アジアにおいて個別のリスクに対する個別の取り組みは多くなされており，その取り組みには大いに評価されるべきものがあるが，それだけでは到底追いつかないような巨大なリスク課題に対して，既存の災害リスクマネジメントの見直しが迫られている。その見直しにおいて，そもそも貧困や様々な脆弱性に晒され日常的に起こる小さな災害にも十分に対応しきれてない国々の状況を考慮し，さらに様々な事象やリスクのネットワーク化による影響の連鎖化を斟酌すると，特に地域機関を中心とした協働的アプローチが不可欠になっていると言えるだろう。

　その協働的アプローチにおいて，今までに見られたような，単に各国が災害リスクマネジメント分野で協力を表明することを越えて，協働知を軸として，具体的に災害リスクマネジメントを見直すことが重要になろう。特にその視点から，今のアジアの現状に鑑み，3つのことが求められる。第1に，主な複数の地域機関が協力し，複合連鎖化リスクの現状と脆弱な人々との関係に焦点を当てて，個々の災害リスクマネジメントの取り組みや，それぞれのアクターや機能を綿密に評価し，重複部分や調整・協調可能な部分について精査することが求められる。第2に，その上で，多様なリスク・脆弱な人々の現状，およびそれに関わる既存の災害マネジメント計画・構造・仕組みの整合性について，定期的に評価し，分析する仕組みを設け，アジア域内の優先的課題を洗い出すことが求められる。第3に，それに基づいて，既存の関連の資金，プログラムおよびその他の政策リソースの活用のあり方を見直し，改善すべき点について

是正し，関連計画・政策・構造を更新することが可能な仕組みを設けることが求められる。

　端的に言えば，災害マネジメントに関わるアプローチにおいて，短・中・長期的な時間軸を網羅する包括的な視点から，個別の問題やリスクを集約的に見て全体と詳細を精査する必要性まで，政策および実践アプローチの一貫性が問われている。本文で強調したように，特に脆弱な層の人々については，その人々自身がレジリエントかどうかのみならず，国家や地域レベルの政策や計画によって規定される社会条件や構造が，その人々の脆弱性やレジリエンスに大きく影響する。これに鑑み，そうした計画・構造は，脆弱な層の人々が置かれた状況と直結したものであるべきことを，あらためて災害マネジメントの核として据えることが肝要である。これを日常的に進めることによって，いざというときに活用できるアクション可能な政策に導くことができると言える。

14 セキュリティ・ガバナンスと平和構築

山 根 達 郎

I は じ め に

　安全保障論における分析アプローチの1つとして近年注目を集めているセキュリティ・ガバナンス（security governance）は，安全保障分野における国家主体と非国家主体との協働が機能する側面を強調する。多様な主体の間で展開される協調行動の事例もまた多様であるが，紛争後の平和構築においても，グローバルな安全保障環境の構築の観点から，地域機構や市民社会組織などの非国家主体が国家主体と共に行動をとることは決して珍しい現象ではない。本稿は，セキュリティ・ガバナンスの分析アプローチの視点から，平和構築の特色を再検討することを目的としている。

　ただし，本稿におけるセキュリティ・ガバナンスは，平和構築の要素として不可欠とされる治安部門改革（security sector reform: SSR）のことを指すものではない。SSRとは，国内統治組織の制度構築の一環として，紛争後国家の国内的な「治安」の民主的改善を目指す諸活動のことであるが，このことは，本稿で参照する分析アプローチの議論の展開とは異なる位相に位置付けられる。

　詳しくは後述するが，本稿が注目するセキュリティ・ガバナンスの分析アプローチはこれまでヨーロッパ地域を分析対象としてきた経緯があり，その他の地域の安全保障問題の関連で論じられた研究はこれまで手薄であった。そこで本稿は，このような分析上の陥穽を埋める試みの1つとして，多様な意味において越境的なセキュリティ・ガバナンスが，平和構築をめぐってどのような脅威を想定し，またその機能を果たそうとしているのか，という問いについて論じることを主眼に置いている。

　そのために本稿は，まずIIでセキュリティ・ガバナンスとは何かについて整

理し，Ⅲではセキュリティ・ガバナンスの安全保障論における新規性について述べたい。続くⅣはセキュリティ・ガバナンスが想定する脅威を，そしてⅤではその機能について，平和構築の観点から検討する。その上でⅥは，セキュリティ・ガバナンスについての特徴を手掛かりにしながら，そのステークホルダーが紛争後地域においてどのような平和構築を目指し，さらには互いに協働して越境的な「ガバナンス」を形成しうるのかについて論じることにする。

Ⅱ　セキュリティ・ガバナンス・アプローチの起源

セキュリティ・ガバナンス・アプローチは，安全保障上の脅威を低減するために，国家と非国家との多様な主体間で公式・非公式を問わず形成される特殊なガバナンスの特徴に着目する。これは，冷戦終結後のヨーロッパ地域に特色付けられる複雑な安全保障構造の実態について明らかにしようと新たに検討されている分析アプローチの1つである。最も頻繁に引用されるマーク・ウェバー（Mark Webber）らによる研究論文によれば，セキュリティ・ガバナンスは，「複数に分割された権威によって調整された管理・規制，公的及び私的主体による相互作用（課題によって事情は異なる），公式・非公式の制度化，同様に言説や規範によって構成された諸制度，そして特定の政策のための成果に向けて目的別に管理された諸制度など」[1]と定義される。また，この定義をより簡潔に提示するために，ウェバーらは次の5点の特徴を掲げている。すなわちセキュリティ・ガバナンスの特徴は，[1]ヘテラーキー（heterarchy），[2]公的及び私的の多数の主体による相互作用，[3]公式及び非公式の制度化，[4]主体間の関係は性質上，観念的（ideational）で規範や相互了解，公式の規則で構成，[5]集団の目的をもつこと，にあるという[2]。

この定義が生み出される背景には，1990年代の国際秩序構造の変化があった。東西冷戦終結によりそれまで二極化した構造が崩れることで，その後，国際安全保障環境が大きく変化し，脅威の再定義とともに多極化に向けた地域安全保障の再編が世界の各地で進んだ。ヨーロッパ地域においても北大西洋条約

---

(1) Mark Webber, Stuart Croft, Jolyon Howorth, Terry Terrif, and Elke Krahmann, "The Governance of European Security," *Review of International Studies*, Vol. 30, No. 1, 2004, p. 4.

(2) *Ibid.*, p. 8.

機構（North Atlantic Treaty Organization: NATO）の質的変化に呼応するように，欧州連合（European Union: EU）もまた従来の経済的組織統合の役割に固執することなく，政治・安全保障分野への積極的な独自政策を打ち出していくための新たな制度構築を進めた。この変化は，非国家主体としてのEUが，ヨーロッパ域内外の安全保障の提供をめぐって重複しうるという点において，具体的にNATOと競合関係になることを意味していた。EUにとっても内戦や地域紛争への軍事的対応は新しいことであった。したがって，セキュリティ・ガバナンス・アプローチが明らかにしようとする問いの背景には，どのようにしてEUが，域外の紛争国における専制的な政権や，非国家主体としての武装集団との交渉など，NATOなどとも調整しつつ，紛争解決のための取り組みにあたるべきなのかという実践上の課題があった。そこで，既存の制度上の枠組みを超えて求められるガバナンス構造を明らかにしたいと考えるヨーロッパ安全保障を専門とする研究者の間で，セキュリティ・ガバナンス・アプローチは提起されたのである。

　こうした学問的関心の向きによっては，安全保障上の非国家主体の台頭は，主権国家間による国際関係の枠組みを指す「ウェストファリア」国家体系とは別の形式として，「ポスト・ウェストファリア」体系とでも言うべき実践の表れではないかと読み解かれる場合さえある[3]。ジェームス・スパーリング（James Sperling）による解説によれば，少なくともヨーロッパ地域においては，安全保障政策の多くはもはやウェストファリア的な国家中心主義の伝統に縛られず，EUに代表されるような国家の枠組みを超えた地域ガバナンスの構造を確立しつつあり，したがって，そこにはセキュリティ・ガバナンスといった分析アプローチの有効性が見出せるとしている[4]。

　このような特質に着目するのは前述のウェバーやスパーリングだけではない。そのほかにも，例えばエレク・クラフマン（Elke Krahmann）もしばしば関連論文に引用されるセキュリティ・ガバナンス・アプローチを展開する代表的な論者である。クラフマンは，「大西洋横断型の安全保障構造」[5]が冷戦終結後に

---

[3] James A. Sperling, "Security Governance in a Westphalian World," Charlotte Wagnsson, James A. Sperling, and Jan Hallenberg (eds.), *European Governance: The European Union and Westphalian World*, Routledge, 2009, pp. 1-6.
[4] *Ibid.*, p. 4.

第3部　人間の安全保障・平和構築

変化しているとし，前述の EU や NATO に限らず，民間軍事会社もまた新たに安全保障を担うステークホルダーとして現れている実態を明らかにするためのセキュリティ・ガバナンス・アプローチが不可欠であると主張した。その後，クラフマンは，セキュリティ・ガバナンスの構造がヒエラルキーな政策決定によって規範やルールを構築するガバナンス構造とは異なり，ネットワークを基調とした水平的なガバナンス構造を持ち合わせていると自らの議論を発展させている(6)。

以上に示したように，セキュリティ・ガバナンスは，冷戦終結後にヨーロッパ地域で出現した，多様で異質な性格のステークホルダーが協働して織り成す水平的なガバナンス構造を明らかにするための分析アプローチとして，主に国際制度論に関心のある気鋭の安全保障研究者の間で編み出された。

III　セキュリティ・ガバナンス・アプローチの挑戦

セキュリティ・ガバナンスを提唱しはじめた研究者たちは，どのような学術的挑戦を克服しようと考えているのであろうか。クラフマンは，セキュリティ・ガバナンスの議論を提示する上でそれまでの先行研究を整理しているが，安全保障論の取り組みには，「新しい脅威」に対する「国家主体と非国家主体との協働」といった側面を浮かび上がらせる努力が不十分であったと指摘する(7)。確かに，クラフマンの指摘の通り，ネオ・リアリズムの議論のみならず，リベラル制度論としてのセキュリティ・レジーム論(8)あるいはセキュリティ・コミュニティ論(9)といった議論でさえも非国家主体を国際関係の規範化を進展させる有意な分析対象とみなしてこなかった(10)。クラフマンは，これに

---

(5) Elke Krahmann, "Conceptualizing Security Governance," *Cooperation and Conflict*, Vol. 38, No. 1, 2003, pp. 5-26.

(6) Elke Krahmann, "Security Governance and Networks: New Theoretical Perspectives in Transatlantic Security, *Cambridge Review of International Affairs*, Vol. 18, No. 1, 2005, pp. 19-34.

(7) *Ibid.*, pp. 19-20.

(8) Robert Jervis, "Security Regimes," *International Organization*, Vol. 36, Issue. 2, 1982, pp. 357-378.

(9) Karl W. Deutsch, et al., *Political Community and the North Atlantic Area: International Organisation in the Light of Historical Experience*, Princeton University Press, 1957.

加え，非国家主体が国家主体と協働して安全保障環境を形成・維持しているとわかるような理論的アプローチの開発が十分には進んでいない，との見解を示している。

　前述のウェバーらによる論文も，セキュリティ・ガバナンス・アプローチを国際制度論の枠組みに位置付けながらも，その新規性を強調するために，関連すると思われる分析アプローチを慎重に説明してみせている[11]。まず，グローバル・ガバナンスがその筆頭である。グローバル・ガバナンスの理論的アプローチは，冷戦終結後の多極化構造化が際立つようになった国際関係にあって，中央政府が存在しない国際社会において地球規模の問題解決のための統治構造を明らかにするのに役立つ分析概念であると主張された[12]。冷戦終結直後には，国際社会の間で国家国際連合（以下，国連）に代表される国際機関，企業，NGO，個人などのあらゆるステークホルダー間の協調によるグローバル・ガバナンスへの期待が寄せられつつ，その理論化が促進したと言える[13]。

　しかし，安全保障面でのグローバル・ガバナンス構想の実現は，冷戦終結後に期待された国連の役割をもってしても現実にはなお程遠い。国連安全保障理事会（以下，国連安保理）は，冷戦終結後に相次ぐ内戦への対応をめぐり必ずしも十分には機能しているわけではない。さらに，2001年のアメリカ同時多発テロ事件以降には，アメリカを筆頭とする大国主導の強制的な軍事介入による紛争解決が主流になると，グローバル・ガバナンス・アプローチは，世界秩序の現実からはかけ離れた理念のようにさえ見えた[14]。グローバル・ガバナン

---

[10]　日本語では，security regime については「安全保障レジーム」，また security community については「安全保障共同体」と訳される場合が多いが，本稿では，security governance を「セキュリティ・ガバナンス」とカタカナで訳している関係上，統一的にそれぞれ「セキュリティ・レジーム」，「セキュリティ・コミュニティ」と表記することにする。

[11]　Webber et al., "The Govern", pp. 4-8.

[12]　例えば，James N. Rosenau and Ernst-Otto Czempiel (eds.), *Governance without Government: Order and Change in World Politics*, Cambridge University Press, 1992; Oran R. Young, *International Governance: Protecting the Environment in a Stateless Society*, Cornell University Press, 1994; and Jon Pierre (ed.), *Debating Governance: Authority, Steering, and Democracy*, Oxford University Press, 2000, など。

[13]　1995年に創刊した国際学術雑誌 *Global Governance* は，2014年で20巻目を数えた。

[14]　Tania Felicio, "Multilevel Security Governance: Reinventing Multilateralism through Multiregionalism," *Human Security Journal*, Vol. 5, 2007, pp. 51-61; and Emilian Kavalski,

第3部　人間の安全保障・平和構築

スのように非国家主体にも安全保障上の役割を期待した分析アプローチがテストすべき現実に「陥穽」が生じていたと見るならば、「理論化」が進展しなかったと評されるのも無理はない。このことは、国連憲章に基づく集団安全保障の理念的制度が、現代においても実践上の限界を抱えていることを見てもよくわかる[15]。

ただし、安全保障の分野においても、通常兵器としての地雷やクラスター弾の使用禁止をめぐり、非政府組織が中心的役割を担って使用禁止のための規範化を促進した事例を捉え、理論の発展が進んだ例もある[16]。また、山本吉宣が論じたように、安全保障分野においても、国家主体と非国家主体とが協働して規範化を進めるグローバル・ガバナンス化の動きが、例えばアジア太平洋安全保障協力協議会（The Council for Security Cooperation in the Asia Pacific: CSCAP）を通じたトラック2での予防外交で展開されたと分析する研究もある[17]。

とはいえ山本も、「国内の紛争に対応するグローバル・ガバナンスが形成されており、重要な機能を果たしている。しかし、安全保障の分野でのグローバル・ガバナンスは未だ『薄い』といわざるを得ないであろう。」[18]と暫定的評価に留めてその議論を締めくくっている。この見解は、冷戦終結後には積極的に国際機関やNGOの存在がリベラリズムの枠組みで議論されてきているにもかかわらず、国際秩序、もしくは地域秩序構造に大きく連動するような安全保障上の課題に非国家主体がどのように関わっているのかを包括的に理解するため理論的視座は必ずしも十分ではなかった、と評するクラフマンの理解とも重なってくる。

このように見てくると、セキュリティ・ガバナンス・アプローチの追求は、これまでの国際制度論が安全保障の分野を対象に十分に取り組んでこなかった

"The Complexity of Global Security Governance: An Analytical Overview," *Global Society*, Vol. 22, No. 4, 2008, pp. 423-442.

[15] 星野俊也「国連の集団的安全保障制度の意義と問題点」日本国際連合学会編『21世紀における国連システムの役割と展望』（国際書院、2000年）25-40頁。

[16] 例えば、足立研幾『オタワ・プロセス：対人地雷禁止レジームの形成』（有信堂、2004年）、足立研幾『レジーム間相互作用とグローバル・ガヴァナンス：通常兵器ガヴァナンスの発展と変容』（有信堂高文社、2009年）。

[17] 山本吉宣『国際レジームとガバナンス』（有斐閣、2008年）。

[18] 同上、337頁。

非国家主体の分析に本格的に乗り出す一歩であると同時に，国際安全保障論の国家中心的な分析枠組みでは見えてはこない，冷戦終結後の新しい安全保障環境について論じるという挑戦でもあると言える[19]。

Ⅳ　セキュリティ・ガバナンスの脅威と平和構築

それでは，セキュリティ・ガバナンスが想定する安全保障上の脅威とはどのようなものが考えられるのであろうか。本節は，セキュリティ・ガバナンスの想定する脅威の類型についてスパーリングによるものを参考にしつつ，そのような類型化をした場合に平和構築という営みがどのような領域の脅威を低減しようとしているのかを確認する[20]。スパーリングによる脅威の類型は，セキュリティ・ガバナンスの構築が必要とされる前提としての安全保障上の脅威の源泉について，脅威をもたらすエージェントとしての国家主体／非国家主体に対し，これらの脅威を受ける対象としての国家／社会を掛け合わせて簡略的に表にして示している（表1参照）。なお，スパーリングはこうした脅威に対抗するためのセキュリティ・ガバナンスの機能についても併せて提示していることから，この機能と平和構築の関係については次項において論じてみることにする。

安全保障論において，国家が安全保障上，「伝統的」な脅威主体であると認識されるのとは対照的に，海賊やテロリストなどの武装集団，あるいは越境的な犯罪集団といった非国家主体は，「非伝統的脅威」と呼ばれる場合がある。主に冷戦終結後の内戦の多発やテロの蔓延を受けて，「非伝統的脅威」は，もはや国家の安全保障から見ても無視し得ない存在として，急激にその注目度が高まっている[21]。仮に脅威のエージェントが国家であって，脅威の対象も国家であれば，従来型の国家間戦争が想定され，その最大の脅威認識は，核戦争に

---

[19]　山根達郎「『国家の失敗』をめぐる セキュリティ・ガバナンスの構築──西アフリカ地域における非国家主体による紛争予防の事例から」『HIPEC 研究報告シリーズ（広島大学）』No. 8（2012 年）1-29 頁．

[20]　Sperling, "Security Governance in a Westphalian World", pp. 6-7.

[21]　Paul D. Williams (ed.), *Security Studies: An Introduction [Second Edition]*, Routledge, 2012. 例えば安全保障論のテキストとして 2012 年に出版された上記書籍では，初版と同様，「テロリズム」，「プライベート・セキュリティ」など，非国家主体に関する多くの章を掲載している．

至る事態であることには変わりはない（表1＜類型①＞）。他方，インターネット社会の拡張に伴い，国家が経済インフラに対するサイバー攻撃を展開することも現実のものとなっている昨今，こうした新種の「攻撃」スタイルは，国家だけでなく，企業，個人といった主体を含む社会全体の脅威にもなりつつある（表1＜類型②＞）。あるいは，2010年から2011年にかけて，中東から北アフリカの一部諸国で相次いで発生した民主化の波（「アラブの春」）でも見られたように，民主化を求め反発する民衆に対し専制的な政権が国民の弾圧を激化させた結果，社会が内戦の危機へと不安定化したことも，この類型の事例に数えられよう。

一方で，非国家主体を「脅威としてのエージェント」に位置づける認識が，国家の間で高まりを見せている（表1＜類型③＞）。スパーリングは，この類型の代表例としてテロリズムを挙げるのみであったが，革命や内戦といった様相についてもこの領域で追加して捉えることもできよう。関連して，脅威の源泉となる非国家主体による行動が社会を不安定化させる状況は，人身売買，薬物や小型武器の不法取引を容易にさせ，人々の生死にかかわる安全を脅かすことになる（表1＜類型④＞）。

さて，このような類型化を試みた場合，平和構築という国際社会による新しい取り組みとの関連ではどのような意義と課題が見えてくるのであろうか。よく知られているように，平和構築は，1992年『平和への課題』[22]の中で国連が取り上げて以降，主に内戦の紛争解決を導く和平合意以後に平和で安定した社会を構築するための中長期的な取り組みとして注目を集めた。その後，紛争再発に至らないための平和の基盤を形成するための諸活動として，平和構築は，旧ユーゴスラビア諸国，アフガニスタン，ネパール，シエラレオネ，リベリア，コンゴ民主共和国，スーダン，南スーダン，カンボジア，東ティモール，ハイチなど，世界の各地で実践が重ねられ，紛争後社会の平和が国際社会全体の安定にもつながる実務的な取り組みとして定着した[23]。

しかし，上記のように平和構築が実践されている代表事例を並べてみても，「平和構築」は，国家間紛争の構図を解消する紛争解決の環境下では馴染みにくい営みのようにも見える。紛争後の「平和構築」は，紛争後の国家の制度構

---

[22] Boutros Boutros-Ghali, *An Agenda for Peace*, United Nations, 1992.
[23] 篠田英朗『平和構築と法の支配』（創文社，2002年）。

築全般——それは，民主化の理念に基づく司法・行政・立法の政治制度の確立から，自由主義に基づく経済制度，人権規範を求める社会制度に至るまでのあらゆる制度化と国家・社会・個人の規範化を含む——に関わっている。平和構築が求められる内戦終結後の現場は，統治能力が極めて脆弱な「失敗国家」[24]において，多数の武装集団との戦闘が展開されるような状況にある。もし，国家主権が強固な基盤にあり，強権な政権が存在するならば，武力紛争によって多くの市民が犠牲になるような状況であっても，内政不干渉の原則を盾にその政権は平和構築を含む外部からの介入を渋るであろう。このことは，例えば2009年に反対武装集団を駆逐したスリランカの政権が国際社会側の干渉を避け続けたことを見てもよくわかる[25]。

このように，平和構築が展開される現場の特徴は，国家主権の健全な実践が極めて揺らいでいる国や地域に限定される傾向にある[26]。ただし，この場合で

表1 セキュリティ・ガバナンスが想定する脅威に関する類型

		脅威の対象	
		国家	社会
脅威をもたらすエージェント	国家	<類型①> 従来型の戦争 核戦争　など	<類型②> 経済インフラに対するサイバー攻撃 国民の弾圧　など
	非国家	<類型③> テロリズム 革命 内戦　など	<類型④> 移住に伴う圧力 ネット上の嫌がらせ 人身売買 薬物・小型武器の不法取引　など

出所：スパーリングによる類型を参考に筆者作成[27]

---

(24) Robert I. Rotberg (ed.), *When States Fail: Causes and Consequences*, Princeton University Press, 2004.
(25) Tatsuo Yamane, "Examining an Alternative Conclusion of Armed Conflict after Breakdown of Peace Agreement: The Case of Sri Lanka," Hideaki Shinoda (ed.), *IPSHU English Research Report Series*, No. 25, 2011, pp. 35-51.
(26) 山根達郎「国家の失敗と武装集団——『国内的アナーキー』の議論を中心に」広島大学平和科学研究センター編『IPSHU研究報告シリーズ』広島大学平和科学研究センター，第42号（2009年3月）235-254頁。

あっても，内戦の紛争解決と紛争予防は困難を極める。正当な政権も不在で武装集団が群雄割拠する状況下での和平合意の模索は，合意後の暫定政権における権力分掌の配分や，恩赦の問題をめぐって紛糾する[28]。このように見れば，平和構築という営みは，失敗国家を修復するために国際社会が用意する暫定的な時間軸のなかで，主に非国家主体がもたらす脅威群（表1＜類型③④＞）に対し実践上の困難を抱えていると言える。

Ⅴ　セキュリティ・ガバナンスの機能と平和構築

それでは前節で検討した安全保障上の脅威に対して，セキュリティ・ガバナンスはどのような機能を持ち合わせるのだろうか。本節では，スパーリングが提示したセキュリティ・ガバナンスの2つの機能，すなわち，「制度構築（institution-building）」と「紛争解決（conflict resolution）」を参考しつつ，平和構築の側面ではこれら2つの機能がどのように働いているかを論じることにする。なお，スパーリングは，これらの機能を果たす上での手段について，「説得的手段（persuasive instruments）」と「強制的手段（coercive instruments）」の2つに分けて整理している[29]。したがって，本節は，この2つの機能をさらに「説得」と「強制」の両手段に分けて平和構築を対象に考察してみたい。ここでの「機能」との関連で平和構築の位相を考察する意義は，平和の基盤としての国家建設を目指す平和構築という実践が，単に紛争国の「内部」の修復にのみに照準をあてた空間領域から離れ，国際社会，あるいは（周辺国を巻き込む）地域社会といった紛争後国家を越えた広域のガバナンス空間へと視座を広げてみるところにある。

最初に先取りして述べるならば，平和構築の取り組みが直接的に関わってくる領域は，「説得」手段によるところと関わっていると言える。なぜなら，紛

---

[27] スパーリングによれば，脅威の対象として，国家や社会のほかに「地域的媒介（regional milieu）」の分類項目を提示し，そのなかに「マクロ経済の不安定化」や「環境悪化の側面」を挙げている。ただし，同領域が国家と社会の中間領域としてなぜ存在するのかについて，スパーリングによる解説も十分には記述されていないことから，さしあたり本稿では誤解を避けるために取り扱わないことにした。

[28] 山根達郎「元戦闘員が再統合される社会の検討——DDR を通じた国家ガバナンスの変容を中心に」日本国際政治学会編『国際政治（特集　周縁からの国際政治）』第149号（2007年）141-155頁。

[29] Sperling, pp. 7-8.

争後の平和構築は，言い換えるならば，平和の基盤の確立を目指し，紛争後復興と国家の制度構築，あるいは社会の再統合を促進することを主要な目的とし，現地のオーナーシップを最大限に尊重しつつ「説得」的に実施されるからである。

　まず，「制度構築」の領域については，セキュリティ・ガバナンスは，「予防（prevention）」[30]の目的を果たすところが大きい。紛争後の平和構築が，紛争再発を防ぐためのメカニズムを構築することを前提としているため，このことは紛争を未然に予防する紛争予防の考え方とも合致している。そのような平和構築の趣旨は，「予防」のための国際的，地域的，国内的「制度構築」メカニズム機能を強化しつつ，政治的，経済的な「説得」手段によって構成されるセキュリティ・ガバナンスの一部として表現される。また紛争当事者間で締結される和平合意後の平和構築は，セキュリティ・ガバナンスのもう１つの機能，すなわち「紛争解決」を「保証（assurance）」[31]するための位置付けにも捉えられる。紛争後復興や紛争当事者間の信頼醸成を高めることで，平和構築は，セキュリティ・ガバナンスにおける「紛争解決」機能を果たそうとする。

　しかし，これまで実施された平和構築の現実は，「説得」による「制度構築」あるいは「紛争解決」がいかに困難であるかを国際社会に知らしめてきた。和平合意締結直後といった，いわば失敗国家を修復する国家建設の初期段階においては，治安の安定化が最も困難な時期である。そのため，国連平和維持活動（以下，国連PKO）に代表されるような治安部隊は，国際社会側から現地に派遣され，紛争当事者との合意に基づく治安の安定化の側面を図りながら，SSRを通じた国家の正当な治安体制の確立を目指す。

　この際，「説得」的であることが形式的には求められようが，平和構築の最中に武力衝突が激化し，合意の枠組みが頓挫するような事態に立ち戻ることも珍しくない。そもそも紛争当事者間に対し「説得」による手段により仲介を試みることだけでは問題解決には至らない事例が続出した。そのため，1990年代前半から人道目的のための「平和強制（peace enforcement）」[32]型による軍事行動が，国連安保理の決議を通じて正当化された手段として国際社会の間で編

---

(30) *Ibid.*
(31) *Ibid.*
(32) Ghali.

み出されてきたという経緯がある[33]。

セキュリティ・ガバナンスの観点から，スパーリングによる分類によるところの「強制」を通じて「制度構築」を実現するということは，「保護 (protection)」[34]を目的とした政策オプションであり，他方で「紛争解決」を見出すための「強要 (compellence)」[35]を目的とした政策オプションに相当する。この「保護」のための行為は，外部の脅威に対して自らの社会の内部を防御するためのものである。「保護」の文脈では，紛争後国家の国民をその紛争後国家自体が外部脅威から保護するための国防は，平和構築の営みを通じて強化されていると見ることができる。また，地域機構の内部の加盟国を「保護」するための集団防衛もこの枠組みで捉えることができよう。

他方，防御すべき社会の存在を，地理的領域の「域外」にも認識し，かつその「域外」社会の内部にあって人命損失の「脅威」に曝されている人々を我事のように「保護」しようという目的で，「強制」による軍事的手段が講じられるべきであるとの価値を，条件付で是認するアイデアが国際社会の間で見出されている。こうしたアイデアの典型として，近年に編み出されたものとして「保護する責任（responsibility to protect）」[36]論がある。いずれ失敗国家の修復のために実施される平和構築につながる和平合意「以前」の段階において，2011年のリビア内戦に対して国連安保理決議が許したことは，本稿の文脈では，「保護する責任」のもとに「強制」による「保護」が現実に行われたと言い換えられる。この場合，セキュリティ・ガバナンスの2つの機能と2つの手段とが統一したガバナンスのなかで連動していると捉えるならば，国際社会側のセキュリティ・ガバナンスは，紛争国に代表される失敗国家への「強制」による「保護」と，その後の「説得」による平和構築（もしくは紛争予防）の両方を実現するための機能（すなわち「制度構築」）を備えていると見ることができよう。

他方，相手に対し自らの望ましいやり方で「紛争解決」を迫ろうとする「強要」には，主たる紛争当事者の了解を得ない非軍事／軍事的介入があてはまる

---

[33] 星野俊也「軍事介入」，大芝亮＝藤原帰一＝山田哲也編『平和政策』（有斐閣ブックス，2006年）209-226頁．

[34] Sperling, pp. 7-8.

[35] *Ibid.*

[36] International Commission on Intervention and State Sovereignty (ICISS), *Responsibility to Protect*, International Development Research Centre, 2001.

（もっとも本稿では，「強要」には，介入の正当性が確保されていることを念頭においてる）。経済制裁などに代表される非軍事的介入や，武力による軍事的介入も，国連のほか，地域機構であるNATOやEU，あるいは有志連合の類も含め，介入にあたり公式・非公式にかかわらず関係する主体の間で同意が得られる限りにおいて，特定のセキュリティ・ガバナンスの紛争解決機能が果たされることになる。このような「強制」手段によるセキュリティ・ガバナンスの強化は，介入後，より具体的には和平合意後の「説得」段階で講じられる平和構築の成否にも関わってこようが，紛争後の「平和構築」に至る1つの契機が介入側の恣意的な「強要」であったとの認識が紛争当事者間で高まるようであれば，時として紛争当事者側の反感を刺激し，時間を遡るように紛争の再発招いてしまうことにもなろう。

このように，平和構築をめぐるセキュリティ・ガバナンスの機能については，「説得」手段による「（制度構築機能に基づく）予防」もしくは「（紛争解決機能に基づく）保証」といった性質がうかがえる。ただし，平和構築のこれまでの実践からは，「説得」手段だけでは成功するとも限らない一方，「強制」手段に訴えてみても紛争当事者とで対立を先鋭化させる危険をはらんでいるとも見て取れる。これらの課題については，次節で「リベラル・ピースビルディング（liberal peacebuilding）」[37]の観点からさらに深く考察してみたい。

VI セキュリティ・ガバナンスの特徴と平和構築
―― リベラル・ピースビルディングを背景に

本稿のIIで示したように，セキュリティ・ガバナンスの特徴には少なくとも次の5点があった。すわなち，それらは，[1] ヘテラーキー（heterarchy），[2] 公的及び私的の多数の主体による相互作用，[3] 公式及び非公式の制度化，[4] 主体間の関係は性質上，観念的（ideational）で規範や相互了解，公式の規則で構成，[5] 集団の目的をもつこと，である。

本節では，前節までに論じたセキュリティ・ガバナンスの脅威と機能を踏まえながら，平和構築をめぐってどのようなセキュリティ・ガバナンスが構成されうるのかについて検討してみたい。

---

(37) Edward Newman, Roland Paris, and Oliver P. Richmond (eds.), *New Perspectives on Liberal Peacebuilding*, United Nations University Press, 2009.

まず，セキュリティ・ガバナンスとは，ヘテラーキーな構造を持つという。権力主体としての政府（government）が，少なくとも理念上は，統一的な組織構造の内部での意思決定が制度と運用の両面で可能であるのとは対照的に，セキュリティ・ガバナンスの場合は多頭で分散的な権力構造のなかでゆるやかな形式で物事が決まっていく。ステークホルダーには国家のように公的な主体だけでなく，NGO や企業など，私的な主体も含まれ，しかも非公式な合意によっても実践が積み重なることで制度化が実現していく。これらのステークホルダーがなぜこのような特徴のガバナンス形成のために集合しているのかと言えば，共通の規範や集団の目的があることを互いに認識しているからである。共通の目的とは，さしあたり，共通の「脅威」認識（Ⅳ参照）への対応であり，その状況下で多様なステークホルダーは，関連する「制度構築」と「紛争解決」を求めるガバナンスの機能化についての必要に迫られている。これが，セキュリティ・ガバナンスの特色であった。

　平和構築という営みが統一的な権力構造の構築を目指す国家建設であると見るならば，それは法の支配に基づく統一的な権力構造を想起した政治制度を確立するという意味において，「セキュリティ・ガバナンス」とはつまり国家の治安組織を確立するための SSR のことではないか，と真っ先に思われても仕方がないかもしれない。なぜなら，平和構築の不可欠なメニューとして，SSR という存在は，学術・実務の両面においてすでに確固たる地位を築いているからである[38]。

　しかし，本稿で扱っているセキュリティ・ガバナンス・アプローチの視点とはその限りではないということは，これまでに示してきたとおりである。平和構築という営みは，失敗国家を修復する過程の当該政府だけの内向的なガバナンスの問題に限らない。むしろ，平和構築の課題をセキュリティ・ガバナンス上の「脅威」とみなして，より広い意味での「制度構築」や「紛争解決」を求めるところにこそ，セキュリティ・ガバナンスの視点を採用する意義がある。このことは，例えば EU のような地域機構が域外の平和構築に熱心になり，国連，その他の地域機構，NGO などと協働して共通の理念としての平和構築を実現しようとする姿を見れば明らかであろう。「域外」の紛争後復興において

---

[38] 上杉勇司＝藤重博美＝吉崎知典編『平和構築における治安部門改革』（国際書院，2012 年）。

も，いわば外向的なセキュリティ・ガバナンスがよりよく機能するためにはどのような理念・手法が必要であるのかを模索するために，EU 自体が学術機関に委託研究を求めたことさえある[39]。

　この委託研究によれば，アフガニスタンやコンゴ民主共和国など，EU が関与してきた事例について，現地の武装集団や民間軍事会社なども巻き込んだセキュリティ・ガバナンスの構築が不可欠であったと報告された。このことは，紛争終結直後の平和構築が，グローバル，あるいはリージョナルな安全保障環境の構築にも深く関連付けられた営みであることをも示している。このような認識があればこそ，前節で検討したように，「説得」によるセキュリティ・ガバナンスの機能，すなわち「制度構築」と「紛争解決」の機能を通じて，想定された「脅威」が低減されない場合には，「強制」手段による＜内部＞の「保護」，もしくは＜外部＞に対する「強要」をも選択されるのである。

　それでは，このようなセキュリティ・ガバナンスを推進しようと集合したステークホルダー間に共通する価値規範とはどのようなものであろうか。平和構築研究の第一人者の一人でもあるローランド・パリス（Roland Paris）は，「リベラル・ピースビルディング」の概念を 1990 年代後半から早くも指摘していた[40]。リベラル・ピースビルディングとは，民主主義と自由経済主義との思想的基盤に従って平和構築の営みが実行に移されているとする指摘である。パリスの放った議論は平和構築研究の分野で，理論分析の探求という意味において，最も大きな反響を呼んでいる議論の１つであると言ってもよいだろう[41]。

　リベラル・ピースビルディングの議論の詳細には本稿では立ち入らないが，平和構築を支えるリベラルな思想が，ヨーロッパ域外のセキュリティ・ガバナ

---

[39] MultiPart, *Multi-stakeholder Security Partnerships in Post-Conflict Reconstruction (Final Thematic and Case-Study Report of Work Package 4a)*, Institute Peace Research and Security Policy Hamburg (HFSH), Institute for Security and International Studies in Sofia (ISIS), Egmont Royal Institute for International Relations in Brussels and University of Amsterdam, May 2010. MultiPart の取り組みについては，山根，前掲論文，2012 年において詳述している。

[40] Roland Paris, "Peacebuilding and the Limits of Liberal Institutionalism," *International Security*, Vol. 22, No. 2, 1997, pp. 54-89.

[41] Roland Paris, *At War's End: Building Peace After Civil Conflict*, Cambridge University Press, 2004; Roland Paris, "Saving Liberal Peacebuilding," *Review of International Studies*, Vol. 36, 2010, pp. 347-354.

第3部　人間の安全保障・平和構築

ンスの形成を推し進める際の共通理念にもなっていることを指摘せねばならない。スパーリングの言葉を借りるならば，ヨーロッパ域内ではもはや国家間紛争が勃発する蓋然性は極めて低下しており，その理由は，民主主義や自由経済主義という共通の国際秩序観が域内全域に浸透しているところにある(42)。そのため，本稿の「表1」で示したように，国家間戦争以外の脅威類型について，極めて大きな関心をもって外向的なセキュリティ・ガバナンスの確立に努めようとしているのが，繰り返しとなるがEUに代表されるようなヨーロッパ域内のステークホルダーであると言ってもよい。ただし，平和構築が求められるような紛争後地域では，平和構築（もしくは紛争予防）のための統一的な組織構造が存在しにくいため，どうしてもヘテラーキカルなガバナンス構造を模索することになる。そこで重要なのが，共通の規範としての「リベラル・ピースビルディング」といった思想基盤であり，リベラルな平和構築を実現するためのセキュリティ・ガバナンスの構造なのである(43)。

しかし留意しなくてはならないことは，このようなリベラルな思想に基づく平和構築の営みが，紛争当事者にとって受け入れがたく許容範囲を超える振る舞いとして写るとき，平和構築という＜共通の規範＞により集団化しているはずのステークホルダーが確立しようと努力してきたセキュリティ・ガバナンスは動揺する。なぜなら，紛争当事者の理解が得られないようであれば，平和構築が常套手段とする「説得」による「制度構築」や「紛争解決」が不可能になるからである。それでは紛争の対立軸がかつての紛争当事者間のそれに輪をかけて，国際社会のステークホルダーも自ら巻き込まれる立場を選択してしまうことになる。これでは「予防」は失敗し，「強要」による政策オプションに立ち戻るか，あるいは「撤退」によって「セキュリティ・ガバナンス」の構想は頓挫し，不安全な世界へと突き進んでしまう脆さを，セキュリティ・ガバナンスの遡上にある平和構築は常に抱えているのである。

---

(42)　Sperling, p. 6.
(43)　平和構築や紛争予防に関する行動規範を備えた紛争地域の制度化の動きもある。例えば，西アフリカの紛争予防・早期警戒をめぐる国家主体・非国家主体間のネットワーク化の動向については，山根「『国家の失敗』をめぐるセキュリティ・ガバナンスの構築」2012年，に詳述している。

VII　おわりに

　本稿は，セキュリティ・ガバナンスと平和構築との関係に着目し，セキュリティ・ガバナンスが想定する脅威，機能，そしてガバナンス自体の特徴に沿いながら，平和構築という営みがどのような位置付けにあるのかを検討した。国家主体と非国家主体とにかかわらずステークホルダーが共通の目的に従い，協働して安全保障上の脅威に立ち向かうのがセキュリティ・ガバナンスの特徴である。

　主に紛争後社会において永続的な平和の基盤を確立するための諸活動とされる平和構築からは，「セキュリティ」という意味において，専ら紛争後国家＜内部＞の治安装置の健全化を支える制度構築を想起しがちである。しかし，セキュリティ・ガバナンスという，上記の意味で本来の平和構築研究とは異なる位相に属する分析アプローチを採用することで，本稿は，平和構築という営みが紛争後国家内部の枠組みを超えて，より多様で複雑に絡み合うステークホルダーの間で構築される「ガバナンス」の一部として選択的に実施されていることを見出した。

　すなわち，セキュリティ・ガバナンスは，冷戦終結後に高まっている非伝統的脅威に立ち向かうために模索され（Ⅳ参照），紛争後社会における平和構築という営みを通じては，「説得」手段による「（制度構築機能に基づく）予防」，もしくは「（紛争解決機能に基づく）保証」を講じるために（Ⅴ参照），紛争後社会の＜外側＞のステークホルダーが中心となって働きかけるための構造であった。その構造を稼動させるために，ステークホルダー間でどのような共通の理念を持ちえるのかという問いに対しては，平和構築の場合，リベラル・ピースビルディングとして論じられているところの民主主義や自由経済主義という考え方が背景として存在しうると，本稿は主張した（Ⅵ参照）。

　ところで，トランスナショナルな非国家主体による脅威が増大していることを鋭く論じたメアリー・カルドー（Mary Kaldor）の主張に従えば，究極的に失敗国家の問題を解決するには，人間中心主義に基づくグローバル・レベルのコスモポリタニズムを基盤とした世界秩序を地域の隅々までに行き渡らせることが必要なのであろう[44]。スパーリングがラベルを貼るように「プレ・ウェストファリア」的世界をどのように「ウェストファリア」的，あるいは「ポス

ト・ウェストファリア」的世界に変容させていくのかという規範のあり方がある一方で，紛争後平和構築が直面する「ローカルな秩序観」との摩擦が生じることも少なくない。このような摩擦にどのように対応すべきなのかという平和構築の課題は，セキュリティ・ガバナンスの構築に付随する困難な側面とも重なってこよう(45)。このような「共通の価値」をめぐる摩擦の問題については本稿の範疇を超えるが，＜内部＞に対する「保護」，もしくは＜外部＞に対する「強要」の文脈（Ⅵ参照）と相俟って，さらなる検討課題であることには異論はないであろう。

---

(44) Mary Kaldor, *New & Old Wars: Organized Violence in a Global Era [Second Edition]*, Stanford University Press, 2007.

(45) Christopher Daase and Cornelius Friesendorf (eds.), *Rethinking Security Governance: The Problem Unintended Consequences*, Routledge, 2010.

15 治安部門改革
――日本の警察改革と因果的推論――

工 藤 正 樹

I は じ め に

　本稿は，戦後日本の「警察改革」に着目する。ともかくも，日本の治安の良さは世界に知られるところであり，そこに日本の警察が一定の役割を果たしていることに異論はないであろう。他方で，日本の警察はいかなる意味で優れているのか，また，その改革過程では，なにが奏功したのか，という段になると，その答えは必ずしも明らかではない。

　結論をさきに述べてしまうと，少なくとも「治安部門改革 (Security Sector Reform: SSR)」の観点からは成功事例であり，警察制度としては，ひとつのモデルを提供している，というのが本稿の主張である。本論では，それを要因分析を通じて検証を試みる。

　ここで本書のテーマ「平和で公正な国際社会の構築」に対して，本稿がSSRという課題を取り上げた理由を明らかにしておくと，主につぎの2点である。

　第1に，伝統的な安全保障論との対峙である。SSR は研究対象としては伝統的な安全保障問題であるが，その手法は必ずしも伝統的ではない。たとえば，SSR の中核的な改革対象は軍と警察であり（狭義のSSR），それは典型的な軍事・防衛問題である。しかし，近年SSR の対象は拡大し，司法などの近接領域も含めた包括的なSSR が一般的となっている（広義のSSR）。それに伴いアクターは拡散し，開発援助などの非伝統的な手段も含まれるようになった。その意味では「非伝統的な安全保障問題」でもあり，興味深いテーマとなっている。

　第2は，政策論としての可能性である。「非軍事的措置」の貢献度も高いがゆえに，国際の平和と安全に対する日本の協力分野としては有望視されてしかるべきである。ところが，これまでのところ日本の取り組みは必ずしも積極的

とはいえない。しかし、日本は1945年に敗戦を迎え、その後に目覚ましい復興と発展を遂げている。今日的な視点でいえば「包括的なSSR」を成し遂げたモデル国のひとつであるように思われる。その経験の中には有益な教訓が埋もれているはずである。にもかかわらず、いまだ十分に「発掘」がなされていないのではないだろうか。

本稿の構成は次の通りである。まず第1節で、既存の研究業績を俯瞰し、本稿が取り組むべき研究の問いを明らかにする。次に第2節で、SSRと警察改革の位置づけを整理する。第3節は事例研究であり、日本の警察改革の経緯をたどる。最後に第4節で、観察結果にもとづいて、その成功要因などを検証する。

戦後日本の警察改革は、果たして「成功物語」といえるのか。それはSSR研究に対して普遍的な意義をもつものなのか。社会科学の観察眼から検証を試みたい[1]。

II 問題の所在

1 既存の研究

ここでは既存の研究業績を振り返り、問題の所在を明らかにする。本稿の主題との関係から、以下では「日本の警察」と「SSR」の2つの研究領域を検討する。

第1に、日本の警察に関する研究である。これは、政策論や行政学の立場から警察行政を研究・批判したもの、刑法や行政法の観点から法学的分析を加えたもの、そして、主に実務家による実務上の課題を分析したもの、の3つに大別できる[2]。とりわけ本稿の第3節「事例研究」は、前2者の研究業績による

---

[1] 本稿は、2010年にダッカで開催された国際会議「International Conference on Promoting Security Sector Reform in South Asia: Lessons from Japanese Experience, organized by the Bangladesh Institute of International and Strategic Studies (BIISS) with support from the Japan Foundation on 14-15 December, 2010」での報告をベースに加筆修正したもの。貴重な機会を与えて頂いた関係者の皆様にこの場を借りてお礼を申し上げたい。なお、本稿の見解は筆者個人のものであり、国際協力機構に帰属するものではない。

[2] 行政学の分野では、小野正博『警察政策論』（立花書房、2007年）、河上和雄＝國松孝次＝香城敏麿＝田宮裕編『講座 日本の警察』（立花書房、1993年）（第1巻～第4巻。とくに第1巻〔警察総論〕が参考になる）、警察制度研究会編『警察 現代行政全集㉓』（ぎょうせい、1985年）、篠原一編『警察オンブズマン』（信山社、2001年）など。法学・法社会学的分析については、生田勝義「日本における治安法と警察──その動向と

ところが大きい。また，3点目の中には，日本の国際協力の観点からインドネシアなど他国に対する警察改革支援を取り上げたものもある[3]。

しかし，総じて既存の研究は，歴史的記述を主体にしたものや，個々の争点に対して，法的，政治的，社会学的な考察を加えたものが多い。いわゆる記述的推論が主体である。他方で，戦後の日本の警察を，制度改革の成功事例としてとらえて，その因果関係を分析したものは，ほぼ皆無である。

第2に，SSRである。これは事例研究と理論研究とに大別される[4]。まず，事例研究は，シエラレオネなど比較的成功例といわれる事例を扱ったものが多い[5]。また，SSRの理論研究は，SSRを包括的に扱ったものと，警察改革など，その構成要素を分析したものがある[6]。全般的にSSR自体の研究はある程度の研究業績が蓄積されている。たとえば，SSRの要因分析としては，ピーク（Goldon Peake）らの研究がある[7]。同研究は，SSR政策とその実施の間に

法的課題」『立命館法学』第292号（2003年）57-97頁，杉村敏正＝光藤景皎＝東平好史編『警察法入門〔第2版〕』（有斐閣，1981年），広中俊雄『戦後日本の警察』（岩波新書，1968年）など。また，警察実務に関しては，『警察學論集』や『警察政策』などの学会誌に多くの有益な論文が寄稿されている。

[3] たとえば，山崎裕人「国際協力の現場の経験：カンボジアPKOとインドネシア国家警察改革のお手伝い」『警察學論集』（第60巻5号，2007年）など。また，日本におけるSSRと警察改革研究の第一人者である藤重博美が，以下の論文で日本の警察と国際協力に関して政策提言を行っており興味深い。藤重博美「日本の警察と国際平和協力——その活性化に向けた七つの政策提言」『国際安全保障』第39巻第3号（2011年12月号）116-127頁。

[4] 2014年1月時点で，SSRを包括的に扱った邦語の専門書としては，以下がほぼ唯一のものである。上杉勇司＝藤重博美＝吉崎知典編『平和構築における治安部門改革』（国際書院，2012年）。

[5] シエラレオネのSSRについては，たとえば次を参照。Paul Jackson and Peter Albrecht eds. *Reconstructing Security after Conflict: Security Sector Reform in Sierra Leone*, Palgrave Macmillan, 2010.

[6] SSR研究については，上杉らの上述の邦語文献のほかに，たとえば以下を参照。Albrecht Schnabel and Ehrhart Hans-Georg eds, *Secutiry Sector Reform and Post-Conflict Peacebuilding*, United Nations University Press, 2006; Gordon Peake, Eric Scheye and Alice Hills, *Managing Insecurity: Field Experience of Security Sector Reform*, Routledge, 2007; Nicola Ball and Dylan Hendrickson, "Trend in Security Sector Reform (SSR): Policy, Practice and Research" (Paper prepared for Workshop on "New Directions in Security Sector Reform,"Peace, Conflict and Development Program initiative, International Development Research Centre (IDRC), Ottawa, Canada, 3-4 November: Revised on 27 January 2006).

[7] Peake, Scheye and Hills, *Managing Insecurity*, pp. 165-166.

乖離が生じる原因を9つの事例研究をもとに検証している。そのうえで，SSR政策が失敗する要因を，①マネジメントの失敗と②（特に外部介入主体の）現地の政治状況の理解不足の2点に集約し，分析を加えている。

他方で，SSRの個別分野については法制度や歴史研究が主体である。警察改革についても記述的推論を中心に事例研究はそれなりに蓄積がある[8]。また，成功要因の抽出など因果的推論は限定的であるが，いくつかの論考があるので，この点は後段で検討する。

2　仮説と研究の問い

上記のとおり，警察改革をめぐっては，いわゆる記述的推論が多く，因果的推論については研究の蓄積が少ないのが現状である。日本の警察研究についても状況は同様である。もちろん行政学や刑事法学などの立場からはすでに多くの論考が蓄積されている。しかし，ごく一部の外国人による比較研究を除けば，その制度の成否について要因分析をおこなったものはほぼ皆無である[9]。

イデオロギーや感情的な批判は別としても，おそらく，多くの識者にとって「警察」はあまりに「身近に過ぎる」課題であり，成功要因よりも制度的な瑕疵のほうが目立ってしまうことも，その一因だと思われる。ところが，第3節で説明するとおり，国際的にみた場合，日本の警察制度はひとつの優良モデルであることに間違いはない。にもかかわらず，他事例に応用可能な形での検証が十分には行われていない。そこで本稿では「日本の警察改革はSSRの成功例である」という仮説を立て，その成功要因を探る。

とはいえ，成功・不成功というのは本質的には価値判断の問題である。たとえば，制度の変化をもって「成功」とする場合もあれば，その制度が所期の目

---

(8) 警察改革については，藤重博美「国連警察：その役割の変遷と今後への課題」『警察政策』第15巻（2013年）のほかに，たとえば次を参照。Alice Hills, *Policing Post-conflict Cities*, Zed Books, 2009; Stephen Savage, *Police Reform: Forces for Change*, Oxford University Press, 2008; Tor Tanke Holm and Espen Barth Eide eds. *Peacebuiliding and Police Reform*, Routledge, 2000.

(9) たとえば本稿の主題との関係では，ニューヨーク州立大学刑事司法大学院・名誉教授（比較国際刑事法）のベイリー（David Bayley）が「ニッポン」の警察制度を米国制度との比較で考察しており興味深い。代表作では，デイビッド・ベイリー『新・ニッポンの警察』金重凱之，柳澤昊訳（サイマル出版会，1991年）。そのほか，ウォルター・エイムズ『日本警察の生態学』後藤孝典訳（勁草書房，1985年）など。

的を達成した時に，はじめて「成功」とする場合もあるだろう。

しかしながら，警察制度の改革過程の分析を主目的とする本稿としては，成功の目安として次の3点に着目したい。第1に，少なくとも1つ以上の制度変化が生じること，第2に，それが一定期間に亘って定着すること，第3に，改革が制度の所期の目的を達成すること，である。他国（とくに紛争後国）の警察改革の事例では，抵抗勢力などの諸阻害要因によって，そもそも初期段階で制度変化自体が生じないケースが散見される。一方，戦後日本の場合，制度変化は，まず外部要因によってもたらされた。そのため，問いとしては，なぜ定着したのか，という点のほうが重要である。

以上より本稿が解き明かすべき研究課題をまとめるとすれば，おもに次の2点である。
・日本の警察改革が成功した要因はなにか。それは，警察改革の通説的な成功要因と同一か，もしくは異質か
・戦後に「上から」導入された警察制度が，日本では，なぜ定着したのか

3 成功要因分析の理論枠組み

次に，次節以降において日本の警察改革を分析する際の枠組みを提示したい。警察改革に分析対象を限定した場合，まず問うべきは，通説となっている成功要因は何か，である。警察改革の成功要因をSSRの視点で包括的に論じた研究はいまだ少ない。その中でヨハネス・ロウ（Johannes Loh）は，とくにSSRの観点から，警察改革にも援用可能な複数の論者の研究業績を集約し，試論を試みている[10]。

たとえば，デービッド・ロー（David Law）は，SSRの有効性を測る評価基準として，①復興努力の影響，②国内総生産（GDP）に対する影響，③民族間関係の影響，④民主化と自主性，⑤元紛争地域の地域的な統合，⑥財政持続性などを提示している[11]。それに対して，ブルゾスカ（Michael Brzoska）は，紛争後の復興支援のリスク指標として，①武装勢力の拡散，②非管理国境の規

---

[10] Johannes Loh, "Success Factors for Police Reform in Post-conflict Situations," *Master Thesis of the Hertie School of Governance*, 2010.

[11] David. M. Law, "The post-conflict security sector," Geneva Centre for the Democratic Control of Armed Forces (DCAF), 2006.

模,③非合法銃器の数,④軍事化の度合い,⑤民族化の度合い,⑥汚職,⑦治安機関の職業意識の高さ,の7点を掲げている[12]。また,英国の国際開発省(Department for International Development: DFID)は,警察改革の成果を測定する基準として,①地域の信頼度,②地域住民への対応,③検察活動,④犯罪対応,⑤犯罪者の拿捕率の5点を提示している[13]。さらに,バジュラクタリ(Ylber Bajraktari)らは,警察改革の評価基準として,①成果と有効性,②マネジメントと監督,③地域社会との関係,④持続性の4つを提示している[14]。そしてロウは,コッター(John Kotter)の経営学の分析枠組みを参考にして警察改革の手順を提示した試論を展開している[15]。

　これらは目的や手法が異なる基準であるものの,諸説の集約という意味では興味深い。しかし,主題である警察改革の因果関係(の特定)という点では,必ずしも議論が明確ではない。その原因は次の諸点にあるのではないか。

　まず,引用されている各論者は,異なるレベルで目標設定をしているにも関わらず,それをロウは,あたかも並列に論じている。たとえば,デービット・ローは,評価基準(因果関係の結果)として「GDPへの影響」を挙げている。しかし,「警察改革」と「GDPへの影響」は一般的に直接的な因果関係にはないだろう。両者の間には,いくつかの中間変数が存在しているはずである。ひとつの仮説として,あえて線形で因果関係を表現するとすれば,「警察改革」→「SSR」→「治安の改善」→「平和構築」→「直接投資の増加」→「GDPの増加」といった具合であろう。

　また,ロウの議論では,論理の階層性が不明確である。因果関係は,一般に原因(独立変数)と結果(従属変数)から成り立っている。しかし,一定の範

---

[12] Michael Brzoska. "Introduction: Criteria for evaluating post-conflict reconstruction and security sector reform in peace support operations," *International Peacekeeping*, 13 (1), 2006, pp. 1-13.

[13] DFID, *Safety, Security and Accessible Justice: Putting Policy into Practice*, Department for International Development, 2002.

[14] Ylber Bajraktari, Arthur Boutellis, Fatema Gunja, Daniel Harris, james Kapsis, Eva Kaye, Jane Rhee, *The PRIME System: Measuring the Success of Post-Conflict Police Reform*, Princeton University Woodrow Wilson School of Public & International Affairs, 2006.

[15] John Kotter, "Leading Change: Why Transformation Efforts Fail," *Harvard Business Review*, 73(2), 1995, pp. 59-67.

〔工藤正樹〕　　　　　　　　　　　　　　　　　　　　***15***　治安部門改革

囲内の「結果」が，別の現象に影響する場合，今度は，それは「原因」となることもある。たとえば，上述の仮説が正しいとすると，SSRは，警察改革との関係では「従属変数」であるが，同時に，治安の改善との関係では「独立変数」にもなる。そこで，ロウの議論は次の3階層に分類することで論旨がより明確になるであろう。

　第1に，個別セクター・レベルの因果関係がある。従属変数は，たとえば警察改革であり，それを左右する中核的な独立変数はマネジメントを中心とした組織改革などである。組織改革を実施するための具体的な投入は，おもに人的・財政的資源である（成否に影響する投入は**図表2**を参照）。後述の通り，人員などの物理的投入のほか，関係構築などの非物理的なものもある。

　第2に，個別分野の上位階層としてプログラム・レベルがある。たとえば従属変数をSSRとすると，独立変数は，上記の個別セクター・レベルに該当する警察改革や，国軍改革，司法改革，ガバナンス改革，刑務所改革などである。

　第3に，究極目標とでもいうべき最上位レベルである。従属変数としては，平和構築，紛争予防などである。独立変数は，SSRのほか，経済的，社会的要因などが考えられる。

　これにもとづいて5つの研究を整理するならば次のようになるだろう。まず，コッターの枠組みやバルジャクタリらの「警察改革の評価基準」，およびDFIDの基準は，警察改革それ自体，すなわち個別セクター・レベルの分析である。他方で，ローやブルゾスカの枠組みは，プログラムであり，その一部は最上位レベルに関係するものである。

　以上より，本稿は警察の制度改革が分析の中心なので，一義的には個別セクター・レベルの枠組みに着目する必要がある。その場合，DFIDは基本的にプロジェクト成果の測定基準であり，要因分析にはそぐわない。コッターとバルジャクタリらの枠組みは援用可能である。コッターの枠組みを用いたロウの試論は**図表1**のとおりである。また，バルジャクタリらの枠組みは本来「評価基準」であるが，もっとも網羅的で，それ自体が一つの理念型を示しているともいえる。同氏の4項目をさらに詳述すると，**図表2**の通りである。

　さて，両者を比較すると，内容的には重複しているものが多い。これらを制度との関係で整理するならば，次の3点に分類できるだろう。第1に，理念，戦略，目標など「制度の目的」に関わるもの。第2に，監督，連携，協力，人

図表 1　組織改革の 8 つの手順

組織改革の手順	警察改革への応用
1. 緊急課題であるという認識の醸成	1. 内外の関係者に課題の緊急性を喚起
2. 強力な改革連合の形成	2. 政治的支持と予算的裏付けを確保し，下位層の警察官や市民社会も巻き込む
3. 目標（vision）の明確化	3. 目標の明確化は，改革の渦中にある警察官たちの関与を動機付ける一助となる
4. 目標を通じた対話の実施	4. メディアなどを通じた社会との対話の体制と経路を確立する
5. 目標を達成するための能力の育成	5. 現地のマネジメント能力を育成するために研修などを実施する
6. 短期的な成果（win）の創出	6. 成果指標を設定し，肯定的なメディア報道を記録。高官たちの士気向上のために地域的なイベントを開催する
7. 改善努力の促進	7. 支援の持続性を確保しつつ，機材については外部者（ドナー）への過剰依存を避ける
8. 新しい手法の体制化	8. 「改革推進課」などを設置し，改革マネジメントを体制化する

（出典）Johannes Loh, "Success Factors for Police Reform in Post-conflict Situations," Master Thesis of the Hertie School of Governance, 2010.

員，装備，予算など，「制度の設計と運営能力」に関わるもの。第 3 に，市民の協力，信頼度，受容度など，「制度の受益者との関係」に関わるもの，である。本稿ではこれらの諸要素を，個別セクター・レベルにおいて，警察改革が成功するための独立変数ととらえ，その前提のもとで推論をおこなう。

III　SSR の「包括性」と警察改革

1　治安部門改革とその背景

本節では，事例研究の背景知識として SSR のキーワードである「包括性」を次の 2 つの観点から考察する。第 1 に，SSR にとって，なぜ「包括性」が重要となったのか。第 2 に，それは警察改革にとっても重要なのか，である。

図表2　警察改革の指針と評価基準

項　目	内　訳	内　容
成果と有効性	能力	適切な人員，研修，装備
	権威と範囲	領域内の国内治安を確保する政治的・法的な権力
	犯罪	犯罪対策と目標を設定するための犯罪統計の整備
	連携	刑事司法制度などとの連携
マネジメントと監督	使命（mission）と手続き	明確な組織の使命，組織規則，実務手続き，指揮命令系統
	戦略立案と監視	目標と成果基準
	監督と説明責任	内的および外的な監督制度
	人員	成果主義に基づく明確な雇用・昇進制度
地域社会との関係	人権	民主的な警察活動，市民の尊重，マイノリティの権利保障など
	協力	治安維持や犯罪捜査における市民の関与
	汚職	警察の汚職率と警察に対する信頼度
	市民の受容度	治安維持の正当・正統な担い手としての警察の受容度
持続性	予算	警察サービスを発展・維持するための長期的な予算計画
	訓練と装備	警察官を訓練するための能力と必要な装備
	政治的独立性	中立性を維持し，市民を守るための適切な政治的独立性の確保
	公的補償	離職と汚職を防ぐ十分な給与と手当て

（出典）Bajraktari et al. "The PRIME System: Measuring the Success of Post-Conflict Police Reform," 2006 をもとに筆者作成

　当初，SSRは「国軍改革」と「警察改革」が主体であった。それが今日のように「包括的なSSR」へと発展していったのはなぜだろうか。それは，改革過程で得られた教訓に端を発している。すなわち，現場において国軍や警察に対する単体の取り組みだけでは改革が定着せず，支援をしても結局，無

第3部　人間の安全保障・平和構築

に帰してしまう例が続出した。そこでガバナンスや司法改革などの関係分野の諸改革と組み合わせて包括的に支援する必要性が主張されはじめたのである(16)。そこで，たとえばパリに本部を置く経済協力開発機構の開発援助委員会（OECD/DAC）は，国連の専門機関や各国の専門家などと共に『SSRに関するDACハンドブック』を作成し，2007年に公開した(17)。同ハンドブックの基本的な枠組みは，同年2007年4月のOECD/DACハイレベル会合という国際会合において主要国閣僚にも承認されており，国際規範化したとみてよい。

　もちろん，こうした流れの中でSSRに対して積極的に取り組んだのは，OECD/DACだけではない。そもそも1990年代から「平和活動（peace-operation）」や「平和構築（peace-building）」などに取り組んでいた国連開発計画（UNDP）や世界銀行などの国連機関，そしてNGOなども活動を活発化させていった(18)。

図表3　SSRに関係する諸機関

政府直属の治安組織	法の支配に関わる諸機関	監督・監視機関	非国家武装組織
・軍隊 ・警察 ・諜報機関 ・海上警備隊 ・国境警備隊など	・検察 ・裁判所 ・刑務所	・国防省 ・内務省 ・議会 ・市民団体 ・オンブズマン ・マスコミなど	・反乱軍 ・ゲリラ，民兵 ・軍閥 ・民間警備会社

（出典）OECD/DAC, *OECD DAC Handbook on Security System Reform: Supporting Security and Justice*, 2007などをもとに筆者作成

---

(16)　OECD/DAC, *DAC Guidelines: Helping Prevent Violent Conflict*, 2001; OECD/DAC, *DAC guidelines and Refernce Series; Security Sector Reform and Governance*, 2005.

(17)　OECD/DAC, *OECD DAC Handbook on Security System Reform: Supporting Security and Justice*, 2007.

(18)　たとえば，国連開発計画（UNDP）は，次の政策指針を作成している。UNDP, *Security Sector Reform and Transitional Justice: A Crisis Post-Conflict Programmatic Approach*, 2003; UNDP, *Justice and Security Sector Reform: BCPR's Programmatic Approach*, 2002.

こうした流れをうけて「SSRを包括的に対応すべき」という政策指針は国際的な規範となったといえるだろう。他方で、そうしたいわば「通説」に対して実務の現場からは現在、多様な批判が上がってきている。たとえば、「包括性」を追求するのはよいとして、**図表3**に示すとおり、それは改革項目や関係者が拡大することを意味する。通常は予算も無制限に使えるわけではい。そのため「包括性」の重要性は否定しないまでも、多くの論者が、優先順位づけなどの重要性を指摘している[19]。「包括性」の議論はいまや、一歩進んだところに争点が移りつつある。

2 警察改革と「包括性」

次に、警察改革にとって「包括性」は重要か、を検討してみたい。その答えは、主権の脆弱化が国内の治安にもたらす影響をみれば自明である。直近の実例のひとつは2011年1月と2013年6月に2度の「政変」に見舞われたエジプトであろう。論者によってやや見解は異なるものの、おおむね1回目は30年におよぶ軍事・独裁政権に対して、2回目は政権与党となったイスラム原理主義支配への反発が原動力となって政変が起きた。この間、脆弱度は大幅に悪化し、主権は大きく揺れた。その影響は多岐にわたるが、治安機能との関係では以下の3点が顕著であった。

まず第1に、警察のプレゼンス（存在感）と国内治安維持機能が目にみえて弱くなった。もともとエジプトは中東・アフリカの中でも最大級の治安組織を要する軍事大国である[20]。しかし、とくに2011年1月25日の民衆運動が「軍事政権」を打倒するものであったこともあり、革命直後は、一部で警察自身が民衆の憎悪の対象として撲殺されたり、警察車両が焼打ちにあったりした。首都を含めて国家機能は一時的にマヒし、一般犯罪が横行・増加した。それにも

---

[19] たとえば以下を参照。Brzoska, "Introduction: Criteria for evaluating post-conflict reconstruction and security sector reform in peace support operations," pp. 1-13; Melissa Ziegler & Rachel Nield, *From Peace to Governance: Police Reform and the International community*, Washington Office on Latin America, 2002.

[20] 2011年1月の革命直前の時点で、正規軍（陸軍、海軍、空軍、防空軍）の総兵力は468,500名、予備役479,000名であり「アフリカ大陸における最大の軍隊」とされている（The International Institute for Strategic Studies ed., *The Military Balance 2013*, Routledge, 2013, p. 375）。

かかわらず，警察は街頭から姿を消し，民間人の自警団が一時的な治安維持の担い手となった。市内に「関所」が設けられ，勝手に「通行料」を徴収する輩まで出てきた。「法の支配」の担い手が不在になり，国家としての体裁は半壊状態であった。

第2に，刑務所の機能も低下した。刑務所は，司法手続きを経て訴追された犯罪者を収監する施設である。しかし，革命直後は，刑務所自体の機能が低下し，数千人単位といわれる逃亡者が発生した。このような状況下で，犯罪者を収監施設に送ることは「底の抜けた箱にものを投入」するに等しく，警察や検察の士気もあがらない。こうして国家のガバナンス機能は一気に弱体化した。

第3に，国境管理が脆弱になった。国境管理は「水際対策」とも称され，ヒトとモノの流出入を管理する行政機能である。それが脆弱になることで，たとえば2011年の革命後，他の内戦地域などからの武器が流入し，国内で銃器犯罪が激増した。銃器の不法所持を取り締まるべき「警察」も不在のため，「自警」の必要から一般人も非合法銃器を保有するという悪循環が起きた。また，2度目の政変前後は，非合法銃器という「モノ」だけでなく，武装勢力など周辺国からの「ヒト」の流入も顕著になった。警察の士気低下や弱体化にくわえて，国外犯罪勢力への対応で，警察力はさらに分散され，2013年8月には首都を含めた全土で一気に治安が悪化した。

以上のように，主権が脆弱化することは，警察・司法・刑務・国境警備などが連動して「負のスパイラル」に陥り，連鎖的に治安が悪化することを意味する。その中で警察だけを「改革」しても「治安」が改善しないのは明白である。したがって，警察改革においても「包括性」の議論は有効である。

さて，ここまでの「包括性」の議論を，前節の警察改革の因果的推論という観点からまとめると，2つのレベルの「包括性」があるだろう。第1はエジプト政変の事例でみたように，SSRを従属変数，警察改革を独立変数とする「プログラム・レベル」の議論である。第2に，警察改革それ自体を従属変数ととらえる「個別セクター・レベル」の推論であり，バルジャクタリらの示した「独立変数」に一定の有意性があるとすれば，それらを「包括的」に満たしているか否かも観察する必要があるだろう。

以上の問題意識のもと，以下では日本の警察制度の変遷を時系列に追跡し，改革の成功要因と制度の定着要因を，考えてみたい。

IV 事例研究──日本の警察改革

1 総論──犯罪率・検挙率の国際比較

以下では,日本の警察の戦後の改革史を振り返る。それに先立ち,統計資料などから,まずは「現在の姿」を提示しておこう。

図表 4 主要 5 カ国の犯罪発生率と検挙率

A. 主要犯罪の発生率と検挙率　　B. 殺人事件の発生率と検挙率の推移

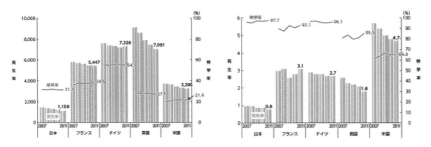

C. 窃盗事件の発生率と検挙率の推移

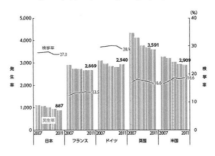

> (注) 日本と他の 4 カ国では犯罪の範囲や構成要件が以下の通り異なり,厳密な意味で比較にはなじまないが,全体の傾向は把握可能である。
> ○日　　本：刑法犯全体から自動車運転過失致死傷罪などを除いたもの
> ○フランス：重罪および軽罪 (crime et délit) から交通犯罪を除いたもの
> ○ド イ ツ：重罪および軽罪 (Straftat) から交通犯罪を除いたもの
> ○英　　国：報告犯罪 (notifiable offence,内務省が警察から報告受けた犯罪)
> ○米　　国：暴力犯罪および財産犯罪 (violent crime and property crime)＊推定値
> また,発生率算出の根拠となる期間は,英国を除き,すべて暦年。英国は会計年度 (4月から翌年 3 月まで) を集計単位としている。

(出典) 法務省法務総合研究所編『犯罪白書』平成 25 年版 (日経印刷, 2013 年) 31-33 頁

第3部 人間の安全保障・平和構築

一般的な主要犯罪（図表4：A）については，統計数値でみるかぎり，日本の犯罪発生率（人口10万人あたりの認知件数）は他の4カ国よりも低い。ただし2011年の検挙率は31.3％であり，5カ国の中では中位である。ちなみに，2012年の日本の主要刑法犯の認知件数を上位から順番にみていくと次のとおりである。窃盗（51.6％，以下同じ），自動車運転過失致死傷など（31.4），器物損壊（7.2），横領（2.1），詐欺（1.7），暴行（1.6），傷害（1.4），住宅侵入（1.0），強制わいせつ（0.4），その他（1.7）である[21]。

また，殺人（B）では，日本の発生率は各年とも他の4カ国よりも相当低い。しかし検挙率は97.7パーセントであり，5カ国の中で一番高い。窃盗（C）についても，ほぼ同様であり，発生率が低く検挙率は高い。すなわち，統計数値から判断すると，日本は犯罪発生率が他国よりも相当低く，主要犯罪の検挙率が高いことがうかがえる。

次に，人員や装備の面での主な変遷もみておきたい。図表5は現行の警察法が施行されてから2004年までの変化を整理したものである。

図表5　現行警察法の制定以後の体制強化

年（注1）	地方警察官(人)/政令で定める基準	車両（台）	航空機（機）	通信	教育訓練
1954（現行法施行時）	113,500	9,000	0	超短波移動用無線電話（1950）	警察大学校（1948）（注2）
1956－1965	147,410	12,000	6	携帯受令機（1960）	－
1966－1975	194,850	18,000	20	署活系無線機（1975）	特別捜査幹部研修所（1967）
1976－1985	215,306	20,000	42	衛星通信（1983）	国際調査研修所（1985）
1986－1995	221,019	27,000	70	ICPO通信（1993）	警察政策研究センター（1996）
1996－2004	239,811	36,000	80	新車載通信系携帯無線機（2003）	－

（注1）地方警察官，車両，航空機数については各期間の最終年の数字。通信，教育訓練施設については，括弧内が導入・設置年
（注2）警察大学校については，1885年に設立された警察練習所が，1948年に改称されたもの
（出典）国家公安委員会警察庁『警察白書』平成16年版（大蔵省印刷局，2004年）をもとに筆者作成

---

[21] 法務省法務総合研究所編『犯罪白書』平成25年版（日経印刷，2013年）4-5頁

〔工藤 正樹〕　　　　　　　　　　　　　　　　　　　　***15***　治安部門改革

その変遷をみていくと，地方警察官数（定数）は1954年からの50年間に約2倍，警察車両は約4倍に増加しており，通信設備や教育訓練施設も拡充が図られている。たとえば，国連などでは，ひとつの基準として「1：450」を提示している[22]。これは警察官ひとりあたりの負担人口を示したものである。すなわち，国民450人に対して1名の割合で警察官を配置することが望ましいとしている。日本の場合，人口統計から割り戻して推計すると，1954年にはおよそ「1：790」であったものが，2004年にはおよそ「1：540」となっている[23]。国際基準こそ下回っているものの，全般的には基準領域の範囲内といえる。

さて，ここで次節以降の背景となる戦後日本社会の推移と犯罪率の関係も概観しておく。**図表6**は，戦後の国内総生産（名目GDP），完全失業率，ジニ係数の推移を示したものである。それに対して**図表7**は，一般刑法犯罪の発生率と検挙率をまとめたものである。

日本は，戦後の復興期を経て高度経済成長を経験した。しかし，「石油ショック」の影響などで物価が高騰し，1974年に戦後初の実質GDPマイナス成長を記録した[24]。その後，経済は安定期を迎えたが，1990年ごろのいわゆるバブルの崩壊で，再び，およそ20年におよぶ停滞期に突入した。社会指標の面では，戦後，失業率は漸進的に増加したが，とくにバブル崩壊後に急増した。失業率ほど劇的ではないが，その間，所得格差もゆるやかに拡大している。

一方，**図表7**の一般刑法犯の長期推移をみていくと，1973年（1,190,549件）以降，認知件数は漸増し，とくに1990年代半ば以降は急増している。そして2002年を境に統計数値は山形を描いており（人口10万人あたりの発生率も同じ傾向を示している），検挙率は，それと逆相関を示すように，谷形を描いている。

---

[22] 国連などによる警察改革支援で用いられる基準。当該基準は，たとえば次の文献などで紹介されている。DFID, *Safety, Security and Accessible Justice: Putting Policy into Practice*, Department for International Development, 2002.
[23] 日本の人口は，1954年から2004年の間に約9000万人から約1億2700万人に推移している。統計局「人口の推移と将来人口」http://www.stat.go.jp/data/nihon/02.htm。なお図表5は地方警察官数であり，一般職員などは含まれていないと考えられる（国家公安委員会警察庁『警察白書』平成16年度版，昭和48年度版，大蔵省印刷局，などを参照）。
[24] 1974年の名目GDPは134兆2430億円であり前年比19.3％の成長率だったが，同年のインフレ率の上昇はそれ以上であった（たとえば消費者物価指数の前年比は23.1％）。

第 3 部　人間の安全保障・平和構築

図表 6　日本の名目 GDP と完全失業率，ジニ係数の推移（1953 － 2013 年）

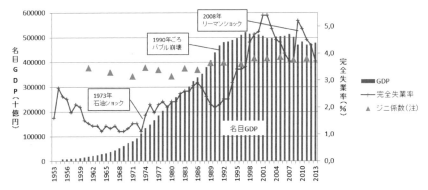

（注）ジニ係数は 1961 年以降のデータのみ（再分配所得）。同係数は本来 0.0（完全平等）～ 1.0（不平等）の値を取るが便宜上，表では表示単位を調整している。
（出典）GDP および完全失業率は総務省統計局の資料，ジニ係数は，1992 年以前のデータは，西崎文平，山田泰，安藤栄祐「日本の所得格差──国際比較の視点から──」（経済企画庁経済研究所，1998 年）18 頁，1996 年以降のデータは厚生労働省所得再分配調査などをもとに筆者作成

図表 7　日本の一般刑法犯罪と検挙率（1946 － 2013 年）

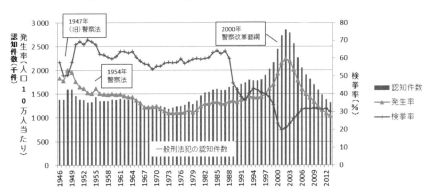

（注）一般刑法犯罪とは，刑法犯全般から自動車運転過失致死傷などを除いたもの
（出典）法務省法務総合研究所編『犯罪白書』平成 25 年版（日経印刷，2013 年）をもとに筆者作成

2000 年前後は神奈川県警の一連の不祥事が明るみに出た時期である。それをきっかけに大規模な警察改革が行われたが，その点は後述する。

〔工藤正樹〕

なお，一般に失業率や格差指標は犯罪率と一定の相関関係があるといわれている[25]。日本の場合も，2つの図表のうち「失業率」と「認知件数」を縦に見比べると，長期的には類似のトレンドを示しており，そこから一定の相関関係がうかがえ，興味深い。

さて，上記の総論を踏まえて以下では，まず，2で，前史（1945年以前）として，主に明治維新後に創設された近代警察が1945年の敗戦までにたどった経緯を振り返る。次に，3で，創成期（1946年－1954）として，それまでの「国家警察」からの脱却が図られ，今日の日本警察の基礎が形成された過程を詳述する。さらに，4の発展期（1955年－1999年）では，高度経済成長から成熟社会へ日本社会が変容し，それに伴い警察も制度改革を繰り返していった過程を追う。最後に，5の転換期（2000年以降）で，一連の不祥事をうけた警察批判とその後に行われた改革を振り返る。

ところで，戦後の警察改革史を一連の流れとして捉えた場合，どの時代区分を用いるかという問題がある。たとえば，警察白書などのように，昭和20年代，30年代といった具合に10年毎の区分を採用しているものもある。

それに対して本稿は，今日の警察制度が確立をみた1954年はよいとしても，2000年をひとつの基点として区分している。たしかにこの時期は，犯罪の発生率の急増と反比例して検挙率が急落している。つまり犯罪は増えているのに，犯人は捕まらないという，警察史にとっては戦後最大の危機を迎えた時期である。とはいえ，この区分は統計上のそれではなく，むしろ制度史上のものである。まず，戦後の制度の変遷を大略すると，2000年以前の変化は1954年に確立された土台をもとにした既存制度の改善努力と位置付けることができる。ところが，2000年の改革過程では，公安委員会という制度の土台部分も改革の主たる争点となり，その役割に再考が迫られた。その意味で制度史としては，ひとつの区分として位置付けるべきと筆者は考えたのである。

2 前史（1945年まで）──戦前の警察と治安維持法

日本の警察改革史は，いつから説き起こしていくべきだろうか。近代警察組織の創設という意味では，川路利良（のちの初代警視総監）らが明治初年の欧

---
[25] ベイリー『新・ニッポンの警察』247頁。

州視察などの結果を踏まえて導入した制度がそれであろう。ただし，それまでに綿々と続いてきた日本固有の治安維持制度の歴史と切り離して考えるべきではないといった論者もいる[26]。いずれにしても，維新回天の直後から，当時の政府は「内治」のための警察の必要性を理解していた。そして，明治国家の創設期における最大の課題は中央集権化であった。川路らの目指す警察制度も，警察権の中央集権化と国家警察機能の拡充を意図するものであった[27]。

とはいえ，警察の役割は元来「人権の尊重」と「秩序の維持」のせめぎ合いである[28]。中央集権化をめざす国家建設期においては後者を重視する「国家警察」の色彩が強くなっていったのは自然のなりゆきであった。その後，日本は戦時国家体制へと突き進んでいき，国家警察体制の構築に一層の拍車がかかることになった。のちに「天下の悪法」と言われた治安維持法が成立したのもこの時期である[29]。そして 1945 年，日本は敗戦を迎えた。

3 創成期（1946－1954 年）——現代日本警察の基礎形成

現在の日本警察の基礎となっているのは 1954 年に公布された警察法（昭和 29 年法律第 162 号）である。もちろん警察の組織改革だけが要因ではないだろうが，たとえば殺人事件の認知件数は 1954 年の 3,081 件をピークに，その後は減少傾向をたどっている。凶悪犯罪の筆頭にあげられる殺人事件の犯罪率が，同法の成立年を境にして減少に転じているのは，日本の警察改革史にとって象徴的な出来事であったといえるだろう。

しかし，その成立までの道のりは決して平坦なものではなかった。とくに 1954 年の同法に先立ち，1947 年に「上からの改革」の一環で，（旧）警察法（昭和 22 年法律第 196 号）が制定されている。これは現場の実情と必ずしも合わなかったため，日本全国でさまざまな軋轢を生じさせた。そうした課題を克

---

[26] 上野治男「歴史の中の警察」河上他編『講座 日本の警察』第 1 巻，3-37 頁。
[27] 明治国家の創成期における中央集権的な内閣制度確立の経緯と諸問題については，次を参照。由井正臣，大日方純夫『日本近代思想大系〔官僚制・警察〕』（岩波書店，1990 年）。
[28] 篠原編『警察オンブズマン』7 頁。
[29] 治安維持法が「どういう意味で，どういうところが，悪法であったというべきなのか」という研究課題を追求した名著に次がある。奥平康弘『治安維持法小史』（筑摩書房，1977 年）。

〔工藤 正樹〕

図表8 殺人事件の認知件数と検挙率（1926 − 2013年）

（出典）政府統計局資料および警察庁統計資料などをもとに筆者作成

服する形で全面改訂が施され，成立したのが1954年の（新）警察法であった。「上から」提示された1947年の警察改革案は，それまでの日本の警察制度と何が異なるのか。そして，なぜ，その後に修正を迫られることになったのか。その経緯を振り返ってみたい。

　1945年8月14日，鈴木貫太郎内閣は対日ポツダム宣言を受諾した。敗戦によって日本は主権をはく奪され，米軍を主体とする連合国の総司令部（GHQ）の統治下におかれた[30]。

　占領下でもGHQは日本政府をつうじて統治を行い，日本政府はGHQの指令を国内法令化して実施するために存続を許された。これは，戦後日本の諸改革にとっても少なからず重大な意味をもつことになる。というのも，いくつかの戦後改革では，日本政府により，「本来なら講和条件として強いられるべき内容が，占領統治下における改革によって先取り的に既成事実化」されることを可能にしたからである[31]。たとえば，婦人参政権を盛り込み，1945年12月に公布された「改正衆議院議員選挙法」（昭和20年法律第42号）などがその例である。他方で，1947年12月公布の（旧）警察法は，当時の日本内務省の抵抗などもありGHQが主導しておこなった。同法の公布後，内務省は解体されている。

---

[30] GHQなどによる対日占領政策については，たとえば次を参照。五百旗頭真『米国の日本占領政策──戦後日本の設計図』上・下（中央公論社，1985年），秦邦彦『アメリカの対日占領政策』（東洋経済新報社，1976年）。

[31] 五百旗頭真編『戦後日本外交史』（有斐閣，1999年）30頁。

その意味で1947年の（旧）警察法の制定は，戦前の旧体制を抜本的に見直す，典型的な「上からの改革」であった。同法は，前文および本則8章68条，そして附則および別表からなる。旧制度と比較した場合，その特徴は次の3点に集約される[32]。

① 警察組織の脱中央集権化

中央集権的な旧来の警察制度に代わって，地域を基礎単位とする分権的な制度が導入された。新制度の下では，人口が5,000以上の市町村は，予算措置も含めて，それぞれが自治体警察を有することになった（第40～53条）。これにより全国各地の市町村で，1,605の自治体警察が設置された。これらの自治警察は，国家非常事態を除き，国の指揮監督は一切受けず，国からは完全に独立して管内の秩序維持にあたることとなった。しかし，この英米型の自治警察制度に倣った「脱中央集権化」は，のちに修正を迫られることとなる。

② 警察の民主的統制

警察の民主的統制を可能にする制度として，民間人から構成される「公安委員会」が設置された。これは，警察を民主的に管理し，それが独善的になるのを防止し，そして，政治的な中立を確保するために設けられた新しい仕組みであった。その委員については，警察職員や官公庁などの職業的公務員の前歴のない者から選出され，内閣総理大臣・都道府県知事・市町村長が，それぞれ国会の両議院・地方議会の同意をえて任命することとされた（第5条，21条）。

国家公安委員会は，内閣総理大臣の所轄のもとにおかれ（第4条），総理府の外局の委員会とされた。「所轄」とは内閣総理大臣を通じて法令制定や予算要求をおこなうという意味にとどまり，総理大臣が公安委員会に対して指揮命令権を有するわけではない[33]。なお，自治体警察の関連経費はすべて自治体の負担とされた。

---

[32] （旧）警察法の特徴や経緯については，たとえば次を参照。長倉眞一「警察制度30年の歩み──戦後における警察制度及び組織の変遷」『警察學論集』1975年8月号，99-106頁，末井誠史，島根悟「旧警察法下の警察」河上他編『講座 日本の警察』第1巻，39-54頁。

[33] 末井，島根「旧警察法下の警察」河上他編『講座 日本の警察』第1巻，46頁。

③ 警察の職務の明確化

警察の責務の限定化は、戦前の警察制度の反省にもとづいて、戦後の比較的早い段階から日本側関係者側にも認識されていた課題である。それまでの警察の所掌範囲は、労働、建築、衛生、営業、風俗、思想その他全般におよぶものであった。このため、警察が国民の生活に広範に影響力を及ぼし、その権利や自由を侵害する一因になったと考えられた。

そこで同法では「警察の活動は、厳格に前項の責務の範囲に限られるべきものであつて、いやしくも日本国憲法の保障する個人の自由及び権利の干渉にわたる等その権能を濫用することとなつてはならない（原文ママ）」と明記した（第1条）。その結果、衛生や労働などの事務は他の行政組織に移管された。

こうして成立した民主的な警察制度は、しかし、その後修正を迫られることになった。

第1に、国家地方警察と市町村自治体警察により地域を分担する二本立ての制度の弊害である。警察実務は本来、国家的利害と地方的利害の双方を有する。しかし、小規模な町村部を管轄する国家地方警察は、実質は地方警察でありながら自治的要素に欠けていたのに対して、自治体警察は国家的要素が欠如していた。さらに警察行政が単純な地理的区分で細分化されたことで、国全体の警察行政に一貫性がなくなり、非効率な事例が目立つようなった。とくに広域犯罪などに適切に対応することが難しくなった。

第2に、国（中央政府）の治安上の責任が不明確になった。市町村自治体警察は、完全に自治的な警察として国から独立しており、国家地方警察も中央に運営管理権がなかった。そのため、国家非常事態などの場合を除いては、国は治安上の責任がまっとうできず、政府の治安行政上の責任が不明確になった。

第3に、財政上の不経済である。この制度の下では、警察実務が複雑化し、施設の重複等が発生し、国家財政および地方財政の観点からは、いちじるしく不経済であった。とくに小規模な市町村を悩ませたのが、警察経費という重い財政負担であった。

こうした問題点の表出をうけて、1951年、旧警察法の第40条が改正された。それにより、町村については住民投票の付託により自治体警察の存廃ができるようになった[34]。すると自治体警察の「返上」が相次ぎ、1947年当初に1,605

あった自治体警察のうち，現行警察法施行直前の1954年6月まで存続したのは，わずか402であった。

1954年に全面改正された新たな警察法が制定されたのは，こうした状況下であった。1954年2月の第19回国会に提出された警察法案は幾多の議論と修正を経て可決され，同年7月1日から施行された。新しい警察法は本則7章79条および附則からなる。とくに次の3点が重要である。

① 公安委員会の維持

公安委員会制度は引き継がれ，警察の民主的統制と政治的中立性については制度が維持されることとなった。ただし，委員長は内閣の行政責任をより明確にするために，国務大臣を充てることとした。(第6条)。

この委員会制度は現在まで存続しており，日本警察の制度的中核のひとつである。とはいえ，警察の中央機関として委員会制度を設けている例はめずらしく，これは過去の時代において日本の警察が，ときに「はなはだしく政治警察化していたことに対する深刻な反省の結果」であるとされる。そうした背景もあり，公安委員会の機能は，警察組織の能率向上といった「積極面」にあるわけではなく，あくまでも警察の独善化の防止や，警察の政治的中立性の保持といった「消極面」にある，という見解もある[35]。

② 政府の責任の明確化

公安委員会の制度とも関係しているが，政治的中立性を維持しつつ，いかに国の責任を明確化するかが，1つの課題であった。新警察法は，国が責任をもつべき事項を特定し，地方自治との調整も図った。旧法同様に，国家公安委員会の下に警察庁が設置されたが，これは旧法における制度と異なり，独立の執行機関に近い性質をもつことになった（第15条）。具体的には，警察官の教育訓練，警察装備品の調達，犯罪統計の整備などは警察庁の管轄とされた。

さらに，警察庁の長（警察庁長官）は，内閣総理大臣の承認を得て，国家公安委員会が任免し，同長官が都道府県警察を指揮監督することとなった（第16条）。すなわち，都道府県単位の自治体警察は，日常の警察業務を自治的におこなうが，警察庁の指揮監理下にあり，その意味で中央政府とつながりの強い

[34] 第40条1項を修正し，第2項と3項が追記された。
[35] 警察制度研究会編『警察 現代行政全集㉓』93頁。

制度に改められた。

　③　警察組織と体制の効率化

　国家地方警察と自治体警察の二本立ての制度は廃止された。警察組織は基本的に都道府県警察に一元化された。都道府県の組織なので職員も都道府県職員（地方公務員）となる。ただし，国家的要請にも応えられるように，警視総監，道府県警察本部長，警視正以上の警察官は国家公務員とした。

　予算面では，国家的性格の強い特定の経費は国費として，それ以外の都道府県警察に関する経費は当該都道府県の負担とした（第37条）。ただし，そうした都道府県経費についても，国がその一部を補助するなどの措置を講じている。

　以上の通り，1954年の警察法は，公安委員会という民主的統制の基本制度は継承しつつ，それまでの細かすぎる行政区画を廃して都道府県単位で「自治体警察」を再編した。他方で，国の治安や警察制度に関わる主要な予算措置および幹部人事権については中央政府（警察庁）が握ることになった。総じて，アメリカ型の自治体警察の基本的枠組みは残しつつ予算や人事面では中央集権的な制度に修正した，という言い方ができるかもしれない。

　なお，この時期には上記のような警察改革と並行して，SSRの隣接分野の法整備なども並行して進められた。この点はSSRにとっても重要なので追記しておく。たとえば，それまで警察官は検察官の指揮のもとに，あくまで補助的な立場で犯罪捜査をおこなうものとされていた。しかし，その後制度が改正された。1948年に公布された刑事訴訟法（昭和23年法律第130号）は「司法警察職員は，犯罪があると思料するときは，犯人及び証拠を捜査するものとする」と規定し，警察に独立固有の捜査権を与えた（第189条第2項）。しかし，とくに発足間もない初期には警察の捜査方法に対して批判もなされた。そこで逮捕権の濫用を抑制するために，1953年に同法の改正が行われ，逮捕状の請求権者は公安委員会の指定する警部以上の司法警察官に限定されることになった（第199条第2項）。以後，同法も改定を繰り返しながら制度改善が図られていった。また，警察法が制定された1954年には「自衛隊法」（昭和29年法律第165号）も制定されるなど，他の隣接する諸分野の改革も進められた。

　以上の通り，戦後の警察改革は当初「上から」のものであったが，その後，現状に合わせて日本は自主的に改革を進めたのである。

4 発展期(1955年—1999年)——社会の発展と諸改革

次に、1955年以降の動きを追っていく。このようにして土台が築かれた警察制度は、その基本的な仕組みは維持しつつも、その後、日本社会の発展に伴って変容を遂げていった。また、世界に名だたる交番制度が確立されたのもこの時期である。筆者は、警察が社会の変化に応じて柔軟に対応して自らも変化を遂げてきた点が重要であると考える。制度論や組織論の観点からいえば、それは顧客のニーズに応じて柔軟に対応・変化していることを意味しているからである。「制度がなぜ定着したのか」という本稿の3番目の問いを考えるうえでもこの時期の動向は示唆に富んでいるので、以下に経緯をみていきたい。

まず背景として、この時期の社会情勢の変化を改めて振り返ってみたい。1940年代後半から日本は戦後復興期に入る。その後、いわゆる「高度経済成長」と言われる経済成長を経験し、先進工業国の仲間入りを果たした。しかし、一般に急激な経済成長はさまざまな社会問題を伴うことが多い。日本もこの時期に、都市化の進展、自動車交通の発達、公害や環境問題の発生といった問題に直面した。そして、警察は、これら情勢の変化に対応するために組織改革を繰り返した。制度変化とその背景を整理したものが**図表9**である。

この時期の制度変化は多岐にわたるが、少なくとも次の5点が重要である。

第1に、いわゆるモータリゼーションへの対応である。経済成長とともに日本にも車社会が到来した。戦後1946年の国内の車両台数は約11万台であったが、17年後の1963年には約100倍の1,115万台に達した[36]。車が驚異的なスピードで増加したのに伴い交通事故も増加した。たとえば、交通事故の発生件数の推移をみていくと、戦後じわじわと増加し1960年は前年の約2倍(449,917件)に増加している。一方、交通事故の死亡者数は1970年のピーク(16,765件)を境に基本的に減少傾向にあり、2013年は4,373件となっている[37]。この間、それまでの「道路交通取締法」(昭和22年法律第130号)を改廃し、1960年に現行の「道路交通法」(昭和35年法律第105号)を制定した。また、1962年4月に警察法を改正し、警察庁は交通局を新設するなど、その後も体制強化

---

[36] 国内の保有車両台数および交通事故の統計については、法務省法務総合研究所編『犯罪白書』平成25年版(2013年)19頁など。

[37] 以上の詳細は警察庁の交通事故統計などを参照。警察庁、https://www.npa.go.jp/toukei/index.htm#koutsuu

図表9　1955年以降の主な制度改革とその背景

年代	主な制度改革（内容）	背景	前後の主要事件，関連事件＊
1956 1957 1957	「犯罪手口資料取扱規則」（犯罪手口関連の資料や情報の収集と整理に関する規則） 「犯罪捜査規範」（犯罪捜査に関する基本事項） 「犯罪捜査共助規則」（都道府県警察の協力に関する基本事項） ＊上記3つは，その後の数次の改正を経て今日に至る	モータリーゼーションや生活圏の拡大に伴い，犯罪が広域化。それに伴い，広域捜査に関する情報や方法を整備する必要が生じた。たとえば『取扱規則』は戦前からあった制度に検討を加えて整理・制定したもの	－
1963	「刑事警察強化対策要綱」（刑事教養の徹底など刑事警察の質向上）	警察が犯人と接触する機会があったにも関わらず，犯人を取り逃がした事案が発生し，捜査の不手際が批判された	東京都世田谷区男児誘拐殺人事件（雅樹ちゃん誘拐殺人事件，1960）東京都入谷幼児誘拐殺人事件，（吉展ちゃん事件，1963）狭山事件
1963	「身代金目的誘拐事件報道協定制度」（報道により，被害者の生命に危機がおよぶ恐れがある誘拐事件などが発生した場合，報道各社が取材・報道を自主規制） ＊その後，日本新聞協会，日本民間放送連盟，日本雑誌協会において，それぞれ報道協定制度を確立	1960年に警視庁管内で幼児誘拐事件がおこり，報道をみた犯人が被害者を殺害する事案が発生。その教訓から吉展ちゃん事件では初めて報道協定がむすばれた	東京都世田谷区男児誘拐殺人事件（雅樹ちゃん誘拐殺人事件，1960）東京都入谷幼児誘拐殺人事件，（吉展ちゃん事件，1963）
1964	「広域重要事件特別捜査要綱」（広域捜査を必要とする重要事件を警察庁が「指定事件」に指定）	広域にわたる強盗殺人，窃盗，詐欺事件が発生し，広域捜査の在り方について批判がされた	西口事件（1963）
1970	「刑事警察刷新強化要綱」（機動捜査隊・特殊捜査係の設置，初動捜査活動の強化，常習犯に対する捜査活動の強化，コンピューターなどによる犯罪情報の管理）	監禁やハイジャック，乗っ取りなどの人質事件が相次いで発生し，爆発物や銃器を使用した凶悪犯罪も増加。また，都市への人口集中が住民の孤立化や匿名化をもたらし，聞き込み捜査など人からの捜査が困難になった。こうした背景下，捜査方法の抜本的な強化が必要とされた	寸又峡逮捕監禁事件（1986），三億円強奪事件（1986）「よど号」ハイジャック事件（1970），定期旅客船「ぷりんす号」乗っ取り事件（1970）

第3部　人間の安全保障・平和構築

1980	「刑事警察強化総合対策要綱」（重要知能犯捜査力の強化，広域犯罪捜査力の強化，科学捜査力の強化，優秀捜査官の育成と指揮能力の向上）	科学技術の進歩により犯罪が高度化，また交通網の発達により，犯罪者の行動圏が拡大，移動も高速化した	警察官からの強奪拳銃による連続強盗殺人事件（1983），グリコ・森永事件（1984）
1981	「広域重要事件捜査要綱」（広域重要事件の諸指定制度を整理・統合）		
1986	「刑事警察充実強化対策要綱」（優秀捜査官育成と緻密捜査体制の強化，科学捜査力の強化，国際捜査力の強化）	科学技術の普及や国際化の進展により，コンピュータ関連の犯罪，来日外国人による犯罪，海外における凶悪事件が発生。一方で，より緻密な捜査を実施する必要が高まった	ロス疑惑（1981）
1994	警察法改正（管轄区域が隣接する都道府県警察は相互協議により権限行使，その場合に警視総監・都道府県警察本部長が指揮者を決定）	広域犯罪などに対応した諸施策を法制度化，法律上の根拠を明確化	朝日新聞襲撃事件（1987），広域にわたる連続幼女誘拐殺害および死体遺棄事件（1988），広域にわたる主婦等連続殺人・死体遺棄事件（1993）
1996	警察法改正（都道府県警察は，広域組織犯罪に対して管轄区域外にも権限行使，警察庁長官は，都道府県に対して必要な指示を実施）	全国規模の広域にまたがる犯罪に対して迅速で的確な対応が求められた	

（出典）国家公安委員会警察庁『警察白書』平成16年版（大蔵省印刷局，2004年），事件・犯罪研究会，村野薫編『明治・大正・昭和・平成　事件・犯罪大事典』（東京法経学院出版，2002年）をもとに筆者作成

を図ってきた(38)。

　第2に，広域犯罪への対処である。交通手段の発達は，犯罪の広域化も促した。たとえば1964年には，広域捜査の強化を目的として「広域重要事件特別捜査要綱」を策定した。その直接の契機は前年に発生した「西口事件」であった。これは貨物運転手の男（当時38歳）が，福岡県・静岡県・東京都で連続3件の強盗殺人事件などを引き起こした事件である。都道府県を行政単位とする警察は当時，こうした広域にまたがる犯罪に適切に対応することができなかっ

　(38)　交通警察については，たとえば次を参照。河上ほか編『講座　日本の警察』第3巻〔交通警察〕（立花書房，1992年）。

〔工藤正樹〕　　　　　　　　　　　　　　　　　*15*　治安部門改革

たのである。

　その反省から同要綱は，広域捜査を必要とする事件に対して，警察庁が「指定事件」と指定し，関係する都道府県警察を調整して広域捜査にあたることを定めた。その後も1980年の「刑事警察強化総合対策要綱」，1981年の「広域重要事件捜査要綱」，1994年や1996年の警察法改正などで，広域化対策の強化を図ってきた。

　第3に，科学の発展に伴う犯罪高度化への対応である。1970年前後から，ハイジャックなどの事件や爆発物を使用した凶悪犯罪が相次いだ。また，科学技術の進歩とあいまってコンピューターを用いた犯罪も増加した。さらに，いまだ記憶にあたらしいが，1994年の「松本サリン事件」や1995年の「地下鉄サリン事件」は，有毒物質を用いた無差別殺人であり，日本社会を震撼させた。

　これらに対して警察は，科学捜査力の強化を図ってきた。たとえば，1959年には警察庁の付属機関として科学警察研究所を設置し，科学捜査に関する研究や研修，鑑定などをおこなっている[39]。また，1986年には警察庁鑑識課に鑑識資料センターを設置し，鑑識資料の収集，分析，データベースの整備を進めた。ちなみに，走行中の自動車のナンバーを自動的に読み取るシステムの導入が図られたのも同年である。さらに，オウム真理教による一連の事件では，高度な専門知識と技能が必要とされた。そこで，同事件後，上述の科学警察研究所の組織改組をおこなったほか，警察庁も刑事局捜査第1課に特殊事件捜査室を設置し，生化学防護服の導入など装備品の強化にも力をいれた。

　第4に，交番制度に代表される地域警察制度の確立である。交番は，多くの人にとって最も身近な警察制度のひとつである[40]。また，ベイリー（David Bayley）は，日米の警察制度の比較研究などから「警察の成功・失敗は警察と市民との関係，とくに顔をつき合わせた際の対応ぶりを支配する手続きによって決まる」と洞察し，日本の警察の成功の秘密を交番制度に求めている[41]。今

---

[39]　詳細は同研究所のウェブサイト参照。科学警察研究所，http://www.npa.go.jp/nrips/jp/index.html

[40]　地域警察制度については，たとえば次を参照。ジェームス・スコルニク，デイビッド・ベイリー「地域警察の目標及び形態」河上ほか編『講座　日本の警察』第1巻，427-462頁。また，交番の起源を考察したものとしては次が興味深い。金子仁洋「交番の起源——1～3完」『警察學論集』第36巻第11号（1983年）111-131頁，36巻第12号（1983年）92-113頁，第37巻第1号（1984年）62-82頁。

第3部　人間の安全保障・平和構築

日の交番制度の基礎となっているのは，1969年に定められた「地域警察運営規則」（国家公安委員会規則第5号）である。同規則第2条第2項は次のように規定する。

　　第二条（任務）
　　2. 前項の任務を遂行するに当たっては，地域警察官は，地域を担当する自覚と責任を持って，市民に対する積極的な奉仕を行い，市民との良好な関係を保持するとともに，管内の実態を的確に掌握するよう努めなければならない。（下線，筆者）

すなわち，同規則は，地域における警察の役割は市民の要望に応えることであり（第2条第1項），それは受け身ではなく「積極的な奉仕」であると明記する。これは「市民警察」としてのあり方を如実に表したものであり，重要なことは，それが単なる規定にとどまらず，その後，制度として体現されていったことである。また，現在の110番通報制度は，すでに1948年から運用が開始されていたが，巡回をおこなうためのパトカーが配備されたのが1950年である。派出所・駐在所を拠点として巡回連絡を行い，事件・事故に即応する外勤警察の体制はこうして確立していった。なお，後述の通り，日本の地域警察制度は現在，国によっては「KOBAN」というそのままの名称で「輸出」されるまでになっている。

　第5に，国際化への対応である。戦後，来日外国人が増加し，それに伴い外国人による犯罪も増加した。それは経済安定期以降に顕著であり，来日外国人による一般刑法犯（認知件数）は，1980年には867人であった。しかし，2000年には22,947件になり，20年間で約26倍に増加した[42]。また，日本人による外国での保険金目的殺人事件や（1981年の「ロス疑惑」など），銃器や覚せい剤の密輸入事件など，海外にまたがる事件も増加した。一方で，諸外国から日本の警察制度の研究や技術移転などの支援要請が来るようになったのも大きな変化である。

　警察による国際化対応については次の2点に大別できる[43]。すなわち，外国

---

[41]　ベイリー『ニッポンの警察』2頁。
[42]　法務省法務総合研究所編『犯罪白書』平成25年版，日経印刷。なお，「来日外国人」とは，日本にいる外国人のうち，特別永住者，永住者，在日米軍関係者および在留資格不明者を除いた者。
[43]　西川徹矢「警察と国際協力」河上ほか編『講座　日本の警察』第1巻，617-661頁。

警察機関と犯罪捜査の協力をおこなう「国際犯罪捜査協力」と，おもに開発途上国に対する「警察行政における国際協力」である。前者については，1975年に警察庁に国際刑事課を設置し，また1980年には「国際捜査共助法」（昭和55年法律第69号）を制定するなど，必要な体制を整えてきた。また，国際捜査官の体系的な養成を図るための施設として，1980年に国際捜査研修所を設立している[44]。

後者の日本警察による国際協力は，1960年代に薬物関係の研修コースを実施したことを端緒とする。以降，インドネシア，フィリピン，タイなど多数の国へ支援をおこなっている[45]。協力分野は，たとえば，交通規制といった交通警察分野，捜査技術や鑑識などの刑事警察分野，行政管理や術科指導などの警務警察分野，交番制度など多岐にわたる[46]。

最近の例では，2014年6月にブラジルで開催されたサッカー・ワールドカップに先立ち，日本がブラジルへKOBAN支援を再開することが新聞各社で報じられた[47]。治安の悪化と警察の抑圧化という悪循環に陥っていた同国サンパウロ州警察が苦心したのも，市民との関係をいかに構築するかであった。貧困地域をかかえる同州が採用したのは，交番のとなりに図書館を併設するという案であった。貧困地域には近くに図書館がなく，まず，子どもたちが「交番併設の図書館」に遊びにくるようになり，次第に住民との関係構築がなされていった。交番制度の導入後，同州では殺人事件発生率（10万人あたり）が目に見えて低下し，1999年の35.27％から2010年には10.47％に減少した[48]。こ

---

[44] 警察大学校の附置機関として設置。なお1996年に名称が「国際警察センター」に改められ現在に至っている。詳細は，同研修所ウェブサイトを参照。警察大学校，https://www.npa.go.jp/keidai/keidai.files/kokusai.html

[45] 国際協力は，国際協力機構が，おもに技術協力・無償資金協力の枠内で実施している。また警察庁は，日本警察による国際協力の体系的な基本方針をはじめて総合的に示したものとして2005年に「国際協力推進要綱」を制定している。

[46] そのほか，国際緊急援助隊への協力，また，1992年「国際連合平和維持協力等に対する協力に関する法律」の成立以降は，国連カンボジア暫定統治機構（UNTAC）など国連PKOの文民警察部門への協力も実施している。

[47] たとえば，『読売新聞』2014年5月15日。ブラジルでは1997年サンパウロ州警察が日本の交番制度の採用を決定し，それを受けて2000年から警察庁は日本の警察官を派遣し，現地の警察官の指導を開始した。

[48] プロジェクトの詳細は次を参照。国際協力機構，「ブラジルの治安を守るKOBANの挑戦」，http://www.jica.go.jp/topics/news/2014/20140421_01.html

れは先述した日本の「地域警察運営規則」第2条に体現されている地域警察のあり方をまさに実践したものである。こうした他国での成功例は，日本警察の方法論が正しいことのひとつの証左となっている。

5　転換期（2000年－現在）——警察批判と「警察改革要綱」

2000年3月9日，「警察刷新会議」が立ち上げられた。これは警察制度を抜本的に見直すためのもので，その後，「警察改革要綱」がまとめられ，さらに警察法自体も数次の改定をみた。それは戦後に築かれた警察制度の骨子の一部が形骸化し，機能不全に陥っていたことを意味する。警察制度にとっては，ひとつの転機をもたらす一種の「事件」でもあった。以下では，なぜ，刷新会議が立ち上げられたのか，そして，それはどのような改革をもたらしたのか，をみていく。

きっかけとなったのは，2000年前後に次々と明らかになった神奈川県警察の一連の不祥事である[49]。とくに同県警の「覚醒剤使用警官隠蔽事件」では，警察官自身の覚せい剤使用が発覚した際に，同県警の本部長らにより隠ぺい・証拠隠滅が図られていた[50]。事件の大概はこうである。

1996年12月13日，神奈川県警の警部補（当時33歳，以下A）が，同年3月ごろから親密な関係にあったホステスの女性（当時25歳，以下B）とともに，早朝未明に所属先である同県警警備部外事課に現れた。Aの言動が意味不明だったため覚せい剤の使用が疑われ，同日午後に事情聴取の結果，AがBと不倫関係にあり，覚せい剤の使用と所持を疑わせる供述をした。それに対し，警察本部長は監察官室長らに対して，本件を事件化せず，Aを諭旨免職（いわゆる自己都合退職扱い）にする旨の指示をおこなった。結果，県警は17日付けでAを不倫を理由とする諭旨免職処分とした。また，Aの所持していた覚せい剤と注射器は14日に証拠品として押収されていたが，監察官の指示のもとでこ

---

[49]　本稿で紹介している事件のほかにも，厚木警察署集団警ら隊の内部リンチ事件（厚木事件），相模原南警察署刑事課の巡査長が押収品のネガフィルムを持ち出し，被害女性に交際を強要した事件（相模原南事件）など，神奈川県警ではさまざまな隠ぺい疑惑，不祥事が発生した。一連の不祥事の経緯とその後の改革については次に詳しい。吉村博人『警察改革——治安再生に向けて〔第3版〕』（立花書房，2009年）。

[50]　「覚醒剤使用警官隠蔽事件」については，次の書籍に記録がまとめられている。警察見張番『検察調書があかす警察の犯罪』（明石書店，2003年）。

れらは破棄され，証拠隠滅が図られた。さらに監察官の指示により，尿検査の結果が陰性反応になってからAは薬物対策課に引き渡された。事情を知らない同課員によって捜査が行われたが，証拠がないため立件ができず，事件送致はされなかった。

この事件は，その後，マスコミによって報道がされたが，当初，神奈川県警は，不祥事に関わる一連の事実を認めようとしなかった。しかし，1999年11月4日，刑事部特別捜査班は，AとBを覚せい剤使用容疑で逮捕した。また同月14日，当時の県警幹部ら9人が書類送検され，12月10日，当時の警察本部長を含む5名が起訴された。

この事案では，警察の抱える次のような問題点が露呈した。まず，いわゆるキャリア組と呼ばれる国家公務員Ⅰ種採用の幹部職員が隠ぺいに直接関わっていたこと，さらに，本来は，牽制機能を果たすべき監察官自身までもがそこに関与していたことである。それらの点において，この事件は過去に例をみないものであった。また，一連の不祥事では，都道府県公安委員会に報告がなされないまま処分がなされており，公安委員会は一連の事案から蚊帳の外におかれていた。以上のように，この事件により，警察の自浄作用が機能せず，さらには警察制度の主眼のひとつであったはずの公安委員会という監督機能も形骸化していたことが明らかになったのである。

それに対して立ち上げられたのが，冒頭の「警察刷新会議」であった[51]。各界の有識者からなる同会議は，2000年7月，「警察刷新に関する緊急提言」をまとめた。それを受けて警察庁は，翌8月に「警察改革要綱」を制定した。その内容は次表のとおりである。

また，同要綱を受けて2000年12月，警察法が改正された。たとえば，市民による苦情申請制度の導入，市民との対話を促進するための警察署協議会の設置，監察機能の強化などである。さらに国家公安委員会の事務項目に警察政策の評価が追加された。これらの施策の推進状況は定期的に公表され，国民の評価を仰ぐ努力がなされている[52]。

---

[51] 「覚醒剤使用警官隠蔽事件」などを受けて，監察の強化を図るため，2000年2月，改正警察法案が第147回通常国会に提出された（同年6月，衆議院の解散で廃案）。しかし，同時期に今度は新潟県で不祥事が発生し（雪見酒事件），より抜本的な改革が求められることとなったため，警察庁や国家公安委員会とは別の第三者組織が作られた。

[52] 評価書は警察庁ウェブサイトで公表されている。警察庁，http://www.npa.go.jp

図表10　2000年の「警察改革要綱」の要旨

1. 警察行政の透明性の確保と自浄機能の強化	2. 「国民のための警察」の確立	3. 新たな時代の要請にこたえる警察の構築	4. 警察活動を支える人的基盤の強化
(1) 情報公開の推進 (2) 警察職員の職務執行に対する苦情の適切な処理 (3) 警察における厳正な監察の実施 (4) 公安委員会の管理機能の充実と活性化	(1) 国民の要望・意見の把握と誠実な対応 (2) 国民の身近な不安を解消するための警察活動の強化 (3) 被害者対策の推進 (4) 実績評価の見直し	(1) 暴力団犯罪その他の組織犯罪との対決 (2) サイバー犯罪等ハイテク犯罪対策の抜本的な強化 (3) 広域犯罪への的確な対応 (4) 安全かつ快適な交通の確保	(1) 精強な執行力の確保と一人一人の資質の向上 (2) 業務の合理化と地方警察の計画的増員 (3) 活力を産む組織運営

（出典）国家公安委員会警察庁『警察白書』平成16年版（大蔵省印刷局，2004年）をもとに筆者加工

　なお，公安委員会制度については，刷新会議でも大きな論点となった。結論として，制度自体はそのまま維持されることになり，その管理機能を高めるべきとされた。それを受けて「警察改革要綱」では，公安委員会の「管理」概念が明確化された。すなわち，委員会は警察行政の大綱方針を定め，その運営の監督をおこなうこととされた。ただし，政治的中立の確保といった公安委員会の趣旨に鑑みて，警察事務の細かな個々の指揮監督までは想定していないものとされた。

　以上の通り，一連の不祥事を契機として刷新会議が立ち上げられ，警察制度の抜本的な改革が行われた。その過程において，公安委員会制度もその機能の見直しがおこなわれたが，制度の根幹部分は維持されることとなった。

　なお，2000年の改革で示された方向性をもとに，その後も諸施策が打ち出されている。たとえば，2003年の「緊急治安対策プログラム」，2006年の「治安再生に向けた7つの重点」などであり，改革は現在も進行中である[53]。

---

[53] 各政策については，警察庁ウェブサイトの政策に関するページを参照。警察庁，http://www.npa.go.jp/seisaku/index.htm

V 分析結果

1 改革の成功要因

　前節の事例研究を踏まえて，ここでは先に示した研究の問いを改めて検討する。すなわち，第1に，日本の警察改革が成功した要因はなにか，それは一般的な成功要因と異なるのか，第2に，戦後に「上から」導入された警察制度が，なぜ定着したのか，である。

　最初の問いについては，先に示したコッターとバルジャクタリらの枠組みを援用し，これらで明確化されている一般的な要因を満たしているかを検証する。

　まず，理念，戦略，目標など「制度の目的」に関わるものである。戦後の日本警察の理念は明白である。すなわち，戦前の国家警察を脱却し，市民のための警察，市民警察を実現することである。一連の不祥事を受けて，2000年8月の「警察改革要綱」は，「国民のための警察」の確立を提唱した。とはいえ，これは新たな概念により方向転換を図るものではなく，むしろ市民警察としてのあり方を再確認するものである。したがって，戦後の日本の警察は，一貫して市民警察を目指してきたといえる。

　次に，監督，連携，協力，人員，装備，予算など，「制度の設計と運営能力」に関わるものである。制度の設計面では，公安委員会という監督制度により，警察の民主的統制と政治的独立を確保してきた。2000年以降の改革でも，この基本的な枠組みは変わっていない。刑事司法制度との連携は，まさにSSRそのものであり，隣接領域の改革も同時並行で進められてきた。この点は，Ⅳ3などでも述べたとおりである。また，人員，装備，予算など運営能力に関しても，制度の変化と共に改革・強化が行われてきた。

　最後に，市民の協力，信頼度，受容度など，「受益者との関係」に関わるものである。これらを担保する仕組みとしては，交番制度に代表される地域警察制度がある。ブラジルのKOBANの例にもあるとおり，市民との関係構築において，すぐれた制度のひとつとして確立しているといえる。

　以上の通り，戦後の改革過程は，既存理論の枠組みで明らかにされている定式化された一般的な成功要因を満たしている，と結論付けることができる。

2 制度の定着要因

第2に、「上から」導入された警察制度が定着した要因を検討する。前節までの議論にもとづいて、日本の警察改革の特徴をまとめると、その要因として、①包括性、②自主性、③柔軟性の3点が抽出できる。

まず、①包括性である。本稿は、あくまで警察改革が主題であるため、本来SSRで扱うべき国軍改革はもとより、その他隣接分野の改革については、基本的に記述は最小限にとどめた。しかし、1954年に警察法と並行して「自衛隊法」が制定されていることなどからも分かる通り、戦後に日本が達成したSSRは、すぐれて「包括的」であったといえる。これは日本においてSSRでいうところの一定の「治安システム」が構築され、警察を含めて制度が相互に所期の目的を達成することができた一因といえよう。また、先述の通り、警察制度を従属変数とする「個別セクター」レベルでも一定の包括性が満たされている。したがって、2つのレベルで「包括的」であったといえよう。

次に、②自主性である。日本の警察改革の事例から、重ねて強調しておきたいのは、やはり自主性の重要性である。日本の場合、当初は「上からの改革」であったかもしれないが、その後、国情に合わせた改革を繰り返してきた。とりわけ1952年に「占領期」を脱して以降、さまざまな変容を遂げてきた点は既述のとおりである。また、そうした制度変容の過程で、交番や指紋制度など日本独自の制度や技術も生みだしてきた点も注目に値する[54]。

最後に、③柔軟性である。警察改革を完遂するには通常5年は必要であるといわれている[55]。日本の場合にもそれは当てはまる。1947年に(旧)警察法が公布されてから、現地の国情に合わせて修正された警察法が成立するまでに7年の月日を要した。その間、旧法にもとづいて分権化された自治体警察は予算面などで事実上破たんし、1954年の警察法の制定時に修正された。

このように予算面の制約などで計画がうまくいかなくなる例はSSRでも枚挙にいとまがない。警察支援においても「計画倒れ」に終わらない制度設計を

---

[54] 本論では触れなかったが、指紋のパターン認識技術や光学的な採取技術は日本が生み出したものであり、その開発過程は興味深い。概要は、以下を参照。国家公安委員会警察庁『警察白書』12年版(大蔵省印刷局、2000年)37頁。

[55] Halvor Hartz, "CIVPOL: The UN Instrument for Police Reform," T. T. Holm & E. B. Eide eds., *Peacebuilding and police reform*, Routledge, 2000, pp. 27-42.

「当初から」構築すべきである。とはいえ，計画当初からすべてを予測することが難しいのも，また事実である。したがって，当初の制度設計は，あくまで計画の「初期ドラフト」のようなものであって，その後の制度構築時に柔軟な対応をとることも重要である。実際，日本の警察改革の場合には，1954年に警察法が制定されてからが，むしろ「改革のはじまり」だったといっても過言ではない。その過程には，一種の独自性を伴う柔軟性があった。この点は，日本の改革過程の独自性とも深くかかわるため，以下で項をあらためて一考を加えてみたい。

3 柔軟な硬直性

一般に，制度は，作るよりも定着させることのほうが難しい。上述の通り，「定着」という意味では，戦後の日本の警察改革は成功例といえるだろう。日本の場合，戦後に「上からの改革」で民主的な市民警察の骨格が形成された。その後，急激な社会変化やあまたの批判に対応して変革を繰り返した。だが，繰り返しつつも1954年の警察法で描かれた制度の骨子は維持してきた。

たとえば，戦後日本の産業政策を分析したドーア（Ronald Dore）は，いみじくも，その特質を「柔軟な硬直性（flexible rigidities）」と表現した[56]。それは日本の警察改革にもあてはまる。

「硬直性」の面に着目すれば，本稿で「創成期」と位置付けた期間において形成された自治体警察制度の基本的枠組みや，政治的中立を確保するための国家公安制度など，制度の土台については変えていない。一方，その後の「発展期」において日本の警察は数多くの制度変更をおこなった。たとえば，都道府県という基本行政単位を超えた広域犯罪への対応，科学技術の進歩に伴う犯罪高度化への対応，交番制度に代表される地域社会と連携した防犯対策などである。これは社会の変化に対応して柔軟に制度を変容させていった「柔軟性」の側面である。

VI おわりに

日本の警察改革は，SSRの成功事例のひとつである。本稿の執筆動機は，

---

[56] Ronald Dore, *Flexible Rigidities: Industrial Policy and Structural Adjustment in the Japanese Economy, 1970-1980*, Athlone Press, 2000.

その点を実証することであった．とくに，警察は日々批判の的である．もちろん批判それ自体は，制度改善の端緒にもなり重要である．しかし警察制度をめぐっては，本来は焦点をあてるべき有益な側面が，そうした数多の批判の陰に隠れて，みえにくくなっているのではないか，と思われた．そこで本稿は，「日本の警察改革はSSRの成功事例である」という一種の仮説を打ち立てて，その検証を試みた．

本論Ⅳでの事例研究を踏まえてⅤで検証したのは次の2つの研究の問いである．第1に，日本の警察改革の過程と，一般的な警察改革の成功要因との対比である．これについては，その改革過程が，既存の分析枠組みから得られた成功要因をおおむね満たしていることを確認した．第2の問いは，戦後に「上から」導入された警察制度が，なぜ定着したのか，である．この問いに対しては，包括性，自主性，柔軟性という3つの側面から定着要因の説明を試みた．とくに3つ目の要素については「柔軟な硬直性」という概念になぞらえて日本の制度改革の特徴を説明した．

なお，付言しておくと，本稿は日本の警察を称賛することが目的ではない．あくまで，その制度面の客観分析を試みたものである．とはいえ，そこに残された研究課題も多い．たとえば，本稿は警察改革そのものに焦点をあてたため，SSRの隣接領域との相互作用の検証は不十分である．一例をあげると，警察改革とガバナンスとの関係は重要なテーマであり，今後の研究課題としたい．また，本稿では基本的に記述統計や定性的な理論枠組みに基づいた実証研究の手法を用いた．相関・因果関係の特定という意味では，推測統計による定量分析も異なる角度から有益な視点を提供するに違いない．

とはいえ，これまでの日本の警察研究では，その改革過程を取り上げたものはあっても，もっぱら記述的推論が主体であった．それに対して本稿は，日本の警察改革をSSRの成功事例のひとつとしてとらえ，その仮説のもとで因果的推論を試みた．その意味では，既存の研究に対して，ひとつの試論を提供することができたのではないかと考えている．

冒頭でも述べたとおり，安全保障研究の諸課題のなかにあってSSRはやや特殊な研究領域である．ここでは，この特殊課題のうち警察改革に焦点を当てた．その推論結果が，SSRというテーマに対して，なんらかの示唆を含むものであったとしたら，本稿はその主目的を果たすことができたといえよう．

16 日本の国際平和協力における全政府アプローチの形成
―― イラク支援を事例に ――

川 口 智 恵

I はじめに

　本稿の関心は、ある国家が国際平和協力を実施する際に採用する「全政府アプローチ（Whole of Government Approach）」にある。国際平和協力とは、ある国家における武力紛争、大規模な人権侵害や人道的危機に対して、その事態の収拾、治安維持、政府機能の改善および人々の安全確保等のために実施される財的、物的、人的支援である。「全政府アプローチ」とは、国家の様々なアクターの諸活動を調整し、国家資源を効果的・効率的に活用するための、行政制度改善を提唱する政策概念である[1]。

　国際平和協力において「全政府アプローチ」の必要性が検討されるようになったのは、紛争後国家における治安の維持や回復、平和構築と開発が同時に行われ、解決すべき問題の複雑性とコストの増大が認識されるようになった90年代後半から2000年代においてである。国際平和協力における日本の顔が見える貢献が模索される中、90年代半ばからは厳しい財政状況の下、政府開発援助（Official Development Aid: ODA）の効率化・合理化が要請されるようになり、国際平和協力における「全政府アプローチ」が提唱されるようになった。例えば、2003年の『新ODA大綱』は、紛争後平和構築を重点分野とし、援

---

(1) 経済協力開発機構（OECD）開発援助委員会（Development Assistance Committee：DAC）の脆弱国家グループ（Fragile State Group：FSG ※現INCAF）は、2001年のガイドライン以降、紛争に影響を受けた脆弱国家に援助する際、諸政策間の一貫性（coherence）を増加させることを認識し、援助国、国際機関や被援助国の間はもちろん、援助国内でこれらの政策に関わる諸アクターが協調的関与（coordinated engagement）を意識することが重要であるとしてきた。OECD, *The DAC Guidelines on Helping Prevent Violent Conflict*, 2001.

助政策の立案および実施体制において関係府省庁間で連携するよう求めた。また，2004年および2010年の『防衛計画の大綱』では，国際的な安全保障環境の維持のため，国際平和協力を外交と一体のものとして積極的に行う方針を示している。以来，外務省や国際協力機構（Japan International Cooperation Agency: JICA）は政府内だけでなくNGO（Non-governmental organization）や民間企業等との連携にも取り組み，防衛省・自衛隊も国連平和維持活動や緊急人道支援の現場において他省庁やNGOと連携するなど，日本は「全政府アプローチ」＋αの連携実績を積み重ねてきたといえよう[2]。

これらの実績の中から本稿では，2004年1月から2006年7月末におけるイラク・サマーワへの陸上自衛隊派遣を契機とした日本のイラク支援を事例として取り上げる。なぜならば，自衛隊と外務省の活動が「車の両輪」として相互補完的に機能したといわれるイラク支援は，その後の日本の国際平和協力における「全政府アプローチ」の雛型となっているからである。なぜ，どのようにして「全政府アプローチ」が形成されたのかを明らかにすることには，分析的意義だけではなく，今後の日本の国際平和協力における「全政府アプローチ」を考える政策的意義があろう。

本稿では，まずⅡで，「全政府アプローチ」という概念について整理し，分析に必要な要素を提示する。次にⅢで，日本のイラク支援とこれに関わるアクターと協力スキームについて整理する。その後Ⅳで，イラク支援時に存在した3つの調整ネットワークから全政府アプローチの形態を確認する。Ⅴでは，なぜ3つの調整ネットワークが形成されたのかについて考察する。そしてⅥでは，Ⅱで提示した要素に従って分析する。最後に，日本の国際平和協力における「全政府アプローチ」について弱干の検討を加える。

Ⅱ 国際平和協力における「全政府アプローチ」

1 国際平和協力における「全政府アプローチ」とは何か

「全政府アプローチ」とは，公共政策における「厄介な問題（wicked issue）」に対応するために，国内の政府アクター間の協働（joined-up working）または

---

[2] 日本の国際平和協力における「全政府アプローチ」の経験については以下に詳しい。山本慎一，川口智恵，田中（坂部）有佳子『国際平和活動における包括的アプローチ：日本型協力システムの形成過程』（内外出版，2012年）。

調整（coordination）を提唱する概念である[3]。その背景には，行政組織の割拠主義（sectionalism）は，協働や調整をさまたげ，望ましい結果の導出を阻害しているという認識がある[4]。そのため割拠主義を乗り越えようとする「全政府アプローチ」には，協働や調整のためのネットワーク，時にはそれを超えた統合的な政策や制度デザインを用いることが，アクター間の縄張り争いや活動の重複を回避し，より効果的な目的達成を促進するという含意がある[5]。

経済協力開発機構（Organisation for Economic Co-operation and Development: OECD）開発援助委員会（Development Assistance Committee: DAC）によると，脆弱国家に対する開発援助における「全政府アプローチ」とは，「政府内の異なる組織をまたいだ公式もしくは非公式のネットワーク」を形成することであり，「幅広い介入における計画と実行の調整を行い，政府組織が介入の効果を高めることで望ましい目的を達成する」ことである[6]。調整の対象となるのは，3Dと呼ばれる防衛（Defense），外交（Diplomacy）そして開発（Development）に関わるアクターであり，これらに関係する省庁を中央権力が統合的に調整する「統合調整機能」を持つことが「全政府アプローチ」の到達点とされる。そしてこの「統合調整機能」が，政策立案，実施，そして評価に至る政策プロセスを監督することで，各アクターの行動に整合性（coherence）が担保されるとみなす[7]。つまり「全政府アプローチ」とは，理念的には国際平和協力の諸政策に関わる政府内アクターの行動の調和化（harmonization）を目指そうとす

---

[3] Tom Christensen and Per Lægreid, "The Whole of Government Approach to Public Sector Reform," *Public Administration Review*, Vol. 67, No. 6, 2007, pp. 1060-1061.

[4] ibid.

[5] 以下の事例研究では，理想的には政治的なイニシアチブにもとづき国際平和活動／国際平和協力の運用に関する制度が一元化されることが望ましく，これを促そうとする主張が窺えるものの，異なる政府アクター間には協働や調整を妨げる様々な要因があり，これを促進するためのメカニズムや手段（instrument）としての「全政府アプローチ」は未だ発展途上にあると結論づけている。OECD DAC, *A DAC Reference Document, Whole of Government Approaches to Fragile States*, 2006; Stewart Ptrick and Kaysie Brown, *Greater Than the Sum of Its Parts? Assessing the "Whole of Government" Approaches to Fragile States*, Center for Global Development, 2007.

[6] FSG Work stream on whole of government approaches, Terms of Reference Phase 1 (6. 2 and 6. 3, December 2005).

[7] OECD DAC, *A DAC Reference Document, Whole of Government Approaches to Fragile States*, 2006, p. 18 and p. 22.

第3部　人間の安全保障・平和構築

る政策概念・イニシアチブであり，具体的な制度改善を目指すものである。

2　「全政府アプローチ」を分析する視角

先進諸国が取り組む「全政府アプローチ」の現状を考察したものに，OECD・DACによる2005年参考文書およびパトリック（Stewart Ptrick）とブラウン（Kaysie Brown）による研究がある[8]。他にも，イギリス，カナダ，オーストラリアといった「全政府アプローチ」先進国の個別研究や[9]，アフガニスタンとイラクにおける経験から「全政府アプローチ」の必要性を提起するアメリカ政策研究がある[10]。これらとは別に，多国間取極またはある国家の行政制度改善の事例として「全政府アプローチ」のレジームとしての役割に着目した分析がある[11]。

これらの研究の関心事項は，割拠主義によって断絶された政府構造を補完する「調整」とは何かを解明することにある[12]。ここで想定される「調整」とは，活動の重複を防止したり，不足を補足したりする機能を持つが「公式・非公式なネットワーク」において行われるものであり，必ずしも固定的な制度や組織ではない。ネットワークを形成するのは，基本的に3D分野の政府アクターである[13]。ネットワークは，政策立案に関わる政策レベル，そしてその下位に位置づけられる政策履行レベルがあり，それぞれのレベルのネットワークにおいて水平的に実施される「調整」と，2つのレベル間を垂直的に結ぶ「調整」の

---

[8]　ibid; Stewart Ptrick and Kaysie Brown, *Greater Than the Sum of Its Parts? Assessing the "Whole of Government" Approaches to Fragile States*, Center for Global Development, 2007.

[9]　Tom Ling, "Delivering Joined-Up Government in The UK, Dimensions, Issues and Problems," *Public Administration*, Vol. 80, No. 40, 2002, pp. 615-642.

[10]　Lew Irwin, "Filling irregular warfare's interagency gaps," *Parameters*, 2009, Vol. 39 No. 3, pp. 65-80; Henrietta Holsman Fore, "Aligning "soft" with "hard" power." *Parameters*, Vol. 38, No. 2, 2008, pp. 14-24.

[11]　Christensen and Lægreid, 2007; Ashley E. Jochim and Peter J. May, "Beyond Subsystems: Policy Regimes and Governance," *The Policy Studies Journal*, Vol. 38, No. 2, 2010, pp. 303-327; Perri 6, "Joined-up Government in the Western World in Comparative Perspective: A Preliminary Literature Review and Exploration," *Journal of Public Administration Research and Theory*, Vol. 14, No. 1, 2004, pp. 103-138.

[12]　Ashley E. Jochim and Peter J. May, "Beyond Subsystems: Policy Regimes and Governance," *The Policy Studies Journal*, 2010, pp. 303-304.

[13]　Christensen and Lægreid, 2007, p. 1060.

3つが想定できよう。

　先行研究は，この幅広いアクターの「調整」ネットワークこそが全体の整合性を図る「全政府アプローチ」であるとみなして，その構成要素や形成の要因は何かを明らかにすることで，それぞれの「全政府アプローチ」を評価してきた。なぜならば，政策概念としての「全政府アプローチ」は，理念的には政府内アクターの割拠主義が調和化された統合的制度の確立を目指しているものの，現実には「全政府アプローチ」を掲げてきた援助先進国でさえ，統合的な戦略ビジョンや組織を整備できている訳ではないからである[14]。そこで，実際には統合的制度に達しないネットワークを「全政府アプローチ」とみなして分析の対象とし，法律や政策指針に基づいて設置された省庁横断的な組織や資源を伴う理念的な「全政府アプローチ」と比較することでこれを評価するという手法を採用してきたのである。先行研究では，このような視点から「全政府アプローチ」がもつ制度的要素を，①統合的戦略ビジョン，②組織横断的な常設組織もしくは人事交流（liaison exchange），③3D共通の財源，④3D共通の事業管理体制の4つから評価してきた。そこで，本稿でもこれらを全政府アプローチの「制度的要素」としてイラク派遣時の日本の全政府アプローチの評価に用いる。

　次の課題は，「全政府アプローチ」がいかなる要因によって形成されたのかを明らかにすることである。具体的には，ある事例の政策立案および実施を通じて，防衛，開発，外交に関わる政府アクターがいかなる要因によって公式・非公式なネットワークを形成したのかということである。

　OECDは7つの援助国（豪・ベルギー・加・仏・蘭・スウェーデン・英）における「全政府アプローチ」を分析し，形成に関わる要因として，①政治的関心，②法的・政治的背景，③アクター間の利害，④アクター間の組織文化の差異，⑤アクターのインセンティブ，⑥実施のための資源の6つを挙げている。OECDの研究は，政策レベルにおける①と②が，政策実施に大きく影響するとみるのに対し，「全政府アプローチ」を「境界横断政策レジーム（Boundary-Spanning Policy Regime）」として眺めるジョチム（Ashley E. Jochim）とメイ（Peter J. May）は，危機による政治的関心の高まりや政治体制による影響は必

---

[14] Patrick and Brown, 2007, pp. 6-8.

ずしも「全政府アプローチ」の創出に不可欠な要素ではないとした。重要なのはむしろ調整過程において③④⑤が変化しアイディアや利益の共有が起こることであり，⑥を含めた制度のデザインであるとする⒂。ここで生じるのは，「全政府アプローチ」の形成要因は，危機や政治的環境変化という外的要因（①②）にあるのか，アクターの行動に影響を与えるアイディアと利益の共有という内的要因（③④⑤）にあるのかという問いである。これらの先行研究をふまえて本稿では，イラク支援における日本の「全政府アプローチ」の形成を外的・内的要因の２つにおいて検討することを試みる。

Ⅲ　日本のイラク支援

1　小泉政権とイラク支援

2003年3月に始まった米英によるイラク攻撃（以下，5月1日の大規模戦闘終結宣言までをイラク戦争と呼ぶ）に対して，日本は，日米同盟と国際協調という２つの看板を掲げて全面的にこれを支持した⒃。対米重視を外交の中心に据えた官邸外交を特徴とする小泉政権は⒄，日本がグローバルな領域において安全保障上の役割を果たすことにより，国内における反軍事的規範や制度的制約を乗り越え，経済規模にふさわしい「普通の国」となる契機とした⒅。そのため，イラクの戦後復興に50億ドルを拠出し，イラク特措法という時限立法を成立させて陸上自衛隊のイラク派遣を決定したのである。

小泉政権の積極的なイラク支援の目的は，表向き以下の３つに整理された。国際社会においてより大きな責任を果たすこと，米国の同盟国として貢献する

⒂　制度化は政策間協力を促進するレジームの帰結と捉えている。Jochim and May, 2010, p. 317.

⒃　小泉総理大臣記者会見（平成15年3月20日），首相官邸ホームページ，http://www.kantei.go.jp/jp/koizumispeech/2003/03/20kaiken.html（2012年4月1日アクセス），信田智人『冷戦後の日本外交：安全保障政策の国内政治過程』（ミネルヴァ書房，2006年）36-38頁。

⒄　信田智人『官邸外交──政治リーダーシップの行方』（朝日新聞社，2004年）。

⒅　Yukiko Miyagi, "Foreign Policy Making Under Koizumi: Norms and Japan's Role in the 2003 Iraq War," *Foreign Policy Analysis*, Vol. 5, 2009, p. 351；ヒューズは「日本はまだルビコン川を渡っていない」とし，あくまでも日本は日米関係を基調として多国間協調をとっていると結論付ける。Christopher W. Hughes, "Japan's Re-emergence as a 'Normal' Military Power," *Adelphi Paper*, Vol. 44, Issue. 368-369, 2004.

こと，そして石油輸入を依存する中東地域の安定に貢献することである[19]。こうした目的が広く国民に共有された背景には，極東アジア領域における戦略的環境の変化，そして米国が唯一の大国となったことが反映されていた。加えて湾岸戦争時に「小切手外交」，「少なすぎ，遅すぎる（too little, too late）」と国際社会に揶揄された苦い経験から，とりわけ日米同盟に資する貢献を示すためには人的協力が不可欠であるとの認識があったといえよう[20]。

2 イラク特措法による人的協力

2002年11月8日安保理決議1441の採択後[21]，12月に入り，戦争終了後の復興を中心とした支援協力を行うための新法を検討する動きが政府・与党内で生じた[22]。2003年3月20日の米英によるイラク攻撃開始を受けて日本政府は安全保障会議および臨時閣議を開催，イラク問題対策本部を設置し，「イラク問題に関する対処方針」を発表した[23]。ここで決定された戦後イラクへの人道復興支援には新法設置の必要性が高く，内閣官房の大森敬治副長官補（当時）を中心として外務省と防衛庁のスタッフが集められ「有事法制室（通称）」の下で法案準備が進められた。外務省では，総合外交政策局安全保障政策課が中心となり，国連政策課，および条約局法規課がこれに対応した。一方，防衛庁は，防衛局の防衛政策課と陸海空各幕の防衛課が対応の中心となった[24]。

イラクに対する人道復興支援が盛り込まれた安保理決議1483（5月22日）

---

[19] 長年アラビストとして中東外交に携わってきた片倉邦雄氏は，その回想録において国際協調の名の下の対米協調，対米追従を批判している。『アラビスト外交官の中東回想録――湾岸危機からイラク戦争まで』（明石書店，2005年）18頁。また，イラク派遣の意思決定過程においては，外務省北米局および総合外交政策局が中心となって米国の要求に応えようとし，中東アフリカ局および国連政策課はこうした米国へのバンドワゴンともいえる行動に懐疑的であったという。Yukiko Miyagi, 2009, p. 354.

[20] 当時の雰囲気を伝えるものとして以下を参照。岡本行夫『砂漠の戦争――イラクを駆け抜けた友，奥克彦へ』（文藝春秋，2004年），飯島勲『小泉官邸秘録』（日本経済新聞社，2006年），読売新聞政治部編『外交を喧嘩にした男：小泉外交2000日の真実』（新潮社，2006年）。

[21] UN Document, S/RES/1441, 8 November 2002.

[22] 森本『イラク戦争と自衛隊派遣』260頁。

[23] 首相官邸ホームページ「イラク問題に関する対処方針」平成15年3月20日閣議決定 <http://www.kantei.go.jp/jp/kikikanri/iraq/030320taisyo.html>（2012年4月1日アクセス）。

[24] 信田『官邸外交』102-103頁。

第3部　人間の安全保障・平和構築

により，5月中旬までに骨格が決まっていた新法[25]の提出機運が高まり，有事関連法案の成立等紆余曲折を経て，7月26日参議院本会議において可決，成立した。8月1日の施行を受けて，内閣官房に防衛庁出身の増田好平内閣審議官（当時）を室長とした「イラク復興支援推進室」が設置され，有事法制室に出向していた防衛庁と外務省の官僚7名がスタッフとなった。同室は内閣府の「イラク復興支援担当室」を兼務し，自衛隊および文民の派遣について基本計画の作成や政府調査団の事務局を担っていた[26]。

一方，3月に入ってフロリダ州タンパにあるアフガニスタン有志連合村に派遣されていた連絡官（自衛官）にはイラク戦争の情報につながるシステムへのアクセスが許可され[27]，3月20日，本庁では長官を中心とした「イラク関連事案等緊急対策本部」が設置された[28]。6月には先崎一陸幕長（当時）の指示により，宗像久男陸幕防衛部長（当時）を長として課長・班長から成るプロジェクト・チームが設置され，約10の課題別の検討グループが派遣を想定した装備や実施事業等について検討を始めていた[29]。対策本部は5月6日に閉鎖されるがプロジェクト・チームの活動は派遣が終了するまで継続された[30]。

3　ODAによる資金協力と外務省の支援体制

2003年10月のイラクの復興支援に係る資金を話し合うイラク復興会議閣僚級会合（マドリード支援国会合）で日本は50億ドル（約5,500億円）の拠出を表明した。2004年から2007年までの4年間について，無償資金協力として15億ドル，有償資金協力として35億ドルが割り振られていた。2005年度の外交青書によると，無償資金の15億ドルは，2国間援助としてイラク暫定政府や

---

[25] 2002年11月中旬の段階で古川内閣官房副長官の指示により，大森官房副長官補や増田好平内閣審議官ら内閣官房の少人数のスタッフによって密かに新法の検討が始められていたという。武蔵勝宏『冷戦後日本のシビリアン・コントロールの研究』（成文堂，2009年）264頁，および読売新聞政治部編『外交を喧嘩にした男：小泉外交2000日の真実』（新潮社，2006年）155頁。

[26] 信田『官邸外交』114頁。

[27] 『朝日新聞』2004年6月2日（朝刊）。

[28] 防衛庁『防衛白書』2003年度版，第4章。

[29] 防衛庁『朝日新聞』2004年6月2日（朝刊），防衛省関係者インタビュー（2011年12月3日）。

[30] 防衛省関係者インタビュー（2011年12月3日）。

地方行政機関等を直接支援するものとして約9億ドル，イラク復興信託基金を通じた多国間援助として，世銀，国連機関，国際金融公社の小規模事業金融ファシリティに約5億ドル，そして信託基金を経ない直接的な国際機関等への投資として約1億ドルの支援を行うとの計画であった[31]。有償資金協力としての円借款供与については2008年まで待たなければならなかったが，これとは別にJICAを通じた技術協力，また2004年のパリ・クラブ合意を踏まえ公的債務の80％（約60億ドル，約7,100億円）の削減救済というこれまでにない資金援助を実施した。

　イラクの劣悪な治安状況により各アクターはイラク外から遠隔的に支援を行わざるを得ず，現地のニーズにそった支援を実施していくことは決して簡単なことではなかった。外務省は，自衛隊のサマーワ展開と同時に現地連絡事務所を立ち上げ，1カ月ごとの交代で，所長，次長，政務，経済協力および通信・官房担当の5名を常駐させる体制をとった。在外では2004年5月6日に再開したバグダッドの日本大使館に加え，ヨルダンおよびクウェートの日本大使館，本省では経済協力局の国別第2課，中東アフリカ局，総合外交政策局などが関わり，省として類を見ないバックアップ体制をとっていく[32]。外務省は，2003年3月20日に政府が対策本部を設置したのと同時に，「イラク緊急対策本部会議」[33]を設置し，戦争の状況や邦人保護に関する対策を行ってきたが，米英軍がバグダッドに入った4月7日には高橋文明イラク復興支援等調整担当大使（当時）を長に「イラク復旧・復興対策タスクフォース」を中東アフリカ局長の下に設け，省内各部局の連携を強化し，復旧・復興支援の統括および調整，そして国内関係省庁や，諸外国，国際機関およびNGOとの連携の中心を担わせる体制を整えていた[34]。また，同月内には後に殺害された奥克彦参

---

[31] 外務省『外交青書』2005年度版，図「日本の対イラク支援の外観」参照 <http://www.mofa.go.jp/mofaj/gaiko/bluebook/2005/html/honmon2602.html>（2012年4月1日アクセス）。

[32] 外務省関係者へのインタビュー（2012年1月23日，29日，4月23日）。

[33] 3月21日から4月22日までの会議の様子については茂木敏充（当時外務副大臣）のホームページ参照のこと <http://www.motegi.gr.jp/topics/topics10.html>（4月28日アクセス）。

[34] ここでは，外務省内の9つの部局，中東アフリカ局，総合外交政策局，軍備管理・化学審議官組織，国際社会協力部，北米局，軍備管理・化学審議官組織，経済協力局，国際情報局，条約局の連絡を円滑にし，全体を強化する目的があった。外務省ホームペー

事官(当時)ら数名を米国の復興人道支援局 (the Office of Reconstruction and Humanitarian Assistance: ORHA) に派遣し，情報収集を中心にアドバイザー的役割を果たさせるなど(35)，かなり初期の段階からイラク現地で戦後復興に向けた取り組みを始めており，イラク派遣の事前調査において，外務省と自衛隊双方は現地で協力するための議論を始めていた(36)。

Ⅳ　イラク支援における3つの調整ネットワーク

1　サマーワ現地における水平的な調整

イラク特措法第1章第2条では，その活動内容を「人道復興支援活動または安全確保支援活動」と定めており，その具体的実施内容を定める基本計画において，陸上自衛隊が行うと想定される人道復興支援活動は，医療(イラク特措法第3条第2項第1号により規定，以下同意)，給水(第3条第2項第5号)，公共施設の復旧整備(第3条第2項第5号) とし，これらを実施する区域の範囲はムサンナ県を中心としたイラク南東部と定められていた(37)。これらを実施するための防衛庁・自衛隊の体制としては，医療，給水，施設活動を実施する部隊から編成される「イラク復興支援群(約500名)」，支援群による活動実施にあたり連絡調整等の業務支援を行う「イラク復興業務支援隊(約100名)」の2つ計約600名であり，支援隊は支援群の指揮下におかれた。また，支援隊の一部はバグダッド，バスラ，クウェート等に連絡官として勤務していた。医療，給水，公共施設の復旧整備自体は，支援群の衛生隊，施設隊，給水隊が行うが，これらをいつどこでどのような形で行うかを調整し，外務省現地連絡事務所をカウンターパートとして案件を形成していく上で重要な役割を果たすようになっていくのは対外調整係であった。対外調整係は支援隊の中に設けられ，防衛庁内部部局部員(1名)および防衛技官(2名)が配置されていた(38)。対外調整係は，3つの柱を利用しながら現地の雇用創出を企画する係として重要

ジ「事務次官会見記録」(平成15年4月7日) <http://www.mofa.go.jp/mofaj/press/kaiken/jikan/j_0304.html#1-A> (2012年4月28日アクセス)。
(35)　『朝日新聞』2004年4月15日(夕刊)，2004年4月18日(夕刊)。
(36)　佐藤正久『イラク自衛隊「戦闘記」』(講談社，2007年) 14-20頁。
(37)　「イラク人道復興支援特措法に基づく対応措置に関する基本計画」3頁，a参照。
(38)　榮村佳之「イラク復興支援における民生協力活動の実践と教訓」『国際安全保障』第38巻第4号 (2011年3月)，39頁。

な役割を占めることとなり，そのための予算請求も行わなければならなかった。そのため，2004年5月頃から陸幕のイラク・プロジェクトに関わる防衛部業務計画班のメンバーより要員が派遣されるようになる[39]。

　外務省の現地連絡事務所は2004年1月19日，自衛隊宿営地の立ち上げとともに宿営地内の「出島」と呼ばれる場所に設置され，主として公募制で集まった5名が1カ月交替制で自衛隊員達と共に，地元の有力者等との関係構築，現地の政治や治安状況の把握といった政務，ODA，特に無償資金協力の実施に関わる経済協力，自衛隊に対する通訳や助言といった側面支援を行っていた[40]。2004年夏頃には次長（政務担当），経済協力担当，広報文化担当（政務副担当）の3名で経済協力関連業務を分担するほどに，これに関する業務が中心になっていたという[41]。こうした状況において，外務省の各公館および本省の各部局は，現地連絡事務所の活動を全面的に支援するため，特に無償資金協力の実施において本来ならば在外公館で行うような業務についても負担し，現地の所長の判断，意見を最大限尊重していたという[42]。

　サマーワでは，毎晩19時から20時頃より調整会議が開かれ，外務省と自衛隊，両者の当日の行動および明日の予定の共有といった情報交換が行われた。出席者は，外務省側職員5名，自衛隊側は業務支援隊の隊長に加え対外調整係の隊員を中心に5から10名程度で，出島の外務省現地連絡事務所に集まり，30分から1時間程度行われた。また，毎週金曜日には，外務省職員と，業務支援隊の要員との間で，2時間程度の調整会議が行われた。そこでは，互いが収集してきた情報の共有に加え，新規案件の形成や既存案件の進展について確

---

[39] 2003年6月防衛庁は先崎一陸幕長（当時）の指示により，宗像久男陸幕防衛部長（当時）を長とした陸幕の課長・班長からなるプロジェクト・チーム（PJ）を設置した。PJは約10の課題別検討グループに分けられ，派遣を想定した装備や実施事業等について検討し，派遣が終了するまで継続された。『朝日新聞』2004年6月2日（朝刊），防衛省関係者へのインタビュー（2011年11月21日，12月3日）。

[40] 小川正二（元駐イラク大使）「イラクの現状と将来」<http://www.kasumigasekikai.or.jp/R2011411e.pdf>（2012年1月10日アクセス），小林弘裕（サマーワ外務省連絡事務所長（当時））「FASID Brawn Bag Lunch報告：サマーワからみたイラク復興支援の現状」2004年12月7日 <http://www.fasid.or.jp/chosa/forum/bbl/pdf/126_r.pdf>（2011年11月11日アクセス）。

[41] 外務省関係者へのインタビュー（2012年1月23日，4月23日）。

[42] 外務省関係者へのインタビュー（2012年4月23日）。当時はイラク，ヨルダン，クウェートの在外公館がサマーワにおける活動を支援していた。

第3部　人間の安全保障・平和構築

認するとともに，今後の方針を定めるための話し合いがなされていたという[43]。

サマーワの自衛隊宿営地に外務省が事務所を設置しているという物理的条件は，当時の治安状況から導き出されたものであったものの，他の自衛隊派遣にはない状況であった。この物理的条件は，両者が密接に情報交換を行う環境を創出していたといえよう。

2　サマーワと本省庁を繋ぐ垂直的な調整

サマーワ現地における密な調整に加えて，サマーワの自衛隊宿営地と東京の市ヶ谷にある防衛庁を衛星回線でつないだテレビ会議による調整が行われた。この会議は，外務省中東アフリカ局の職員が司会をし，防衛庁からは内部部局，統幕会議および陸幕の職員が，外務省からは経済協力局や文化交流部など各課の課長もしくはその代理が出席して，1カ月ないし2カ月に1回程度行われていたという[44]。そもそもこのテレビ会議は，自衛隊の初期派遣部隊がODA案件の進捗状況を確認するために開かれるようになったものであったが，これだけの関係部局を集めた調整会議にはそれ以上の効果が生じていった。テレビ画面を通じてとはいえ，互いの顔を見ながら公電等の正式な伝達手段では伝わりにくいことにも言及する機会があることで，現地と本省・本庁との共通認識や相互理解を深める効果があったのである[45]。このように，サマーワの自衛隊と市ヶ谷の防衛庁，外務省現地連絡事務所と霞が関の外務省本省といった縦割りの垂直的なラインだけでなく，双方の省庁の様々な部局が一堂に会する省庁横断的な調整機能が存在していたことから，「全政府アプローチ」の一端が観察できる。

3　官邸における水平的な調整

さらに，官邸における調整も欠かせない要素であった。2004年1月27日衆議院予算委員会でのサマーワ市評議会解散に関する政府答弁の混乱により，政府内の情報伝達体制のもろさが露呈した。これに対する野党からの追及を受け

---

[43]　外務省関係者へのインタビュー（2012年1月23日，4月23日），防衛省・自衛隊関係者へのインタビュー（2010年4月30日）。
[44]　外務省関係者へのインタビュー（2012年1月23日，4月23日）。
[45]　同上。

た官邸は，2月2日，首相官邸と防衛庁，外務省の間でイラク派遣に関する情報交換を密にする目的で連絡会議を立ち上げた[46]。この会議は，二橋正弘官房副長官（当時）を中心に，外務省からは総合外交政策局長，のちに中東アフリカ局長，防衛庁からは内部部局運用局長および統合幕僚会議第3幕僚室長など，各省庁局長級で構成され，情報収集と調整のために開催された[47]。官邸における現在進行形の国際平和協力についての調整会議に，各省の局長らと共に制服組の出席が要請されたことは注目に値する。この連絡会議とは別に，援助に迅速性をもたせるため，本来は援助実施決定後閣議決定をし，交換公文を締結した後契約入札手続きに入るという手順を踏むところ，閣議において外務大臣が発言すると同時に入札手続きに入り，その後口上書を取り交わして，案件ごとに資金を一括供与するという例外的な措置がとられた[48]。このように官邸での情報収集や援助の迅速化のための調整機能の設置からも，イラク派遣における「全政府アプローチ」の存在が確認された。

4 まとめ

イラク支援では，サマーワ現地，現地と東京の本省庁，そして官邸という3つの調整ネットワークが形成された。現地で毎晩開催された会議，現場と本省庁を繋ぐ省庁横断的なテレビ会議，そして官邸における官房副長官を中心とした局長級連絡会議である。とりわけ，官邸が，現場の動向に強い関心を払い，制服組を含めた局長級会議という形で現場の情報を逐次官邸に入れ，官邸の後押しによって現場での活動に柔軟性や迅速性を持たせるという在り方は，イラク支援の政治性と官邸のリーダーシップを背景に3つの調整ネットワークの形成につながったと考えられる。

---

[46] 『朝日新聞』2004年2月3日 <http://www2.asahi.com/special/jieitai/TKY200402030101.html>（2012年4月11日アクセス）。
[47] 『東京新聞』2008年12月12日 <http://www.tokyo-np.co.jp/hold/2008/bunmin/list/CK2008121202000113.html>（2012年4月11日アクセス）。
[48] 会計検査院「会計検査院法第30条の3の規定に基づく報告書：我が国政府開発援助における無償資金協力及び技術協力において被援助国が実施する施設の建設や資機材の調達等の契約に関する会計検査の結果について」平成19年10月，46頁。

第 3 部　人間の安全保障・平和構築

V　調整による摩擦の解消——アクター間の差異と目的の共有

　イラク支援ではなぜ，前述のような調整機能が形成されたのであろうか。利害の異なるアクター間の相互作用が調整や協働へと向かうには，資源や個々の目的の違いを認識し，互いの利害を調整するプロセスにおいて一つの目的を共有することが必要となる。ここでは，特に外務省現地連絡事務所と陸上自衛隊の派遣部隊の資源と目的の差異に着目し，こうした差異を超えて共通の目的が生じた経緯を整理する。

　外務省の現地連絡事務所は自衛隊宿営地の敷地内に設置されていたが，安全上の理由から外出時には自衛隊もしくは外務省が雇用した民間警備会社（Private Security Company）を利用せざるをえず，活動の自由は制限されていた。一方，自衛隊にも行動の制限はあったが，外務省に比べると比較的自由に外出が可能で（時期による），現地のニーズを収集しやすい環境にあった。加えて，実動に割ける人員の規模という観点から考えると，外務省が5名という少数で事務所を構えている一方で，自衛隊は専門技術を携えた実動部隊を持ち，組織的な活動によって支援を提供できる態勢にあった。外務省が自由に外出できたとしても動員できる人数には圧倒的な差があった。復興支援の専門性という側面からみると，外務省は派遣する5名にはなるべく経済協力の経験がある職員を含める方針をとっていたが，自衛隊はこれを自ら企画・実施した経験はほとんどなかった。また，活動資金という面になると，外務省には潤沢なODA資金が在り，イラク特措法で定められた3本柱以外にも援助が可能であったが，自衛隊はイラク特措法の3本柱が基本で活動の範囲が狭く，ODAのような資金はほとんどなかった。このようにそれぞれが持つ資源には全く異なる特徴があった。

　次に，目的という点から考えてみる。防衛庁・自衛隊は，隊員の安全確保を何よりも重視していた。命の大切さという道義的な理由以上に，「弾を撃つ」ことが日本国内で撤退の議論を巻き起こせば，日本のイラク支援，ひいては対米支援を脅かすことにつながりかねないからである。こうした意味合いから，安全の基盤である現地の受け入れ感情醸成のために，地元からの雇用期待に応えるプロジェクトの迅速な実施に自衛隊は重きを置くようになった。一方，外務省は，外交的意味合いにおける自衛隊の活動の成功と同時に，イラク

と日本の将来的な二国間関係を見据えた持続的かつ効果的な援助の実施を重視していた。そのため，ODAプロジェクトの案件化において，派遣期間における安全を重視する自衛隊と長期的な二国間外交を念頭におく外務省との間には，ODA実施に対する基本的な考え方の相違があった。しかし，イラク特措法で規定された活動のみを実施していても自衛隊の安全確保は難しく，外交上の目的からも自衛隊の安全確保のためのODAの活用が必要であると認識されるにつれ，外務省現地連絡事務所は，事務補助的な役割から，ODAの案件化を最前線で最大限運用する拠点へと役割の重点を移行させた[49]。その過程で，両者は「同じ釜の飯を食い」，共に汗を流し，日々の調整を行うことで，互いの資源や目的に対する認識を深めていき，イラク特措法およびODAプロジェクトの実施にあたっては「サマーワの長期的復興」に支援の焦点を定めることが，双方の利益に叶うとの認識を深めていったといえよう。また，こうした現地の認識はテレビ会議を通じて本省庁の様々な部署にも共有されていき，現場を支援する体制の強化につながっていったと考えられる。

　個別具体的な案件化のための調整には，摩擦の可能性が含まれていた。組織力がある自衛隊が多くのニーズを拾い集めてきても，部隊のキャパシティには当然限界があり，すべてを実現することは不可能である。そもそも，自衛隊が独自に現地支援のための復興プロジェクトを案件化することはイラク特措法の想定外であり，当然そのための資金も予定されていなかった。自衛隊にとっては，収集したニーズに迅速かつ効果的に応え，現地の人々に自衛隊の存在意義を認識してもらうことが重要であったが，これには外務省ODAの資金力，専門性と経験が必要であった。

　もちろん，外務省側はこうした自衛隊の事情を理解していたが[50]，自衛隊が

---

[49] 派遣当初外務省現地連絡事務所は，PKOへの自衛隊派遣の折に設置される「現地連絡調整事務所」のような事務補助的役割を果たすものと認識されていたという。外務省関係者へのインタビュー（2012年1月23日）。

[50] 無償資金協力課によるイラク支援に対する質問への回答㈡「我が国の対イラク支援を考える上で，サマーワに派遣されている我が国自衛隊の存在は重要な位置を占めている。外務省としては防衛庁・自衛隊と緊密な協力関係を築いて対イラク支援をオールジャパンとして推進する考えである。大切なのは，「日本がイラクに来てよかった」とムサンナ県の住民に思ってもらえるような支援を我が国が実現できるということである。もちろん，自衛隊の存在をもって，我が国ODAの決まりを変えることは出来ないが，自衛隊が発掘する現地のニーズについては積極的に対応したいと考えている。」外

第3部 人間の安全保障・平和構築

収集してきたすべてのニーズを無差別に案件化することはできない。おりしも外務省の援助の在り方については世論の厳しい目が向けられていたこともあり，潤沢な資金がプレッジされていても，その執行にはODAのプロとして厳しく実行可能性を見極め，案件を選定する必要があった。日本外交として失敗できないという省全体の空気，現地からの雇用創出に対する高い期待，自衛隊の安全確保のための要請を感じながらの案件形成は，ODAの理念，人間の安全保障という原則，草の根無償の趣旨，現地の企業や資源で実施可能であるかどうかという実行可能性，政治的問題を生む案件でないかどうかに関わる公平性，また，将来サマーワの人々自身によって実施可能な事案かという持続可能性など，時々の政治的文脈や現地情勢を鑑みつつ難しい舵取りをせまられるものであった(51)。自衛隊もこれには理解を示していたが(52)，ODAのプロジェクト・サイクルに初めて接し，特に派遣当初，執行まで時間がかかることに対する不満もあったという。テレビ会議発足の理由の1つには，ODA執行までの過程を自衛隊側に可視化する意味合いもあった。当然，調整の結果ODAプロジェクトとして案件化されたものには，自衛隊が収集したニーズがすべて反映されたわけではなく，ODAとしては案件化できなかったニーズもあった。しかし，両者は密接な調整を重ねることで，個々の利益よりも日本全体としての支援効果が創出されることを重視するようになった。つまり，密接な情報共有による共通の目的の形成が，両者の摩擦の可能性を上手くコントロールしたのである(53)。

務省『無償資金協力実施適正会議議事録』平成16年度第1回会合（平成16年4月開催）http://www.mofa.go.jp/mofaj/gaiko/oda/kaikaku/ugoki/sochi/3_komoku/3_11kai.html（2012年4月30日アクセス）。

(51) 「イラク支援においては，イラク国民のニーズに迅速に応えるべく「柔軟性・スピード」が重要であるとともに，予算の規模も大きいこともありイラク支援に対する評価が日本のODA全体の評価に直結することから「透明性・公平性」が確保されることが重要である」外務省『無償資金協力実施適正会議議事録』平成15年度第7回会合（平成16年2月開催）http://www.mofa.go.jp/mofaj/gaiko/oda/kaikaku/ugoki/sochi/3_komoku/3_9kai.html（2012年4月30日アクセス），外務省関係者インタビュー（2012年1月29日）。

(52) 防衛省関係者インタビュー（2011年11月21日）。

(53) 榮村「イラク復興支援における民生協力活動の実践と教訓」，佐藤『イラク自衛隊「戦闘記」』，Ebata Yasuyuki, *For Smiles in Smawah: Humanitarian Assistance Based on Dialogue and Understanding*, <http://www.kiyoshikurokawa.com/jp/files/ebata_2_.

VI 分　析

1　制度的要素

　以上でみたイラク支援の事例における「全政府アプローチ」は，Ⅱの2で述べた4つの「制度的要素」からどのように評価することができるだろうか。まず，イラク支援にあたっては，「全政府アプローチ」を行動指針として，外務省と防衛省・自衛隊が一体となってイラク支援に取組むための「統合的戦略ビジョン」といったものはなかった。当時，小泉首相は，官邸での調整会議の設置など組織横断的な調整を行う方針を示していたといえる。ただし，これは，イラク支援のための戦略的ビジョンとはいえない。内閣官房長官の下に設置されたイラク復興支援推進室およびイラク復興支援担当室のスタッフを，外務省および防衛庁からの出向スタッフで編成したり，事前調査団派遣に際してCPA派遣のアドバイザーと派遣された自衛官が具体的な協力について検討していたことは，その時々の省庁間調整であり，あらかじめ示された戦略的ビジョンに基づくものではなかった。

　次に，「組織的側面」から検討する。イラク復興支援推進室やイラク復興支援担当室は，イラク支援全体を統合的に管理・運用する司令塔的組織ではなく，どちらかというと官邸，外務省，防衛庁の省庁間調整機能を果たしており，実施過程における活動の整合性を総合調整する組織ではなかった。外務省では中東アフリカ局が，防衛省では防衛政策課および陸幕防衛部が現地の活動をフォローしていたが，テレビ会議や官邸での調整会議よりも，現地における調整会議が省庁間調整の実質的な場であった。これらの調整機能はイラク支援開始以前にあらかじめの設定されたものではなかった。また両者はあくまでも自律的に行動しており，3つ目の3D共通の財源はなかった。そのため，イラク支援では「全政府アプローチ」の理念型である統合的な制度が確立していたとはいえない。4つ目に3D事業管理体制とは，プロジェクト実施を中心とした案件化から実施評価に至るサイクルを3Dで協働しながら実施するということであ

---

doc.pdf＞（2012年4月1日アクセス），Keishi Ono, "Japan Self-Defense Forces and their Reconstruction Support Operations in Iraq," *Liaison online*, Vol. IV, Issue. 1, (July 2008). <http://coe-dmha.org/Publications/Liaison/Vol_4No_1/Dept06.htm>（2012年4月1日アクセス）。

るが，ODA プロジェクトの案件化や選別は外務省が行い，事業実施に伴う現地業者への公示や選別，施工管理は自衛隊が行うといった事業管理体制は，統合的な 3D 事業の管理体制ではなく調整にとどまるものであったといえる。

2 形成要因

日本のイラク支援には，政府の対米協力重視の方針，湾岸戦争時の人的協力不足への批判に対する反省が強く反映されており，当時，戦後イラクの復興支援で貢献し，国際社会から評価を受けることは大きな政治・外交的意味合いがあった。すなわち，イラク支援における 3 つの連絡調整ネットワークの形成にはこうした外的要因が反映されていると考えるのは妥当であろう。

本事例の分析対象であった外務省および防衛省・自衛隊の間では，アイディアと目的の共有による行動のすり合わせが観察された。外務省には湾岸のトラウマがあり，日本のイラク支援成功へのインセンティブが強かったこと，そして日本のイラク支援は自衛隊派遣に象徴されていたことから，その安全確保は極めて重要であった。他方，自衛隊は政治的配慮だけでなく軍隊の組織文化からも，隊員を安全に帰還させることを重視していた。安全の基盤となる現地の受け入れ感情はイラク特措法の活動からだけでは得られず，ODA プロジェクトを自衛隊の活動と連動させる必要があった。これらが強く意識された時，国内外に日本のイラク支援を印象づけるための ODA と自衛隊の一体化が重要性を増し，その手段として互いの資源を相互補完的に利用するようになった。ここでは，割拠主義よりも調整による活動の効果が優先されたのである。つまり，各組織の内的変化が「全政府アプローチ」の形成に寄与したといえよう。

注目すべきなのは，「日本としての国際平和協力」に効果を持たせるために，自衛隊の安全確保という消極的目的だけでなく，サマーワの長期的復興という積極的な目的が共有されたことである。その結果，自衛隊と外務省の双方は，案件の持続可能性を念頭にプロジェクトを計画立案するようになり，結果，現地が抱える問題の根本的解決や能力構築支援が重視されるようになった。安全確保と長期的復興への寄与という 2 つの目的達成のために，ODA による資金協力と自衛隊による人的協力という日本の資源が有機的に組み合わされて日本としての支援が一定の評価を得たことは，「全政府アプローチ」の有用性を示すイラク支援の成果である。

以上でみてきたように，イラク支援は日本の国際平和協力における「全政府アプローチ」の萌芽的事例ではあった。しかし，これはあらかじめ「制度化」されたものではなく，理念的な「全政府アプローチ」とは異なる形態をもっていた。

Ⅶ　お わ り に

本章では，まず国際平和協力における「全政府アプローチ」について既存の研究を下に整理した。そこで「全政府アプローチ」の分析に必要な要素として，「制度的要素」および「形成要因」の2つを導き出した。次に日本のイラク支援における各種政策の実施とこれに関わるアクターを整理した。そして特にサマーワにおける陸上自衛隊と外務省ODAの活動を中心に，これを支える本省庁や官邸における調整のシステム化と目的の共有に着目した分析を行った。最後に，「全政府アプローチ」としてのイラク支援を「制度的要素」と「形成要因」を念頭に分析したところ，イラク支援における「全政府アプローチ」は，制度化されたものではなかったが，制度的要素の一部がアドホックに形成された事例であることを明らかにした。そしてイラク支援における「全政府アプローチ」形成の要因は，イラク戦争という特殊な政治的・外交的状況による外的要因と，外務省と自衛隊という2つのアクターにおける目的の共有という内的要因にあると結論付けた。

2013年12月の『国家安全保障戦略』は，国際協調主義に基づく積極的平和主義を実現する手段として「全政府アプローチ」に言及している。2014年中に閣議決定予定のODAに関する大綱は『開発協力大綱』と名称を改め，より幅広いODAの活用を認め，関係アクター間の連携を促す予定である。イラク支援後，ハイチや南スーダンにおける自衛隊派遣期間における他省庁およびNGO等との連携をみても，日本の国際平和協力における「全政府アプローチ」は，ボトムアップにおける実践の積み重ねによってアドホックに形成される傾向にあった。新たな戦略的ビジョンの下で，日本の「全政府アプローチ」はシステム化されるのであろうか。本研究で示した理念型との差異や形成要因に注目して，観察を続けていくこととしたい。

第4部
人権と安全保障

17 外国人の出入国と家族の保護
——権限ある当局が考慮するべき事項に関する若干の検討——

村 上 正 直

I はじめに

　本稿は，外国人の出入国の分野における家族の保護の問題を，入国拒否や追放の決定を行う際にどのような事項が考慮され，評価されるべきなのかという点に焦点をおいて，主として欧州人権裁判所（以下「裁判所」ということがある）及び「市民的及び政治的権利に関する国際規約」（以下「自由権規約」又は「規約」という）の履行監視機関である人権委員会（以下「規約人権委員会」又は「委員会」という）のいくつかの事案を素材として検討しようとするものである。はじめに，この点を敷衍しつつ，本稿における検討の概要と論述の順序を明らかにしておきたい。

　本稿は，第1に，出入国管理行政を対象とする。国際法上，外国人の出入国管理は国内管轄事項であるとされ，国家に広範な裁量が認められてきた。しかし，人権条約は，特定の場合に国家の裁量を限定する明文規定をおいている[1]。また，人権条約の履行監視機関は，より一般的な規定の解釈に基づいて国家の裁量権を限定しようとしている。このような限定の仕方が近年の特徴といってもよい。それは，主に，追放・送還先で身体的・精神的な苦痛を被るおそれのある場合と，家族の保護に関する場合とがある。前者に関係するのは，欧州人

---

(1) たとえば，1951年の「難民の地位に関する条約」第33条が定めるノンルフールマン原則や，1969年の米州人権条約第22条8項が定める「迫害を受けるおそれのある国への追放・送還の禁止」，1985年の「拷問及び他の残虐な，非人道的な又は品位を傷つける取り扱い又は刑罰に関する条約」第3条が定める，追放・送還先における拷問を受けるおそれがある場合における，その追放・送還の禁止規定がそうである。また，1966年の自由権規約第13条は追放の手続について制約を設け，1963年の欧州人権条約第4議定書第3条2項は，外国人の集団的追放を禁止している。

権条約第3条や自由権規約第7条であり，後者に関係するのは，欧州人権条約第8条[2]や，自由権規約第17条や第23条1項，第24条1項[3]である。本稿が取り扱うのは，このような一般的な規定を用いた，国家の裁量権の限定についてである。

第2に，本稿は，家族の保護の問題を取り扱う。外国人の出入国及び在留の分野で家族の保護が本格的に問題とされるようになったのは，欧州人権裁判所でも規約人権委員会でも1980年代半ばからのことである。本稿の主たる検討対象は，欧州人権裁判所と規約人権委員会で取り扱われた事案である。

第3に，本稿では，入国拒否や追放などの決定に至る過程で考慮されるべき様々な事項のうち，比較的重要なものを取り扱う。後に述べるように，法制度

---

(2) 欧州人権条約第8条は次のように規定する。
　「1　すべての者は，その私生活及び家族生活並びにその住居及び通信を尊重される権利を有する。
　　2　この権利の行使にあたっては，公の機関による干渉があってはならない。但し，法律に基づく干渉であり，無秩序若しくは犯罪の防止，公衆衛生若しくは道徳の保護，又は他の者の権利及び自由の保護を理由として，国家の安全，公共の安全又は国家の経済的福祉のために民主的社会において必要とされるものは，この限りでない」。
(3) 自由権規約第17条，第23条及び第24条の公定訳は次の通りである。
　第17条
　「1　何人も，その私生活（privacy），家族（family），住居若しくは通信に対して恣意的に若しくは不法に干渉され又は名誉及び信用を不法に攻撃されない。
　　2　すべての者は，1の干渉又は攻撃に対する法律の保護を受ける権利を有する」。
　第23条
　「1　家族は，社会の自然かつ基礎的な単位であり，社会及び国による保護を受ける権利を有する。
　　2　婚姻をすることができる年齢の男女が婚姻をしかつ家族を形成する権利は，認められる。
　　3　婚姻は，両当事者の自由かつ完全な合意なしには成立しない。
　　4　この規約の締約国は，婚姻中及び婚姻の解消の際に，婚姻に係る配偶者の権利及び責任の平等を確保するため，適当な措置をとる。その解消の場合には，児童に対する必要な保護のため，措置がとられる」。
　第24条
　「1　すべての児童は，人種，皮膚の色，性，言語，宗教，国民的若しくは社会的出身，財産又は出生によるいかなる差別もなしに，未成年者としての地位に必要とされる保護の措置であって家族，社会及び国による措置について権利を有する。
　　2　すべての児童は，出生の後直ちに登録され，かつ，氏名を有する。
　　3　すべての児童は，国籍を取得する権利を有する」。

が確立している国家において最終的に問題となるのは、国家・社会の側の利益と、個人の側の利益との調整如何である。そこでは、国家・社会及び個人にかかわる様々な事項が考慮され、衡量される。欧州人権裁判所や規約人権委員会では、考慮事項はほぼ一定しており、今日、それらのうち比較的重要な事項を取り出し、検討することができる状況にある。本稿が取り扱うのは、それである。

　第4に、そのような検討が必要とされる理由に触れておく。それは、端的にいって、日本の関係法令の規定とその運用に問題があると思われるからである[4]。外国人の追放の場面に限っていえば、問題となるのは、外国人の行為が追放事由に該当するにもかかわらず、なお当該追放が人権条約との関係で問題なる場合である。日本の「出入国管理及び難民認定法」（以下「入管法」という）においては、同法第24条が規定する退去強制事由に該当するにもかかわらず、なお、日本で合法的に在留を継続することができるようにするため、法務大臣による特別在留許可の制度が設けられている（入管法50条1項）。しかし、そこでは、法務大臣が特別在留許可を与える際の基準についてはほとんど規定されていない。また、いずれにせよ、法務大臣は特別に在留を許可することが「できる」と規定されている。従って、入管法には、法務大臣が当該許可を与えなければならないのはどのような場合なのか、その基準を示した明確な規定がないということになる。そのため、日本の学説上も、裁判例においても、特別在留許可の許否について法務大臣の広範な裁量が認められ、在留特別許可の付与は恩恵的措置であるとされてきた。また、そうであるが故に、ある特定の事情が、退去強制を促進する要素となるのか、それを抑止する要素となるのかが明らかではなく、裁判例によって、その判断が異なる場合も少なくはない。

　これに対して、欧州人権裁判所や規約人権委員会は、具体的な事案で考慮するべき要素を明らかにしてきている。日本は自由権規約の締約国であるから、入管法の枠組みのみ基づいて法務大臣が判断をするのであれば、それは、人権条約の現在の解釈水準からみて、条約違反とされる場合もあり得る。このような事態を避けるためには、人権条約上、外国人の追放決定などに至る過程で、

---
[4] 追放の場面における日本の裁判例の問題点については、次のものを参照。村上正直「退去強制をめぐる日本の裁判例と人権条約」世界人権問題研究センター『研究紀要』14号（2009年）。

どのような事情が，どのように作用するのかを知ることが重要であるし，それを特別在留許可の許否における裁量統制基準として用いることが適当であると判断されるかもしれない。

　もっとも，この点に関連して，法務省入国管理局は，「在留特別許可に係るガイドライン」を公表している(5)。同ガイドラインは，そのなかで，在留特別許可の許否の判断に際して追放を抑制する要素（積極要素）と促進する要素（消極要素）をあげ，これらの「積極要素として考慮すべき事情が明らかに消極要素として考慮すべき事情を上回る場合には，在留特別許可の方向で検討することとなる」とする。しかし他方，在留特別許可の許否の判断は，基本的には，「個々の事案ごとに，在留を希望する理由，家族状況，素行，内外の諸情勢，人道的な配慮の必要性，更には我が国における不法滞在者に与える影響等，諸般の事情を総合的に勘案して行うことと」されており，また，これらの要素はそれ自体としては抽象性が高く，判断基準としてはより明細化が必要である。そのため，欧州人権裁判所や規約人権委員会の判断をみておくこともなお必要であると考える。

　以上，本稿の課題とその意義について述べてきた。本稿では，以下，出入国管理に関する慣習国際法と欧州人権条約や自由権規約との関係，及び欧州人権条約第8条や自由権規約第17条などの違反の有無を検討する際の判断枠組みを略述し（本稿の「外国人の出入国と人権条約」），次いで，外国人の入国の承認又は追放の決定の過程において考慮されるべき諸要素を検討する（本稿の「考慮事項」）。最後に今後の課題について触れて本稿を終える（本稿の「おわりに」）。

II　外国人の出入国と人権条約

1　外国人の出入国と人権条約
(1)　外国人の出入国と欧州人権条約

　まず，欧州人権裁判所が認める，外国人の出入国に関する一般原則を確認しておく。欧州人権裁判所は，たとえば，1996年の *Gül v. Switzerland* 事件判決において次のようにいう。「十分に確立した国際法の問題として，かつ，自国の条約上の義務に服することを条件として，国家は，外国人の自国領域へ

---

(5) http://www.moj.go.jp/content/000007321.pdf.

の入国を管理する権利を有する」[6]。また，外国人の追放については，裁判所は，たとえば，2001年の *Boultif v. Switzerland* 事件判決において次のようにいう。「締約国は，特に，確立した国際法上の原則に従い，かつ，自国が締約国である条約上の義務に服することを条件として，外国人の入国及び在留を管理する権利を行使することによって，公の秩序を維持する責任を有する。そのため，締約国は刑法上の犯罪の故に有罪判決を受けた外国人を追放する権限を有する」[7]。

家族の保護の分野についてより特定的にいえば，裁判所は，たとえば，前記の *Gül v. Switzerland* 事件判決において，第8条は，「婚姻した男女による夫婦の居住地国の選択を尊重すべき一般的義務，及びその領域内における家族の統合を許可すべき一般的義務を国家に課すものとみなし得ない」[8]。換言すると，第8条は，「家族生活を発展させる最も適当な場所を選択する権利を保障してはいない」とされる[9]。

これが裁判所が認める一般原則であり，慣習国際法の内容といってもよい。しかし，それにもかかわらず，裁判所は，1985年の *Abdulaziz, Cabales and Balkandali v. the United Kingdom* 事件判決以降，外国人の出入国に関して第8条の遵守を要請している。たとえば，前記の *Boultif v. Switzerland* 事件判決において，国家が有する外国人を追放する権利は，「それが第8条1項に基づいて保護される権利に干渉するおそれのあるものである限り，［同条2項に定める制約規定にいう］民主的社会において必要なものでなければならない」[10]。前記の慣習国際法は，欧州人権条約の規定により修正されるのである。

(2) 外国人の出入国と自由権規約

同様のことは自由権規約についても認められている。まず，規約人権委員会の「一般的な性格を有する意見」（以下「一般的意見」という）をみれば，委員会は，1986年の「一般的意見15」において，「規約は，外国人が締約国の領

---

(6) *Gül v. Switzerland*（1996），para. 38. なお，欧州人権裁判所の判決文はインターネット（http://hudoc.echr.coe.int/sites/eng/Pages/search.aspx#）を通じて入手したものを用いることとし，引用に際しては「事件名（判決年）」で示す。
(7) *Boultif v. Switzerland*（2001），para. 46
(8) *Gül v. Switzerland*（1996），para. 38.
(9) *Chandra and Others v. the Netherlands*（2003），p. 8.
(10) *Boultif v. Switzerland*（2001），para. 46.［　］内は村上の補足である。

域に入国し，又はそこで居住する，外国人の権利を認めていない」という。しかし，同時に委員会は，「ある事情の下では，外国人は入国又は居住に関しても規約の保護を享有することがあり得る」とし，その例として，「非差別，非人道的取扱いの禁止及び家族生活の尊重の考慮が生ずる場合」をあげている[11]。また，個人通報事例においては，委員会は，2001 年の *Winata v. Australia* 事件に関する「見解」において，「自国の移民政策を執行し，違法に所在している者の出国を要求することについて，締約国には広範な裁量が存在する」としながらも，「しかしながら，この裁量は無制約のものではなく，ある一定の状況の下では恣意的に行使されるに至る場合もあり得る」という[12]。この事例は，家族や児童の利益の保護が問題となった事案である。

2 条約違反の有無に関する判断枠組み

欧州人権条約は，家族生活を尊重される権利に対する明示的な権利制約規定（第8条2項）をもち，裁判所は，それに従った判断枠組みを用いている。それによれば，ある特定の国家の行為が条約の規定と適合するかどうかは，次の観点から判断される。第1に，特定の人間関係が第8条1項の「家族生活」にいう家族に該当すること，又は，「私的生活」の観点から保護されるものであること，第2に，特定の国家の行為が第8条2項にいう「干渉（interference）」に該当すること，第3に，当該行為が「法令に従った（in accordance with the law）」ものであること，第4に，当該行為が「正当な目的（legitimate aim）」を有すること，第5に，当該行為が「民主的社会において必要（necessary in a democratic society）」であること，である。以上の枠組みのそれぞれについては，論じておかなければならない多くの点があるが，本稿にとって必要な範囲で検討を行い，最後に自由権規約委員会の例に触れる。なお，このうち，「法令に従った」という要件については，いわゆる先進国ではあまり問題となることはなく，実際に，この要件で条約違反を認定された事例は少数であるため，ここ

---

[11] *General Comment 15 (The position of aliens under the Covenant)* (1986), para. 5. 規約人権委員会の「一般的意見（General Comment）」や「見解（Views）」は，国連人権高等弁務官事務所の HP（http://tbinternet.ohchr.org/_layouts/treatybodyexternal/TBSearch.aspx?Lang=en）から入手したものを用いるものとし，「一般的意見」は，その意見番号と採択年，「見解」は，その事件名，事件番号及び採択年で示す。

[12] *Winata v. Australia, Communication No. 930/2000* (2001), para. 7. 3.

では検討の対象から除外する。

(1) 「家族生活」及び「私的生活」

家族又は家族生活の概念は，後にみることとして，ここでは「私的生活」の意味に触れておく。第8条が保障する私的生活の概念には様々な側面があるが，そのなかの1つとして，「他の者及び外部の世界との関係を設定し，発展させる権利」がある。これは，特に追放と関係する。追放は，ある外国人が居住国において築き上げてきた様々な人的・物的関係を喪失させることになるからである[13]。追放措置を受ける外国人の家族の構成員も，その者が当該外国人に同行し，国外に赴く場合には，同様に私的生活の側面が問題となる。欧州人権裁判所の裁判例では，家族の保護とともに，追放される本人や，その他の家族の構成員について，私的生活のこの側面をもあわせて取り扱われることもある。そのため，裁判所は，特に家族生活と私的生活を分けることなく，「家族及び私的生活」という表現により条約を適用している。

(2) 「干渉」

次に，「干渉」については，追放の場面では単純である。国家の措置によって，家族の一員を追放し，かつ，家族のその他の構成員が居住国に残留する場合には，家族の構成員の分離が生ずるからである。このような作為による干渉に対して，不作為による干渉はどうか。家族の再統合のために家族の一員の入国を求めたり，居住許可の更新を求めるという場合は，これらを拒否する行為は，「入国許可をしない」又は「居住許可を更新しない」といった行為になる。干渉とは，もともと作為を想定した概念と考えられ，また，もともと不作為義務を念頭においていた欧州人権条約では，このような場合に第8条の適用があるのかどうかが問題となりうる。

この点に関し，裁判所は，第8条についても，積極的義務の存在を認めているから，条約上，国家が行うべき措置をとらなかった場合にも干渉行為の存在が認められる。第8条が消極的義務と積極的義務の双方を認めていることについて，裁判所は，「第8条の本質的な目的は，公的機関による恣意的な行為から個人を保護すること」にあり，「家族生活の効果的な尊重に内在する積極的

---

[13] 裁判所は，個人と社会との間の社会的紐帯の総体が「私的生活」の一部を構成するという。*A.H.Khan v. the United Kingdom* (2011), para. 32.

義務があり得る」という[14]。ただし，積極的義務と消極的義務の境界は，明瞭ではない。たとえば，居住許可を更新しないことは，通常，追放に直結するから，更新しないという不作為と，追放するという作為のもたらす結果は同じである。従って，それらの判断基準は，同じものとなることになる。両者の義務の境界が不明瞭であることは，裁判所自身が認めているところである[15]。

(3) 「正当な目的」

「正当な目的」とは，国家の措置が，条約第8条2項が列挙する目的をもつことを求めるものである。その目的には，①国の安全（national security），②公共の安全（public safety），③国の経済的福利（the economic well-being of the country），④無秩序の防止（the prevention of disorder），⑤犯罪の防止（the prevention of crime），⑥健康及び道徳の保護（the protection of health or morals），及び⑦他の者の権利及び自由の保護（the protection of the rights and freedoms of others）があり，かつ，これらのものに限られる。このうち，従来の事案で主に取りあげられてきたのは①〜⑤である。

(4) 「民主的社会における必要性」

「民主的社会における必要性」とは，裁判所によれば，「強度の社会的必要性（a pressing social need）があること」，特に，手段が，「追求されている正当な目的と比例すること（proportionate to the legitimate aim pursued）」をいう[16]。これは，簡単に言えば，国家・社会の側の利益と，個人の側の利益との間に公正なバランスを図ること[17]，すなわち，関係する諸利益の衡量である。このうち国家の側の利益とされるのは，上記の「正当な目的」である。これと対抗する個人の利益に，どのようなものがあり，それを国家の利益とどのように衡量するのか。これが，裁判所に係属した多くの事案において中心的な論点であった。この点については，項を改めて論ずる。

---

[14] *Gül v. Switzerland*（1996），para. 38.
[15] *Ibid.*
[16] *Boultif v. Switzerland*（2001），para. 46.
[17] たとえば，*Gül v. Switzerland*（1996），para. 38 を参照。

(5) 自由権規約における判断枠組み

最後に，自由権規約の場合について触れておく。自由権規約において家族の保護の根拠規定となるのは，第17条1項，第23条1項，さらに児童の保護が問題となる場合には，第24条1項が加わる。

規約第17条には，欧州人権条約第8条2項に相当する権利の制約規定はおかれていない。しかし，欧州人権裁判所が用いている判断枠組みと，自由権規約第17条の場合のそれとは同じであるといっていい。規約人権委員会は，第17条1項が規定する「恣意的に若しくは不法に」という文言の解釈を通じて，欧州人権条約第8条2項と同様の判断枠組みを用いるに至っている[18]。

Ⅲ　考慮事項

既に述べたように，従来の裁判例において主に問題とされてきたことは，「民主的社会における必要性」の有無であり，その判断は，関係する諸利益の衡量による。それでは，どのような事項がこの利益衡量のなかで考慮されるのか。ここでは，まず，考慮事項を一般的に紹介し，次いで，考慮事項のうち比較的重要なものを検討する。

1　考慮事項

まず，どのような事項が考慮されるのか。これは，問題となる場面が，入国なのか，滞在の継続なのか，追放なのかで異なる。一般的にいえば，入国の場面が最も認められることが難しく，入国拒否の事案で条約第8条違反が認められたものは，2001年の *Sen v. the Netherlands* 事件判決や2005年の *Tuquabo-Tekle and Others v. The Netherlands* 事件判決など，数例があるのみである。

これに対して，滞在の継続，つまり，居住許可の更新の拒否と追放の事例の場合には，条約違反が認められたケースも多い。また，居住許可の更新の拒否と追放の事例において考慮される事項は，ほぼ同じと考えることができる場合も多い。従って，ここでは，入国の場合と追放の場合とを分けてみておこう。

---

[18] この点について詳しくは，村上正直「外国人の追放と家族の利益の保護——規約人権委員会の実行を中心に」世界人権問題研究センター『研究紀要』7号（2002年）158-160頁を参照。

(1) 入国の場合

　入国の場合で主に問題となるのは、家族の再統合である。裁判所によれば、家族の統合のための入国の許否を検討する際には、その構成員の入国を認めることが、家族生活を発展させる唯一の方法であるかどうかが検討される[19]。

　これを判断するためにどのような要素が考慮されるのか。オランダに定住した者が、出身国のエリトリアに残してきた児童の入国を求めたが、これが認められなかった事案である、*Tuquabo-Tekle and Others v. The Netherlands* 事件判決では、裁判所は、関係する児童の年齢、故国における当該児童の状況、及び当該児童がその父母に依存する程度、をあげている[20]。入国拒否処分が条約違反とされるのは、今日まで、ほぼ児童の最善利益が問題となる場合であるといってもよい。

(2) 追放の場合

　追放の場合については、2006年の *Üner v. The Netherlands* 事件判決が、従来の考慮事項を要約しつつ列挙しており、これをみておくことが適当である。これは、*Boultif v. Switzerlands* 事件判決で示された諸事項をさらに発展させたものである。両事件とも、犯罪を理由とする追放命令のケースであるが、その他の事例においても、必要な変更を加えれば、ほぼ同様の事項が考慮するべき要素となる。次のようである。①原告が実行した犯罪の性質及び重大性、②追放される者の居住期間、③犯罪実行後の時の経過及びその間の原告の行動、④関係する者の国籍、⑤原告の家族の状況、たとえば、婚姻の期間、その他カップルの家族生活の実効性を示すその他の要素（other factors expressing the effectiveness of a couple's family life）、⑥配偶者が、家族関係に入る際に犯罪について承知していたか否か、⑦児童の有無、児童がいる場合には、その年齢、及び⑧配偶者が、原告の追放先の国で遭遇するおそれのある障害の重大性[21]、である。

　裁判所は、さらに、これらの事項に含まれるものの、近年重視されるにいたっている側面をより明示的に述べるとして次のものをあげる。⑨児童の最善

---

[19] *Gül v. Switzerland* (1995), para. 39 を参照。
[20] *Tuquabo-Tekle and Others v. The Netherlands* (2005), para. 44.
[21] *Üner v. The Netherlands* (2006), para. 57.

利益と福祉，特に，原告の児童が原告の追放先で遭遇するおそれのある障害の重大性，及び⑩居住国及び追放先の国に対する，社会的，文化的及び家族的紐帯の強度，である[22]。次に，以上の考慮事項を整理しながら，いくつかのものをさらに検討する。

2　「家族」の存在

欧州人権裁判所は，上記の考慮事項のなかで，⑤「原告の家族の状況」をあげ，その例として「婚姻の期間，その他カップルの家族生活の実効性を示すその他の要素」をあげる。これは，家族といわれる人的結合関係がいわば真正なものであることを求めるものであるといえる。上記の考慮事項にみられる配偶者や児童なども，このような関係を前提とするものである。では，実効的な家族とは何か。条約が保護する家族の概念又はその構成要素について簡単に検討しておこう。

(1)　欧州人権裁判所の実行

欧州人権裁判所によれば，合法的かつ真正な婚姻による配偶者間の関係は，ヨーロッパ人権条約第8条にいう家族生活に該当し，そこから誕生した子は当然にこの関係の一部となる。この場合，それぞれの関係において同居の有無にはかかわらない[23]。また，父子関係において，その子どもが嫡出子であるか否かは問われない[24]。血縁関係にある，このような父子関係又は母子関係は，例外的な事情がある場合を除き，その後の事態によって断絶させられることはない[25]。

血縁関係がない場合はどうか。*X, Y and Z v. the United Kingdom* 事件判決において，裁判所は，「第8条における『家族生活』の概念は，婚姻を基礎とする家族に限られるものではなく，その他の事実上の関係を含みうる」という。そして，ある関係が『『家族生活』に該当するといいうるか否かを決定するに際しては，多数の要素が関連し得る」ことを指摘し，このような要素には，問題となるカップルが同居しているかどうかや，当該カップルの関係の長

---

[22]　*Üner v. The Netherlands* (2006), para. 58.
[23]　たとえば，*Berrehab v. The Netherlands* (1988), para. 21 を参照。
[24]　*Boughanemi v. France* (1996), para. 35, *C v. Belgium* (1996), para. 25.
[25]　たとえば，*Gül v. Switzerland* (1996), para. 32 を参照。

さ，当該カップルが，子どもをもつという方法その他の方法によって，相互に密接な関係を維持することを約束しあっているかどうかなどが含まれるという[26]。この事件は，性転換手術を受けた女性（X）と，その女性のパートナー（Y），人工授精によって誕生した女性の実子（Z）の関係が欧州人権条約第8条にいう家族生活の概念に含まれるか否かが問題となったものである。裁判所は，X，Y及びZの関係に関し，Xは，1979年以降，外観上男性のパートナーとしてYと同居していること，X及びYは，Yが非配偶者間人工授精（AID）治療により子どもをもつことができるよう，共同で申請を行い，それが認められたこと，Xは，Zの出生後は，あらゆる点でZの「父」として行動してきたことなどを理由に，X，Y及びZ間に事実上の家族の絆が存在し，その関係が，第8条にいう家族生活にあたると結論している。以上のように，裁判所は，血縁関係にない人的関係であっても，その関係の内実からみて，欧州人権条約が保護する家族に該当することを認めている。

(2) 規約人権委員会の実行

規約人権委員会の判断も基本的に同様である。委員会は，第1に，法律上の婚姻関係にある男女，及びこのような男女とそこから誕生した子どもとの関係を規約が保護する家族であると認める[27]。また，委員会は，離婚後の父子関係が第23条1項にいう家族にあたるとする[28]。

第2に，法律上の婚姻関係にない夫と妻，及び夫婦と子どもの関係も家族に該当する。*Baluguer Santacana v. Spain* 事件に関する「見解」において，委員会は，第23条1項及び4項における家族の概念には，婚姻中の家族と共に，同棲（cohabitation）関係にある家族も含み，また，両親とその子ども間の関係も含むとしている[29]。さらに，第3に，兄弟姉妹や拡大家族の場合も家族に含

---

[26] *X, Y and Z v. the United Kingdom* (1997), para. 36.

[27] *Shirin Aumeeruddy-Cziffra and 19 other Mauritian women v. Mauritius, Communication No. 35/1978* (1984) paras. 9.2(b)2(i)1 and 9.2(b)2(ii)1.

[28] 委員会によれば，「第23条1項における『家族』という文言は，婚姻中に存在する家庭（family home）のみをさすものではない。家族という観念は当然に父母と子どもとの関係を含まなければならない。離婚は婚姻に法的な終止符をうつが，父（又は母）と子どもを結びつける絆を解消し得ない。この絆は，両親の婚姻の継続に左右されるものではない」。*Hendriks v. Netherlands, Communication No. 201/1985* (1988), para. 10.3.

[29] *Baluguer Santacana v. Spain, Communication No. 417/90* (1994), para. 10.2.

まれうる[30]。

　第4に，養親子関係も家族に含まれると考えられる。A. S. v. Canada 事件「見解」で問題となったのは，通報者と，その養子である娘及びその息子の関係であり，委員会は，この事件では，この関係が規約第17条及び第23条にいう家族に該当しないとした[31]。しかし，その理由は，この養親子関係が「実質的家族」ではないということであって，養親子関係が家族に該当しないとするものではない。ここでいう「実質的家族」とは，ある人的結合関係が規約が保護する家族といい得るための必要最小限の要素を満たしているものをいう。委員会によれば，「『家族』が存在するためには，いくつかの最低限の要件が必要である。たとえば，共同生活や経済的な絆，定期的かつ強度の関係（life together, economic ties, a regular and intense relationship）などである」[32]。

(3)　「家族」該当性の判断基準

　家族の概念と，家族に該当するか否かの判断基準をまとめておこう。規約人権委員会及び欧州人権裁判所の実行から指摘されることは，次の2点である。第1に，血縁関係の存在，特に，生物学上の父子関係及び母子関係は，家族又は家族生活が存在することを示す重要な要素であるが，それは絶対的なものではない。委員会が認めるように，血縁関係が存在する場合であっても，共同生活や経済的な絆，定期的かつ強度の関係などの要素が存在しないときには，規約の保護から除外される。

　第2に，逆に，血縁関係の存在がみられない場合であっても，家族及び家族関係として，規約及び条約の保護が及ぶ場合がある。規約人権委員会が認める養親子関係がそうであるし，また，欧州人権裁判所は，さらに社会的に家族としての実質を備えている場合には，その家族生活該当性を認めている。

　以上のことから，実効的な家族とは，端的にいえば，家族といい得るほどの密接な人的関係を有するものであり，それを示す指標が共同生活又は定期的で強度な接触，経済的・精神的依存関係などであるということができよう。

---

[30]　Stwart v. Canada, Communication No. 538/1993 (1996), paras. 2.1 2.6, 4.4, 10.2 及び Canepa v. Canada, Communication No. 558/1993 (1997), paras. 2.1-3.2 を参照。

[31]　A. S. v. Canada, Communication No. 68/1980 (1981), paras. 1-3, 5.1-5.2, 8.2(b).

[32]　Baluguer Santacana v. Spain, Communication No. 417/90 (1994), para. 10.2.

3 居 住 歴

(1) ②の居住歴について，一般に，居住が長期に及んでいることは，個人の側に有利な事情として作用する。その背後には，⑩の現に居住する国及び追放先の国との紐帯の強度が関係する。Üner v. The Netherlands 事件判決で裁判所が述べるように，「人が特定国家に居住する期間が長くなると，それだけ，その国との絆がより強くなり，国籍国との絆がより弱くなる」という推定が働くためである[33]。従って，現に居住する国で出生し，又は幼少時に入国した者で，出生後の期間の大部分を居住国で過ごし，そこで養育され，教育を受けてきた者の場合には，特にこの要素が重視される[34]。その典型的なものが，定住移民や移民２世であり，これらの者の追放には，重大な理由が存在することが求められる[35]。実際，裁判所は，1990 年代から，移民２世の追放措置を第 8 条違反と判断してきた。

(2) ただし，滞在期間の長期性という事項は，⑥にいう配偶者による犯罪歴の認識という要素により，その比重は低下する。この考慮事項は，より一般的にいえば，「関係者が，家族生活に入る際に，家族のなかの１名の入管法上の地位が，滞在国における家族生活の継続が最初から不安定（precarious）であるような類のものであったことを承知していたかどうか」という要素になる。裁判所は，このような事情を「決定的ではないけれども，重要な考慮事項」とし[36]，このような事情がある場合には，「最も例外的な事情がある場合にのみ，家族の構成員たる外国人の追放が第 8 条違反となるにすぎない」とする[37]。これは，いわば，時の経過とともに生ずる居住の継続期待性を喪失させ，又は低下させる事情であるともいえよう。

---

[33]　*Üner v. The Netherlands*（2006），para. 58.

[34]　*Ibid.*

[35]　*Maslov v. Austria*（2008），paras. 73-75 を参照。

[36]　たとえば，*Mitchell v. the United Kingdom*（1998）p. 4. また，*Abdulaziz, Cabales and Balkandali v. the United Kingdom*（1985），para. 68 をも参照。

[37]　たとえば，*Mitchell v. the United Kingdom*（1998）p. 4, *Ajayi and Others v. the United Kingdom*（1999）p. 9 を参照。

4 他国において家族生活を維持・発展させる可能性

　入国拒否の事例において重要な考慮事項として検討されるのが、「他国において家族生活を維持・発展させる可能性」である。また、この要素は、追放の事例においては、⑩の現に居住する国及び追放先の国との紐帯や、⑧及び⑨の、配偶者又は児童が原告の追放先で遭遇するおそれのある障害の重大性と関係している。

　一般に、欧州人権条約第8条や自由権規約第17条は、家族の分離が生ずる場合のみに関係するものではない。家族の構成員が、追放される者とともに追放先の国に赴く場合には、家族の一体性は維持される。しかし、たとえば、追放される者の配偶者が、居住国の国民であり、追放先の国に赴いたことがなく、かつ、宗教や言語などの文化的事情が、居住国とまったく異なり、生活をおくることができないと考えられるような場合には、この要素が働く。従って、入国拒否の事例や追放の事例において、他国で生活をおくることが可能かどうかが重要視されるのである。

　その際、家族の構成員が、本人と同行する意思を表明しているかどうかも重要な判断要素となる。なお、児童の場合には、特にこれが問題となるが、これについては、項を改めて論ずる。

5　法令違反（犯罪歴を含む）

　不法残留や不法就労といった入管法令の違反は、いずれの国でも追放の理由となる行為であり、個人に不利な事情である。また、刑罰法規に触れる犯罪行為であれば、個人に著しく不利益に働くことは疑いない。上記①の犯罪の性質及び重大性というとき、一般的にいえば、殺人や傷害など、人の生命・身体にかかわるものや、薬物事犯は特に重大な犯罪とされる。

　しかし、人権条約の履行監視機関はこの点を決定的な要素とはみなしていない。すなわち、欧州人権裁判所や規約人権委員会において問題となったケースでは、不法入国や不法残留などの違法行為、また、在留中に行われた犯罪行為などがあったとしても、欧州人権条約や第8条や規約第17条などに関する判断において、なお、家族生活又は私的生活の保護の観点から、追放処分が違法と評価される場合がある。たとえば、欧州人権裁判所において、第8条違反が認定された事例においては、武器の不法所持や窃盗などの罪で有罪判決を受

けた者の在留許可不更新処分[38]，薬物売買で有罪判決を受けた者の追放処分[39]，窃盗などの累犯者に対する追放処分[40]がある。また，規約人権委員会において規約第17条，第23条及び第24条違反が認められた Winata v. Australia 事件の通報者たる父母は10年以上にわたる不法残留者であった。それは，上記の③の要素が働くからである。すなわち，犯罪行為それ自体が重大なものであったとしても，たとえば，刑務所に服役し，その出所後長期にわたって法令違反行為を行っていない場合には，犯罪の重大性という要素の比重は低下する。また，犯罪実行時に未成年者であったというような事情も重要な考慮事項である[41]。

6 児童の最善利益

(1) 「児童の権利に関する国際条約」（以下「児童の権利条約」という）第3条1項は，「児童に関するすべての措置をとるに当たっては，公的若しくは私的な社会福祉施設，裁判所，行政当局又は立法機関のいずれによって行われるものであっても，児童の最善の利益が主として考慮されるものとする」と規定する。一般に「児童の最善利益原則」と呼ばれるものである。

規約人権委員会は，Winata v. Australia 事件に関する「見解」のなかで，実質的には，児童の最善利益原則を主要な判断要素として，追放措置を規約違反と判断している。また，規約人権委員会は，児童の権利条約第3条1項が規定する児童の最善利益原則が，自由権規約第24条1項にいう「未成年者としての地位に必要とされる保護の措置であって家族，社会及び国による措置」に含まれるとする[42]。

これに対して，欧州人権裁判所では，一般的にいえば，この原則はそれほどの重みをもって考えられてこなかった。このことは，既に従来の考慮事項に内在していたとはいえ，2006年の Üner v. The Netherlands 事件判決において，

---

[38] Boultif v. Switzerland (2001), paras. 8-22 を参照。
[39] Amrollahi v. Denmark (2002), paras. 15-18 を参照。
[40] Jakupovic v. Austria (2003), paras. 10-17 を参照。
[41] Maslov v. Austria (2008), para. 72.
[42] たとえば，Bakhtiyari v. Australia 事件に関する「見解」において，委員会は，「児童に影響を及ぼすすべての措置をとるに当たっては，児童の最善の利益が主として考慮されるものとするという原則は，規約第24条1項が求める，未成年者としての地位に必要とされる保護の措置であって家族，社会及び国による措置の不可欠の一部である」と述べている。Bakhtiyari v. Australia, Communication No. 1069/2002 (2003), para. 9.7.

はじめてこの要素が独立の項目としてあげられたという事実からも示唆される。これは，欧州人権条約には，自由権規約第24条1項に相当する規定をもっていなかったことも影響しているのかもしれない。

しかし，欧州人権裁判所も，近年，これを重視するようになってきている。たとえば，居住許可の延長の拒否の事例である，2006年の *Rodrigues da Silva and Hoogkamer v. the Netherlands* 事件判決は，実質的には，児童の最善利益原則が，締約国の経済的福利を上回るとして，この原則を特に重要視した判決である(43)。また，入国拒否の事案で条約第8条違反が認められた数少ない事例である，*Sen v. the Netherlands* 事件判決や *Tuquabo-Tekle and Others v. the Netherlands* 事件判決において，利益衡量の過程において重要な考慮事項となったのも児童の最善利益原則であったといってよい。

(2) 児童の最善利益原則により，その児童の追放のみならず，その両親又はそのいずれかの1人の追放措置が条約違反とされることもある。典型的には次のような判断がなされる。①児童の家族環境は滞在国にしか存在しないか，又は，児童が追放国に赴く場合には，当該児童の人格的発展に深刻な障害を生じさせるなどといったことから，滞在国で居住を継続することが児童の最善利益である，②当該児童はいまだ父母による養育を必要とする年齢であり，父母の双方又は一方を失うことは，児童の最善利益原則からみて認められない，③従って，児童の父母の双方又は一方を追放することは認められない。

(3) ただ，この原則を適用するにあたっては，いくつか留意すべきことがある。第1に，ここで問題となる児童は，未成年者であるということである。換言すると，父母との扶養関係が存在し，それ故に父母の存在が必要であるということである。ただし，児童が成年に達した場合においても，父母との間に扶養関係が存在し，児童自身が婚姻などにより自身の家族生活をおくるに至っていない場合には，当該児童とその父母とは家族関係を構成するものとされ，条約の保護を受ける(44)。

---

(43) この判決については，次のものを参照。村上正直「家族の在留資格：ロドリグスザシルバ対オランダ事件（欧州人権裁判所第2小法廷2006年1月31日）」『国際人権』17号（2006年）。

(44) *Maslov v. Austria*（2008），para. 71を参照。

第2に，児童が適応可能な年齢（an adaptable age）にある場合には，児童の最善利益原則の比重は低下する。児童がいまだ幼少であるが故に，追放先の国で，再度，その環境に適応可能な場合がそうである[45]。これは，先にみた考慮事項⑨の追放先での障害の重大性の逆を考えれば，理解できるであろう。つまり，児童が原告の追放先で遭遇するおそれのある障害の度合いが軽微であるということである。ただ，実際の援用の例をみると，この要素は，主として追放措置を肯定する裁判例で援用されており，追放措置を正当化する機能を果たしてきたともいえる。この要素は，理論的には同意し得るものの，安易な援用は児童の最善利益を害するおそれもある。科学的な根拠に基づいて援用されるべきものといえよう。

Ⅳ　おわりに

はじめに述べたように，出入国管理行政の分野では，国家に広範な裁量が認められ，また，一国内にあっても，当該行政を担う行政庁の広範な裁量が認められることが通例であった。このことは，日本に限られることではなく，先進国といわれる国々でも，そうであったといえる。最高法規であるはずの憲法が規定する人権が，その下位法である出入国管理法令の執行をコントロールすることができないという，奇妙な状況が各国に存在してきたといってもよい。

この分野に憲法が入り込むことができなかったことが，逆に，その状況を変える契機として人権条約が機能した理由のひとつであったといってもよい。それは，欧州人権裁判所において第8条違反が認定された国が広範に及ぶことからみても明らかであろう。また，国内裁判所の例をみると，カナダやオーストラリアの最高裁判所は，人権条約を援用することによって，入管行政の様相を一変させる判決を下したことがある。

このように，人権条約は，出入国管理当局の裁量行政を統制する役割を果たしてきたといってもよい。それ故に，人権条約の適用に関し，その履行監視機関の判断を分析することは重要である。本稿は，外国人の入国及び追放の場面における決定をとるに際して考慮されるべき典型的な事項を一般的に検討したにとどまる。どのような事項が，他のどのような事項との関係において，どの

---

[45] *Mitchell v. the United Kingdom*（1998）p. 5, *Ajayi and Others v. the United Kingdom*（1999）p. 10.

程度の比重をもつのか。この問いに回答するためには，各事案の事実状況をより綿密かつ立体的に分析し，さらに，各事案の時代背景や社会状況などをも検討する必要がある。今後の課題である。

18 ASEAN人権宣言をめぐる政治過程
―― AICHRと市民社会アクターとの相克――

重 政 公 一[1]

I はじめに――「多様性のなかの統一」というレトリック

2012年第21回ASEAN（東南アジア諸国連合）サミットでASEAN指導者たちは，ASEAN人権宣言（ASEAN Human Rights Declaration: AHRD）およびASEAN人権宣言採択に関するプノンペン宣言（The Phnom Penh Statement on the Adoption of the AHRD）に調印した[2]。ASEAN人権宣言はASEAN政府間人権委員会（ASEAN Intergovernmental Commission on Human Rights: AICHR）の依託事項4.2――「人権を取り扱う様々なASEAN協定や他の法的文書を踏まえた人権協力のための枠組みを構築する目的のためにASEAN人権宣言を策定すること」という規定の実践である[3]。同宣言はASEAN間の政治文書であることが意図されており，最初から人権条約，協定という拘束力を持つものではないことが明示されていた。

振り返ること，2003年のASEAN協和宣言II（the Declaration on ASEAN Concord II）で3つの共同体を域内で構築することを謳ってはいたが，域内で人権について多くを語ることのなかったASEANからみれば，ASEAN人権宣言はAICHR設立と並ぶASEANの新しい価値の創出であるといえよう。しか

---

(1) 本稿は関西学院大学個人特別研究費A（2013年），科学研究費基盤(C)課題番号25380215（アセアンにおける人権規範促進の実証分析――競合，協調，共感の3つの視点から）の研究成果の一部である。

(2) The ASEAN Secretariat, *ASEAN Human Rights Declaration and the Phnom Penh Statement on the Adoption of the ASEAN Human Rights Declaration (AHRD)*, Jakarta: ASEAN Secretariat, 2013.

(3) Para. 4.2., The ASEAN Secretariat, *ASEAN Intergovernmental Commission on Human Rights (Terms of Reference)*, Jakarta: The ASEAN Secretariat, 2009.

第4部　人権と安全保障

し，ASEAN の新しい価値規範の創出には多くの障害が立ちはだかっているのも事実である。端的には ASEAN 憲章（ASEAN Charter）策定におけるもっとも議論が分かれた「ASEAN 人権機関」の条項の問題，同憲章第 14 条の規定に基づき，ASEAN 人権機関が AICHR となったのだが，その依託事項を策定する際の論争がこれに該当する[4]。ASEAN 人権宣言策定の政治過程は一見するとこの前例的慣行を多分に踏襲しているといえよう。

ASEAN 人権宣言には ASEAN 憲章策定，AICHR 設立の経緯と同様の傾向がある。まず，多様性を主とする 10 の加盟国が新たな価値規範に合意する「多様性のなかの合意・妥協」である。このレトリックはコンセンサスによる意思決定，合議制，内政不干渉等，いわゆる ASEAN Way の文脈で捉えることができる。こうした慣行は，すべての加盟国が最低限のレベルで合意できる最小公分母（lowest common denominator）アプローチとして知られる。人権など新しい価値規範促進に積極的な国家群，消極的な国家群，その中間に位置する国家群という位置づけ[5]から，ASEAN の人権協力には「ビッグ・バン」が期待できないとされる[6]。

しかし，ASEAN 人権宣言の策定過程では人権推進派，消極派グループ内でも意見は分かれた。建設的な妥協といってもよい変化は，2012 年時の議長国

---

[4] Tommy Koh et al eds., *The Making of the ASEAN Charter*, Singapore: World Scientific Publishing, 2009; Termsak Chalermpalanupap, "Life in ASEAN After the Entry into Force of the ASEAN Charter: Implications and Follow-ups" in S. Tiwari ed., *ASEAN: Life After the Charter*, Singapore: Institute of Southeast Asian Studies, 2010, pp. 45-65; Donald Emmerson, "Critical Terms: Security, Democracy, and Regionalism in Southeast Asia" in Emmerson ed., *Hard Choices: Security, Democracy, and Regionalism in Southeast Asia*, Stanford: The Walter H. Shorenstein Asia-Pacific Center, 2008, pp. 2-58; Termsak Chalermpalanupap, "Institutional Reform: One Charter, Three Communities, Many Challenges" in *ibid.*, pp. 91-131 及び拙稿「東南アジアにおけるトラック 2 とトラック 3 チャンネルとの競合的協調関係——人権規範促進に向けた水平対話モデルの考察」『国際政治』第 169 号，2012 年 6 月，60-72 頁。

[5] アセアン憲章策定のハイ・レベル・タスクフォースの主査であったトミー・コーによると，いわゆる CLMV 諸国がアセアン人権委員会の創設に反対のグループ，インドネシアとタイは賛成，ブルネイ，マレーシア，シンガポールがその中間を占めた Tommy Koh, "The Negotiating Process" in Koh at al, eds., *The Making of the ASEAN Charter* p. 58.

[6] Termsak Chalermpalanupap, "10 Facts about ASEAN Human Rights Cooperation" www.asean.org/images/archive/HLP-OtherDoc-1.pdf, accessed 12 January, 2012.

カンボジアに看取できる。同国は議長国であるうちに、人権宣言を策定するよう同国のAICHR代表らへフン・セン首相（Hun Sen）から指示されていた[7]。この背景には、議長国としての実績を残したいという利得ももちろんあったと考えられるが[8]、カンボジアの議長の年に完成する保障はなかった。実際に人権宣言策定の意図から実際の作業に至るまでには時間を要した。前年度の議長国であり、ASEAN内で人権チャンピオンと自負するインドネシアでさえも2011年度中には達成できなかった。カンボジアの姿勢は地域内で人権に後ろ向きではないというメッセージを国際社会に伝える契機にもなった。

2011年にAICHRがドラフティング・グループ（Drafting Group: DG）を選定し、このグループがASEAN人権宣言ドラフトを策定したが、本稿は市民社会アクターからのアドボカシー、そしてそれに対するAICHRの対応を中心に行う。この作業をASEANの人権を分析するうえで欠かせない3つのレトリック（普遍性と相対性、アジア的価値観、国家と市民との関係）に照らし合わせ、その文脈のなかで何が問題とされたのか、人権をめぐる各国政府の意見の相違はどのように収斂したのか、市民社会アクターの役割を明らかにする。また、一連の交渉過程を経てASEAN人権宣言に新たな付加価値はどこにあるのかを分析する。

II　ASEAN加盟国の人権を巡る位相——3つのレトリック

人権規範、人権保障がASEAN加盟国でどのように規定されているかは各国の憲法の規定、世界人権宣言の国内実施、主要な国際人権条約の調印、批准、履行状況が通常手掛かりになる[9]。もちろん、憲法に規定されていること自体

---

(7) カンボジアAICHR関係者、筆者によるインタビュー、於プノンペン、2013年9月2日。政治的思惑とともに同国は1975年から1978年までポルポト派による国内民の人権蹂躙の過去があり、こうした歴史的背景も議長国の間に同宣言を策定したいとの判断に影響を及ぼしていると思われる。
(8) フィリピンAICHR代表、ロサリオ・マナロ、筆者によるインタビュー、於マニラ、2014年1月27日。
(9) 世界人権宣言、経済的社会的文化的権利規約（社会権規約）、市民的政治的権利規約（自由権規約）及び選択議定書、死刑廃止議定書、人種差別撤廃条約、女子差別撤廃条約、拷問等禁止条約、児童の権利条約が国際人権条約の中核を占める。加盟国の批准状況については、Office of the High Commissioner for Human Rights www.ohchr.org/EN/HRBodies/Pages/HumanRightsBodies.aspx# 参照のこと。世界人権宣言は国連

が権利保障を完全に履行することにはつながらない。市民社会アクターからは，ASEAN人権宣言が核となるこうした国際人権法の規範，人権保障の標準を満たすレベルであることが期待されていた。

表1が示す通り，ASEAN各国の憲法には世界人権宣言レベルの人権保障が担保されているものも多い。さらに言えば，世界人権宣言以上の人権を保障している国もある。例えば，政府に対する請願権はフィリピン共和国憲法（1987年）第3条4節，タイ王国憲法（1997年）第58条，ラオス人民民主共和国憲法（2003年改正）第41条，ベトナム社会主義共和国憲法（2001年改正・補充）第74条に規定されている。二重処罰の禁止（フィリピン第3条21節，マレーシア連邦憲法第7条，ミャンマー連合共和国憲法第373条），先住民の権利（フィリピン第12条5節，タイ46条，ラオス8条），債務監獄の禁止（フィリピン第3条20節），家庭における主婦の労働が家庭外で行うそれと同等の価値を有する権利（カンボジア王国憲法2006年改正，第36条）などが挙げられる[10]。

しかし，核となる国際人権条約のなかでASEAN加盟国がすべて批准しているものは，女子差別撤廃条約（the Convention on Elimination of All Forms of Discrimination against Women: CEDAW）と児童の権利条約（the Convention on the Rights of Child: CRC）のみである。障がい者権利条約の未批准は，ブルネイとベトナムを残すだけとなった。世界人権宣言を除き，主要国際人権条約の批准状況の異なるなかで「変わらない（変われない）ASEAN」と「変わりゆくASEAN」がASEAN人権宣言策定の中で捉えることができる。ASEANをめぐる人権の特徴は，(1)人権原則の普遍性と特殊性をめぐるレトリック，(2)人権条約・規約にある諸原則間の非相互性，序列化のレトリック，そして(3)国家，社会，個人の間の乖離というレトリックに大別できる。これらのレトリックは政治体制，経済発展，文化・宗教の異なる国家群に便宜的に通底したレトリックであった。もっとも便宜的なレトリックであるがゆえに，それらが世界の人権水準を満たしていないことは言うまでもない。今日のASEANの人権をめ

総会決議であるが，実質的には慣習国際法の立場を占めるという立場に立つ。

[10] 荻野芳夫＝畑博行＝畑中和夫編『アジア憲法集 第2版』（明石書店，2007年），Human Rights Working Group, "Constitutionalism and ASEAN Human Rights Declaration: Executive Summary" *mimeo*, Constitution of the Republic of the Union of Myanmar, 2008.

表 1 世界人権宣言とアセアン各国憲法内での保障との対比

ソース：Human Rights Working Group, "Constitutionalism and ASEAN Human Rights Declaration" より抜粋，一部修正（Bru: Brunei, Cam: Cambodia; Ind: Indonesia; Mal: Malaysia; Mya: Myanmar; La: Laos; Phi: Philippines; Sin: Singapore; Tha: Thailand; Vie: Vietnam）

No.	人権保障内容	世界人権宣言 (1948年)		該当加盟国								
				Bru.	Cam.	Ind.	Mal.	Mya.	Lao.	Phi.	Sin.	Tha.	Vie
1	生命と生活の権利	Art.	3		✓	✓	✓	✓		✓	✓	✓	
2	平等とプライバシーの権利	Art.	1, 2		✓	✓	✓	✓		✓	✓	✓	
3	財産権	Art.	17		✓	✓		✓	✓	✓		✓	✓
4	身体の安全	Art.	3		✓	✓		✓		✓			
5	逮捕・抑留・追放の制限	Art.	9			✓	✓		✓	✓		✓	
6	通信・伝達の自由	Art.	12							✓			
7	意見及び表現・報道の自由	Art.	19		✓	✓	✓			✓		✓	
8	集会の自由	Art.	20							✓			
9	思想・宗教の自由	Art.	18	✓						✓			
10	裁判所の公正な審理	Art.	10							✓		✓	
11	拷問等の禁止	Art.	5		✓	✓				✓		.	
12	無罪の推定	Art.	11							✓		✓	✓
13	奴隷の禁止	Art.	4			✓	✓			✓	✓		
14	残虐かつ品位を傷つける刑罰の禁止	Art.	5				✓			✓			
15	遡及処罰の禁止	Art.	11(2)		✓	✓	✓			✓			
16	参政権	Art.	21	✓	✓	✓		✓		✓		✓	
17	住居の権利	Art.	25(1)			✓				✓			
		Art.	13					✓					
18	ヘルスケアー	Art.	25(1)		✓	✓		✓		✓			
19	女性労働者の保護と平等	Art.	23(2)		✓			✓		✓			
20	教育の権利	Art.	26		✓	✓		✓	✓	✓	✓	✓	
21	法の前における人としての尊厳・法の前の平等	Art.	6, 7		✓	✓	✓	✓		✓	✓	✓	
22	権利と自由の享有に関する無差別待遇	Art.	2										
23	移動の自由	Art.	13		✓	✓	✓						✓
24	私生活・名誉・信用の保護	Art.	12					✓					
25	社会保障の権利	Art.	22					✓	✓				
26	労働の権利	Art.	23		✓	✓		✓	✓				✓
27	文化的権利（アカデミックの自由）	Art.	27					✓	✓	✓			
28	結社の自由	Art.	20		✓	✓	✓	✓			✓	✓	✓
29	自国を離れる権利・国籍を変更する権利	Art.	13(2)				✓			✓			
		Art.	15(2)										
30	スト・デモを起こす権利	Art.	19	✓									
31	婚姻と家族の権利	Art.	16				✓						
32	国籍の権利	Art.	15			✓							

ぐる問題は、これらレトリックがASEAN人権宣言策定という過程でどのように相対化され、変容しつつあるのかを分析することにあると考えられる。

1 人権原則の普遍性と特殊性をめぐるレトリック

人権は「人が人として生存しているがゆえに享有する権利」として、すべての人権は普遍的であると考えられている[11]。しかし、ASEAN域内では地域、国内の特殊性を配慮する「相対的普遍性」にとどまっている。ASEAN各国では人権概念の普遍性は西洋的概念に由来するため、東南アジア、ASEANには適合しないというレトリックを弄してきた。

1993年のウィーン人権会議（世界人権会議）と同行動計画にみられる原則では人権の普遍性、不可分性、相互依存性、相互関連性が再確認された[12]。その一月後の第26回ASEAN定期外相会議共同声明のパラグラフ16では、「……（ASEAN外相たちは）市民的、政治的、経済的、社会的、文化的権利から成る人権は相互関連性があり、不可分であり、これらは等しく重要である。人権は釣り合いの取れた (balanced)、統合された方法で表明されるべきであり、特定の文化的、社会的、経済的、政治的状況にしかるべき配慮を入れ保護され促進されるべきである」とされている[13]。続くパラグラフ17では、「……（ASEAN外相たちは）国際社会における人権の保護と促進は、国家主権の尊重、領土保全、内政不干渉の原則を認識するべきであると強調し、自由、進歩、国家の安定は個人の権利と共同体との権利との間の釣り合いによって促進され、これにより世界人権宣言の中に規定された多くの個人の権利は実現できることを確信した[14]」と既定され、個人と特定の社会、共同体（ASEANのような途上国が多

---

(11) Jack Donnelly, *International Human Rights*, 3rd ed., Boulder: Westview Press, 2007, p. 21.

(12) The Office of High Commissioner for Human Rights, Para 5, Vienna Declaration and Programme of Action adopted by the World Conference on Human Rights in Vienna on 25 June 1993, www.ohchr.org.en/professionalinterest/pages/vienna.aspx, accessed December 18, 2013.

(13) Para. 16, Joint Communique of the 26th ASEAN Ministerial Meeting, Singapore, 23-24 July 1993, reprinted in Working Group for an ASEAN Human Rights Mechanism, ed., *ASEAN and Human Rights: A Compilation of ASEAN Statements on Human Rights*, 2003, p. 4. 傍点筆者。

(14) Para. 17, Joint Communique of the 26th ASEAN Ministerial Meeting, Singapore,

くを占める地域機構）との特殊性が明示された。さらに，ASEAN 外相たちは人権の促進，保護は政治問題化されるべきではないと列記した。

　1993 年の ASEAN 公式会議で人権の促進・保護が明示された理由は，スリパパ（Spriprapha Petcharamesree）によれば，ウィーン人権会議に参加した ASEAN 加盟国政府が人権政策を強く首肯したからというよりも，同会議の人権というグローバルな言説に合致させようとしたからという消極的な理由であるとみなす(15)。事実，ウィーン会議以降，次に ASEAN 定期外相会議で「人権」が盛り込まれる 1998 年まで取り挙げられることはなく，ASEAN 文書で人権の記録は ASEAN-EU 閣僚会議の共同声明に散見されるだけである。さらに，1998 年は世界人権宣言採択の 50 周年の年にあたり，ASEAN は再びグローバルな言説に合致させようと共同コミュニケで地域的人権機構の設立する可能性を検討すると明示した(16)。

　2000 年代になると ASEAN は ASEAN 憲章，AICHR 依託事項（Terms of Reference），そして ASEAN 人権宣言という人権規範の促進，保護を明記する重要文書を策定した。この地域，国内に配慮すべきとする特殊性が，表現の強弱があるもののこれらすべてに規定されている(17)。この自己規定とは ASEAN という地域機構が「政府間機構」であって，人権問題に対処する AICHR，ASEAN 女性と子供の権利の促進・保護委員会（ASEAN Commission on the Promotion and Protection of the Rights of Women and Children）の地位が諮問的な政府間機構であるということに帰着する(18)。そこでも ASEAN の協議による

　　23-24 July 1993, reprinted in Working Group for an ASEAN Human Rights Mechanism, ed., *ASEAN and Human Rights: A Compilation of ASEAN Statements on Human Rights*, 2003, p. 5. 傍点筆者。
(15)　Sriprapha Petcharamesree, "The ASEAN Human Rights Architecture: Its Development and Challenges" *The Equal Rights Review*, Vol 11, 2013, p. 48, www.equalrightstrust.org/ertdocumentbank/Sriprapha%20Petcharamesree%20ERR11.pdf, accessed November 28, 2013.
(16)　重政「東南アジアにおけるトラック 2 とトラック 3 チャンネルとの競合的協調関係」62 頁。
(17)　ASEAN 憲章，第 1 条 7，AICHR 委任事項，第 1 項 1.4 にみられる。AICHR 依託事項第 1 項 1.4 には，AICHR の目的は，「国家や地域の特殊性や異なった歴史的，文化的，宗教的背景を相互に尊重することに留意し，権利と責任とのバランスを考慮にいれつつ，地域の文脈のなかで人権を促進すること」と規定された。ASEAN 人権宣言のなかでは後述する。

コンセンサス方式の意思決定が適用される[19]。そしてすべての人権，基本的自由の推進と保護の第一義的な責任は各加盟国にあると規定された[20]。こうした国内人権の保障や保護には国内人権機関が主たる責任をもち，人権侵害を受けた個人からの通報を受け，関係政府省庁に改善を促す制度が該当する。

　しかし，ASEAN 加盟国で国内人権機関を設立しているのは，フィリピン，インドネシア，タイ，マレーシア，ミャンマーの 5 カ国だけであり（カンボジアでは国内人権委員会の設立に際し既に設立した国々から様々な助言がされたが，政治の最終判断での保留状態が続いている），またこうした国内人権機関と AICHR との連携については殆ど論じられることがないのが現状である。この理由として全加盟国に国内人権機関が存在しない現状では，「持てる国」とそうではない国との間で共通の議論が成り立ちにくいこととが挙げられる。

　次いで，AICHR と国内人権機関との権限の相違がある。AICHR 依託事項 4.9 の規定[21]にも拘わらず，AICHR は前述のように政府間機構であり，コンセンサスによる意思決定方式である。依託事項 4.13 に規定されているように年次活動報告などを ASEAN 外相会議に提出することになっており，トラック 1 の ASEAN 機構そのものを人権問題で名指し，恥をかかせる（naming and shaming）ことは考えられない。他方で，国内人権機関は国内の人権侵害を詳らかにし，関係機関へ是正を慫慂する保護の側面を持つ。つまり名指しすることができるのである。この保護の側面は現在の AICHR 依託事項には欠けている。2014 年はこの見直しの年に当たり，幾分かの是正が期待されている[22]。

　個々の加盟国で人権の国内保障が多分に異なり，概念上は普遍的である人権の ASEAN での実態は人権の普遍性という形態をとりつつ，第二義的に人権

---

(18)　Para. 3, AICHR TOR, Para. 4, Terms of Reference ASEAN Commission on the Promotion and Protection of the Rights of Women and Children, Jakarta: The ASEAN Secretariat, 2010. AICHR の地位に関しては依託事項作成の時に市民社会アクターから様々な勧告，意見が表出した。重政「東南アジアにおけるトラック 2 とトラック 3 チャンネルとの競合的協調関係」68 頁。

(19)　Article 20, The ASEAN Charter.

(20)　Para. 2. 3, AICHR TOR.

(21)　同規定には，人権促進と保護に関心を寄せる他の国内，地域的，国際的機関や組織と適宜，協議することとある。

(22)　第 14 回 AICHR 会合プレス報告 http://aichr.org/press-release/14th-meeting-of-the-asean-intergovernmental-commission-on-human-rights/ accessed 15 February, 2014.

の相対性の主張を多分に残す「相対的普遍性」のように思われる[23]。ASEANの為政者たちには人権という古くて新しい概念は長い間忌避すべき話題であり、(今もすべてではないが)権威主義体制の政治システムでは、人権を促進、保護することを熱心に追求すれば自らの権威主義体制を綻ばせ、他の加盟国との間で軋轢を生じ、政府間機構そのものを崩壊させかねなかった。ASEAN加盟国は自国の経済発展、政治的安定を犠牲にしてまでASEAN全体の発展を望んできたわけではなかった[24]。自国の体制維持に関わる国益と人権との間には大きな乖離があり、国家の発展と国内社会の安定が(不可逆的に)ASEAN加盟国内では長く人権という普遍的価値を抑えこんでいた[25]。

　シンガポールはこうした普遍性と特殊性の議論をみるうえでASEANの変わらない例示となる。シンガポールの政権党である人民行動党(PAP)の人権をめぐる考え方は個人の権利と責任と共同体のなかの個人の権利との間のバランスにある。この「権利に訴えかけること(rights talk)」と「責任を負うこと(duties talk)」とのバランスはASEAN人権宣言にも反映されることになった[26]。この二者の関係は、土居靖美によれば権利の対位法(counter point)である。権利の対位にある義務を重要視し、個人の権利の実現には個人が属する共同社会の義務とのバランスを図るべきだと考えられた[27]。

2　国際人権諸原則の非相互性、序列化のレトリック

　ASEANの人権をめぐる第二のレトリックは、普遍性と特殊性とのレトリッ

---

[23] Jack Donnelly, "The Relative Universality of Human Rights" *Human Rights Quarterly*, Vol. 27, 2007, pp. 281-2.

[24] Shaun Narine, "Human Rights Norms and the Evolution of ASEAN: Moving without Moving in a Changing Regional Environment" *Contemporary Southeast Asia*, Vol. 34, No. 3, 2012, p. 377.

[25] ASEAN憲章策定のためのHLTFメンバーであったミャンマー代表は、最も議論が割れた人権機関の設立について「コンセンサス」と国益に反する議題には「括弧を付ける」、すなわち留保を付し全体に受け入れられる内容に修正することを狙う戦術を使ったと述べた。Aung Bwa, "The Jewel in My Crown" Tommy Koh et al eds., *The Making of the ASEAN Charter*, p. 33.

[26] Garry Rodan, "Human Rights, Singaporean Style" *Far Eastern Economic Review*, Dec. 2009, p. 28.

[27] 土居靖美「第一章東南アジアにおける人権保障総論」土居編著『東南アジア諸国憲法における人権保障』(嵯峨野書院、2000年) 9-10頁。

第4部　人権と安全保障

クとも多分に関係する「アジア的価値」観に由来するものである。人権とは欧米に出自を持つ概念であり，欧米中心主義，自由権中心主義（国家，政府から恣意的に個人の権利が剥奪や侵害されないことを保障する）であると論じられてきた。大沼保昭によれば，人権の不可分性と相互依存性という観念は，1960年代までの自由権中心主義に対して，途上国側がもっぱら経済的・社会的権利を国家の経済発展の意義を強調する中で頻繁に現れたものであった[28]。そこでは「欧米＝普遍」が自明視され，ASEAN のようにほぼ全ての加盟国がかつては被植民地下にあった地域では，欧米流普遍性は植民地時代に統治者が被統治者へ付与することを考慮すべきではない「特殊」なものであると考えられていた。一方，脱植民地化の時代においてかつての植民地の人々は人権の普遍性を希求した。本来は自由権と社会権との双方が不可分で相互依存的な人権概念であるべきであるが，普遍性と特殊性は ASEAN の文脈のなかで，あたかも一方と他方とがトレード・オフ関係（人権か発展か）にあると等置されてしまった[29]。したがって，人権の不可分性は非相互性へと転じてしまった。

　1980年代から90年代に ASEAN 加盟国のなかで，とりわけインドネシア，マレーシア，シンガポールが権威主義体制を維持しつつ，経済成長を遂げた。その一方で西側の普遍的人権規範（自由権）に対して，こうした国家は経済発展，開発先行で市民権は経済・社会発展の後に付与されるべきであるという地域の特殊性を論じるようになった。このように人権に関する普遍性と特殊性をめぐる文化が時代と共に変化することは，人権自身も変化することを意味している[30]。「アジア価値」観を敷衍した東南アジアの人権観の出自もここに見いだせる。

　アジアの特質は欧米の普遍性と異なり，文化相対的に捉えるべきであると一部の識者や当時の為政者[31]が考えるこの視点にはいくつかの共通項がある[32]。

---

[28] 大沼保昭『人権，国家，文明——普遍主義的人権観から文際的人権観へ』（筑摩書房，1998年）208頁。

[29] ダニエル・ベル（施光恒他訳）『「アジア的価値」とリベラル・デモクラシー——東洋と西洋の対話』（風行社，2006年）第一章。ASEAN 成立文書のバンコク宣言（1967年）の目標と目的の最初の項目には地域の経済成長，社会的進歩，文化的発展が謳われている。

[30] 大沼『人権，国家，文明』186頁。執筆時の2013年，アジアの価値は1990年代の ASEAN と比較して退行しているが，ASEAN 人権宣言が示す通り完全に払拭されたわけではない。

第一に西洋の自由権（リベラル的人権観）が個人の権利を中心に人権が保障されてきたことに対して、アジア的価値観では個人よりも社会や社会が構築されている共同体を優越するという点である。政治共同体としての国家はそこではあたかも擬似家族であり、家長たる国家指導者は家族の一員としての国民の利益よりも家族全体の利益を優先するとされる[33]。

第二に西洋の自由権保障は西側からの押しつけ、「文化帝国主義」的な思想であり、脱植民地化の国家建設期には国民に飢餓を体験させることなく、社会経済発展に必要な生存権・社会権を優先付けた。アジア的価値観をもつ指導者にとっては、市民的、政治的諸権利は先進諸国のみに許された贅沢であり、発展途上国にとっては基本的生活手段を国民に確保させるための社会経済発展を進めることのほうが重要であった[34]。さらに言えば、たいていの権威主義政権は市民的、政治的諸権利には「アレルギー反応」を示した[35]。権威主義政権は人民の市民的・政治的権利を犠牲にしても効率のよい行政を遂行することが大切であり、「人民の統治」が「人民による統治」よりも優先された[36]。多くの途上国が生存権を最も人権のなかで重要視する理由は、権威主義政権の存在を

---

(31) マレーシアのマハティール首相、シンガポールのリー・クワンユー首相は政治の第一線から現在は退き、フィリピンのマルコス大統領は1986年の「ピープルズ・パワー」革命で失脚、インドネシアのスハルト大統領は1997年のアジア通貨危機を機に一族の不正蓄財が露呈し、通貨危機の対応の不手際と相俟って翌年大統領職を辞した。

(32) Philip J. Eldridge, *The Politics of Human Rights in Southeast Asia*, London: Routledge, 2002, pp. 32-41, Michael Jacobson and Ole Bruun, "Introduction" in Jacobson and Bruun, eds. *Human Rights and Asian Values: Contending National Identities and Cultural Representations in Asia*, Richmond: Curzon Press, 2000, pp. 2-6; C.Y. Hoon, "Revisiting the 'Asian Values' Argument Used by Asian Political Leaders and Its Validity" *Indonesian Quarterly*, Vol. 32, No. 2, 2004, pp. 154-62.

(33) 権威主義体制下のインドネシアの指導者による後見的行為は bapakism として知られた。ルシアン・パイは東南アジアの家族主義を「パトロン－クライアント文化圏」と称する。ルシアン・パイ（園田茂人訳）『エイジアン・パワー（上）』（大修館書店、1995年）第4章。

(34) 井上達夫「リベラル・デモクラシーと「アジア的価値」大沼保昭編著『東亜の構想──21世紀東アジアの規範秩序を求めて』（筑摩書房、2000年）28頁。

(35) N. Hassan Wirajuda, "Pursuing Democracy, Human Rights and Peace in light of an ASEAN Community in 2015" Azmi Sharom et al. eds., *Defying the Impasse. Human Rights and Peace in Southeast Asia Series 2*, Bangkok, Southeast Asian Human Rights Studies Network, 2013, p. 18.

(36) 井上「リベラル・デモクラシー」28頁。

正当化するイデオロギーにとどまるだけでなく，それは飢餓線上をさまよう民衆の声をも反映したからであった[37]。

　第三に国家主権の聖域化と人権の恣意的操作である。ASEANは国家エリートが構築した地域機構である。宗教，慣習，エスニシティの多様性から他国への内政干渉はタブーであり，主権を聖域化することで自国の市民の人権のもつ規範的多元性は為政者によって操作された[38]。主権の聖域化は諸外国からの干渉を避け，為政者に国内管轄事項に専心する規範的枠組みを与えると同時に国家権力が自国民に対して行使され，国家権力に異を唱えるものは「悪」であり，既存の規範に添わないことは，社会全体に対する挑戦であり，反逆であると見なされた[39]。

　こうしたアジア的価値観下の人権はASEANにとって正統性判断基準（legitimacy criteria）のレトリックで捉えることができよう。人権の出自，多元的規範性が西欧の概念であっても，その適用はASEANの政治的文脈において受容されたが，それは国家の社会経済発展の目的に資するからであった。表2はASEAN設立から1997年アジア通貨危機を経て，第2バリ協和宣言が出される2003年までのASEANの公式な外交声明のなかにみられる人権に関係した内容の比較である。社会権，生存権に関する宣言が市民権・政治権のそれをはるかに上回る。上述のようにASEANの為政者が自らの国家発展，地域の経済的社会的文化的発展を謳い，こうした人権の恣意的な序列が正統性を保つためには，現実の政治で権威主義的政権が自国民に約束した公共財を供給できるかにかかっていた[40]。

　1997年のアジア通貨危機が始まるまではASEANはアジア的価値観に基づく人権観を西側諸国の人権価値観に依拠した外交の押しつけに対する攻勢（西欧的価値観に対する反発）として実践し，経済成長という形で多分に正統化で

---

[37] 大沼『人権，国家，文明』193頁。
[38] 井上「リベラル・デモクラシー」25頁。井上は主権の絶対化という言葉を使っているが，ASEANは内政不干渉原則を維持しつつも，時には「柔軟な介入」，「建設的関与」といった政策概念が1990年代アジア通貨危機前後に登場した。これは外交上少なくとも，内政不干渉の絶対性の揺らぎを多分に示したと考えられる。
[39] パイ『エイジアン・パワー（上）』121頁。
[40] Michael Jacobson and Ole Bruun, "Introduction" in Jacobson and Bruun, eds. *Human Rights and Asian Values*, p. 5.

きた。つまり，それは井上達夫の言う「価値体制批判」が通用する時代でもあった[41]。しかし，アジア通貨危機以降，ASEAN の国際社会での権威失墜とASEAN のこれまでの正統性基準に疑義が呈された。インドネシアを 32 年間統治したスハルト政権の崩壊に象徴される政治変動によってアジア的価値観に基づく人権観も揺らぎを見せていく。

表 2　ASEAN 公式会合における人権に関する言及リスト

Working Group for an ASEAN Human Rights Mechanism, *ASEAN and Human Rights: A Compilation of ASEAN Statements on Human Rights* (Manila: Working Group for an ASEAN Human Rights Mechanism, 2003) を基に筆者作成。（データは 1967 年から 2003 年まで）

人権テーマ	文書数
● 市民的政治的権利	41
● ガバナンスと参画	47
● 開発	275
・経済発展	141
・知的財産	21
・社会開発	87
・人的資源開発	26
● 文化	23
● 環境	66
● 健康, 食糧, 農業, 医薬品	85

3　国家，社会，個人の間の乖離——だれのための人権か[42]

前述のように ASEAN は国家エリートが構築した地域機構であり，人権がASEAN 全体の政治に及ぼす影響は限られていた。このことは地域機構と国家，社会，個人との間の人権観における乖離を生じさせてきた。ASEAN にとって人権という価値は長く社会の発展に関係した分野であるにも拘わらず，市民

---

(41)　井上「リベラル・デモクラシー」35 頁。
(42)　この小節の多くの論考は拙稿による。Kimikazu Shigemasa, "Long Process of Trust Building in Southeast Asia: ASEAN, Civil Society and Human Rights" Azmi Sharom et al. eds., *Defying the Impasse: Human Rights and Peace in Southeast Asia Series 2*, Bangkok, Southeast Asian Human Rights Studies Network, 2013, pp. 89-112.

権・政治権は無視されてきた。権威主義政権は長く行政権を独占し，立法府や司法府よりも権限を強化し政策や法案の均衡と抑制を欠いてきた。その上，市民社会の動きは著しく制限され，人々に政治空間は与えられてこなかった[43]。国家と市民，地域と市民の乖離は長い間人権規範の促進，保護の観点からは埋められてこなかった[44]。

しかし，大沼が説くように人権とはなによりも自らの切実な要求を自らの知恵と力で実現していくところにその根本的な意義があるのならば[45]，人権規範を訴求する実体を ASEAN 政府間組織だけに限定することは誤りであり，多様な主体の相互作用を明らかにする必要がある。本稿の分析枠組みはマルチ・トラックアクターであるが，トラック１（政府間機関やその会合，もしくはその内部の指導者），トラック２（地域的知識共同体としてのシンクタンク，大学連合体やその活動，もしくはその内部のアクター），そしてトラック３（市民社会アクターのネットワーク，その活動，もしくはその内部のアクター）と定義することにする。

この三者は不均衡な鼎立構造を人権の分野で形成していると言ってよい。とりわけ，トラック３とトラック１との関係はこれまで疎外と批判とを繰り返してきた。トラック３アクターがトラック１機構の ASEAN に対して人権にとどまらず普遍的価値をアドボカシーしようとしても，前者はその術を知らなかった。「中間団体」としての ASEAN-ISIS が 2000 年代に APA（ASEAN Peoples Assembly）を始め，橋渡しを行ったのが嚆矢である。またマニラに拠点を置く ASEAN 人権メカニズム作業部会（Working Group for an ASEAN Human Rights Mechanism）は 2000 年から ASEAN トラック１機構と建設的な関与を行ってきている。当初は政府主導で始められた ASEAN 市民社会会議（ASEAN Civil Society Conference）が 2005 年以降毎年開催されている。ASEAN 市民社会会議は現在では英語表記で，ACSC/ASEAN People's Forum: APF）と併記されるようになった。これは「市民」を一般大衆まで包摂した意味が込められている[46]。

---

[43] N. Hassan Wirajuda, "Pursuing Democracy, Human Rights and Peace in light of an ASEAN Community in 2015" p. 18.
[44] 大賀哲『東アジアにおける国家と市民社会──地域主義の設計・協働・競合』（柏書房，2013 年）。
[45] 大沼『人権，国家，文明』29 頁。
[46] APA は 2009 年の総括会議で役割を終えた。その理由として，原資の問題も大きい

この鼎立関係を最もよく証左するものが、2012年のASEAN常駐代表委員会 (Committee of Permanent Representatives to ASEAN) が策定した市民社会アクターとの間のガイドラインである。この2012年版は2006年版をアップデートしたものである[47]。2006年版はASEANと直接対話をもつことのできる市民社会アクターを本質的に政府支援の組織団体、擬似政府的な組織団体に限定してきた。いわゆるGONGO (government-organized/backed NGO)、QUANGO (quasi-NGO) と称されるものである。これはASEANの人権NGOや市民社会アクターにとって長年の改善対象であった。2012年版はこの二つの本質的な規定を削除はしたが、ASEANの市民社会アクターとして認定したリストの大半は職能団体が中心であり、マニラに拠点をおくASEAN人権メカニズム作業グループが人権関係の団体として唯一認定されている。AICHR自身もまた市民社会アクターとの対話のガイドラインを策定している最中であり、2014年度中にドラフトを提示する予定で目下作業を進めているが、その内容が人権NGO、市民社会アクターに納得いくものができるかは不透明である[48]。

III ドラフティング・グループ (DG) とAICHR、市民社会アクターとの批判的連携

1 ASEAN人権宣言ドラフティング・グループ (DG) と市民社会アクター

2011年7月、AICHR各国代表はASEAN人権宣言を起草するためのドラフティング・グループ (DG) を各国から一名選出し、そこからインドネシア司法人権省 (Ministry of Justice and Human Rights) 人権局長のH・ハルリ

がAPAが意図していた市民社会とASEANとのインターフェイスを構築し、トラック3アクターにASEANを理解してもらい、アドボカシーの方法を実践させる目的は達成でき、ACSCが今その役割を果たしているというものであった。H・クラフトフィリピン大学教授、筆者によるインタビュー、於マニラ、2014年1月28日。しかし、ACSCとASEAN加盟国との関係は市民社会をどのように捉えるかで政権側の態度に顕れる。2012年のカンボジアで開催されたACSCは市民社会のACSCと政府系NGO主催のACSCと2つが同時開催されることになった。市民社会の側は政権による嫌がらせ、市民社会への拒否観の顕れと受け止めた。

[47] Guidelines on ASEAN's Relations with Civil Society Organisations http://www.asec.org/18362.htm accessed 12 September 2010. Guidelines on Accreditation of Civil Society Organisations (CSOs) http://www.asean.org/images/2012/documents/Guidelines%20on%20Accreditation%20of%20CSOs.pdf accessed 15 May 2013.

[48] タイAICHR関係者、筆者によるインタビュー、於バンコク、2014年3月25日。

スノオ教授（Harkristuti Harkrisnowo）が座長となり草案策定に取りかかった。ASEAN人権宣言は政治宣言ではあるが，人権の原則の観点から権威的であること，人権宣言後に法的基盤となる期待となること，従来のASEAN加盟国が調印，批准してきた人権文書への付加価値となること，10カ国の加盟国の文脈に留意すること等がAICHR政府代表から指示された[49]。さらにAICHR政府代表のなかにはアジア的価値を来たる人権宣言では極力薄めることを意図しているものもいた[50]。

しかしDGでの策定は難航し，2011年12月までにAICHRに人権宣言のドラフトが提示されることはなかった。DGでの遅滞は後にメディアにDGドラフトがリークされて判明したように，人権宣言が政治文書の特徴を超えてあたかも人権条約を策定するかのように細目までDGメンバーが逐条度に意見，留保を付したこと，それによって賛否両論を併記する結果になったためである。こうしたDGでの状況に対し，何人かの加盟国外相が人権宣言の成り行きを憂慮し，新たなDGを作るように提案した。しかし，インドネシアAICHR代表R・ジャミン（Rafendi Djamin）によればこうした外相たちはDGの性質を誤解していた。AICHRが最終的な責任を持ち，DGはAICHRの一部であるとの理解に立ち返り，最終的にDGは8回の会合を経て2012年1月にAICHRへ16ページのドラフトを手交した[51]。

ドラフトは「前文」，「一般原則」（パラグラフ1〜41），「市民的政治権利」（42〜60），「経済的権利」（61〜67），「社会的文化的権利」（68〜70），「発展する権利」（71〜79），「女性，こども，その他の（脆弱な）集団の権利」（80〜90），「人権の促進と保護のための協力」（91〜100）から成っていた。すべてのパラグラフが採択される必要はなく，AICHRでは修正が施されていく過程で修正が施されていった。このなかで多々問題になった「一般原則」の項目に

---

[49] インドネシアAICHR代表ラフェンディ・ジャミン，筆者によるインタビュー，於ジャカルタ，2012年1月26日。

[50] フィリピンAICHR代表ロサリオ・マナロ，筆者とのメールによる私信，2014年2月24日，Rafendi Djamin, "Human Rights and the Role of the AICHR in the ASEAN Community 2015" *The Indonesian Quarterly*, Vol. 38, No. 4, 2010, p. 449.

[51] 本節で扱うDraft ASEAN Human Rights Declaration, Working Draft of the AHRD as of 8 Januaryは2012年3月，ASEAN市民社会会議，於プノンペンにてForum-Asia関係者より筆者は入手した。当ドラフトは19ページからなる。

ついて取り挙げる。ここでは世界人権宣言には言及されておらず、人権の普遍性という原則から乖離していることが分かる。

パラグラフ7から14は義務と責任について言及してあるが、パラグラフ7では個人の共同体や国家に対する義務、他人の人権や基本的自由を尊重すること等が述べられている。パラグラフ15は国家や地域の特性と多様な歴史的、文化的、宗教的背景の意義を考慮しつつ、加盟国の政治、経済、文化システムに拘わらず、すべての人権と基本的自由を促進し保護するのは加盟国の義務であるとした。しかし、続くパラグラフ16はラオスの提案により以下の文言が付け加えられ、パラグラフ15を薄める意図を見出すことができる。

「人権は本質的に普遍的でありこの宣言に規定される人権を区別なく促進、保護することはすべての加盟国の義務である。同時に人権の実現は異なった政治的、経済的、社会的、文化的、歴史的、宗教的背景を考慮して地域的国家的特性の文脈のなかで配慮されなければならない。(傍点筆者)」

さらにパラグラフ25から41は権利の制限を規定するものが列記されている。権利の制限の項目は後のAHRD第8条でも盛り込まれることになるラオス提案(パラグラフ25)が象徴している。これによれば、「人権と基本的自由の行使が制限を受けるのは、他の人の人権と基本的自由の正当な認知を確保する目的のための法令として決定され、そして民主的な社会における人民の国家安全保障・公共秩序・公衆安全・公衆道徳・一般福祉という正当な要件を満たすときのみである。」[52]

これに対して、タイ、インドネシア、フィリピンが対案としてパラグラフ26を提示した。これによれば、「人権と基本的自由の行使において、すべての人が制限や抑制を受けるのは、国家の安全保障、公共の安全、公共秩序、公衆の健康や道徳の保護、民主的な社会における他の人の権利や自由の保護という正当な要件を満たす目的のために法令によって決められる場合のみである」とされた。ラオス提案では国家安全保障、公共秩序、公衆の健康、公衆道徳が並列され、国家安全保障の目的のために個人の人権が制限されることを示している。これは市民的及び政治的権利に関する国際規約(ICCPR)第4条(非常事

---

[52] ASEAN人権宣言の邦訳は勝間靖「ASEAN人権宣言(2012)——採択の背景と今後の課題」『アジア太平洋討究』No. 13 (August 2013), 46頁 http://jairo.nii.ac.jp/0069/00023707, accessed 12. 12. 2013にしたがった。

態における例外）規定を踏襲したものと考えられる。しかし，同4条2項には非常事態における場合でも生命に対する権利および死刑，拷問または残虐な刑の禁止など逸脱できない規範も規定している。DGパラグラグ35には逸脱出来ない（non-derogable）規定は存在していたが，実際のAHRDではこの規定は削除されている[53]。

　こうしたDG案に市民社会アクターのなかで先鋭的に批判を展開したのは，バンコクに拠点をおくフォーラム・アジア（Asian Forum for Human Rights and Development）や国際人権団体（アムネスティ・インターナショナル）である。DG案がリークされた後の2012年3月にプノンペンで開催されたASEAN市民社会会議のセッションでフォーラム・アジアは人権宣言の作業ドラフトに対する批判を展開し，出席者から提言を求めるとともに自らの対案を提示した。人権の普遍性と特殊性の問題，パラグラフ17から20まで非差別と平等の原則は人種的差別反対のみを提案しているが，国内避難民や先住民に対する権利が抜けていること，暗黙のうちに市民を人権宣言内で対象とする市民（good citizens）とそうではない人々（難民，国籍なき人々）とに分断してしまう危険性を訴えた[54]。さらに，パラグラフ19では人権の促進と保護はASEAN的流儀（対立することなく，干渉することなく，相容れない価値観を押しつけることのないやり方）で慫慂し実現することが謳われている。これに対して，ASEAN的流儀が一体誰の価値を促進，保護するのかが明確でないといった批判が展開された。

　フォーラム・アジアを中心とする人権市民社会アクターのアドボカシーはDG案やASEANのもつ機構の欠陥を批判し代替するための提言を行う意図をもって展開されている。彼らは「ASEAN人権宣言草案の予備的コメントと分析（Preliminary Comments and Analysis of the Draft ASEAN Human Rights

---

[53] DGドラフトの一般原則のなかからAHRDで削除されたものには，性的アイデンティティ（sexual identity），自然災害の被害者，国内避難民，先住民の権利，企業の義務と責任などがあった。性的アイデンティティにはマレーシア，ブルネイがこの文言の挿入に反対し，タイがCEDAW委員会の用法に従い性的指向（sexual orientation）を提案した。

[54] Forum-Asia Executive Director Yap Swee Seng（当時）の2012年3月第7回ASEAN市民社会会議での発言。また，Forum-Asia, "Preliminary Comments and Analysis of the Draft ASEAN Human Rights Declaration" *mimeo* 参照。

Declaration）」を発表した。同文書ではパラグラフすべてを精査したうえで，問題となる節を取り上げ，修正の提案を行っている。しかし，DG から作業ドラフトの最終版が AICHR に手交された後も AICHR 全体がこの文書を批判的資料として活用した痕跡はみられない。批判的関与を行うこうしたアクターは ASEAN やトラック 1 機構を批判し自らの理想，対案を代替案として後者に認知させ，政策へ反映させることを絶えず意図しているわけではない。前者のアドボカシーは早期警告であり，問題の所在を投げかけ，争点を明示する機能をもつ。こうしたアドボカシーは非国家的アクターによる先見的指導の様相を帯びるが，実際にトラック 1 で機能する保証はない。前者が期待していることは自らが「ドアを強く叩く」ことで ASEAN に訴えるが，批判するために後者はドアを開いてはくれない。むしろ彼らの目的は同様の問題で自分たちの後に続く市民社会アクターが ASEAN と建設的な対話を行う下地を提供することにある[55]。

こうした市民社会アクター間の機能的分業は国家と社会，個人との乖離がある ASEAN の人権問題について非国家的行為主体による内的発展を生じさせることにつながる。国内市民社会アクターは単独で行動するよりも，むしろ地域的なネットワークを構成し「アソシエーション」的連携を持つ[56]。フォーラム・アジアにしても，アジアの多様な NGO の集合体であり，その中に SAPA（The Solidarity for Asian People's Advocacy）の ASEAN と人権のタスクフォースを入れ子に持つ組織である[57]。

2 AICHR と市民社会アクターの ASEAN 人権宣言における接点

ASEAN，AICHR と市民社会アクターとの関係性は加盟国で一様ではない。概して言えば，民主的移行を遂げた加盟国は民主的進歩的考えを持つ政

---

[55] Yuyun Wahyuningrum, seniro advisor of Human Rights Working Group, Atnike Nova Sigiro, ASEAN advocacy progamme manager of Forum-Asia からのコメントに感謝する。

[56] 太田和宏「東南アジアにおけるアソシエーションと越境型デモクラシーの可能性」，松下冽他編著『共鳴するガヴァナンス空間の現実と課題――「人間の安全保障」から考える』（晃洋書房，2013 年）163 頁。

[57] Forum-Asia, *A Guidebook on Engaging ASEAN and Its Human Rights Mechanism*, Bangkok, 2010, pp. 52-3.

府代表を選出する傾向がある。タイとインドネシアは国民による選定過程をAICHR政府代表決定の際に行っている。筆者は別稿でこうしたエージェントをASEAN人権問題について内から変容する「ASEAN流トロイの木馬」と称した[58]。DGから最終ドラフトがAICHRに手交されてから、この100パラグラフから成る文書をAICHRは政治宣言としてASEAN外相へ提出するための作業に取りかかった。この作業の過程でASEAN人権宣言の枠組が、「前文」、「一般原則」、「市民的政治的権利」、「経済的社会的文化的権利」、「発展への権利」、「平和への権利」、「人権の促進と保護の協力」に決まった。

　市民社会アクターは同人権宣言の内容についてAICHRと接触を試みようとして対話の場を持とうと働きかけた。2009年のAICHR設立以降、市民社会アクターは国内で、また地域内でトラック1との対話を敢行してきた。機能的分業の観点からASEANと親和的なアクターがこうした対話の場を得、また民主的進歩的代表を有する加盟国はAICHR政府代表が国内アクターの要請を受け対話の場を提供した[59]。タイではAICHR政府代表はタイ市民社会アクターへ人権宣言のアウトラインを翻訳して提示した。インドネシア代表は人権宣言の鍵となる要素を含んだドキュメントを国内の市民社会アクターに提示した。フィリピン政府代表はAICHRと地域の市民社会アクターとの地域会合の後で、フィリピン市民社会アクターから意見を反映させるために人権宣言ドラフトそのものを提示した。フィリピンに関する限り、人権宣言ドラフトの内容で市民に開示を妨げるものはなかったというのが公開の理由であった[60]。マレーシアでは政府代表は法曹家協会理事会（Malaysian Bar Council）の要請に

---

[58] Shigemasa, "Long Process of Trust Building in Southeast Asia: ASEAN, Civil Society and Human Rights", pp. 103-6.

[59] ASEAN側の姿勢、特に事務総長の人権に対する姿勢もこの親和的関係を構築する上で重要である。前事務総長スリン・ピッワンの時代にすでにASEAN事務局と東南アジアの市民社会アクターとの人権対話の地域的ワークショップが2009年には開催され、市民社会の側はASEAN人権の促進と保護のためにASEAN事務総長の役割について提言を行っている。Civil Society's Inputs for the Role of the ASEAN's Secretary General to the promotion and protection of human rights in ASEAN, submitted to Regional Workshop on ASEAN Forum and Human Rights Dialogue between the ASEAN Secretariat and Southeast Asian Civil Society Organisations, Jakarta, 25-6 August 2009.

[60] フィリピンAICHR代表、ロサリオ・マナロ、筆者とのメールによる私信、2014年2月24日。

基づき、人権宣言について市民社会アクターとではなく、国内の弁護士たちと意見交換した[61]。

　人権宣言の策定過程で問題が明るみになるにつけ、市民社会アクターはASEANとの一層の対話の意欲を高めるなか、ASEAN事務局とAICHRは2012年度中にASEANが人権宣言を採択する前に二度、AICHRとASEAN人権宣言に関する市民社会との地域会合[62]（以下、地域会合と略記）を持った。ASEAN側は市民社会からの批判、提言、意見を人権宣言へ反映させる姿勢であった。問題はどの市民社会アクターを選定し、どのように関与させるかという点であった。市民社会の側からはASEAN人権宣言の質が国際人権文書の標準を下回っているという不満があり、これを是正すべく意見や提言を行いたいと考えていた[63]。

　ASEANとAICHRは地域会合に各加盟国から4つの市民社会組織（各組織から2名ずつ派遣）、そして少数の国際的人権NGOアクターを参加させることを決定した[64]。この市民社会アクターのなかではフォーラム・アジアはASEANから出席を断られている。同様に東南アジアプレス連合（Southeast Asian Press Alliance）、アジア先住民連盟（Asian Indigenous Peoples Pact）、国際人権連盟（International Federation for Human Rights）など地域的、国際的ネットワークをもつ市民社会アクターも出席を拒絶された。この理由にはAICHR代表達にどの地域的、国際的人権団体を招待するかコンセンサスがなかったうえ、ASEANの実態を踏まえず批判するだけの組織には一線が画された[65]。

---

[61]　John Liu, East Asian Program Coordinator of Forum-Asia, 筆者によるインタビュー、於バンコク、2012年8月28日。

[62]　英語表記で、the Regional Consultation of the ASEAN Intergovernmental Commission on Human Rights (AICHR) on the ASEAN Human Rights Declaration (AHRD) with Civil Society Organisations (CSOs) と称する。

[63]　Chalida Tajaroensuk, Director of People's Empowerment Foundation, 筆者によるインタビュー、於バンコク、2012年8月30日。

[64]　ASEAN事務局人権イシュー担当者、筆者によるインタビュー、於ジャカルタ、2012年9月3日。

[65]　John Liu, East Asian Program Coordinator of Forum-Asia, 筆者によるインタビュー、於バンコク、2012年8月28日、ASEAN事務局人権イシュー担当者、筆者によるインタビュー、於ジャカルタ、2012年9月3日、Sriprapha Petcharamesree、マヒドン大学教授兼AICHRタイ政府代表（当時）、筆者によるインタビュー、於バンコク、2012年

第4部　人権と安全保障

　クアラルンプールで6月22日に開催された第一回目の地域会合では出席した国内，地域，国際的市民社会アクターは書面で意見表明し，AICHR がそれに答える形で進められた。市民社会アクター側の意見を集約すると，AICHR 代表が国内市民社会アクターとさらに対話の機会をもつこと，一度も対話を行っていない加盟国にそうした機会を持たせること，ASEAN 人権宣言は国際人権文書（UNDP やウィーン行動宣言など）の標準を満たすこと，同人権宣言ドラフトが市民に開示されること，UNDP 以上の付加価値を持つようにすること，男女間や HIV 感染者に対する非差別の原則，移民や脆弱な立場にある労働者の保護，情報や意見の表明の自由，労働組合や結社の自由，国籍を選ぶ権利，地域特性が国際人権標準を制限するために使われないこと，SOGI（sexual orientation and gender identity）の自由などであった[66]。

　これらに対して，議長国のカンボジア政府代表は ASEAN 人権宣言が包括的かつ簡潔であること，市民に公開される前に政府（外相会談）に上程するのが外交手続きとして妥当であることを述べた。インドネシア政府代表は性と生殖の権利，フィリピン政府代表は子供の権利の重要性を述べ，マレーシアやタイ政府代表はマイノリティや先住民の権利，障がい者の権利の重要性を訴えた[67]。

　出席者の間で意見の分かれた点は国家的，地域特性と権利の制限に関する内容であった。インドネシアからの市民社会アクターは，国家的，地域的特性の明示的，暗示的な条件を含む条項の削除や権利と責任のバランスを含む条項の規定の削除を訴えた[68]。ラオス政府代表代行は人権宣言で提案された国家

　8月31日。スリパパによれば，ASEAN に critical（批判的）であることと，criticize（批判する）こととは別のことであるという認識であった。

[66] Summary Record of the Regional Consultation of the ASEAN Intergovernmental Commission on Human Rights (AICHR) on the ASEAN Human Rights Declaration (AHRD) with Civil Society Organisations (CSOs), 22 June 2012, Kuala Lumpur, Malaysia, adopted 2 February 2013, pp. 1-5.

[67] Summary Record of the Regional Consultation of the ASEAN Intergovernmental Commission on Human Rights (AICHR) on the ASEAN Human Rights Declaration (AHRD) with Civil Society Organisations (CSOs), 22 June 2012, pp. 5-7.

[68] Joint submission to the ASEAN Intergovernmental Commission on Human Rights on the ASEAN Human Rights Declaration by Civil Society Organisations and People's movements participating in the Fifth Regional Consultation on ASEAN and Human Rights, 22 June 2012, pp. 2-3.

的,地域特性は他の権利を侵害するものではなく,加盟国に今もある多様性と特性を反映したものであると弁明した。マレーシア政府代表は権利の制限のなかの公衆道徳 (public morality) を制限の基盤におくことを主張し,市民社会側,さらにフィリピン政府代表と意見を異にした。フィリピン政府代表は公衆道徳の用語が人権宣言ドラフトから取り除かれるべきであると表明した[69]。このように前述した「一般原則」のなかにみられる見解の相違は,市民社会アクターと AICHR,さらには AICHR 内部でも埋めることができなかったのである。

　第一回目の地域会合の後,AICHR は最初の人権宣言ドラフトを完成させ,7月の第45回 ASEAN 定期外相会議に提出した。AICHR は依然人権宣言ドラフトのなかの権利の制限,公衆道徳,権利と義務のバランス,国家的地域的特性,逸脱できない権利 (non-derogable rights),平和への権利などに実質的な課題が残されていることを伝えた[70]。これを受けインドネシア,タイ,フィリピンの外相たちは AICHR が市民社会とさらに協議が必要である旨を AICHR に伝えた[71]。9月にマニラで開催された第二回地域会合では市民社会アクター側は8つの文書を提出した。出席者はこのうち54の市民社会アクターが合意した文書を参照しつつ討議することで合意した。この文書には ASEAN を批判する団体などもエンドースしており,その点では批判的にせよ間接的に AICHR と連携しているといえよう[72]。このなかで市民社会側は人権の享有に制限や条件付けを取り除くこと,国際人権法や国際人権文書の価値を下回ることのないような人権保護を明確にコミットすること,国内法に人権履行が抵触しないこと,特定の集団の権利の保護が規定されていないことなどを修正する

---

[69] Summary Record of the Regional Consultation of the ASEAN Intergovernmental Commission on Human Rights (AICHR) on the ASEAN Human Rights Declaration (AHRD) with Civil Society Organisations (CSOs), 22 June 2012, pp. 7-8.

[70] Rully Sandra, programme coordinatior of Human Rights Resource Centre,筆者によるインタビュー,於ジャカルタ,2012年9月6日。

[71] ASEAN 事務局人権イシュー担当者,筆者によるインタビュー,於ジャカルタ,2012年9月3日。

[72] Joint submission to the ASEAN Intergovernmental Commission on Human Rights on the ASEAN Human Rights Declaration 12 September 2012 by Civil Society Organisations and people's movements participating in the Civil Society Forum on ASEAN Human Rights Declaration, 10-11 September 2012. フォーラム・アジアもこれをエンドースした54の団体の一つである。

第 4 部　人権と安全保障

よう訴えた。

　AICHR と市民社会アクターとの間での見解の相違，AICHR 代表間での見解の相違は，第一回目の地域会合の時にみられたように埋まることはなかった。タイ政府代表は公衆道徳，国家的地域的特性，逸脱できない権利では AICHR 間でコンセンサスが難しいことを認め，人権宣言はなるべく多くの市民社会の側からの意見を取り入れようとしたが，妥協の文書であることを伝えた[73]。マレーシア政府代表は公衆道徳が ASEAN 人権宣言に必要なことを引き続き主張した。レスビアン，ゲイなどのジェンダー指向（LGBT）を特別な権利として認めようと訴える市民社会側に対して，マレーシア，ブルネイ，シンガポールの政府代表はイスラーム法では認められていないことを根拠にこれを受け入れることはできない旨を説明した[74]。ラオス政府代表は依然，国家的地域特性を訴えかけていた。

　フィリピン政府代表はラオス政府代表とは異なり，ASEAN 人権宣言がウィーン宣言と行動計画（人権の普遍性，不可分性，相互依存性）を遵守しないのであれば，フィリピンは国家的地域特性の挿入に反対であり，現状では文化的相対主義が残っていることを認めた[75]。インドネシア政府代表は公衆道徳の削除には賛成であるが，AICHR 全体で意見の一致が取れないこと，彼自身はLGBT を含む脆弱な立場の人々の権利も差別してはならず，ASEAN 人権宣言のドラフトですべての人（every one）とだけ書かれていることは反対である旨を述べた[76]。このように争点になった条項で意見の一致をみなかった AICHR ではあるが，ASEAN 内で民主的かつ進歩的な加盟国外相たちは後に「ASEAN

---

[73] Summary Record of Second Regional Consultation of the ASEAN Intergovernmental Commission on Human Rights (AICHR) on the ASEAN Human Rights Declaration (AHRD) with Civil Society Organisations (CSOs) 12 September 2012, Manila, Philippines, adopted 2 February 2013, p. 2.

[74] Summary Record of Second Regional Consultation of the ASEAN Intergovernmental Commission on Human Rights (AICHR) on the ASEAN Human Rights Declaration (AHRD) with Civil Society Organisations (CSOs) 12 September 2012, p. 3.

[75] Summary Record of Second Regional Consultation of the ASEAN Intergovernmental Commission on Human Rights (AICHR) on the ASEAN Human Rights Declaration (AHRD) with Civil Society Organisations (CSOs) 12 September 2012, p. 3.

[76] Summary Record of Second Regional Consultation of the ASEAN Intergovernmental Commission on Human Rights (AICHR) on the ASEAN Human Rights Declaration (AHRD) with Civil Society Organisations (CSOs) 12 September 2012, pp. 3-4.

人権宣言採択に関するプノンペン声明」のなかでASEAN人権宣言が国際人権文書の標準を下回るという批判を受けつつも，政治文書であるがゆえに拘束力をもたないとはいえ，ASEAN人権宣言を完全に「実行」することの明文化に成功した。

Ⅳ　ASEAN人権宣言の成立と問題点

1　ASEAN人権宣言の調印と市民社会からの限定的影響

　9月の第二回地域会合の後，AICHRは最終ドラフトを国連総会に出席したASEAN外相に手交した。この過程でASEAN高級事務官僚会合（ASEAN-SOM）は外相へ最終版を提示する前に検討した結果，内容を若干修正した模様である。実際のASEAN人権宣言と第一回目の地域会合の後に明らかになったASEAN人権宣言ドラフト[77]とを比較しながら，本小節はAICHR間の議論，市民社会への人権宣言への貢献を主として聞き取り調査を基に説明する。AICHRの意思決定はAICHR依託事項パラグラフ6.1にあるようにコンセンサスである。コンセンサスの意味は全員が一致することを意味する場合もあれば，一人でも反対すればその意見を反映する場合（少数派の覇権[78]）を意味する場合もあれば，合意できないことを同意すると解釈は多様である。本小節で試みるASEAN人権宣言の決定過程の内容分析もそうしたコンセンサスの解釈の多様性に依拠していることを予め断っておく。

　前文ではドラフトには当初なかった「ASEAN地域における女性の地位向上に関する宣言」と「ASEAN地域における女性に対する暴力の撤廃に関する宣言」を含む人権を促進するうえでのASEANの努力の重要性を再び是認する，という文言が加わった。AICHRレベルではこの二つの文書に言及することを留保していたが，ASEAN-SOMがASEAN女性と子供の権利の促進と保護に関する委員会（ACWC）との会合の後で導入に踏み込んだ[79]。

　一般原則のなかの第6条ではラオス提案の人権と基本的自由の享受が責任と

---

[77]　ASEAN Human Rights Declaration, AICHR's Kuala Lumpur Draft as of 23 June 2012. 筆者はChalida Tajaroensuk, Director of People's Empowerment Foundationから2012年8月30日入手した。

[78]　Sriprapha Petcharamesree, "The ASEAN Human Rights Architecture" p. 52.

[79]　ラフェンディ・ジャミン，インドネシアAICHR代表，筆者によるインタビュー，於ジャカルタ，2013年8月27日。

義務の履行との釣り合いがとられなければならないことが変わらずに残っていた。第7条もドラフトとASEAN人権宣言の内容は同一であり，市民社会の抵抗にも拘わらず，人権の実現は政治的，経済的，法的，社会的，文化的，歴史的，宗教的な背景の違いを考慮しながら，地域的および国内的な文脈において検討されなくてはならないことが規定され，文化的相対主義が色濃く反映された。公共道徳の考えを導入し，権利の制限が提案され市民社会アクターからの反発を招いた第8条もドラフトと同様に人権宣言では同一の文言となった。

第9条の前半はドラフトと人権宣言は同一であり，人権と自由の実現においては，平等性，客観性，非選択性，非差別性，非対立性，二重基準と政治化の回避といった原則が，恒に支持されるべきであると規定され，次の後半部分は市民社会からの意見が反映された。「そうした実現の過程において，人民の参加，包摂性，説明責任の必要が考慮される。」

市民的政治的権利のセクションでは，第11条の生命に対する権利はドラフトから終始変化しない。「いかなる人も，法令によるものを除いては，命を奪われるべきではない」のなかの法令によるものを除いたのに対して，市民社会側は死刑廃止議定書に依拠し，この箇所の削減を求めたが同議定書を調印している加盟国はフィリピンのみであり，結果として反映されなかった。第20条の公平な裁判を受ける権利では，ドラフトから文言は変化していないが，さらに司法の独立の項を導入しようとする一部のAICHRの試みは反対に遭った。第22条では思想，良心，宗教の自由を規定している。この「宗教や信条に基づくあらゆる形態の不寛容，差別，憎悪の扇動は撤廃されなければならない」という規定はジャカルタに拠点をおくヒューマン・ライツ・ワーキンググループが同グループ出身のジャミンインドネシア政府代表と協働して宗教の自由を反映させることに成功した[80]。しかし，第24条ではドラフトでは平和的な集会の自由とともに結社の自由が規定されていたが，ASEAN人権宣言ではベトナムの反対に遭い，結社の自由は削除された[81]。

経済的，社会的，文化的権利のセクションでは第27条が仕事の権利を規定

---

[80] ラフェンディ・ジャミン，インドネシアAICHR代表，筆者によるインタビュー，於ジャカルタ，2013年8月27日。

[81] ベトナム社会主義共和国憲法第69条では，公民は言論の自由・報道の自由権を有し，情報を得る権利を有し，法律に従って集会・結社・デモを行う権利を有すると規定してある。荻野芳夫＝畑博行＝畑中和夫編『アジア憲法集 第2版』1129頁。

している。この条項もドラフトから人権宣言まで文言の変化はない。市民社会アクター，一部のAICHR代表が唱えていた出稼ぎ労働者への言及が第1項にない。第3項「子どもや若者を，道徳と健康に有害，または生命に危険，または教育を含めて正常な発達を阻害するような仕事に雇用する者は，法令によって罰せられる」との規定内に女性に対する搾取は明示的に示されていない。

第三世代の権利と称される「発展への権利」は1986年の国連総会で採択されたが，先進国から批判を浴びた権利である。この権利をめぐっては集団（国家，人民）の権利を指すのか，それとも個人の権利を指すのか，その両方を指すのか，さらに国家の権利であるとするならば個人の権利とどういう関係にあるのかなど意見の分かれる内容を含む[82]。インドネシア政府代表はこの発展への権利はDGの段階から内容を起草し，AICHRの中で最も強く主張した。彼によれば，ASEANにとって加盟国の開発のギャップを解決することが非常に大事でそのために，エンパワーメントと参画，ジェンダーに配慮，平等で持続可能性，国際協力の五点を強調した。これは市民社会からの賛同があり，第35条でドラフトにはなかった「持続可能な」の文言が付け加えられて，「ASEANのすべての人間と人民は，経済的，社会的，文化的，政治的な発展において，公平かつ持続的に，参加，貢献，享受，受益する資格がある」と規定された。ジャミンインドネシア政府代表はAICHRに選出されてからは自分の人権NGO（ヒューマン・ライツ・ワーキンググループ）の代表を辞しているが，協働歩調を取り，これらの文言の採択に至った[83]。また第36条ではこの協働作業は，「ジェンダーに配慮した（gender responsive）」の文言を挿入することに成功した。

「平和への権利」[84]はDG案には見られないが，ラオス，カンボジア政府代表がこれの導入に成功した。彼らの国が1970年代の戦争によって被った被害を

---

[82] 初瀬龍平『国際関係論――日常性で考える』（法律文化社，2011年）92-3頁。
[83] ラフェンディ・ジャミン，インドネシアAICHR代表，筆者によるインタビュー，於ジャカルタ，2013年8月27日，Yuyun Wahyuningrum, seniro advisor of Human Rights Working Group, 筆者とのインタビュー，於ジャカルタ，2013年8月30日。
[84] 「ASEANのすべての人と人民は，安全保障，安定，中立，自由に関するASEANの枠組みのなかで，平和を享受する権利をもち，それによって，この宣言で定められた権利が十分に実現される。この目的のため，ASEAN加盟国は，地域における平和，調和，安定を推進するための友好と協力を増進し続けるべきである。」

第4部　人権と安全保障

考慮し，戦災を繰り返すことなく発展すること，世界人権宣言では平和を享受する権利がないことが理由であった[85]。ASEANの設立前，設立後も地域紛争の絶えなかった地域に暮らす市民が平和に生きる権利を主張したのであった。この条項を作成するにあたり，AICHRは同じような戦争体験を経て発展した日本の憲法前文を参考にした。前文第二段の「平和のうちに生存する権利」がこれに該当する。しかし，この権利の挿入にはアメリカからの反対がAICHRにあった。国連人権理事会の場においても，2012年に平和への権利促進のための政府間作業部会の設置を決定はしたものの，先進国から平和は人権ではない，集団の権利は認められないなど異論が表出されている[86]。

国連人権理事会での議論の行方を待つまでもなく，ASEANは平和の権利を人権として認め，また加盟国がそのためにどのような行動をとるのかが問われることになる。この点でAICHR依託事項の改正を迎えている2014年は保護の側面，とりわけ個人通報や国家報告の義務を付加しようという動きやアドボカシーは一部のAICHR代表や市民社会の側からも表明されている。この点で平和への権利はASEANにとって付加価値となりうるものであろう。

2　相互批判を超えて——ASEAN人権宣言の使われ方，実施をめぐる論議

本稿はASEANにおける人権の位相をASEAN人権宣言策定の過程をたどることにより3つのレトリックの変化を分析した。人権の普遍性，不可分性，相互依存性は特殊性及びアジア的価値観を完全に払拭できたわけではなく，依然一般原則にみられるように残存している。国家と社会，市民との乖離においてはASEANと市民とのインターフェイスが出来つつあるのは事実である。人権宣言策定の過程でこうしたインターフェイスは（すべての関心を寄せる市民社会アクターが参加できたわけではないが）限定的ではあるが役割を果たしているといえよう。その一方で，ASEANのなかの新しい価値としての人権をこうした機会に捉え，外交政策を進める上で，人権に関して国内の市民社会の意見を吸収しようとする試みが始められている。インドネシアにおいて

---

[85] カンボジアAICHR関係者，筆者によるインタビュー，於プノンペン，2013年9月2日。

[86] 坂元茂樹「生まれつつある平和への権利——見果てぬ夢か」関西学院大学主催平和シンポジウム『平和への権利』（切り拓く未来報告書，2013年）10頁。

は 2009 年から外務省と人権 NGO や市民社会アクターが直接対話を行う場裡が M・ナタレガワ外相（Marty Natalegawa）のイニシアチブの元で始められた。この人権と外交政策との連関はフィリピンやタイでも胎動する可能性がある。

　第 21 回 ASEAN サミットで ASEAN 人権宣言が調印される前後に ASEAN は EU，国連，アメリカから，また域内の市民社会アクターから批判を受けた。アメリカ国務省は ASEAN 人権宣言が世界人権宣言のなかの普遍的な人権や基本的自由を弱体化し，衰退させる可能性があること，世界人権宣言と自由権規約の標準に沿う文書を用い，市民社会を包摂した透明な過程で ASEAN 人権宣言を修正する段階の機会をもつべきであると憂慮を表明した[87]。EU は ASEAN 人権宣言調印そのものは歓迎しつつも，ASEAN 人権宣言の実行が国際人権文書の標準と合致しないという問題を表明する必要があることを強調した[88]。国連人権高等弁務官はアメリカと同様の憂慮を示した[89]。

　ASEAN の対応はこのような批判や憂慮に対し，ASEAN 人権宣言そのものに「ASEAN 人権宣言採択に関するプノンペン宣言」を付し，2 つの文書を不可分にすることであった。特に後者に言及する必要がある。人権宣言前文そのもののなかには，「世界人権宣言，国連憲章，ウィーン宣言と行動計画，ASEAN 加盟国が締約国となっているその他の国際人権文書への，私たちの責務を再び是認し……」ASEAN リーダーは人権宣言を宣言した。後者の文書はこれを完全に実行する責務（our commitment to the full implementation of the AHRD）を明確に述べている。

　このプノンペン宣言の策定過程では域外からの ASEAN 人権宣言に対する圧力を受け，それを受け止め，実行しようとしたフィリピン，タイ，インドネシア，カンボジアの姿勢を窺うことができる。フィリピンは，アメリカから世界的な人権文書の価値を下回る ASEAN 人権宣言を調印しないよう圧力を受

---

[87] Victoria Nuland, Press Statement ASEAN Declaration on Human Rights, U.S. Department of State, 20 November 2012 <http://www.state.gov/r/pa/prs/ps/2012/11/200915.htm>

[88] European Union, Statement by High Representative Catherine Ashton on the adoption of the ASEAN Human Rights Declaration, Brussels, 22 November 2012 A533/12.

[89] United Nations News Center, "UN official welcomes ASEAN commitment to human rights, but concerned over declaration wording" <http://www.un.org.apps/news/story.asp?NewsID=43536&Cr=human+rights&Cr1=#.UKsKgI7qRou>

けたが，それを逆に利点にし，従来からの主張である普遍性，国際人権文書の標準を維持しようと他の ASEAN 加盟国にピア・プレッシャーをかけた。フィリピン外務省は当初，瑕疵のある人権宣言を是認，調印しようとは考えていなかった。アメリカや国連からの批判はフィリピンの考えと軌を一にするものであり，フィリピンの ASEAN 人権宣言調印拒否の姿勢は矛盾したものではなかった。このフィリピンの一貫した態度にインドネシアが説得を試みた[90]。その結果，プノンペン宣言の最後から2番目の「地域の人権の促進と保護を進展させるために ASEAN 人権宣言を完全に実行するわれわれの責務と是認する」という合意となった。インドネシアはタイとともにフィリピンを説得し，その過程で全加盟国に人権宣言を完全に実行することを認めさせた。フィリピンは文化的相対主義の残る文書そのものは歓迎することはできなかったが，完全実行の確約を他の加盟国から得ることで調印した。

ASEAN 人権宣言は AICHR の意図したとおり，全加盟国の母語に翻訳されており，今後人権教育の場で使われることになろう。ASEAN 人権宣言の実行について一例をあげる。ミャンマー国内人権委員会は同国が未締結の国際人権文書のなかで，ミャンマー政府に対して経済的，社会的，文化的規約の調印を慫慂する予定である[91]。ASEAN 加盟国がすべての締約国である2つの国際人権文書に加え，同国は 2012 年に障がい者権利条約を批准し，未加盟の国際人権条約に調印する傾向にある。こうした流れは ASEAN 人権宣言が創出した人権主流化へのディスコースであろう。プノンペン宣言にあるように，たとえ瑕疵のある人権宣言であっても完全実施する以上，自由権規約や社会権規約に未調印の加盟国にとっては ASEAN 人権宣言の実施がそれらの締結のハードルを下げることにつながるかもしれない。

---

[90] ラフェンディ・ジャミン，インドネシア AICHR 代表，筆者によるインタビュー，於ジャカルタ，2013 年 8 月 27 日，フィリピン AICHR 代表，ロサリオ・マナロ，筆者とのメールによる私信，2014 年 2 月 24 日。

[91] Nyunt Swe, Myanmar Human Rights Commissioner, 筆者によるインタビュー，於ヤンゴン，2014 年 2 月 18 日。

V 結びに代えて

　本稿は ASEAN の人権規範を過去のレトリックが今日的意味をもつのかという認識から始まり，AICHR の一つの業績といってもよい ASEAN 人権宣言の策定と内容を分析することで，それらのレトリックの妥当性を検討した。国家，社会，市民の乖離は徐々に狭まりつつあることは認められても，人権の普遍性，不可分性，相互依存性，アジア的価値観の名残は依然払拭されていない。ASEAN 人権宣言策定過程で ASEAN 加盟国の役割は国内の人権保障態勢と国家的アイデンティティにも規定されることが分かる。このアイデンティティはそう容易には集約される見込みはないように思われる。AICHR 代表もそうした制約のなかで活動し，コンセンサスの意思決定の制約を受けることになる。

　ASEAN 人権宣言と ASEAN 人権宣言採択に関するプノンペン宣言は一体で読まれるべきであり，特に後者の完全実施の約束は意義深い。つまり人権ディスコースの流れは ASEAN で不可逆になったと思われる。この点では ASEAN 人権宣言は内容そのものよりも，その策定過程で利害共有者の同意と反発を繰り返し，人権規範の表出を確定させたと考えられる。人権規範の内面化が進んでいくためには，国際人権文書の調印，批准が一様ではない ASEAN 加盟国の場合，ASEAN 人権宣言の規定内容がミニマム・スタンダードになり，これらを実行し ASEAN 人権レジームの形成に寄与することが今後の判断基準となるだろう。

　　＜謝辞＞
　本稿を 2014 年度アジア政経学会発表前に丁寧に読み様々な修訂点，コメントを寄せていただいた筑波大学首藤もと子先生，早稲田大学勝間靖先生にもこの場をお借りして御礼申し上げます。

19 在留国で家族を形成した外国人に対する退去強制と自由権規約

藤 本 晃 嗣

I はじめに

　本稿のII以下は，退去強制令書発付処分取消等請求事件（平成21年(行ウ)第119号）（以下，「本事件」）について，2010年10月に大阪地方裁判所に甲号証として提出した意見書を改訂したものである。本事件の原告（外国籍男性）は，強盗の罪で起訴され無実を主張し続けるも，最高裁判所が2006年に原告の上告を棄却したことで有罪判決が確定し，刑務所で服役した。原告は，服役中に入国審査官から出入国管理及び難民認定法（以下，「入管法」）24条4号リの退去強制事由に該当するとの認定を受け，2009年に大阪入国管理局から退去強制令書発付処分を受けた。本事件はこの処分の取消し等を求めた事案である。この時点で，原告は，その妻（日本国籍）との日本での婚姻生活が10年以上になり，夫婦には婚姻後にもうけた小学生の子どもがいた。

　意見書では，原告の弁護団が既に行った国際人権条約に基づく主張を補強するため，具体的には「市民的及び政治的権利に関する国際人権規約」（以下，「規約」）と「子どもの権利に関する条約」（以下，「子どもの権利条約」）の規定の内，本事件に関連する条項についての意見を述べた。意見書の性質上，注は最低限のものに止めた。

　なお，本稿では紙幅の関係から，意見書では展開した子どもの権利条約と子どもの最善の利益に関する検討[1]と，同条約と規約の本事件の事実への具体的な適用についての分析等を割愛し，編集している。意見書の作成に当たり，村上正直教授による意見書（平成20年(行ウ)第206号　退去強制令書発付処分取消

---

[1] この問題については，荒牧重人「国際人権条約から見た『強制退去』問題」『山梨学院大学法学論集』49巻（2003年）11-49頁が詳しい。

等事件）を参考にさせて頂いたことを，感謝を込めて記しておく。

II 日本の国法体系における条約

日本は，日本国憲法98条2項の規定に基づき，国際法について一般的受容体制を採用しており，条約は批准後の公布とともに自動的に日本の国内法としての効力を有する。そして，かかる条約の日本での国法体系の効力順位は，日本国憲法より下位で，かつ，国会の制定法よりも上位にあると解されている。従って，条約に反する国会の制定法は，条約に適合するよう改正されなければならず，条約に違反する国会の制定法に基づく行為は禁止されなければならない。以上から，日本の裁判所は，問題とされる国会の制定法とそれに基づく行為が，国内法としての地位を有する条約に適合しているかどうかが問われている場合，この点を判断しなければならない。

なお，こうした事案に対して，従来裁判所は，国際人権条約を直接適用して当該条約違反の有無を直接認定する（「直接適用」）一方で，日本国憲法若しくは国会の制定法の規定又はこれらに基づく行政行為を司法判断する際の指針として国際人権条約を援用する手法（「間接適用」）をみせてきた。どちらの手法も，日本国憲法98条2項の国際法の誠実な遵守義務に合致する。

従って，退去強制処分のように在留する外国人に出国を命じる処分は，国会の制定法に基づいているというだけでは不十分で，条約の規定にも合致していることが求められる。そうした条約として規約を挙げることができる。

III 外国人の出入国管理に関する国際法

1 マクリーン事件判決における一般法と特別法

国際慣習法上，外国人の出入国に関しては，その者が在留する国家に広範な裁量が認められてきた。周知のように，1978年の「マクリーン事件判決」において，最高裁判所は次のように述べるが，ここで示された国際慣習法上の原則に関する理解は正しいものと考えられる。

「憲法22条1項は，日本国内における居住・移転の自由を保障する旨を規定するにとどまり，外国人がわが国に入国することについてはなんら規定していないものであり，このことは，国際慣習法上，国家は外国人を受け入れる義務を負うものではなく，特別の条約がない限り，外国人を自国内に受け入れるかどうか，

〔藤本晃嗣〕　**19**　在留国で家族を形成した外国人に対する退去強制と自由権規約

また，これを受け入れる場合にいかなる条件を付するかを，当該国家が自由に決定することができるものとされていることと，その考えを同じくするものと解される……。したがって，憲法上，外国人は，わが国に入国する自由を保障されているものではないことはもちろん，所論のように在留の権利ないし引き続き在留することを要求しうる権利を保障されているものでもないと解すべきである。」[2]

これは「特別法は一般法を破る」とする国際法上の原則を反映させたものであり，外国人の出入国に関して国家は広範な裁量権を有するとの国際慣習法上の原則は「特別の条約」によって変更可能となるという理解が示されている。国際慣習法上の外国人の出入国管理に関する国家の広範な裁量権に制限を加える特別法としては，1953年に発効した「日本国とアメリカ合衆国との間の友好通商航海条約」の1条1項がある。被告（国）は，本条約のように「出入国に関する各国の裁量権を規制し，相互に外国人の出入国を保障しあう」ものに限り，「特別の条約」になり得ると主張する（『被告第1準備書面』4頁）が，以下では国際人権条約である規約もこれに該当することを立証する。

2　「特別の条約」としての規約

例えば，外国人の出国の自由に関して，規約の12条2項は，「すべての者は，いずれの国（自国を含む。）からも自由に離れることができる。」と定めており，この分野における規約の締約国の裁量を狭めている。もっとも，規約の締約国は，同12条3項（同2項に対する制限条項）が定める条件を満たせば在留する外国人の出国を拒否することができる。しかし，締約国はこの条件を満たさなければ当該外国人の出国を拒否できないという点で，かつて有していた広範な裁量権は制限されていると理解できる。

一方，本事件のように，外国人が在留国で家族を形成し，その家族構成員の中に未成年者がいる場合，この外国人に対して退去強制令を下し，国外へ退去させる国家の裁量権は広く，国際慣習法上認められていることは学説の一致するところである。しかし，規約はこの裁量権に対しても，その17条，23条及び24条で，次に示す通り制限を及ぼしていると考えられる。

なお，規約は，総則規定でもある2条1項で，締約国に対して「その管轄の

---

[2]　民集32巻7号1232頁。

下にあるすべての個人に対し，……いかなる差別もなしに」規約の人権保障を及ぼすよう要請している。従って，規約締約国の管轄の下にある者であれば，在留外国人やその家族の構成員に対しても，規約が定める諸権利の保障が及ぶことをまず確認しておく。

さて，規約17条1項の条文は，規約の締約国の「管轄の下にあるすべての個人」（例えば締約国に在留する外国人）の「私生活」，「家族」及び「住居」は，干渉されてはならないが，「恣意的」でない干渉や「合法」の干渉は許容されるとするものである。つまり，締約国が何らかの行為を在留外国人に対して行なった結果，それがその者の私生活や家族に対する恣意的な若しくは不法な干渉となれば，その行為は私生活と家族に関する権利侵害を構成し，17条1項違反となる。従って，在留する外国人に対して退去強制令を発付した場合，その者の在留国での私生活が干渉されたことになる。また，その者が在留国で家族を形成しており，退去強制令書が執行された結果，家族が離散してしまう場合，家族に対する干渉を構成することになる。特に規約では，その23条1項が，家族は社会と国から保護を受ける権利を有することを定めており，在留外国人とその家族の構成員にもこの条文の保護が，同2条1項の規定から当然に及ぶ。

なお，この家族の構成員に未成年者たる子どもが含まれる場合，その親に対する退去強制は，子どもの生活になんらかの負の影響を及ぼす可能性がある。規約は24条1項を設けて，家族，社会及び国による「未成年者としての地位に必要とされる保護の措置」を受けることを子どもの権利として保障している。つまり，在留外国人に退去強制令を発付する際，その者に子どもがいる場合，その子どもの「未成年者としての地位に必要とされる保護」を受ける権利に対する配慮が必要となる。

マクリーン事件判決で述べられた国際慣習法上の原則に従えば，国家は在留する外国人に対して自由に自国からの退去を求めることができる。しかし，規約の上記規定によれば，当該外国人に対して行なう退去強制は，その者が在留国において形成した生活基盤を奪うことになり，私生活に対する干渉になる。またその者が在留国において家族を形成していた場合，その家族生活とその他の家族構成員の家族生活になんらかの変更を加えることになり，家族に対する干渉に該当すると考えられる。特にその家族構成員の中に未成年者である子ど

もが含まれる場合，かかる干渉はその子どもの保護を受ける権利になんらかの負の影響を及ぼすことも考えられる。

但し，規約17条1項は，私生活や家族は「恣意的に若しくは不法に干渉され……ない」と定めており，こうした干渉は，恣意的ではなく合法的である場合に限り，可能ということになる。つまり，この「恣意的ではなく合法的に」在留外国人の私生活と家族に干渉するような退去強制処分であれば，締約国はこれを執行してもよい。こうした点で17条1項は，国家の退去強制に関する裁量権を制限している。

なお，規約17条1項の「恣意的に」という用語を，同条文上の「不法に」という用語と同一視する解釈は不当である。もしそのように解釈すべきであれば，同じ意味の用語を「若しくは」という用語で並列する必要性はなく，条文から「恣意的に」を削除し，「何人も，その私生活，家族，住居若しくは通信に対して不法に干渉され……ない」と同条は定められるべきであるからである。規約17条1項の条文を起草した準備作業を検討すれば，「恣意的に」と「不法に」とが同一の意味内容を持つものではないことが念頭に置かれていたことが分かる。国際連合の人権委員会第9会期において，本条の規約への挿入を提案したフィリピン代表の条文案にはすでに「不法に」という用語とともに「恣意的に」が用いられていた。同代表は，条文案の提案理由を述べた際，この2つの用語の趣旨について，該権利については法律による制限が必要であるが，それが恣意的と評価される場合には規約によって禁止されるべきであると述べている[3]。つまり，「恣意的に」という用語が本条に挿入された立法者意思としては，国家はその管轄下にある在留外国人を含む個人に対して，国内法に基づく手続に従っていることを理由にその者の家族に対する権利を不当に侵害することがあるので，これを規約によって違反と評価するために「恣意的に」という文言が採用されたのである。つまり，規約によって，個人の私生活や家族に国際人権条約の保障を及ぼそうとする立法者意思が，この「恣意的に」という文言に込められているのである。こうした事情を考慮しても，被告が主張するように「規約17条の『恣意的に』及び『不法に』とは，法による適正な手続によることなくという意味」（『答弁書』20頁）とするのは，適切さを欠く解釈

---

(3) U. N. Document, *E/CN. 4/SR. 373*, 1953, pp. 15-17. 拙稿「自由権規約の恣意性概念の展開(1)」『国際公共政策研究』16号（2005年）49-51頁も参照。

である。

　なお，規約13条は，合法的に締約国に在留する外国人を追放できる場合は，「法律に基づいて行なわれた決定」による場合に限ると定めている。被告は，この条文は「合法的に在留する外国人についてでさえ法律に従った退去強制が行なわれることを前提としている」として，「規約も，上記国際慣習法を前提として，退去強制の制度をどのように決定するかは国家の判断にゆだねているというべきである」（『答弁書』20頁）との結論を導き出している。しかし，このような解釈は，規約17条1項，23条1項及び24条1項の規定から容れられない。そもそも，規約は，先に見た2条1項で，締約国に「この規約において認められる権利を尊重し及び確保すること」を義務として課している国際人権条約であり，その第1の趣旨は，国家による人権侵害から，その管轄下にある個人を保障することにある。同13条は，その準備作業の検討から，外国人を正当な理由なく国外へ追放してきたこれまでの国家実行に転換を迫り，追放の際には特に手続的保障が必要であるとの観点から挿入された条文である[4]。つまり，国外退去の対象となる在留外国人に対しては最低限，形式的な手続的保障を認めるよう国家に要請しているのが13条の趣旨であり，この保障にのみ限定するとの趣旨の規定ではない。規約が定める人権保障規定の中から13条だけを特別に取り出し，あたかも外国人に対するする保障は手続的保障のみに限定するとの被告の考え方は，同条の準備作業から導き出すことはできない。また，そのような解釈は，先に述べた規約の趣旨を著しく歪めるものである。

　以上より，規約13条は，外国人を退去強制する場合，その国の国内法の手続に沿って行なわれなければならないとすることを定めるのみであるから，退去強制が引き起こした事態が，規約の他の条項に違反することがあってはならないことは言うまでもない。従って，規約は，外国人が在留国で家族を形成し，その家族構成員に未成年者たる子どもが含まれる場合，この外国人の退去強制に関して，同17条，23条及び24条の観点から，国家の裁量権を規制していると考えられる。

---

[4] 西井正弘「外国人の追放に対する手続的保障――規約第13条に関する個人通報事例の分析」『研究紀要（世界人権問題研究センター）』第6号（2001年）121-136頁参照。

3 小 括

 以上，規約が，マクリーン事件判決が言う「特別の条約」であることを立証した。規約は1979年に日本の国内法として公布されており，結果，現在において，外国人の退去強制に関する日本国の裁量が広いとは評価し得なくなっている。このことは，特に退去強制の対象となる外国人が，日本で家族を形成し，その家族構成員に未成年者たる子どもが存在する場合にあてはまる。

 次に検討すべきは，規約が外国人の退去強制に関する国家の裁量をどの程度まで制限しているのかということである。その際，規約の「恣意的に」などの条約上の用語の意味を明らかにする必要がある。この点を明らかにするに際し，規約が設置している履行監視機関である人権委員会の解釈が，重要な役割を果たす。

IV 規約の解釈に関する国際実行

1 規約の解釈方法

 国際人権条約に限らず，条約の条約文を解釈する際には，日本も締約国であり，従前の国際慣習法上の条約に関する諸規則を明文化したとされている「条約法に関するウィーン条約」（以下，「条約法条約」）に依拠することが求められる。条約法条約は，31条1項で，条約解釈規則を「条約は，文脈によりかつその趣旨及び目的に照らして与えられる用語の通常の意味に従い，誠実に解釈するものとする。」と定める。そして，この条文中の「文脈」とは，同条2項が，「条約文（前文及び附属書を含む。）」と他に2つを含めるとしている。また，同32条では，条約文の解釈の補助手段として，「条約の準備作業及び条約の締結の際の事情」に依拠することができるとしている。

 このように，条約法条約は，「用語の通常の意味」を「文脈によりかつその趣旨及び目的に照らして」明らかにすることを基本にしつつ，「意味」を明らかにするための要素を定めている。条約法条約に従った解釈の具体例は，IIIで示した規約の解釈である。ここでは，条約法条約の31条1項に基づき，各国際人権条約の「趣旨及び目的に」照らして当該条文を解釈し，文脈として「条約文」を用いた。そして解釈の補助手段として，同32条に依拠し，「準備作業」についても言及した。

 規約は28条で，人権委員会（以下，「委員会」）を設置しており，同委員会は

その活動を通じて規約の規定の解釈を独立の立場から示している。この解釈権限は，規約40条4項及び42条7項並びに規約の選択議定書である「市民的及び政治的権利に関する国際規約の選択議定書」（以下，「議定書」）5条4項に基づいて認められている。議定書が設ける「個人通報制度」を通じて，委員会は具体的な事件を規約に照らして司法的に判断し，それを「見解」として表明する。また，委員会は，規約締約国から提出される規約の遵守状況が記載された定期報告書を，同40条に基づいて審査し，その結果を「総括所見」として公表する。また，これらの活動に基づき，委員会は規約の規定を解釈した「一般的意見」を公表している。これらで示される，委員会の規約解釈は，締約国に対して法的拘束力を及ぼすものではない。しかし，委員会を構成する委員18名は，「高潔な人格を有し，かつ，人権の分野において能力を認められたこの規約の締約国の国民で構成する。この場合において，法律関係の経験を有する者の参加が有益であることに考慮を払う」と規約28条2項で定められている。また，その活動は20年以上にも及び，その間様々な締約国の規約の履行状況を監視し，規約の解釈と適用に関して最も多くの経験を積んできている。

　こうしたことから，委員会の解釈に法的拘束力がないからといって，これを無下に無視することは，履行監視制度を導入した規約の趣旨からみて望ましいことではない。むしろ，各締約国は，委員会の規約解釈を尊重し，もしその解釈が受け入れられないのであれば，説得力のある反論や説明をする必要性が生じよう。従って，締約国が規約の条文を解釈する際には，委員会の条約の解釈を十分な重みのあるものとして常に尊重する必要性があり，それは，条約法条約31条1項が条約解釈において求める「誠実に解釈」をすることに適うと考えられる。

2　人権委員会の規約解釈と外国人の退去強制
(1)　出入国管理に関する締約国の裁量権に対する制限

　委員会は1986年に，「規約に基づく外国人の地位」と題した一般的意見15[5]を採択し，その5パラグラフにおいて次のように述べる。

---

[5] U. N. document, *HRI/GEN/1/Rev. 7*, 2004, pp. 140-142.

〔藤本晃嗣〕　**19　在留国で家族を形成した外国人に対する退去強制と自由権規約**

「規約は，外国人が締約国の領域に入国し又はそこに居住する権利を認めていない。領域内に誰を受け入れるかは原則として，当該国家が決定する事項である。しかしながら，例えば，無差別，非人道的取扱いの禁止及び家族生活の尊重について考慮する場合など，ある状況の下においては，入国又は居住に関しても外国人は規約の保障を享受し得る。」

ここでは，第1文と第2文で，マクリーン事件判決がいう国際慣習法上の原則について述べられているが，第3文においては，外国人の入国や居住に関しては，規約の規定の適用があることが確認されている。かかる規定として26条（無差別），7条（非人道的取扱いの禁止）並びに17条及び23条（家族生活の尊重）などを，同第3文に基づいて挙げることができる。つまり，出入国管理に対する規約の締約国の裁量権は，それが規約の定める諸権利を侵害しない範囲で認められるもので，国際慣習法に比して狭いものとされている。そこで，次に検討するのは，締約国の裁量権に対してどの程度の制限が加えられているかという点になる。

(2)　締約国の裁量権に対する制限の幅

委員会は1988年に，「私生活，家族，住居及び通信の尊重並びに名誉及び信用の保障」と題した，規約17条に関する一般的意見16[(6)]を公表している。委員会はまず，同条1項の「不法に」について次のようにその意味を明らかにしている。

「『不法に』とは，干渉が，法が想定する場合以外には行なわれ得ないということを意味する。国家により認められる干渉は，法に基づいてのみ行なわれることができ，その法自体は，規約の規定，趣旨及び目的に一致するものでなければならない。」（3パラグラフ）

もっとも，本一般的意見では更に，干渉の基礎となる法は，「かかる干渉が許容される精確な状況を詳細に特定しなければならない」（8パラグラフ）ことを要請している。そして，規約17条1項の「恣意的」の意味について，次のように述べる。

「『恣意的に干渉』との表現は，法に基づき定められた干渉との意味を超え得る

---

(6) *Ibid.*, pp. 142-144.

ものでもある。恣意性という概念が導入された意図は、法が定める干渉であっても、規約の規定、趣旨及び目的に則ったものでなければならず、いかなる場合においても、特定の諸事情の下で合理的でなければならないことを保障することにある。」（4パラグラフ）

このように、委員会は、17条1項が定める人権に対して制限を課す場合、それが不法な干渉、恣意的な干渉であってはならないことを明らかにし、「不法」と「恣意的」という意味をそれぞれ明らかにしている。この場合、人権保障の精神が尊重され法治主義が貫かれている日本も含めた殆ど多くの近代国家においては、「不法」な干渉はほとんど発生しないと考えられる。従って、この点は、本稿では取り上げない。問題は、17条1項が定める人権に対して、その国の法に則った干渉がなされたとしても、いまだそれが「恣意的」な干渉なのかどうかということである。委員会が一般的意見16でいう恣意性の意味を具体的に明らかにするためにも、以下では個人通報制度で検討された事例を紹介する。

Winata v. Australia 事件

まず検討するのは、2001年に採択されたWinata v. Australia 事件[7]である。この事件は、委員会が初めて締約国の出入国管理行政に対して規約17条1項と23条1項の違反認定をしたものある。事件の概要は、オーストラリアに合法的に入国し、在留期間満了後も同国に不法に在留するインドネシア出身の男女（男性は1985年入国、女性は1987年入国）が同国で知り合った。その後、1988年から2人は夫婦同然の同棲生活に入り、同年に子ども（Barry Winata）が出生した。子どもは10歳の時（1988年）にオーストラリア国内法に基づき同国国籍を取得し、その翌日、両親はインドネシアでの迫害のおそれを理由にオーストラリア政府に保護ヴィザを求めた。しかし、これは同国政府によって認められず、逆にインドネシアへ追放されることが決定された。そこで、この夫婦（Winata夫妻）が、追放措置の執行は、家族の離散につながることから、規約17条、23条1項及び24項違反として、本件通報を行なったものである。

本件に対して、委員会の結論は次の通りである。まず、オーストラリア政府が、子どもがその父母と共にインドネシアに赴くか、オーストラリアに独りで

---

(7) U. N. Document, *CCPR/C/72/D/930/2000*, 2001.

留まり家族が離散するかの決定は家族が行なうもので，どちらを選択するかは同政府の関与するところではなく，規約17条の干渉は存在しないと主張したことに対して，委員会は次のように述べている。

「両親の追放措置と，締約国に10年間居住後同国の市民権を得た13歳の子どもが同国に1人で残留するのか両親に同行するのかの選択を当該家族に強制する締約国の決定は，少なくとも，本件のように［同行又は残留の］いずれの場合でも，長期にわたって安定した家族生活に対する実質的な変更を伴うであろう場合には，家族に対する『干渉』とみなされなければならない。故に，かかる干渉が恣意的であり，規約17条に反するかどうかという問題が生じるのである。」(7.2パラグラフ)

「締約国が，自国法に基づき，限られた在留の許可の期限を越えて自らの領域に残留する者に出国を要請できることは，規約に基づき，確実に異論のないところである。子どもが出生した事実や，法の運用によってかかる子どもが出生により又はその後に国籍を得たということ，それ自体では親の一方又は双方を追放しようとすることを恣意的と評価するには十分ではない。従って，締約国には自らの出入国管理政策を執行し，不法に残留する者に出国を要請する余地が十分にある。しかしながら，かかる裁量は無制限なものではなく，ある特定の状況では恣意的に行使される場合もある。本件においては，通報者の双方が14年以上もオーストラリアに滞在している。通報者の息子は13年前の誕生からオーストラリアで育ってきており，普通の子どもとしてオーストラリアの学校に通学し，こうしたことに付随する社会的関係を発展させてきた。この期間に鑑みれば，恣意的な性格であることを避けるために，締約国は自国の出入国管理法を単に執行するという以上に，両親を追放することを正当化する追加的な要素を示さなければならない。それ故，委員会は，特定の状況においては，通報者の締約国による追放は，もしそれが実施されれば家族に対する恣意的な干渉を構成することになり，被害者であると主張するすべての者に対して，規約23条と関連しての17条1項違反となる。これに加えて，Barry Winataについては，未成年者としての必要な保護の措置が提供されなかったことから，規約24条1項違反となる。」(7.3パラグラフ)

本件において，まず委員会は，「長期にわたって安定した家族生活に対する実質的な変更を伴う場合」，当該退去強制が規約17条1項の「干渉」に該当するとしている。実際，国外退去を逃れるための偽装結婚等があることや国家が当該外国人を退去強制する権限が規約に反しないことを前提にすると，退去強制等の措置によって保護される「家族」の概念をこのように明確化する作業は

第 4 部　人権と安全保障

必要であろう。

　但し，委員会は，「長期にわたって安定した家族生活に対する実質的な変更を伴う」退去強制が恣意的である場合に，この措置が規約 17 条 1 項違反となるとの考え方を示している。委員会は，本件で恣意的な干渉の存在を認定したわけであるが，その判断の手法は次のように整理できる。即ち，Winata 夫妻への退去強制の目的は，出入国管理法の執行による不法滞在者に出国を求めるという点で正当であると認められる。しかし，この手段は，① Winata 夫妻のオーストラリア社会での長期に及ぶ定着性と②家族を構成する子どものオーストラリアへの長期間かけての統合性を破壊する結果を導くことになり，これは規約の認めるところではない。つまり，本件での国外退去の目的と，それによる家族の定着した土地からの引き離し，または家族離散を防ぐために両親の退去先へ子どもが同行した場合にその子どもが被る不利益は均衡しないという判断である。

　子どもに係る②の認定に関しては，オーストラリア政府が，子どもがインドネシアへ両親と同行すれば家族の離散につながらないとの主張を強く展開していたので，これに委員会が対応したものと考えられる。では，子どもが同行せず，オーストラリアに滞在した場合，委員会はどのように考えていたのであろうか。それは規約 24 条違反認定の中に込められている。つまり，「未成年者としての必要な保護の措置が提供されない」ことは，子どもがインドネシアに同行しても，オーストラリアに 1 人で残留してもどちらの場合でも保護が提供されない事態になるとの認識が込められていると考えられる。なお，本件でオーストラリアは，子どもが同国に残留したとしても，同国は子どもを保護する立法を含めた措置があると説明していた。また，両親がインドネシアに到着後，親を呼び寄せるビザ（parent visa）を申請すれば，オーストラリアで家族が再統合できるとしていた。このような説明にも係らず，委員会が「未成年者としての必要な保護が提供されない」との結論に至ったのは，子どもがオーストラリアに 1 人で残留した場合，未成年者としての子どもには，親の存在が必要との判断があったことを窺わせている。

　委員会の以上のような判断の枠組みは，家族に係る権利と家族の構成員で未成年者たる子どもの権利を重視する姿勢が根底にあると考えられる。このような考え方は，規約が 17 条 1 項とは独立して，家族が保護を受ける権利を定め

468

た23条を，更に子どもは未成年者としての地位に必要とされる保護を受ける権利を定めた24条を特別に独立した条項として定めていることから，不合理なものではない。

　もっとも，こうした解釈は，1990年代以降，国際社会において家族と子どもの保護が国際社会の共通の関心事になっていることを考慮すれば，これと軌を一にしていると考えることができる。例えば，国際連合は家族の重要性に対する認識を高め，家族の福祉を助長するため1994年を「国際家族年」に指定した。その5年後の1999年には，『国際家族年のフォローアップに関する国際連合事務総長報告書』[8]が公表され，そこでは「あらゆる行動と政策が家族に影響を及ぼすものであり，又家族を支援及び強化しようとする取組みの中で否定的な結果を排除するための具体的な措置が必要であるという共通の理解が存在する。」との指摘がなされている。未成年者としての子どもの権利に関しては，子どもの権利条約が，「子どもの最善の利益」をあらゆる場面で考慮するよう締約国に求めている。また，こうした委員会の立場は，改めて後述するが，欧州人権裁判所の判決と概ね軌を一にするもので，国際的に突出したものではない。

Canepa v. Canada 事件

　さて，委員会の審査基準をより明らかにするため，Canepa v. Canada 事件を検討する。本件の通報者は，イタリアで1962年に出生したが，5歳の時に両親とともにカナダに移住し，永住者としてカナダに居住してきた。通報者は1978年から87年までの間に，住居侵入，窃盗又は麻薬の所持など37回もの有罪判決を受け，幾度かは拘禁刑を受けた。通報者の犯罪行為は13歳以降のヘロインの常習によるものであるが，リハビリ治療の成果で1988年から1990年の間は薬物を使用しなかった。しかし1990年には再び麻薬を使用し有罪判決を受けている。通報者は1985年に，その犯罪歴故に追放命令を受けており，本件はこの措置が規約17条に違反するかどうかが争われた。なお，通報者の家族構成は両親と弟の4人家族である。

　委員会は，本案において，「通報者のカナダからの追放はその家族生活に対する干渉」（11.4パラグラフ）であることを確認した上で，次のように述べて

---

(8) U. N. Document, *A/54/256*, 1999.

第4部　人権と安全保障

規約17条1項違反はないとの判断を示した。

　「通報者は……多くの犯罪行為を行なってきており，その多くが自身の薬物依存に起因する薬物を購入するため犯罪を行なった。通報者に対する追放は，公の利益の観点から必要であり，この者の更なる犯罪活動から公共の安全を守るためものものに必要と考えられる。通報者は，17歳から31歳でカナダから追放されるまで，（1987年から1988年の期間を除いて）ほぼ継続的な犯罪歴を有している。通報者には配偶者と子どもがいないが，イタリアには拡大家族（extended family）がいる。通報者は，自身のイタリアへの退去強制によって，どのようにカナダに残る家族との絆が回復不可能なまでに深刻になるのかを立証していない。通報者の家族は，通報者がその犯罪性向と薬物中毒の克服に際して支援と助言を行なうことがほとんどできていない。この点に関して，通報者は，将来自身の家族の支援と励ましが自身にとって将来有益であろうことも立証していない。通報者の家族の絆に係るような経済的な依存関係は存在しない。通報者に対する家族の支援が，将来通報者の助力になる可能性と通報者の家族からの分離により通報者の状況を悪化させる可能性が示されていない。カナダからの通報者の追放が自身の家族，そして私生活や住居に対する恣意的な干渉であるとの結論に委員会が導かれるような，通報者とその家族に特徴的な状況が存在しないことは明らかである。」（11.5パラグラフ）

　委員会は，本件において，通報者を追放する目的として保安上の理由を挙げており，通報者の麻薬依存に起因する継続的な犯罪行為をその補強証拠として挙げている。一方，この追放の結果，通報者は自身の薬物依存とそれに起因する犯罪行為を抑止するための家族の支援を失い，また，通報者と家族との経済的な依存関係も失われることも念頭においている。しかし，委員会は，失われるであろうこうした利益はそもそも存在しないとの認定を下しているので，通報者の家族からの引き離しは通報者にとっても，他の家族構成員にとってもかかる利益を減じることはないとの判断に至ったと考えられる。こうした利益を委員会は「家族の絆」という用語で説明していると考えられる。またこうした事情を踏まえて，通報者がイタリアに追放された後も，ある程度の従前通りの家族関係は維持されることから，家族との絆が「回復不可能なまで[の]深刻さ」に至らないとの認定に至っている。このように，委員会は当該家族の実情を具体的に検討する姿勢を示した上で，通報者の家族からの離散によって，家族に対して甚大な被害が及ばないことを認定していると考えられる。もっとも，

委員会はこれらの利益の存在を通報者が立証していないことを以って違反認定を下さなかったが，これらがもし立証されていたのであれば，委員会の結論に変化があったことも窺わせている。

なお，委員会は，通報者の追放先のイタリアでは通報者の拡大家族がいる点が触れられている。これは追放先において通報者が被る不利益が大きくないことの指摘であり，家族への干渉による当該個人が失う利益に対しても具体的な検討を示していると言えよう。このように，退去強制措置によって家族が離散する場合，その被追放者も含めた家族の個別的な利益を詳細かつ具体的に検討していく手法は，規約が独立して23条を定めていることなどからみても，適切な方法であろう。

最後に，本件で見せた委員会の均衡性審査を纏めておくと，通報者の退去強制を行なうのは，この者の継続的な犯罪行為からカナダの安全を守るためである。この目的に沿ってなされる退去強制の手段は，通報者とその家族が有する規約が保障する家族に関する権利を大きく損ねる結果を伴うものではない。従って，通報者への退去強制が均衡性を損なう手段とは言えない，というものであろう。

なお，Canepa事件とWinata事件において検討された要素は，次のようになるとの分析がなされている[9]。

① 追放に導いた本人の行動又は本人の存在が居住国に及ぼす影響（犯罪の場合には，犯罪の性質や重大性，頻度など）
② 被追放者の居住歴
③ 居住国における家族の状況
④ 追放先における家族の状況
⑤ 追放措置による家族関係の断絶の有無
⑥ 家族関係から分離されることによる，被追放者本人に生ずる影響
⑦ 被追放者と家族の依存関係
⑧ 家族構成員が被追放者に同行する場合に，そこで遭遇するおそれのある障害

委員会の検討手法としては，こうした要素を事件ごとに具体的に検討しなが

---

[9] 村上正直「Winata v. Australia 事件」『国際人権』13号（信山社，2002年）107-109頁。

ら，当該個人に対する国外追放の目的と，それに伴う結果や効果が規約23条と24条が定める権利の侵害の程度とが均衡しているかどうかを検討するという手法で確立していると言えよう。最後に，こうしたことを確認するためにも，近年判断が示された Madafferi v Australia 事件[10]を見ておく。

Madafferi v Australia 事件

本件の概要は次の通りのである。イタリア国籍をもつ通報者は1989年，オーストラリアに合法的に入国したが，定められた六ヶ月の在留期間を過ぎた後も同国に留まった結果不法滞在者となった。1990年には，オーストラリア国籍の女性と結婚し，その後4人の子ども（2001年の通報時の年齢はそれぞれ10歳，8歳，5歳，0歳）をもうけた。この4人の子どもはいずれもオーストラリア国籍を有する。1996年に通報者は，オーストラリアで配偶者資格での在留申請を同国の移民及び多文化問題局に対して行なったが，その際，かつてイタリアで複数の有罪判決を受けた事実を申請しなかった。この事実はまもなく明るみになり，翌年オーストラリア当局は，過去に有罪判決を受けたことが同国の移民法が定める「悪質な性向（bad character）」に通報者が該当するとして，在留申請を認めなかった。なお，2001年に通報者は同国の入管施設に収容されたが，そこで精神疾患に罹患した。通報者は，自身がイタリアに追放された場合，家族の一体性が侵害され，また子どもの権利も侵害されると主張した。

まず，委員会は，4人の未成年者の子どもがいる家族の父親を国外追放し，家族に父親と同行するかオーストラリアに残留するかの選択を迫る締約国の決定は，いずれにしても「長期にわたり安定した家族生活に実質的な変更を迫る」ものであることからも，家族に対する「干渉」であると述べる。そして，家族構成員の1人が締約国の領域を離れる一方で他の構成員が在留の資格を有するという場合，本件の家族生活に対する干渉を評価するためには，「締約国が当該個人を退去する理由の重要性」と「かかる退去により，家族とその構成員が直面するであろう困難さの程度」を検討しなければならないと述べた。そして，次のように述べている。

「本件で，委員会は，オーストラリアでの通報者の不法滞在，移民及び多文化問

---

[10] U. N. document, *CCPR/C/81/D/1011/2001*, 2004.

題局に対する通報者の不誠実な供述，そして20年前のイタリアでの犯罪行為を理由とした通報者の「悪質な性向」該当性から通報者の退去を締約国が正当化していることに留意する。委員会はまた，イタリアにおいて通報者に執行されていない判決が破棄され，執行されていない逮捕状も存在しないことに留意する。委員会は同時に，14年間継続してきた家族に対して課すことになる困難さが相当なものになることに留意する。通報者の妻と子ども達が家族の離散を避けるため，イタリアに移住することを決意した場合，居住することになるイタリアは家族が知らない国で，現在13歳と11歳の子どもはイタリア語を話すことができない。家族は，こうした困難に直面するだけではなく，メンタルヘルスが深刻な状況にある夫であり父親である通報者の介護もしなければならない。このような本件での具体的な状況において，委員会は，通報者をオーストラリアから退去させる……決定に至った締約国が提示する理由は，上で示した程度において家族に干渉し，かつ未成年者としての地位に必要とされる保護の措置についての子ども等の権利の侵害を十分に正当化できる程度に差し迫ったもの（pressing）ではない。」（9.8パラグラフ）

このように述べた上で，委員会は，当該退去強制が執行された場合，家族に対する恣意的な干渉となって，「規約23条と関連して同17条1項に反する」とした。特に4人の子どもに対しては「未成年者として地位に必要とされる保護の措置が提供されないことから，同24条1項違反である」としている。委員会の審査の手法はこれまでと変わることがなく，また，事案ごとに考慮すべき事情を取り上げ，それを具体的に検討する姿勢をみせている。本件は，Winata事件と同様に，子どもを有する親に対する退去強制が問題となっているが，Winata事件では両親が，本件では父親が退去強制の対象となっている点で違いがある。こうした点を考慮に入れると，規約の観点から非難されるべき子どもの親から分離は，両親からの分離だけではなく，父親からの分離も含まれることになる。

なお，本件では，当該退去強制が家族離散の結果をもたらす場合，この措置が結果と均衡するためには，「差し迫った」状況があることが必要とされるとの基準が示されていると考えることができる。つまり，当該退去強制の目的に緊急性がある場合，追放対象者が家族を形成し，その構成員に子どもが含まれるとしても，恣意的な家族に対する干渉にはならない可能性があるという考え方である。Kanepa事件では，通報者側の立証が十分でなかった点もあるが，

通報者の犯罪行為が継続的にカナダの治安に影響を与えていたこと，その犯罪行為の原因が絶たれていないことが，違反認定に至らなかった理由の1つであることを考慮すると，本件で委員会が提示した基準は正当なものであろう。またWinata事件においても締約国の提示した追放措置の理由に緊急性があったとは考えられない。

(3) 小　括

　ここで，在留国で家族を形成している外国人に対して退去強制がなされる場合，どのようなケースが，規約17条1項が禁じる恣意的な干渉にあたるのかを纏めておこう。まず，あらゆる場合の家族の構成員に対する退去強制が「干渉」となる訳ではない。委員会の判断基準によれば，在留国で「長期にわたり安定した家族」又はその構成員に対する退去強制が，17条1項のいう「干渉」とみなされている。この「長期」の期間がどの程度の期間を指すのかは明確ではない。在留が許可されなかった時点では，Madafferi事件では11年間の夫婦生活，Winata事件では10年の夫婦生活，Kanepa事件では追放命令を受けた時点で23年間の家族生活（カナダでは18年間）となっているが，具体的な期間を特定する必要性はないであろう。この期間は，家族としての実体が備わっているかどうかを判断する1つの基準であるに過ぎない。

　もちろん，こうした家族に対する干渉の全てが規約17条1項違反となる訳ではない。そこでは，退去強制の目的が検討され，退去強制によって生じる被追放者とその家族構成員が有する規約23条と24条が定める権利への侵害の程度が退去強制の目的と均衡したものになっているのかということが検討されている。均衡しているかどうかの基準としては，規約23条と24条に基づく権利が重厚に保障されていることが基礎となっており，これを侵害することができるのは，干渉の目的が差し迫った政策目的を追求するためである場合である。その結果，均衡性が維持されていない干渉と判断されれば，規約17条1項違反の恣意的な干渉になる。なお，この判断をするに際して，退去強制の対象となっている外国人が，在留国で成長した子どもの父親であるか母親であるかは，一切問題とされない。問題とされるのは，当該外国人が子どもの親であるかどうかである。

　なお，均衡性を検討する場合，事案に固有の様々な要素が具体的に検討され

なければならない。これは、委員会が、締約国に対して、あらゆる外国人を退去強制してはならないことまでも求めているのではないこととからの要請とも言える。退去強制の対象となる外国人に規約が認めている権利や自由と締約国の保護法益とを絶えず比較考慮するように求めているのである。そして、その外国人に家族、その家族構成員の中に未成年者としての地位を有する子どもがいる場合は、慎重な対応を締約国に求めていると考えられる。

さてこのような委員会の解釈であるが、欧州評議会による地域人権条約である「人権及び基本的自由の保護のための条約」（以下、「欧州人権条約」という。）に基づく欧州人権裁判所の解釈と軌を一にしていれば、現段階での国際法上の到達点を示していると考えられる。そもそも欧州人権条約は、世界人権宣言を基礎として、更に国際連合の人権委員会が作成した規約の草案に基づき作成されている。また、この条約に基づく欧州人権裁判所の判決は法的拘束力を有し、イギリス、ドイツ、フランスといった欧州評議会に加盟する欧州47カ国に対して人権保障の基準を提示している。欧州人権条約は欧州地域における国際人権条約ではあるが、以上の事情を勘案すれば、欧州人権裁判所の解釈と一致する委員会の解釈は、現段階での国際基準を現している1つの証拠となると考えられる。

3 欧州人権裁判所と外国人の退去強制

欧州人権条約は、8条で家族生活の保護を定めている。欧州人権裁判所は、本条に基づき、同条約締約国による退去強制処分や在留許可不認定処分などが、「家族生活」への「公の機関による干渉」とみなされた上で、その条約適合性に関する判例が積み重ねられてきている。判例では、この条約適合性の判断基準として、かかる干渉の結果や効果が出入国管理政策の正当な目的に均衡するかどうかを、事件に固有のさまざまな要素を検討しながら判断されてきている。ここでは、そうした欧州人権裁判所の代表的な判例を紹介し検討する。

Berrehab v. The Netherlands 判決

まず検討するのは1988年に下された Berrehab v. The Netherlands 判決[11]で

---

[11] European Court of Human Rights (Hudoc), hudoc.echr.coe.int/sites/eng/pages/search.aspx?i=001-57438, accessed July 1, 2014.

ある。本件では、モロッコ国籍を有する男性（Berrehab 氏）がオランダで、オランダ国籍を有する配偶者と離婚した結果、オランダ政府から在留資格の更新を拒否された事件である。なお、本判決が下された時には、Berrehab 氏には9歳を迎えた娘がいたが、元配偶者がこの娘を養育していた。欧州人権裁判所は判決で、「欧州人権条約は原則として、締約国が外国人の入国と在留期間を管理することを禁じてはいない」と述べた上で、家族生活に対する干渉が欧州人権条約8条のいう「民主的社会において必要なもの」とみなされるためには、「干渉が差し迫った（pressing）社会的必要に対応したものであり、かつ、特に追及されている正当な目的に均衡したものであること」（28 パラグラフ）が必要されると述べた。そして次のような判断を示して、本件のオランダの措置が、欧州人権条約8条違反であるとの判決を下した。

> 「追求されている目的に関して、裁判所は、本件が初めてオランダに入国を求める外国人に関するものではなく、既に数年にわたりオランダで合法的に居住し、オランダで住居と職業をもち、オランダ政府には非難すべき主張がない者に関するものであることを強調する。さらに、Berrehab 氏は、オランダで現実の家族の絆を持っている。彼は、オランダ国籍の女性と婚姻し、結婚による子どもがいる。
> 　干渉の程度については、Berrehab 氏とその娘との間には数年間にわたる大変密接な絆が存在し、独立した在留許可の許否と追放の結果は、かかる絆を裂くことになりかねない。この娘が、大変幼いことを特に鑑みると、自身の父親との接触を保っておく必要性があるので、当該干渉のこのような効果は、より深刻なものである。
> 　欧州人権裁判所は、本件に特有の事情を考慮すれば、関連する諸利益の間で適切な均衡が達成されておらず、それ故、採られた手段と追求されている正当な目的とが均衡していないと判断する。」（29 パラグラフ）

本判決では、委員会とほぼ同じ審査基準が用いられており、本件に特有の事情が具体的に検討されている。蛇足ではあるが、本判決では、父であるBerrehab 氏とその娘との絆は裂いてはならないもので、その理由としてこの娘が未成年者たる地位を有することが挙げられている。こうした欧州人権裁判所の未成年者である子どもの権利を重視する考え方も、委員会の考え方と同一であることを特に指摘しておく。

Amrollahi v. Denmark 判決

次に検討するのは，2002年に下されたAmrollahi v. Denmark判決[12]である。本件では，イラン国籍を有する男性（Amrollahi氏，以下「A」という。）がデンマークで，1992年よりデンマーク国籍の女性と同棲状態に入り，1997年には法律婚を行なった。この家族には，娘が2人（それぞれ1989年と1996年生れ）と息子（2001年生）がいる。Aは1997年に，デンマークの裁判所から450グラムの麻薬密輸の罪で有罪判決を受けた。デンマーク当局は，Aが3年の拘禁刑を終えた後，Aを国外追放処分として，更に同国からの永久追放処分とすることを決定した。

欧州人権裁判所は，国家には外国人の入国と在留を統制する権限があることを認めつつも，本件国外追放処分はAの家族に対する干渉にあたるとして，この干渉が欧州人権条約8条に違反するかどうかの検討を行なっている。検討に際して，まず同裁判所は，次の要素を考慮するとしている。それらは次のものである。即ち，①Aの犯罪の重大さ，②Aのデンマークでの滞在期間，③犯罪行為からの現在までの時間の経過と，その間のAの行動，④Aに関係する者らの国籍，⑤結婚の期間などのAの家族の状況，⑥夫婦の家族生活に影響を及ぼすその他の要素，⑦Aの配偶者がAと家族の関係に入る際，Aの犯罪行為を知っていたかどうか，⑧結婚に伴って子どもが存在するかどうか，⑨子どもが存在する場合，その子どもの年齢，⑩配偶者がAに同行した場合に遭遇するであろう困難さの重大性である。なお，⑩に関しては，特に考慮するとされている。こうした前提を踏まえて裁判所は，本件について次のように具体的に検討を始める。

まず，裁判所は，Aは当該有罪判決以外での処罰を受けたことはないものの，かかる有罪判決を受けることになった麻薬密輸の犯罪は重大なものであると認定しており，本件追放処分の目的の正当性を認めている。次に，本件追放措置によって生じる家族離散についての評価を次のような手順で行なった。まず，Aのイランとの強い絆を示す証拠が示されていない一方で，デンマークでは夫婦による家族生活の実効性（effectiveness）があることからデンマークとの強固な絆があることを確認する。さらに，Aの家族の再統合の可能性に

---

[12] European Court of Human Rights(Hudoc), hudoc.echr.coe.int/sites/eng/pages/search.aspx?i=001-60605, accessed July 1, 2014.

ついても検討を及ぼしている。即ち，Ａの配偶者がイランとの結びつきが何らもなく，そしてイスラム教徒でないこと，イランの言語を話せないことから，配偶者とその子ども達がイランに同行した場合，これらの者に「明らかでかつ重大な困難さ」が生じるとした。またＡがかつて滞在したトルコとギリシャでは，Ａがかつて不法滞在していたことから在留申請が認められない可能性がある。これらから，欧州人権裁判所は家族の再統合の可能性は，デンマーク以外の場所ではないと判断した。

以上から，欧州人権裁判所は次のような判断に至った。

「上述の諸要素の観点から，当裁判所は通報者のイランへの追放は，追及される目的と均衡性を失することになる。追放措置を実施した場合，欧州人権条約8条違反になる。」(44パラグラフ)

本件では，被追放者が在留国で重大な犯罪行為を行なっており，欧州人権裁判所もこれを理由とした追放措置の正当性を認めていると言える。しかし，被追放者に配偶者と未成年者である子どもから成る家族が存在し，当該追放措置の結果この家族の再統合が不可能になる場合，かかる正当な追放措置と言えども，欧州人権条約8条が保障する家族に対する不均衡な干渉となるとの判断が示されていることが言える。

なお，本件では，被追放者の配偶者が受ける不利益が特に考慮されているようであるが，その不利益が家族を構成する未成年者たる子ども達にも及ぶとの論理構成をとっているので，家族構成員の諸権利の保障に重きをなす判決であると評価できよう。

事件に関連する様々な諸要素を検討した上で，均衡性審査で判断し，その際，家族に係る権利を重視するというこの手法は，委員会のものと軌を一にしていると考えられる。特にKanepa事件の見解との比較からこうしたことも言えよう。その理由は，Kanepa事件では，通報者に配偶者や子どもがいないことが確認された上で，さらに通報者の家族との絆が考慮されている。この絆が強い場合，委員会の結論は違反認定の方向性にあったことが，この事件の見解では確認できた。一方，本判決では，被追放者の配偶者と子どもから成る家族の実態が実効的であると評価されており，こうした家族の状態に対して大きな変更を加えることが，干渉目的の正当性を以ってしても，人権侵害になるとの認定

に至っているからである。

4　小　括

　以上より，国家の出入国管理に対して，国際法の統制がどのような基準で及んできているのかを具体的に明らかにした。その国際法の中心となっているのが規約である。そこでの委員会の条約解釈が不合理なものではなく，国際的に認められていることも確認した。規約の締約国である日本は，こうした出入国管理の分野における国際法の進展を十分に理解する必要があろう。

　なお，ここまでの検討で明らかにした国際実行は，退去強制の対象となる外国人が在留国において家族を有する場合，その家族構成員が国際人権条約に基づいて有する権利や利益が損なわれることを詳細に検討しておかなければならないということである。これらが「在留特別許可を付与するか否かを考慮するために斟酌し得る一事情にすぎない」(『被告準備第一書面』7頁)との主張は，日本独自の理解と言える。

V　むすび

　被告は，『被告準備書面』の中で指摘しているように，原告が自身に入管法27条に基づく違反調査を行った入管職員に対してした次の趣旨の発言を「独自の主張」と評価して問題視し，この発言を本事件での処分の正当性の根拠の1つとしている。

　　「日本が批准する国連の条約は，家族を引き離してはいけないことになっており，もし，そうなれば違法である。」

　これまでの検討から，「国連の条約」即ち規約は家族の離散を原則禁止しており，ここでの原告の発言は正当な主張である。違反調査において，この主張が全く認められなかった原告の悲しみと憤りは同情に余りある。また，被告も援用しているが，規約の13条は，在留国からの追放が予定される外国人に対して「自己の追放に反対する理由を提示する」権利を与えており，この発言はまさにこの権利を原告が行使したに過ぎない。被告のかかる『被告準備書面』での指摘は，違反調査において，規約の明文規定が全く考慮されていない証左でもある。委員会は1998年，第4回の日本の定期報告書に対する総

括所見⑬を公表したが、その32パラグラフで、規約上の人権に関する行政官（administrative officers）に対する研修制度がないことに懸念を表明しているが、この懸念はこのような被告側の主張を見る限り、現在においても当てはまると考えられる。

また、日本に在留する外国人に対する退去強制の審査においても、多くの場合、入管法の規定に沿って粛々と行なわれているが、この国会の制定法には、本事件で検討されるべき子どもや家族に対する考慮といった規約の原則は反映されていない。また、2009年に改訂された「在留特別許可に係るガイドライン」も、法務省入国管理局審判課補佐官の見解として、「在留特別許可の許否判断の透明性を更に高める」ことと「不法滞在者の更なる縮減を目指す」ことが改訂の目的であったことが明らかにされており⑭、このガイドラインにおける人権保障の観点は低い。従って、実際の退去強制の審査に国際人権条約の規定が反映されているかどうかは疑わしく、本事件での被告の主張を見る限りでは反映されていないと言うべきである。こうした状況の中において、人権保護機関としての裁判所の役割は、国法体系において国会の制定法よりも上位に位置する規約の規定に照らして、かかる状況を治癒することにある。入管法が50条1項四で定める在留特別許可の制度を、こうした状況を治癒する制度として位置づける時期が来ているのである。

---

⑬ U. N. document, CCPR/C/79/Add.102, 1998.
⑭ 中山昌秋「『在留特別許可に係るガイドライン』の見直し」『法律のひろば』第62巻第11号（2009年）31-34頁。

20 紛争「被害者」と社会変革の「エージェント」としての女性
――移行期正義におけるジェンダー政策についての一考察――

クロス京子

I　はじめに

　紛争下の女性や女子に対する性的暴力が焦点化され，国連を中心に被害者に対し包括的な保護・救済措置が必要であると認識されるようになっておよそ20年が過ぎた。この間，旧ユーゴスラヴィアやルワンダで組織的に実行された女性への性的暴力に対し，アド・ホックな国際刑事裁判所である旧ユーゴ国際刑事裁判所（ICTY: International Criminal Tribunal for the former Yugoslavia）やルワンダ国際刑事裁判所（ICTR: International Criminal Tribunal for Rwanda）において，初めて国際人権・人道法上の重大犯罪[1]として，個人の刑事責任が問われた。さらに，1998年に採択された常設の国際刑事裁判所（ICC: International Criminal Court）設立規程である ICC 規程では，性的暴力を女性のみに限定するのではなく，性的暴力およびジェンダーに基づく暴力（Sexual and Gender Based Violence）として，その要件が拡大・精緻化された。こうした紛争下の女性に対する暴力防止の取り組みは，2000年の「女性と平和，安全保障」に関する国連安全保障理事会（以下，安保理）決議1325号の採択によって，より一層後押しされることとなった。同決議は，国連の平和維持・平和構築活動において，女性に対する暴力を予防し加害者を適切に処罰すること，紛争下の女性の安全を確保すること，また平和構築・維持のすべてのプロセスに女性の参加とその観点を導入することを義務付けた[2]。

　しかし，その後も世界の紛争地域では，武装勢力による計画的かつ組織的・

---

(1) 本章では，国際人権・人道法上の重大犯罪をジェノサイド罪，人道に対する罪，ジュネーブ諸条約に反する戦争犯罪とする。
(2) UN Doc., S/RES/1325, 31 October 2000.

第 4 部　人権と安全保障

大規模な性的暴力やジェンダーに基づく暴力が後を絶たない。南スーダンやコンゴ民主共和国，アフガニスタン，中央アフリカ，シリアなどの紛争地域や，エジプトやリビアなどの体制移行後の政情不安な地域において，深刻な性的暴力関連の犯罪が多発している[3]。こうした状況を打開するため，安保理は，決議 1820 号（2008），1888 号（2009）および 1960 号（2010）を採択し，紛争の手段として用いられる組織的な性的暴力が，国際の平和と安全に対する脅威であることを確認し，その抑止や防止のために，治安面・司法面での対応の必要性を継続して求めてきた[4]。2012 年以降はこうした動きが一層加速し，2012 年の主要国（以下，G8）外相会合の議長声明に引き続き，2013 年の G8 外相会合では紛争下の性的暴力の防止が主要議題の 1 つとして取り上げられた[5]。2013 年 9 月にはイギリスのヘイグ外相と紛争下の性的暴力担当国連事務総長特別代表のバングーラ氏の共催による国連総会のサイドイベントにおいて，「紛争下の性的暴力終焉のためのコミットメントの宣言」が採択されている[6]。加えて，上記の取り組みを確認・強化するために，同年採択された安保理決議 2106 号，決議 2122 号は，性的暴力犯罪の抑止と予防のために，性的暴力犯罪に対する不処罰の文化を排し，一貫した厳格な捜査と訴追を求めると共に，紛争解決や平和構築における女性の積極的な関与を促した[7]。

　このように，紛争下の女性に対する暴力への対応が喫緊の課題として取り上げられるようになり，暴力防止と被害者救済における移行期正義（transitional justice）の役割に注目が集まるようになっている。刑事裁判や真実委員会[8]，

---

(3) 例えば，2006 年から 2007 年の間にコンゴ民主共和国ではおよそ 1 万 3 千人の女性が性的暴力の被害にあったとされる。*The Journal of Humanitarian Assistance*, August 6, 2007.

(4) UN Doc., S/RES/1820, 19 June 2008, UN Doc., S/RES/1888, 30 September 2009, UN Doc., S/RES/1960, 16 December 2010.

(5) G8 Foreign Ministers' meeting statement, 11 April 2013, Gov.UK, https://www.gov.uk/government/news/g8-foreign-ministers-meeting-statement.

(6) 宣言にはこれまで 135 か国が賛同している。A Declaration of Commitment to End Sexual Violence in Conflict, https://www.gov.uk/government/uploads/system/uploads/attachment_data/file/244849/A_DECLARATION_OF_COMMITMENT_TO_END_SEXUAL_VIOLENCE_IN_CONFLICT__TO_PRINT....pdf

(7) UN Doc., S/RES/2106, 24 June 2013, UN Doc., S/RES/2122, 18 October 2013.

(8) 真実委員会の個別名称としては，行方不明者調査委員会，真実和解委員会，真実正義委員会，史実究明委員会などがあるが，本章ではそれらを総称し「真実委員会」と呼ぶ。

補償・賠償プログラム，治安・司法部門改革（SSR: Security Sector Reform）を主要なツールとする移行期正義は，紛争の再発を防止し永続的な平和を達成するために，抑圧的政権や紛争終結後の社会が，過去の犯罪の責任の所在を解明し，真実を明らかにし，和解を促すことを目的とする[9]。平和構築活動の一環として移行期正義が重視されるようになった背景には，紛争や抑圧を経験した社会において，それが1つには過去に対し，もう1つには現在から未来へと，2つの方向に「正義」をもたらすと期待されるためである[10]。紛争後に新たに（再）構築される統治機構は，抑圧や紛争の過去を適切に清算することで過去の不正義と決別し，正当で公正な統治が将来の平和で安定した社会の基盤となることを示すことができる。すなわち，紛争から平和への移行期は，暴力の再発防止の観点からも過去の犯罪の説明責任を追及することが必要なだけでなく，紛争経験国に平和な社会に不可欠であると考えられる民主主義，人権や法の支配など「リベラル」概念を導入する契機となるのである[11]。特に，国連を中心とする平和構築の主軸となる概念である法の支配は，紛争後社会における移行期正義と相互補完関係にあるとされる[12]。

では，移行期正義はどのように「女性と平和，安全保障」を強化，あるいは紛争後の女性の正義達成に貢献してきたのであろうか。安保理決議1325号以降，平和構築活動としての移行期正義にはジェンダー視点が導入され，近年一層の実行強化が要請されるようになっている。すでに述べたように，移行期正義の国際法上の重大犯罪に対する個人の刑事責任追及は，実定法においても処罰体制整備の側面からも，最もジェンダー視点の導入が進んでいる。また真実委員会の調査対象に性的暴力やジェンダーに基づく犯罪が含められるようになり，紛争と女性に特化した公聴会が開かれるなど，移行期正義の刑事裁判以外の手法や制度においても，ジェンダーに基づく犯罪行為への対応が拡大されるようになった。さらに，ジェンダー平等の観点からは，真実委員会の委員やス

---

[9] UN Doc., S/2004/616, 23 August 2004.

[10] Katherine M. Franke, "Gendered Subjects of Transitional Justice," *Columbia Journal of Gender and Law*, Vol. 15, No. 3, 2006, p. 813.

[11] リベラル平和構築と移行期正義の関係については，例えば以下を参照。Chandra Lekha Sriram, "Justice as Peace? Liberal Peacebuilding and Strategies of Transitional Justice," *Global Society*, Vol. 21, Issue 4, 2007, pp. 579-591.

[12] UN Doc., S/2004/616, August 2004.

タッフ，治安・司法部門，特に警官の採用において女性の登用が促進されている。

しかし，実際に紛争後の社会において「女性と平和，安全保障」や女性の正義が一体何を指し，どのような状態を示すのかについて，合意があるとは言えない。フェミニスト視点に立つ研究は，上述の移行期正義における取り組みの強化に対して，紛争解決，平和維持・平和構築における意思決定過程での女性の不在を批判し，移行期正義に内在するジェンダー構造を指摘する[13]。つまり，既存の移行期正義制度が，ジェンダー平等や女性の人権尊重を推進する上で有益なのかという疑問が呈されている[14]。本章では，ジェンダーへの配慮や女性の人権，ジェンダー平等の観点が移行期正義の活動にどのように導入されているのかを考察し，移行期正義において「女性」がどのように捉えられ，ジェンダー政策に反映されているかを明らかにする。そして，紛争後社会の女性が求める正義との乖離がなぜ生じるのかを論じてみたい。

II　ジェンダー視点の拡大──開発・人権から安全保障へ

1　ジェンダー問題へのフェミニズム・アプローチ

女性は全人口の半分を占めているにも関わらず，政治的・経済的・社会的には最大の「少数派」といわれてきた。女性が社会の周縁に置かれ，貧困や暴力といった脅威にさらされる背景には，ジェンダー不平等や不公正の問題がある。1960年代の女性運動に影響を受けたフェミニスト研究は，多様なアプローチで，政治，文化，社会，経済など様々な学問領域において，男性優位を支える階層的ジェンダー構造を批判してきた[15]。ここで確認しておくが，一般に「ジェンダー」とは生物学的な「性差（sex）」とは異なり，社会的・文化的に構築される性差であり，それに基づく態度，男性や女性であることによる機会，及び男女間の関わり方を指す[16]。これに対し，「フェミニズム」は分析視角が多様化

---

[13]　Hilary Charlesworth and Christine Chinkin, *The Boundaries of International Law: A Feminist Analysis*, Juris Publishing, 2000.

[14]　Fionnuala Ní Aoláin et al, *On the Frontlines: Gender, War, and the Post-Conflict Process*, Oxford University Press, 2011.

[15]　本章では特に60年代以降の第二派，第三派フェミニズム研究を取り上げる。フェミニズムについては，以下を参照。Sandra Kemp and Judith Squires eds., *Feminisms*, Oxford University Press, 1997.

[16]　UN Women, http://www.un.org/womenwatch/osagi/conceptsanddefinitions.htm

しているが，一般に，女性の不利益や不平等に着目し男女平等を実現するための，女性の権利保障や女性の解放を主張する思想や運動を意味する[17]。

　第二次大戦後，政治的・社会的・経済的に周辺化された女性が抱える貧困や差別などのジェンダー問題（gender issues）に対し，開発や人権の文脈では国際的な取り組みが比較的早期に始まった。開発分野では，南北問題に対応する第二次国連開発戦略（1970-79年）において，「開発と女性（WID: Women in Development）」が開発課題として重視されるようになったことが当該分野でのジェンダー問題への取り組みの始まりであった。これは，女性を単なる開発の受益者ではなく開発の担い手とするもので，雇用や教育の機会平等など男女平等を促進し，開発への女性の参加や統合を提唱するものである[18]。その後，WIDに代わり，女性だけでなくジェンダー平等の視点に立つ「ジェンダーと開発（GAD: Gender and Development）」が導入される。これはすべての開発政策や事業の意思決定過程に男女双方が参画できるようにし，不利な立場にいる女性のエンパワーメントによって，ジェンダー差別を生み出す制度や仕組みを変革しようとするアプローチである[19]。

　人権分野では，女性差別の禁止やジェンダー平等に関する法規範や原則を通じて，各国政府に女性の人権保障を義務付ける取り組みがなされてきた[20]。この背景には，60年代の女性運動の世界的な高まりによって，国連憲章や国際人権規約などの既存の国際人権法の条文上の男女平等規定が，現実社会の男女平等を保障していないとの認識が生み出されたことがある。その結果，新たに女子差別撤廃に特化した法規則の整備を求める活動が活発化し，1979年「女子差別撤廃条約（CEDAW: Convention on the Elimination of All Forms of Discrimination against Women）」が採択され，女性の人権に関する包括的な国際人権基準が初めて設定された。1990年以降は，女性の人権保障を求める動

---

(17)　どのような平等を求めるかについては，フェミニスト研究者で異なるアプローチがある。Christina Hoff Sommers, *Who Stole Feminism: How Women Have Betrayed Women*, Simon & Schuster, 1994.

(18)　川眞田嘉壽子「国際人権保障システムにおける『ジェンダーの主流化』」山下泰子＝植野妙実子編『フェミニズム国際法学の構築』（中央大学出版部，2004年）88-89頁。

(19)　同上，89頁。

(20)　国際人権法におけるジェンダー平等規範の確立について詳しくは，以下を参照のこと。軽部恵子「国際人権法とジェンダー——女性差別撤廃条約を中心に」植木俊哉＝土佐弘之編『国際法・国際関係とジェンダー』（東北大学出版会，2007年）43-63頁。

きがNGOらを中心に再び活発化し，世界女性会議などにおいて，女性の人権保障に関する宣言や行動計画が出されるようになった[21]。これを受け，男女平等と女性の権利を擁護する国連決議が採択されるようになる[22]。このような人権や開発分野における取り組みは，以下で見ていくように，安全保障分野におけるジェンダー政策の底流となっていった。

2 安全保障分野におけるジェンダー視点導入

　国際政治や安全保障分野における「女性の不在」や「女性の不可視性（invisibility of women）」は，1980年代から90年代になってフェミニスト国際政治学者によって指摘されるようになった。ティックナー（Ann Tickner）は，安全保障がこれまで男性的経験に基づいて国家や軍事中心に捉えられてきたことを批判し，安全保障の対象を個人の観点，特に女性の経験を踏まえて多層かつ多元的に捉え直すことを主張した[23]。フェミニスト研究者たちは，国家が平等に市民に提供する安全が男性と女性という性差によって必ずしも同じではなく，女性への脅威と男性のそれとが異なること，また多くの女性が経験する不安全（insecurity）が軍事的国家安全保障とは必ずしも直接的関連がないことを指摘した[24]。そして女性の不安全の根源にあるジェンダー不平等や不公正を批判したのである。

　フェミニスト論者による従来の安全保障概念を再定義しようとする試みは，冷戦終結後の紛争形態の変化を受け，現実に即したアプローチとして次第に受け入れられるようになった。冷戦後は，伝統的な国家間の紛争が減少する一方，非国家主体の参入と低強度の暴力を特徴とする「新しい戦争」が増加した[25]。

---

[21]　最初の世界女性会議は，1975年メキシコシティーで開催された。その後は，5年から10年ごとに，コペンハーゲン，ナイロビ，北京，ニューヨークで開かれている。

[22]　例えば，1993年6月ウィーン世界人権会議で採択された「ウィーン宣言および行動計画」は，1993年12月国連総会の「女性に対する暴力に関する宣言」に反映され，全会一致で採択された。

[23]　Ann Tickner, *Gender in International Relations: Feminist Perspectives on Achieving Global Security*, Columbia University Press, 1992, p. 66.

[24]　例えば，女性は武力闘争に関係のない，栄養失調や乏しい医療，環境災害，経済的困窮の犠牲になることが多い。

[25]　Mary Kaldor, *New and Old Wars: Organized Violence in a Global Era*, Stanford University Press, 1999.

宗教や民族などアイデンティティを掲げて争われる国内紛争では，概して戦争法規が遵守されることがなく，暴力の矛先は非戦闘員である市民に向けられることが多い。こうした冷戦後の紛争の特徴として，旧ユーゴやルワンダの内戦で見られたように，紛争下の女性に対する組織的かつ戦略的な性的暴力が顕著となり，現実問題として守るべき対象が「国家」から「女性」へと押し広げられることになった。紛争下の女性に対する暴力の焦点化によって，安全保障対象が拡大されたのである。

ここで注目すべきなのは，暴力の排除と保護の強化が，ジェンダー平等や女性の人権概念と一体化して安全保障の枠組みで認識されるようになったことである[26]。1993年のウィーン世界人権会議や1995年の北京世界女性会議で採択された「行動綱領」では，「女性と武力紛争」という項目が設けられ，武力紛争下の女性の保護と配慮に加え，女性の紛争解決プロセスへの参加が戦略目標として掲げられた[27]。参加の機会平等を保障するジェンダー平等は，人権や開発のための課題としてだけでなく，安全保障の文脈においても推進すべき課題であると認識されるようになったといえよう。さらに，1995年の北京女性会議の「北京宣言及び行動綱領」で採択された，紛争解決，平和維持・平和構築過程のすべての分野にジェンダーの視点を反映させる「ジェンダー主流化[28]」方針は，2000年に国連安全保障理事会で可決された決議1325号に引き継がれた[29]。「女性と平和，安全保障」に関する安保理決議1325号は，これまで女性の視点が欠如していたとされる紛争と平和安全保障の文脈で，平和と安全保障政策における女性の保護とジェンダー平等推進の方向性を明確にし，女性の権

---

[26] ニコラス林奈津子「フェミニズムで探る人間の安全保障――国連女性開発基金の活動を中心として」『国際政治』（第155号，2009年）96頁。

[27] 国連の武力紛争下におけるジェンダーに基づく暴力に対する取り組みについては，以下が詳しい。猪瀬貴道「武力紛争における『女性に対する暴力』の防止と処罰――国際法による対応」，植木俊哉＝土佐弘之編『国際法・国際関係とジェンダー』（東北大学出版会，2007年）111-137頁。

[28] ジェンダー主流化は，プログラムや施策の初期段階を含め，計画・履行・監視・評価などあらゆるプロセスに，女性だけでなく男性の関心や期待を反映させることで，女性も男性も平等に恩恵を受けるジェンダー平等を定着させる戦略と説明される。Carolyn Hannan, "From Concept to Action: Gender Mainstreaming in Operational Activities," available on line: http://www.un.org/womenwatch/osagi/pdf/undppaper.PDF.

[29] UN Doc., S/RES/1325, 31 October 2000.

利と保護に関する国際法の尊重と遵守を国際社会に求めた点で,画期的な決議であると評価される。

　では,これまで安全保障分野で「不在」とされていた女性は,「女性と平和,安全保障」決議において,どのような存在として,すなわち女性のどのような経験を反映するように規定されたのであろうか。これは2つに大別できよう。1つは,女性を保護対象である「被害者」とする見方である。もう1つは,紛争後の社会変革の担い手として独立した「エージェント」とするものである[30]。すなわち,「女性と平和,安全保障」規範は,後に述べるように,女性というジェンダーの違いに基づく保護と配慮を求める伝統的な国際法のアプローチ[31]と,女性に対する差別的社会構造の変革を目指すフェミニズムのアプローチとの両方を併せ持つ原則と捉えることができよう。次節では,移行期正義にこうした2つのジェンダー視点がどのように導入されたのかを,その制度的発達と実践を「被害者」と「エージェント」としての2つの女性の観点から考察する。

Ⅲ　移行期正義へのジェンダー視点の導入

1　「被害者」としての女性

　武力紛争下における女性に対する性的暴力は,決して冷戦後の世界に顕著な事象ではない。それへの対応は,第二次世界大戦後に確認することができる。第二次大戦中,占領地においてレイプが政策手段として多用され,多くの女性が性的暴力の被害にあった事実を受けて,文民の保護に関する1949年ジュネーブ第4条約及び1977年の同条約追加議定書は,女性の名誉に対する侵害として,強姦や強制売春など,あらゆる形態のわいせつ行為を禁止し,女性が女性としての特別な保護と考慮を受けることを規定した[32]。しかし,これらは,女性に対する性的暴力を,戦争犯罪を構成する「重大な違反行為（grave breaches）」とは捉えていないことに留意する必要がある。また,戦時下の女性に対する性的暴力は,1948年に採択されたジェノサイド条約や,1954年に

---

[30]　Fionnuala Ní Aoláin, "Advancing Feminist Positioning in the Field of Transitional Justice," *The International Journal of Transitional Justice* Vol. 6, 2012, p. 209.

[31]　例えば,労働者の権利保護を目的に1919年に設立された国際労働機関(ILO)のもと採択された女性の労働に関する条約では,女性労働者の権利保護は妊娠・出産の保護など,母体保護を目的としていた。

[32]　Charlesworth and Chinkin, *The Boundaries of International Law*, pp. 314-315.

国連総会に提出された「人類の平和と安全に対する罪に関する法典草案」などにおいても明示的に規定されることなく，曖昧な表現にとどめられている[33]。

　しかし，こうした潮流を転換したのは，男女平等と女性の人権尊重を目指し活発化した女性運動と軌を一にした[34]，国際法上の重大犯罪に関する個人の刑事責任追及の動きである。メディアを通じて世界に伝えられた，旧ユーゴスラヴィア紛争やルワンダ内戦における，民族浄化やジェノサイドを目的とする大規模かつ組織的なレイプは，これまで「不可視」されていた女性に対する性的暴力の問題を顕在化した。さらに，1990年に入り第二次大戦中の日本の「従軍慰安婦」問題が国際的な関心事となったことも，武力紛争下の女性に対する暴力への取り組みを推進する契機になったとされる[35]。1993年のウィーン世界人権会議で採択された，女性に対する暴力に関する「宣言および行動計画」では，武力紛争下の女性の人権侵害を「国際人権法及び国際人道法の基本的原則の侵害」であるとし，実効的な対応を求めるものであった[36]。戦争犯罪やジェノサイド罪，人道に対する罪など，武力紛争下において実行された重大な人権侵害の個人の刑事責任を問うことは，同様の犯罪の再発を防止し，被害者の人権を回復する上で必要であるとの認識が，国連を中心に共有されるようになっており，こうした女性の人権保護を求める運動は，移行期正義の活動を後押しする効果を持ったといえよう。

　旧ユーゴとルワンダの紛争に対し，安保理決議によって設置されたICTYとICTRでは，明示的に女性に対する性的暴力が管轄犯罪として規定された。すなわちICTY規程，ICTR規程双方とも戦争犯罪，ジェノサイド罪，人道に対する罪を管轄犯罪としたが，このうちレイプを人道に対する罪として規定している[37]。またICTRでは「ジュネーブ諸条約共通3条および第二追加議定書

---

[33] Christine Chinkin, "Rape and Sexual Abuse of Women in International Law," *European Journal of International Law*, Vol. 5, No. 1, 1994, pp. 326-341.

[34] 国際人権法における「女性に対する暴力」に関する女性運動の展開について詳しくは，以下を参照。猪瀬，「武力紛争における『女性に対する暴力』の防止と処罰」117-123頁。

[35] Niamh Reilly, "Seeking Gender Justice in Post-Conflict Transitions: Towards a Transformative Women's Human Rights Approach," *International Journal of Law in Context*, Vol. 3, No. 2, 2007, p. 163.

[36] *Vienna Declaration and Programme of Action*, A/CON. 157/23, 12 July 1993, para. 38.

[37] ICTYに関しては，UN Doc., S/RES/808, 22 February 1993; ICTRに関しては，UN Doc., S/RES/955, 8 November 1994.

に対する違反」に「強かん，強制売しゅんおよびその他のあらゆるわいせつな行為」が規定された。さらに，こうした裁判規程に加え，実際の裁判においても両裁判所は，女性に対する性的暴力が拷問，ジェノサイド，人道に対する罪，戦争犯罪を構成することをその判決で示した[38]。こうした判例に基づき，1998年に採択されたICC規程では，重大犯罪に該当する性的犯罪の範疇が一層拡大され，また精緻化された。同規程はレイプや強制売春を人道に対する罪及び戦争犯罪として規定するだけでなく，これまでの国際人権・人道法において規定されてこなかった性的奴隷，強制売春，強制妊娠などを管轄犯罪の構成要素に加えている[39]。さらに，裁判官や検察官に，特に性的暴力やジェンダーに基づく暴力が問題となる場合への考慮を求め（第54条1項），被害者や証人の保護の重要性を強調している（第68条）。

　こうした国際レベルの刑事裁判で確立した，戦時下の性的犯罪，およびジェンダーに基づく犯罪を国際法上の重大犯罪として個人の責任を追及する規範や手続きは，国際と国内の法曹から成る混合法廷や国内裁判所にも導入されるようになっている。例えば，シエラレオネ特別法廷では，戦時下の性的奴隷や強制結婚に初めて有罪判決が下された[40]。また内戦が続くコンゴ民主共和国では，2013年女性や子供に対する性的暴力に対し，39人の政府軍の軍人が，戦争犯罪の罪で国内裁判所において起訴された[41]。しかし実際は，紛争下だけではなく，戦闘が停止した紛争後の社会においても，裁判所の能力不足や政治的意志の欠如によって，多くの性的暴力の加害者が不処罰となることが問題となっている。

　性的暴力やジェンダーに基づく暴力への対応と配慮については，真実委員会においても取り組みがなされるようになっている。その先例は，1996年に活動を開始した南アフリカ真実和解委員会（TRC: Truth and Reconciliation

---

[38] 猪瀬「武力紛争における『女性に対する暴力』の防止と処罰」129-130頁。

[39] 坂本一也「国際刑事法における『ジェンダーに基づく犯罪（gender-based crimes）』の展開」，植木俊哉＝土佐弘之編『国際法・国際関係とジェンダー』（東北大学出版会，2007年）95頁。

[40] Valerie Oosterveld, "The Gender Jurisprudence of the Special Court for Sierra Leone: Progress in the Revolutionary United Front Judgments," *Cornell International Law Journal*, Vol. 44, No. 1, 2011, p. 50.

[41] *DR Congo officers in rape and war crimes trial*, BBC News, 20 November 2013.

Commission）に見ることができる。女性に対する暴力は同委員会の調査対象である重大な人権侵害としてマンデートに明記されることはなかったが，アパルトヘイト体制下の女性の体験に特化した公聴会が開催された[42]。決議1325号採択以降は，ペルー，シエラレオネ，東ティモールを皮切りに，ジェンダー暴力が重大な人権侵害として真実委員会の調査対象とされるようになった[43]。近年では，2010年アラブの春の発端となったチュニジアにおいて，抑圧政権下の女性や子供に対する暴力を中核課題として調査する，真実尊厳委員会を設置するための法律が制定されている[44]。また，真実委員会においても刑事裁判同様に，女性被害者が証言する公聴会では，ついたての後ろで匿名の証言をすることが認められるなど，被害者や証人に対する保護や配慮が念頭に置かれるようになっている。また，面接調査者に対しジェンダーに配慮した証言聴取方法についての訓練が施されるようにもなっている[45]。

　このうち，シエラレオネTRCはその最終報告書において，同国において女性の社会的地位が低い要因を分析し，ジェンダー犯罪の根底にある女性に対する社会的・文化的差別構造を指摘した点で先駆的であった[46]。刑事裁判同様，真実委員会の多くが女性に対する性的犯罪に注目するなか，シエラレオネTRCは一歩踏み込み，慣習法に基づく土地利用に関する法の改正など，紛争以前から存在する女性を周辺化するジェンダー構造の転換を求めた。さらに，補償・賠償との関連でいえば，ペルーTRCはレイプ被害者への賠償を勧告し，シエラレオネ，東ティモール，モロッコ，コロンビアの真実委員会では，補償・賠償プログラムの策定に当たり，ジェンダー平等，ジェンダー主流化視点

---

[42]　南アフリカ真実和解委員会のジェンダーへの配慮不足については，以下を参照のこと。Rashida Manjoo, "Gender Injustice and the South African Truth and Reconciliation Commission," in Donna Pankhurst ed., *Gendered Peace: Women's Struggles for Post-War Justice and Reconciliation*, Routledge, 2008, pp. 137-154.

[43]　ペルー，シエラレオネ，東ティモールの真実委員会におけるジェンダー視点の導入については以下が詳しい。Alessandra Dal Secco, "Truth and Reconciliation Commission and Gender Justice," in Donna Pankhurst ed., *Gendered Peace: Women's Struggles for Post-War Justice and Reconciliation*, Routledge, 2008, pp. 65-106.

[44]　"ICTJ Welcomes Tunisia's Historic Transitional Justice Law," ICTJ Web site, December 12, 2013, http://ictj.org/news/ictj-welcomes-tunisia%E2%80%99s-historic-transitional-justice-law

[45]　Secco, "Truth and Reconciliation Commission," p. 72.

[46]　*Ibid*., pp. 83-84.

の導入や，被害女性の特別なニーズへ配慮することを勧告した⁽⁴⁷⁾。

　上記の真実委員会で勧告された補償・賠償は，謝罪や記念碑建立など精神的なものから，医療費や教育費，賠償金など物的なものを含む。被害者への補償・賠償は，2005年の国連総会における「救済及び補償を受ける権利についての基本原則．及びガイドライン」採択に象徴されるように，被害者に直接働きかける救済措置としてその重要性が国際的に認識されるようになっている⁽⁴⁸⁾。ICC 規程第75条は，被害者の賠償を受ける権利を明記し，さらに第79条は被害者信託基金の設置を規定する。2012年，ICC で最初の有罪判決が下されたルバンガ事件において被害者賠償に関する決定が行われており，今後被害者信託基金がどのように個人賠償を行っていくのかに注視する必要があろう⁽⁴⁹⁾。実際のところ，真実委員会の勧告や裁判の決定があったとしても，紛争後の国家が補償・賠償プログラムに十分な財政支出をすること自体が稀であり，これまでのところジェンダーを考慮した補償・賠償が実施された事例は極めて少ない。例外としては，補償・賠償を主眼に設置されたモロッコの真実委員会がある。同委員会は，男性と女性で相続割合に差別を設ける伝統的相続法に基づかず，賠償額を男女平等に支払うことに加え，女性被害者が被った厳しい差別による苦痛を考慮し，追加補償をすることを勧告し，勧告通りに実施に移された⁽⁵⁰⁾。

2　社会変革のエージェントとしての女性

　上でみたように，被害者としての女性の観点を導入した施策は，刑事処罰の強化による再発防止と被害の認知による被害者の人権回復と救済という保護アプローチであるのに対し，社会変革のエージェントとしての女性の観点を導入

---

(47)　Ruth Rubio-Marin, "The Gender of Reparations in Transitional Societies," in Ruth Rubio-Marin ed., *The Gender of Reparations: Unsettling Sexual Hierarchies While Redressing Human Rights Violations*, Cambridge University Press, 2009, p. 64.

(48)　Basic Principles and Guidelines on the Right to a Remedy and Reparation for Victims of Gross Violations of International Human Rights Law and Serious Violations of International Humanitarian Law, UN Doc., A/RES/60/147, 21 March 2006.

(49)　Ruben Carranza, "Reparations and the Lubanga Case: Learning from Transitional Justice," *ICTJ Briefing Paper*, April 2012.

(50)　Priscilla Hayner, *Unspeakable Truths: Transitional Justice and the Challenge of Truth Commissions*, 2nd Edition, Routledge, 2011, pp. 172-173.

した施策は，女性に対する暴力を生み出すジェンダーに基づく差別構造をより公平な社会に自らの手で転換できるように女性をエンパワーメントするアプローチといえる。移行期正義においては，後者のアプローチとしては大きくジェンダー・バランスとジェンダー主流化の2つの取り組みがある。より具体的には，ジェンダー・バランスは，紛争下の暴力の清算に取り組む刑事裁判や真実委員会などの移行期正義の諸制度，および治安司法部門などの制度改革における女性の採用促進を目指すものであり，ジェンダー主流化は，和平合意や真実委員会，補償・賠償プログラムなどの制度設計，実施，評価への女性の参加を促すものである。

　まず，移行期正義の諸制度におけるジェンダー・バランスについては，国際刑事裁判所では，女性と男性の裁判官が公平に選出されること（ICC規程第35条8項）が規定されている。しかし混合法廷を含め国内裁判所では，裁判官，検察官，弁護士など女性法曹人が十分でなく，大半が男性で占められる。これに対し興味深いのは，家父長的な特徴を持つ現地紛争解決法を活用した移行期正義の制度において，ジェンダー・バランスへの配慮が見られることである。この背景には，国際NGOや国際機関の関与によって，現地紛争解決法が正式移行期正義として導入されるようになっていることが挙げられる。現地文化や信条に依拠した紛争解決法は，内側からの正義追求と和解推進に機能することが期待されるが，他方で紛争によって荒廃した社会は，既存の制度を活用する能力も資源も持ち合わせていないという問題を抱えている。国際社会の支援を受け，平和構築の一環として移行期正義の制度設計がなされるようになった結果，ジェンダーへの配慮など「国際標準」が現地紛争解決法に移植されるようになったといえよう[51]。例えばルワンダでは，1994年のジェノサイドに関する犯罪人を現地コミュニティレベルで裁くために慣習的紛争解決法であるガチャチャ（*Gacaca*）が導入されたが，素人判事のおよそ30％を女性が占めるなど，女性の参加が奨励された[52]。

---

[51] 例えば以下を参照。拙稿，「東ティモールにおけるコミュニティ和解プロセス（CRP）の制度形成過程――規範のローカライゼーションとエージェントの役割」『平和研究』第35号（2010年）129-146頁。

[52] Lards Waldorf, "Mass Justice for Mass Atrocity: Rethinking Local Justice as Transitional Justice," *Temple Law Review*, Vol. 79, No. 1, spring 2006, p. 52.

また真実委員会でも，委員やスタッフに女性の登用が促進されている。特に，被害者から聴取を行う面接官や，公聴会で証言者を聴取する委員の人選にあたっては，ジェンダー・バランスが重視されるようになっている[53]。SSR においても，軍，警察，司法への女性の採用が促されている。しかし，既述のように，司法部門への女性採用は遅々としており，また，軍への女性採用も進んでいるとはいえない。しかし，女性警官の採用については，大きく前進している国もある。例えば，東ティモールでは，2000 年に 100 人もいなかった女性警官が 2010 年には 577 人に増員され，その割合はおよそ 20 ％ を占める[54]。

こうした刑事裁判や真実委員会，あるいは警察など治安司法部門に女性が「存在」することは，被害女性の精神的負担を軽減する上で重要であると同時に，これまで男性視点でしか解釈されてこなかった女性の経験に，より深い理解と認知が与えられると考えられる。また，治安司法部門はしばしば腐敗や不正の源泉とされてきたが，警察や軍に女性が配属されることによって，より広範な市民の視点が導入され，信頼回復を促進することが期待される。

これに対して，移行期正義における意思決定プロセスへの女性の参加は未だ限定的である。和平合意は紛争終結後の移行期正義の方向性を決めるため，その交渉への参加は制度設計に女性の視点を導入する上で重要なプロセスであるが，女性の参加は決議 1325 号採択後も顕著な伸びはない。1992 年以降に締結された 24 の和平合意の交渉過程に参加した女性のうち，署名者は 2.5 ％，仲裁者は 3.2 ％，交渉者は 7.6 ％ に過ぎない[55]。こうした和平プロセスにおける女性「不在」を反映するように，1990 年以降に締結された 585 の和平合意の中で，女性やジェンダーに言及があったものは 16 ％ にしか過ぎず，そのうちの 7 ％ しかジェンダー平等や女性の人権に触れていない[56]。近年の女性に対す

---

(53) 委員の人選にあたっては，ジェンダーだけでなく民族，宗教，政治集団などのバランスが重視される。Vasuki Nesiah et al., *Truth Commissions and Gender: Principles, Policies, and Procedures*, ICTJ, July 2006, p. 25.

(54) Final Report to the United Nations Department of Peacekeeping Operations, Department of Field Support, *Ten-year Impact Study on Implementation of UN Security Council Resolution 1325 (2000) on Women, Peace and Security in Peacekeeping*, 2010, p. 25

(55) United Nations Development Fund for Women, *Women's Participation in Peace Negotiations: Connections between Presence and Influence*, 2010, p. 3-4.

(56) Christine Bell and Catherine O'Rourke, "Peace Agreement or Peace of Papers?

る性的暴力の深刻化にも関わらず，女性の性的暴力に言及しているのは18合意しかなく，そのうち刑事裁判での対応を求めるものはDRC（2003）とウガンダ（2007）の和平合意のみである[57]。

真実委員会については南アフリカTRC以降，委員の人選や調査対象などについて，現地市民社会との協議の上，決定されるようになっている。決議1325号採択後は，こうした制度形成過程に女性の参加が推進されるようになった。例えば，東ティモールでは女性市民グループが準備委員会の段階から積極的に制度設計に関与したことによって，真実委員会の調査対象犯罪として性的暴力が重大な人権侵害として明記され，女性と紛争に特化した公聴会の開催，国家委員や地域委員，スタッフとして一定枠の女性の採用が委員会設置法に盛り込まれた[58]。しかし現状では，刑事裁判やSSRなど移行期正義の制度設計は，現地社会，とりわけ女性との協議を経て行われるわけではない。その理由としては，ドナー国や支援機関によって国際基準に基づく一律の制度や手法が用いられることや，成功モデル（best practice）がマニュアル化される傾向があることが考えられる。

このように，女性に対する保護や特別な配慮に関しては，移行期正義の本来の関心である法と救済への導入が進んだことで，制度的に発展していることが観察できる。他方で，女性を社会変革の担い手として捉えるアプローチは，ジェンダー・バランスは徐々に改善されているが，制度設計への女性参加への取り組みは未だ不十分といえよう。以下では，上記のようにジェンダー視点が導入されたにも関わらず，移行期正義の実施によって紛争後の女性被害者が求める正義が達成されないとされるのはなぜなのか考えてみたい。

Ⅳ　紛争後社会の女性の「正義」と移行期正義

既存の移行期正義制度を用いて，現地女性被害者の正義を追求することに限界があることは，フェミニスト研究者らによって論じられてきた。その多くが移行期正義に内在する構造的問題を指摘する[59]。大別すれば，以下の3点が挙

The Impact of UNSC Resolution 1325 on Peace Processes and Their Agreements," *International and Comparative Law Quarterly*, Vol. 59, 2010, pp. 941-980.
(57)　UNIFEM, *Women's Participation in Peace Negotiations*, p. 20.
(58)　Rimmer, *Gender and Transitional Justice*, pp. 111-113.

げられよう。第1に，移行期正義が対象とする犯罪は選択されるという点である。移行期正義の対象は政治的犯罪や国際人権・人道法上の重大犯罪に主眼が置かれており，強制移住など社会経済的損害は対象とされない。対象から外れた被害者は，責任の所在解明の機会も証言の場も，償われる権利（right of remedy）も保障されない。その結果，紛争当事者でない多くの女性被害者は謝罪も尊厳の回復も物的損害補償もなされないまま，困窮状態に放置されることになる。また，紛争後社会の顕著な問題として家庭内暴力の増加が挙げられる[60]。紛争下の女性に対する暴力は公的領域の暴力として処罰対象とされるようになった一方で，紛争の有無にかかわらず私的領域で継続して存在し，紛争後の「揺り戻し」によって悪化する傾向にある女性に対する暴力は，移行期正義の範疇外とされる。多くの女性は紛争が停止してもなお，不安全なのである。フェミニスト研究者は，移行期正義の法や制度の排他性によって女性の抱える問題の本質が解決されないことを指摘する[61]。

　第2に，移行期正義が紛争前の社会秩序再建を促す点である。国際法上の重大犯罪に対応する司法制度が整備され，実際に裁判が行われるようになったが，訴追・処罰の対象者はごく一握りであり，多くの犯罪人は実質的な不処罰の状態にある。こうした中，加害者や元戦闘員を社会再統合するために，近年移行期正義のツールの1つとして地域的・文化的紛争解決メカニズムを用い，コミュニティの和解を実践しようとする動きが活発化している[62]。これは，紛争の再発を防ぐ手段の1つとして，コミュニティレベルの秩序を回復し，紛争で崩壊した社会の再建を図るものである。しかし，紛争前の社会秩序が顧みられることなく「和解」が推進されることが懸念される。すなわち，女性や若者，少数派などに対する不平等や暴力を支える旧社会秩序が再建されるのではないかという問題である。これに対し，すでに述べたように，現地紛争解決パネル

---

[59] 例えば，Ní Aoláin et al., *On the Frontlines*.
[60] 例えば，東ティモールではDVは社会的に容認されており，女性の86%，男性の80%が，妻が義務を怠る場合，夫が妻を殴って当然であると答えている。National Statistics Directorate et al., *Timor-Leste Demographic and health Survey 2009-2010*, 2010, pp. 236-237.
[61] Ní Aoláin et al., *On the Frontlines*, pp. 154-174.
[62] Luc Huyse and Mark Salter eds., *Traditional Justice and Reconciliation after Violent Conflict: Learning from African Experience*, IDEA, 2008.

に女性代表が入るようになるなど，一定の制度転換の試みもみられる。しかし，こうした取り組みはまだ一部にすぎず，加害者の社会再統合において秩序回復が優先され，社会的に発言力の弱い女性が和解をせざるを得ない状態に置かれることが指摘される。また，水利権や土地使用の制限など，経済活動において女性を不利にする家父長社会に特徴的な社会構造の再建によって，紛争によって夫を失った女性やその子供が一層困窮な状態に追い込まれることが懸念される。

　第3に，女性被害者は移行期正義を通じて二重の差別を受けるという点である。動員解除，武装解除，社会再統合（DDR: Disarmament, Demobilization and Reintegration）など元戦闘員に対する支援と比較して，被害者救済の実施は立ち遅れている。その背景には，移行期正義が政治的不安定要因になり得る加害者の処遇を主眼に置くことが挙げられる。近年の移行期正義の発達に伴い，加害者を対象とする刑事裁判，DDRやSSRは，人的・財政的に多大な負担を当該国家だけでなく国際社会に課すようになってきた。他方で，紛争で疲弊した社会は，被害者に補償・賠償する余力を持ち合わせていない。これは，移行期正義内の政策的階層によるものといえよう。さらに，性的暴力などジェンダーに基づく暴力が焦点化されるようになったことで，女性被害者は刑事裁判や真実委員会で証言することを促されるようになったが，被害証言は物的な償いに結びつかず，被害女性の多くが，証言によってむしろ家族やコミュニティから虐げられるという経験をしている。また被害証言は女性個人の正義回復に資することはなく，かえって被害を再トラウマ化させるとの批判もある[63]。女性は被害者としても，女性としても二重に移行期正義において周辺化されるといえよう。

　これら3つの問題は，既存の移行期正義がジェンダー構造を内在していることを示唆している。政策が実施されると，女性被害者の救済がかえって難しいものになるところに，その構造が表れている。この背景には，紛争後の混乱の中で実施される移行期正義は，時間的・財政的に制約があり，多くの場合男性である紛争当事者に関わる課題への取り組みが優先されてきたことがある。

---

[63] Julie Mertus, "Shouting from the Bottom of the Well: The Impacts of International Trials for Wartime Rape on Women's Agency," *International Feminist Journal of Politics*, Vol. 6, No. 1, 2004, pp. 110–128.

ジェンダー視点は，本来であれば，このような男性優先の政策を生み出す構造を根底から見直すために，移行期正義に導入されるはずであった。しかし，実際のところ，それは，女性を「被害者」として客体化する取り組みを優先し，社会変革の担い手として女性を主体化する取り組みを欠いていた。この視角の歪みを修正するためには，現在最も取り組みが遅れている和平・停戦合意に始まる一連の紛争解決，制度構築過程への女性の参加が重要であると考えられる。その理由は，多くの場合，和平プロセスの初めに，紛争後の移行期正義の方向性や制度設計が協議されるためである。女性に特有の問題は，女性の参加なくしてアジェンダに上ることは難しい。

V おわりに

　冷戦終結後に続発した内戦における女性を標的とする組織的な性的暴力への対応は，安全保障や平和構築分野におけるジェンダー政策を大きく転換する契機となった。これは，紛争下の女性を安全保障の対象とした点で既存の安全保障概念を押し広げただけでなく，他領域で発達していたジェンダー平等や女性の人権尊重規範と融合し，より多面的なジェンダー施策の導入を求める安保理決議1325号に結実した。同決議が採択されてから10年以上が経過し，国連平和維持・平和構築活動において女性の保護やジェンダー主流化概念は定着した感がある。移行期正義においては，紛争下の性的暴力やジェンダーに基づく暴力が重大犯罪として処罰が求められるようになり，女性被害者の保護や人権保障が政策に反映されるようになってきた。また，移行期正義諸制度への女性の主体的参加が促され，女性の活躍の場が広がっている。

　しかし，フェミニスト論者が批判するように，移行期正義の実施によって女性被害者の正義が達成され，精神的・物理的救済が実現されるようになったとはいえない。紛争下の性的暴力やジェンダーに基づく暴力が国際法上の重大犯罪と認識されるようになったことは重要であるが，多くの女性被害者が貧困状態に取り残されている。「女性と平和，安全保障」概念は，女性の保護とエンパワーメントの両輪を備えているが，本章で明らかにしたように移行期正義へのジェンダー視点の導入は，女性を「被害者」として捉えるアプローチに主眼が置かれており，女性を社会変革の「エージェント」とする政策は立ち遅れている。和平合意から国家建設のプロセスに到るすべての意思決定過程に女性の

声を反映させるとともに，不平等や差別を支えてきた社会構造の転換への女性の主体的関与をさらに推進することが必要とされる。

　女性に対する暴力は，戦時か平時かを問わず軽視されてきた。その背景には，暴力を許容し不平等を支える社会構造がある。国連設立とともに始まった女性の地位向上，すなわち社会的不平等や不公正の是正，ジェンダー平等，女性の人権推進は，今なお取り組むべき課題とされている。移行期正義へのジェンダー視点の導入は，過去の清算によって女性の尊厳回復と救済を実現するだけでなく，平等で公正な未来の社会構築に貢献することが期待できる。しかし，単に既存の制度や政策にジェンダー主流化や人権といったリベラル概念を移植するだけでは，紛争の背景にある文化や社会，政治的問題から目を背けることになろう。例えば，和平合意への女性代表が現地社会に縁のない亡命エリートであれば，どれだけ現地女性の代弁者になれるのか疑問である。また，性的暴力を取り扱う裁判件数や真実委員会の女性委員の数，あるいは女性被害者のためのシェルター設置など，政策や制度改善からの評価のみでは，実際にどの程度女性の「正義」が達成されているか解明できない。社会変革の結果に対するより多面的で実証的な研究が求められる。

　本章では，移行期正義のジェンダー政策を，被害者としての女性と社会変革の担い手としての女性の２つの立場に大別し，その制度的発展を論じた。しかし，紛争を経験した女性はその２つの立場のみに分類されるものではない。女性は被害者であるだけでなく，加害者でもあり，また傍観者であるかもしれない。また，それぞれの立場のなかにも，それぞれ異なる物語がある。女性を移行期正義の中心に据えることで，こうした多様な主体としての女性の経験を反映し，既存の移行期正義の枠組みから零れ落ちる人々を受け止める新たな移行期正義のメカニズム構築こそが，女性の正義達成への近道になると考えられる。

第5部
新しい安全保障

21 未来共生による人間の平和論

星野俊也

I はじめに

　先の大戦から70年を経て，国際秩序は再び大きな揺らぎの時代を迎えていると言えないだろうか。

　国際秩序は，歴史の流れのなかで「現状」を維持しようとする勢力とその現状を不満とし，それを変更する勢力の間の抗争のなかから生まれ，変動する。そしていま，欧州で，中東で，そして東アジアでも，現状変更を迫る動きが顕著になっている。これらは概ね3つの次元で進んでいる。

　第1は，ロシアによるウクライナ分断とクリミア併合の動きや，中国の東シナ海や南シナ海における海洋進出に見られる大国の動向である。第2は，シリアとイラクの国境をまたいで新たな「イスラーム国」を建設しようとするイスラーム教過激派武装組織の動きが象徴的である。そして，第3は，「アラブの春」に沸いた北アフリカや中東・湾岸諸国から南アジアや東南アジア，さらに南アメリカにも広がる動きであり，ここでは各国内の強権的な体制に異議申し立てと，新体制への移行が追求されている。

　別々に見えるこうした動きはみなつながっている。まず，変化は国家主権に対する上から，横から，下からの3つの圧力として表れている。第二次世界大戦後の国際秩序は国際連合憲章に凝縮されたパワーと権益と理念のバランスによって形成・維持されてきたものと考えると，その秩序は国境線の武力による一方的な変更を禁ずることが大前提となっていた。つまり，国連加盟国の主権は平等で，内政不干渉と武力不行使を基本原則とし，紛争は平和的に解決をすることが規範とされていた。しかし，いま，秩序の本来の擁護者であるはずの国連安全保障理事会の常任理事国が率先して現状の国境線の強制的な変更（上

からの変更）とみられる動きの当事国となっている。この事実1つのとってしても，国際秩序の揺らぎを指摘しないわけにはいかない。

　もちろん，変化はそれだけではない。イラクとシリアという2つの主権国家で権力闘争が繰り広げられるなか，「イラクとシャームのイスラーム国（ISIS）」と名乗る過激なイスラーム教スンニ派武装組織の指導者が両国の国境を股にかけて主要な都市を制圧し，「イスラーム国」の領土を広げていく様子は，強力な非国家主体が主権国家を横から強奪する，いかにも「ポスト・モダン」の国際政治を思わせる。しかし，黒装束の指導者が「カリフ（イスラーム教開祖ムハンマドの後継者）を自称し，ラマダーン（断食月）の初日にあたる聖なる日に原理主義的な国家の樹立を宣言し，全世界の信者にジハード（聖戦）への参加を呼びかけるシンボリズムは，むしろ中世へのタイムスリップの感がある。

　そして，主権国家は，いまや民衆によって下からも挑戦を受けるようになった。しかも，民衆の動きは，チュニスからトリポリ，カイロ，ダマスカスなどに伝搬し，「アラブの春」と呼ばれた。だが，そうした波は，イスタンブール，テヘラン，キエフ，ニューデリー，ハノイ，リオなど，国境や大陸を越えて広がっていった。これは筆者が「脱専制化（de-autocratization）」と呼ぶ動きであり，「民主化」とは必ずしも同義ではない。なぜなら，人々が求めるのは圧政からの「解放（liberation）」や「自決（self-determination）」であり，自決の結果は必ずしも民主化とは限らないからである[1]。『ニューヨーク・タイムズ』紙のコラムニスト，フリードマン（Thomas Friedman）は，ソーシャル・メディアを手にして連帯するこうした民衆を「広場の人々（The Square People）」（その「広場」は実際の広場もあればネット上のバーチャルな広場もある）と称している[2]。新興の国や地域で人々は中産階級を形成し，フクヤマ（Francis Fukuyama）が正しく指摘するように，その人口はこれからさらに大幅に拡大する[3]。その動きは，今後，アジア，特に中国やインドで急速に進み，やがて

---

[1] 星野俊也「『保護する責任』と国際社会の正義」『国際政治』第171号（2013年2月）参照。

[2] Thomas Friedman, "The Square People, Part I," *The New York Times*, May 13, 2014. Also see, Thomas Friedman, "The Square People, Part II," *The New York Times*, July 7, 2014.

[3] Francis Fukuyama, "The Middle-Class Revolution," *The Wall Street Journal*, June 28, 2013.

アフリカにも到達すると見込まれている。

　世界は確実に70年前と違った様相を呈しつつある。その意味で，既存の国際秩序がきしみ始め，そのほころびと揺らぎが世界各地で見えだしたことは自然な動きでもある。だが，きわめて不幸なことに，各地で現状の変更が暴力によって進められ，あるいは暴力による激しい抵抗を受け，多くの命が失われていることである。時代とともに秩序が変化することは自然であり，時に必要でさえある。われわれに問われているのは，適切な変化を平和的に進めることができるかどうかである。

　本稿では，21世紀においてグローバルな観点からの秩序の平和的変更を「未来共生」という新たな理念を通じて展望する。それと同時に，国家中心主義が主流の今日の国際秩序観において国家間の共存ばかりでなく，「人と人との間」の共生の視点をメインストリーム化していく意義と可能性を論じていく。このことは，21世紀の世界を「人間の平和（human peace）」という状況にいかに近づけていくことにつながる。

II 「未来共生」理念とは

　世界は多様であり，その多様性は人間の多様性に起因する。世界に広がる人々は，その民族や言語，宗教・宗派など，多様な文化的背景を持つ。それこそが我々の住むこの世界を豊かにし，新しい発想を可能とするイノベーションの源泉となっている。だが，同じ多様性が，対立や紛争の要因となっていることも，われわれは知っている。そこからわれわれは「多文化共生」の大切さを論じ，さまざまなプログラムを開発し，実践している。

　「未来共生」という考え方も，こうした多文化共生の理念をベースにするが，次の2つの意味で理念のさらなる展開を目指すものである。

　1つは，「人と人との間」の文化的多様性とともに，国籍や性差，世代差，病・障害歴など，人々の社会的な立ち位置の多様性もアイデンティティに含めて考え，われわれ一人ひとりが，このような個々の人間やコミュニティのアイデンティティの多様性を互いに認め合い，対等な関係を築きながら，よりよいかたちで共に生きることを学ぶ力量（知識・技能・態度・行動力）をいかに育んでいくことができるのか，そのためにはいかなることが求められるのかを問うアプローチを取ることである。もとより，人間は，自然との共生なしには生き

ていくことはできない。だが，未来共生のスコープは，第一義的には「人と人との間」，すなわち，人間社会における関係性・制度・秩序・基盤的なインフラなどを示している。他方で，人々の間の関係を水平的に構築するのか，垂直的に構築するのか，あるいはその混合形態にしていくのかは，人々の選択による。また，人々が共に生きていくためにどのようなインフラを整備していくべきか，これも人々が設計する。われわれは，ではいかにしてよりよい選択や設計をしていくのか。よりストレートに言えば，いかにして「人間の平和（human peace）」という状況を実現していくのだろうか。未来共生の理念が投げかける最も基本的な問いである。

もう1つのこだわりは，「未来」を見つめる視点である。未来という語は，言うまでもなく過去や現在に相対する概念であり，過去や現在における問題があればそれを是正する指向性を込めている。もちろん，未来が過去や現在よりもよりよいものとなる絶対的な保証はない。しかし，「よりよい明日」という積極姿勢と，そうしたよりよい明日に向かい，過去や現在の思考や方法に止まらず，創造的・革新的な発想や手段を通じて「イノベーション」をもたらそうとする姿勢がこの言葉には込められている。なお，時間軸において，未来とは，ごく近い将来から中・長期的な将来まで，その文脈に応じて可変的である。

もっとも，われわれが「よりよい明日」の共生社会を築くというときの「よりよさ」は，アプリオリに決まっているわけではない。「よりよさ」の認識（あるいは，「正義」と言い換えてもよいかもしれない）の錯誤が対立を生みかねない場合もある。とすると，異なる背景をもつ多様な人々の間で「よりよさ」についての認識を共有していくプロセスこそが未来共生に求められるアプローチと言えるだろう。

今日の世界では，地球規模で相互結合性や相互依存性が拡大し，情報通信技術の急速な発展や国境を越えた大規模な人口移動なども加わり，グローバルなレベルでの異文化間の接触は確実に加速化している。また，アジアの少子高齢化や「ユース・バルジ」と言われるアフリカの若年層人口の膨張など，今後の人口構成の遷移や民族間のマジョリティ・マイノリティ関係の変化が，国内や，よりローカルな文脈でのコミュニティの成り立ちに大きな影響を及ぼすことが予想される。しかも，そうした多様性については，日常の生活はもとより，大規模災害や紛争や差別や人権抑圧などの危機的な事態への取り組みや，危機か

らの復興・和解・平和構築の過程においては特にきめ細かい対応が求められることになる。

　未来共生とは，したがって，自らと他者の尊厳に対する深い理解と敬意に立脚し，多様で異なる文化的背景や社会的属性を有する人々が互いを高め合い，共通の未来に向けた斬新な共生モデルを導き出す知識・技能・態度・行動力を指す。われわれは，未来共生という言葉を通じ，自らのアイデンティティを大切にしながらも，自分とは異なる文化的・社会的に多様なアイデンティティを持つ他者が多く存在するなかで，互いに未来志向で，互いに平和を分かち合える共生社会の形成に向けた変革やイノベーションを進めることができるのかに絶えず取り組む理念の重要性をここで強調したい[4]。

III 「非共生」の克服と国際秩序の変革

　現代社会において共生の大切さを否定する者はいないだろう。しかし，共生は容易には進まない。何をもって共生が成立しているかを判断することも時として明確ではないこともある。しかし，「非共生」の現実は，かなりの程度リアルに問題の深刻さを浮かび上がらせる。

　「難民」という言葉がある。Refugees の訳語として日本語でも中国語でも定着した言葉だが，難民の地位に関する条約（難民条約）では，「人種，宗教，国籍若しくは特定の社会的集団の構成員であること又は政治的意見を理由に迫害を受けるおそれがあるという十分に理由のある恐怖を有するために，国籍国の外にいる者」と定義されている。難民の保護を主要な任務とする国連難民高等弁務官事務所（UNHCR）では，こうした条約の規定による難民に加え，武力紛争や人権侵害などから逃れて国境を越えて他国に庇護を求める人々や，紛争などによって常居所を追われながらも国境までは越えずに避難生活を送る「国内避難民」も保護任務対象としている。これらの人々の「難」とは，自然災害だけではなく，「自国（国籍国）」にいながらも政治的な迫害や紛争といっ

---

(4) 星野俊也「未来共生学のすすめ」『未来共生ジャーナル』第1号（2014年3月）参照。「未来共生学」は，大阪大学が大学院レベルでの分野横断型の教育・研究アプローチとして創案した理念であり，大学内では未来戦略機構第5部門として5年一貫の「未来共生イノベーター博士課程プログラム」（通称，RESPECTプログラム）を組織し，新たな学問領域としての「未来共生学」を立ち上げている。同プログラムについては，http://www.respect.osaka-u.ac.jp/ を参照のこと。

た人為的な理由——それは，文化的・社会的なアイデンティティの相違を背景とする——によって非共生の仕打ちを受け，不本意にも家や故郷を離れなければならない境遇に身を置かざるをえないことである。

　これは人々の間の心理的な「壁」に由来する。壁は物理的にも人々の往来を妨げる。ベルリンの壁は，冷戦の終結によって取り除かれたが，イスラエル・パレスチナ紛争が続くなか，イスラエルはヨルダン川西岸地区との境界に高い「分離壁」を建設している。こうした壁は，非共生，あるいは，より能動的な「共生拒否」の姿勢をシンボリックに示しているといえるだろう。皮肉なことは，テロ防止を理由に自らの安全保障利益を高めるための装置としての壁が対立関係を固定化し，安全をかえって脅かしかねない「安全保障のジレンマ」を生じさせかねないことである。

　共生のあからさまな拒否を物理的な「分離壁」で顕示するような動きはそうあちこちに見られるものではないにしても，現行の国際秩序の基盤となる国境線が，多くの場合，大国の都合により，過去の歴史の矛盾をそのまま引き継いでいることを理解する必要がある。中東に「イスラーム国」を樹立し，イラクとシリアをまたいで領土を広げる過激な武装組織は，言わば第一次世界大戦時，オスマントルコ帝国の領土の分割を目論んだ1916年の英仏の密約，サイスク・ピコ協定に基づく国境線を否定する原理主義的な動きと見ることができる。欧州列強による帝国主義の刻印は今日の紛争や対立の構図のなかにも色濃く残っている。

　第二次世界大戦後の国連憲章体制の下，非植民地化の動きは格段に進んだ。それは国連加盟国の増加というかたちでも顕著に表れている。篠田はこれを「普遍的国際社会」の形成とみる[5]。欧州列強の間で当初は「キリスト教国際社会」として形成された政治共同体が17世紀以降は勢力均衡などの制度を通じて世俗的な「欧州国際社会」を構成し，それが19世紀を頂点とする欧州列強の帝国主義の力により，いちどは地表のほぼすべてを覆い尽くすほどにまで地理的な膨張を遂げる。だが，膨張しつくした欧州国際秩序が20世紀前半の2つの世界大戦で壊滅的な打撃を受け，帝国は分裂・崩壊し，20世紀に無数の新興独立諸国を生み出した。篠田は，したがって，今日に至る国際社会は，単

---

[5] 篠田英朗『平和構築入門——その思想と方法を問い直す』（ちくま新書，2014年）36頁。

なる欧州国際社会の膨張とは質的に決定的に異なる「普遍的国際社会」であり，それは「世界のあらゆる民族に独立主権国家としての地位が与えられるという革命的教義にもとづいた国際社会」であると説明する。

実際，前述のように国連憲章は主権平等の原則を高らかに掲げている。そして，新規加盟の機会は，「憲章に掲げる義務を受諾し，且つ，この機構によってこの義務を履行する能力及び意志があると認められる他のすべての平和愛好国に開放」されている。これは，国連が旧敵国に対する懲罰のための機関ではなく，より広く，戦後の国際秩序維持のための普遍的国際機関であることも示している。こうして，脱植民地化の過程で独立した国々は国連憲章体制にもとづく「普遍的国際社会」に組み込まれていくことになる。

だが，ここには3つの留保条件があったことを指摘しておかなければならない。第1は，国連は政府間国際機関であり，加盟の単位はあくまでも国家（政府）であること。第2は，植民地から解放された後の新国家の国境線は植民地時代のものを踏襲するように義務づけられたこと。第3は，加盟国の主権は平等であっても，国際の平和と安全に関して主要な責任を負う安全保障理事会の常任理事国の5カ国（米英仏ロ中）は特別な責任と特別な権限（いわゆる拒否権）が与えられていること，である。

20世紀の終わりに米ソ両陣営の間での冷戦が終結すると，世界各地で冷戦を背景にした国家間の代理戦争や国内体制をめぐる権力闘争は収束していくが，それまでの人為的な冷戦構造と国境線とによって押さえ込まれていた民族間の対立や社会的不公正に起因する内戦が多くの国で発生したことは記憶に新しい。篠田は，武力紛争が多発しやすい「紛争ベルト地域」（アフリカ大陸から中東・中央アジア，南アジアを経て東南アジアに至る地域）があり，この地域に属する諸国の多くが上述のように脱植民地化のなかで独立を果たした新興独立諸国であることを指摘する。その上で，各国は統治機構の脆弱性や腐敗度が高く，所得水準を含む「人間開発指数」の水準は低く，国境内の宗教・民族等の構成は複雑で，一次産品への依存度が高く，人口増加率も高い（そのうち，若年層人口が圧倒的多数を占める）といった共通の特徴を持つことも見通している[6]。したがって，平和構築とは，本来，紛争経験国を再建する現地社会の問題である

---

(6) 同上，28頁。

はずだが，篠田は，同時にこれが国際社会全体の秩序の問題でもある，と論じる[7]。なぜなら，「武力紛争が数多く発生している地域は，多くの社会的・経済的・政治的問題が集積している地域であり，そこにおいて平和構築が失敗し，あるいは忌避されてしまったら，国際社会は自らの内側に秩序の及ばない手のつけられないブラックホールを抱えてしまうから」だと説明する。

　こうしたロジックは，現存の国際社会の秩序原理をそのまま存続させていくためならば十分に理解はできるだろう。しかし，現存の国際秩序の不具合に目を向け，それをよりよいものへと革新していくためには，われわれはさらに大胆なステップをとることまで考えていかなければならないのではないだろうか。

　未来共生のアプローチは，マクロなレベルの国際関係においてもミクロなレベルの国内コミュニティ間の問題でも発生しうる共生と非共生の問題をできるだけ共通のレンズでとらえ，オプティマルでより包摂的な「未来共生秩序」へと転換していく人々の勇気と各国の政策を推進していこうとするものである。ここでは，国家レベルの安全保障と個々の人間やコミュニティの安全保障との両立を目指す試みが求められる。

IV　「未来共生秩序」のエッセンス

　先の大戦の終結から70年あまりを経た今日，国連憲章体制の下での国際秩序を守ろうにも，あちこちで綻びが見え始めていることは本稿の冒頭で示した通りである。本来，現存の秩序の維持に特別の責任を持つはずの安保理常任理事国が公然かつ平然と国境線の力による一方的な変更を迫るかのような動きは衝撃的である。主権国家間の協力を通じて国際の平和と安定を維持する仕組みをものともせず，非国家の主体が現存の国家の体制を揺るがそうとする事例も顕在化している。さらに，統治される側の主体の一般民衆が，スマートフォンやインターネットといったソーシャル・メディアを手に，圧倒的なアピール力と連帯感で時の政権に方針転換を促すなど，着実に変化への期待や，変化に向けた既成事実化もすでに進んでいる。

　では，国際秩序の揺らぎをわれわれはどうとらえればよいのだろうか。篠田が言うように，国際社会としては「自らの内側に秩序の及ばない手のつけられ

---

[7] 同上，12-13頁。

ないブラックホール」を抱え込むことのないように現存の国際秩序維持に努力を傾注すべきなのか，それとも，戦後70年を機に新たな秩序原理に向かって新たなコンセンサスを目指すべきなのか。

　もちろん，この問いに対する答えは二者択一で導き出せるようなものではない。現行の国際秩序は，その前の時代の歴史の教訓と学習のなかから導き出された知恵と制度であって，それが今日においても依然として有益な指針を世界に提示している事実は否定できない。なぜならこの世界で普遍的ともいえる規範が着実に積み上げられてきているからである。また，残念なことに，人間は，時を超えて，こうした規範に照らし，同じ過ちや失態を演じることもわれわれは知っている。他方で，70年の歳月を経て，国家や人間を取り巻く環境や条件が大きく変化したことにより，時代遅れになった考えや新たに主流化した発想もあるだろう。さらに，過去には不可能であったものが可能になる事象も見いだせる。

　「未来共生秩序」と本稿が呼ぶ新秩序構想は，過去の延長線上に現在を位置づけつつ，そこでの社会的な課題を直視しつつ，その解決に向けてイノベーティブな発想や手法や制度も編み出しながら，より未来志向的でより包摂的なアプローチを指向するものである。では，そのエッセンスにはいかなる発想が含まれるのであろうか。重要なステップは，改めて「人間」に目を向けることである。つまり，国際社会のなかでいかに「人間」の存在をメインストーム化していくのかが鍵となる。

　現存の国際秩序は，それを「国際社会（international society）」の秩序であるという前提に立つ限り，本来的に主権国家（政府）間（inter-state/inter-governmental）の社会と認識される。したがって，国連は，多数国間の政治的意思決定機関として「国際の平和と安全の維持」を主要な目的として設立されたものであり，その意味で「国際社会」の秩序維持機関と言える。篠田の国際秩序理解も，こうした視点からのものである。

　これに対し，国際政治学における英国学派は，主権国家主体間の規範・規則・制度の共有に基づく「国際社会」の存在とともに，国家を超克し，グローバル／コスポリタンな社会アイデンティティを持つ人々や組織によって構成される「世界社会（world society）」の存在をも視野に入れている[8]。国境を超えた「社会」の成り立ちを，単に主権国家間の社会と見るのか，それ以上のもの

までを包含して捉えるのかは，多元主義と連帯主義の立場の違いによる。多元主義とは，実定法的な意味での国家主権の普遍性に基づく主権国家間の国際秩序の存在に目を向ける視点である。これに対し，連帯主義は，より自然法的で，コスモポリタンな観点から，国家よりも人間の価値の普遍性に基づく秩序の存在までも取り込んだ視点を提供する。21世紀の世界においても国家の役割が重要であることは言うを俟たないが，これまで以上に人と人との連帯の動き——それは，情報通信革命とソーシャル・メディアによって格段に加速化された——が大きな役割を果たしうることは容易に想像できる。

　実際，英国学派を主導する1人，ブザン（Barry Buzan）が「国際社会」と「世界社会」を対置したとき，彼は後者のなかに「インター・ヒューマンな社会」と「トランスナショナルな社会」という2つの社会イメージを抽出した。これらの2つは，ともに連帯主義的な動きの広がりを前提に，人間同士の認識の共有（インター・ヒューマンな認識）や，脱国家的な機関・団体の活動（トランスナショナルな活動）に着目するものである。主権国家単位の「社会」において主権平等・武力不行使・内政不干渉といった諸原則が国連憲章のなかに埋め込まれ，制度化されているのに対し，「世界社会」の制度化はまだ形成途上である。しかし，インター・ヒューマンでトランスナショナルな人間の社会をここで「グローバルな社会」と呼ぶとすると，世界はそうした社会の実現に確実に近づいている。それは，別の言葉で言えば，「国際の平和と安全の維持」のみならず「人間の平和と安全の維持（maintenance of human peace and security）」の主流化が進んだ社会である。本稿では，これを端的に「人間の平和」と呼ぶ。

　「グローバルな社会」の構築などいかにも夢物語のように聞こえるが，現実政治のなかでもそのニーズは確実に認識され，その方向へのコンセンサスも進んでいる。例えば，国際刑事裁判所（ICC）規程（1998年7月署名，2002年7月発効）を見てみよう[9]。その前文には，「この規程の締約国は，すべての人民が共通のきずなで結ばれており，その文化が共有された遺産によって継ぎ合わ

---

[8] Barry Buzan, *From International to World Society? English School Theory and Social Structure of Globalization*, Cambridge University Press, 2004; Barry Buzan, "The English School: an underexploited resource in IR," *Review of International Studies*, Vol. 27, 2001, pp. 474-476.

[9] 『国際刑事裁判所に関するローマ規程』．

されていることを意識し，また，この繊細な継ぎ合わされたものがいつでも粉々になり得ることを懸念し，……国際正義の永続的な尊重及び実現を保障することを決意して，」と書かれている。この規程では，今日の世界で「人類の良心に深く衝撃を与える想像を絶する残虐な行為」によって多数の犠牲者が出ており，これらの重大な犯罪が「世界の平和，安全及び福祉を脅かすことを認識し，……これらの犯罪を行った者が処罰を免れることを終わらせ，もってそのような犯罪の防止に貢献することを決意し，国際的な犯罪について責任を有する者に対して刑事裁判権を行使することがすべての国家の責務であることを想起し」ICC は設立された，と明記されている。これは，国際条約の一節なので，主語は国家であり，あくまでも国家の責任を問うかたちになっている。しかし，このなかにかつてウォルツァー（Michael Walzer）が繰り返し強調した「人類の道徳的な良心に対する衝撃」という言葉に似た表現が見出されることなどから[10]，「主権国家間の社会（国際社会）」を超えて，「人類としての良心」を共有しうる「グローバルな社会」認識の高まりに向けた一定の前進を指摘できる。

だが，楽観はできない。とりわけ「人類としての良心」を過信することにはわれわれは慎重でなければならない。リアリストの国際政治学のウォルツ（Kenneth Waltz）がいまでは古典に数えられる『人間・国家・戦争（Man, the State and War）』において，国際社会で戦争が発生する「原因」を3つのレベルに分類した際，国際システムの構造と国家の行動とともに掲げた原因は，人間（主に政治指導者）の行動であった[11]。過去の歴史を振り返っても，人間の行動は，明らかに戦争と平和を決する原因（独立変数）になっている。国際システムや国家の名において戦争という選択をしたのも人間であることを忘れてはならない。

他方で，リアリストの国際政治観や多元主義的な国際秩序論は，主権国家間の勢力バランスや権益の調整の重要性にばかり目を奪われ，それぞれの国内で

---

[10] Michael Walzer, *The Just and Unjust Wars: A Moral Arguments with Historical Illusions*, 4th edition, Basic Books, 2006, p 107.

[11] Kenneth Waltz, *Man, the State and War: A Theoretical Analysis*, Revised edition, Columbia University Press, 2001. 邦訳は，渡邉昭夫・岡垣知子訳『人間・国家・戦争：国際政治の3つのイメージ』（勁草書房，2013 年）。

暮らす人々，あるいは国家間の紛争や国家の運営に関わる権力闘争によって蔑ろにされる「人間の平和」に関わる利益（＝生存・生計・尊厳）を軽視しがちなことから，国際関係においてより「人間の平和」利益を重視する視点が高まってきていることも注目すべきだろう。これは，人間が，国内・国際の政策の決定者であるとともに，それらの政策の「結果」（従属変数）を直に受け止める客体としても分析する必要性の認識の表れといえるだろう。

　もとより，国際社会や国際関係において「人間の平和」利益がまったく無視されてきたわけではないことは，国際人権規範の定着の歴史からも明らかだろう。しかし，人権規範の進展のみで人間の利益を担保できない現実をわれわれは直視する必要がある。なぜなら，人権は法的・政治的に規定された権利・義務関係の範囲内での人間利益に関わるものに限られるのが第１点。そして，人権保障はもっぱら当該国の内政として扱われ，政権や体制の意向によっては内政不干渉原則の壁に守られ，外部からの状況改善の努力が奏功する範囲には自ずと限界があることが第２点である。それでも，今日，人間の生存・生計・尊厳の直接的な保護を政策目的とする概念として「人間の安全保障」や「保護する責任」，あるいは「武力紛争下の文民の保護」などが注目されるようになっている。これらの概念は，人間の基本的な人権を基盤としつつ，法的権利の有無や，人々を取り巻く政治・経済・社会・文化といった環境の違いにかかわらず，多様な背景をもつ人間に対する多様な脅威を可能な限り取り除き，人々が潜在的な能力を発揮し，人生をまっとうできる「人間の平和」に向けた具体的な取り組みと位置付けることができるだろう。そして，こうした人間中心の考え方が広がる世界の中に，「国際社会」から「グローバルな社会」へと移行の１つの大きな動きを見ることができる。

　以上の議論から明らかなことは，「未来共生秩序」の形成には，主権国家中心の国際秩序論の見直しと人間自身による自己変革が求められていることである。前者については，多元主義的な国際秩序論のなかに連帯主義的な「グローバルな社会」認識を広めていくことが有用だろう。後者に関しては，自分と異なる他者への無知や恐怖を克服し，また，紛争の対応にあたっては武力によらず，極力平和的な手段を用いる勇気を育むことが求められよう。改めて言うまでもなく，人間は平和の担い手にもなるが，人間の平和を脅かす国家・政府・体制といった主体も，人間によって構成されているからである。また，国家を

介することなく，人々やコミュニティの間で暴力的な対立や紛争に訴える事件にも事欠かない。異なる文化的・社会的アイデンティティを持つ人々やコミュニティ間の対立は，ナショナリズムの対立として政治化する場合も多い。憎悪や恐怖は政治的意図によって増幅され，扇動されることもしばしばである。人々が憎悪と恐怖の負のスパイラルから抜け出すことは困難であっても，その努力なしに「人間の平和」は望めない。

では，われわれはどこから，何に手をつけたらよいのだろう。その答えのヒントは，すでに古典となったアンダーソン（Benedict Anderson）のナショナリズム論の中に見て取れる。人間の共同体認識は，想像力の産物である。その「想像の共同体」と彼が呼ぶ人間集団の範囲を広げていくことである(12)。実際，多民族社会でも平和が持続するところもあれば，同一民族のなかでも集団間の対立は起こりうる。これは，集団を構成する人々が自らの「仲間」がどこまでであり，どこから先を敵対する他者と想像するかにかかっている。自他を区別するアイデンティティはそれほどに可変的なのである。しかも，インドの非抑圧階級をおかれた人々の立場から「サバルタン」（＝権力から疎外され，自らの言葉を持たない人々）の声を聴くことの大切さを説く人文学者スピヴァク（Gayatri Spivak）は，そこでは想像力が重要であり，想像力はトレーニングによって向上すると訴える(13)。

人は1人では生きていけない。そこで，集団を組織し，そこでの帰属を自らのアイデンティティに組み入れていく。ハバーマス（Jürgen Habermas）の言葉を借りるならば，それは自らの「生活世界（Lebenswelt）」を形成していくプロセスと考えられる(14)。その生活世界をどれほど狭く，あるいは広くとらえるか，そして，他者との共生のなかに見いだすか，それとも共生を排除するなかに見いだすか，われわれは問われていることになる。未来共生秩序とは，人々が，よりよい共通の未来のため，異なる文化的・社会的背景をもちながらも，想像力を活性化させ，ウィン・ウィンの関係や共感・連帯・共存の意識

---

(12) ベネディクト・アンダーソン（白石隆・白石さや訳）『想像の共同体――ナショナリズムの起源と流行』（NTT出版，2007年）。
(13) ガヤトリ・C・スピヴァク（星野俊也編，本橋哲也・篠原雅武訳）『いくつもの声：ガヤトリ・C・スピヴァク日本講演集』（人文書院，2014年）。
(14) ユルゲン・ハバーマス（河上倫逸監訳）『法と正義のディスクルス』（未來社，1999年）を参照。

を共有する間主観的な観念を見いだすこと（したがって，自らの利益のみを見て他者に「難」を強いるのではなく，互いの「難」を相互の理解や協力を通じて軽減していくこと）のなかに見いだすことができる。それは，足元のコミュニティ・レベルであっても，国境を超えるグローバルなレベルであっても理論的には可能である。あとは，そうした意識を行動に転換できるかどうか。「人間の平和」にとって，それが出発点であり，また終着点でもあるだろう。われわれがどこまでそれを実践できるのか，いま試されている。

V　むすび──真の「人間の平和」に向けて

　戦後70周年を経て軋みが顕在化してきた国際秩序だが，国際の平和と安全の維持のためにも擁護されるべき原則や規範は多い。武力を通じた侵略は，その意味で今日では非合法化された規範になっている。逆に，一般には国家主権に対する挑戦と考えられる国境線の変更も，それが平和裏に，当事国の合意のもとに進められるのであれば何ら問題はない。また，現状の変更に関する紛争の処理も，外交を通じた平和的な手続きや民意を反映した合法的なステップが取られるように仕向けることが現行の国連憲章体制で規定されている。したがって，確立された国際秩序の主要な原則の維持は，国家間の平和と安定のためのみならず，「人間の平和」の推進にとっても必要条件といえる。

　もっとも，現行の国連憲章体制70周年を迎える2015年には，集団安全保障制度にとって中核的な役割を果たす国連安全保障理事会の改革をぜひとも前進させなければならない。議席数及び構成国の拡大（常任，非常任議席の拡大，あるいは，新たなカテゴリーの議席の創設を含め，現在の15カ国体制を，地理的なバランスをも踏まえた適正な規模の理事国構成を変更すること），拒否権制度の見直し，作業手続きの改善，国連総会との役割分担の明確化などが議論されている[15]。日本は，かねてより安保理常任理事国入りの意欲を内外に明らかにし，具体的にはドイツ，インド，ブラジルと「G4」を組み，安保理改革の推進役を買って出ている。しかし，正式な改革には国連憲章の改正も必要なことから，常任理事国5カ国の賛成を含む加盟国の3分の2以上（現時点では129票）の獲得

---

[15] 国連安保理改革の現状と課題については，Richard Gowan, *Pathways to Security Council Reform*, Center on International Cooperation, New York University, 2014 がよくまとまっている。

が求められ，ハードルは高い。しかも，加盟国のなかには自国の安保理入りは無理としてもライバル国が理事国になることを好まない立場から，改革に向けて事実上不可能な「コンセンサス」の達成を主張するグループなど，改革への抵抗勢力も多い。だが，1945 年に 51 カ国で設立された国連において，当初 11 カ国（常任 5 カ国，非常任 6 カ国）でスタートした安保理のメンバーが拡大されたのは，非常任議席が 10 カ国に増やされた 1965 年（当時の国連の加盟国数は 118）の 1 回に限られ，その後，50 年を経る今日まで，幾多の改革提案が出され，作業方法などの見直しは進んでも，議席の拡大は実を結んでいない。他方で加盟国数はこの間に 193 カ国にまで拡大している。

　安保理は「国際の平和と安全の維持」に関する重要な決定を行う役割を果たすだけに，構成メンバーや決定手続きの問題は，安保理の決定の正当性に関わる。とりわけ，近年，シリアやイラク，ウクライナ，イスラエル・パレスチナ，あるいはアフリカ諸国の情勢などに関し，安保理常任理事国が，場合によっては拒否権も行使し，議論を封じる場面も見られ，国連の信頼性自体が危機に直面している。こうした意味でも，安保理改革への機運を高め，国連創設 70 周年の節目となる 2015 年に大きく進展させることが期待される。10 年前の 60 周年時にかなりの盛り上がりをみせたのにもかかわらず，成果につなげられなかっただけに，「2015 年」を改革の年にするためにモメンタムを高めていく必要がある。

　国際社会の現状には，変えてはならないものも多いが，変えていくべきものもある。安保理の機構と機能は，そうした変えるべき国家（政府）間の制度の一つである。だが，国連における政治や政策の歴史はこれまで専ら主権国家やその政府の視点で語られ，研究されることが主流であり，国連での政治プロセスのなかで結果として「人々」の利益が増進されてきたとしても，それは原理的に，各国の国益（国家としての利益）の追求の間接的な結果（すなわち，「国民」の生命・財産の保護を国益と定義した場合の達成目標）である。他方で，21 世紀の世界では，人々が国境を越え，または，国家の枠にとどまらない（非国家の）主体として，ローカルにもグローバルにも活動する機会が格段に広がっている。もとより，人間の視点を強調することにより，主権国家間の平和の重要性が軽視されるわけでもない。他方で，この新しい時代，「人間の平和」にも直接目を向け，その実現により直接的に作用する行動のモダリティやチャネ

ルを開発していくことが重要となるだろう．これは，非政府組織（NGO）や市民社会の活動のみならず，政府の政策のなかにも求められる視点である．

　本稿では，未来共生を，「自らと他者の尊厳に対する深い理解と敬意に立脚し，多様で異なる文化的背景や社会的属性を有する人々が互いを高め合い，共通の未来に向けた斬新な共生モデルを導き出す知識・技能・態度・行動力」と定義した．それは，われわれ1人ひとりが，自らのアイデンティティを大切にしつつも，自分とは異なる多様な文化的・社会的アイデンティティを持つ他者との間で，お互いに未来志向で，平和を分かち合える共生社会の形成に向けた変革やイノベーションを進めることが今後，ますます必要になると考えるからである．また，逆に，今日の世界のコミュニティ間の問題はもちろん，国家間の対立や紛争のなかにも，こうした未来共生の視点の欠如や否定がそもそもの原因になっていることも見いだせるためでもある．

　したがって，21世紀において「国際の平和と安全」とともに「人間の平和」を追求していくための十分条件としては，やはり，よりよい未来に向かって1人ひとりが「未来共生」を実践する力量（知識・技能・態度・行動力）を蓄え，全体として，グローバルで包摂的な「未来共生秩序」の形成へと必要な改革やイノベーティブな政策を実践していくことが求められているのである．

22　日本の『国境警備論』の構築に向けて⁽¹⁾

古　川　浩　司

I　はじめに

　近年，日本の領土問題に関する緊張が高まっている。例えば，2010年11月のドミトリー・メドヴェージェフ・ロシア大統領（当時）の北方領土の一部である国後島（ロシア名：o. Кунашир）訪問，2012年8月のイ・ミョンバク・韓国大統領（当時）の竹島（韓国名：独島）訪問，そして2012年9月の日本政府の尖閣諸島（中国名：钓鱼岛及其附属岛屿，台湾名：釣魚臺列嶼）の一部国有化⁽²⁾に端を発する同海域における日中対立など，数多くの具体例が存在する。また，最近では，2013年11月の中国の尖閣諸島及びその周辺も含めた防空識別圏（Air Defense Identification Zone：ADIZ）設定問題も大きく取り上げられている。

　これらの動きに対し，日本の防衛力を大幅に強化すべきであるという論調がみられる。確かに，後述するように，国境地域における日本の防衛力は十分であるとは言えないが，厳しい日本の財政を考えると，急激かつ大幅な防衛力強化は現実的ではないし，国境地域で実際に起きていることに対する情緒的な議論であると思われる。この原因として，日本における国境認識の希薄さ，すなわち，そもそも日本の国境や「国境警備（border security）⁽³⁾」体制に対する理

---

(1)　日本の国境警備に関しては，古川浩司「日本の国境警備──非伝統的安全保障の観点から」『国際公共政策研究』第13巻第1号（2008年）165-178頁も参照されたい。なお，本論は上記の論文に大幅な加筆修正を加えたものである。
(2)　尖閣三島（魚釣島，北小島，南小島）を取得・保有したのは海上保安庁である（海上保安庁編『海上保安レポート2013』（日経印刷，2013年）18頁）。
(3)　日本の「国境警備」は，日本の国境が全て領海の境界線であるため，「領海警備」を意味するとされる（村上暦造『領海警備の法構造』（中央法規，2005年）46頁）。ただし，

第 5 部　新しい安全保障

解が必ずしも十分ではないことがあげられる。

　このような日本の国境問題に関しては，既にいくつかの先行研究がみられるが，個々の領土問題（北方領土・竹島・尖閣諸島），もしくは，排他的経済水域（Exclusive Economic Zone：EEZ）も含めた日本の領海に関する問題に焦点を当てたものがほとんどである[4]。また，本論の主題となる国境警備に関しても，本来は包括的に論じるべきであるにもかかわらず，それらの現状に関しては，安全保障，治安維持，出入国管理などの個々の分野で論じられることが多い[5]。この例外として，防衛省（海上自衛隊）と海上保安庁の活動を包括的に論じたものがいくつかあるが[6]，グローバル化が進展し「国境地域」における脅威が多様化している中で，日本の「国境警備」のあり方を検討するために，上記の防衛省・自衛隊，海上保安庁に加え，漁業調整事務所，税関，入国管理局，検疫所などの「国境警備」を担当する省庁も含めた「国境警備」の全貌を明らかにした上で，その課題があれば指摘すべきではないだろうか[7]。

　　　本論では，他国との比較も意識していることから，特段の理由がない限りは「国境警備」と表す。
(4)　紙幅の関係によりそれぞれの問題には深くは立ち入らないが，北方領土問題については，岩下明裕『北方領土問題』（中央公論新社，2005 年），東郷和彦『北方領土交渉秘録』（新潮社，2011 年），和田春樹『領土問題をどう解決するか』（平凡社，2012 年），本田良一『日ロ現場史』（北海道新聞社，2013 年），竹島問題については，ロー・ダニエル『竹島密約』（草思社，2008 年），池内敏『竹島問題とは何か』（名古屋大学出版会，2012 年），尖閣諸島問題については，岡田充『尖閣諸島問題』（蒼蒼社，2012 年），沖縄大学地域研究所『尖閣諸島と沖縄』（芙蓉書房出版，2013 年），そして日中・日韓暫定水域問題は水上千之編『現代の海洋法』（有信堂，2003 年），第Ⅱ部 3 章及び 4 章などが詳しい。
(5)　例えば，『防衛白書』，『海上保安レポート』『出入国管理』などがあげられよう。
(6)　村上『領海警備の法構造』，田中利幸「海上執行措置法令国内法体系における地位」山本草二編集代表『海上保安法制』（三省堂，2009 年）72-97 頁，佐道明広「南西諸島防衛強化問題の課題——法体制整備・国民保護・自衛隊配備問題を中心に」『社会科学研究』第 33 巻第 2 号（2013 年）7-32 頁などがある。
(7)　この他，「脅威」をより広義に捉えれば，植物の病害虫が外国から侵入することを防ぐために設置された農林水産省の施設等機関である植物防疫所や，家畜伝染病予防のために設置された農林水産省の施設等機関である動物検疫所もあげられるが，これらの詳細は，古川「日本の国境警備」172-174 頁を参照されたい。なお，2014 年度の定員は植物防疫所（939 人）・那覇植物検疫事務所（57 人）が 996 人，動物検疫所が 447 人である（行政管理研究センター『平成 26 年度版行政機構図』（行政管理研究センター，2013 年）110-111 頁）。

本論では，以上の問題意識から，日本の『国境警備論』の構築に向けて，日本の国境警備の現状を考察したい。そこでまず，国境警備において求められる機能を3つに分類して説明した上で，それぞれの機能を日本においてどの機関が担っているかを，近年の動きを交えながら説明することで，日本の国境警備体制の現状を明らかにする。その上で，人員・法体制・組織の観点から考察し，最後に日本の国境警備体制の課題の解決に向けた提言をしたい。

Ⅱ 国境警備とは

「国境」地域は，「国際交流の玄関口」としての機能と同時に「安全保障の最前線」の機能も有する。したがって，脅威が増すにつれて対応する機関が異なる。すなわち，脅威が低い場合，国境に求められる機能は主に入国管理に留まる[8]。しかし，脅威が増すにつれ，警察機関による国境管理，そして防衛機関による国境管理が求められるようになる。

そもそも国境警備は軍事（防衛）活動と警察活動に大別できる。軍事活動は，外国による直接侵略に対抗して自国領域を防衛し，排除するために行使されるのに対し，後者は国内の治安を維持し，国民の生命及び財産を保護するために行使される[9]。なお，直接侵略の特徴として指摘されるものは，(ⅰ)それが，国外から領域に対する攻撃という形態をとること，(ⅱ)その侵略や攻撃が外国の意思に基づくか，あるいはその関与するものであること，(ⅲ)軍事力を使用した武力の行使として行われること，などである。一方，警察活動の対象となる状態とは，(ⅰ)国家の領域内に起因する危険と秩序の破壊であること，(ⅱ)その秩序の破壊は，国内の私人によって引き起こされるものであること，(ⅲ)秩序の破壊手段は，その私人の利用できるものに限られる[10]。したがって，①国家の意思か個人の意思か，②行使されたのが軍事力を使用した武力の行使とみなされるか否かが両者のいずれに当たるかを判断する材料となろう[11]。

---

[8] 逆に言えば，この点も安全保障の問題として捉えられるようになっている。例えば，移民（Immigration）と国境警備を結び付けて考察している研究もある（Columbia Peoples and Nick Vaughan-Williams, *Critical Security Studies*, Routledge, 2010, pp. 134-149.）。
[9] 村上『領海警備の法構造』，10頁を参照。
[10] 同上。
[11] なお，これに関連して，日本政府が，中国公船が活動家の乗り込んだ船を追いかけて

第5部　新しい安全保障

なお，図1は日本の警察力と防衛力の担い手を，陸域・海域・空域に分けて表したものである。

図1　陸域・海域・空域における警察力と防衛力の担い手

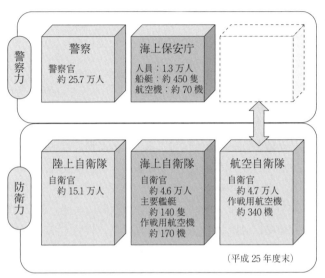

（出所）『平成26年版　防衛白書』，『平成26年版　警察白書』，『海上保安レポート2014』を基に筆者作成。

図1が示すように，警察力の担い手は陸域が警察官，海域は海上保安官，そして防衛力の陸域の担い手は陸上自衛隊，海域の担い手は海上自衛隊である。一方，空域は航空自衛隊が事実上，警察力も含めて担っているとされる。すなわち，日本の排他的主権の下にある領空への他国の航空機（軍用機には限らず，民間機も含む）の侵入を防止することは，航空自衛隊に与えられた任務であり，自衛隊法第84条は，防衛大臣は，外国の航空機が国際法規又は航空法その他の法令の規定に違反して日本の領域の上空に侵入したときは，自衛隊の部隊に

尖閣諸島の領海に侵入するケースが多いことを背景に，2013年12月29日に，尖閣諸島（沖縄県）に日本の活動家が「漁業」名目で漁船に乗り込んで出航することを規制する法整備の検討に入った（『毎日新聞』2013年12月30日）。これは，警察活動の具体例として注目に値する。

対し、これを着陸させ、又は日本の領域の上空から退去させるため「必要な措置」を公示させることができることを定めている。自衛隊法の体系上、同法が定める領空侵犯対処措置は、①自衛隊法第78条又は第81条に基づく「治安出動」、②同第81条の2に基づく「警護出動」、③同第82条に基づく「海上における警備行動」等と並んで、日本に対する武力攻撃の発生又はその明白な危険が切迫していると認められる事態に対処するための自衛隊法第76条に基づく「防衛出動」の下命がなされていないいわゆる「平時」における警察活動と位置付けられている[12]。

他方、警察活動には、司法警察活動と行政警察活動がある。司法警察活動は、犯罪の嫌疑に基づき事後的に行われる活動で、終局的には刑罰権の発動に向けられた手続きである捜査として行われ、刑事訴訟法により規律される。これに対し、行政警察活動は、人命・財産の保護と公共の安全・秩序の維持を図るもので、法令の遵守を図り、事前に犯罪を予防し、現に生じている犯罪を鎮圧し、あるいは、犯罪以外から生じる危険から人命・財産を救い、守るものである[13]。

「脅威」とはそもそも多岐にわたる。例えば、他国による軍事的侵略はもちろん脅威であるが、軍事活動でなくても外国の船が違法操業を行うことも脅威であるし、在留資格を持たずに入国しようとする人々や感染症を有して入国しようとする外国人も脅威とみなすことができる。このようにヒトとモノの流れが活発になる中で「国境警備」における脅威は変容しているが、「脅威」を入国者の意図及びその入国者が文民であるか否かによってその程度を分類することができる。すなわち、入国者が概して犯罪を意図して入国しない（脅威の程度が低い）場合は行政警察活動で事が足りるが、密輸や密入国のように概して入国者が犯罪を意図して入国しようとする場合は、それだけ脅威が高まるため、行政警察活動のみならず司法警察活動も必要となる。そして不法入国者が軍事組織である場合は、それはもはや軍事的脅威となり、防衛活動が必要となる。

そこで本論では以下、日本の国境警備体制を説明するために、上記で言う「脅威」の低い順に、行政警察活動としての「国境警備」を行う機関（入国管理局、税関、検疫所等）、司法警察活動を含む「国境警備」を行う機関（海上保

---

[12] 小松一郎『実践国際法』（信山社、2011年）164-165頁。
[13] 田中「海上執行措置法令国内法体系における地位」72頁。したがって、前者には捜査権及び逮捕権があるのに対し、後者にはない。

安庁及び水産庁），そして防衛活動としての「国境警備」を行う機関（防衛省・自衛隊）を取り上げる[14]。

Ⅲ 日本の国境警備体制

1 行政警察活動としての「国境警備」

行政警察活動としての「国境警備」を行う機関としては，一般に税関・出入口管理・検疫（Custom・Immigration・Quarantine：CIQ）を行う機関（CIQ機関）があげられる[15]。そこで以下，日本のCIQ機関である税関，地方入国管理局，検疫所の現状を説明する。

(1) 税関（財務省）

日本で「税関」という呼称が初めて採用されたのは1872年まで遡るが，戦後は1946年6月に横浜・神戸・大阪・名古屋・門司及び函館に新しく本関が設置されることで復活した[16]。

税関は，財務省（関税局）の地方支分部局として，函館，東京，横浜，名古屋，大阪，神戸，門司及び長崎の8税関のほか，沖縄地区税関が設置されている。各税関には税関支署（69），税関出張所及び税関支署出張所（122）並びに税関監視署及び税関支署監視署（10）が設置されており，それぞれの地域における税関業務を分担している（表1）。2014年度における税関・沖縄地区税関の定員は8,748人である[17]。

なお，税関の役割は，適切かつ公平な関税等の賦課徴収，安全・安心な社会の実現，貿易の円滑化とされる。このうち，本論と関係する安全・安心な社会の実現として具体的には，薬物，銃器をはじめ，テロ関連物品，知的財産侵害物品等の社会の安全安心を脅かす物品等の密輸出入を一層効果的に水際で取り

---

[14] そもそも司法警察活動と行政警察活動とを区別することに対しては近似疑問も呈されている。しかし，行政警察活動が一定の範囲で認められるにすぎず司法警察活動の認められていない自衛隊（及び税関・入管職員など）の場合には，海上保安官や警察官のように両方の活動の認められている場合とは異なり，その範囲を明確にするために区別はなお重要である（同上，73頁）。

[15] なお，先述した「司法警察活動を含まない」という意味では，海上警備行動による自衛隊の警察活動は行政警察活動に限られる（同上，77頁）。

[16] 大蔵省関税局編『税関百年史（下）』（財日本関税協会，1972年）168頁。

[17] 行政管理研究センター『平成26年度版行政機構図』71-72頁。

表1 税関官署所在地一覧

税関(8)地区税関	税関支署(69)	税関出張所(30)	税関支署出張所(81)	税関監視署(1)・税関支署監視署(9)
函館	札幌, 小樽, 室蘭, 釧路, 苫小牧, 稚内, 根室, 千歳, 青森, 八戸, 宮古, 大船渡, 秋田船川		網走, 留萌, 紋別, 石狩, 旭川空港, 十勝, 青森空港, 釜石, 秋田空港	
東京	坂田, 成田, 羽田, 新潟	前橋, 東京航空貨物, 成田航空貨物, 芝浦, 東京外郵, 大井, 立川	山形, 東港, 新潟空港, 柏崎, 直江津	佐渡
横浜	仙台塩釜, 仙台空港, 小名浜, 鹿島, 千葉, 川崎, 横須賀	宇都宮, 鶴見, 大黒埠頭, 本牧埠頭, 川崎外郵	石巻, 気仙沼, 相馬, 福島空港, 日立, つくば, 船橋市川, 木更津, 姉崎, 東扇嶋	銚子, 三崎
名古屋	清水, 豊橋, 中部空港, 四日市	諏訪, 稲永, 中部外郵, 南部, 西部	興津, 浜松, 沼津, 田子の裏, 焼津, 御前崎, 静岡空港, 衣裏, 蒲郡, 津, 尾鷲	下田
大阪	伏木, 金沢, 敦賀, 京都, 舞鶴, 堺, 関西空港, 和歌山	桜島, 南港, 大手前, 大阪外郵	富山, 富山空港, 七尾, 小松空港, 福井, 滋賀, 宮津, 岸和田, 下津, 新宮	
神戸	姫路, 尼崎, 堺, 浜田, 水島, 宇野, 広島, 呉, 福山, 小松島, 坂出, 松山, 今治, 新居浜, 高知	六甲アイランド, 麻那埠頭, ポートアイランド	相生, 東播磨, 岡山空港, 片上, 竹原, 広島空港, 因島, 尾道系島, 高松, 丸亀, 詫間, 宇和島, 三島, 須崎	鳥取, 西郷
門司	下関, 宇部, 岩国, 徳山, 戸畑, 博多, 福岡空港, 伊万里, 厳原, 大分, 細島	田野浦, 福岡外郵, 苅田	萩, 防府, 光, 平生, 若松, 唐津, 佐伯, 津久見, 大分空港, 宮崎空港, 油津	比田勝
長崎	三池, 佐世保, 八代, 鹿児島	長崎空港	久留米, 熊本, 水俣, 三角, 熊本空港, 枕崎, 川内, 鹿児島空港, 志布志	五島*, 名瀬
沖縄地区	那覇空港, 石垣, 沖縄	那覇外郵, 鏡水	平安座, 平良	与那国

＊は税関監視署
(出典) 行政管理研究センター『平成26年度版行政機構図』72頁をもとに筆者作成。

締まるため，内外関係機関との連携や情報交換を積極的に行うなど，近年の密輸事犯の大口化や多様化に対応した取締体制等の整備に取り組んでいる[18]。

(2) 地方入国管理局（法務省）

地方入国管理局の基礎は，1949年6月の連合国総司令部による覚書に基づき同年8月に外務省管理局に置かれた入国管理部である。しかし，入国管理部が設置された当時の出入国管理は，正規出入国は外務省，外国人登録は法務府民事局，違反取締りは法務府検務局，収容は厚生省引揚援護庁，護送及び送還は国家警察がそれぞれ行うなど，事項別に異なる機構で処理され，その連絡調整に入国管理部が当たるという状態であった。そのため，総司令部の「入国に関する覚書」による指令を受け，1950年10月に「外国人の出入国の管理，外国人の登録及び不法に本邦に入国した者の退去強制に関する事務を行うことを任務とする」行政機関として，外務省の外局として出入国管理庁が設置され，翌年11月からは入国管理庁と改称された。その後，1952年4月の平和条約の発効による入国許可権の回復を経て，同年8月から法務省の内局である入国管理局となった[19]。なお，当初，入国管理局の地方支分部局として入国管理事務所が設置されていたが，1981（昭和56）年4月の改編に伴い，地方入国管理局に改称された[20]。

地方入国管理局は，法務省（入国管理局）の地方支分部局として，札幌，仙台，東京，名古屋，大阪，広島，高松，福岡の8カ所に設置され，各地方入国管理局には支局7カ所，出張所55カ所，支局出張所が6カ所設置されており（表2），2014年度における地方入国管理局の定員は3,504人である[21]。

地方入国管理局の業務は，特に出入国管理及び難民認定法に基づく，出入国管理（外国人の入国，在留，退去強制など）と難民認定の他，特別永住（入管特例法）と外国人登録（外国人登録法）があげられる[22]。

---

[18] 「税関の役割」税関，http://www.customs.go.jp/zeikan/yakuwari.htm。
[19] 法務省入国管理局編『出入国管理の回顧と展望（昭和55年版）』（大蔵省印刷局，1981年）78-85頁。
[20] 同上，31頁。
[21] 行政管理研究センター『平成26年度版行政機構図』57頁。
[22] 山本鑛一・黒木忠正『よくわかる入管法（第3版）』（有斐閣，2012年）8-9頁を参照。

表2　地方入国管理局官署所在地一覧

地方入国管理局(8)	支局(7)	出張所(55)	支局出張所(6)
札幌		函館港, 旭川, 釧路港, 稚内港, 千歳, 苫小牧	
仙台		青森, 盛岡, 仙台空港, 秋田, 酒田港, 郡山	
東京	成田空港, 羽田空港, 横浜	水戸, 宇都宮, 高崎, さいたま, 千葉, 新宿, 東部, 立川, 新潟, 甲府, 長野	川崎
名古屋	中部空港	富山, 金沢, 福井, 岐阜, 静岡, 浜松, 豊橋港, 四日市港	
大阪	関西空港, 神戸	大津, 京都, 舞鶴港, 奈良, 和歌山	姫路港
広島		境港, 松江, 岡山, 福山, 広島空港, 下関, 周南	
高松		小松島港, 松山, 高知	
福岡	那覇	北九州, 博多港, 福岡空港, 佐賀, 長崎, 対馬, 熊本, 大分, 宮崎, 鹿児島	那覇空港, 石垣港, 嘉手納, 宮古島

（出典）行政管理研究センター，平成26年度版行政機構図，57頁をもとに筆者作成。

(3) 検疫所（厚生労働省）

戦後日本で検疫という名称が使用されたのは1947年4月の検疫所官制公布により設置された厚生省検疫所である[23]。その後，2001年の省庁再編により，現在は厚生労働省の施設等機関である検疫所は，小樽，仙台，成田空港，東京，横浜，新潟，名古屋，大阪，関西空港，神戸，広島，福岡，那覇の13カ所に設置され，各検疫所には支所14カ所及び出張所83カ所が設けられており（表3），2014年度の定員は913人である[24]。

検疫所の業務は，検疫法，食品衛生法並びに感染症の予防及び感染症の患者に対する医療に関する法律などに基づき，大きく分けて検疫業務と輸入食品監視業務とされ，前者はさらに，①検疫感染症に対する情報の収集及び提供，②検疫の実施，③患者の隔離収容，感染のおそれのある者の停留，物件の消毒，④申請に基づく業務，⑤港湾区域の衛生管理，⑥海外渡航者等に対する健康

[23] 厚生省公衆衛生局編『検疫制度百年史』（ぎょうせい，1980年）381頁。
[24] 行政管理研究センター『平成26年度版行政機構図』92頁。

表3 検疫所（本所・支所・出張所）所在地一覧

検疫所(13)	検疫所支所(7)	出張所(55)
小樽	千歳空港	稚内，(留萌・石狩)，(紋別)，(網走)，(花咲)，釧路，(苫小牧)，(室蘭)，(函館)，函館空港，旭川空港
仙台	仙台空港	青森，(青森空港)，(八戸)，(宮古)，(釜石)，(大船渡・気仙沼)，(石巻)，秋田船川，(秋田空港)，(酒田)，(小名浜)，福島空港
成田空港		
東京	千葉，東京空港，川崎	小笠原，(日立)，鹿島，(茨城空港)，(木更津)
横浜		(横須賀・三崎)
新潟		新潟空港，(直江津)，富山空港，(伏木富山)，(金沢・七尾)，小松空港
名古屋	清水，中部空港，四日市	(焼津)，静岡空港，(豊橋)，(蒲郡・福江)，(衣浦)，(尾鷲・勝浦)
大阪		(敦賀)，(内浦)，(舞鶴)，(岸和田)，(和歌山下津)
関西空港		
神戸		
広島	広島空港	境，(米子空港)，(浜田)，岡山空港，水島，福江，(呉)，徳山下松・岩国，(宇部)，(徳島小松島)，坂出，(高松空港)，(三島川之江)，(新居浜)，松山，松山空港，高知
福岡	門司，福岡空港，長崎，鹿児島	(北九州空港)，(三池)，(唐津)，(伊万里)，(佐世保)，(長崎空港)，厳原・比田勝，(熊本港)，(三角)，(水俣・八代)，(大分空港)，大分・佐賀関，(佐伯)，(細島)，宮崎空港，(鹿児島空港)，(志布志)，(串木野・喜入)
那覇	那覇空港	(金武・中城)，(平良)，石垣

( )は出張対応出張所
(出典)「検疫所の配置」(厚生労働省検疫所：http://www.forth.go.jp/keneki/yokohama/03_quarantine/03/index.html) をもとに筆者作成。

相談に分類される。このうち，検疫の実施に関しては，船舶では，検疫官が本船に乗船して確認する「臨船検疫」と船舶からの電報などによる事前通報を書類上で確認する「無線検疫」が，航空機では検疫官が機内で患者発生を確認する「機内検疫」と，検疫ブースで患者発生を確認する「ブース検疫」がそれぞれ実施されている。

2　司法警察活動を含む「国境警備」

　日本の国境警備の中核を担うのは漁業取締体制である。「排他的経済水域における漁業等に関する主権的権利の行使等に関する法律（漁業主権法）」施行令第6条によれば，取締官は「漁業監督官，海上保安官及び警察官」とされている。本論では，これらのうち，特に海上保安庁，漁業調整事務所を取り上げる。なお，日本の漁業取締体制は図2の通りである。

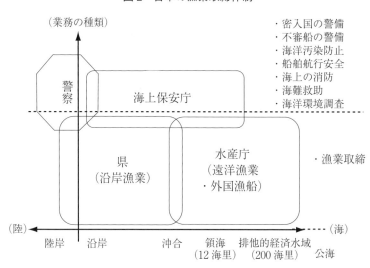

図2　日本の漁業取締体制

（出所）福岡県農林水産部水産局漁業管理課漁場環境係資料

(1)　管区海上保安本部（海上保安庁）

　海上保安庁の基礎は，1947年7月に運輸省海運総局に設置された不法入国船舶監視本部と九州海運局に置かれた不法入国船舶監視部まで遡る。ただし，不法入国船監視本部は，あくまでも不法入国船舶の監視を目的とするものであって，その他の海上保安業務は運輸省海運局，燈台局，水路部及び厚生省検疫所などが独立して分掌していたため，統一的な海上保安制度の検討が行われた。その結果，1948年5月に運輸省の外局として発足したのが海上保安庁である[25]。なお，2001年1月の省庁再編により，海上保安庁は，運輸省，建設省，国土庁，北海道開発庁を母体に設置された国土交通省の外局となっている。

第5部　新しい安全保障

表4　管区海上保安本部及び管内事務所所在地一覧

管区海上保安本部(11)	海上保安（監）部（70）	海上保安署（61）	海上保安航空基地(2)・航空基地(12)
第一（小樽）	小樽，留萌，稚内，函館，室蘭，釧路，根室，紋別	江差，瀬棚，苫小牧，浦河，広尾，羅臼，網走	千歳，函館，釧路
第二（塩釜）	宮城，青森，八戸，釜石，秋田，酒田，福島	気仙沼，宮古，石巻	仙台
第三（横浜）	横浜，東京，茨城，千葉，銚子，横須賀，下田，清水	川崎，小笠原，鹿島，木更津，勝浦，御前崎，湘南	羽田
第四（名古屋）	名古屋，四日市，鳥羽，尾鷲	衣浦，三河	中部空港＊＊
第五（神戸）	大阪＊，神戸，姫路，和歌山，田辺，徳島，高知	岸和田，堺，西宮，加古川，海南，串本，宿毛，土佐清水	関西空港＊＊
第六（広島）	広島，水島，玉野，尾道，呉，徳山，高松，松山，今治，宇和島	岩国，福山，小豆島，坂出，新居浜，柳井	広島
第七（北九州）	門司，若松，福岡，三池，唐津，長崎，佐世保，対馬，大分，仙崎	下関，宇部，苅田，五島，平戸，比田勝，佐伯，萩，伊万里，壱岐	福岡
第八（舞鶴）	舞鶴，敦賀，境，浜田	宮津，香住，福井，鳥取，隠岐，小浜	美保
第九（新潟）	新潟，伏木，金沢，七尾	佐渡，上越，能登	新潟
第十（鹿児島）	鹿児島，熊本，宮崎，串木野，奄美	喜入，指宿，志布志，八代，天草，日向，古仁屋	鹿児島
第十一（那覇）	那覇，石垣，中城	名護，宮古島	那覇，石垣

＊は，解除保安監部，＊＊は海上保安航空基地を示す。
(出典) 行政管理研究センター，平成26年度版行政機構図，177頁をもとに筆者作成。

　海上保安庁の地方支分部局として，全国を11に分けて管区海上保安本部を置き，さらにその管内に海上保安（監）部70カ所，海上保安署61カ所，海上保安航空基地2カ所，航空基地12カ所等が設置され，2014年度の定員は11,456人である[26]。なお，領土問題の有する北方四島は第一管区，竹島は第八管区，尖閣諸島は第十一管区，また，日中中間線付近に存在する，資源エネル

---

[25]　海上保安庁総務部政務課『海上保安庁30年史』（海上保安協会，1979年）1-2頁，海上保安庁50年史編纂委員会事務局『海上保安庁五十年史』（海上保安庁，1998年）1頁。
[26]　行政管理研究センター『平成26年度版行政機構図』176頁。

ギー庁による資源探査海域は第十管区，韓国漁船の違法操業問題の有する対馬の周辺海域は第七管区が担当している[27]。

現場業務を実施する海上保安部や海上保安署等の領海警備に関する具体的な業務は，①外国公船への対応，②領有権主張活動を行う活動家船舶への対応，③外国漁船への対応となっている[28]。

(2) 漁業調整事務所（水産庁）

漁業調整事務所の基礎は，1947年に設置された農林省の水産事務所の設置に遡る。水産事務所は1947年に函館，東京，大阪，下関，福岡，仙台及び名古屋に設置された。1948年の水産庁設置法の交付により水産庁駐在所となり，1950年には水産駐在所（札幌，仙台，新潟，名古屋，香住，徳島及び福岡に設置）に改組された。一方，同年から新たな漁業法が施行され，連合海区漁業調整委員会の事務局として漁業調整事務局が設置されることになり，同年7月に神戸に瀬戸内海漁業調整事務局，1951年4月に大牟田に有明海漁業調整事務局が設置された。そして1952年には水産駐在所が漁業調整事務所に改組され，北海道（札幌），仙台，新潟，香住及び福岡の5漁業調整事務所と瀬戸内海（神戸）及び有明海（大牟田）の2漁業調整事務局の体制となった[29]。

1965年12月の日韓漁業協定及び1975年12月の日中漁業協定の発効に伴い，福岡漁業調整事務所の管轄水域に日韓協定の共同規制水域及び日中協定に係る水域が新たに追加された。その後，200カイリ時代を迎え，1978年の農林省から農林水産省に名称変更された際に，瀬戸内海漁業調整事務局を瀬戸内海漁業調整事務所とした他，福岡漁業調整事務所と有明海漁業調整事務局を統合し，九州漁業調整事務局とした。また，1997年には香住漁業調整事務所を廃止し，境港漁業調整事務所を新たに設置した[30]。

上記の結果，水産庁は現在，本庁及び全国7カ所の漁業調整事務所（北海道，仙台，瀬戸内海，九州，境港，新潟及び内閣府沖縄総合事務局林務水産部）に39隻（平成24[2012]年3月現在）の漁業取締船を配備し，水産資源を守るための法令

---

[27] 海上保安庁編『海上保安レポート2007』（国立印刷局，2007年）15-26頁を参照。
[28] 海上保安庁編『海上保安レポート2013』16頁。
[29] 「水産庁50年史」編集委員会編『水産庁50年史（水産庁監修）』「水産庁50年史」（刊行委員会，1998年）443-444頁を参照。
[30] 同上，444頁を参照。

第5部　新しい安全保障

遵守，違法操業の摘発などを行っている。なお，2014年度の漁業調整事務所の定員は163人である(31)。漁業取締船には，法令遵守の確認のための検査や司法警察員として漁業犯罪に関わる捜査を行うことができる権限が与えられた水産庁の漁業監督官が乗船し，業務を行っている(32)。違法行為を行った外国漁船に関する漁業調整事務所の執行法として，「排他的経済水域における漁業等に関する主権的権利の行使等に関する法律（漁業主権法）」及び「漁業法」があげられる(33)。

なお，日本海の日韓漁業協定に基づく暫定水域は境港漁業調査事務所，東シナ海の日韓漁業協定に基づく暫定水域及び日中漁業協定に基づく暫定措置水域及び共同水域は九州漁業調整事務所が担当している。

(3) 近年の法改正

2008年7月に「領海等における外国船舶の航行に関する法律（領海警備法）」が施行されるまで，外国船舶の航行を規整する特別なルールは設定されていなかった。その結果，日本の領海及び内水において外国船舶による正当な理由がない停留や徘徊航行が許容され，領海内での航行の秩序は必ずしも望ましい状況にあるとはいえなかった(34)。そこで，同法の施行により，外国船舶の正当な理由のない停留・びょう泊等の禁止及び不審な航行をしている外国船舶に対する立入検査，退去命令を可能にした(35)。

---

(31) 行政管理センター『平成26年度版行政機構図』126頁。

(32) 「漁業取締船の活躍(1)」『aff』2013年2月号，http://www.maff.go.jp/j/pr/aff/1302/spe1_02.html。

(33) なお，2012年の水産庁による外国漁船の拿捕件数は11件，立入検査数は130件，違法に設置されていた漁具（刺し網，カニかご等）の押収件数は22件で，拿捕件数を違反内容別にみると，漁業主権法違反が10件（無許可操業4件，操業日誌不実記載2件，操業水域違反1件，対象魚種違反1件，漁獲量超過1件，漁具規制違反1件，操業日誌不記載1件），漁業法違反が1件（検査・質問拒否）となっている。また，海上保安庁による外国漁船の検挙件数は7隻となっており，違反の内容別にみると，漁業主権法違反が4隻（無許可操業2隻，操業水域違反1隻，許可内容違反1隻），漁業法違反（立入検査忌避）が3隻となっている（『平成24年度 水産白書』農林水産省，2012年 http://www.jfa.maff.go.jp/e/annual_report/2012/pdf/10_3shou4setu.pdf，154頁）。

(34) 詳細は，小橋雅明『「領海等における外国船舶の航行に関する法律」について』（『運輸政策研究』Vol.11. No.3. 2008年，http://www.jterc.or.jp/kenkyusyo/product/tpsr/bn/pdf/no42-08.pdf を参照されたい。

(35) 「領海等における外国船舶の航行に関する法律案」国土交通省，http://www.mlit.go.jp

その後，2012年8月には海上保安庁法及び領海警備法の一部改正案が成立した。その結果，海上保安庁法の一部改正により，警察官が速やかに犯罪に対処することが困難な一定の遠方離島において，海上保安官等が当該離島における犯罪に対処することを可能とするとともに，そのための職務執行権限が付与された。同時に現在，乗組員及び旅客に対して認められている任意の質問権について，船舶所有者等のほか，安全・治安の確保上重要な事項を知っていると認められる者にも対象範囲が拡大された。また，領海警備法の一部改正により，領海等において停留等を伴う航行を行うやむを得ない理由がないことが明らかであると認められる外国船舶に対して，立入検査を行わずに勧告を行うとともに，航行の秩序を維持するために必要な場合は領海等からの退去を命令することができるようになった[36]。

3　防衛活動としての「国境警備」——防衛省・自衛隊

1945年8月15日，日本は連合国に対してポツダム宣言を受け入れて降伏した。約80年の歴史を持つ陸軍省及び海軍省はその役割を終え，両省は海外からの復員者の業務を主管とする第1及び第2復員省に姿を変え，1946年に廃止された。これをもって明治建軍以来の帝国陸海軍の幕は降ろされることになった。陸海軍解体後は進駐軍が日本の治安を維持することになり，GHQ（連合国軍最高司令部）がその全権を握った[37]。

1950年6月の朝鮮戦争勃発を契機に，GHQが「75,000人の警察予備隊を設立する」ことを日本政府に命じた。また，1952年4月には海上保安庁の中に海上警備隊が発足した。その後，1952年8月には警察予備隊と海上警備隊を統合した「保安庁・保安隊」が発足し，海上警備隊の名称は警備隊に改められた。そして，1954年7月には防衛庁設置法と自衛隊法のいわゆる防衛2法が可決成立したことにより，防衛庁と陸上・海上・航空自衛隊の新体制がスタートした。なお，発足後，約50年にわたり，防衛庁は総理府・内閣府の外局として位置づけられてきたが，2007年1月に防衛庁は防衛省に移行している[38]。

/houritsuan/169-10/01.pdf）
(36)　海上保安庁『海上保安レポート2013』25頁。
(37)　田村重信編著『日本の防衛政策』（内外出版，2012年）37頁を参照。
(38)　詳しくは，同上，37-46頁を参照されたい。

2013(平成25)年度末現在，陸上自衛隊の編成定数は約15万9千人（常備自衛官定員15.1万人，即応予備自衛官員数8,000人）で，各各部隊を全国158個の駐・分屯地に配置している。次に，海上自衛隊の定員数は約45,500人で，大湊，横須賀，舞鶴，呉，佐世保の警備区に分かれて警備を行っている。そして航空自衛隊の定員数は約47,100人で，北部，中部，西部，南西防衛区域に分かれて編成されている（図3）。

なお，2013年12月に閣議決定された新防衛計画の大綱では，厳しさを増す安全保障環境に即応し，海上優勢・航空優勢の確保など事態にシームレスかつ状況に臨機に対応して機動的に行い得るよう統合運用の考え方をより徹底した防衛力，すなわち，「統合機動防衛力」の構築が掲げられている。その上で，中期防衛力整備計画（平成26年度～30年度）において，周辺海空域における安全確保や島嶼部に対する攻撃への対応（常続監視体制の整備，航空優勢の獲得・維持，海上優勢の獲得・維持，迅速な展開能力の向上，対処能力の向上）のための整備が進められることになった[39]。

IV 考 察

上記の「国境警備体制」のあり方を根底から覆す事案が生じていないという意味では，現在の「国境警備体制」は問題なく機能していると評価することができる。しかし，以下のような課題も考えられる。

1 人　員

日本の「国境警備」に係る人員は少ないという評価が多い。例えば，日本の領海を守る海上自衛隊の定員は警視庁と，海上保安庁の定員は愛知県警や福岡県警とほぼ同じ定員である。なお，海上保安庁の定員は，アメリカの合衆国沿岸警備隊（United States Coast Guard：USCG）と比べると，4分の1程度である[40]。

---

[39]「新たな防衛計画の大綱・中期防衛力整備計画～「統合機動防衛力」の構築に向けて～」防衛省，2014年，http://www.kantei.go.jp/jp/singi/kaiyou/ritou_yuusiki/dai10/siryou.pdf，50-55頁を参照。

[40] なお，米国の2014年会計年度予算では，United States Coast Guardの定員は，文民（Civilian Employees）8,189人，軍事サービス（Military Service Members）41,594人などどなっている（Department of Homeland Security, Budget-in-Brief Fiscal Year 2014, p. 139.：DHS Budget[https://www.dhs.gov/dhs-budget] よりアクセス可能）。

図3 主要部隊などの所在地（平成25年度末現在）

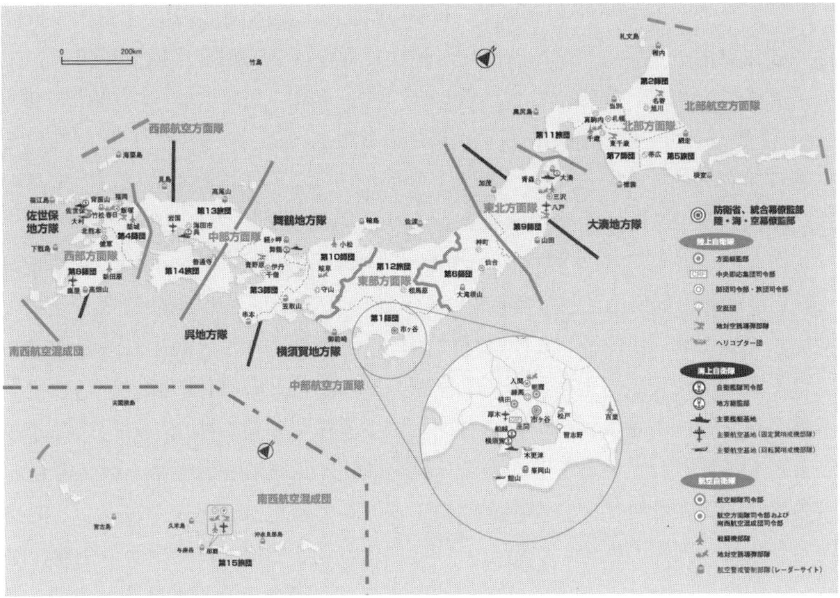

（出所）『平成26年版 防衛白書』

人口規模や排他的経済水域面積などを踏まえると，単純な比較には問題があるといえるかもしれないが，近隣諸国との領土問題の有無も考慮すると，やはり少ないと評価せざるを得ない。

　上記の状況に対して自衛隊は，先述した「統合機動防衛力」の強化が図られているが，海上保安庁も，尖閣諸島周辺海域においては，現在は応援派遣等により勢力を確保（公休日勤務等の暫定措置により対応）していることもあり，大型巡視船による専従体制の確立が急務とされている。このため，海上保安庁は，「戦略的海上保安体制の構築」という目的の下，「尖閣領海警備専従体制の確立に向けた人的・物的基盤の整備」として，大型巡視船の増強等（①新規建造（大型巡視船10隻），②既存船の活用（ヘリ搭載型巡視船の機能向上等）2隻），要員の確保と養成（①専従体制に必要な乗組員等の大幅な増員626人，②海上保安学校の設備整備）及び石垣港の拠点機能の整備（桟橋，宿舎などの施設整備）に加え，「更なる情勢の変化にも対応し得る体制の確保」として，全国の既存勢

力の対応力強化（既存老朽船の解消）（①新規建造［大型巡視船6隻・中型巡視船4隻］，②既存船の活用（ヘリ搭載型巡視船の機能向上等）2隻）及び運用指令機能等の強化を図っている(41)。この他，水産庁でも平成26(2014)年度予算において，漁業取締船を41隻（官船［水産庁保有船］6隻・用船［民間チャーター船］35隻）から44隻（官船7隻・用船37隻）に増加させてようとしている(42)。ただし，まだ絶対数が不足していることを考慮すると，さらなる増強のためにこの施策を長期的に継続できるか否かが課題となろう。

　また，CIQ体制の不備も指摘される。入国管理局関係の職員数は，平成25(2013)年度は3,885人で，5年前の20年度の3,413人と比べ約14％，472人増加している(43)。しかし，入国管理局が自ら認めるように，観光立国の推進とテロ行為・不法入国防止のための入国審査の円滑化と厳格化の両立，巧妙化する偽変造文書への対策，入国後の外国人に係る在留管理の強化，外国人犯罪の温床とも指摘されている不法滞在者の摘発強化，正規滞在者を装う偽装滞在者への対策，更には難民認定申請案件のより一層の適正かつ迅速な審査など業務内容も複雑・困難の度合いが増している。このような状況に的確かつ迅速に対処し，国民の行政ニーズに応えていくためには，更なる増員が望まれる(44)。定員の問題は日本の国境地域でも無縁ではなく，例えば，釜山からの韓国人観光客が急増している長崎県対馬市では，釜山から対馬まで高速船により1時間10分で到着するにもかかわらず，入国管理局の人員が少ない（7～8人）ために，入国手続に約2時間かかることもあるという(45)。同様の問題は他の国境地域でも見られることである(46)。ただし，観光庁の進めている訪日旅行促進事業（ビジット・ジャパン）(47)も国の施策である以上，これらの整合性をいかに図るか

---

(41) 海上保安庁編『海上保安レポート2014』（日経印刷，2014年）16, 34頁。なお，定員合理化を差し引くと，純増400人である。

(42) 「水産関係予算概算決定の概要」（水産庁，2013年），http://www.jfa.maff.go.jp/j/budget/pdf/26yosankettei.pdf。

(43) 『平成25年度版 出入国管理』法務省入国管理局編，http://www.moj.go.jp/content/000117969.pdf，152頁。

(44) 同上，152-153頁。

(45) JIBSNレポート第6号（境界地域研究ネットワークJAPAN，2013年，http://src-hokudai-ac.jp/jibsn/report/JIBSN6.pdf，40-41頁）を参照。

(46) 詳しくは，古川浩司「越境する日本の境界地域？——周辺からの「市民社会」形成の可能性」『国際政治』第169号（2012年）16-29頁を参照されたい。

ということも課題となろう。

2　法体制

　日本は国境を「守る」ための法的整備が遅れているという指摘がある。第1に、「国境を守る」という視点に立った法整備が行われておらず、「現場の判断」に任せるといった政治の無責任が長年続いてきているため、交戦規定（Rules of Engagement：ROE）の策定も含めた諸外国の例に倣った法整備を求める意見がある[48]。なお、自衛隊の諸活動に関するROEは「部隊行動基準」と称され、自衛隊の各活動分野において整備され始めている。2000年に「部隊行動基準の作成等に関する訓令」（平成12年防衛庁訓令第91号）が定められたことを端緒とされている[49]。基本的にどの国でもROEの内容は非公開とされているため、それを評価することは不可能であるが、防衛白書において平成15（2003）年版以降は言及すらされていないことを考えると、その存在に関しては公開資料においてもっと言及されるべきではないだろうか[50]。

　第2に、国境や領土の防衛にあたって、純然たる平時でも有事でもない「グレーゾーン」事態が日本にとって大きな課題となっており、そのなかで海保と海自をどのように位置づけていくか、連携などの態勢をいかに構築するかが喫緊の課題となっているが、海上保安庁と海上自衛隊が矛盾した法的立場に立っている点も指摘される。すなわち、海上保安庁法第25条では「この法律のいかなる規定も海上保安庁又はその職員が軍隊として組織され、訓練され、又は軍隊の機能を営むことを認めるものとこれを解釈してはならない。」と定められているに対し、自衛隊法第80条では「内閣総理大臣は、第76条第1項又は第78条第1項の規定による自衛隊の全部又は一部に対する出動命令があつた場合において、特別の必要があると認めるときは、海上保安庁の全部又は一部を防衛大臣の統制下に入れることができる。」と規定されている。このうち、第76条は防衛出動であり、明らかに軍事行動時に海上保安庁を防衛大臣の指

---

[47]　「訪日旅行促進事業（ビジット・ジャパン事業）」観光庁，http://www.mlit.go.jp/kankocho/shisaku/kokusai/vjc.html。
[48]　佐道「南西諸島防衛強化問題の課題」12-13頁を参照。
[49]　奥平穣治「軍の行動に関する法規の規定のあり方」防衛研究所紀要第10巻第2号，（2007年12月）96頁。
[50]　実際、『防衛白書』でも平成15年版以降，言及すらされていない。

第5部 新しい安全保障

揮下に置こうとするものである(51)。

上記の指摘に関しては，1999年5月の野呂田芳成防衛庁長官の答弁によれば，「自衛隊法80条において防衛庁長官が海上保安庁長官に対して指揮を行う場合であっても海上保安庁の任務，権限には何も変更はなく，自衛隊の出動目的を効果的に達成するために，その所掌事務の範囲内で，例えば漁船の保護，船舶の救難等の人命，財産の保護や，密輸，密航等の海上における犯罪の取り締まり等の業務を実施することになる(52)」と考えられている。

以上の点を踏まえると，確かに，自衛隊と海上保安庁の調整は必要なのかもしれないが，圧倒的に海上保安官が少ない現状ではこれまで以上の業務を海上保安官に求めるのは困難であると思われる。

3　組　　織

米国では，2001年9月11日の同時多発テロ事件を契機として，2002年11月25日，国土安全保障体制を目的とする「2002年国土安全保障法（Homeland Security Act of 2002）」が成立し，2003年1月24日には，国土安全保障省が発足した。国土安全保障省の新設は，100にも達しようという多くの関連する連邦政府の部署のうち，テロ対策を中心とした8省庁，22機関の機能及び組織を再編し，統合することによるものであった(53)。

これに対し日本では，相変わらず税関（財務省），入管（法務省），検疫（厚生労働省）などに分かれたままである。しかし，例外であるとは言え，小笠原総合事務所の事例もある。小笠原総合事務所は，「小笠原諸島の復帰に伴う法令の適用の暫定措置等に関する法律(54)」第26条の規定により，小笠原諸島に係る国の行政機関の権限に属する事務を処理するため，現地における総合行政機関として1968年6月に自治省（現：総務省）の機関として設置された。その

---

(51)　佐道「南西諸島防衛強化問題の課題」14-15頁を参照。
(52)　第145回国会・参議院・日米防衛協力のための指針に関する特別委員会（平成11年5月11日）野呂田芳成防衛庁長官答弁。
(53)　土屋恵司「米国における2002年国土安全保障法の制定」『外国の立法』2004年11月号，1頁。
(54)　「小笠原諸島の復帰に伴う法令の適用の暫定措置等に関する法律」に関しては，拙稿「日本の「国境地域」法制──「地域振興」の視点から」『社会科学研究』第32巻第1号，（2012年）96-97頁を参照されたい。

後、1969年6月の国土庁の設置に伴い、国土庁に移管され、2001年の国土交通省設置に伴い、同省の特別の機関に再編されている[55]。なお、小笠原総合事務所では、港における検疫、出入国管理及び外国人の在留、国内植物防疫についての指導が所掌事務とされ、税関業務に関しても、組織外であるが、東京税関からの出張者が3か月交替で常時滞在し、税関業務を行っている[56]。なお、小笠原総合事務所の2013年度の定員は8名である[57]。

小笠原総合事務所の形態は、いわゆる縦割りを超えた組織であるという点で、国境交流の必要性が叫ばれながらも行政改革のために急激な人員の増加が望めないこれからの日本の国境管理行政のあり方として考慮すべきものであると思われる。

V　おわりに

本論は、日本の『国境警備論』の構築に向けて、日本の国境警備の現状を、行政警察、司法警察及び軍事（防衛）活動といった機能的側面から説明した上で、人員、法体制及び組織の観点からその課題を提起した。

「国境警備」とは警察活動として捉えるべきなのか。それとも、軍事活動と捉えるべきなのか。その位置づけは国によって異なるが、日本の場合は、憲法9条（平和主義）の制約により、警察機関である海上保安庁が主にその機能を担ってきたと思われるが、特に近年の海の境界をめぐる対立の中で、海上保安庁のさらなる増強が必要不可欠となっている。上記の状況において、殊更「防衛」の観点から軍備増強が声高に唱えられるようになっている。確かに防衛力の増強も全く必要ないとは言えないであろうが、現在、海の境界で起きていることを鑑みるに、先述した「グレーゾーン」事態への対処のあり方を見据えつつも、まずは人員が圧倒的に不足している、「法執行」体制の強化を最優先すべきではないだろうか。というのも、軍事（防衛）面での強化を最優先した場合、それが隣国の軍事強化につながるといういわゆる「安全保障のジレンマ」を引き起こす可能性が高くなるからである。その点で近年の海上保安庁の増強

---

[55]　小笠原総合事務所「平成22年度 業務報告」を参照。
[56]　同上。この他、小笠原総合事務所は、労働条件および労働者の保護並びに労働者災害補償保険事業、職業の安定及び雇用保険事業、国有林野事業も所掌している。
[57]　行政管理研究センター、平成25年度版行政機構図、140頁。

第5部 新しい安全保障

方針は適切であると思われるが、いかにその実現を図るかを考えるために中長期的な視点も当然必要となろう。

　ただし、国境警備のための防衛力・警察力を増強したとしても、特に広大な海を有する日本の場合は限界が存在する。例えば、仮に国境警備の防衛力・警察力の増強が実現したとしても、日本の漁業の衰退は国境監視機能の低下に少なからぬ影響を与えている[58]。すなわち、国境警備機能を強化するには国家安全保障の強化のみでは限界があると思われるが、この問題に関しては別稿で論じたい。

---

[58] この問題に関しては、例えば、古川浩司「国境海域の現状と課題——五島列島沖を中心に」『九州経済調査月報』2013年9月号、12-13頁を参照されたい。

23 武力紛争・平和とマスメディア
――紛争報道の現状と課題――

Virgil Hawkins

I　はじめに

　グローバル化に伴い，モノとカネが世界を比較的自由に回るようになり，地球規模での相互依存が急ピッチで進んでいる。モノとカネに比べて，ヒト（特に労働者）の動きに対する規制が未だに強いものの，半世紀前に比べて移動の自由度と迅速度が大きく改善されている。しかしグローバル化の観点から，20世紀の後半より最も大きな進歩が見られたのは情報通信技術だと言っても過言ではない。衛星技術の発展等によって，世界のどこからでもあらゆるところへ，生中継で音声・映像を届けることが可能になった。また，インターネット技術の発展と普及により，報道機関が提供する世界中からの情報に簡単にアクセスできるようになった。さらに，ブログやソーシャル・メディアを利用することで，新聞社，放送局等の媒介がなくても，世界中のあらゆる情報は低コスト，リアルタイム，そして個人レベルで共有することが可能になった。しかし，ボーダレスな情報共有のためのインフラが整ったからといって，実際我々が報道を通じて得ている世界についての情報が増えたとは限らない。報道において，グローバル化は果たしてどこまで進んでいるのだろうか。

　これまで社会におけるメディアの役割について活発な議論が繰り広げられてきた。市民（citizens）のために社会に関する客観的な情報を提供しつつ（鏡役），権力者に対してチェック機能を果たし（番犬役），社会の様々な課題に関する議論の場を提供するなど，様々な役割が研究者やジャーナリスト自身からも提唱されてきた[1]。しかし，メディアの役割・義務はどこまで広がるのだろ

---

(1) Bill Kovach and Tom Rosenstiel, *The Elements of Journalism: What Newspeople Should Know and the Public Should Expect*, New York: Three Rivers Press, 2007;

うか。「市民」のために「社会」に関する情報を提供する義務があるとすれば，それはどの「市民」と，どこの「社会」を指しているのだろうか。各報道機関が読者・視聴者が在住する地域を中心に報道活動を行うことでその義務は果たしていることになるのかもしれないが，より広い世界に関する報道はどういう位置づけになるのか。自国の外交におけるメディアの役割は研究の対象になっており[2]，自国に密接な関係が明確だという意味で，読者・視聴者が所属する「社会」の範囲内に入ると言える。しかし，必ずしも直接的につながっていない国外で起きている出来事・現象はどのように考えればよいのだろうか。例えば，世界で繰り広げられている武力紛争は常に20～30もある。メディアはこれらの紛争をどこまで報道すべきなのか。物理的にその一部しか報道できないのなら，どの紛争を取り上げればよいのか。また，紛争のどの側面を中心に報道すべきなのか。選ぶ紛争の観点から，また，その内容からみても，読者・視聴者が「知りたい」と予想される情報と「知るべき」だと考えられる情報のバランスをどうとればよいのか。

　このようなジレンマを解決するために，報道機関は日々，独自が創り上げた原則，指針，方針をもとに報道価値に関する判断を行っている。しかし同時に，このような判断において，報道機関が所属している国の政策立案者など，他のアクターが持っている関心事項・優先順位にも影響を受けているのも事実である。また，逆に報道が世論や政策立案者など，他のアクターに影響を与えていることもある。世界に関する報道の分析にあたり，より広い社会におけるメディアの位置づけも含めて考える必要がある。本章では上記のような問題を考慮し，遠く離れた紛争に対する報道の現状と，その背景にある要素を探る。

II　国際報道量

　情報通信技術の進歩および，モノとカネの激しい動きを考慮すると，理論的には，報道のグローバル化が進み，我々がアクセス可能な世界の情報は大きく増えているはずだと考えられる。国境なき報道機関が生まれ，世界に普及する

---

[1] Robert Entman, *Democracy without Citizens: Media and the Decay of American Politics*, Oxford: Oxford University Press, 1989 を参照。

[2] Abbas Malek, *News Media and Foreign Relations: A Multifaceted Perspective*, Norwood: Ablex Publishing, 1996 を参照。

ポテンシャルは史上最大のレベルに達している。しかし，報道機関におけるグローバル化がさほど進んでいないのが現状である。インターネット上では，アクセス可能な世界に関する情報が確かに莫大な量となっているが，積極的に検索などを通じて探し出さなければ，目に触れることはない。モノとカネのグローバル化が進んだとはいえ，世界各地に幅広く浸透している国家中心主義・自国中心主義は健在である。世界の大手報道機関のほとんどはこれらのイデオロギーをもとに報道活動を行っていると同時に，報道自体が社会におけるそのイデオロギーの維持及び強化に大きく貢献し続けている[3]。報道は形式的に国内報道（事件，政治，経済，スポーツ等）と国外報道にはっきりと分類されており，国内の出来事は国外のものに比べて優先順位が遥かに高く，報道量が圧倒的に多い。現在も，国境線は報道機関にとって大きな意義を持っている。また，国外の出来事に関しても，国内のレンズを通じて見る傾向が強く，国外での出来事を報道する価値の判断は自国に所属する人間・機関・企業等の組織が直接的に関係しているかどうかにかかっていることが決して少なくない。まさに国家中心主義・自国中心主義が反映されている現状となっている。

　奇異なことに，報道機関が提供する国際ニュースの量が増えているどころか，減っている傾向も見られている。例えば，アメリカでは，冷戦の終結を機に，世界への関心が薄れたと報道機関のオーナーや編集者が判断し，国際報道の量が着実に減っていったとされている。16の新聞社に対する調査では，1977年と1987年には国外の出来事に関する記事は平均して一面の記事数の27パーセントを占めていたが，2004年には14パーセントに下がった[4]。アメリカの大手テレビ局における国際報道量の減少も確認されている[5]。

　日本のメディアによる国際報道量は減少したアメリカの報道量に比べてもいっそう乏しい。アメリカ大手テレビの2000年代のニュースにおける国際報

---

[3] Benedict Anderson, *Imagined Communities: Reflections on the Spread of Nationalism* (revised edition), London: Verso, 2006; Michael Billig, *Banal Nationalism*, London: Sage, 1995.

[4] Journalism.org, "The State of the News Media 2005," Pew Research Center's Project for Excellence in Journalism, 2005, http://stateofthemedia.org/2005, accessed 10 November 2013.

[5] Claude Moisy, "The Foreign News Flow in the Information Age," Discussion Paper D-23, The Joan Shorenstein Center on the Press, Politics and Public Policy, November 1996.

道（イラク・アフガニスタン等のアメリカ外交に直接関係するものを除く）はニュース全体の17パーセントを占めていたが[6]，日本の報道機関では国際報道が平均して報道全体の10パーセントを越えたことがほとんどない。例えば，日本放送協会（NHK）が平日の夜9時に放送している「ニュースウォッチ9」に関する調査では，国際ニュースは番組全体の9パーセントにとどまった[7]。また，日本の全国新聞では，世界の出来事が一面に掲載されることが比較的少なく，新聞全体（全面広告を除く）の25〜30面中，国際面は1面ないし2面程度である[8]。インターネットに掲載されているニュースは新聞やテレビに比べて，低コストで情報量の増加がたやすい媒体ではあるが，ほとんどの情報は伝統的な報道機関（新聞・テレビ）が提供しているものであるために，国際報道の量に関してはこれらの報道機関との差は見られない。例えば，2010年分のYahoo! Japanニュースでは，国外の出来事が主要ニュースの10パーセントにとどまり，国内のスポーツ（21パーセント）と芸能（17パーセント）報道を遥かに下回った量であった[9]。

　中国の国営放送である中国中央電視台（CCTV）が毎晩放送する全国ニュース番組『新聞聯播』（19時から30分間）では国際報道は全体の約16パーセントとなっている。しかし，この番組にはスポーツ・天気予報が含まれていないため，NHKの「ニュースウォッチ9」より割合が多くても，それぞれの番組が提供している国際報道の量は同じ5分程度である。また，番組の中での国際報道の優先順位が低く，必ず番組の最後で放送されている。メインニュース以外のところでは少し国外に注目する側面もある。CCTVには海外ニュース専用の放送局があり，海外の視聴者向けに，英語で「CCTV America」と「CCTV Africa」という放送局を展開している。しかし，国内の視聴者には主に国内ニュースを提供している。

　特定の国家の観点からではなく，よりグローバルに世界の出来事を捉えようとするメディアも存在する。イギリスの国営放送が提供するBBCワールド

---

[6] Tyndall Report, "Tyndall Decade in Review: 2000s," http://tyndallreport.com/decadeinreview/, accessed 15 November 2013.
[7] 2012年1月〜6月の著者による調査。割合は報道時間に基づいて計算している。
[8] 国際面以外の面（総合面等）に世界の出来事が掲載されることもあるが，合計で新聞全体の10パーセントを越えることは稀である。
[9] 2010年1月〜12月の著者による調査。

ニュース（BBC World News）や，カタールに拠点を構えるアルジャジーラ（Al Jazeera）はその代表的な放送局である。新聞では，2013年にインターナショナル・ヘラルド・トリビューン（*International Herald Tribune*）からインターナショナル・ニューヨーク・タイムズ（*International New York Times*）に改名されたニューヨークとパリに本部を置く英字新聞はその事例である。「グローバル」まではいかないが，数ヶ国を含む地域をカバーする新聞もある。例えば，東部アフリカ諸国での出来事を中心に報道するイースト・アフリカン（*East African*）が挙げられる。しかし，これらのメディアは例外的な存在であり，ほとんどの報道機関は依然として自国中心主義のもとで報道が作り出され，より広い世界情勢に関する情報が少ない。報道の中では，「グローバル化」がひとつの流行語のようになってはいるが，メディア研究者のカイ・ハフェズの分析が示すように，メディア自身におけるグローバル化は「神話」なのである[10]。

少ない国際報道の中でも，紛争と平和に関する話題に割り当てられる時間・紙面が一部に過ぎないというのは言うまでもない。国際報道は，紛争以外に，世界で起きている事件，政治的出来事や動向，災害，芸能などの情報で構成されている。例えば，2000年の1年分の調査では，BBCワールドのニュース番組で，紛争・平和に関する報道は国際ニュース全体の約27パーセントであった[11]。同じ調査では，フランスのル・モンド紙（*Le Monde*）の国際面の21パーセントは紛争報道であった。国際報道の少なさを考慮すると，物理的に報道することができる紛争関連の情報が非常に限られてくる。

III　紛争報道の格差

上記の制約の中，世界で同時進行している20〜30の紛争や和平プロセスに対する報道はどのようなものだろうか。報道量から見ると，いくつかの紛争が大きく取り上げられ，それ以外の紛争はほとんど取り上げられないという傾向が明らかである。つまり，強い脚光を浴びる「選ばれた紛争」（chosen conflicts）と，メディアにほとんど注目されない「ステルス紛争」（stealth conflicts）という二つのグループに大きく分けることができる[12]。不思議なこ

---

[10]　Kai Hafez, *The Myth of Media Globalization*, Oxford: Polity Press, 2007.
[11]　Virgil Hawkins, "The Other Side of the CNN Factor: The Media and Conflict," *Journalism Studies*, Vol. 3, No. 2, 2002, p. 236.

とに，その極端の二種類の中間に位置付けできる，注目度のややある紛争はほとんど見られない。紛争報道は全か無かに近い状態である。例えば，2000年の読売新聞の報道では，年間を通じて最も報道量の多かった紛争（イスラエル・パレスチナ紛争）はすべての紛争報道の41パーセントを占めた。アメリカの放送局CNNも同じく，41パーセントはイスラエル・パレスチナ紛争関連で，フランスのル・モンド紙では36パーセントとなっていた[13]。また，2009年分のアメリカ大手テレビニュースの分析では，報道量が最も多かった4つの紛争は紛争報道全体の97パーセントも占めた。新聞はテレビほど極端ではなかったが，同年のニューヨークタイムズ紙の紛争報道の調査では，同じ4つの紛争が全体の82パーセントを占めた[14]。

　紛争がメディアによって「選ばれる」かどうかの最も重要な条件は自国（もしくは自国関係者・機関・組織）の関与である。上記の2009年の4つの紛争は，アフガニスタン，イラク，イスラエル・パレスチナ，パキスタンであった。イスラエル・パレスチナ以外の3つの紛争では米軍が紛争の当事者となっており，イスラエル・パレスチナに関しては，米政府は非常に強い政治的関心を持っていることで説明ができる[15]。日本の報道機関にも同じような傾向が見られる。例えば，マリなど，北西アフリカでの紛争が日本の報道に本格的に登場したのは，複数の日本人が巻き込まれたアルジェリア人質拘束事件が発生してからであった。その事件においても，事件全体の死者数が日本のメディアで報道されることはなく，日本国籍を有する10人の死者に関する報道にとどまった。事件の収束とともに，マリなどでの関連の紛争に関する報道が徐々になくなって

---

[12]　「ステルス」は「ひそやかな」，「隠れた」などの意味をもち，「ステルス紛争」は「ステルス空爆機」にちなんで付けられている。ステルス空爆機はレーダーにほとんど察知されないまま大きなダメージを与えるのと同じように，ステルス紛争はマスメディアの優先順位や一般市民の意識にほとんど登場せずに，紛争地では大きなダメージを与える。Virgil Hawkins, *Stealth Conflicts: How the World's Worst Violence Is Ignored*, Ashgate, 2008, pp. 51-59.

[13]　Hawkins, "The Other Side of the CNN Factor," p. 237-240.

[14]　Virgil Hawkins, "Media Selectivity and the Other Side of the CNN Effect: The Consequences of not Paying Attention to Conflict," *Media, War & Conflict*, Vol. 4, No. 1, 2011, pp. 65-66.

[15]　John J. Mearsheimer and Stephen M. Walt, *The Israel Lobby and US Foreign Policy*, Farrar Straus Giroux, 2007.

いった。

　国益やその他の自国中心主義関連の要素は絶対的ではない。国益はそもそも主観的なものであり，ある地域や出来事が重要視されるかは解釈次第である。しかし，明らかに国益が大きく関係していても，本格的に報道されない紛争もある。例えば，アメリカが輸入する石油の2割は石油大国ナイジェリアからのものであるが，その油田や石油施設が狙われているニジェール・デルタでの紛争がアメリカのメディアで大きく取り上げられることはない[16]。また，日本とフィリピンの関係は歴史的にも，貿易の側面においても，密接なものであるが，2008年にフィリピンのミンダナオ島での紛争が大きく悪化し，多くの避難民が発生したにもかかわらず，同じ時期に起きたグルジア紛争に対する朝日新聞での報道量はフィリピン紛争の15倍にも昇った[17]。日本とグルジアとの関係は比較的に薄いが，この紛争が選ばれた背景にはロシアの関与とアメリカの関心が挙げられる。大国の国益が絡む紛争は他の国でもメディアの注目の対象となる。

　紛争地域への距離及びアクセスも要素の一つである。その背景には取材コストの考慮があるが，これは必ずしも純粋な距離だけではなく，支局や特派員の配置にもよる。例えば，先進国の大手報道機関のほとんどはイスラエル・パレスチナに支局を構えている。イスラエル・パレスチナでの紛争が激化すれば，取材は低コストで実施可能であり，紛争が延びても，常駐させているため，長期の取材もできる。しかし，支局を構えていない地域での紛争の場合，交通のコストだけではなく，滞在費も高く，長期取材が困難だと判断されることが少なくない。また，コストだけが考慮されるのでなく，情報の「新鮮さ」も判断材料のひとつとなる。現在の情報通信技術のレベルでは，世界のどこからでもリアルタイムで映像の発信はできるが，取材現場にたどり着く時間が長くなればなるほど，報道の価値そのものが下がる。孤立した紛争地域で虐殺が起きたとき，本来なら報道の価値が高いものでも，支局を構えているところから現場へのアクセスに日数がかかれば，それが理由で取材の対象から外される場合が

---

(16) この紛争により，一時期，石油輸出量の4分の1が阻止されていた。Cyril Obi, "Nigeria's Niger Delta: Understanding the Complex Drivers of Violent Oil-Related Conflict," *Africa Development*, Vol. XXXIV, No. 2, 2009, pp. 103-128 参照。

(17) 2008年7月〜9月の著者による調査。

ある。

　紛争による被害の規模（死者数）は報道における優先順位・報道量との関係が見受けられない。国内で起きる事件，事故などの出来事に関しては，その規模（被害者数）が報道の優先順位・報道量の主要な決め手のひとつであるが，奇異なことに，国境を越えると純粋な被害者数は重要視されなくなる。さらに，出来事の規模と報道の優先順位・報道量が比例していないのは紛争だけではなく，世界で起きている自然災害についても同じ現象が確認されている[18]。この現実がもっとも明確に見えるのはアフリカにおける紛争に対する注目度である。冷戦後に起きた紛争による死者の9割近くがアフリカ大陸で発生しているにもかかわらず[19]，アフリカの紛争がメディアに大きく取り上げられることはほとんどない[20]。2000年の時点で，アメリカのニューヨークタイムズ紙とフランスのル・モンド紙では，アフリカの紛争に関する報道量は紛争報道全体の11パーセントであった。同年の読売新聞においては，アフリカの紛争報道は全体の5パーセントに過ぎなかった[21]。報道機関がどのように支局や特派員の配置をしているかを見てもアフリカの優先順位の低さを物語っている。日本の大手新聞がアフリカ大陸に派遣している特派員はエジプトのカイロ（主に中東問題をカバー）と南アフリカのヨハネスブルグ（朝日新聞は南アフリカではなく，ケニアのナイロビ）のみとなっている。NHKがアフリカに展開している唯一の支局はカイロにある。報道機関の長期戦略においても，アフリカは重要視されていない。

　皮肉なことに，アフリカのメディアにおいても，アフリカに関する報道が少ない場合もある。例えば，ザンビアで部数がもっとも多い新聞，ポスト紙 (*Post*) において，1年分 (2004年) の国際面の報道量を調査した結果，ザンビアの国境に接する8ヶ国に対する報道量を足しても，イラクに対する報道や，イスラエル・パレスチナに対する報道より少ないことが明らかとなった[22]。外

---

[18] William C. Adams, "Whose Lives Count?: TV Coverage of Natural Disasters," *Journal of Communication*, Vol. 36, Spring 1986, pp. 113-122.

[19] Hawkins, *Stealth Conflicts*, p. 25.

[20] Guy Golan, "Where in the World Is Africa?: Predicting Coverage of Africa by US Television Networks," *International Communication Gazette*, Vol. 70, No. 1, 2008, pp. 41-57.

[21] Virgil Hawkins, "The Other Side of the CNN Factor", p. 238.

国特派員を幅広く派遣する資金がない多くのアフリカの報道機関は，周辺国に関する情報を収集することが困難である。これらの新聞の国際面は主に欧米（AP，AFP）や中国（Xinhua）の通信社など外からの記事に頼らざるをえず，ひとつひとつの記事だけではなく，その通信社のニュースに関する優先順位まで受け入れることになる場合が少なくない。

　アフリカ以外の地域において，アフリカの紛争が報道の対象になりにくい大きな原因は，国益などの他に，紛争を見る視聴者がアフリカの紛争とその被害者に共感しにくいという判断にある。それは人種の違いが大きく関係している。紛争やその他の災難における被害者の人種が視聴者の関心に影響することが複数の実験や研究で確認されている[23]。例えば，ジンバブエでの政治的抑圧と暴力が欧米のメディアに注目されるようになったのは，2000年に白人農家がその暴力のターゲットになったからである。白人が政治経済の中心的な存在の欧米や日本を含むアジアでは，黒人が被害者ならば共感は持ちにくいようである。歴史・文化・言語のつながりも紛争の報道量を大きく左右する。フランスの元植民地やフランス語が使われている国家で起きている紛争はフランスのメディアでは報道が比較的に多く，アンゴラ紛争に関する報道がもっとも多かったのは元宗主国ポルトガルのメディアであった[24]。

　経済社会的地位や生活環境も関係してくる。経済的格差が報道の格差にも現れているのも明らかである。自国との貿易量や対象国のGDPの大きさも報道量との関連が確認されている[25]。従って，経済社会的レベルが比較的に低い「南」の国での出来事に対する報道が少ない。例えば，2012年前半のNHKのニュースウォッチ9では，報道の対象になった唯一のアフリカ大陸の出来事はエジプトの政治問題だった。また，同じ期間で唯一報道の対象になった中南米の出来事はブラジルのカーニバルだった[26]。経済社会的地位ともつながってい

---

[22] 2004年1月〜12月の著者による調査。記事数に基づいて計算している。

[23] W. A. Boettcher III, "Military Intervention Decisions Regarding Humanitarian Crises," *The Journal of Conflict Resolution*, Vol. 48, No. 3, 2004, pp. 331-355; Shanto Iyengar and Donald Kinder, *News That Matters: Television and American Opinion*, University of Chicago Press, 1987, p. 41.

[24] Zixue Tai, "Media of the World and World of the Media: A Cross National Study of the Rankings of the 'Top Ten World Events' from 1988 to 1998," *Gazette*, Vol. 68, No. 5, 2000, pp. 331-353; Hawkins, Stealth Conflicts, pp. 110, 112-114 参照。

[25] Golan, "Where in the World Is Africa?", pp. 41-57.

第5部　新しい安全保障

るが，生活環境も共感のレベルと関係している。工業先進国では，藁の家がある村は見慣れない風景であり，紛争でそのような村が襲われることは自分の生活と関連付けて想像することが難しいが，アパートビルや電車があるような生活環境での攻撃は身近に感じる可能性が高い。日本のメディアにおけるグルジアとフィリピンの紛争の報道格差の背景にはこの問題もあるだろう。日本で「アフリカが遠い」というイメージはあるが，地理的な距離のことではない。日本から測れば，ニューヨークと東部アフリカの距離はほとんど変わらない。「遠く」感じられるのは，情報の少なさの上に，人種，経済社会的地位，生活環境の違いがあるからである。

紛争報道の格差がもっとも目立つのはコンゴ民主共和国紛争に対する報道である。コンゴ民主共和国での紛争は1990年代から始まり，様々な段階を経て，現在も続いている。1998～2003年には，周辺8ヶ国も巻き込み，「アフリカの第一次世界大戦」とまで呼ばれるようになった[27]。数年で死者が540万人に上がったとされており，その大半は病気や飢えが原因であった[28]。これは死者数でみると，冷戦後の紛争としては圧倒的な差で世界最大であり，冷戦中に比べても，ベトナム戦争よりも多く，朝鮮戦争以降の世界最大の紛争となる。しかし，紛争が勃発した時も，数ヶ国の軍隊が投入された時も，犠牲者が世界最多という事実が明らかになったときも，大きく報道されることはなかった。死者数がコンゴ民主共和国紛争の500分の1以下のイスラエル・パレスチナ紛争との比較で報道の格差が明らかとなる。それぞれの紛争が勃発してからの2年分の報道量を測った調査では，ベルギー（コンゴ民主共和国の元宗主国）のル・ソワール紙（*Le Soir*）ではイスラエル・パレスチナの紛争報道量はコンゴ民主共和国の倍，オーストラリアの大手新聞，オーストラリアン紙（*Australian*）では16倍，そしてアメリカのCNNでは28倍であった[29]。このふたつの紛争の報道量を比較した別の調査では，朝日新聞のイスラエル・パレスチナ紛争に

[26]　2012年1月～6月の著者による調査。割合は報道時間に基づいて計算している。
[27]　Gerard Prunier, *Africa's World War: Congo, the Rwandan Genocide, and the Making of a Continental Catastrophe*, Oxford University Press, 2008.
[28]　IRC（International Rescue Committee）, "Mortality in the Democratic Republic of Congo: An Ongoing Crisis," 2008, http://www.theirc.org/resources/2007/2006-7_congomortalitysurvey.pdf, accessed 2 January 2014.
[29]　Hawkins, *Stealth Conflicts*, p. 110.

対する5年分の報道はコンゴ民主共和国紛争の25倍だった[30]。紛争以外の事件との比較でも驚くべき結果が出る。2010年にチリで起きたコピアポ鉱山落盤事故が挙げられる。日本からの距離が遠く，国益の観点からも，人種・文化などの観点からも関係が薄いが，事件のセンセーショナルなストーリー性に価値が付けられ，日本でも大きく取り上げられた。その鉱山の作業員が救出された翌日，この事件に対する読売新聞の1日の報道量（朝刊・夕刊）だけで，同新聞でのコンゴ民主共和国の紛争に対する報道量の5年分を軽く越えていた[31]。

　紛争が注目されるかどうかのもうひとつのポイントは単純なストーリーとして説明できるかどうかである。紛争は必然的に非常に複雑な社会現象ではあるが，限られた時間・紙面で報道として伝えようとするときに，どこまで単純化できるかが重要になる。1対1の善悪のストーリーとして単純化できるものならば，アフリカの紛争でも報道されることがある[32]。2000年代に入ってから，欧米のメディアにもっとも大きく取り上げられたアフリカの紛争は西スーダンのダルフール紛争であった。アフリカの紛争が本格的に取り上げられたのは1990年代のルワンダ・ジェノサイド関連の紛争・難民問題以来となった。その理由の1つに単純化された紛争のフレーミングが挙げられる。紛争の構造は，スーダン政府と民兵（「アラブ系ダルフール人」）が，「黒人系ダルフール人」に対して一方的に虐殺を繰り返し，「ジェノサイド」であると報道で描かれていた。実際の紛争の構造は遥かに複雑なものではあったが，このように単純化することによって，注目と同情が得られやすくなる。また，「ジェノサイド」というセンセーショナルな言葉が注目度獲得に大きな役割を果たしていた。逆にコンゴ民主共和国紛争のように，複数の国家と数多くの武装勢力やウォーロード[33]が紛争当事者となっており，状況によってはその当事者が分裂したり寝

---

(30) 2004年7月～2009年6月の著者による調査。
(31) 著者による調査。チリ落盤は2010年10月14日，コンゴ民主共和国は2004年6月～2009年6月。
(32) John C. Hammock and Joel R. Charny, "Emergency Response as Morality Play: The Media, the Relief Agencies, and the Need for Capacity Building," Rotberg and Weiss eds., *From Massacres to Genocide: The Media, Public Policy, and Humanitarian Crises*, Massachusetts: the World Peace Foundation, 1996, pp. 115-116 参照。
(33) この紛争のアクターは冷戦後の多くの紛争において，大きなポジションを占めるようになったものの，その存在に対する認識が低い。ウォーロードの定義及び解説には，John MacKinlay, "Defining Warlords", Woodhouse and Ramsbotham eds., *Peace and*

返ったりすることがあると，状況を把握することも困難であり，死者数がいくら増えても，報道する価値が見出されることはない。

IV 紛争報道の内容

　紛争の存在自体が報道されない可能性が高い現在において，紛争に対する報道量とその格差問題は注目すべき課題ではあるが，報道の内容にも着目する必要がある。本格的な分析はこの章の範囲内では十分にできないが，簡単に言及する。上記のように，武力紛争は非常に複雑な社会行動・現象であり，短い新聞記事や1，2分のテレビニュースで紛争の現状や背景を伝えるには無理があり，単純化せざるを得ない。これは紙面・時間の制約の中で仕方がないことだが，紛争の取り上げ方が読者・視聴者の理解に影響を与えることになる。例えば，紛争には，様々な側面・要素があるが，どの部分に着目するかによって，紛争に対する見方が大きく変わる。また，報道用に紛争を単純化する過程において，一見些細な言葉ひとつでも，紛争に対する理解が変わるということもある。

　アメリカの報道機関に務めていたローゼンブルムが1979年の暴露本で，国際報道は基本的に「クーデターと地震」のようなネガティブでセンセーショナルな話題に構成されているものだと，自身が所属する業界を批判している[34]。視聴者・読者が「知るべき」だと考えられる問題・現象よりも，視聴者・読者が「知りたい」と予想されるものを優先し，激しい動きのある，あるいはショッキングな出来事を積極的に選んで報道しているとされている。英語圏のジャーナリズム関係者の間では「血まみれなら大きく扱う」(if it bleeds it leads) という言い習わしがあるぐらいである。紛争に関しては，メディアはたくさんの側面・要素の中から，暴力を伴うもの（戦闘・軍事行動）を中心に報道する傾向があるとされている[35]。実際の戦闘段階に発展するまでの肝心な当事者の関係が崩れていくプロセスと，暴力が終息してからの和解プロセス・平和構築などはほとんど報道の対象にはならない[36]。またこの傾向においても，

　　Conflict Resolution, London: Frank Cass, 2000, pp. 48-79 を参照。

[34]　Mort Rosenblum, *Coups and Earthquakes: Reporting the World for America*, New York: Harper & Row, 1979.

[35]　Gadi Wolfseld, *Media and the Path to Peace*, Cambridge: Cambridge University Press, 2004, pp. 39-42.

地域による格差が確認されている。ロサンゼルス・タイムス紙（*Los Angeles Times*）を対象にした調査では，中東の紛争に関する記事の60パーセントは紛争解決の話題にも言及していたが，紛争解決まで言及していたアフリカの紛争に関する記事はわずか16パーセントであった[37]。戦闘段階においても，紛争はスポーツの試合のように報道され，1対1の単純構造で「勝ち負け」のフレームでまとめられ，激しくぶつかる場面以外にはほとんど着目しない。しかし，複雑な社会現象としての紛争の全体像を理解するためには，より包括的な紛争報道が必要だと考えられる。戦闘以外にも，その紛争の根本的な原因や背景，さまざまな当事者の動機・目的及び政治的な動き，武器流通・資金源などの紛争のロジスティクス，被害状況，和平に向けた動きなども，暴力を伴わない注目すべき側面は数多く存在する。また，単純な1対1の構造の紛争は実際のところ存在せず，どの紛争においても，紛争地域内外に多様な動機・目的及び利害関係を持った複数の当事者・関係者がいる。

多様な側面と多様な声がある中，紛争という現象をより包括的に反映させ，読者・視聴者の理解を促進させるためには，特派員自身の紛争に対する理解を促進させる必要があると言える。また，報道の内容によって，報道そのものが紛争に影響を与えることがある。例えば，戦闘の側面を中心に取り上げ，軍人や政治家のエリートの声を優先的に拾い，発信することよって，紛争地域にいる関係者や住民は暴力に頼らなければ自分の声と要望は伝わらないという結論にたどり着いてしまう恐れがある。さらに，紛争地域での報道がヘイトスピーチや紛争そのものを助長する場合もある。このように，紛争報道の重大な役割を考慮し，ジャーナリストの中から，紛争に敏感なジャーナリズム（conflict sensitive journalism）の必要性を訴える動きが広がってきている[38]。また，紛争

---

[36] Peter Viggo Jakobsen, "Focus on the CNN Effect Misses the Point: The Real Media Impact on Conflict Management Is Invisible and Indirect," *Journal of Peace Research*, 37, 2000, pp. 131-43.

[37] Christopher Beaudoin and Esther Thorson, "Spiral of Vviolence? Conflict and Conflict Resolution in International News", in Eytan Gilboa ed., *Media and Conflict: Framing Issues, Making Policy, Shaping Opinions*, Ardsley: Transnational Publishers, 2002, p. 57.

[38] Ross Howard, "Conflict Sensitive Journalism: (R)evolution in Media Peacebuilding", in Hoffmann and Hawkins eds., *Communication and Peace: Mapping an Emerging Field*, London: Routledge, 2014.

報道は紛争をより包括的に取り上げるべきだという考え方にとどまらず、平和的解決の可能性を積極的に追求し、平和指向を優先するべきだという運動も、1990年代から実務者と研究者の間に生まれている。このような「平和ジャーナリズム」(peace journalism) へのシフトを求め、ジャーナリストのための研修などが紛争地域を含む世界各国で行われるようになっている[39]。

　紛争を分類化するときに使う言葉においても、問題視すべきものが少なくない。例えば、多くの紛争に対して「内戦」という言葉が使われている。それは国家中心主義のレンズを通して世界を見つめる傾向があるため、国家単位で紛争を捉える傾向があるからである。そこで、紛争は必然的に「国家間紛争」か「内戦」のどちらかに分類されてしまい、当事者が「国家政府」もしくは「反政府勢力」となってしまう。しかし、実際のところ、そのように単純なストーリーで説明がつく紛争は逆に少ない。ひとつの国家の中で収まる紛争はほとんどなく、そして国家の概念を越えた存在の当事者も少なくない。反政府勢力だとしても、隣国に基地や拠点を構えることが多く、諸外国による軍事支援やなんらかの形での直接参戦も決して珍しくない。このような紛争を「内戦」と呼ぶことによって、ひとつの国家の問題なのだと、紛争の性質に対する誤解を招かざるをえない。万人単位で周辺国が兵士を投入し、複数の国家軍同士が激しくぶつかったコンゴ民主共和国の紛争が日本のメディアでは「内戦」だと呼ばれてきたことがその代表的な事例である。「民族紛争」というレッテルも誤解を招く場合がある。これは紛争の当事者の単位が国家ではなく、「民族グループ」だと見られているときに使われるが、「民族紛争」というレッテルだけで紛争の説明がつくと思われがちである。つまり、グループ同士の憎しみが紛争の原因だという印象を与えてしまう。「民族」ではなく、「部族」が使われると、原始的な戦いというニュアンスが強く、なおさら、グループ同士の憎しみだけで成り立っている紛争に見えてしまう。しかし、「民族紛争」というレッテルが説明できるのはあくまでも当事者の単位に過ぎず、その原因や動機は国家間紛争と同様に複雑なものであり、個別に探る必要がある[40]。

---

[39] Jake Lynch and Annabel McGoldrick, *Peace Journalism*, Sydney: Hawthorn Press, 2005.
[40] Tim Allen and Jean Seaton, *The Media of Conflict: War Reporting and Representations of Ethnic Violence*, Zen Books, 1999, pp. 1-5.

このように，複雑な紛争を報道の枠の中に収めるのは難しく，また，ビジネスとしてのメディアの現実も紛争報道に影響する。メディアがどの紛争を伝えるのかを探ることは非常に大事だが，メディアがどのように紛争を伝えようとするのかにも着目することが重要である。

V 他のアクターによる注目度

上記のような紛争への注目における格差は報道だけで見られているわけではない。政策や教育の場でも同じように，大きく取り上げられる紛争とほとんど取り上げられない紛争が存在する。その中で，アフリカの紛争に対する注目度がやはり低い。政策立案者による緊急支援のレベルでこの格差が見受けられる。例えば，コンゴ民主共和国（旧ザールを含む），ルワンダ，ブルンジ，ウガンダなどに構成される大湖地域と旧ユーゴの国々に構成されるバルカン半島は1990年代以降，それぞれ複数の紛争を抱えてきた。しかし，大湖地域での紛争による犠牲者はバルカン半島での紛争による犠牲者の100倍以上に上がっている。しかし，これらの紛争がもっとも激しかった1992年～2006年の各国による緊急支援（国連機関を通じた援助および二国家間援助）の合計を比較すれば，バルカン半島への緊急支援の方が大湖地域より金額が多い[41]。日本政府による緊急支援をみると，さらに格差が広がる。1999年，日本政府がコソボ紛争（犠牲者が約1万人）に対する緊急支援は同年のアフリカ大陸で起きたすべての紛争に対する緊急支援の3倍にまで達した[42]。この年，紛争による世界最多の被害者が出ていたのはまさに緊急支援が少なかったコンゴ民主共和国，アンゴラ，エチオピア・エリトリア，シエラレオネを含むアフリカの紛争である。1999年だけで，これらの紛争による死者数は100万人を越えていた。「人道支援」と呼ばれているものの目的は純粋な人命救助だけでは説明がつかず，むしろ政治的な要素のほうが決め手となっているようである。

学校や大学などでの紛争に関する教育にも同じような格差が見られる。例えば，日本の高等学校で使われている教科書はヨーロッパ，アジア，中東での紛争に注目するが，アフリカの紛争にはほとんど言及しない。ある社会の教科書では，「最近の主な地域紛争」というページにはユーゴスラビア紛争，北ア

---

[41] Hawkins, *Stealth Conflicts*, p. 69.
[42] 同上，p. 70.

イルランド紛争，東ティモール紛争，チベット問題，チェチェン紛争が紹介されている(43)。ここでの「主な」という意味が明らかではないが，冷戦後，北アイルランド紛争による死者数は400人程度であり，ヨーロッパで起きていることが取り上げられている最大の理由だと思われる。その後，「パレスチナ問題」，「9.11事件後の世界——対テロ戦争」，「インド・パキスタン問題」，「南北朝鮮問題」が個別に大きく取り上げられている(44)。世界最大のコンゴ民主共和国の紛争が紹介されているどころか，アフリカの紛争がひとつも取り上げられていない。別の高校の現代社会の教科書でも，ヨーロッパのコソボ紛争とイスラエル・パレスチナ紛争が大きく紹介されているが，アフリカの紛争に関する説明はない(45)。

VI アジェンダ・セッティングと紛争に対する注目

上記のように，紛争報道の格差は政策や教育の場における格差と似ており，脚光を浴びる紛争と浴びない紛争はそれぞれのアクターも似ているが，これは決して偶然なことではない。無論，これらのアクターが必ずしも他のアクターに合わせて紛争を選んでいるとは限らず，それぞれの利益・関心をもとに独自の判断で決定している部分があるとも言える。つまり，自国の国益との関連，被害者の人種，経済社会的地位などの判断指標は，メディアにも政府にも教育機関にも適用されているのである。しかし，それぞれのアクターが影響し合っているというのも事実であり，このプロセスはアジェンダ・セッティング（agenda-setting：議題設定）と呼ばれている。

アジェンダ・セッティングの研究では，主に政策立案者，メディア，一般市民という3つのアクターに着目し，ある問題・課題がこれらのアクターの「議題」に，どのようなプロセスを経て取り上げられるようになるのかを分析するものである。メディアによる報道量・内容が一般市民の知識・関心に影響を与えるとされる「パブリック・アジェンダ・セッティング」(public agenda-setting)，逆にメディアが政府の優先順位や行動から影響を受ける「メディア・アジェンダ・セッティング」(media agenda-setting)，政府がメディアなどに

---

(43) 星沢哲也『フォーラム現代社会2011』（東京法令出版，2011年）280頁。
(44) 同上，282-287頁。
(45) 伊東光晴他『高校現代社会』（実教出版，2011年）222-245頁。

影響を受ける「ポリシー・アジェンダ・セッティング」（policy agenda-setting）が挙げられる[46]。影響し合うこととは，それぞれのアクターがある紛争や問題に対して必ずしも同じ意見を持つようになるわけではない。同じ紛争に対して考え方や取るべき対策などについては正反対の立場に立つかもしれないが，肝心なのは，同じ紛争について関心を持ってしまうことである。つまり，それぞれのアクターの議題項目の優先順位が似てくる。イスラエル・パレスチナ紛争が激化すれば，取るべき対策については多様な意見が出たとしても，ほとんどのアクター（政府，メディア，一般市民）が揃って，そのイスラエル・パレスチナ紛争のことを議論すべき重要な問題として取扱う。逆に，コンゴ民主共和国の紛争が激化したとしても，犠牲者がいくら発生したとしても，ほとんどのアクターが沈黙を守り，それほど重要視されない。

最も影響力が確認されているのは，メディアが一般市民に影響する「パブリック・アジェンダ・セッティング」であり，数多くの研究でその効果が明らかになっている[47]。世界で起きている紛争や出来事は一般市民の個人の情報収集能力の範囲を越えているため，メディアによる報道がなければ，その紛争について（場合によってはその存在自体も）知ることができない。従って，メディアがある紛争について報道すれば，市民は知ることができ，関心を持つ可能性が生まれるが，報道しなければ，一般市民がその紛争を知ることも・重大性を認識することもできない。伝統的なメディア（新聞・テレビ）の媒介なしに，独自にインターネットで紛争について調べることは無論可能であり，ソーシャル・メディアなどを通じてその情報を普及することもできる。しかし，現在進行中の紛争に関する情報をインターネットに情報を流しているのは主に報道機関であり，また調べようと思うためには，何らかのきっかけと知識が必要である。結局のところ，紛争を含む国外の出来事に関する情報を得るには，一般市民はメディアに頼らざるをえないのが現状である。

メディアと政策立案者との関係も研究の対象になっている。その中で，国際報道において政治家や官僚のアジェンダはメディアのアジェンダに大きく影響

---

[46] James W. Dearing and Everett Rogers, *Agenda Setting*, Sage, 1996; Maxwell McCombs, *Setting the Agenda: The Mass Media and Public Opinion*, Polity Press, 2004 参照。

[47] McCombs, *Setting the Agenda* では先行文献の多くが紹介されている。

していると結論している研究が多い。メディアが基本的に自国のレンズから世界を見ており，外務省などの自国政府関係者が国際問題においても重要な取材対象となっている。自国政府関係者は，権力と正統性があると見られており，そして国外での現地取材がなくとも，低コストで情報収集が可能な取材方法でもある。予算が厳しく特派員が少ない報道機関にとっては取材費用の節約は特に重要である。政府関係者側からも，自分の見方がメディアによって反映されるように，様々な形で報道機関に積極的に影響を与えようとする。政策立案者によるメディアへの影響について，様々な研究の成果があげられている。ハーマンとチョムスキーによると，外交問題においてメディアは，政治的エリートのアジェンダと考え方を反映してしまっている[48]。しかし，ベネットの研究の結論では，影響はそこまで単純ではなく，報道はエリート間での議論を反映している。つまり，ある問題に対して政治のエリートの意見が一致すれば，メディアもその意見を中心に報道するが，エリートの意見が分かれれば，メディアの中でも議論が発生する。ニカラグア紛争におけるアメリカ関与の事例を通じて，メディアによるエリートに合わせた「指標付け」（indexing）を論証している[49]。また，エントマンの「滝流れモデル」（cascade model）によると，議論や出来事のフレーミングにもっとも大きな影響を持つのは政治のエリートであり，「滝」の上から議題と議題に対するフレーミングが固まり，下にあるメディアに流れていく。メディアは自身の解釈を加えることができるかもしれないが，その流れを本格的に変えたり，上のエリートに逆に影響を与えることは困難であり，大きなエネルギーが必要となる[50]。上記の研究はそれぞれ，見方が若干異なるものの，いずれも政治のエリートによるメディアへの影響力が大きいと結論づけている。メディアがアフリカの紛争を取り上げようとしないひとつの大きな理由は，政治のエリートがアフリカの紛争に関心を示さないからだと言える。

　一方，メディアが政策立案者にも影響を与えることができると主張する研究

---

[48] Edward S. Herman and Noam Chomsky, *Manufacturing Consent: The Political Economy of the Mass Media*, Pantheon Books, 1988.

[49] W. Lance Bennett, "Towards a Theory of Press-State Relations in the United States," *Journal of Communication*, Vol. 40, No. 2, 1990, pp. 103-127.

[50] Robert Entman, *Projections of Power: Framing News, Public Opinion, and US Foreign Policy*, University of Chicago Press, 2004.

もある。国益がそれほど絡んでいなかったにもかかわらず、アメリカは1990年代にアフリカのソマリア紛争に軍事介入をした。介入する前に、ソマリアでの紛争とそれに伴う人道危機が大きく報道されていたため、メディアの影響力を受けた米政府が介入に踏み切ったという声が少なくなかった。その背景には、24時間放送されるニュース局の誕生と、同情を招く報道スタイルがあり、「CNN効果」(CNN effect) と名づけられる現象が話題を呼んでいた。しかし、検証の結果、ソマリアへの介入はメディアの影響によるものだと言い難いことが明らかになった[51]。そしてその後の別の研究でも、軍事介入の決断において、政策立案者に対するメディアの影響力は当初考えられたほどのものではないという意見が有力となった[52]。しかし、メディアが政策立案者を軍事介入させることが難しいと言うものの、影響していないわけではない。政策決定プロセスにおいて、政策立案者は報道のインパクトを考慮せざるを得ず、紛争対策を検討するとき、メディアは無視出来ない存在である。場合によっては大きな影響も見られている[53]。

　紛争対策において、メディアが政策立案者に影響を与えることができるのなら、紛争解決にも貢献することができると考えられる。しかし、ほとんどの紛争が報道されないのなら、そしてメディアが政治のエリートが重要視する紛争のみを大きく取り上げるのなら、ほとんどの紛争への対策に貢献するチャンスを逃してしまっていることになる。これはCNN効果の「裏側」だと言える[54]。様々な形での介入（軍事介入のみならず）が実施できる政策作成者だけではなく、本来なら紛争当事者自身にも、紛争を助長する武器売買や紛争と密接につながっている天然資源の売買にかかわっている商人にも、プレッシャーをかけることが考えられる。国益が大きく絡んでいなければ、国家は外交において基本的に人命と経済的代償 (blood and treasure) を払いたくないものである。紛

---

(51) Steven Livingston, "Clarifying the CNN Effect: An Examination of Media Effects According to Type of Military Intervention", Research Paper R-18, 1997, Joan Shorenstein Center on the Press, Politics and Public Policy, Harvard University.

(52) Piers Robinson, *The CNN Effect: The Myth of News, Foreign Policy and Intervention*, New York: Routledge, 2002.

(53) Babak Bahador, *The CNN Effect in Action: How the News Media Pushed the West Toward War in Kosovo*, New York: Palgrave Macmillan, 2007.

(54) Hawkins, "Media Selectivity and the Other Side of the CNN Effect," pp. 55-68.

争にかかわることは特にリスクを伴う外交政策であるため、利害関係が強くなければ、国家は本格的な対策を検討しない。そして他の強いインセンティブがない限り、実際動き出す可能性が低い。メディアによるプレッシャーがそのようなインセンティブになりうる。しかし、ほとんどの紛争、特に政治のエリートが取り上げようとしない紛争に対するメディアの沈黙が続く限り、この国際的な「番犬役」を実質上放棄していることとなる。

VII まとめ

　報道機関は「市民に情報を提供する」という義務を認識し、誠意をもって果たそうしているのだとしても、どの情報を提供すべきかについては、依然としてあいまいな側面が多い。特に国外の世界で起きている出来事や現象をどこまで含むべきかについては議論の余地がある。しかし、報道機関のほとんどは最終的にはビジネスであり、社会責任とは別に、利益を出すことが主要な目的の1つである。国際報道のための情報収集は特にコストがかかり、読者・視聴者が自分の生活と結びつきにくい場合が多く、どうしても軽視される仕組みになっている。国営報道機関の場合は、営利目的よりも、社会的義務を優先する余裕があるのかもしれないが、国家が運営しているため、国内情勢にフォーカスを当て、限られた国際情勢に関する報道は国内レンズを通して見るインセンティブが強い。この報道の構造的な問題から、結果的に報道においてグローバル化・ボーダレス化は本格的に進んでおらず、今後も進むとは考えにくい。

　国際報道のために割り当てられている紙面・時間が限られている中、メディアが同時に取り上げる紛争は1つか2つ程度である。世界の紛争は限られた数の「選ばれる紛争」と、数多くの「ステルス紛争」に分かれる。取り上げられるかどうかは、自国・国益との関連、距離・アクセス、紛争当事者及び被害者の人種・社会経済的地位、紛争の構造が単純化しやすいかなどが重要となり、奇異なことに、紛争の規模は重要な指標になっていない。特に世界最大級の死者数が発生しているアフリカの多くの紛争が本格的な報道の対象になることは稀なのである。

　このバランスの欠いたとも言える報道の傾向はメディアだけの問題にとどまらない。政策立案者と市民を結びつける役割を果たすメディアは、これらを含む他のアクター（特に政策立案者）から影響を受けていることはあるが、逆に

〔Virgil Hawkins〕

他のアクターに影響を与える力も持っている。特に世論形成において影響力を持っているが，政策立案者へのアジェンダ・セッティング効果も少なくない。つまり，どの紛争をどのように取り上げるかによって，その紛争への対策に影響を与えることができる。紛争に対する報道が少なければ，そのポテンシャルが活かされることはない。このような意味で遠く離れた紛争に関しても，メディアの責任は決して小さくないのである。

現在の社会構成及び情報環境に国家中心主義・自国中心主義が依然として圧倒的な影響力を持っている。この状況の中で，紛争を含む世界情勢に関する情報の流れがよりグローバルな方向に進んでいくことは困難であるが，可能性は残されている。少なくともモノとカネの分野において，グローバル化が進んでいるからこそ，一見関係が薄そうな遠く離れた紛争であっても，実際は決して他人事ではないのである。報道機関の間で，そのような認識が少しでも高まれば，よりグローバルな，よりバランスがとれた紛争報道が期待できるのかもしれない。

24 水銀問題のグローバル化
――条約交渉までの取り組みから――

宮　崎　麻　美

I　はじめに

　いまだに日本人の多くは，水銀問題を，水俣病のような1950年代初頭の公害問題だけだと理解しているかもしれない。しかし水銀問題は，現在の国際社会では，限られた場所で発生する局所的な環境問題とは認識されていない。というのも，日本以外でもイラクやカナダなど世界各地ですでに水銀関連の被害が発生し，報告され，世界的な取り組みも展開されてきたからだ。国連環境計画（UNEP）が最初に地球規模の水銀の調査報告を提出したのが2002年であることから[1]，国際レベルでは，水銀は，少なくとも10年以上も前から地球規模の環境問題と認識されてきたと言える。一方，地球水銀条約（Global Mercury Treaty, GMT，現在は「水銀に関する水俣条約（Minamata Convention on Mercury）」（以下，水俣条約と略記）として合意）の成立を目指した条約交渉は，2009年2月のUNEP管理会合（UNEP/GC）での地球水銀条約の政府間交渉委員会（INC）設置合意を受けて，2010年から公式に開始された[2]。1956年に水俣病が公式に確認され，また10年以上も前から水銀問題が認識されていたにも関わらず，なぜ条約交渉は遅れたのか。水俣条約関連の先行研究によれば，国際社会が条約交渉へ急速にシフトした主要因にアメリカの政権交代が挙げられる[3]。しかし，気候変動をはじめとして，基本的に環境条約に消極的と言わ

---

[1] United Nations Environment Programme (UNEP), *Global Mercury Assessment: Inter-Organization Programme for the Sound Management of Chemicals* (UNEP, 2002).

[2] UNEP, "Minamata Convention on Mercury," http://www.mercuryconvention.org/Home/tabid/3360/Default.aspx.

[3] Noelle E. Selin, "Science and Strategies to Reduce Mercury Risks: A Critical Review," *Journal of Environmental Monitoring*, No. 13, 2011, pp. 2395-2396; 遠藤真弘「水銀条約

第 5 部　新しい安全保障

れるアメリカが条約交渉に参加し，さらに世界で最初の水俣条約の批准国となるなど，なぜ水銀協力に積極的に見えるのだろうか。また，環境条約の交渉に消極的な中国やインドは，先行研究で言われるように，アメリカの交渉姿勢の変化にすぐ続いたのだろうか。

　水銀を巡る問題は，気候変動問題と同様に，環境問題はもとより，広義の国際社会の平和・安全保障（紛争や政治暴力だけではなく，人々の安全や尊厳，貧困等）にも関連する問題である[4]。水銀は小規模金・銀採掘（ASGM）の触媒に使用されているのだが，この ASGM の実行国モンゴル，タンザニア，中国，フィリピン，ブラジルなどでは資源に起因する内戦やギャング間の闘争が起きており，採掘場周辺の居住者，特に女性や子どもの労働問題も生じている。また，世界最大の水銀採掘国かつ輸出国であるキルギスタンの採掘場労働者の健康被害，世界の水銀の輸出入に潜む闇取引，貧困地域や先住民の暮らす土地や湖水の汚染が当事国内・間の関係悪化を招いている。北米でも 1960 年代の終わりに五大湖周辺の原住民の健康被害が報告され，1970 年代初頭にかけて問題改善に努めた時期があった。後述するが，NGO によれば，日本から輸出される水銀も闇取引に関わっている可能性が高い。水銀は，規制された先進国から需要の高い途上国へ移動しており，南北問題とも関連する。このように，水銀をめぐっては，開発や内戦に影響する多くの論点が挙げられる。こうした問題のいくつかは一見ありふれた現象であっても，紛争の直接的（1990 年代の安全保障化（securitization）[5]）・間接的（製造プロセスの触媒として使用される資源）な原因になったり，脅威そのもの（2005 年以降の気候安全保障の議論[6]）になっ

　　　――水銀規制をめぐる国際動向」『調査と情報』第 706 号, 2011 年, 7 頁 ; Steinar Andresen, G. Kristin Rosendal, and Jon Birger Skjærseth, "The Minamata Convention on Mercury: Any Lessons Learned?," paper presented at ISA annual conference, Toronto, Canada, 27 March 2014.

(4)　近年の環境と安全保障との関係は，次を参照のこと。環境省「気候安全保障（Climate Security）に関する報告」2007 年 ; Ker Than, "Wars, Murders to Rise Due to the Climate Warming?," *National Geographic*, 1 August, 2013, http://news.nationalgeographic.com/news/2013/08/130801-global-warming-violence-climate-change-science-environment/.

(5)　Thomas Homer-Dickson, "Environmental Scarcities and Violent Conflict: Evidence from Cases," *International Security*, Vol. 19, No. 1, Summer 1994, pp. 5-40.

(6)　Nicolas Stern, *The Economics of Climate Change: The Stern Review*, Cambridge University Press, 2007.

たりする場合がある。そのため，アフリカやアジアの多くの ASGM と資源を巡る争いに関係する国が，水銀条約の交渉過程において，先進国からの資金援助を訴える一方で，ASGM の管理体制構築の難しさを訴えてきた[7]。

　このような問題を抱えている水銀を世界的に規制し管理する条約は，2013年 1 月の第 5 回政府間交渉委員会（INC5）で水俣条約として合意された。本条約案は同年 10 月の水俣市・熊本市での外交会議で正式に採択され，加盟国に向けて署名が開放された。かつては局所的な公害問題とされてきた水銀が，どのようにして国際交渉へと結びついたのか。

　本稿では，水銀問題のグローバル化の過程を論じることで，どのような国際社会の課題が水銀条約交渉までに現れてきたのかを明らかにする。まず，水銀そのものの性質とそれが抱える問題を概説する。次に，水銀の規制・管理に関連するヨーロッパ，北米，北極などでの地域条約や地球レベルの条約を取り上げ，各国や地域での水銀をめぐる国際取り組みの変化を検討する。そして，水銀条約の設置交渉において，国際社会がどのような課題に挑戦することになったのかを論じる。この時期を定めた理由は，水銀問題が国際化した頃から INC までに主要な交渉課題がすでに提示されてきたからである。本事例分析により，主に設置交渉までに議題に上がった水俣条約にある複数の論点を，国際条約の交渉と国際協力の実施面から提示したい。

II　水銀の性質と水銀問題の国際化

　水銀に関しては国内から規制が始まった[8]。1950 年代の水俣病を初めとして，当初の水銀問題は非常に限られた場所で起こる問題だと認識されていた。それゆえ，当時の水銀問題への対策は，汚染地の周辺住民の被害に対して，国や自治体が，問題への事後的対策で解決しようとする国内レベルのものであった。

---

(7)　各国の INC プレナリーでのステートメント，コンタクト・グループでの議論，外交会議のステートメントなど。UNEP, "The Negotiating Process," http://www.unep.org/hazardoussubstances/MercuryNot/MercuryNegotiations/tabid/3320/language/en-US/Default.aspx.

(8)　Noelle E. Selin, "Mercury Rising: Is Global Action Needed to Protect Human Health and the Environment," *Environment*, Vol. 47, No.1, 2005, pp. 22-35; Noelle E. Selin and Henrik Selin, "Global Politics of Mercury Pollution: the Need for Multi-scale Governance," *Review of European Community and International Environmental Law(RECIEL)*, Vol. 15, No. 3, 2006, pp. 258-269.

第5部　新しい安全保障

　しかし，水俣病に加え，他国や他地域でも水銀汚染と被害の存在が次第に明らかになった[9]。例えば，五大湖では，周辺に居住する人々が魚を摂食することによって，特に妊婦と子供が有機水銀の被害を受けるという，水俣病と同様の大きな社会問題が浮上した[10]。

　さらにその後の科学的知見の増加もあって，水銀問題には多様な側面があることが分かってきた。まず，水銀循環の管理の限界という問題が挙げられる。この経路には，自然発生サイクルと[11]，人為的に排出されるサイクルがある。前者において，水銀は特に硫黄との化合物（赤色硫化水銀もしくは辰砂，HgS, cinnabar）となり，例えば火山の噴火による放出，森林火災による排出，水銀を含んだ土壌や岩の流出，水銀を含んだ水の蒸発，動物からの分泌による排出を通して環境中に放出され，人間に影響を及ぼす[12]。後者にも複数の経路があるのだが，特に問題となるのが水銀含有製品である。具体的には，ランプや水銀計など日本でもなじみ深い製品の他，ワクチン，歯科アマルガム（水銀，スズ，銀の合金），化粧品（マスカラ等），農薬などで，これらの使用によって含有水銀に曝露される事例が起こったのである[13]。1970年初頭のイラク郊外での水

---

[9] Henrik Selin and Noelle E. Selin, "Indigenous Peoples in International Environmental Cooperation: Arctic Management of Hazardous Substances," *RECIEL*, Vol. 17, No. 1, 2008, pp. 72-83.

[10] Mark M. Feeley, Scott A. Jordan, and Andrew P. Gilman, "The Health Canada Great Lakes Multigeneration Study- Summary and Regulatory Considerations," *Regulatory Toxicology and Pharmacology*, No. 27, Issue 1, 1998, pp. S90-S98; Barry L. Johnson, Heraline E. Hicks, and Christopher T. De Rosa, "Key Environmental Human Health Issues in the Great Lakes and St. Lawrence River Basins," *Environmental Research*, Vol. 80, Issue 2, 1999, pp. S2–S12.

[11] Noelle E. Selin, "Global Biogeochemical Cycling of Mercury: A Review," *Annual Review of Environment and Resources*, No. 34, 2009, pp. 43-63; Selin, "Mercury Rising," pp. 24-28.

[12] Satya P. Mohapatra, Iana Nikolova, Anne Mitchell, "Managing Mercury in the Great Lakes: An Analytical Review of Abatement Policies," *Journal of Environmental Management*, Vol. 83, No. 1, 2007, p. 81; UNEP, *Global Mercury Assessment*, 2002.

[13] 水銀には無機水銀と有機水銀とがある。水俣病などに代表される深刻な身体の悪化をもたらしたのは，（塩化）メチル水銀という有機水銀である。これは人体において9割以上の吸収率を持ち，かつ脳に蓄積されやすい。食物等の経口摂取の場合，無機水銀（金属水銀，硫化水銀，塩化水銀，酸化水銀）の吸収率は5％余りだが，呼吸器からの吸収になれば，その割合は8割に上り，腎不全等の疾病をもたらす。環境省「リスクコミュニケーションのための化学物質ファクトシート（2012年版）」，http://www.env.

銀含有農薬による汚染がこれにあたる[14]。この場合，水銀製品の削減や代替製品への切り換えが必要となる。それから，上記の製品を製造する過程での曝露も挙げられる。水銀を使用する工場の労働者が被害を受ける問題や，工場等から水銀を含んだ排水や排気が十分に処理されずに排出され，海や土地が汚染された結果，生物濃縮される問題が指摘できる。これは，水俣病において大きな公害問題となったが，北米の五大湖のような国境を越えて対処すべき問題にもなった[15]。

さらに，「水銀の移動」という視点から見れば，大気や上述の製品だけでなく，物質（commodity）としての水銀そのものの移動，貿易やそれらに付随する問題にも注意しなければならない。後述する関連条約の進展の項で見るとおり，ヨーロッパや北米での水銀規制の強化とは対照的に，特にASGMでの違法な水銀使用の規制が緩い途上国では，水銀需要が増加し，2010年にはその価格が3倍に跳ね上がった[16]。一般的にはキルギスタンの水銀採掘・輸出が有名であるが[17]，日本も毎年，国内で産出される鉱物に含まれる余剰水銀や製品から回収した水銀を輸出している。2013年までの過去26年間の輸出平均は約90トンであり，この間の年間最大量は2007年の358トンである[18]。NGOらによれば，問題となる水銀の闇市場の一端を結果的に日本が担ってしまっているという指摘もあり，その規制が求められている[19]。しかし，これは3R（リデュース，リユース，リサイクル）というリサイクルシステムの一環として実施中の日本の政策と対立している[20]。

---

go.jp/chemi/communication/factsheet.html。

[14] イラク郊外の人々が，メチル水銀の入った殺虫剤で消毒された小麦を食べた後，水銀中毒に罹った。UNEP, *Global Mercury Assessment*, 2002; Farhan Bakir et al., "Methylmercury Poisoning in Iraq," *Science*, Vol.181, No. 4096, 1973, pp. 231-232; Selin and Selin, "Global Politics of Mercury Pollution," p. 259. 他にも，カナダ，中国，ブラジルでも類似の事例があるという。原田正純『水俣病と世界の水銀汚染』（実教出版，1995年）。

[15] 例えば，次を参照。Mohapatra, Nikolva, and Mitchell, "Managing Mercury in the Great Lakes," pp. 80-92.

[16] 「水俣経験，水銀規制で存在感示したい日本，実は輸出国」『朝日新聞』2011年1月15日。

[17] UNEP, *Mercury: Time to Act*, UNEP, 2013; Natural Resources Defense Council, "Mercury Pollution: An End in Sight?," 2010, http://www.nrdc.org/international/ft.

[18] Trade Statistics of Japan, Ministry of Finance, "General Trade Statistics: Commodity by Country," http://www.customs.go.jp/toukei/srch/indexe.htm?M=01&P=0.

[19] "Editorial: Targeting the Use of Mercury," *Japan Times*, January 25, 2013.

第 5 部　新しい安全保障

現在まで，物質としての水銀は，主に途上国での金・銀採掘において，触媒として使用されてきた。特に ASGM ではその傾向が顕著で，例えばフィリピンの採掘場で働く人の 70 ％は，金や銀を純化させる際に気化した水銀の吸引に由来する中毒症状に悩まされていると言われる[21]。同様にインドネシアや中国でも，鉱物採掘時の水銀の不適切な使用により，中毒患者の割合は増加している。アフリカでもこの問題は深刻である[22]。ASGM は，経済的に余裕のない労働者に悪影響を及ぼし，ひいては開発や紛争に関連する重大な問題に発展しかねない[23]。従来の環境政策が行ってきた国内の工場の排水・廃棄を発生後に制限する「エン・ドオブ・パイプ（end-of-pipe）」のような規制中心の公害対策だけでは単純に対処しきれない水銀問題が，世界各地で国際化していることが分かってきたのである[24]。

Ⅲ　水銀問題に対する国・地域での取り組み

1　国際・地域レベルの取り組みのはじまり

水銀の国際的な影響に関する科学的知見の高まりとともに，国際社会は，水銀の管理や規制を地球レベルの条約にするための交渉を設置するかどうか，何年も議論してきた[25]。水俣病に象徴されるように，水銀問題は当初は限られた地方の問題であると見なされていたが，すでに 1970 年代には水銀規制の議論が国際的なレベルで開始されている[26]。まず 1972 年の国連人間環境会議（UNCHE）において，水銀の持つ重金属としての性質に対する懸念が広く共有された[27]。国際的な水銀規制に向けての取り組みは，この懸念を元にヨーロッ

---

[20] 「水銀輸出禁止で『ゴミ』に」『読売新聞』2013 年 9 月 23 日。
[21] Selin, "Science and Strategies to Reduce Mercury Risks," p. 2389.
[22] UNEP, *Mercury: Time to Act*, 2013.
[23] 例えば，モンゴルでの ASGM の問題。UNEP, *Analysis of Formalization Approaches in the Artisanal and Small-scale Gold Mining Sector Based on Experiences in Ecuador, Mongolia, Peru, Tanzania and Uganda: Mongolia Case Study*, June 2012, pp. 4-6.
[24] UNEP, *Mercury: Time to Act*, 2013.
[25] Robert V. Percival, "The Globalization of Environmental Law," *Pace Environmental Law Review*, Vol. 26, Issue2, Summer 2009, p. 462.
[26] Selin and Selin, "Global Politics of Mercury Pollution", p. 260.
[27] UN Conference Human Environment, *Action Plan for the Human Environment* (Stockholm, June16, 1972), http://www.unep.org/Documents.Multilingual/Default.asp?DocumentID=97&ArticleID=1492&1=en.

パや北米など一部の地域から進展してきた。水銀を含めた重金属による海洋汚染に対する可能な限りの対策を国家で取るというストックホルム宣言と、その行動計画がUNCHEで合意されたのを皮切りに[28]、1972年に「船舶・航空機からの投棄による海洋汚染防止条約（オスロ条約）」、1974年に「陸源物質の海洋汚染防止条約（パリ条約）」が採択された。また1973年、カナダ、日本、スウェーデン、アメリカの専門家から成る作業部会の報告を受けたOECDは、加盟国に、水銀の環境への人為的な排出を可能な限り低いレベルに減らすように求めた[29]。同年終わりには、当時の欧州経済共同体諸国は全て、オスロ条約の締約国となった。本条約の下、水銀を含めた淡水汚染対策のための環境行動計画が採択された。こうしてオスロ条約以降、ヨーロッパでは、水銀は対策すべき重要な汚染物質の1つだという認識が定着していったのである。

また、バルト海沿岸諸国も、1974年にヘルシンキ条約（Convention on the Protection of the Marine Environment of the Baltic Sea Area）を採択し、1976年のバルセロナ条約（Convention for the Protection of the Mediterranean Sea Against Pollution）とともに[30]、その行動計画や議定書においてバルト海や地中海への水銀の投棄や排出を厳しく制限した[31]。本条約下に設置されたヘルシンキ委員会（HELCOM）による1988年の閣僚級会議では、1995年までに水銀を含めた汚染物質の量を半減させることが宣言された。これは実現しなかったものの、その後さらに高い削減目標が1996年のバルト海諸国の会議のコミュニケで掲げられ、ついでヘルシンキ委員会は特定の水銀使用と排出源を規制する一連の勧告を採択した[32]。このように、汚染物質の海洋投棄・流出としての水銀が注目された1970年代とは異なり、1980年代以降は、廃棄物の1つとして

---

(28) Selin, "Global Biogeochemical Cycling of Mercury," p. 45.
(29) OECD, "Recommendation of the Council on Measures to Reduce All Man-made Emissions of Mercury to the Environment" (C (73) 172/ Final), September 18, 1973.
(30) 1976年の条約で、ライン川周辺諸国は、水銀による表水汚濁を除去することになった。Convention on the Protection of the Rhine Against Chemical Pollution, Article 1 and Annex I, Signed on December 3, 1976.
(31) 後に地中海における水銀排出の削減を定める土地由来の議定書（Protocol on the Protection of the Mediterranean Sea against Pollution from Land-based Sources）も1980年に策定された。
(32) HELCOM, "Recommendations," http://helcom.fi/helcom-at-work/recommendations/; Selin and Selin, "Global Politics of Mercury Pollution," p. 261.

の水銀，そしてその越境性が追加され，科学的な注目を集めるようになったのである。とりわけ，疫学研究の進展により，有機水銀のリスクが，特にそれが低いレベルでも，長期の汚染と関連するさらなる証拠が提供されるようになった[33]。

　1980～1990年代に北米やヨーロッパで水銀対策が進んだ要因として，気候変動に関する政府間パネル（IPCC）や国連欧州経済委員会による欧州越境大気汚染条約（CLRTAP）が規定した石炭燃焼（硫黄酸化物）の規制によって同時に大気への水銀排出も削減されるという共便益を挙げなければなるまい[34]。アメリカにおける水銀排出は，その5割が発電所を起源とする。IPCCが1990年に発表した気候変動枠組み条約の元となる最初の評価報告書を受けて[35]，同年アメリカ大気浄化法が改正された。その結果，発電所では，1990年の年間59トンから2005年の53トンと10％程度削減したのみであったが，一般廃棄物燃焼と医療廃棄物の焼却はそれぞれ順に57トンから2トン，51トンから1トンと96％，98％と高い削減率を達成した[36]。

　カナダやアメリカは五大湖水質合意を1972年のUNCHEの2カ月前，4月に署名した。水銀問題が国際化したのは，大気としての水銀の人為的な排出が，地球温暖化問題を生み出す石炭燃焼と関連していたという科学的知見の明確化を契機とする。大気汚染物質としての水銀の主要な人為的発生源は，アメリカでは石炭燃焼，カナダでは非鉄金属の精錬である[37]。北米では1970年代後

---

(33) Selin and Selin, "Global Politics of Mercury Pollution," p. 261.
(34) 硫黄や，排煙脱硫（flue gas desulfurization）もしくは電気集塵（electrostatic precipitators）といった微粒子の規制に用いられたエンドオブパイプ技術によって，大気に排出された水銀も削減できる。UNEP, *Global Mercury Assessment*, 2002.
(35) John T. Houghton, Gareth T. Jenkins, and James J. Epharaums eds., *Climate Change: The IPCC Scientific Assessment*, Cambridge University Press, 1990.
(36) US Environmental Protection Agency, "Mercury and Air Toxics Standards (MATS): Cleaner Power Plants," December 2011, http://epa.gov/mats/powerplants.html.
(37) Mark Cohen, Richard Artz, Roland Draxler, Paul Miller, Laurier Poissant, David Niemi, Dominique Ratté, Marc Deslaurier, Roch Duval, Rachelle Laurin, Jennifer Slotnick, Todd Nettesheim, and John McDonald, "Modelling The Atmospheric Transport and Deposition of Mercury to the Great Lakes," *Environmental Research*, Vol. 95, Issue 3, 2004, pp. 247-265; Prasad Pai, David Niemi, and Bill Powers, "A North American Inventory of Anthropogenic Mercury Emissions," *Fuel Processing Technology*, Vol. 65-66, June 2000, pp. 101-115.

半からの酸性雨の共同プロジェクトにより，1980年には越境大気汚染に関する合意覚書を取り交わし，最終的に1991年に米加大気質協定が締結されるに至った。両国における酸性雨対策の議論は，その費用対便益論に集中していった。カナダの精錬所とアメリカの発電所は，大幅な削減計画によって深刻な経済的影響を受けるだろうと強硬に反対した[38]。しかし，気候変動問題とは別に，北米諸国は，1990年以降，水銀を含めた大気汚染物質の長距離移動自体には関心を持っていた。というのも，1997年のデータに基づいたモデリングによれば，五大湖に入る年平均約2.5トンの水銀のうち，約20%から60%が長距離輸送，つまり北米以外の地域からもたらされたものであったからである[39]。それゆえ，他の大気汚染物質同様，水銀の飛来は周辺国以外でも警戒される[40]。

北米の例と同様に，ヨーロッパでは，先のIPCC評価報告書に加え，CLRTAPの議定書群における水銀を含めた他の環境汚染物質規制に向けた議論と並行して，1996年には，水銀を含めた大気環境汚染物質（ambient air pollutants）の問題が，EUの大気質枠組み指令（air quality framework directive）の中でも高い関心となった[41]。この指令の後，水銀は大気とは別に重金属の一部としてCLRTAP議定書群の1つである重金属議定書の規制対象となったのである。EUがより深刻に水銀問題を考えていた背景の1つには，東欧諸国の民主化があったと思われる。世界の年間3,600トンの水銀需要のう

---

[38] ロス・ハワード，マイケル・パーレイ著，田村明監訳『酸性雨』（新曜社，1986年），菅田誠治「米国における酸性雨問題——長距離輸送モデルの果たす役割」『資源環境対策』第36巻第10号（2000年）10-14頁。

[39] Luke Trip, Tonya Bender, and David Niemi, "Assessing Canadian Inventories to Understand The Environmental Impacts of Mercury Releases to the Great Lakes Region," *Environmental Research*, Vol. 95, Issue 3, 2004, pp. 266-271; International Joint Commission, *Priorities 2001-2003: Priorities and Progress under the Great Lakes Water Quality Agreement*, September 2003. また，アメリカから東アジア酸性雨モニタリングネットワーク（EANET）に対して，東アジアからの北米への水銀寄与に対して，対策を進めてほしいという非公式の打診もあった。EANETのネットワークセンターへのインタビュー（2013年10月14日実施）。

[40] 中国からの水銀の大気排出がアメリカまで越境移動するため，東アジアの越境大気汚染モニタリング協力（EANET）において，水銀についても議論が出来ないかという話が以前あったという。EANETネットワークセンター担当者へのインタビュー（2013年10月14日実施）。

[41] European Commission, Council Directive, "On Ambient Air Quality Assessment and Management"（96/62/EC）, September 27, 1996.

ち，2003 年の EU15 カ国では約 300 トンであった[42]。しかしながら東欧諸国の民主化にともない，EU は加盟国を 15 からさらに 10 カ国増やしたため，EU 全体の水銀量が増加することになった。こうして EU の「水銀に関する共同体戦略」では，EU で主要な水銀排出源である塩素アルカリ工業や大気としての水銀の排出削減だけでなく，EU 圏外で問題となっていた金採掘やバッテリーなども含めた水銀の需要と供給，製品，水銀に関する国際行動の推進という地球水銀条約の基本的な議題が，議論の対象となっていった[43]。その後も EU は，水銀の生産，使用，排出を積極的に減少させる新たな取り組みを継続していくことになる。

　上述のような問題に加えて冷戦が終わりに近づく頃，北極への残留性有機汚染物質（POPs）の長距離移動の問題がカナダ政府によって取り上げられた。北極に居住する約 400 万人のうちの半数がカナダ人であったからである。いくつかの国際組織が関心を持ったが，当時国際的な行動はほとんど増加しなかった[44]。しかしその中でも，北極評議会（Arctic Council）の監視評価部会（AMAP）が，有機化学物質と重金属を優先されるべき汚染物質問題のなかに指定した。加えて，北極評議会は 2000 年に地球レベルのアセスメントの実施を UNEP に求めた[45]。そして北極圏に領土を持つ 8 つの国のうち，ロシアとアイスランドを除く 6 か国が，2003 年に合意された CLRTAP の重金属議定書の 33 カ国（2014 年 1 月現在）の加盟国の一部になった[46]。

　さらに，水銀問題がグローバルな条約交渉へと向かったもう 1 つの背景

---

[42] European Commission, Communication from the Commission, of 28 January 2005: "Community Strategy Concerning Mercury"（COM/2005/20/final – Official Journal C 52), March 2, 2005.

[43] Ibid.

[44] Henrik Selin and Noelle Eckley, "Science, Politics, and Persistent Organic Pollutants: Scientific Assessments and Their Role in International Environmental Negotiations," *International Environmental Agreements: Politics, Law and Economics*, Vol. 3, No. 1, 2003, p. 17.

[45] "Barrow Declaration on the Occasion of the Second Ministerial Meeting of the Arctic Council," Barrow, 13 October 2000.

[46] United Nations Treaty Collection, "1. f. Protocol to the 1979 Convention on Long-Range Transboundary Air Pollution on Heavy Metals," Aarhus, June 24, 1998, Chapter XXVII Environment, https://treaties.un.org/Pages/ViewDetails.aspx?src=TREATY&mtdsg_no=XXVII-1-f&chapter=27&lang=en.

が，化学物質に関連する諸条約の交渉の進展とそれらの交錯である。先のCLRTAPの重金属議定書は，カドミウム，鉛，水銀の他に，水銀が含まれる製品（電池，体温計，スイッチ，温度計，蛍光灯，歯科アマルガム，殺虫剤，塗料）を対象とし，加鉛ガソリンを漸減して重金属の排出を減少させる策を導入するにあたり，利用可能な最善の技術（BAT）を提案していた[47]。加えて，CLRTAPの残留性有機汚染物質（POPs）（オーフス）議定書の進展が，地球レベルの行動への重要な布石となった[48]。POPsは，殺虫剤や難燃剤，感光剤などに使用される化学物質で，水銀と類似した毒性，難分解性，生物備蓄性を有し，大気や水などを介して国境を越え，生態系に影響を及ぼすものである。1998年に署名され，2003年に施行された議定書ではPOPsの使用と製造が禁止された。議定書下のPOPs対策部会では，各分野の専門家により，対象物質の性質，製造から放出までの過程が見直され，戦略とレビューの作業部会での検討を経て，最終的に条約理事会でどの物質を条約議定書の対象物質とするかが決められる。2009年の改正では，POPs議定書でこれまでに対象となった16物質に加え[49]，新たに7つの汚染物質が規制の対象となり，合計23物質を規制することになった[50]。

---

[47] BAT自体は，EUの1996年の統合汚染防止に関する指令でも要求された。United Nations Economic Commission for Europe (UNECE), "The 1998 Aarhus Protocol on Heavy Metals," http://www.unece.org/env/lrtap/hm_h1.html.

[48] Noelle E. Selin, "From Regional to Global Information: Assessment of Persistent Organic Pollutants," in Ronald B. Mitchell, William C. Clark, David W. Cash, and Nancy M. Dickson eds., *Global Environmental Assessments: Information and Influence*, MIT Press 2006, p. 175.

[49] アルドリン，クロルデン，クロルデコン，ディルドリン，エンドリン，ヘキサブロモビフェニル，マイレックス，トキサフェン，ジクロロ・ジェフェニルクリクロロ・エタン（DDT），ヘプタクロ，ヘキサクロロベンゼン，ポリ塩化ビフェニル（PCB）類，さらに，リンデン，ダイオキシン／フラン類，多環芳香族炭化水素（PAH）類，ヘキサクロロベンゼンを含めたヘキサクロロシクロヘキサン（HCH）。なお，PAH類は，大気汚染物質である微小粒子状物質（PM2.5）の含有成分でもある。

[50] ヘキサクロロブタジエン，オクタブロモジフェニルエーテル，ペンタクロロベンゼン，ペンタブロモジフェニルエーテル，ペルフルオロオクタンスルホン酸，ポリ塩化ナフタレン，短鎖塩素化パラフィン。

2 グローバルな取り組みへの展開

CLRTAP の POPs 議定書の交渉と並行して、地球レベルでも、POPs（ストックホルム）条約が議論されてきた。化学物質の安全に関する国際計画・国際フォーラムという2つの国際組織と UNEP が協働して初期の科学物質リストを作成し、そのリストは 1997 年の UNEP の第 19 回の UNEP/GC で正式に選択された。そこでは、1995 年に採択された「土壌を基礎とした活動からの海洋環境保全に関するワシントン宣言」における、法的拘束力のある地球レベルの POPs 削減文書の進展要請や、前年の UNEP/GC での廃棄物の輸出入の際の事前情報に基づく同意（PIC）手続きについても検討された[51]。POPs 条約は、2001 年に 12 種類の化学物質（'dirty dozen'）を入れて採択され、2004 年に発効した[52]。さらに 9 物質が 2009 年に提案、現在までに追加された[53]。

また、1998 年に採択、2004 年に施行された、「国際貿易の対象となる特定有害化学物質及び駆除剤についての事前かつ情報に基づく同意の手続きに関するロッテルダム条約（PIC 条約）」でも、付属書Ⅲ記載の、禁止もしくは厳しく規制された 47 の化学物質や著しく有害な駆除用製材が対象となった[54]。この条約の目的は、主に先進国で規制が進んでいる化学物質が、比較的規制の緩い途上国などへの輸出、移動によって、その輸入国の人々の健康や環境に悪影響が及ぶのを避けることにある。輸入国は、化学物質の情報を記載した決定ガイダンス文書に基づいて輸入への同意を判断するのである[55]。

---

[51] UNEP Governing Council, "International Action to Protect Human Health and the Environment through Measures which Will Reduce and/or Eliminate Emissions and Discharges of Persistent Organic Pollutants, including the Development of an International Legally Binding Instrument" (Decision 19/13C), February 7, 1997.

[52] 越境する化学物質の多くは北極圏内で増加したため、POPs 条約の交渉には北極圏に利害のある国の強い影響があったという。Selin, "From Regional to Global Information: Assessment of Persistent Organic Pollutants," p. 191.

[53] United Nations, "Adoption of Amendments to Annexes A, B, and C," Stockholm Convention on Persistent Organic Pollutants (C.N.524.2009.TREATIES-4), May 22, 2001; Secretariat of the Stockholm Convention, "The New POPs under the Stockholm Convention: Nine New POPs," http://chm.pops.int/TheConvention/ThePOPs/TheNewPOPs/tabid/2511/Default.aspx.

[54] Secretariat of the Rotterdam Convention, "Annex III Chemicals," http://www.pic.int/TheConvention/Chemicals/AnnexIIIChemicals/tabid/1132/language/en-US/Default.aspx.

〔宮崎麻美〕 *24* 水銀問題のグローバル化

　この科学物質が含まれた有害廃棄物の移動や処分の規制には，バーゼル条約が関連する。PIC条約と同様に，途上国だけでなく，先進国の役割や責任が大きくかかわる問題である[55]。本条約は，1970年から行われてきた先進国から途上国への有害廃棄物の移動や違法投棄により，1980年代にアフリカやアジアの途上国で環境汚染が頻発し，国際問題化したことから作成され，1992年に施行された[57]。非加盟国への廃棄物の移動に関しては，その合意がバーゼル条約と同程度に厳格でない限り，加盟国は非加盟国に輸出できないとしている[58]。さらに，有害廃棄物の越境移動（輸出入）の際，PIC手続きを取ることを各国に義務付けている。バーゼル条約第2回締約国会議（COP2）において採択されたOECD諸国から非OECD諸国への全ての有害廃棄物の輸出を禁止する決定が，さらにEU，リヒテンシュタインを含めた締約国を加えて義務化した条約改正として1995年のCOP3で採択された。しかし，2014年1月現在，EUと76カ国が加盟国となっているが，未発効である[59]。その後，バーゼル条約

---

[55] Secretariat of the Rotterdam Convention, "Decision Guidance Documents," http://www.pic.int/TheConvention/Chemicals/DecisionGuidanceDocuments/tabid/2413/language/en-US/Default.aspx.

[56] 例えば，鉱さい（アルキル水銀化合物，水銀，カドミウム，鉛，六価クロム，砒素，セレン）やその処分のために処理するもの（同様）がリサイクルに回されなければ，輸出用の資源ではなく，廃棄物処理・保管の問題となる。日本の水銀リサイクル市場の変革が要求されることになる。

[57] 外務省「バーゼル条約」, http://www.mofa.go.jp/mofaj/gaiko/kankyo/jyoyaku/basel.html。また，バーゼル条約では不十分とするアフリカ統一機構（現在のアフリカ連合）が，バマコ条約を1991年に採択し，1998年に条約が施行された。African Union, "Bamako Convention on the Ban of the Import into Africa and the Control of Transboundary Movement and Management of Hazardous Wastes within Africa," http://www.au.int/en/content/bamako-convention-ban-import-africa-and-control-transboundary-movement-and-management-hazard. 本条約はアフリカへの廃棄物の輸入禁止，海洋や内陸への廃棄物の流入の禁止，クリーナ・プロダクションや予防原則を含む。最初のCOPは2013年6月に開催された。UNEP, "First Conference of Bamako Convention," http://www.unep.org/delc/BamakoConvention/tabid/106390/Default.aspx.

[58] David L. Downie, Jonathon Krueger, and Henrik Selin, "Global Policy for Hazardous Chemicals," in Regina. S. Axelrod, David L. Downie, and Norman J. Vig eds., *The Global Environment: Institutions, Law and Policy*, CQ Press, 2005.

[59] 日本は未批准。Secretariat of the Basel Convention, "Ban Amendment to the Basel Convention on the Control of Transboundary Movements of Hazardous Wastes and Their Disposal," Geneva, September 22, 1995, "http://www.basel.int/Countries/StatusofRatifications/BanAmendment/tabid/1344/Default.aspx.

第5部　新しい安全保障

では，1999年のCOP5で有害廃棄物の越境移動に由来する損害には責任と補償を設けるバーゼル責任議定書が採択されたが，これも同じく未発効である(60)。

　これら複数の関連条約については，議論の進展とともに，相互の重複が課題となった。そのため，これらのうち有害物質の越境移動に関連する地球規模の条約である，バーゼル，ストックホルム，ロッテルダム条約については，拡大締約国会議（ExCOP）と各条約の締約国会議が2010年と2013年に開催された(61)。ExCOPではこれらの条約の重複を避け，相乗効果を増加させるために，相互の専門委員会の連携，水俣条約を含む化学物質・廃棄物関連枠組みとの連携・協力が要請された(62)。欧米や地球規模の化学物質条約の体系化が進むなか，依然として規制や管理対象が交錯する条約間の調整をどのように行うのかが国際法上でも課題となっている(63)。このような異なる条約間で重複するリスク（条約加盟の違い，複数の条約での制限の重複や齟齬，またそれらによる負の影響）をいかに避けるか，その防止策・対策にいかに整合的に対応するのか，これらは水俣条約においても重要な課題の1つである。

---

(60) 日本は未批准。Secretariat of the Basel Convention, "Basel Protocol on Liability and Compensation for Damage Resulting from Transboundary Movements of Hazardous Wastes and Their Disposal," Basel, December 10, 1999, http://www.basel.int/Countries/StatusofRatifications/TheProtocol/tabid/1345/Default.aspx.

(61) Secretariat of the Basel, Rotterdam and Stockholm Conventions, "Simultaneous Extraordinary Meetings of the Conference of the Parties to the Basel, Rotterdam and Stockholm Conventions," Bali, Indonesia, February 22-24, 2010, http://excops.unep.ch/; "Report of the Simultaneous Extraordinary Meetings of the Conference of the Parties to the Basel, Rotterdam and Stockholm Conventions"（UNEP/FAO/CHW/RC/POPS/EXCOPS.1/8), April 7, 2010", http://excops.unep.ch/.

(62) Secretariat of the Basel, Rotterdam and Stockholm Conventions, "Meeting Documents," Synergies among the Basel, Rotterdam and Stockholm Conventions, http://synergies.pops.int/2013COPsExCOPs/Documents/tabid/2915/language/en-US/Default.aspx; International Institute for Sustainable Development（IISD）Reporting Services, "Eleventh Meeting of the Conference of the Parties to the Basel Convention（BC COP11), Sixth Meeting of the Conference of the Parties to the Rotterdam Convention（RC COP6), Sixth Meeting of the Conference of the Parties to the Stockholm Convention and Second Simultaneous Extraordinary Meetings of the Three Conferences of the Parties to the Three Conventions（ExCOPs2)," http://www.iisd.ca/chemical/excopscops/2013/.

(63) 高村ゆかり「国際法から見た水銀条約」『廃棄物資源循環学会誌』第22巻第5号（2011年）384-393頁。

IV 政府間交渉委員会（INC）の設置交渉

1 自主的取り組みと法的枠組みとのはざまで

　欧米を中心とした取り組みが進展し，関連条約が交錯しつつあったなかで，UNEPが2001年に初めて地球レベルでの水銀調査を実施した。これは，スウェーデンの提案を受けたCLRTAPの条約理事会（executive body）がUNEPに要求したもので[64]，UNEP/GCで水銀とその化合物に地球規模で科学的評価を実施することに合意したものである[65]。2002年のUNEP/GCに提出された地球水銀評価報告書は，人的・環境的影響の存在が十分に証明しうる論拠があり，地球レベルでの行動が必要だ，と結論付けた[66]。さらに翌年のUNEP/GCで初めて，水銀条約の交渉を含む選択肢が議論された。その結果，グローバルな条約国際交渉開始の布石が打たれたのである[67]。

　しかし，条約交渉に前向きなEU諸国とは対照的に，アメリカ等は消極的であった。2003年のUNEP/GCで地球水銀評価報告書が議論された際，EUとノルウェーが水銀汚染に取り組むために，地球規模で法的に拘束力を持つ文書の作成について積極的に議論したのに対し，他の国々，特に，オーストラリア，ニュージーランド，アメリカは，資金と時間両面でのコストを理由にその提案を拒否していた[68]。また，カナダ，メキシコ，コロンビア，チェコ共和国も同様の立場であり[69]，中国とインドもそれに同調した[70]。この大きく2つに分か

---

[64] UNECE, Executive Body for the Convention on Long-Range Transboundary Air Pollution, Report of the Eighteenth Session of the Executive Body (ECE/EB.AIR/71), 18 January 2001.

[65] UNEP Governing Council, "Decision 21/5: Mercury Assessment," Nairobi, February 9, 2001.

[66] UNEP, *Global Mercury Assessment*, 2002.

[67] さらに，これまでの地域条約や協力枠組みが報告書や宣言等において，水銀への取り組みの必要性を強調してきた。例えば，AMAPの評価報告書は，水銀汚染に対するより強い政治行動を求め，地球規模での水銀対策への合意のために継続的に支援すると述べている。Arctic Monitoring and Assessment Programme (AMAP), "Arctic Pollution 2002," AMAP, 2002.

[68] IISD, "Summary of the 22nd Session of the UNEP Governing Council (GC) and Fourth Global Ministerial Environment Forum (GMEF): 3-7 February 2003," *Earth Negotiation Bulletin*, 16:30, 2003, http://www.iisd.ca/vol16/enb1630e.html

[69] Selin and Selin, "Global Politics of Mercury Pollution," p. 264.

第5部　新しい安全保障

れた立場は，その後のUNEP/GCでの交渉の長期化を予期させるものであった。

　先述したように，水銀は，気候変動の温室効果ガスの1つである二酸化炭素を排出する石炭燃焼の火力発電所から排出される。この発電所からの排気規制は，UNEPの水銀調査後も，アメリカ国内で長く論争の的となっていたという[71]。実際，アメリカは2001年のジョージ・W・ブッシュ（George W. Bush）大統領就任後，京都議定書を離脱した。ブッシュ政権の支持母体は経済界であったため，現在の日本と同様，国際条約下での温室効果ガスの規制には後ろ向きの立場であったからである。加えて，その後，9.11アメリカ同時多発テロが起こり，アメリカはもちろん多くの国で環境よりも軍事的安全保障を優先する傾向が強まった。国環境保護庁（USEPA）は，発電所に対して，既存の技術を基礎とした実行可能な水銀規制のための基準を設けるよう求めた。しかし，これは，2003年にブッシュ大統領によって覆され，最終的には同政権下で，京都議定書の発効と同じ2005年に打ち出した産業界向けのルールも無効となった[72]。水銀交渉にはアメリカの気候変動をめぐる政治からの影響があったと考えられる。

　先進国の中で，アメリカに続いて，カナダも当初同様の立場だった理由は，先の越境大気汚染や気候変動における費用対便益議論への移行と同様であったことに加えて，水銀の規制が，他の重金属の規制範囲拡大の嚆矢となることを危惧していたからであった。セリンら（Henrik and Noelle Selin）によれば，欧州や北極諸国が水銀以外の重金属の条約化に強い関心を抱いていた一方，採掘自体から莫大な利益を得ていたカナダは，北極での被害の対策として

---

[70] IISD, "Summary of the 25th Session of the UNEP GC and GMEF: 16-20 February 2009," *Earth Negotiation Bulletin*, 16:78, 2009, http://www.iisd.ca/vol16/enb1678e.html; 当時の日本政府交渉担当者へのインタビュー（2012年12月21日実施）。

[71] Selin, "Global Biogeochemical Cycling of Mercury," p. 46.

[72] 代わりに，国内制限を水銀排出に対して設定するもので，個別の工場同士でキャップが合うように取引できるキャップアンドトレード方式を採用したが，シエラ・クラブなどの環境団体からの猛反対を受けた。Environmental Protection Agency, "Proposal National Emission Standards for Hazardous Air Pollutants; and in the Alternative, Proposed Standards of Performance for New and Existing Stationary Sources: Electric Utility Steam Generating Units; Proposed Rule," *Federal Register*, Vol. 69, No. 20 (January 30, 2004), pp. 4652-4752; Selin, "Global Biogeochemical Cycling of Mercury," p. 46.

のCLRTAPのPOPs議定書を最重要視し，同時に議論していたCLRTAPの重金属議定書を，その交渉に入るための対価としてしか受け入れていなかったという[73]。代わりに，アメリカやカナダ等は，技術支援や能力強化を主眼とする，任意に資金提供された水銀プログラムをUNEPの後援で設置することを要求した[74]。最終決定では，会合で政府がその設置を合意した一方で，2005年のUNEP/GCで議論するように，法的拘束力を持った文書の可能性が残された。各国は，水銀に関する行動として，①法的拘束力のある文書，②それのない文書，または③それら以外の方法か行動について考慮することになった。合わせて，重金属については，翌年のUNEP/GCで議論することを合意した[75]。その間，水銀パートナーシップ・プログラムでは，参加国の自発的な協力による技術援助や能力形成が支援された。2003年から水銀関係の情報のためのクリアリングハウスを設置し，一連の認識向上の作業部会を組織し，ガイダンス等を発展させた[76]。

2005年のUNEP/GC前に，25の政府が，水銀の今後の行動に関する見解文書を提出した。そこでも，スイスやスウェーデン，ASGMにおける水銀の問題が懸念されたフィリピンに加え，ギニア，モルドバなどの国々は，重金属を含めた水銀に関して法的拘束力のある文書についての交渉を支持した。一方，アメリカ，カナダ，オーストラリアは自主的取り組みを強調し続けた[77]。ただし，カナダは同時に法的アプローチを除外すべきでないと発言した。会合では，EU，ノルウェー，スイス，アイスランドが条約に向けた交渉を支持したが，アメリカ，オーストラリア，日本，カナダは自主的取り組みであるパートナーシップ・アプローチを支持した。さらにインドはパートナーシップ・アプローチには資金援助や能力形成などの支援が必要だと強調した。この点は，中国・G77も同様である[78]。双方で法的文書を交渉するための前提や条件が話し

---

(73) Selin and Selin, "Global Politics of Mercury Pollution," pp. 265-266.
(74) IISD, "Summary of the 22nd Session of the UNEP GC and Fourth GMEF: 3-7 February 2003," *Earth Negotiation Bulletin*, Vol. 16, No. 30, 2003, http://www.iisd.ca/vol16/enb1630e.html; UNEP Governing Council, Decisions (UNEP/GC. 22/L. 7).
(75) Ibid.
(76) UNEP, *Workplan and Timetable for 2003/2004: Mercury Programme* (UNEP, 2003).
(77) UNEP Governing Council, "Views Submitted by Governments, Intergovernmental Organizations and on the Progress Made on a Mercury Programme," (UNEP/GC.23/INF/19), 23 December 2004.

第5部 新しい安全保障

合われた。

　この時，同時に行われていたのが，2006年に採択されることになる「国際的な化学物質管理のための戦略的アプローチ（SAICM）」をめぐる交渉あった。これは，2002年のヨハネスブルグ・サミットの実施計画で提起されたもので，農業用・工業用化学物質を対象としたものである[79]。中国をはじめとした途上国は，このSAICMの議論を水銀の交渉より先にすべきだと主張したが，ノルウェーやスイスは，水銀への法的な取り組みがSAICMプロセスや途上国支援にも有益となると主張し，さらに，アメリカには反対されたものの[80]，石油の成分である鉛やカドミウムといった他の重金属についても研究を実施するように要請した。また，アルゼンチンやナイジェリアなどいくつかの国は，SAICMのための行動が，ストックホルム条約やロッテルダム条約と重複しないようにと釘を刺した。条約に向けた取り組みを避けようとする国があるのは，前年のUNEP/GCでの北米の立場と同様に，水銀への取り組みが，経済分野に大きな影響を与えることになる他の重金属への取り組みへと進展するきっかけとなるのではないかと懸念していたからであった[81]。最終的な決定では，既存の水銀プログラムの強化と，水銀汚染と対策に関わる政府，政府間組織，NGO，私的セクターに対して迅速な対策行動を要請することにはなったが，条約の実質的な交渉への合意には至らなかった[82]。

　2007年のUNEP/GCで議論された3つの決定草稿のうち，法的枠組みよりも水銀パートナーシップの方がより効果的であると強調したのはアメリカであった。アメリカは対案となる草稿を紹介し，水銀の使用・需要・排出と供給削減のための，そして水銀プログラム強化のための行動を強調した。これに同

---

[78] IISD, "GC-23/GMEF Highlights: Tuesday, 22 February 2005," *Earth Negotiation Bulletin*, Vol. 16, No. 44, 2005, http://www.iisd.ca/vol16/enb1644e.html.

[79] Strategic Approach to International Chemicals Management (SAICM), "SAICM," http://www.saicm.org/.

[80] IISD, "GC-23/GMEF Highlights: Thursday, 24 February 2005," *Earth Negotiation Bulletin*, Vol. 16, No. 46, 2005, http://www.iisd.ca/vol16/enb1646e.html.

[81] IISD, "GC-23/GMEF Highlights: Wednesday, 23 February 2005," *Earth Negotiation Bulletin*, Vol. 16, No. 45, 2005, http://www.iisd.ca/vol16/enb1645e.html.

[82] IISD, "Summary of the 23rd Session of the UNEP GC and Fourth GMEF: 21-25 February 2005," *Earth Negotiation Bulletin*, Vol. 16, No. 47, 2005, http://www.iisd.ca/vol16/enb1647e.html.

調したのが中国とインドで，他の国とともに，法的拘束力のある文書を正当化する十分な科学情報がないことを指摘した。これに対して，ガンビア，アイスランド，ノルウェー，セネガル，スイスは，提出した2つめの草稿から，自主的・政府間の関与，UNEPの水銀プログラムの強化，法的枠組みを進展させる交渉委員会の設置を求めた[83]。同時に，アフリカ・グループはこの案を支持し，法的文書には鉛やカドミウムを入れるべきだと主張した。さらに，スイスやEUは，ブラジルなどファンドを考慮する途上国の参加を含め，法的枠組みの重要性を強調した。EU自身は自主的取り組みのみでは効果的な水銀問題対策に至らないとした。

カナダは水銀の越境性を懸念して水銀に関する決定に3つめの草稿を提示し，作業部会の設置を要請した。ただし，鉛やカドミウムについて追加作業は不要とし，水銀のみの交渉を求めた。これをコロンビアが支持した。日本は，法的文書と自主的取り組みを分けて考えるべきで，今後の活動のために国際専門家グループを設置すべきだと主張した。同じく，オーストラリアは，可能な対応全ての分析を提案した。

その後も，法的文書か自主的取り組みかという原理的に大きく異なる2つの立場の溝は埋まらなかった。そのため，法的文書への道を開いたまま，水銀に関してさらなる行動を取るという，2トラックアプローチが提案された[84]。最終的な決定内容は，2007年に政府と利害関係者の代表からなるアドホック公開作業部会（OEWG）を作り，強化された自主的取り組みと新しい・既存の国際的な法的文書（水銀，鉛，カドミウム）のためのオプションを評価するというものである[85]。そして，その作業部会は進渉報告書を2008年のGC特別セッション（GCSS-10/GMEF）に提出し，最終的な報告書を2009年のGC-25/FMEFに提出するという，EUによる新たな草稿の一部が採用された[86]。

---

[83] IISD, "GC-24/GMEF Highlights: Monday, 5 February 2007," *Earth Negotiation Bulletin*, Vol. 16, No. 56, 2007, http://www.iisd.ca/vol16/enb1656e.html.

[84] IISD, "GC-24/GMEF Highlights: Wednesday, 7 February 2007," *Earth Negotiation Bulletin*, Vol. 16, No. 58, 2007, http://www.iisd.ca/vol16/enb1658e.html.

[85] IISD, "GC-24/GMEF Highlights: Thursday, 8 February 2007," *Earth Negotiation Bulletin*, Vol. 16, No. 59, 2007, http://www.iisd.ca/vol16/enb1659e.html.

[86] IISD, "GC-24/GMEF Highlights: Tuesday, 6 February 2007," *Earth Negotiation Bulletin*, Vol. 16, No. 57, 2007, http://www.iisd.ca/vol16/enb1657e.html.

この2回のOEWGにおいて，単体で新たに法的拘束力のある文書を作成するのか，ストックホルム条約のような既存の法的枠組みに議定書を追加するのか，あるいは自主的に取り組むのかを議論することになったのである。

2　OEWGでの交渉

2007年11月に開催された第1回目のOEWGでは，アメリカは引き続き自主的取り組みを支持し，SAICMを通じた水銀への取り組みを強調した。ノルウェー，スイス，アフリカ・グループは，資金面でも，継続的かつ効果的な対策面からも，法的拘束力を持つ文書の方が望ましいとした。スイスはSAICMでの交渉は条約につながらないと主張した。当初から法的文書の交渉を勧めていたスイスとノルウェーは，条約の補完として自主的取り組みの必要性やその支援を表明した[87]。法的枠組みを支持する国からは，地域条約であるCLRTAPのグローバル化ではなく，ストックホルム条約のような既存の枠組みへの水銀の組み込みか水銀単独の条約が適切であるという見解が示された。ただし，水銀には有機でないものも含まれるため，ストックホルム条約に追加する場合，条約自体を改正しなくてはならなくなる。他方，アメリカはパートナーシップに固執しており，中国などの法的枠組みを避ける追従国も立場は同じであった。

最初のOEWGで起きた明確な変化は，自主的取り組みを支持してきた日本とカナダが，法的拘束力のある文書も含めたすべての選択肢にそれまで以上に前向きになったことである。当時の環境省事務次官によれば，日本は，途上国に水銀の需要があるため，反対が出たことを理由に条約交渉への賛同を明確にしておらず，リーダーシップの面も考慮したいと発言していた[88]。しかし先述のとおり，その後の第24回のUNEP/GCでも日本の意図とは別に[89]，日本の

---

[87]　IISD, "First Meeting of the *Ad Hoc* Open-ended Working Group to Review and Assess Measures to Address the Global Issue of Mercury: 12-16 November 2007," *Earth Negotiation Bulletin*, Vol. 16, No.62, 2007, http://www.iisd.ca/vol16/enb1662e.html.

[88]　環境省「事務次官会見要旨」2006年11月13日，http://www.env.go.jp/annai/kaiken/h18/j_1113.html.

[89]　瀬川恵子「国際的な水銀対策の強化に関する条約制定の動向について」『環境研究』第154号（2009年）120頁。

立場は変わっていないと理解されていた[90]。両方のオプションについて明確にオープンと発言したのは OEWG からとなった。この頃からの日本の立場の変化を示す例の1つが，条約の名称も含め，条約化を推進または検討する国に呼び掛けて議論するということであった。スイスを中心とした有志グループに加えて，日本も関係国との非公式のやり取りを行った[91]。ここで水銀が，日本の新しい主要環境外交の1つに組み込まれるようになったのである。それゆえ，日本は，第1回の OEWG 後の 2008 年9月にアジア太平洋地域レベルの非公式会議を主催し，水銀に対する国際的案取り組みの重要性についての認識共有を促進する役割を演じたのである[92]。

　同年10月に開催された第2回目の OEWG では，条約支持国は水銀単独の条約に合意した。支持したのは，EU，アフリカ，南米・カリブ海，中央・東ヨーロッパ，そして，アジア太平洋の数カ国を含む約 90 か国に上った。それに対して，アメリカ，中国，インド，メキシコ，アルゼンチンが支持した自主的取り組みは，当初の3つの選択肢（SAICM への統合，アメリカが提案した新しい自主的取り組みである水銀に関するプログラム的組織構造（Programmatic Organizational Structure on Mercury, POSM）と呼ばれる SAICM と類似した協力合意，UNEP の水銀プログラムの拡大版）のままで合意に至らなかった。メキシコやインドは水銀の条約交渉に大きく反対していたが，中国は将来的には水銀単体の枠組みについても考慮する意思を示した。この間にあったのがアメリカで，法的枠組みの問題点を指摘したものの，自主的取り組みには現存の水銀プログラムよりも強化された POSM を選好し，法的枠組みの設置には反対しなかった。こうした結果に終わったのは，アメリカでは大統領選挙が控えていて，将来的な立場が不明瞭だったためであり，POSM 自体もそれまでの「つ

---

[90] IISD, "Summary of the 24th Session of the UNEP GC and Fourth GMEF: 5-9 February 2007," *Earth Negotiation Bulletin*, Vol. 16, No. 60, 2007, http://www.iisd.ca/vol16/enb1660e.htm.

[91] 瀬川恵子「多国間交渉過程における国家間の連合に関する研究」『環境科学会誌』第 24 巻第3号（2001 年）198-205 頁；当時の日本政府交渉担当者へのインタビュー（2012 年 12 月 21 日実施）。

[92] IISD, "Second Meeting of the *Ad Hoc* Open-ended Working Group to Review and Assess Measures to Address the Global Issue of Mercury: 6-10 October 2008," *Earth Negotiation Bulletin*, Vol. 16, No. 72, 2008, http://www.iisd.ca/vol16/enb1672e.html; 当時の日本政府交渉担当者へのインタビュー（2012 年 12 月 21 日実施）。

第5部　新しい安全保障

なぎ」だと見なされていたからでもあった[93]。その布石の1つは，2008年10月にブッシュ大統領が署名した「金属水銀の販売，配布，輸送及び輸出等を禁止する法案」にあった。この水銀の輸出防止及び水銀の長期保管を義務付ける法案の共同提案議員の一人が，2009年1月に新大統領に就任することになるオバマ氏であった[94]。

3　INCへの転機

オバマ政権の水銀へのこのような積極的な立場が，交渉の促進要因の1つとなったことは確かである。ブッシュ政権時のアメリカは自主的取り組みの水銀プログラムのみを支持していたが，オバマ大統領は条約によって水銀を規制することを望んだのだ。オバマ政権が成立した直後の2月のUNEP/GC時までに，オバマ大統領は最高裁判所に国内の大気汚染防止法の見直しを要求していた。特に，発電所を規制対象外とするブッシュ政権時に定められた第112項は，このUNEP/GCの直後に覆された[95]。先述した輸出規制法案署名を経て，UNEP/GC時にはアメリカの立場は一変していた[96]。そのため，アメリカの変化は会合前にある程度他国に認識されていたが，会合開始後さらに広く共有され，一気に条約設置への機運が高まった[97]。実際，UNEPのアキム・シュタイナー事務局長でさえも，アメリカの変化に合わせて，自主的取り組みから

---

[93] IISD, "Second Meeting of the *Ad Hoc* Open-ended Working Group to Review and Assess Measures to Address the Global Issue of Mercury: 6-10 October 2008," *Earth Negotiation Bulletin*, Vol. 16, No. 72, 2008, http://www.iisd.ca/vol16/enb1672e.html.

[94] 施行は2013年の1月から。アメリカの場合，相手国で問題なく使用される証明書があれば貿易は可能としている。Govtrack. us, "S.906 (110th): Mercury Export Ban Act of 2008," https://www.govtrack.us/congress/bills/110/s906. なお，EUも同様の合意を成立させ，2011年の3月からの施行となっていた。

[95] Robin Bravender, "Bush Rules on Toxic Mercury from Power Plants Overturned," *Scientific American*, 23 February 2009, http://www.scientificamerican.com/article/toxic-mercury-rule-over/ ; James Bruggers, "Appeals Court Upholds Obama EPA Rule on Toxic Air Emissions," *The Courier-Journal*, 16 April 2014, http://www.courier-journal.com/story/watchdog-earth/2014/04/15/mercury-air-toxics-ruling-upheld/7749589/.

[96] Percival, "The Globalization of Environmental Law," p. 462; Selin, "Mercury Rising," pp. 28-29.

[97] 例えば，日本は，会合初日にこの情報を関係国（EU代表国，インドネシア，タイ，インド，中国，南米の数カ国）と共有していた。当時の日本政府交渉担当者へのインタビュー（2012年12月21日実施）。

条約交渉へと前向きになった⑱。この意味で、UNEP 自身の影響力は限定的であったと言える⑲。会合では、これまでの条約交渉支持国である、アフリカ・グループ、EU、ウルグアイが条約交渉に入ることを求めた。また、スイスや東欧グループもこれを支持した。ブラジルも資金メカニズムの重要性を強調しつつも条約交渉を求めた。

一方、インドと中国は当初、主張を変えなかった。そればかりか、INC の設置や第 27 回の UNEP/GC に向けた計画に関する決定を先送りしようとする場面さえあった。例えば、インドは石炭燃焼による水銀排出を含めないように提案した。しかしこれは最終的には人為的排出に含めることが合意された。そして、インドは INC の設置にも合意するに至った(100)。

アメリカ、インドを含め、中国など従来条約交渉に消極的だった国が「議論には参加する」と合意し、INC 設置へと世界が動いたもう 1 つの理由は、規制や管理の対象となる物質を水銀単体としたことにある。これまで法的枠組みの交渉に消極的だったオーストラリアも、重金属ではなく水銀のみの条約として議論する場合に支持を表明した。水銀単体であることには日本も同調しており、カナダとともに、INC の設置を求めた。EU をはじめとして、ノルウェー、ウルグアイ、ナイジェリア、メキシコは将来的な重金属交渉の可能性を含む文言を入れる提案をしたが、アメリカ、インド、中国、インドネシア、日本に反対された。確かに、オバマ政権への変化は条約交渉に至る推進力ではあったが、より現実的に INC 設置に動いた要因は、ヨーロッパをはじめとする重金属や大気汚染物質の規制拡大の流れと、それを阻む北米、オーストラリア、日本、中国、インドなどとの規制対象物質限定とをめぐる駆け引きだったと言えよう。より広く、かつ主要国の参加を含めることを優先した結果、他の重金属、つまり鉛とカドミウムは条約交渉の対象から外されたのである。

---

⑱ Steinar Andresen, Elin Lerum Boasson, and Geir Hnneland eds., *International Environmental Agreements: An Introduction* (New York: Routledge, 2012).

⑲ IISD, "First Meeting of the *Ad Hoc* Open-ended Working Group to Review and Assess Measures to Address the Global Issue of Mercury"; Andresen, Rosendal, and Skjærseth, "The Minamata Convention on Mercury," p. 7.

(100) IISD, "Summary of the 25th Session of the UNEP GC and Fourth GMEF: 16-20 February 2009," *Earth Negotiation Bulletin*, Vol. 16, No. 78, 2009, http://www.iisd.ca/vol16/enb1678e.html.

第5部　新しい安全保障

　さらに，法的枠組みと自主的取り組み双方が組み込まれた条約交渉を 2010 年から開始し，その結果を 2013 年の UNEP/GC で報告することが合意された[101]。この合意により，2010 年 6 月から 2013 年 1 月まで INC が 5 回開催されることになった。そして最終的に，10 月の熊本での外交会議で条約草案は約 140 カ国の合意を受けて採択され，水俣条約という条約名称が冠された。現在では，INC 設置交渉で当初大きく反対していたアメリカが，水俣条約最初の批准国となっている[102]。条約は議定書交渉を含むことが INC で合意され，また，本条約は 50 カ国が批准して施行となるので，それまでに新たな INC の開催が今後予定されている[103]。

　INC で検討された課題の多くはその前の OEWG までに提出されている。ひとつは，水銀による健康被害の問題である。具体的には，水銀を日常的に摂取しやすい人々，カナダの先住民や日本の水俣のように魚類を日常的に食べる人々，特に脆弱な人々，つまり子供や女性への影響を考慮することである。これには，ASGM の現場で，水銀の健康被害や環境への影響を学ぶ機会のない人々（特に子供たち）が影響を受けやすい点も含まれていた。ASGM 自体は，OEWG で新しく出てきた課題であった。会合では，特に，当時はラテンアメリカとカリブ海諸国が懸念した問題だったが，アジアでも大きな問題となっている。同様に，健康被害の面で，汚染サイトの問題もここから提示された。

　課題の 2 つめは，対象となる水銀の範囲である。特に，水銀の大気への排出，それに伴う自然由来の放出と人為的な排出をどのように扱うかという問題だ。規制範囲の問題と関連して，水銀の需要と供給（水銀を使った製品の製造，原料や製品としての水銀の輸出入，廃棄物としての水銀の移動）の問題もある。これは，特に，水銀に関連する他の条約，とりわけ，ストックホルム条約，バーゼル条約，ロッテルダム条約との重複・連携が条約交渉と成立における新たな課題となった。複数の条約との相互連関をどのように調整するか，各条約に加盟して

---

(101) Ibid.
(102) UNEP, "Minamata Convention on Mercury: Global Treaty on Mercury Pollution Gets Boost from United States," http://www.mercuryconvention.org/News/GlobalTreatyonMercuryPollutionGetsBoostfrom/tabid/3524/Default.aspx.
(103) 2014 年 10 月 5 日現在，署名国 122 カ国，批准国 6 カ国。UNEP, "Minamata Convention on Mercury: Countries," http://www.mercuryconvention.org/Countries/tabid/3428/Default.aspx.

いる国と加盟していない国との間の取り扱いを（少なくとも水銀条約内で）どうするかという問題は，水俣条約成立後も議論される課題となる。これは，環境と経済との関係から見ても，重要な論点となろう。さらに，法的な面で考えれば，国内法や国際機構の定める法的文書との関係も，今後検討すべき課題となっている。

最後に，他の環境条約と同様に，代替技術・製品，技術支援，資金面に関して，規制の進む国とそうでない国とのバランスをどのように確保するのかという課題がある。すなわち，利用可能な最善の技術（BAT）・環境に最善の慣行（BEP）をいかに適用するか。また，欧米をはじめとした先進国での経済危機や悪化が続く中，「共通だが差異のある責任（CBDR）」を主張する途上国の参加と協力をどこまで得られるか。これらが，その後の条約交渉でも，その成立後でも議論される課題群となっている。

V　おわりに

本稿では，水銀に関する水俣条約のINCの設置を合意した2009年のUNEP/GCまでの欧米をはじめとした地域，また地球規模での水銀に関連する大気や廃棄物などの取り組み・国際交渉を事例として，水銀問題・対策の国際化の過程を追跡した。水銀問題のグローバル化には2つの背景が挙げられる。ひとつは，水銀の難分解性，生物備蓄性という性質によって，水銀の世界的な拡散が進行し，健康へのリスクを増大させてきたことである。それに伴い，ヨーロッパ，北米，そして北極では，水銀を含めた越境する化学物質への対策，廃棄物，有害物質の輸出入制限への取り組みが，少なくとも1970年代以降，国，地域レベルで進んできた。もうひとつは，CLRTAP，ヘルシンキ条約，五大湖水質合意等，各国・地域での取り組みの進展と，バーゼル条約，ロッテルダム条約，ストックホルム条約等，グローバルな取り組みの進展とに由来する。それらによって，他の重金属・移動性廃棄物・大気汚染物質の1つとしての水銀に対策を講じる重要性が，この問題のグローバルな対策へと結びついた。これらの取り組みと一部並行して，水銀の地球レベルでの取り組み・交渉が，2000年の初めから始まったのである。

UNEP/GCでは，法的拘束力のある条約を指向する国と，自主的取り組みあるいはその発展を選好する国とが，自主的取り組みである水銀プログラムの

活動を存続させつつも，法的文書の交渉（INCの設置）の可能性について継続的に議論していった。法的文書を強く支持する国々の主張には，スイスやスウェーデン，アフリカ・グループのように，重金属の一部として，鉛やカドミウムと合わせて交渉することがあった。しかし，水銀単体にすることを主張してきたアメリカ，カナダ，インド，日本など，自主的取り組みを長く支持してきた国々の主張を組み込み，最終的には，自主的取り組みも含めたINCの設置を決めた。

INCの設置交渉において，アメリカの政権交代に伴う交渉姿勢の変化が，交渉全体に積極的な影響を与えたことは確かである。ただし，本論で見てきたように，同じく自主的取り組みを支持していた数カ国が第25回のUNEP/GCに立場を合わせて変更した一方，インドや中国はすぐに条約交渉に合意しなかった。また，日本の交渉姿勢の変化についても，日本政府の認識と地球交渉ブルテンで見られるものとはわずかながら違いがあった。また，その変化自体も，アメリカの変化に必ずしも引きずられた訳ではなく，最終的に水俣という地名を条約に冠することになったのであるから，別の要因が働いたのではないかと思われる。この点については，別稿で検討したい。

以上のように，水俣条約は，これまでの公害から地球環境問題までにおいて議論されてきた論点のほとんどが再度注目される事例となっている。この意味で，ローカルからグローバルまでの水銀をめぐる交渉過程は，改めて私たちに環境と国際協力の問題を根本から再考させる例として存在していると言えるだろう。

25 インフォーマルな合意の形成要因の再検討
――グローバル・テロ対策フォーラムを事例として――

佐々木葉月

I　はじめに

　グローバル化の進展に伴って，資本や人の移動が活発になり，さらには地球環境問題や組織犯罪，テロなどの越境する非伝統的脅威の問題が深刻化するにつれ，国家間協力でも，国際組織や条約に基づかない柔軟な対応が見られるようになってきた。つまり，政治宣言や原則に基づいたインフォーマルな政府間のネットワークを形成し，法的根拠を持たない合意を通じて，メンバー間で政策協調を行うという手法である。例えば，金融分野では，1974年に中央銀行と金融監督当局による国際的なフォーラムとして発足したバーゼル銀行監督委員会（Basel Committee on Banking Supervision）があげられる。テロや組織犯罪に関連した違法資金対策分野では，1989年に当時のG7によって設立された金融活動作業部会（Financial Action Task Force: FATF）がある。

　本稿は，なぜ国家間でこのようなインフォーマルな合意が用いられるのかという問いについて検討する。詳しくは後述するが，国家間で条約ではない合意が形成される要因についての研究は，特に目新しいものではない。初期のオースト（Anthony Aust）の研究[1]にみられるように，法的権利・義務関係の明確な条約と比較して，インフォーマルな合意に特有の利点ゆえに，その形式が選択されたとするという機能主義的な説明が主流であった。本稿も機能主義的なアプローチを試みるが，これまであげられていた主権コストや不確実性などの要因に加え，新たに「合意の実行におけるコスト」の要因を提示したい。

　ここで，本稿が用いる「インフォーマルな合意」について簡潔に定義を試

---

[1]　Anthony Aust, "The Theory and Practice of Informal International Instruments," *International and Comparative Law Quarterly*, Vol. 35, No. 4, 1986, pp. 787-812.

みたい。国際関係論において，「インフォーマル (informal)」という形容詞は，「制度」や「機構」のような決定が下される枠組みや，「政治」や「活動」のような政策が形成される過程，「ルール」や「規範」のような成果物と，大まかに3つの異なる文脈の言葉を修飾する(2)。本研究が用いる「インフォーマル」は，成果物である「合意」と結びついている。リプソン (Charles Lipson) は，「合意」が「インフォーマル」である度合いを，合意を結ぶ政府の当事者のレベルと，合意の形式という2つの基準で測っている(3)。つまり，国家間の条約という形式をとらない合意を全て「インフォーマル」とみなし，分析対象としていると言える。本稿でも，「インフォーマルな合意」を国家間の条約以外の合意を指すものとしたい。

　なお，本研究では，インフォーマルな合意の形成要因を分析する事例として，2つの理由から，グローバルなテロ対策に関する合意を取り上げる。まず，テロ問題というイシューは，国境を越えて拡散する脅威の深刻さから(4)，法的拘束力がなくとも，国家間で何らかの実効性を企図した国際合意が模索される可能性が高い点である。特に，本事例の対テロ能力構築支援の分野では，過去にG8のイニシアティブが失敗しているため(5)，後継の枠組みとなる合意が目指された可能性が高い。次に，交渉参加国に，テロの定義や対策アプローチなどで対立した過去(6)を持つ欧米諸国と途上国が含まれている点である。インフォーマルな合意がもたらす利益を改めて考える上で，似たような選好(7)を持

---

(2) Thomas Christiansen and Christine Neuhold, "Introduction," Thomas Christiansen and Christine Neuhold eds., *International Handbook on Informal Governance*, Edward Elgar, 2012, p. 4.

(3) Charles Lipson, "Why are Some International Agreements Informal?" *International Organization*, Vol. 45, No. 4, 1991, p. 498.

(4) 2001年の米同時多発テロ事件以降，アル・カーイダ (Al Qaeda) は，活動の捕捉が難しいネットワーク型に変質したと指摘されている。Marc Sageman, *Leaderless Jihad*, University of Pennsylvania Press, 2008.

(5) 2003年のエビアン・サミットで，ドナー間協調枠組みとして作られたテロ対策行動グループ (Counter-Terrorism Action Group: CTAG) は，機能の停滞を理由に2011年に活動停止が決定された。University of Tronto, *2013 Lough Erne G8 Summit Interim Compliance Report*, April 25, 2014, p. 181, http://www.g8.utronto.ca/evaluations/2013compliance-interm/2013-g8-compliance-interm.pdf

(6) 宮坂直史「テロリズム対策における国連の役割」日本国際連合学会編『国際社会の新たな脅威と国連』(国際書院，2003年) 64-67頁。

つ国家同士ではなく，選好の異なる国家間の交渉過程を分析することは，新たな理論的示唆を得るという点で有益だと思われる。

本稿ではまず，インフォーマルな合意形成に関する先行研究の議論を概観した上で，「実行コスト」という新たな要因の可能性を検討する。さらに，事例研究を行い，事例における合意の形成要因の検討とともに，「実行コスト」要因の実証を試みる。

Ⅱ インフォーマルな合意の形成要因

本節では，まずインフォーマルな合意の形成要因についての先行研究の議論を整理する。その上で，先行研究が提示した要因に加え，新たに合意の「実行コスト」要因が存在する可能性を指摘し，インフォーマルな合意の性質との関連性を明らかにする。

1 インフォーマルな合意形成の分析視角――先行研究の概観

なぜ参加国の権利・義務関係が明確な国際条約のようなフォーマルな合意ではなく，法的拘束力を持たないインフォーマルな合意が形成されることがあるのかという問いは，1980年代後半以降に注目を集め，国際政治や国際法の研究者によって研究が積み重ねられてきた[8]。それまでにも，インフォーマルな合意の存在は知られていたが，濫用が国際法のシステムを不安定化させるとして，規範的な観点から批判的にとらえられるか，拘束力の高い法へと変化する，単なる法化の一過程としてしかとらえられていなかった[9]。

インフォーマルな合意についての先行研究は，議論の対象とする合意文書が異なる点から多様であるが[10]，本稿では形成要因を分析する先行研究の

---

(7) 「選好」は，物質的・経済的利益と規範的要素から形成されるものとする。阪口功『地球環境ガバナンスとレジームの発展プロセス――ワシントン条約とNGO・国家』（国際書院，2006年）39頁。

(8) Thomas Conzelmann, "Informal Governance in International Relations," Thomas Christiansen and Christine Neuhold eds., *International Handbook on Informal Governance*, Edward Elgar, 2012, pp. 219-220.

(9) Kenneth W. Abbott and Duncan Snidal, "Hard and Soft Law in International Governance," Judith L. Goldstein et al., eds., *Legalization and World Politics*, The MIT Press, 2001, pp. 38-39.

(10) この点についての議論は，中村耕一郎『国際「合意」論序説――法的拘束力を有しな

アプローチをアクターに注目したトランスガヴァメンタル・ネットワーク（transgovernmental networks: TGNs）による説明と，合意の性質がもたらす利益に注目した機能主義的説明の大きく2つに分けて考えたい。

前者のTGNのアプローチは，インフォーマルな合意の形成主体として，サブ国家主体である国内の機能官庁の国家横断的なつながりに注目する[11]。これは，1990年代以降に議論が盛んになった，研究者や非政府組織（NGO）といった非国家主体のトランスナショナルなネットワークが国際政治に与える影響を重視したハース（Peter M. Haas）[12]やケック（Margaret E. Keck）ら[13]の議論の影響を受けている。つまり，特定のイシューを管轄する各国の国内官庁の官僚が同僚意識などを媒介に，国境を越えて結びつき，かつ，それぞれのメンバーが中央政府から制約を受けないことで，全体として自律的なアクターとして活動していることを主張する[14]。これは，ネットワークをガヴァナンスを行う特定の組織形態ととらえる[15]，「アクターとしてのネットワーク（networks-as-actors）[16]」の考え方に基づく。

TGNの構成メンバーは国内の当該官庁しか代表していないため，必然的にTGNの法的位置づけや合意の性質は，インフォーマルなものにとどまる[17]。つまり，このアプローチでは，TGNの活動とインフォーマルな合意とが極めて近いものとして扱われる[18]。なお，TGN自体の形成メカニズムについては，

い国際「合意」について』（東信堂，2002年）17-31頁を参照。
[11] Anne-Marie Slaughter, *A New World Order*, Princeton University Press, 2004, pp. 12-15.
[12] Peter M. Haas, "Introduction: Epistemic Communities and International Policy Coordination," *International Organization*, Vol. 46, No. 1, 1992, pp. 1-35.
[13] Margaret E. Keck and Kathryn Sikkink, *Activists beyond Borders*, Cornell University Press, 1998.
[14] Simon Hollis, "The Necessity of Protection: Transgovernmental Networks and EU Security Governance," *Cooperation and Conflict*, Vol. 45, No. 3, 2010, pp. 316-319.
[15] Joel M. Podolny and Karen L. Page, "Network Forms of Organizations," *Annual Review of Sociology*, Vol. 24, 1998, p. 59.
[16] Miles Kahler, "Networked Politics: Agency, Power, and Governance," Miles Kahler ed., *Networked Politics*, Cornell University Press, 2009, pp. 3-6.
[17] David Zaring, "International Law by Other Means: The Twilight Existence of International Financial Regulatory Organizations," *Texas International Law Journal*, Spring 1998, pp. 301-302.
[18] Slaughter, *A New World Order*, pp. 166-215.

メンバーである各国官庁の専門的ニーズに応じて自然発生すると説明されることが多い[19]。規模に関しては，TGN は，決定や遵守に関する集権的なメカニズムを持たないため，似たような選好を持つ少数の政府機関が集まって形成されることが多いとされる[20]。

後者の機能主義的説明は，合理的行為者である国家をアクターとし，契約コストやイシューの不確実性などの問題を解決するために，インフォーマルな合意が形成されると論じる[21]。アクターの合理性と制度が果たす機能から制度形成を説明するという点で，コヘイン（Robert O. Keohane）の機能主義レジーム理論に近い[22]。

ここでは，代表的なアボット（Kenneth W. Abbott）らの研究を検討したい。アボットらは，法化の度合いを，義務（obligation），精密さ（precision），委任（delegation）の3つの指標で分類した研究[23]をもとに，ソフト・ローが国家の契約コストを引き下げること。特に，主権コスト，イシューの不確実性，選好の多様性，主要アクター間でのパワーの差といった交渉の成否を左右する要因に対応が可能であり，合意の成立を促進する点を指摘している。つまり，インフォーマルな合意は，それが交渉参加国にもたらす利益ゆえに用いられると説明される。以下，各要因について詳しく検討したい。

アボットらによると，ソフト・ローは，第三者機関に紛争解決や合意の強制に関する権限を委譲しないことで，参加国の国内法・政策や統治構造に国際アクターが介入するという，主権コストを低減することができる[24]。さらに，環境問題のような，長期的な展開とそれに伴う配分的結果が予測できないようなイシューの不確実性の問題に対しても，合意内容を曖昧にするか，法的拘束力を持たせないことで，柔軟な対応が可能である[25]。また，交渉に参加する国家

---

[19] Zaring, "International Law by Other Means," pp. 312-325.
[20] Mette Eilstrup-Sangiovanni, "Varieties of Cooperation: Government Networks in International Security," Miles Kahler ed., *Networked Politics*, Cornell University Press, 2009, pp. 205-206.
[21] Abbott and Snidal, "Hard and Soft Law," p. 39.
[22] ロバート・コヘイン『覇権後の国際政治経済学』（晃洋書房，1998年）89-125頁。
[23] Kenneth W. Abbott et al., "The Concept of Legalization," Judith L. Goldstein et al., eds., *Legalization and World Politics*, The MIT Press, 2001, pp. 17-35.
[24] Abbott and Snidal, "Hard and Soft Law," pp. 50-57.
[25] Ibid., pp. 57-60.

の選好やパワー配分が多様な場合も，合意の解釈や実行に関する規定を緩やかにすることで，国内の政治・経済的利益や政策実行能力が異なる国家間で一般的な合意を得ることができる。さらに，ルールへのコミットメントや規範の学習といったソフト・ローによる長期的利益を求める国と，短期的な政治・経済的利益を求める国との間での妥協の道具として用いることも可能である。また，湾岸戦争時の米国が，国連安全保障理事会による授権を求めたように，少ないコストで弱小国の広範な同意を調達したい大国と，法による大国の行動規制を求める弱小国との間でも同様に用いることができる[26]。

【本研究の立場】

上記2つのアプローチは，一方がサブ国家主体で構成される同質性の高いネットワーク組織の存在を分析の前提にし，もう一方が合理的行為者である国家間の交渉を前提にしている点で，本来であれば，異なる次元のインフォーマルな合意形成の分析に適しているはずである。しかし，現実には，米国による拡散対抗イニシアティブ（Proliferation Security Initiative: PSI）のように，インフォーマルな合意の形成に関する政府中枢のリーダーシップの関与の程度が明確でない事例が存在し，その結果，両方のアプローチが混在しているのが現状である[27]。

本研究は，選好が異なるアクター間でのインフォーマルな合意形成という現象に注目しているため，後者の機能主義的なアプローチを用いる。

2 インフォーマルな合意の性質と実行段階における利益

メンバーに合意を強制するメカニズムを持たないインフォーマルな合意は通常，遵守という点で信頼性が低いとされる。そのため，国家は合意の柔軟性がもたらす利益と合意の有効性との間でトレード・オフに直面するとされている[28]。ただし，この見解は，国家は利益とコストの計算に基づいて，遵守する

---

[26] Ibid., pp. 60-66.
[27] PSIを国家間のレジームとして分析した研究例として，小谷哲男「海洋安全保障レジームの発展と海洋法秩序」『国際安全保障』第37巻第3号（2009年12月）83-102頁。TGNのアプローチから分析した研究例として，Eilstrup-Sangiovanni, "Varieties of Cooperation," pp. 194-227.
[28] Abbott and Snidal, "Hard and Soft Law," p. 62.

かどうかを決めるため、合意を「強制 (enforcement)」する必要があるという立場に基づいている。もし、国家は合意を自発的に遵守する傾向にあるとみるならば、実行における問題は、監視や制裁といった強制メカニズムの確立ではなく、いかに能力構築を支援し、ルールの解釈を明確にするかという「管理 (management)」の問題となる[29]。ここに、「合意の実行におけるコスト」要因が生じる余地があると考えられる。

先行研究においては、これまでにインフォーマルな合意の性質と、実行を関連付ける議論がなされてきた。例えば、コンゼルマン (Thomas Conzelmann) は、ガヴァナンスのインフォーマル化を計る指標として、ルールの拘束性の有無に、ルールの決定と協力への参加のあり方を加え、ガヴァナンスのインフォーマル化が進むと、関連リソースの保有を基準に、国際機構や非国家主体などの多様なアクターが参加してくると指摘した[30]。同様に、ライニッケ (Wolfgang H. Reinicke) らも、合意のインフォーマルな性質が、遵守の可能性に関係なく、合意形成や実行に非国家主体を含めた関連アクターを参加させることを可能にすると論じている[31]。

ただし、これらの研究は、専ら非国家主体の参加に焦点をあてており、非国家主体の活動が、参加する国家の利益やアイデンティティをどのように変化させていくかという、コンストラクティヴィズムの視座からの分析が多い[32]。一方、合意の実行段階において、合意のインフォーマルな性質が、参加する国家にどのような利益をもたらすかという視角からの分析はほとんどないように思われる。本研究では、事例分析を通して、インフォーマルな合意の柔軟な性質が、合意の実行段階において多様なアクターの動員を可能にし、合意を促進する国家の「実行におけるコスト」を引き下げることを示す。その上で、この予見可能な利益が、インフォーマルな合意の形成要因の1つとなっていると論じる。

---

[29] Jonas Tallberg, "Paths to Compliance: Enforcement, Management, and the European Union," *International Organization*, Vol. 56, No. 3, 2002, pp. 609-614.
[30] Conzelmann, "Informal Governance in International Relations," pp. 220-225.
[31] Wolfgang H. Reinicke and Jan M. Witte, "Interdependence, Globalization, and Sovereignty. The Role of Non-binding International Legal Accords," Dinah Shelton ed., *Commitment and Compliance*, Oxford University Press, 2000, pp. 94-95.
[32] Ibid., pp. 96-97.

第 5 部　新しい安全保障

III　事例研究——グローバル・テロ対策フォーラム

本節では，前節までの議論をもとに，グローバルなテロ対策協力を事例として，インフォーマルな合意の形成要因の分析を行う。まず，交渉の場である，グローバル・テロ対策フォーラム（Global Counterterrorism Forum: GCTF）の制度設計を概観する。これは，フォーラムの制度設計が合意の性質を一定程度規定しているためである。

その上で，GCTF の主要テーマの 1 つである，テロ対策における法の支配の分野を例に，インフォーマルな合意の形成過程と実行過程を分析する。特に，実行過程において，合意のインフォーマルな性質が，合意を推進する主要グループの「実行におけるコスト」の削減と関連していることを明らかにする。

1　インフォーマルな枠組みとしての GCTF——フォーラムの制度設計

グローバル・テロ対策フォーラム（GCTF）は，2011 年 9 月に欧米，中東，アフリカ，アジアの 29 か国[33]と EU からなるインフォーマルなテロ対策枠組みとして，米国の主導で形成された[34]。発足時は，テロ対策における法の支配と，暴力的急進主義対策という 2 つの機能別ワーキング・グループ（Working Groups: WGs）と，3 つの地域別 WG（サヘル，アフリカの角，東南アジア）で構成されていた[35]。

GCTF には，上部の閣僚級全体会合と戦略レベル調整委員会（以下，調整委員会）と，下部の WG という 2 つのレベルが存在する。調整委員会，WG とも意思決定はコンセンサスであり，共同議長も運営以外の権限を持たないことから，水平なネットワークが垂直に結びついた組織構造として考えられる。

GCTF の戦略・政策立案，実施などの実質的な権限を持つ WG には，各国のテロ対策担当者だけでなく，関連イシューを管轄する警察，司法などの官庁

---

[33] 29 か国は以下の通り。アルジェリア，豪，加，中，コロンビア，デンマーク，エジプト，仏，独，印，インドネシア，伊，日，ヨルダン，モロッコ，蘭，ニュージーランド，ナイジェリア，パキスタン，カタール，ロシア，サウジアラビア，南ア，スペイン，スイス，トルコ，アラブ首長国連邦，英，米。

[34] U.S. Department of State, *Press Briefing by Ambassador Daniel Benjamin*, September 22, 2011.

[35] Global Counterterrorism Forum, *Co-Chair's Fact Sheet*, September 22, 2011.

の担当者が出席することが推奨されている[36]。つまり，WGレベルでは，トランスガヴァメンタルな交流が行われることが企図されている。ただし，上部レベルの閣僚級全体会合と調整委員会には，メンバー国の外務大臣や外務官僚が出席することや，この閣僚級全体会合がWGの年次計画や政策案を採択する権限を持つ点から，WGは各国中央政府の統制を受けると考えられる[37]。

また，GCTFは政治宣言に基づいて設立された，法的根拠を持たないインフォーマルなフォーラムであり，作られる合意も法的拘束力を持たないことが明記されている。さらに，小規模の事務局が存在するが，フォーラムの活動支援と管理以上の権限を与えられていない[38]。つまり，フォーラム発足時点で，合意の非拘束性と外部権威への委任がないことは保証されており，参加国の主権コストはかなり低いと言える。そもそも，テロリズムというイシューは，テロを犯罪とみなし，関連行為を禁止する条約の積み上げを重視してきた欧米諸国と，民族解放闘争の除外を求める途上国側との意見の相違から，テロの定義の国際的合意も成立していない状態であり[39]，国際的な枠組みを作るためには，あらかじめ合意の契約コストを低めに設定しておく必要があったことが理由として指摘できる。ただし，作られるインフォーマルな合意にどのような効果が期待されているのかは，フォーラムの制度設計からははっきりしない。この点を合意の形成・実行過程分析を通じて明らかにしたい。

2 「法の支配」分野におけるインフォーマルな合意の形成・実行過程
(1) 強弱間の妥協としての合意——ラバト・メモ

テロ対策における法の支配の確立は，GCTFの主要な設立目標の1つである[40]。発足時において，GCTFメンバー国には，一般的な反テロ規範は共有されているものの，テロ対策における「法の支配」という規範は，浸透している

---

[36] Global Counterterrorism Forum, *Co-Chairs' Summary: Second Meeting of the Coordinating Committee*, June 7-8, 2012.

[37] Global Counterterrorism Forum, *Terms of Reference*, September 22, 2011.

[38] Ibid.

[39] 初川満「国際社会とテロ規制措置」初川満編『テロリズムの法的規制』（信山社，2009年）7-36頁。

[40] Global Counterterrorism Forum, *Cairo Declaration on Counterterrorism and the Rule of Law: Effective Counterterrorism Practice in the Criminal Justice Sector*, September 22, 2011.

とは言い難い状態であった。例えば，法の支配WGのメンバーのアルジェリアは，テロ対策として，国防省が定期的に首都の南東部で「イスラーム・マグレブ諸国のアル・カーイダ（AQIM）」を対象とした掃討作戦を行っており，2010年は約1,100人のテロの容疑者を殺害・拘束したとされる(41)。また，同WGのメンバーで，米国とともに調整委員会の共同議長を務めるトルコの国内法は，トルコ国民か国家に対する攻撃のみを「テロリズム」と定義していたため，トルコ国内にいる外国人に対するテロ行為規制の法的問題を抱えていた(42)。もっとも，テロ対策における「法の支配」規範の普及を促進しようとする米国の動機には，中東と北アフリカの国々がテロ容疑者を抑圧的に扱うことによって，テロリストを再生産する悪循環を断ち切りたいという安全保障上の利益が重なっていたことが指摘できる(43)。

　テロ対策における法の支配を浸透させるために，法の支配の確立に関するグッド・プラクティス（Good Practices: GPs）を形成することは，発足時からのGCTFの目的であった。作られるGPは，2006年9月に国連総会で採択されたグローバル・テロ対策戦略（UN Global Counter-Terrorism Strategy）の中の，テロ対策における法の支配と人権保護に関する「第四の柱」を実行に移すガイダンスとして位置づけられていた(44)。フォーラムの性質から，法的拘束力は持ちえないものの，グローバルなテロ対策のソフト・ローとして構想されていたことがわかる。

　このGP形成過程の政治力学を単純化するならば，規範，パワー，利益の点において対照的なグループ間の妥協であったと考えることができる。「法の支配」WGにおいて，一方には，テロ対策における法の支配の規範を内面化し，自国のテロ対策においても，関連法と訴追システムが整備されているグループが存在した。これらは，米国，英国，フランス，カナダなどの経済力を有する欧米先進国が中心であり，能力構築においては，支援側に立つと言える。もう一方は，テロ対策における法の支配の規範があまり浸透しておらず，法整備も

---

(41) United States Department of State, *Country Reports on Terrorism 2010*, August 2011, pp. 80-81, http://www.state.gov/documents/organization/170479.pdf.
(42) Ibid., pp. 74-75.
(43) Global Counterterrorism Forum, *Secretary Clinton's Remarks at the Launch of the Global Counterterrorism Forum*, September 22, 2011.
(44) *Cairo Declaration on Counterterrorism and the Rule of Law*.

不十分なグループであり,アルジェリアやインドネシアなどが含まれる。このグループは,能力構築の被支援国となる途上国が中心であり,かつ,テロ組織の活動が活発な「最前線の国 (frontline states)」が多く含まれることが特徴である[45]。

GPの形成は,ソフト・ローを用いた両グループ間での長期的利益と短期的利益の交換として考えられる。つまり,先進国グループは,法の支配に関する合意を非拘束とすることで,途上国の主権コストを低減し,さらにGP形成後の能力構築支援という誘因を提供する。この支援提供については,2011年11月のワシントンD.C.での第1回WG会合において,米国がGP策定後に訓練や技術支援などを供与することを明言し,支援のリクエストとオファーを参加国から募る予定を示すなど,行動は具体的であった[46]。

先進国グループの利益としては,これまで途上国側の国内政治要因などで合意が難しかったテロ対策の能力構築に関し,一定の支持を取り付けることが可能となる点があげられる。さらに,長期的には,フォーラムにおける「法の支配」のGP形成と関連活動を通じて,途上国が規範を内面化し,自発的な政策実行につながることが期待できる。実際に,第1回WG会合において,米司法省幹部がメンバーの相互学習の重要性を繰り返し強調していることから,フォーラム形成を主導した米国のねらいは,長期的な学習効果にあったと考えられる[47]。一方,途上国グループも,GPを通じてテロ対策関連の法整備に関する知識や技術を得られるだけでなく,能力構築のための物理的支援を期待することができる。この点についても,第1回WG会合において,アルジェリアからWGの支援を期待する発言が出されている[48]。

結局,GPは,第1回WG会合の議論をもとに,共同議長の米国とエジプトが草案を起草し[49],2012年2月のWGでの決定を経て,6月の閣僚会合で"The Rabat Memorandum on Good Practices for Effective Counterterrorism

---

[45] Global Counterterrorism Forum, *Co-Chairs' Summary: Inaugural Meeting of the Criminal Justice/ Rule of Law Working Group*, November 3-4, 2011.
[46] Ibid.
[47] Ibid.
[48] Ibid.
[49] Global Counterterrorism Forum, *Second Meeting of the Working Group*, February 7-8, 2012.

Practice in the Criminal Justice Sector（以下，ラバト・メモ）"として採択された[50]。ラバト・メモには，刑事訴訟手続きと刑事犯罪に関する 15 の GP が含まれている。内容は，第 1 回 WG 会合で話し合われた電子監視，情報提供者の保護，科学捜査などの専門分野に関するもので，各国に法制化や具体的な措置を要求するものである。一方で，メモが法的拘束力を持たないことや，支援の提供や受け入れは主権に基づく決定であることが明記されている[51]。これらから，ラバト・メモは，主に途上国を対象に，テロ対策における法の支配を確立するために参照する国際基準として，さらに長期的には，途上国の学習を促進するツールとして作られたと考えられる。

(2) 合意の柔軟性に基づく実行コスト分担

テロ対策における法の支配に関する GP であるラバト・メモが合意に至ったことで，GCTF における同分野のフォーカル・ポイントとなる規範が成立したと言える。一方，合意が法的拘束力を持たないことは，先進国・途上国グループのそれぞれの利益に異なる示唆を与えたと考えられる。

まず，GCTF の途上国グループにとっては，ラバト・メモは非拘束的な合意であり，GP を実行する義務は存在しない。GP 形成過程を通じて，テロ対策における法の支配に関する知識やノウハウという最低限の利益は得ており，支援を通じて能力構築につながる更なる利益を得られるかどうかは，先進国グループ側の今後の行動に依存する状況であった。

一方，GCTF における先進国グループの目的は，ラバト・メモを通じた途上国の長期的な社会化と自発的な政策実行であり，その結果としてテロのサイクルが断ち切られ，グローバルなテロの脅威が低減するという安全保障上の利益を得ることであった。途上国側に GP を浸透させるには，知識や技術提供，訓練などの能力構築支援活動を長期的に継続することが重要であり，そのためのリソースが必要とされる。長期的なリソース確保の問題は，2011 年の GCTF 発足時に認識されており，「法の支配」WG の能力構築支援活動のために，米国，EU，オランダ，カナダなどが計 9 千万ドル以上を寄付し，その後

---

[50] Global Counterterrorism Forum, *Co-Chairs' Fact Sheet: Ministerial Plenary Deliverables*, June 7, 2012.

[51] Global Counterterrorism Forum, *The Rabat Memorandum on Good Practices for Effective Counterterrorism Practice in the Criminal Justice Sector*, June 7, 2012.

も額は増加した⒆。また，ラバト・メモがWGで採択された直後の2012年5月には，資金以外にも，GP実行のためにメンバー国の専門性や訓練施設がどのように活用できるかが話し合われた⒇。まずは，先進国グループ内で，GP実行のためのリソース動員が行われたと考えられる。

さらに，ラバト・メモの実行段階において特徴的なのは，地域機構やシンクタンクなどのGP形成過程ではほとんど参加がみられなかった多様なアクターが含まれている点である。この点については，米国が2013年9月の調整委員会において，ラバト・メモ実行のための追加のリソース動員の必要性と，そのために国連，地域機構，二国間の支援提供国と活動を統合していくことを優先事項としてあげていることから㉔，合意実行のためのGCTF外のアクターの動員として説明できる。専門性を生かし，GPの実行評価などを行うシンクタンクの参加に関しても，同様のことが言えよう㉕。

上記の点を，GPの実行を促進する先進国グループの利益の観点から考えると，合意の実行にかかるコストの削減として説明できる。インフォーマルな合意の特徴として，決定や実行に参加する資格要件に制限がないため，非国家主体や国際機構を含む多様なアクターの参加が可能な点があげられる㉖。つまり，GCTF内の協力にとどまらず，多様な専門性や知識，技術，資金などのリソースを有するアクターとアドホックに連携することで，よりコスト効率的なGPの実行が期待できる。実際に，サヘル地域におけるラバト・メモの実行活動に経済協力開発機構（OECD）の資金を活用しようという提案も出されている㉗。また，ラバト・メモが29か国とEUという限られたアクター間のインフォー

⒇ Global Counterterrorism Forum, *Inaugural Meeting of the Coordinating Committee*, September 23, 2011. 2013年9月時点の寄付総額は2億3千万ドル。Global Counterterrorism Forum, *Co-Chairs' Fact Sheet: About the GCTF*, September 27, 2013.

(53) Global Counterterrorism Forum, *Summary: Third Meeting of the Criminal Justice Sector and Rule of Law Working Group*, May 23-24, 2012.

(54) Global Counterterrorism Forum, *Fourth Meeting of the Coordinating Committee*, September 26, 2013.

(55) Global Counterterrorism Forum, *Criminal Justice Sector and Rule of Law Working Group Plenary Meeting*, September 10-11, 2013.

(56) Reinicke and Witte, "Interdependence, Globalization, and Sovereignty," p. 95.

(57) *Criminal Justice Sector and Rule of Law Working Group Plenary Meeting*, September 10-11, 2013.

マルな合意であるにもかかわらず，米国が，国連のテロ対策戦略に根拠づけたメモの正当性と，能力構築支援における有効性を強調し，実行に多様な主体（特に地域機構）を巻き込もうとしているのは，上記の実行コストの観点が影響していると考えられる[58]。

Ⅳ おわりに

以上のように，テロ対策における法の支配に関する国際合意を事例として，インフォーマルな合意形成の要因を検証してきたが，アボットらが指摘したパワーや選好の異なる国家間での妥協としてのソフト・ローの使用という点について，この事例は示唆的である。本事例では，米国を中心とした経済的パワーを有する先進国グループが長期的な妥協として，インフォーマルな合意の形成を主導したと考えられる。つまり，インフォーマルな合意に，より積極的な利益を見出していたのは先進国グループであり，そこには主に二種類の利益が存在したと考えられる。

1つは，集団的学習を促進するツールとしての役目である。途上国の同意を得て，非拘束であるが，詳細な国際基準を形成することで，長期的に途上国の選好が変化することが期待されていた。もう1つは，長期にわたる合意の実行に必要なコストの削減である。合意の正当性と有効性を強調することで，インフォーマルな合意の実行に国際・地域機構や非国家主体を巻き込み，多様な物質的・非物質的リソースを動員することで，先進国グループの実行コストを減らすことが想定されていた。もちろん，途上国グループにも，長期にわたって支援を受けられるという利益は存在するが，合意の前提は主権コストの低さという，先進国グループに比べると，消極的な要因だったと考えられる。つまり，この事例におけるインフォーマルな合意形成に影響を与えた要因は，先進国グループ，特に米国が企図した，長期的な途上国の学習効果と合意実行コストの削減として考えられる。

本事例の検証結果から一般的な示唆を得るとすれば，パワーや選好が異なるアクター間でインフォーマルな合意が作られる場合は，交渉参加者の共通利益だけでなく，合意のソフトな性質から誰がより積極的に利益を得ようとしてい

---

[58] Ibid.

るかを考慮して分析する必要があるという点だろう。特に，インフォーマルな合意の促進を図る主体にとっての実行コストという要因は，実行段階における多様なアクターの参加と水平的な協力に注目するインフォーマル・ガヴァナンスの視座からは見過ごされがちなだけに[59]，一考する価値があると思われる。

---

[59] Conzelmann, "Informal Governance in International Relations," pp. 225-232.

黒澤満先生紹介

<略　歴>

1945 年 1 月17 日	大阪市に生まれる
1963 年 3 月	大阪府立住吉高等学校卒業
1967 年 3 月	大阪大学文学部哲学科卒業
1969 年 3 月	大阪大学法学部卒業
1971 年 3 月	大阪大学大学院法学研究科修士課程修了
1976 年 9 月	大阪大学大学院法学研究科博士課程単位取得退学
1976 年 10 月	新潟大学人文学部法学科講師
1978 年 7 月	新潟大学法文学部法学科助教授
1980 年 9 月	米国ヴァージニア大学客員研究員（1982 年 8 月まで）
1984 年 10 月	新潟大学法学部教授
1991 年 4 月	大阪大学法学部教授
1993 年 7 月	博士（法学）（大阪大学）の学位を取得
1994 年 6 月	大阪大学大学院国際公共政策研究科教授
1998 年 4 月	大阪大学大学院国際公共政策研究科長（2000 年 3 月まで）
1998 年 4 月	大阪大学評議員（2000 年 3 月まで）
2003 年 10 月	米国モントレー国際大学客員研究員（2004 年 3 月まで）
2008 年 3 月	大阪大学定年退職
2008 年 4 月	大阪大学名誉教授
2008 年 4 月	大阪女学院大学教授
2009 年 4 月	日本軍縮学会会長（2013 年 3 月まで）
2010 年 4 月	大阪女学院大学副学長（2012 年 3 月まで）

<著作目録>

I　著　書（単著）

『現代軍縮国際法』（西村書店，1986 年）

『軍縮国際法の新しい視座──核兵器不拡散体制の研究──』（有信堂高文社，1986 年）

『核軍縮と国際法』（有信堂高文社，1992 年）

『核軍縮と国際平和』（有斐閣，1999 年）

『軍縮をどう進めるか』（大阪大学出版会，2001 年）

『軍縮国際法』（信山社，2003 年）

『核軍縮と世界平和』（信山社，2011 年）

黒澤満先生紹介

『核軍縮入門』（信山社，2011年）
『核兵器のない世界へ――理想への現実的アプローチ――』（東信堂，2014年）

Ⅱ　著　書（編著書）

『新しい国際秩序を求めて』（信山社，1994年）
『太平洋国家のトライアングル――現代の日米加関係』（ジョン・カートンと共編，彩流社，1995年）
『軍縮問題入門』（東信堂，1996年）
The Pacific Triangle – The United States, Japan, and Canada at Century's End （Michael Fry, John Kirtonと共編，University of Toronto Press, 1998年）
『軍縮問題入門（第2版）』（東信堂，1999年）
『21世紀の核軍縮――広島からの発信』（広島平和研究所，法律文化社，2002年）
Nuclear Disarmament in the Twenty-first Century（Wade L. Huntley, Kazumi Mizumotoと共編，Hiroshima Peace Institute, 2004年）
『大量破壊兵器の軍縮論』（信山社，2004年）
『軍縮問題入門（新版）』（東信堂，2005年）
『国際関係入門――共生の観点から――』（東信堂，2011年）
『軍縮問題入門（第4版）』（東信堂，2012年）
『国際共生とは何か――平和で公正な世界へ』（東信堂，2014年）

Ⅲ　著　書（共著・分担執筆）

『国際法Ⅱ』高林・山手・小寺・松井編（東信堂，1990年）
『資料で読み解く国際法』大沼保昭編著（東信堂，1996年）
『国際関係キーワード』馬場・初瀬・平野・鈴木と共著（有斐閣，1997年）

Ⅳ　翻訳書

J・ロートブラット編『科学者の役割――軍拡か軍縮か――』（西村書店，1986年）
J・トンプソン『核戦争の心理学』（西村書店，1988年）
SIPRI『SIPRI年鑑1994』（メイナード出版，1995年）
SIPRI『SIPRI年鑑1995』（メイナード出版，1996年）

Ⅴ　論　文

【1974年】
「軍縮に関する現代国際法の形成とその特徴」『阪大法学』93号（12月）

【1975 年】
　「軍縮関連条約における検証」『阪大法学』98 号（12 月）

【1977 年】
　「大気圏内核実験の法的問題——核実験事件を中心に」『阪大法学』101 号（1 月）

【1978 年】
　「核兵器国と非核兵器国の義務のバランス——現代軍縮国際法の新しい視座」『法政理論』10 巻 3 号（3 月）
　「国連軍縮特別総会の意義」『ジュリスト』674 号（10 月）
　"The Legality of Atmospheric Nuclear Weapon Tests: Nuclear Test Cases"『法政理論』11 巻 1 号（10 月）

【1979 年】
　「軍縮と非核兵器国の安全保障——国連軍縮特別総会における議論を中心に」『国際法外交雑誌』78 巻 4 号（9 月）

【1980 年】
　「非核兵器地帯と安全保障——ラテンアメリカ核兵器禁止条約付属議定書Ⅱの研究」『法政理論』12 巻 3 号（2 月）
　「積極的安全保障から消極的安全保障へ——核時代における非核兵器国の安全保障」『神戸法学雑誌』30 巻 2 号（9 月）

【1981 年】
　「核兵器不拡散および非核兵器地帯の法的概念」『法政理論』13 巻 3 号（3 月）

【1982 年】
　「第二回国連軍縮特別総会」『ジュリスト』776 号（10 月）

【1983 年】
　「核兵器不拡散条約体制の起源」『法政理論』15 巻 3 号（3 月）
　「核兵器不拡散条約体制の基本構造—— NPT 第 1・2 条の形成と展開」『法政理論』16 巻 1 号（10 月）

【1984 年】
　「核兵器不拡散条約体制と保障措置—— NPT 第 3 条の形成と展開」『法政理論』16 巻 2 号（1 月）
　「核兵器不拡散条約体制と原子力平和利用——新しい不拡散政策の批判的検討」『法政理論』16 巻 3 号（3 月）
　「核兵器不拡散条約体制と核軍縮—— NPT 第 6 条の形成と展開」『法政理論』17 巻 1・2 号（9 月）

【1985 年】
　「南太平洋非核地帯の内容と意義」『ジュリスト』850 号（12 月）

黒澤満先生紹介

【1986 年】
　「南太平洋非核地帯の法構造」『法政理論』18 巻 4 号（3 月）
　「フォークランド（マルヴィーナス）諸島における武力紛争の法的諸問題」外務省条約局法規課『武力紛争関係法研究会報告書』（3 月）

【1987 年】
　「ABM 条約の法構造」『法政理論』19 巻 4 号（3 月）

【1988 年】
　「ABM 条約の解釈と SDI」『法政理論』20 巻 3 号（1 月）
　「INF 全廃条約の成立」『ジュリスト』901 号（2 月）
　「INF 条約の法構造(1)」『法政理論』21 巻 1 号（7 月）

【1989 年】
　「INF 条約の法構造(2)」『法政理論』21 巻 3 号（1 月）
　「現代軍縮国際法の展開—— NPT 体制から SALT プロセスへ」『国際法の新展開』（大寿堂鼎先生還暦記念論文集）東信堂（8 月）

【1990 年】
　「戦略攻撃兵器の法的規制—— SALT Ⅰ暫定協定と SALT Ⅱ条約の研究」『法政理論』22 巻 3 号（3 月）
　「軍縮と国際機構——軍縮条約の履行を確保するための機構・機関」『世界法年報』10 号（10 月）
　「SALT 違反問題」『法政理論』23 巻 1 号（10 月）

【1991 年】
　"Comparative Japanese and Canadian National Security Policies in Connection with the United States"『法政理論』23 巻 3・4 号（3 月）
　「非核の世界をめざして—— 3 つのレベルにおける非核地帯設置の推進」馬場伸也編『福祉国際社会構築のための総合的パラダイムの考察』（3 月）
　「START 条約の成立」『ジュリスト』988 号（10 月）
　「軍縮における国連の役割——ポスト冷戦期における国連機能の再検討」『阪大法学』41 巻 2・3 号（11 月）

【1992 年】
　「半閉鎖海と国際法——地中海行動計画の検討を中心に」多賀秀敏編『国境を越える実験』有信堂（4 月）

【1993 年】
　"Nuclear Non-Proliferation Regime and its Future," *Osaka University Law Review*, No. 40（2 月）
　「核兵器不拡散問題の現状と課題」『国際問題』397 号（4 月）

"The Nuclear Non-Proliferation Regime beyond 1995," Trevor Taylor and Ryukichi Imai (eds.), *Controlling Defense-related Technologies after the Cold War*, Royal Institute of International Affairs, U. K.（12月）

【1994年】

"Nuclear Disarmament in the New World Order," *Osaka University Law Review*, No. 41（2月）

「新国際安全保障秩序と核軍縮」黒沢満編『新しい国際秩序を求めて——平和・人権・経済』信山社（3月）

「新国際秩序と不拡散」山影進編『新国際秩序の構想』南窓社（3月）

「国際原子力機関の核査察と国連安全保障理事会」『国際問題』No. 414（9月）

「カナダと国連平和維持活動」国武輝久編『カナダ新憲法と連邦政治をめぐる現代的諸相』同文舘（10月）

【1995年】

"Comprehensive Approach to Nuclear Non-Proliferation," *Osaka University Law Review*, No. 42（2月）

「国連平和維持活動への参加」黒沢満／ジョン・カートン編『太平洋国家のトライアングル——現代の日米加関係』彩流社（2月）

「核兵器，核軍縮および核兵器不拡散」黒沢満／ジョン・カートン編『太平洋国家のトライアングル——現代の日米加関係』彩流社（2月）

「核兵器不拡散への包括的アプローチ」『新防衛論集』22巻3号（3月）

"Au-delà de la Conférence du TNP:une perspective japonaise," *Politique étrangère*, Automne 1995（10月）

"Strengthening Non-Proliferation," *The New International System: Towards Global and Regional Frameworks for Peace*, IFRI/JIIR（11月）

【1996年】

"Beyond the 1995 NPT Conference: A Japanese View," *Osaka University Law Review*, No. 43（2月）

【1997年】

"The Future of the Non-Proliferation Regime," *Japan-Europe Political and Security Dialogue*, JIIA and IFRI（1月）

"The NPT in Its New Incarnation," William Clark, Jr. and Ryukichi Imai, (eds.), *Next Steps in Arms Control and Non-Proliferation*, Carnegie Endowment for International Peace（1月）

"Nuclear Disarmament and Non-Proliferation: Japanese and Canadian Perspectives," *Osaka University Law Review*, No. 44（3月）

「核兵器廃絶に向けて── CTBT と ICJ 勧告的意見の検討──」『国際公共政策研究』1巻1号（3月）

「国際平和秩序と核兵器廃絶」日本平和学会『平和研究』22号（11月）

「包括的核実験禁止条約の基本的義務」『阪大法学』47巻4・5号（12月）

【1998年】

"Nuclear Weapons and Nuclear Energy in Northeast Asia," *UNIDIR NewsLetter*, 35/36/98（2月）

"Basic Obligations of the Comprehensive Nuclear Test Ban Treaty," *Osaka University Law Review*, No. 45（2月）

「北東アジアにおける核兵器と原子力──将来の展望とジレンマ」『国際公共政策研究』2巻1号（3月）

「現代および将来の核軍縮促進」深瀬忠一・杉原泰雄・樋口陽一・浦田賢治編『恒久平和のために──日本国憲法からの提言』勁草書房（5月）

"Compliance with and Strengthening of the Nonproliferation Regime," Thomas J. Schoenbaum, Junji Nakagawa and Linda C. Reif (eds.), *Trilateral Perspectives on International Legal Issues: From Theory into Practice*, Transnational Publishers（7月）

"Regional Security and Nuclear Weapons in North-East Asia: A Japanese Perspective," Bjoen Moeller (ed.), *Security, Arms Control and Defence Restructuring in East Asia*, Ashgate（8月）

"Japanese and Canadian Peacekeeping Participation: The American Dimension," Michael Fry, John Kirton, and Mitsuru Kurosawa (eds.), *The Pacific Triangle: The United States, Japan, and Canada, at Century's End*, University of Toronto Press（10月）

「国際核不拡散体制の動揺と今後の課題──インド・パキスタンの核実験の影響」『阪大法学』48巻4号（10月）

"Next Steps for Nuclear Disarmament," *Asia-Pacific Review*, Vol. 5, No. 3, Fall/Winter 1998（11月）

【1999年】

"A U.S.-Russia Bilateral Cut-Off Treaty," *Osaka University Law Review*, No. 46（2月）

「無期限延長後のNPT」今井隆吉・山内康英編『冷戦後の東アジアと軍備管理』財団法人国際文化会館（7月）

「核の先制不使用を巡る諸問題」『軍縮・不拡散シリーズ』No. 1、日本国際問題研究所軍縮・不拡散促進センター（8月）

【2000年】
　"Toward the 2000 NPT Review Conference," *Osaka University Law Review*, No. 47（2月）
　「NPT運用検討会議の評価」『軍縮・不拡散問題シリーズ』No. 6, 日本国際問題研究所軍縮・不拡散促進センター（7月）
　「2000年NPT再検討会議と核軍縮」『阪大法学』50巻4号（11月）

【2001年】
　"The 2000 NPT Review Conference and Nuclear Disarmament," *Osaka University Law Review*, No. 48（2月）
　「大量破壊兵器とミサイルの不拡散」『阪大法学』51巻2号（7月）
　「軍縮」国際法学会編『日本と国際法第10巻：安全保障』三省堂（11月）
　「核不拡散体制の新たな展開」藤田久一・松井芳郎・坂元茂樹編『人権法と人道法の新世紀』東信堂（11月）

【2002年】
　"Nuclear Non-Proliferation and Export Control," *Osaka University Law Review*, No. 49（2月）
　「核不拡散と輸出管理」『国際公共政策研究』6巻2号（3月）
　「ブッシュ政権の核政策と日本の対応」日本国際問題研究所軍縮・不拡散促進センター『転換期の日米核軍備管理・軍縮・不拡散政策』（3月）
　「核軍縮を巡る国際情勢と今後の課題」広島平和研究所編『21世紀の核軍縮』法律文化社（9月）
　「21世紀の核軍縮」広島平和研究所編『21世紀の核軍縮』法律文化社（9月）
　"Curbing Nuclear Proliferation: Japanese, G8, and Global Approaches," John J. Kirton and Junichi Takase（eds.）, *New Directions in Global Political Governance*, Ashgate（10月）
　「戦略攻撃力削減条約の内容と意義」『阪大法学』52巻3・4号（11月）

【2003年】
　"Nuclear Policy of the Bush Administration," *Osaka University Law Review*, No. 50（2月）
　「米国の新核政策『核態勢見直し』の批判的検討」『国際政治に関連する諸問題』『政経研究』39巻4号（3月）
　「ブッシュ政権の核政策」『戦争と平和』Vol. 12, 大阪国際平和研究所（3月）
　「軍縮条約の交渉・起草過程の特徴」山手治之・香西茂編集代表『現代国際法における人権と平和の保障』東信堂（3月）
　"Challenges to the International Nuclear Non-Proliferation Regime"『国際公共政

策研究』8 巻 1 号（10 月）

「核不拡散体制と核軍縮——2000 年最終文書の履行」『阪大法学』53 巻 3・4 号（11 月）

【2004 年】

"Nuclear Non-Proliferation Regime and Nuclear Disarmament – Implementation of the 2000 Final Document," *Osaka University Law Review*, No. 51（1 月）

「北朝鮮の核兵器問題」『国際公共政策研究』8 巻 2 号（3 月）

「冷戦後の軍縮問題」吉川元・加藤普章編『国際政治の行方——グローバル化とウェストファリア体制の変容』ナカニシヤ出版（5 月）

「日本の非核政策と核武装論」『阪大法学』54 巻 1 号（5 月）

「大量破壊兵器の軍縮と不拡散」磯村早苗・山田康博編『いま戦争を問う：平和学の安全保障論』グローバル時代の平和学 2，法律文化社（7 月）

「日本核武装論を超えた安全保障環境の構築」黒澤満編『大量破壊兵器の軍縮論』信山社（7 月）

「21 世紀の軍縮と国際安全保障の課題」黒澤満編『大量破壊兵器の軍縮論』信山社（7 月）

"Moving Beyond the Debate on a Nuclear Japan," *The Nonproliferation Review*, Vol. 11, No. 3, Fall-Winter 2004（12 月）

"Nuclear Disarmament: From the 20th Century to the 21st Century," Wade L. Huntley, Kazumi Mizumoto and Mitsuru Kurosawa（eds.）*Nuclear Disarmament in the Twenty-first Century*, Hiroshima Peace Institute（12 月）

"Nuclear Disarmament in the 21st Century," Wade L. Huntley, Kazumi Mizumoto and Mitsuru Kurosawa（eds.）, *Nuclear Disarmament in the Twenty-first Century*, Hiroshima Peace Institute（12 月）

【2005 年】

"Verification and the International Atomic Energy Agency," *Osaka University Law Review*, No. 52（2 月）

「NPT 第 4 条の成立経過と 1970 年代の制限的解釈・適用」日本国際問題研究所軍縮・不拡散促進センター『核兵器不拡散条約（NPT）第 4 条に関する調査』（4 月）

「2005 年 NPT 再検討会議と核軍縮」『阪大法学』55 巻 2 号（8 月）

"How to Tackle the Nuclear Disarmament"『国際公共政策研究』10 巻 1 号（9 月）

"East Asia Regional Security and Arguments for a Nuclear Japan" 広島平和研究所報告書『東アジアの核軍縮の展望』（10 月）

【2006 年】
　"The 2005 NPT Review Conference and Nuclear Disarmament," *Osaka University Law Review*, No. 53（2 月）
　「核不拡散体制の新たな展開とその意義」『阪大法学』56 巻 3 号（9 月）
　"Japan's View on Nuclear Weapons"『国際公共政策研究』11 巻 1 号（9 月）
　「米印原子力協力合意と核不拡散」『海外事情』54 巻 10 号（10 月）

【2007 年】
　"Full Compliance with the NPT: Effective Verification and Nuclear Fuel Cycle," *Osaka University Law Review*, No. 54（2 月）
　"North Korea's Nuclear Weapons and Japan's Nuclearization"『国際公共政策研究』11 巻 2 号（3 月）
　「軍縮国際法——国際法学からの軍縮の分析」『阪大法学』56 巻 6 号（3 月）
　「核不拡散条約とその三本柱—— 2007 年 NPT 準備委員会の議論を中心に」『オンライン版　軍縮・不拡散問題シリーズ』No. 13（7 月）
　「2007 年 NPT 準備委員会——全体的議論と核軍縮」『阪大法学』57 巻 4 号（11 月）

【2008 年】
　"New Vision toward a World Free of Nuclear Weapons." *Osaka University Law Review*, No. 55（2 月）
　「軍縮における国際機構の役割」日本平和学会編『国際機構と平和』平和研究 33 号（11 月）
　「核兵器のない世界のビジョン」『阪大法学』58 巻 3・4 号（11 月）
　「核兵器の廃絶と通常兵器の軍縮」深瀬忠一編『平和憲法の新生』北海道大学出版会（3 月）

【2009 年】
　"NPT Review Process and Nuclear Disarmament",『大阪女学院大学紀要』5 号（3 月）
　「現在の国際安全保障環境と核軍縮」日本国際問題研究所軍縮・不拡散促進センター『核軍縮を巡る新たな動向』（3 月）
　"A Golden Opportunity for Nuclear Disarmament," Japan-US International Workshop, *Reducing Threats posed by Nuclear Weapons: Possible Cooperation between Japan and the United States*（6 月）
　「オバマ政権の核軍縮・核不拡散政策」『阪大法学』59 巻 2 号（7 月）

【2010 年】
　「プラハ演説からＮＰＴ再検討会議へ」『Plutonium』Winter 2010, No. 68（2 月）
　"Background for President Obama's Nuclear Policy,"『大阪女学院大学紀要』6 号

黒澤満先生紹介

（3月）

"From Prague Speech to the NPT Review Conference," *Plutonium*, Winter 2010, No. 68（3月）

"The US-India Civil Nuclear Cooperation Agreement: A Japanese Point of View," Subrata Ghoshroy and Gotz Neuneck（eds.）*South Asia at a Crossroads*, Nomos, Germany, 2010（5月）

"Global Nuclear Disarmament: A Japanese Perspective," Subrata Ghoshroy and Gotz Neuneck（eds.）*South Asia at a Crossroads*, Nomos, Germany, 2010（5月）

「2010年NPT再検討会議と核軍縮」『阪大法学』60巻3号（9月）

【2011年】

"New Trend and Future Direction of Nuclear Disarmament," *Osaka University Law Review*, No. 58（2月）

"2010 NPT Review Conference and Nuclear Disarmament"『大阪女学院紀要』7号（3月）

「2010年運用検討会議の検証」日本国際問題研究所，軍縮・不拡散促進センター『「核兵器のない世界」に向けた課題の検討』（3月）

「国際の平和と安全保障」黒澤満編著『国際関係入門——共生の観点から——』東信堂（6月）

「核兵器不使用の論理と課題」『阪大法学』61巻3・4号（11月）

【2012年】

"Prospect for WMD Disarmament and Non-Proliferation," Republic of Korea, Ministry of Foreign Affairs and Trade, *10th ROK-UN Joint Conference on Disarmament and Non-proliferation Issues*（1月）

"Reducing the Role of Nuclear Weapons," *Osaka University Law Review*, No. 59（2月）

"Nuclear Disarmament after New START",『大阪女学院大学紀要』8号（3月）

「新START条約後の核軍縮に向けた諸提案とその評価」日本軍縮問題研究所　軍縮・不拡散促進センター『新START後の軍縮課題——日本にとっての意味合いの検討——』（3月）

「核兵器の役割低減と国際法」『国際法外交雑誌』111巻3号（11月）

【2013年】

「核兵器のない世界に向けて——三つの相乗的アプローチ」『阪大法学』62巻5号（1月）

"Three Approaches towards Nuclear-Free World"『大阪女学院大学紀要』9号（3月）

「「核兵器のない世界」実現への展望」広島市立大学広島平和研究所『広島平和研究』創刊号（11月）

「二〇一三年NPT準備委員会と核軍縮」『阪大法学』62巻3・4号（11月）

【2014年】

「国際共生の意義と課題」黒澤満編著『国際共生とは何か——平和で公正な世界へ』東信堂（2月）

"2013 NPT Preparatory Committee and Nuclear Disarmament"『大阪女学院大学紀要』10号（3月）

「核廃絶への人道的アプローチ」『阪大法学』63巻3・4号（11月）

【2015年】

"Humanitarian Approach to Nuclear Abolition," *Osaka University Law Review*, No. 62（2月）

VI　その他の著作

【1977年】

「軍縮委員会会議『非核兵器地帯の包括的研究』」『法政理論』10巻1号（9月）

【1978年】

「国連軍縮特別総会最終文書」『法政理論』11巻2号（12月）

【1980年】

「宇宙法の話」『銀河宇宙オデッセイ2：超新星爆発』日本放送出版協会（6月）

【1981年】

「書評：佐藤栄一著『現代の軍備管理・軍縮』」『平和研究』16号（10月）

【1991年】

「翻訳：アメリカ対外関係法第三リステイトメント⑾」『国際法外交雑誌』90巻4号（10月）

【1992年】

「翻訳：アメリカ対外関係法第三リステイトメント⒀」『国際法外交雑誌』90巻6号（2月）

【1993年】

「核軍縮と核不拡散」今井隆吉・佐藤誠三郎編『核兵器解体』電力新報社（7月）

「軍縮と日本」今井隆吉・佐藤誠三郎編『核兵器解体』電力新報社（7月）

【1994年】

"States of Proliferation Concern," *Asia-Pacific Regional Seminar on Nuclear Non-proliferation Treaty*, Australia National University, Canberra, Australia（3月）

"Developing Countries and the NPT: North Korea, South Asia, and the Middle

黒澤満先生紹介

East," Japanisch-Deutches Zentrum Berlin, *German-Japanese Symposium on Non-Proliferastion Policy*（6月）

【1995年】
　『原子燃料を取り巻く課題に関する総合研究』総合研究開発機構（3月）
　「NPTとNPT再検討・延長会議」『原子力工業』Vol. 41, No. 5（5月）
　「国連軍縮長崎会議の評価と核廃絶に向けての提案」『PLUTONIUM』Summer 1995, No. 10（7月）
　「NPTの無期限延長について」『エネルギーレビュー』15巻9号（9月）

【1996年】
　「フランス核実験と南太平洋非核地帯」『経済往来』1996年2月号（2月）
　「核不拡散体制の強化と核軍縮」『冷戦後の核不拡散と日米関係』国際文化会館（3月）
　「第二次世界大戦後の核軍縮」『最近の世界の動き 』山川出版（4月）
　「座談会：スローガンの軍縮から実践の軍縮へ——日本がイニシチブをとれる時代になった」『外交フォーラム』1996年8月号（8月）
　「アジアの地域安全保障体制と非核兵器地帯」『アジア地域の安全保障と原子力平和利用』地域構想特別委員会第1次報告書，原子燃料政策研究会（10月）

【1997年】
　「書評：梅本哲也著『核兵器と国際政治1945－1995』，小川伸一『「核」軍備管理・軍縮のゆくえ』」『国際政治』115号（5月）
　「核軍縮，核不拡散を巡る動向」『科学技術ジャーナル』6巻7号（7月）
　「CTBTの行く先とCDの今後」『アジア地域の安全保障と原子力平和利用』地域構想特別委員会第2次報告書，原子燃料政策研究会（10月）

【1998年】
　「核不拡散政策の世界情勢」『第18回核物質管理学会日本支部年次大会論文集』核物質管理学会日本支部（3月）
　「国際核不拡散体制の展開と今後の課題」『核不拡散対応研究会報告書』（6月）

【1999年】
　「第7回カーネギー国際不拡散会議」『核物質管理センターニュース』Vol. 28, No. 3（3月）
　「新たな核不拡散体制に向けて——核軍縮と核不拡散」『核物質管理センターニュース』Vol. 28, No. 9（9月）
　「期待される日本の核軍縮外交」『HIROSHIMA RESEARCH NEWS』Vol. 2, No. 2（9月）
　「東京フォーラムコメンタール：きわめて有意義な報告」『核兵器・核実験モニター』

100号（10月）

"Arms Control and Disarmament Treaties," *Encyclopedia of Violence, Peace and Conflict*, Academic Press, California, U.S.（10月）

「監修：C. E. ペイン「難題かかえる米国の仮装核実験」」『日経サイエンス』1999年11月号（11月）

「軍縮・平和」『imidas2000』集英社（11月）

【2000年】

「2000年NPT運用検討会議――第1主要委員会の検討について」『核物質管理センターニュース』Vol. 29, No. 7（7月）

「2000年NPT再検討会議の成果と21世紀への課題」『HIROSHIMA RESEARCH NEWS』Vol. 3, No.1（7月）

「NPT再検討会議に参加して」『伊丹市平和都市推進協議会 NEWS LETTER』2000年夏号（8月）

「核不拡散条約再検討会議の成果」『PLUTONIUM』No. 30（8月）

「NPT再検討会議をどう見るか」『原子力 eye』Vol. 46, No. 10（9月）

「軍縮・平和」『imidas2001』集英社（11月）

"Transparency and Irreversibility in Nuclear Disarmament," *3rd Workshop on Science and Technology for Safeguards*, Proceedings, ESARDA（11月）

【2001年】

「国際の平和と安全をいかに促進するか」『阪大NOW』2001年2月号（2月）

『積極的平和主義を目指して――「核の傘」問題を含めて考える』NIRA研究報告書, 総合研究開発機構（3月）

「判例研究：核実験の違法性――核実験事件」『別冊ジュリスト No. 156, 国際法判例百選』有斐閣（4月）

「危険な米新政権の軍事政策――核兵器をめぐる最新状況」『平和文化』広島平和文化センター, No. 141（6月）

「軍縮・平和」『imidas2002』集英社（11月）

【2002年】

「国連軍縮会議開催の意義」大阪国際平和研究所『戦争と平和』Vol. 11（3月）

「軍縮と不拡散」『平和学が分かる』アエラムック，朝日新聞社（9月）

「書評：杉江栄一『核兵器撤廃への道』」『平和研究』27号（11月）

「軍縮・平和」『imidas2003』集英社（11月）

【2003年】

『NPTハンドブック』日本国際問題研究所軍縮・不拡散促進センター（3月）

「国際法の観点から見たイラク戦争」『月刊ヒューマンライツ』部落解放・人権研究

黒澤満先生紹介

所（6月）

「大阪から軍縮・平和を発信」『国際人権ひろば』No. 51，アジア・太平洋人権情報センター（9月）

「北東アジア非核兵器地帯の設置に向けて」『アジェンダ――未来への課題』第2号，アジェンダ・プロジェクト（10月）

「軍縮・平和」『imidas2004』集英社（11月）

「核軍縮に関する国際情勢(1)」IPPNW大阪支部『平和の風』1号（11月）

「国際法から核兵器を考える，第1回：軍事状況が危険な方向に」広島平和文化センター『平和文化』No. 151（12月）

【2004年】

「国連軍縮大阪会議の開催：その内容と成果」大阪国際平和研究所『戦争と平和』Vol. 13（3月）

「核軍縮に関する国際情勢(2)：日本における核武装論」『平和の風』2号（3月）

「国際法から核兵器を考える，第2回：軍事力ではなく交渉による解決を」広島平和文化センター『平和文化』No. 152（3月）

「核軍縮に関する国際情勢(3)：NPT再検討会議準備委員会での議論」『平和の風』3号（6月）

「国際法から核兵器を考える，第3回：危険な日本核武装論の台頭」広島平和文化センター『平和文化』No. 153（6月）

「国際法から核兵器を考える，第4回：2005年NPT再検討会議に向けて」広島平和文化センター『平和文化』No. 154（9月）

「核軍縮に関する国際情勢(4)：ブッシュ政権の対抗拡散政策」『平和の風』4号（11月）

「軍縮・平和」『imidas2005』集英社（11月）

【2005年】

「核軍縮に関する国際情勢(5)：2005年NPT再検討会議に向けて」『平和の風』5号（3月）

「核軍縮に関する国際情勢(6)：2005年NPT再検討会議」『平和の風』6号（6月）

「第7回NPT再検討会議の結果をどうみるか：核軍縮問題を中心に」非核の政府を求める会『2005年NPT再検討会議をどうみるか』（7月）

「NPT再検討会議の焦点と核兵器廃絶の課題」非核の政府を求める会『2005年NPT再検討会議をどうみるか』（7月）

「座談会：いかにして核軍縮・不拡散体制の維持・強化を図るか」『外交フォーラム』No. 206（8月）

「NPT」『法学教室』No. 300（9月）

「核軍縮に関する国際情勢(7)：核軍縮と核不拡散」『平和の風』7号（11月）

「軍縮・平和」『imidas2006』集英社（11月）

【2006年】

「国連を中心とする核廃絶と軍縮を考える」『平和文庫19』（2月）

「核軍縮に関する国際情勢(8)：核兵器の削減」『平和の風』8号（3月）

「2005年NPT運用検討会議の全体的な流れ」日本国際問題研究所軍縮・不拡散促進センター『2005年NPT運用検討会議の検証と今後の核不拡散強化にむけた方針の検討』（3月）

「核軍縮（主要委員会Ⅰ）」日本国際問題研究所軍縮・不拡散促進センター『2005年NPT運用検討会議の検証と今後の核不拡散強化にむけた方針の検討』（3月）

「核軍縮に関する国際情勢(9)：イランおよび中東の核問題」『平和の風』9号（6月）

「絡み合う中東の核」『外交フォーラム』No. 216（7月）

「核兵器の廃絶に向けて」『阪大ニューズレター』No. 33（9月）

「核軍縮の前進に活用を──国際司法裁判所の勧告的意見10周年を迎えて──現状と課題」『平和文化』No. 162（9月）

「軍縮・平和」『imidas2007』集英社（11月）

「核軍縮に関する国際情勢(10)：米印原子力合意と核不拡散」『平和の風』10号（11月）

"Tenth Anniversary of the ICJ Advisory Opinion: Issues and Challenges: Make the Most of this Opinion for Nuclear Disarmament," *Peace Culture*, December 2006（12月）

【2007年】

「核軍縮に関する国際情勢(11)：核廃絶・北朝鮮・中央アジア・核軍縮」『平和の風』11号（6月）

「核軍縮に関する国際情勢(12)：2007年NPT準備委員会」『平和の風』12号（11月）

【2008年】

「核軍縮・不拡散体制の維持・強化」『世界と議会』521号（2月）

「軍縮・平和」『imidas e Library（2008年版）』集英社（3月）

「NPT運用検討プロセスへの日本の貢献」外務省『外交青書2008』（5月）

「核軍縮に関する国際情勢(13)：核兵器のない世界に向けて」『平和の風』13号（6月）

"Arms Control and Disarmament Treaties," *Encyclopedia of Violence, Peace and Conflict*, Academic Press（3月）

【2009年】

「軍縮／平和」『imidas e Library（2009年版）』集英社（2月）

黒澤満先生紹介

「核軍縮に関する国際情勢⑭：北朝鮮の核問題」『平和の風』14 号（3 月）
"Japan's Nuclear Disarmament Policy", AJISS-Commentary（8 月）
「核兵器廃絶に向けて世界が動き出した」『imidas special』集英社（11 月）

【2010 年】
「核兵器のない世界に向けて」開発教育協会『DEAR』143 号（2 月）
「軍縮／平和」『imidas e Library（2010 年版）』集英社（2 月）
「核軍縮に関する国際情勢⑯：2010 年 NPT 再検討会議に向けて」『平和の風』16 号（4 月）
「2010 年 NPT 再検討会議の成果とその意義（上）」『非核の政府を求める会ニュース』252 号（9 月）
「『核なき世界』に向けて：NPT 再検討会議の成果を踏まえて」『国際問題』No. 595（10 月）
「2010 年 NPT 再検討会議の成果とその意義（中）」『非核の政府を求める会ニュース』253 号（10 月）
「書評：吉田文彦『核のアメリカ――トルーマンからオバマまで』岩波書店，2009 年」日本平和学会編『核なき世界に向けて』早稲田大学出版会（10 月）
「2010 年 NPT 再検討会議の成果とその意義（下）」『非核の政府を求める会ニュース』254 号（11 月）
「核軍縮の新たな流れ：好機を逃すな」日本原子力学会誌『ATOMOΣ』Vol. 52, No. 12（12 月）

【2011 年】
「軍縮／平和」『imidas e Library（2011 年版）』集英社（2 月）
「核軍縮に関する国際情勢⑱：新 START 条約と今後の課題」『平和の風』18 号（7 月）
「核兵器のない世界に向けての国際法の役割：2010 年 NPT 再検討会議の議論を中心に」大阪弁護士会,『弁護士研修講座』No. 339（12 月）

【2012 年】
「軍縮／平和」imidas e Library（2012 年版）』集英社（2 月）
「核兵器廃絶研究センターへの期待」長崎大学核兵器廃絶研究センター『開設記念シンポジウム報告書』（4 月）

【2013 年】
「「核兵器なき世界」の流れの今と明日」『非核の政府を求める会ニュース』275 号（1 月）
「軍縮・平和」『imidas e Library（2013 年版）』集英社（2 月）
「「核兵器なき世界」への流れの今と明日」非核の政府を求める会『シンポジウム

核兵器禁止条約交渉の決断か,核抑止への固執か」(3月)
「核軍縮に関する国際情勢⑲:核兵器廃絶への道筋」『平和の風』19号(8月)
「米露による核軍縮」「核兵器の役割低減」「消極的安全保証(NSA)」「核兵器のない世界構想」「核兵器禁止条約」日本国際問題研究所軍縮・不拡散促進センター編『NPTハンドブック』(3月)
「核軍縮に関する国際情勢⑳:2013年NPT準備委員会における議論──」『平和の風』20号(8月)

【2014年】
「軍縮・平和」『imidas e Library(2014年版)』集英社(2月)
「核軍縮に関する国際情勢㉑:核廃絶への法的取組み」『平和の風』21号(8月)

Ⅶ　辞典等執筆
『国民法律百科大辞典』伊藤正己編集代表(ぎょうせい,1984年11月)
『国際教育辞典』松崎巌監修・西村俊一編集代表(アルク,1991年2月)
『法学用語小辞典(新版)』河本一郎・中野貞一郎編(有斐閣,1993年2月)
『国際政治経済辞典』川田侃・大畠英樹編(東京書籍,1993年3月)
『国際関係法辞典』国際法学会編(三省堂,1995年8月)
『ベイシック法学用語辞典』國井和郎・三井誠編集代表(有斐閣,2001年10月)
『国際政治経済辞典(改訂版)』川田侃・大畠英樹編(東京書籍,2003年5月)
『国際関係法辞典(第2版)』国際法学会編(三省堂,2005年9月)
『軍縮辞典』日本軍縮学会編(信山社,2015年4月)

黒澤満先生古稀記念

安全保障論
――平和で公正な国際社会の構築に向けて――

2015(平成27)年1月10日 第1版第1刷発行

編者	神余 隆博
	星野 俊也
	戸﨑 洋史
	佐渡 紀子

発行者　今井　貴　稲葉文子
発行所　株式会社 信山社
〒113-0033 東京都文京区本郷 6-2-9-102
Tel 03-3818-1019　Fax 03-3818-0344
info@shinzansha.co.jp
笠間才木支店　〒309-1611 茨城県笠間市笠間 515-3
Tel 0296-71-9081　Fax 0296-71-9082
笠間来栖支店　〒309-1625 茨城県笠間市来栖 2345-1
Tel 0296-71-0215　Fax 0296-72-5410
出版契約 2015-9177-01011　Printed in Japan

Ⓒ 編・著者, 2015　印刷・製本／ワイズ書籍・渋谷文泉閣
ISBN978-4-7972-9177-3 C3332　分類329.100-a10 安全保障法
p648-012-030-012

|JCOPY|《(社)出版者著作権管理機構 委託出版物》
本書の無断複写は著作権法上での例外を除き禁じられています。複写される場合は、そのつど事前に、(社)出版者著作権管理機構(電話03-3513-6969, FAX03-3513-6979, e-mail: info@jcopy.or.jp)の許諾を得てください。また、本書を代行業者等の第三者に依頼してスキャニング等の行為によりデジタル化することは、個人の家庭内利用であっても、一切認められておりません。

◆国際法先例資料集〈1〉－不戦条約
【日本立法資料全集】　柳原正治 編著

◆プラクティス国際法講義（第2版）
柳原正治・森川幸一・兼原敦子 編

◆《演習》プラクティス国際法
柳原正治・森川幸一・兼原敦子 編

◆国際法研究　[最新第3号 2015.3刊行予定]
岩沢雄司・中谷和弘 責任編集

◆ロースクール国際法読本　中谷和弘 著

◆国際法論集
村瀬信也 著

◆実践国際法
小松一郎 著

◆小松一郎氏追悼　[2015 5刊行予定]
国際法の実践―小松一郎の生涯（仮）
村瀬信也・秋葉剛男 編

信山社

『**大量破壊兵器の軍縮論**』黒沢満 著

9.11、イラク戦争を経て、大きな変化を遂げつつある国際安全保障の基本的な考え及びその枠組み。国際安全保障環境の変化を分析した上で、広義の軍縮問題の現状を指摘し、将来の展望を行うと同時に可能な政策提言を行う。その際、日本はそれぞれの問題にどう対応すべきか、またどのような役割を果たすことができるかも論じられる、今、彷徨える日本の安全保障に必読の書。

『**軍縮国際法**』黒沢満 著

冷戦後の軍縮の進展を体系的に分析。21世紀に入って、米国の単独主義を背景として、軍縮の進展が停滞し、あるいは後退している状況となり、テロリストなど新たな脅威も発生している。本書は、これらの否定的展開を分析し、それにいかに対応して、新たな軍縮の進展を進めるかについても検討を加え、さまざまな提案を行う。

『**新しい国際秩序を求めて ― 平和・人権・経済**』黒沢満 編

川島慶雄先生の還暦記念論文集。川島先生から直接指導を受けた者により書かれた論文より構成されるが、各自の専門を活かしつつ、かつ現代の変換期を正面からとらえ、新しい国際秩序の形成という統一テーマをふまえて執筆。

植木俊哉 編
グローバル化時代の国際法
田中清久・坂本一也・滝澤紗矢子・佐俣紀仁・堀見裕樹・小野昇平・健瀬貴道・植木俊哉

森井裕一 編
国際関係の中の拡大EU
森井裕一・中村民雄・廣田功・鈴木一人・植田隆子・戸澤英典・上原良子・木畑洋一・羽場久美子・小森田秋夫・大島美穂

吉川元・中村覚 編
中東の予防外交
中村覚・吉川元・齋藤嘉臣・泉淳・細井長・立山良司・木村修三・末近浩太・澤江史子・北澤義之・森伸生・小林正英・伊勢崎賢治・高橋和夫

中村民雄・山元一 編
ヨーロッパ「憲法」の形成と各国憲法の変化
中村民雄・小畑郁・菅原真・江原勝行・齋藤正彰・小森田秋夫・林知更・山元一

森井裕一 編
地域統合とグローバル秩序
―ヨーロッパと日本・アジア―
植田隆子・中村民雄・奥野篤行・大隅宏・渡邊頼純・森井裕一・木部尚志・菊池努

八谷まち子 編
EU拡大のフロンティア
―トルコとの対話―
八谷まち子・関寧・森井裕一

信山社

◆核軍縮不拡散の法と政治
―黒澤満先生退職記念

浅田正彦・戸崎洋史 編

NPT体制の動揺と国際法〔浅田正彦〕/ 安全保障と軍備管理〔納家政嗣〕/ 核軍縮・不拡散問題における国際機関の役割と課題〔阿部信泰〕/ 日本の軍縮・不拡散政策〔天野之弥〕/ 戦略核軍縮の現状と課題〔岩田修一郎〕/ 核軍備管理における「レーガン再評価」の考察〔吉田文彦〕/ 米国核政策の展開〔梅本哲也〕/ 中国と核軍縮〔小川伸一〕/ 欧州における核軍縮・不拡散〔佐渡紀子〕/ 多国間核軍縮・不拡散交渉と核敷居国問題〔広瀬訓〕/ 核実験の禁止と検証〔一政祐行〕/ 核軍縮と広島・長崎〔水本和実〕/ 核兵器拡散防止のアプローチ〔戸崎洋史〕/ 核拡散問題と検証措置〔菊地昌廣〕/ 平和利用の推進と不拡散の両立〔秋山信将〕/ 中国向け輸出管理〔村山裕三〕/ 核不拡散の新しいイニシアティヴ〔青木節子〕/ 米国の核不拡散政策〔石川卓〕/ 6者会談と北朝鮮の原子力「平和利用」の権利〔倉田秀也〕/ 中東の核問題と核不拡散体制〔堀部純子〕/ 非核兵器地帯〔石栗勉〕/ 北東アジア非核兵器地帯の設立を求めるNGOの挑戦〔梅林宏道〕/ 核テロリズム〔宮坂直史〕/ 核セキュリティと核不拡散体制〔宮本直樹〕

◆核軍縮と世界平和
黒澤 満 著

◆核軍縮入門
［信山社現代選書］ 黒澤 満 著

◆軍縮研究　1号～（続刊）
日本軍縮学会 編

◆軍縮辞典　（近刊）
日本軍縮学会 編

◆普遍的国際社会への法の挑戦
―芹田健太郎先生古稀記念

坂元茂樹・薬師寺公夫 編

◆新EU論
植田隆子・小川英治・柏倉康夫 編

◆EU権限の判例研究（近刊）
中西優美子 著

◆ヨーロッパ地域人権法の憲法秩序化
小畑郁 著

信山社